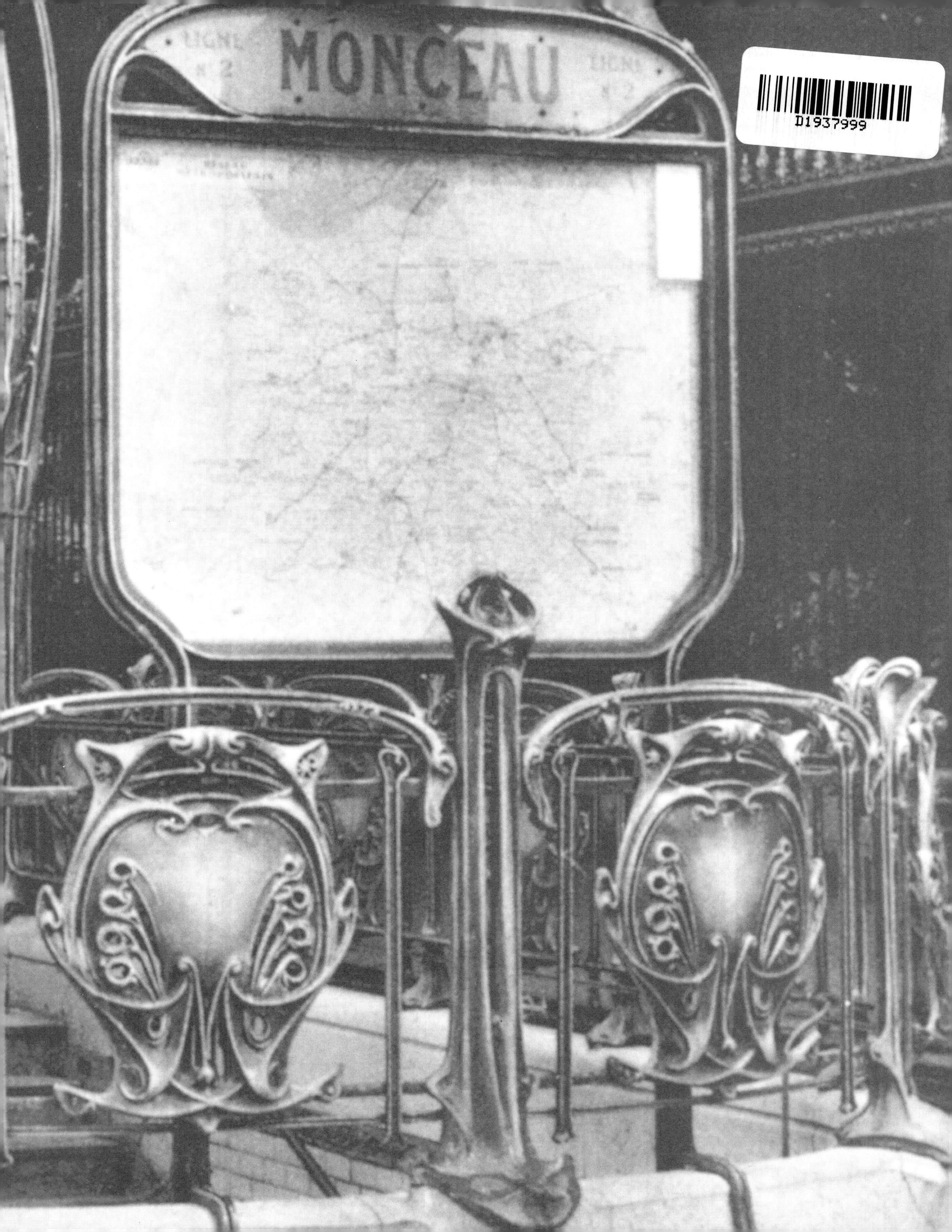
MONCEAU

JUGENDSTIL

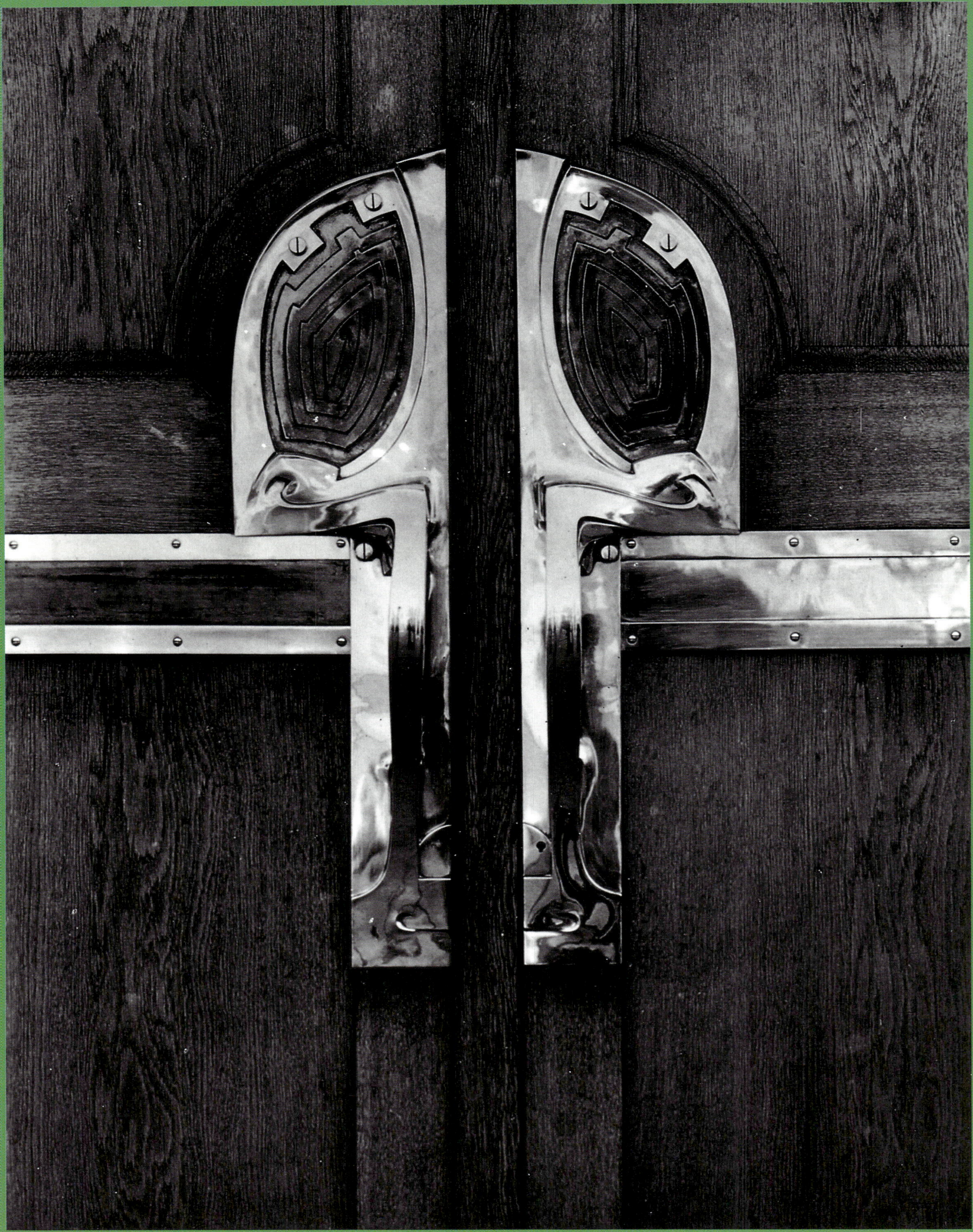

KLAUS-JÜRGEN SEMBACH

JUGENDSTIL

DIE UTOPIE DER VERSÖHNUNG

TASCHEN
KÖLN LISBOA LONDON NEW YORK PARIS TOKYO

Frontispiz:
Henry van de Velde: Türgriffe am Nietzsche Archiv,
in Weimar, 1903

Vorsatzpapier:
Hector Guimard: Metrostation Monceau in Paris, um 1900

Dank
Wilfried Burkard, Berlin, war ein zugleich listiger wie lustiger Helfer bei der Ermittlung historischer Fakten und der dazugehörenden bildlichen Belege. Ohne seine Unterstützung hätten die Anfangsseiten vieler Kapitel nicht geschrieben werden können. Zu gleichfalls großem Dank bin ich Dr. Paul Tauchner, München, verpflichtet, der mir seine vorzügliche Sammlung für die Illustrierung dieses Buches zur Verfügung stellte. Eine schöne Erfahrung war außerdem die Hilfsbereitschaft aller angesprochenen Kollegen:
Dr. Ingeborg Becker, Bröhan-Museum, Berlin
Dr. Renate Ulmer, Museum Mathildenhöhe, Darmstadt
Dr. Georg Himmelheber und Dr. Nina Gockerell, Bayerisches Nationalmuseum, München
Dr. Winfried Nerdinger, Architektursammlung der Technischen Universität München
Dr. Hans Ottomeyer, Dr. Andreas Ley, Dr. Norbert Götz, Münchner Stadtmuseum
Dr. Claus Pese, Germanisches Nationalmuseum, Nürnberg
Heidrun Teumer and Erna Mißbach, Bibliothek der Landesgewerbeanstalt, Nürnberg

Dieses Buch wurde gedruckt auf 100 % chlorfrei gebleichtem Papier gemäß TCF-Norm.

Originalausgabe

Bildauswahl und Gestaltung: Klaus-Jürgen Sembach
Umschlaggestaltung: Angelika Muthesius, Köln
Lektorat: Marianne Faust, Ratingen

Printed in Germany
ISBN 3-8228-8422-7
D

INHALT

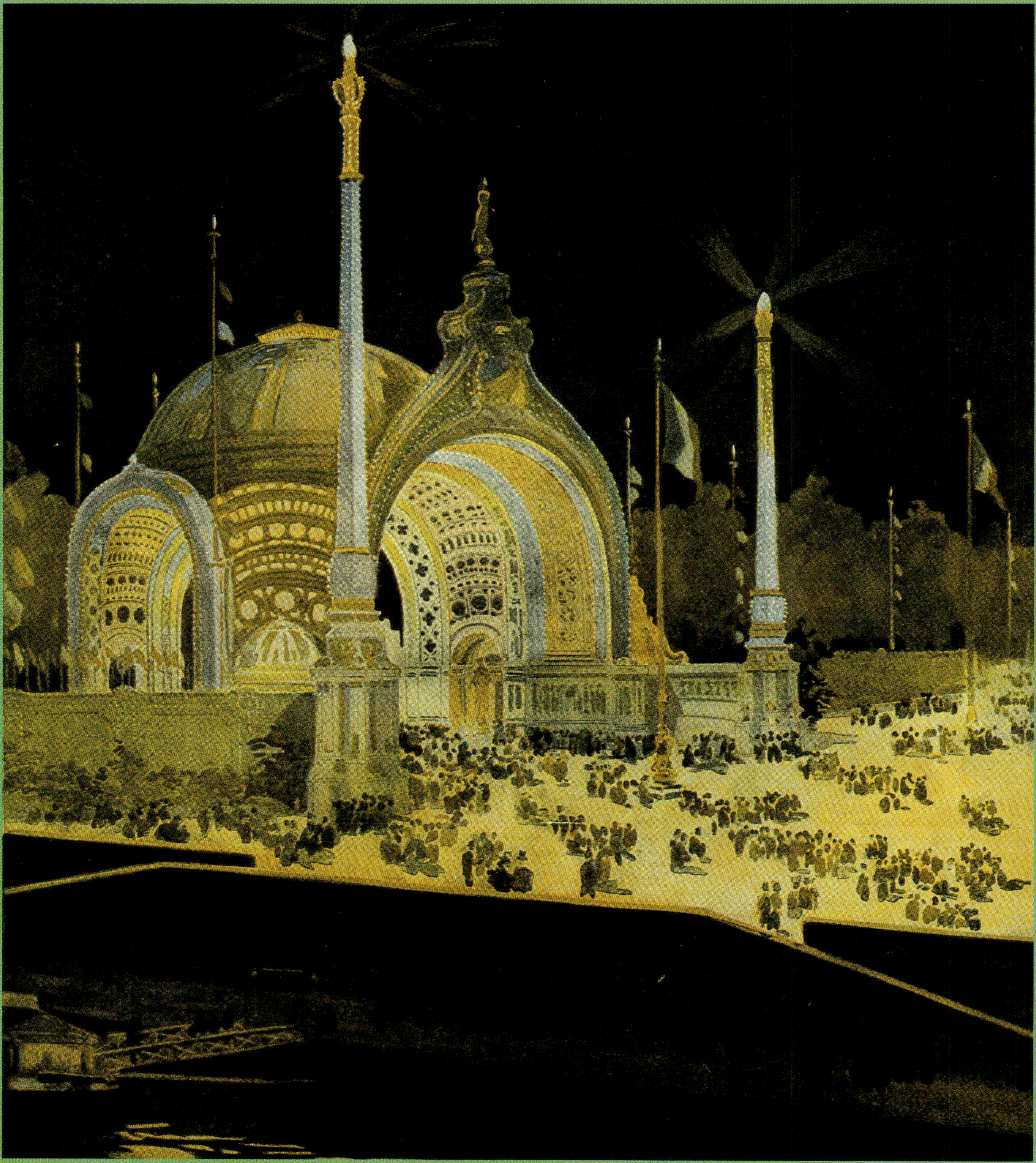

BEWEGUNG

WIE DIE MODERNE LAUFEN LERNTE

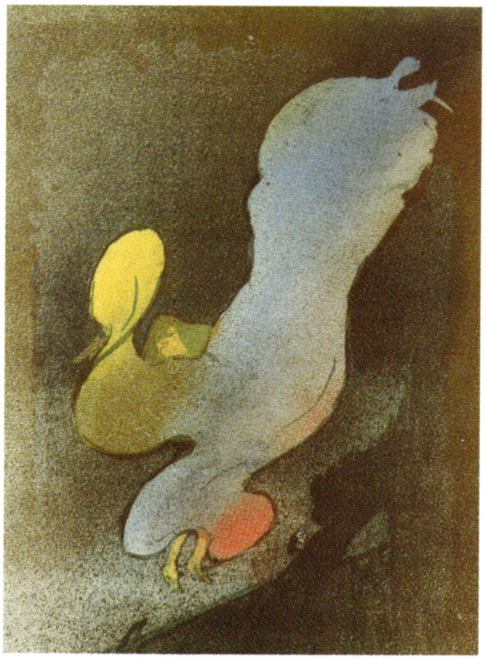

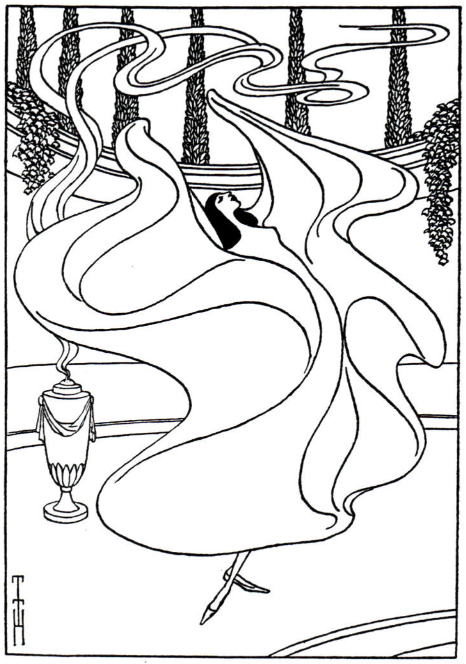

Das ausgehende neunzehnte Jahrhundert brachte der Welt zwei Neuigkeiten: das Kino und den Jugendstil. Beide lassen sich in Beziehung setzen, denn sie hatten verwandte Voraussetzungen und vergleichbare Ziele, auch die Sehnsüchte lagen nahe beieinander. Das bewegte Bild und der bewegte Stil sind in der einen oder anderen Weise Ausgeburten des industriellen Zeitalters, entweder unmittelbar als Erfindung oder rückwirkend in dem Bemühen um Veredelung. Gemeinsam verfügten sie über ein stummes, wenngleich gestenreiches Mitteilungsbedürfnis, der Film in seinen Anfängen kolportagehaft, der Stil schöngeistig bis naiv, hin und wieder auch vulgär. Und einträchtig strebten sie nach Popularität, der Film hatte dabei größere Erfolge, der Jugendstil längerfristige.
Direkte Verbindungen sind nicht belegbar, schließlich erwachte der Kunstanspruch des Films auch erst zu einer Zeit, als es den Jugendstil kaum noch gab. Wir wissen also nicht, ob Henry van de Velde sich durch die Suggestivkraft bewegter Bilder in seinem dynamischen Stil bestätigt fühlte; und ob ein auffallend eleganter Lichtspielhausentwurf von Frank Lloyd Wright tatsächlich schon 1905 entstand, muß fraglich bleiben. Die phantastischen Geschichten, die Georges Méliès schon früh auf der Leinwand erzählte, lebten von Jules Verne und schufen sich eine ganz eigene Bilderwelt, zeigten aber keine Einflüsse der Art Nouveau Pariser Prägung. Doch ihr fast gleichzeitiges Entstehen – 1895 das Kino und etwas früher der Jugendstil – deutet darauf hin, daß zwei Phänomene sich zumindest im Hinblick auf Aktualität sehr ähnlich waren.
Die Berührungspunkte konnten schließlich auch nicht im Anekdotischen liegen. Wenn es tatsächlich etwas auslösend Gemeinsames gab, dann zuerst in der Faszination über die Bewegung, die inzwischen fast alle Bereiche des Lebens ergriffen hatte. Die zunehmende Beschleunigung des Verkehrs, der maschinellen Effizienz und der menschlichen Handlungsmöglichkeiten insgesamt konnte niemanden mehr gleichgültig lassen. Dieses dynamische Element zu spiegeln war ein erstes Anliegen des Films und es ästhetisch zu sublimieren das Eigentliche des Jugendstils. Zwar mögen andere Motive mitgewirkt haben, aber als Grundmovens kann gelten, daß sich die bilden-

Titelseite: Der Haupteingang der Pariser Weltausstellung bei nächtlicher Beleuchtung, Aquarell von M. F. Bellenger, aus: Le Livre d'Or de L'Exposition de 1900, Paris 1900.

Henri de Toulouse-Lautrec, Loie Fuller, Paris 1893, Lithographie (Ausschnitt).

Thomas Theodor Heine, Loie Fuller, München um 1900.

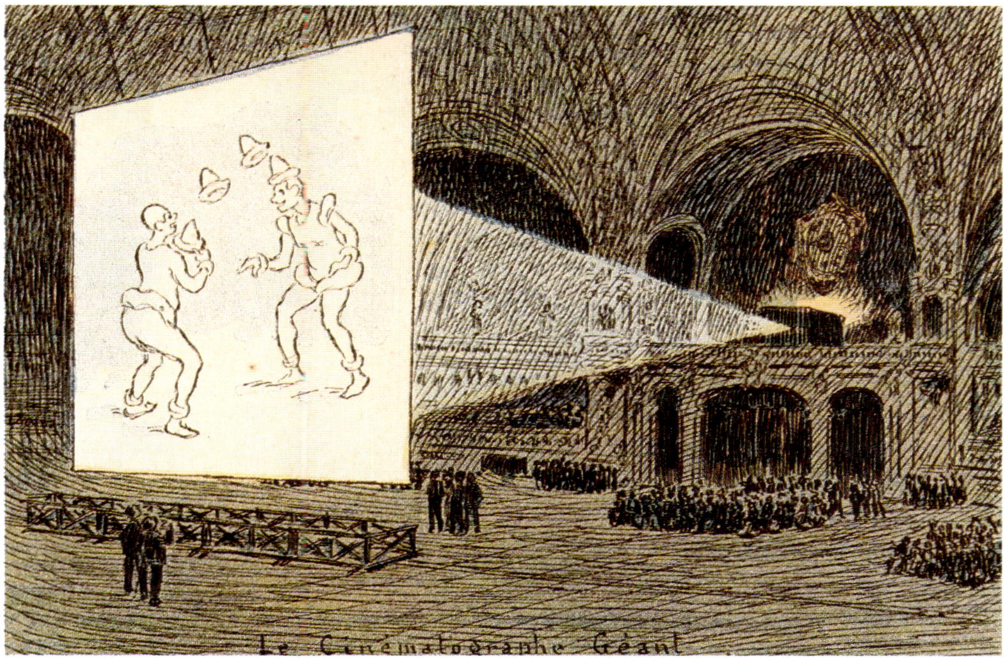

de Kunst seit geraumer Zeit darum bemühte, die technischen Prozesse, die laufend die Welt veränderten, auf ihre Weise und mit ihren Mitteln einzuholen. Der Impressionismus war ein erster Weg gewesen, dem Flüchtigen, im Ausschnitt nicht mehr Festgelegten eine ästhetisch befriedigende Form zu geben. Die sanktionierte Unschärfe stellte das Eingeständnis dar, daß die Eindrücke nicht mehr unbedingt statisch erfaßt werden mußten, sie konnten auch ins Gleiten geraten.

War bisher die Berührung von Kunst und Technik – läßt man die ästhetische Hilflosigkeit des Historismus außer acht – nur ephemer gewesen, eher von Abwehr denn vom Willen zur Symbiose bestimmt, so muß dem Jugendstil zugestanden werden, daß er der bis dahin eindeutigste Versuch war, das zu ändern. Er kann als die Bemühung gelten, eine Versöhnung der tradierten Kunsterwartung mit den Phänomenen des technischen Zeitalters herzustellen. Daß dergleichen vielleicht ein Widerspruch in sich war, ließ sich zwar ahnen, zur Gewißheit wurde es aber erst durch den Jugendstil. Das mußte schmerzen; seine anhaltende Beliebtheit kann deshalb nur als der irrationale Wunsch gedeutet werden, diesen Moment der Erkenntnis immer wieder hinauszuschieben. So wird der Jugendstil, der ja nur kurz dauerte, wohl ewig weiterleben als die Metapher einer utopischen Hoffnung.

Als wie aktuell die Nähe von Film und Jugendstil bereits um 1900 empfunden wurde, ist daran zu erkennen, daß sich beide auf der Weltausstellung in Paris begegneten. Schon seit ihrer Einführung waren diese Veranstaltungen die großen Neuigkeitsbörsen der Zeit gewesen, auf denen kaum etwas ausgelassen wurde – so auch jetzt nicht. Marginal konnte dabei weder der eine noch der andere Beitrag genannt werden, denn der Jugendstil war in vielen Länderpavillons anzutreffen und galt seitdem als etabliert. Der Umstand jedoch, daß ausgerechnet der riesige Festsaal, den man teuer, aber geschmacklich billig in der ehemaligen »Galerie des Machines« von 1889 aufgebaut hatte, zum Filmvorführraum gemacht wurde, zählte in besonderer Weise. Sicherlich lag es im französischen Interesse, die neue Errungenschaft des laufenden Bildes als eigene Erfindung zu präsentieren – in Deutschland hatte man offensichtlich nicht zu würdigen gewußt, daß in

M. E. Vavaseur, zeitgenössische Illustration, die den Einbau einer Filmprojektion im großen Festsaal der Pariser Weltausstellung zeigt. Insgesamt sahen 1,5 Millionen Zuschauer die Vorführungen auf der Leinwand mit den Maßen 18 × 21 m, aus: Le Livre d'Or de L'Exposition de 1900, Paris 1900.

Abel Truchet, Plakatvordruck, Frankreich 1895, der die Faszination des bewegten Bildes zeigt: Die Gleise verlängern sich in den Zuschauerraum hinein.
Musée de la Publicité, Paris

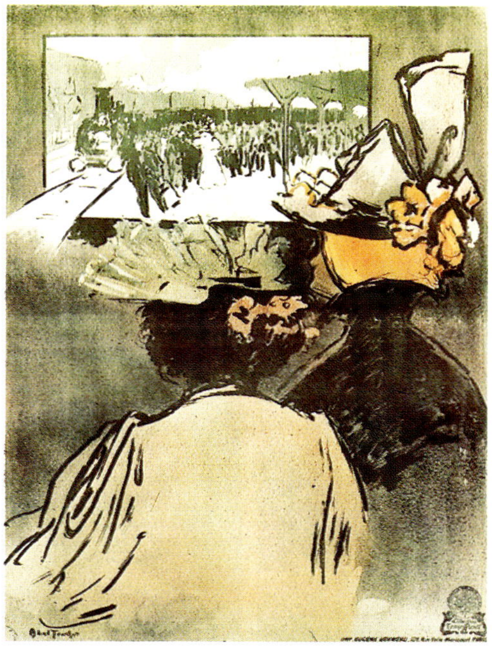

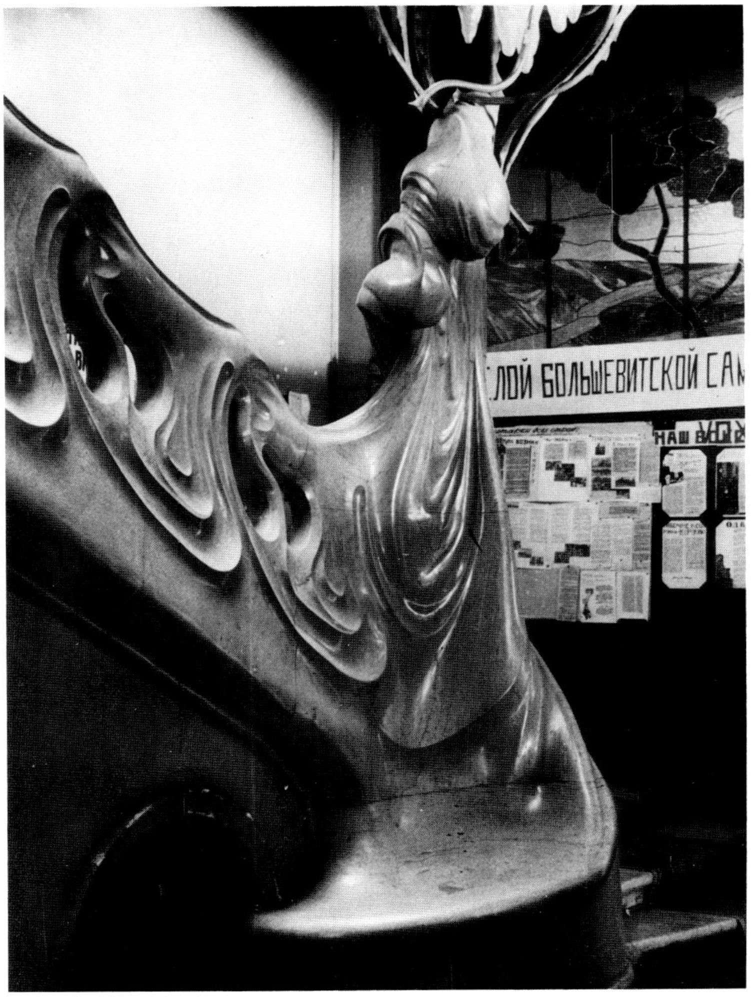

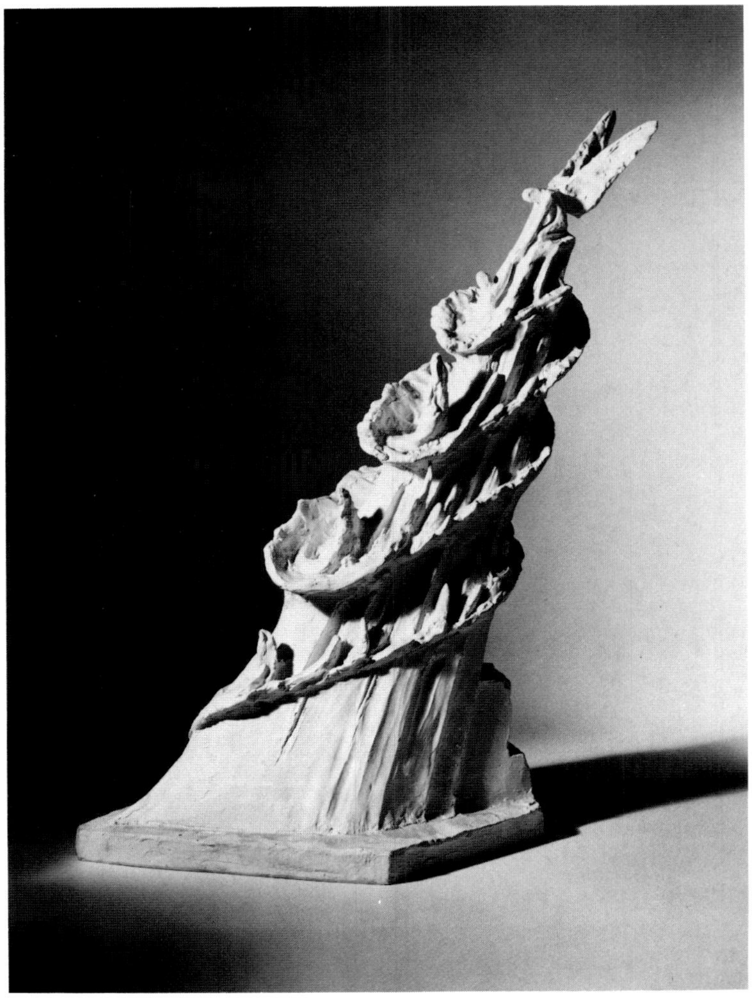

Unbekannter Architekt, Treppengeländer in Moskau, um 1900.

Hermann Obrist, Denkmalentwurf, München, um 1895, Gips, 88 cm hoch. Kunstgewerbemuseum, Zürich

Berlin der Filmpionier Max Skladanowski schon bald nach den Brüdern Auguste und Louis Jean Lumière und unabhängig von diesen aufgetreten war –, doch der Aufwand muß erheblich gewesen sein.
Die Kinoprojektion vermochte dabei wohl überzeugend einen anderen Versuch abzulösen, filmisch zu erzählen. Im russischen Pavillon fand das Schauspiel einer Sibirienreise in der Form statt, daß an den Fenstern aufgebockter Waggons gemalte Panoramen vorbeigeführt wurden – zweifellos noch der theatermäßig-mechanische Trick, Bewegung zu suggerieren. Zu den Besonderheiten der Pariser Veranstaltung hatte außerdem ein rollendes Trottoir gehört, das sich um die ganze Ausstellung zog – auch das wohl etwas anderes als die bisher schon bekannten Fahrzeuge und Laufbühnen, denn die Permanenz der Bewegung ermöglichte ein ganz anderes Sehen als der sonst übliche Transport von einem Ort zum anderen und wieder zurück.
1900 trat in Paris auch wieder Loie Fuller auf. Wie sehr der Jugendstil durch ihre in farbiges Licht getauchten Serpentinentänze inspiriert worden ist, spiegelt sich in einer schon nicht mehr zu überblickenden Zahl von Illustrationen und Plastiken wider. Sie alle stellen den Versuch dar, etwas im Grunde nicht Faßbares dennoch auf der Fläche oder im Raum zu fixieren. Sie verraten dabei eher Ohnmacht vor dem Ereignis, als daß sie ihm beizukommen vermögen. Wie sollten sie auch, denn hier hatte Bewegung als reiner Selbstzweck stattgefunden, ohne die Vermittlung von inhaltlichen Gesten und Stimmungen, die festzuhalten man noch fähig gewesen wäre. Die besten Darstellungen sind deshalb solche, die sich auf die Wiedergabe

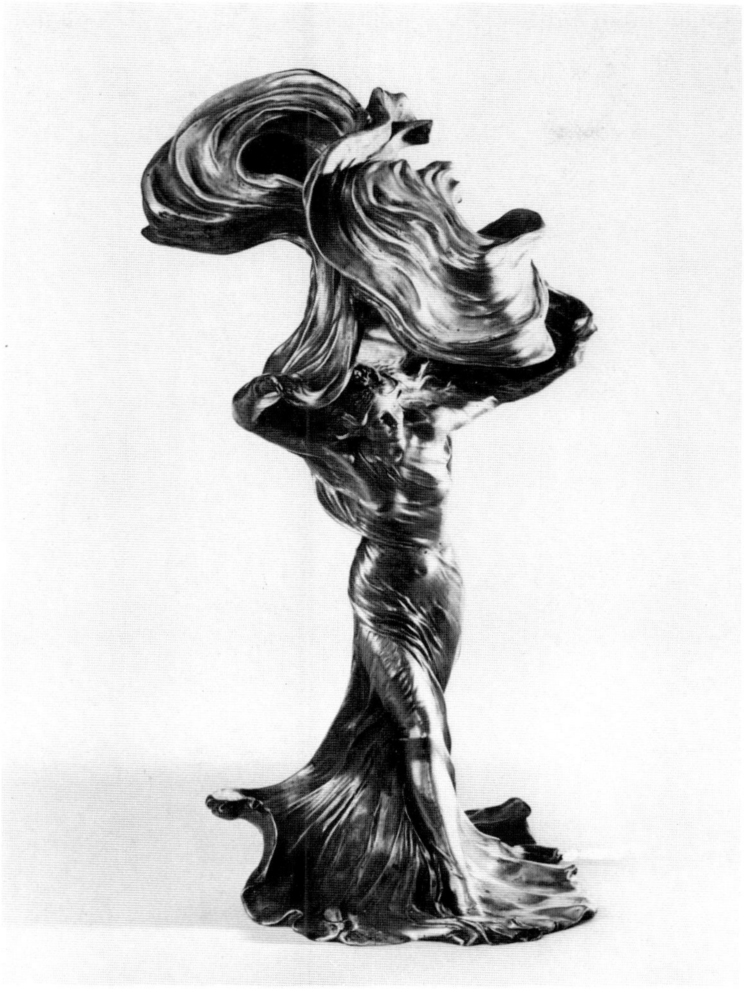

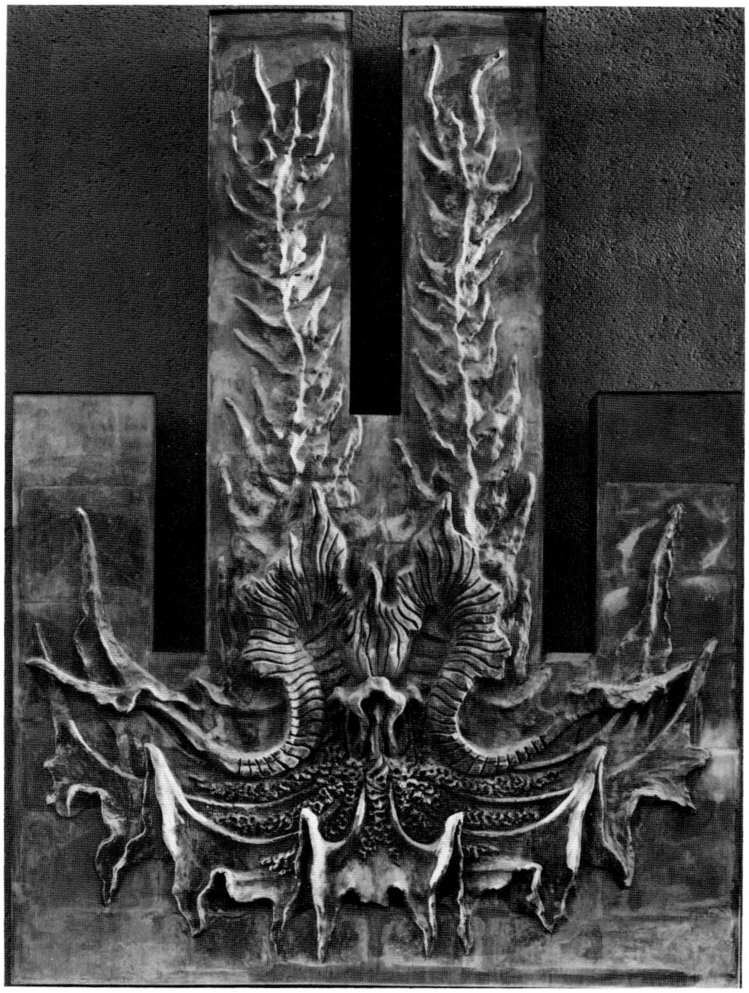

Raoul François Larche, die Tänzerin Loie Fuller, Paris um 1900, vergoldete Bronze, 46 cm hoch. Bayerisches Nationalmuseum, München

August Endell, Relief, 1898, 425 cm hoch, vormals an einem Sanatorium auf der Insel Föhr. Kunsthalle zu Kiel, Kiel

des Bewegungsrausches der Tücher beschränken und Kopf und Gliedmaßen darin aufgehen lassen. Es bot sich tatsächlich als sinnvoll an, alles Persönliche zugunsten des nur Motorischen verschwinden zu lassen.
Loie Fuller stellte in mehrfacher Hinsicht ein Phänomen dar: Sie war eine abstrakte Plastik, und sie machte Bewegung zum Absolutum, vergleichbar vielleicht mit der Schönheit einer Schiffsschraube im Wasser, aber diese erzeugte Antrieb, Loie Fuller nur sich selbst. Ihr Stillstand muß desillusionierend gewesen sein, schon Photographien, die sie auf einer Wiese tanzend zeigen, enthüllen, wie primitiv das Werkzeug der Stäbe war, mit denen sie zu hantieren pflegte. Ihr Bereich war der distanzierende Kunstraum der Bühne, der die Mittel unsichtbar macht und reine Wirkung hervorbringt. Mit dieser Einschränkung konnte die Verlockung, die von ihr ausging, allerdings auch zum Verhängnis werden.
Gefeit dagegen, sich in Künstlichkeit und Narzißmus zu verlieren, waren alle jene, denen es wie Hermann Obrist und August Endell in München gelang, die große umfassende Gebärde zu gestalten, oder die wie Victor Horta und Henry van de Velde in Brüssel, Hector Guimard in Paris und Richard Riemerschmid in München in überzeugender Weise konstruktiv zu denken vermochten. Sie vor allem setzten die Fanale, gaben Maßstäbe und rechtfertigten es, die vereinzelten Ansätze einen neuen Stil zu nennen. Allen diesen Künstlern ist nun gemeinsam, daß ihre Werke nicht statisch wirken, sondern bewegt – sei es durch gleitende, schnellende, zuckende, sich verknotende und wieder auseinandersprengende Formen oder aber durch das

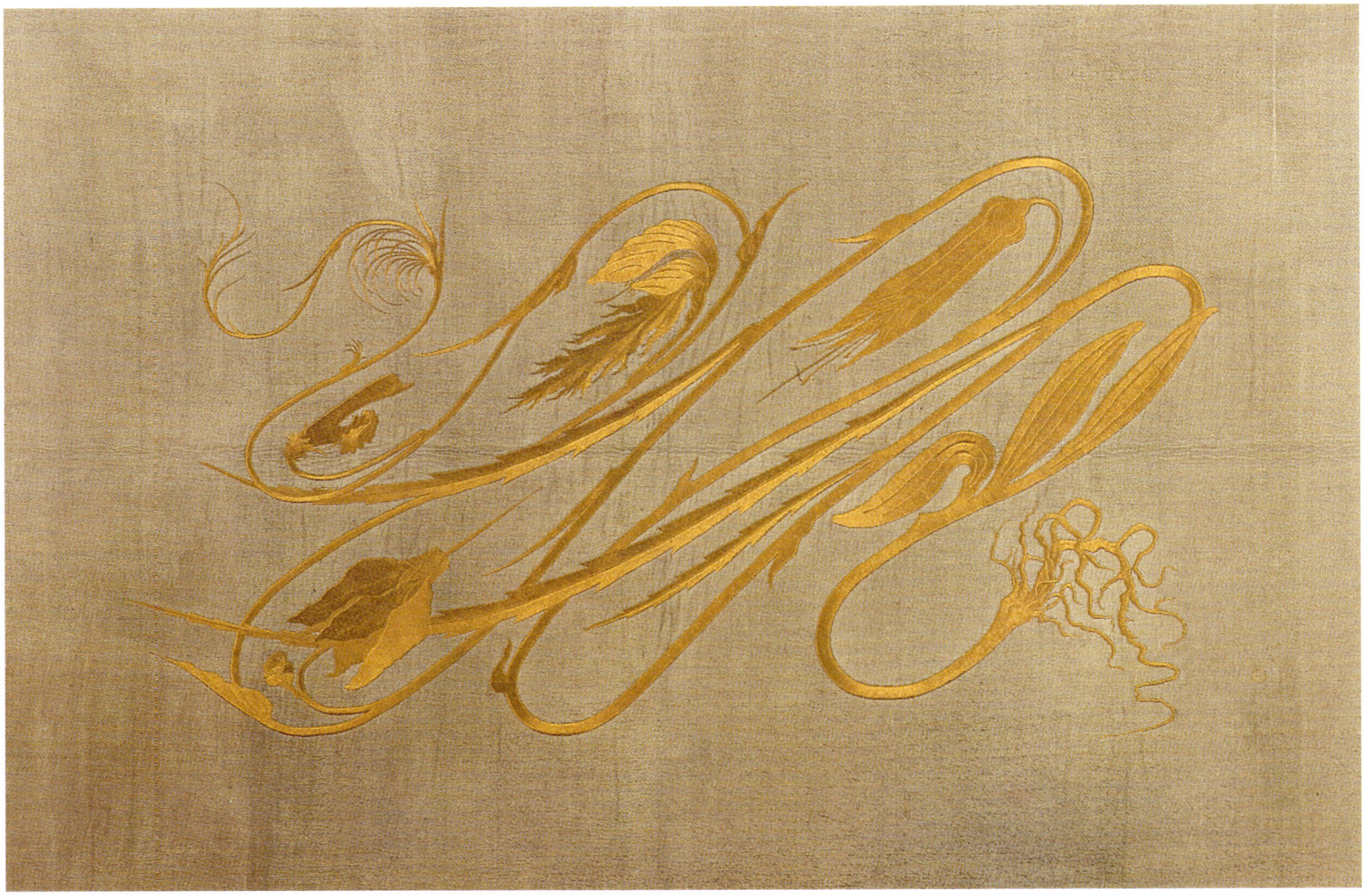

Hermann Obrist, bestickter Wandbehang »Peitschenhieb«, München um 1895, Wolle mit Seide, 120 × 185 cm.
Münchner Stadtmuseum, München

Sichtbarmachen innerer Kräfteverläufe an Möbeln, Gerätschaften und Häusern. Eine weitgehende Abstraktion kennzeichnet die Dinge gleicherweise und distanziert sie von den Hervorbringungen jener Künstler, die sich auf schweifende Haare, ziehende Schwäne und schlängelnde Nixen kapriziert hatten.

Es wird von hier aus verständlich, wenn in diesem Buch Bildbeispiele von Gemälden fehlen. Der Bezug der Malerei zum Jugendstil war schon immer umstritten. Das Werk von Henri de Toulouse-Lautrec, Jan Toorop, Edvard Munch, Gustav Klimt und anderen teilweise oder ganz unter diesem Begriff zu führen, stellt stets eine Einengung des Wertes dar, der sich in der Regel komplexer zusammensetzt, als daß man ihn auf die einfache Formel einer verwandten Linienführung bringen könnte. So brachten symbolistische Züge oft die entscheidende inhaltliche Komponente ein, die sich dann eher zufällig in jugendstilähnlicher Weise äußerte. Jedoch nicht der Verlauf einer Linie an sich kann maßgebend sein, sondern die Motivation, die sie bestimmt. Diese muß automatisch an einem Ornament, einem Stuhl oder einem Haus anders sein als innerhalb der Komposition eines Bildes. Es kann hoffentlich im folgenden deutlich werden, daß der Jugendstil ausschließlich eine Äußerung im angewandten Bereich war, also nur zur Charakterisierung von Geräten, Möbeln und Gebäuden herangezogen werden kann. Da es eines seiner Hauptanliegen war, den benutzbaren Dingen eine dem Zweck entsprechende – in Wahrheit jedoch überhöhende – Form zu geben, ist es unerläßlich, ihn innerhalb der selbstgesetzten Kriterien und Maximen zu

beurteilen. Das Herbeibemühen von »Kunst« in Form von Malerei verunklärt nur das Bild und verletzt den Anspruch der Wortführer, zwar künstlerisch handelnd vorzugehen, aber nicht Kunst machen zu wollen – gerade diesem hatte man ja vorher in der Regel abgeschworen.
Es kann nach den vielen Publikationen, die der vorliegenden vorausgingen, auch nicht mehr sinnvoll sein, erneut das Wichtige und das Verstreute, das Erhabene wie das Lächerliche einträchtig und unentschieden nebeneinanderzusetzen. Der Abstand vom Zeitpunkt des Entstehens ist heute so groß, daß nicht mehr der Stoff an sich – der inzwischen in Katalogen weidlich aufgearbeitet ist – maßgebend sein kann, sondern unsere Einstellung zu ihm, die Sicht, die er uns vermitteln kann, und die Einsicht, die wir aus ihm gewinnen können. Die kritische Würdigung, auch wenn sie hin und wieder schmerzt, ist angebrachter als die sentimentale Zuneigung, die unterschiedslos liebt und unrecht tut durch eine indifferente Haltung.
Dieser Argumentation könnte nun entgegengesetzt werden, daß der Jugendstil selbst dazu neigte, in sich widerspruchsvoll, unentschieden und zwitterhaft zu sein. Groß war der Anspruch und erheblich geringer die Erfüllung – so ein schon damals oft geäußerter Vorwurf. Warum ihn also festlegen, wenn er sich geradezu dagegen sträubt? Etwas Vexierhaftes ist ihm tatsächlich zu eigen, und das Rätselbild seines Wollens kann oft nur schwer entschlüsselt werden. Trotzdem ist es unerläßlich, ihm die Ernsthaftigkeit abzufordern, die er verdient – und die er zweifellos in seinen besten Zeugnissen besitzt.
Die Ambivalenz des Jugendstils, seine Mehrgesichtigkeit und das Changierende seiner Erscheinung waren nicht das Ergebnis einer Laune, sondern ergaben sich aus der Situation, die ihn hervorbrachte. Sie war – vereinfacht dargestellt – eine Folge der Dissonanz zwischen Kunst und Technik, die sich

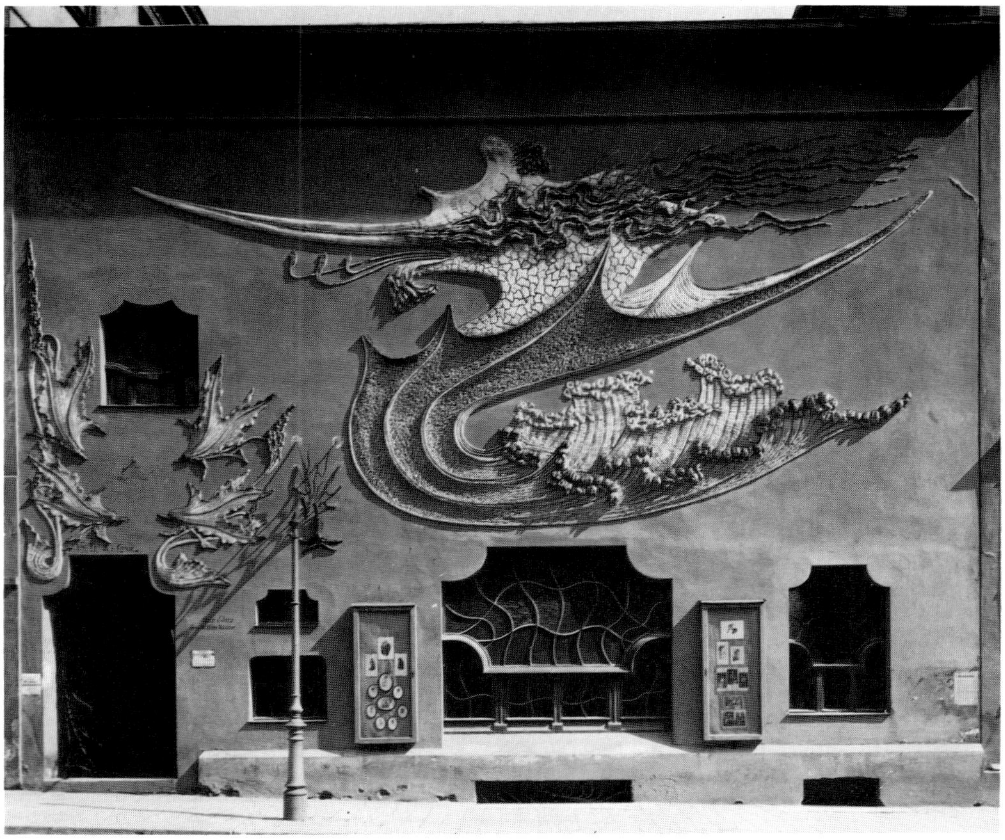

August Endell, das Hof-Atelier »Elvira« in der Von-der-Tann-Straße in München, 1896/97.

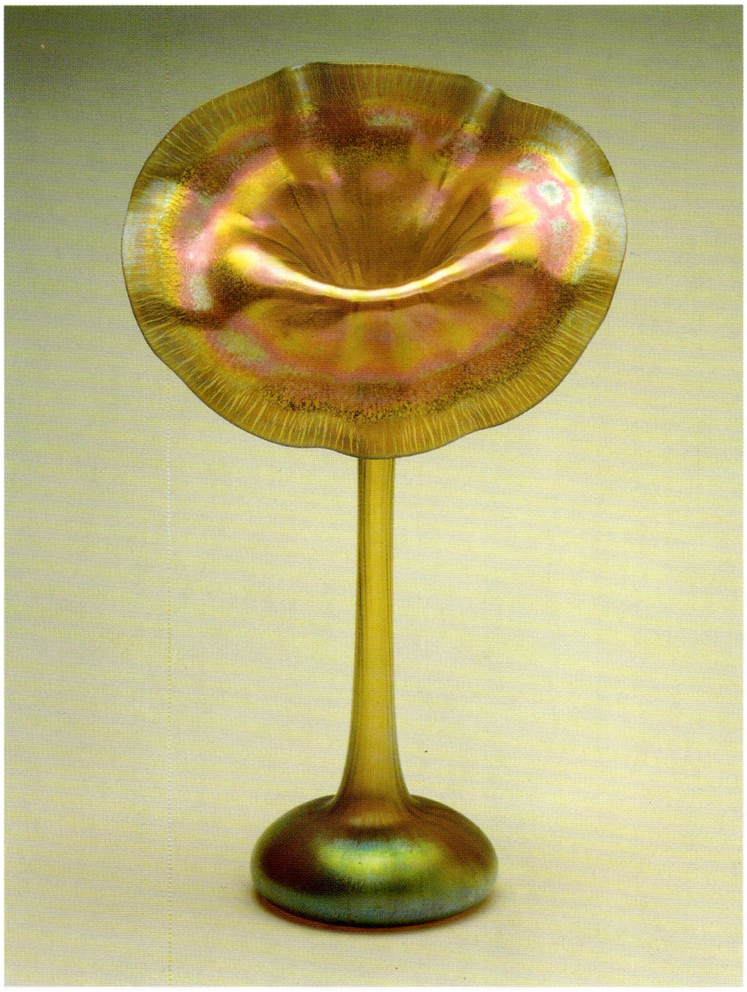

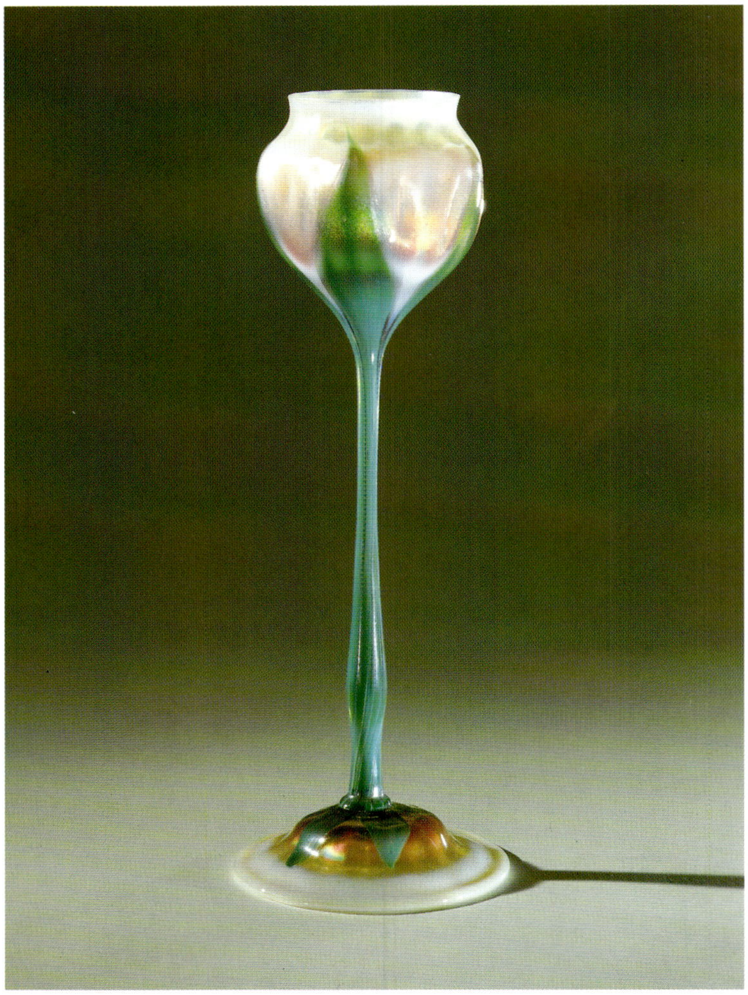

Louis Comfort Tiffany, Vase aus irisierendem Glas, New York um 1900, 45 cm hoch. Bayerisches Nationalmuseum, München

Louis Comfort Tiffany, Zierglas in Tulpenform, New York um 1900, Favrileglas, 34 cm hoch. Bayerisches Nationalmuseum, München

im neunzehnten Jahrhundert immer deutlicher herausgebildet hatte und nun dringend einer Auflösung bedurfte. Um 1900 war der Moment dafür gekommen. Die Spannung entlud sich mit geradezu explosionsartiger Kraft. Dieses kann erklären, warum damals in wenigen Jahren so erstaunlich viel an den verschiedensten Orten der Welt entstehen konnte, es deutet aber auch an, daß die Situation kaum dazu geeignet war, etwas zur Reife kommen zu lassen. Hektik bestimmte oft das Geschehen, und etwas von der inszenierten Künstlichkeit, die den Höhepunkt kennzeichnete – die Pariser Weltausstellung 1900 –, war eigentlich dem ganzen Jugendstil immanent. Er besaß von Anfang an eine exponierte Position – das förderte ihn, machte ihn aber auch in verhängnisvoller Weise vom Votum der Öffentlichkeit abhängig.

Der erwähnte Zwiespalt, dem der Jugendstil ursächlich sein Leben verdankt – wenn es überhaupt möglich ist, dergleichen eindeutig zu bestimmen –, war entstanden durch das Aufkommen der Technik als eines neuen, inzwischen weitgehend autonomen Phänomens, das Anerkennung gefunden hatte aufgrund seiner komfortablen und äußerst effektiven Errungenschaften, dem aber die ästhetische Sanktionierung verweigert wurde. Die sichtbaren Ausprägungen der gewiß auch in vieler Hinsicht beunruhigenden und Ängste erzeugenden Technik sollten deshalb versteckt und, soweit das ging, hinter Kunst – oder was man damals dafür hielt – verborgen gehalten werden. Bekannt sind die Versuche des Historismus, Bauwerke wie Brücken, Bahnhöfe, Ausstellungshallen und Wassertürme mit unnötigen Architekturteilen zu ummanteln und sie dadurch vertrauten Vorstellungen anzupassen. Be-

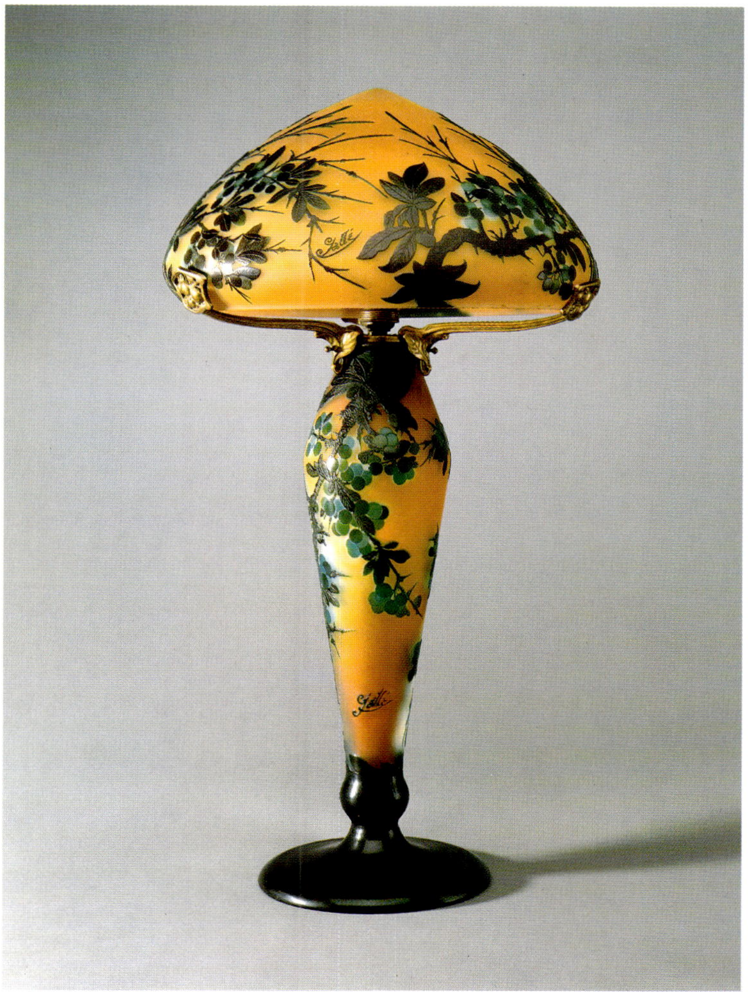

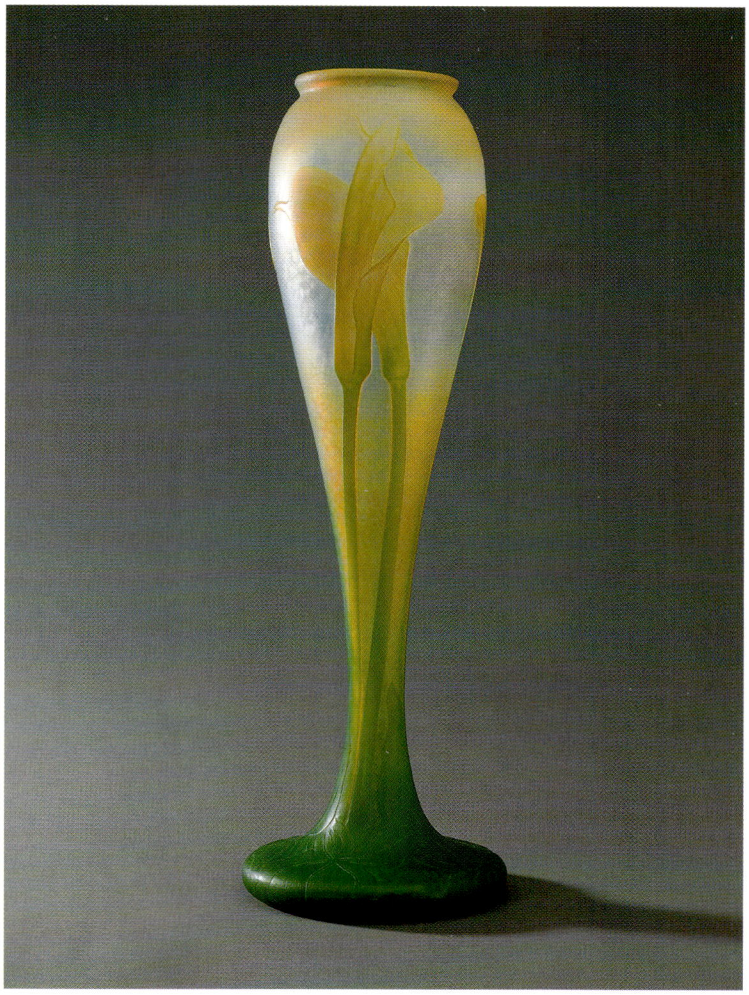

sonders der Grenzübertritt von dem altgewohnten Lebensraum Stadt zu dem freien Gelände technischer Expansion – wie es Kanäle, Schienenstränge und Industrieanlagen darstellten – bedurfte dieser Kaschierung. Was dann jenseits lag, besaß in hohem Maße Freiheit, ließ sich auch schon nicht mehr einholen und gewann schnell und sicher eigene Gestalt. So gehörten denn Lokomotiven, Gaskessel, Fördergerüste, Dampfhämmer, Rotationsmaschinen und ähnliches zu den ästhetisch überzeugendsten Schöpfungen des späten neunzehnten Jahrhunderts – ganz abgesehen von den großen architektonischen Eisenkonstruktionen, wenn sie ausnahmsweise einmal unmaskiert auftreten durften. Eine ganz selbstverständliche funktionale Gestaltung hatte Formen von schöner Knappheit und kühner Eleganz hervorgebracht. In Paris waren diese Zeugnisse auf den Weltausstellungen 1867, 1878, 1889 und 1900 immer wieder zu sehen gewesen. Aber gerade weil hier Autonomie herrschte und diese nicht mehr beschränkt werden konnte, mußte der Gegenbereich um so heftiger verteidigt werden. Künstlerische Verbrämungen wucherten deshalb ziemlich ungezügelt, groteskerweise jetzt auch noch billig geworden aufgrund neuer, industrieller Produktionsmethoden.

Die ästhetischen Korrekturentwürfe, die geeignet sein sollten, der Technik wirksam zu begegnen, waren jedoch schlichtweg restaurativ. Nicht anders kann es gedeutet werden, wenn damals, in der zweiten Hälfte des neunzehnten Jahrhunderts, die Manufaktur gegen die industrielle Erzeugung ausgespielt wurde. Das Stichwort hieß Kunstgewerbe – jene unglückliche

Emile Gallé, Lampe mit Schlehendorndekor, Nancy um 1900, mehrfach überfangenes Glas mit Bronzemontierung, 76 cm hoch. Galerie Katharina Büttiker, Zürich

Antonin Daum, Vase mit Calla-Blüten, Nancy um 1895, mehrfach überfangenes Glas, 51 cm hoch. Galerie Katharina Büttiker, Zürich

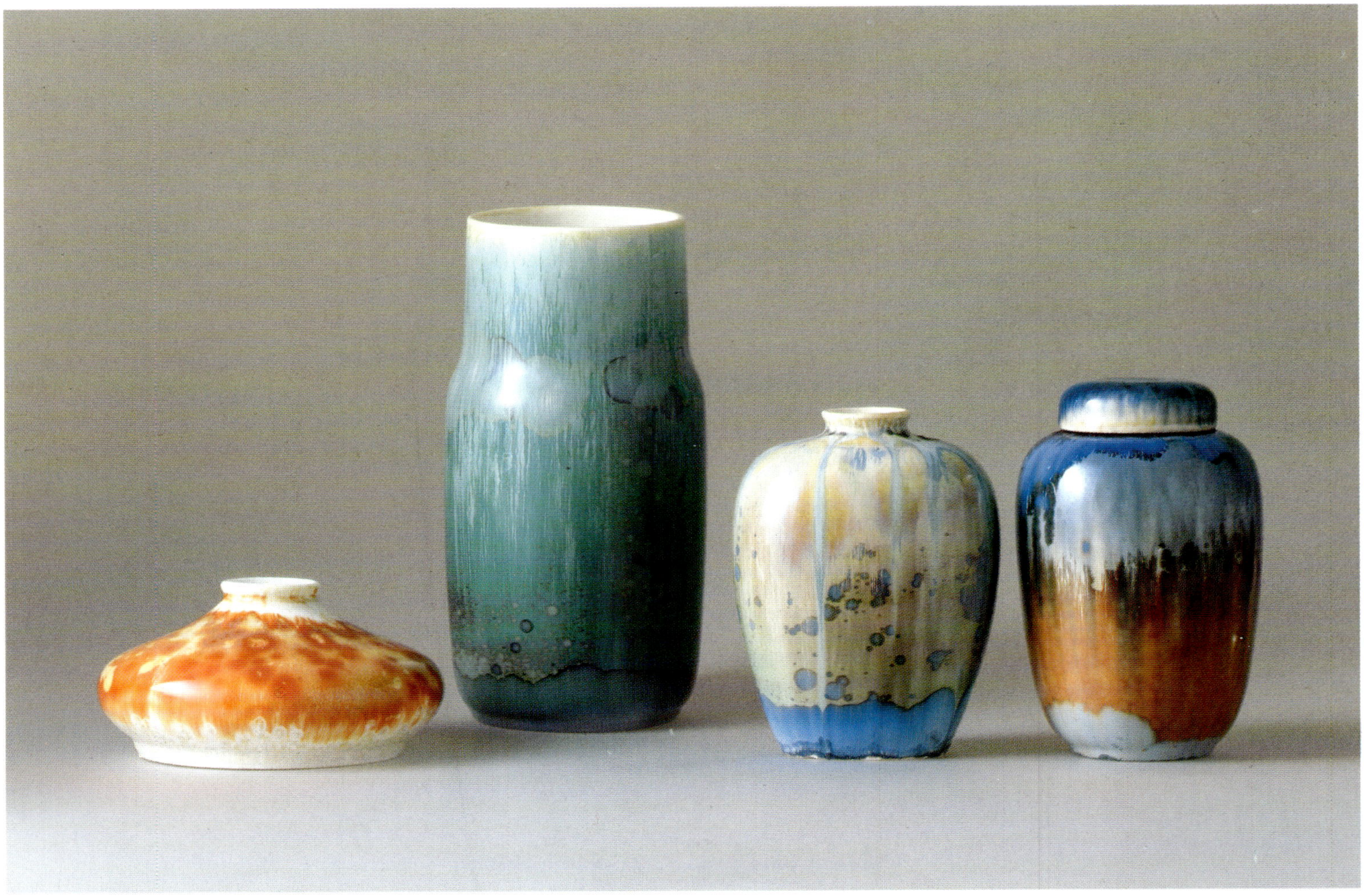

Christian Valdemar Engelhardt, drei Porzellanvasen und eine Dose, Kopenhagen zwischen 1895 und 1910, zwischen 14 und 24 cm hoch. Privatbesitz, München

Gattung benennend, der es zum Schicksal wurde, zwischen den Fronten herumirren zu müssen. Da es im Grunde hoffnungslos war, die handwerklichen Produktionsmethoden auf die Dauer gegen die der Industrie hochzuhalten, auch wenn das damals der Engländer John Ruskin in geradezu donquichottehafter Manier versuchte, konnte allenfalls dem schmalen Bereich des anspruchsvoll-teuren Luxusgutes die Gegenposition zur Fabrikware zufallen. Diese Konfrontation war irrig, solange sie als Gegnerschaft aufgefaßt wurde und nicht als wechselseitige Ergänzung. Verteidigt als letzter Hort individueller Fertigung gegenüber einer angeblich seelenlos-technoiden Welt, wurde das Kunstgewerbe zum sentimentalen Fluchtpunkt stilisiert und gewann deshalb immer mehr einen dementsprechenden Ausdruck. Gerade um 1900 wurde dergleichen wieder aktuell.

Diese Entwicklung mußte überraschen, denn eigentlich war die Diskussion um das Für und Wider schon im neunzehnten Jahrhundert ausgetragen worden. In William Morris hatte das Kunsthandwerk seinen stärksten Anwalt gefunden, aber auch denjenigen, der zuerst die Vergeblichkeit einsehen mußte, es als Mittel der Reform einzusetzen. Morris – Ire und ursprünglich Schriftsteller – hatte sich unter dem Einfluß von Ruskin der Architektur und später dem Entwurf, der Herstellung und dem Vertrieb handwerklicher Erzeugnisse zugewandt. Seine künstlerische Heimat bildete dabei der Kreis der Präraffaeliten, dem er aber geistig bald entwuchs. Bestimmend blieb jedoch die Gedankenwelt des Mentors Ruskin, der in der zweiten Hälfte des neunzehnten Jahrhunderts einen leidenschaftlichen Kreuzzug gegen die

sich immer weiterentwickelnde Technik führte und in bewegten Worten die Rückkehr zum Handwerk forderte, um so der drohenden Entmündigung des Menschen durch die Maschine zu begegnen. Sein Wunsch war es, den Industriearbeiter wieder einer selbständigen Tätigkeit zuzuführen, um ihn aus der kapitalistischen Abhängigkeit zu befreien. Die bedrückenden Verhältnisse, die damals in England herrschten, gaben zweifellos zu solchen utopischen Vorstellungen Anlaß. Ruskin hatte dabei neben der Lösung sozialer Probleme deutlich auch die Rettung formaler Traditionen im Sinn. William Morris versuchte nun, diesen Gedankenentwurf, der im wesentlichen auf die Beschwörung eines idealisierten Mittelalters hinauslief, in die Tat umzusetzen – und zwar in eigener Person und mit erstaunlicher Intensität. Er gründete verschiedene Werkstätten und ließ sich in den einzelnen handwerklichen Sparten ausbilden. Das Ergebnis war, daß unter seinen Händen sehr kostbare Dinge entstanden, die wegen der guten Ausführung und der schwierigen Herstellung so teuer wurden, daß nur einige reiche Kunden sie sich leisten konnten. Da Morris es als selbstverständlich voraussetzte, daß seine Erzeugnisse einen hohen formalen Standard aufwiesen – schon um sie genügend vom Ungeschmack der Zeit abzuheben –, stellten sie automatisch mehr dar als bloßes Handwerk und kamen nicht aus ohne ein besonderes Prädikat. Sie waren eben »Kunst«-Handwerk und somit Randprodukte von recht begrenzter Wirksamkeit. Das ganze löbliche Tun vollzog sich in der Isolierung, und die soziale Komponente ging verloren. Die bei ihm beschäftigten Handwerker konnten sich glücklich schätzen, aber als Modell zur Befreiung der Arbeiterschaft vermochte das kaum zu taugen.
Morris erkannte bald den Zwiespalt, der darin lag, daß Handwerk nur noch mit einem betont künstlerischen Anspruch konkurrenz- und lebensfähig war und lediglich als wirtschaftliche Basis für eine Minderheit dienen konnte,

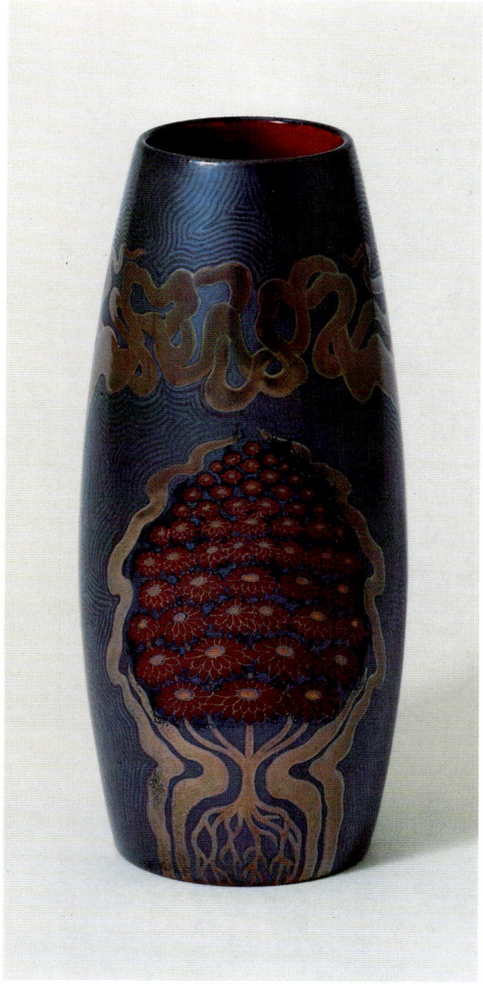

Vilmos Zsolnay und Lajos Mack, Steinzeugvase mit Lüsterdekor, Ungarn um 1900, 31 cm hoch. Privatbesitz, München

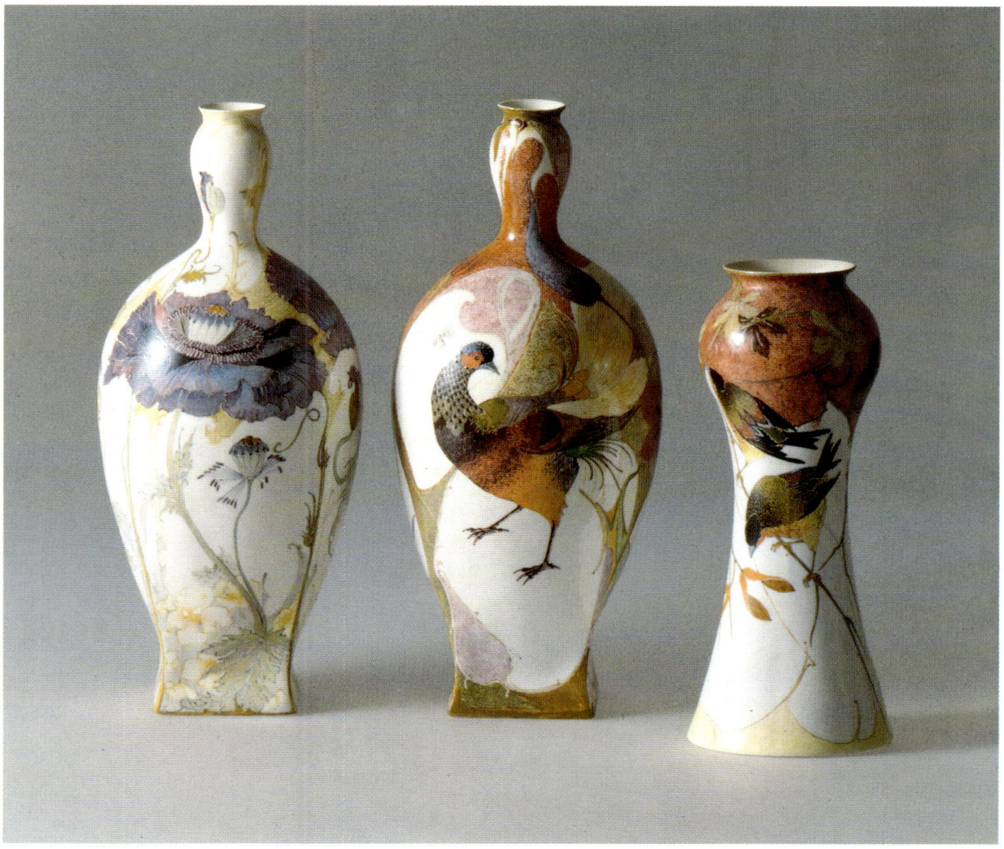

Juriaan Kok, drei Vasen aus Eierschalenporzellan, Holland 1901–1903, Manufaktur Rozenburg, Den Haag, zwischen 21 und 28,5 cm hoch. Privatbesitz, München

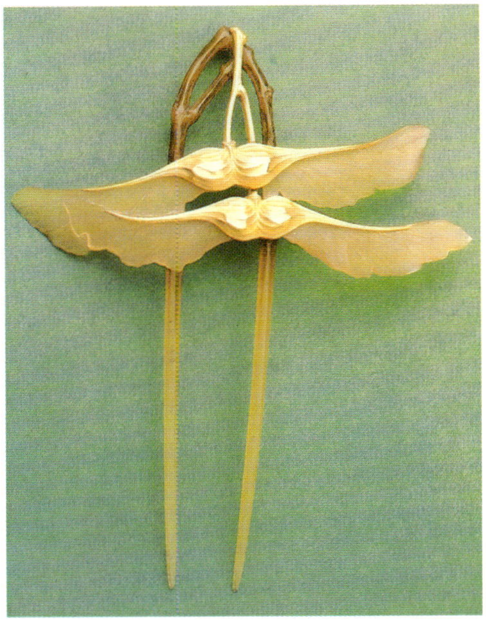

während die ursprünglichen Intentionen ja auf eine umfassende Reform der sozialen Verhältnisse gezielt hatten. Er tat daraufhin den denkbar vernünftigsten Schritt, indem er sich unter Auslassung aller ästhetischen Umschreibungen direkt politischen Handlungen zuwandte. 1883 wurde er Mitglied der sozialistischen »Democratic Federation«, und zwei Jahre später gehörte er zu den Mitbegründern der »Socialist League«. Er suchte nun eine Lösung der Probleme auf der Ebene, auf der allein sie zu finden war. Aber diese Konsequenz im Handeln wurde kaum verstanden. Obgleich Morris durch seinen unmittelbaren Einsatz die Ideen von Ruskin ad absurdum geführt hatte, blieben sie trotzdem ungeschmälert lebendig, sie gehörten zum allgemeinen Gedankengut auch noch und gerade um 1900.
Tatsächlich vorbildlich wirkte Morris in der Folge als Gestalter, seine Erzeugnisse wurden gepriesen und hoch gehandelt. Er avancierte zu einer Leitfigur des Jugendstils, der ziemlich genau zum gleichen Zeitpunkt aufkam, als Morris starb (1896). Zwar hatte einer seiner eifrigsten Adepten, der Belgier Henry van de Velde, noch 1894 verkündet: »Was nur einem Einzigen zugute kommt, ist schon fast unnütz, und in der zukünftigen Gesellschaft

Lucien Gaillard, Haarnadel, Paris 1906, Gold und Horn.
Museum für Angewandte Kunst, Köln

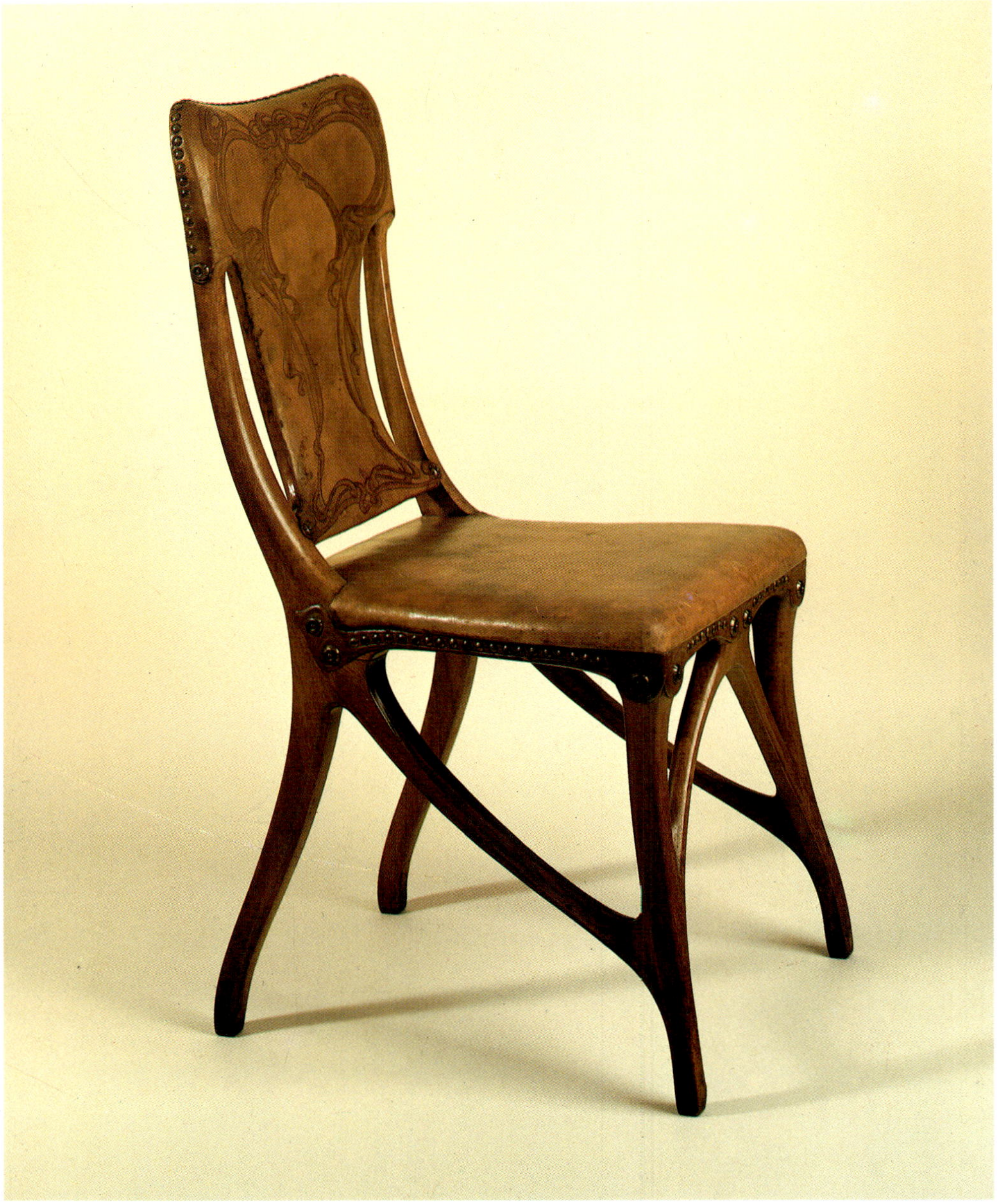

Eugène Gaillard, Stuhl aus einem Speisezimmer, das 1900 auf der Pariser Weltausstellung gezeigt worden ist, poliertes Walnußholz mit geprägtem Leder.
Museum für Kunsthandwerk, Frankfurt am Main

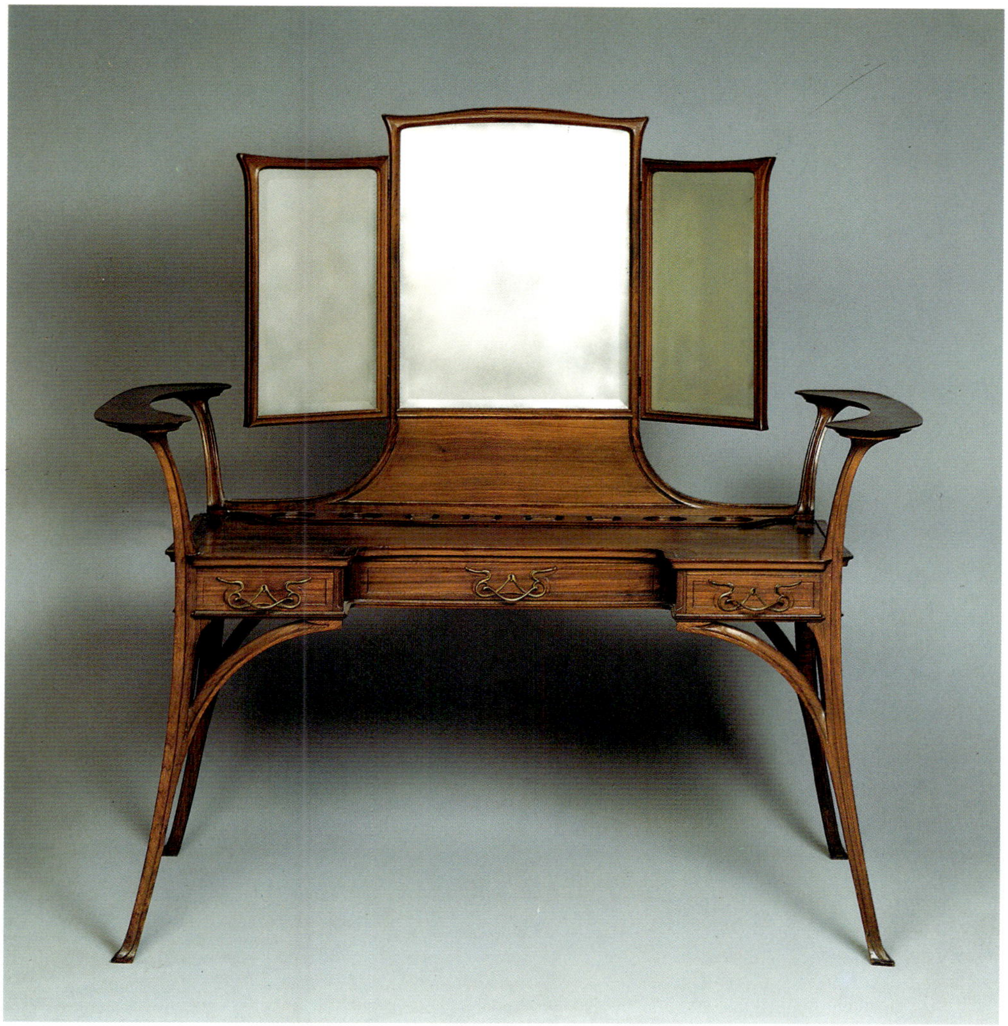

Charles Plumet und Tony Selmersheim, ein Frisiertisch, der 1900 auf der Pariser Weltausstellung gezeigt worden ist. Museum für Kunst und Gewerbe, Hamburg

wird das geachtet sein, was für alle von Nutzen ist«*, aber die Erfüllung dieser schönen Maxime gelang ihm und der Generation der Jugendstilkünstler genausowenig wie Morris. Ähnlich wie dieser waren auch sie noch darauf angewiesen, den Ansprüchen eines Publikums zu genügen, das Besonderheiten suchte und nicht Allgemeines. Nahezu unbeschränkt galt das zum Beispiel für die Mitarbeiter der »Wiener Werkstätte«.
Die Hypothek des neunzehnten Jahrhunderts wog also schwer und konnte vermutlich nur in einer mehr oder minder extremen Weise bewältigt werden. Die ausgeprägte Individualität, auch der innere Bewegungsdrang des Jugendstils werden somit verständlich als Antworten auf die lange Periode künstlerischer Sterilität, die der Historismus dargestellt hatte, aber in ihnen kam auch der Zwang zum Ausdruck, eine Reform um jeden Preis herbeiführen zu müssen. Die Verstörung, die der Historismus innerhalb des Ablaufs künstlerischer Wandlungen hervorgerufen hatte, war zu heftig gewesen, als daß jetzt ein gemäßigter Ausgleich hätte stattfinden können. Die Revolte geschah zum Teil um des rein künstlerischen Protestes willen, aber sie hatte auch noch andere Hintergründe. Wenn es möglich ist, den Historismus als eine Folge der Verunsicherung anzusehen, die entstand, als aufgrund der Eigengesetzlichkeit der Technik sich viele Dinge den herkömmlichen ästhetischen Normen zu entziehen begannen, dann kann in Fortsetzung dieser Irritation der Jugendstil als ein Reflex auf die Tatsache gewertet werden, daß die ausgescherte technische Form immer größere Bedeutung erhielt

*Henry van de Velde: Säuberung der Kunst, Vortrag 1894 in Brüssel, in: Kunstgewerbliche Laienpredigten, Leipzig 1902

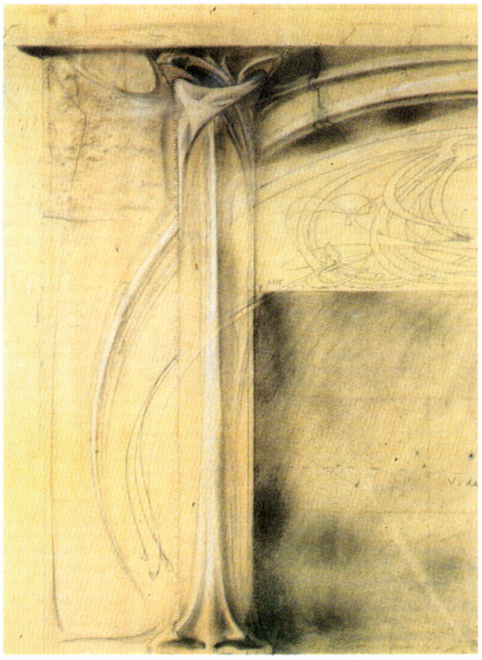

und schon seit geraumer Zeit auch in angestammt künstlerische Bereiche vordrang – zum Beispiel in die Architektur. Oder anders gesagt: Hatte der Historismus durch die massive Beschwörung der Vergangenheit gleichsam eine Abwehrgeste gegen das letztlich noch nicht faßbare Phänomen Technik vollführt, so versuchte nun der Jugendstil einen künstlerischen Ausfall aus bedrängter Lage heraus, um verlorenes Terrain zurückzugewinnen. Das war mutig, aber auch von einiger Verzweiflung bestimmt.
Vorerst ist es jedoch wichtig, korrigierend einzuflechten, daß Jugendstil und Historismus sich in bestimmten Ansätzen ähnelten und daß es sich bei der angeblich so großen Gegensätzlichkeit zum Teil um einen Streit im eigenen Haus handelte. Auch der Jugendstil vertrat vorrangig künstlerische Interessen, und wenn er Reformen auf sozialer Ebene wagte, dann gern von oben herab und unter Verkennung der eigentlichen Wertigkeiten. Zwar bekannten sich damals viele Künstler ausdrücklich zu ihrem »Abstieg« in die untergeordneten Bereiche der Gestaltung von Möbeln, Geschirr und möglichst billig zu errichtenden Häusern, aber das bedeutete trotzdem nicht, daß sie ihren Anspruch aufgaben, Künstler zu sein. So praktizierten sie die ästhetische Veredelung von Dingen, bei denen es genügt hätte, nur das Wesentli-

Hector Guimard, Entwurf für eine Kaminummantelung, Paris um 1900. Musée des Arts Décoratifs, Paris

Hector Guimard, Buffet, Paris 1899/1900, Obstholz mit Schnitzereien, 217 cm hoch. Bröhan-Museum, Berlin

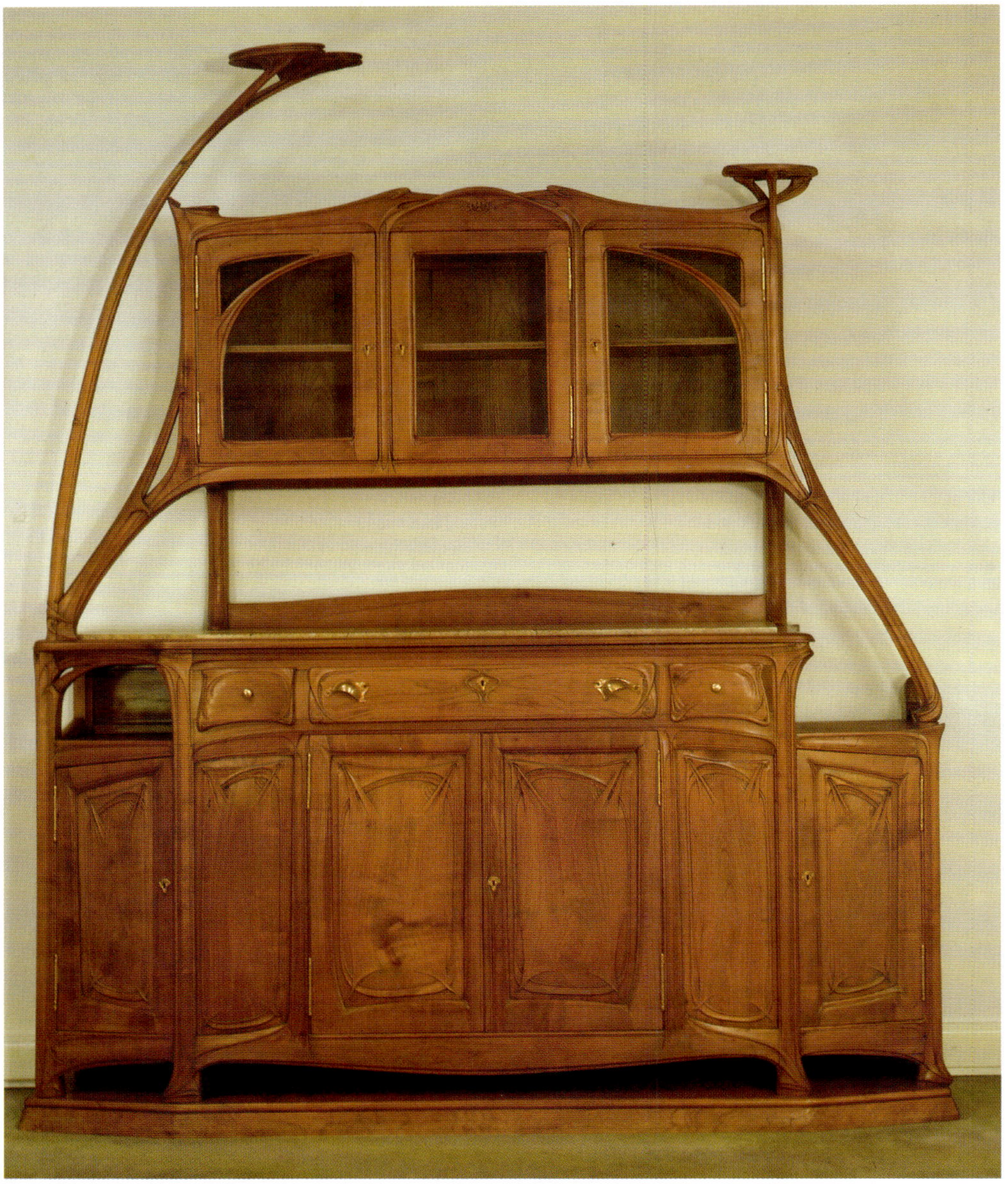

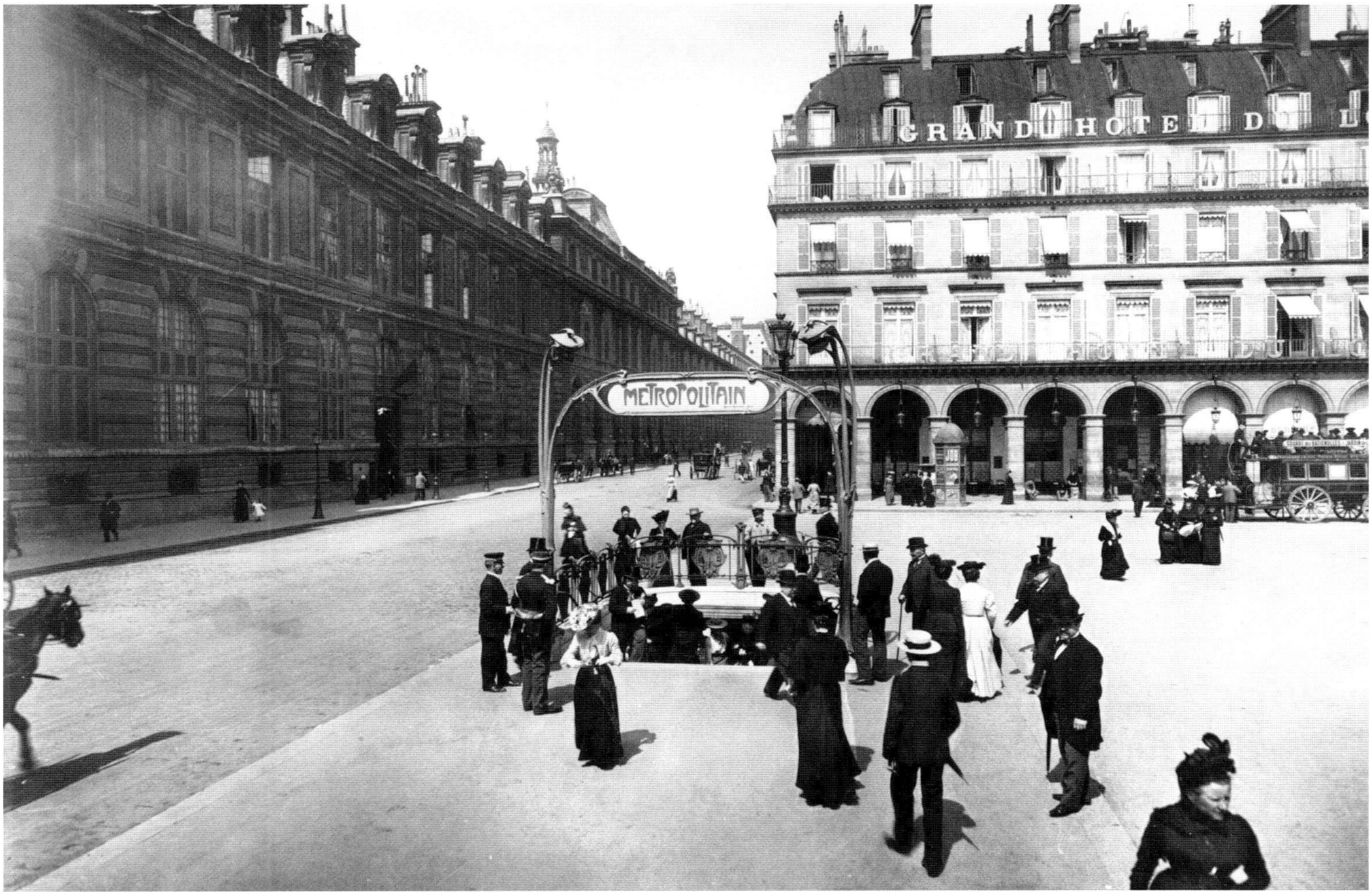

Hector Guimard, Metrostation Palais-Royal, Paris, um 1900.

che ihrer Form freizulegen. Ab und zu gelang auch das, aber innerhalb des Gesamtbildes wirkte es dann so, als wäre es aus Versehen geschehen.
Die Beglückung durch ein neues Ornament konnte eher als Ablenkung verstanden werden, und die Domestizierung mit ästhetischen Mitteln, die der Jugendstil gern dann betrieb, wenn er sich allgemeinen und nicht ausschließlich individuellen Aufgaben zuwandte, brachte meist Formulierungen hervor, die von puppenstubenhaftem oder volkstümelndem Charakter waren. Im falschen Ton enthüllte sich dann die unechte Voraussetzung, und in der folkloristischen Anlehnung kam zwar guter Wille zum Ausdruck, aber auch Hilflosigkeit. Diese Beobachtung gilt besonders für den deutschen Jugendstil, der von Anfang an höher gezielt hatte als verwandte europäische Richtungen. Bereits der Name war hier ja schon Programm gewesen. Die Bezeichnung Jugendstil weckte nicht nur künstlerische Vorstellungen, sondern ließ auch deutlich die Untertöne von Lebensreform, jugendbewegtem Idealismus und Naturseligkeit anklingen. Nimmt man das Wort genau, dann wurde damals zweierlei angestrebt: Jugend = Erneuerung voll Überschwang und Euphorie, und Stil = künstlerische Übereinkunft mit strengen Regeln. Beides widersprach sich im Grunde, denn Jugend hat es an sich, starren Gesetzen aus dem Weg zu gehen. Also war entweder die Jugend nicht echt oder der Stil zu kraftlos. Der Umstand jedenfalls, daß man Gegensätzliches vereinigen wollte – die Revolution und deren kunstvollen Verlauf–, verweist darauf, wie disparat, vielschichtig und vielleicht auch unauflöslich die Lage war.

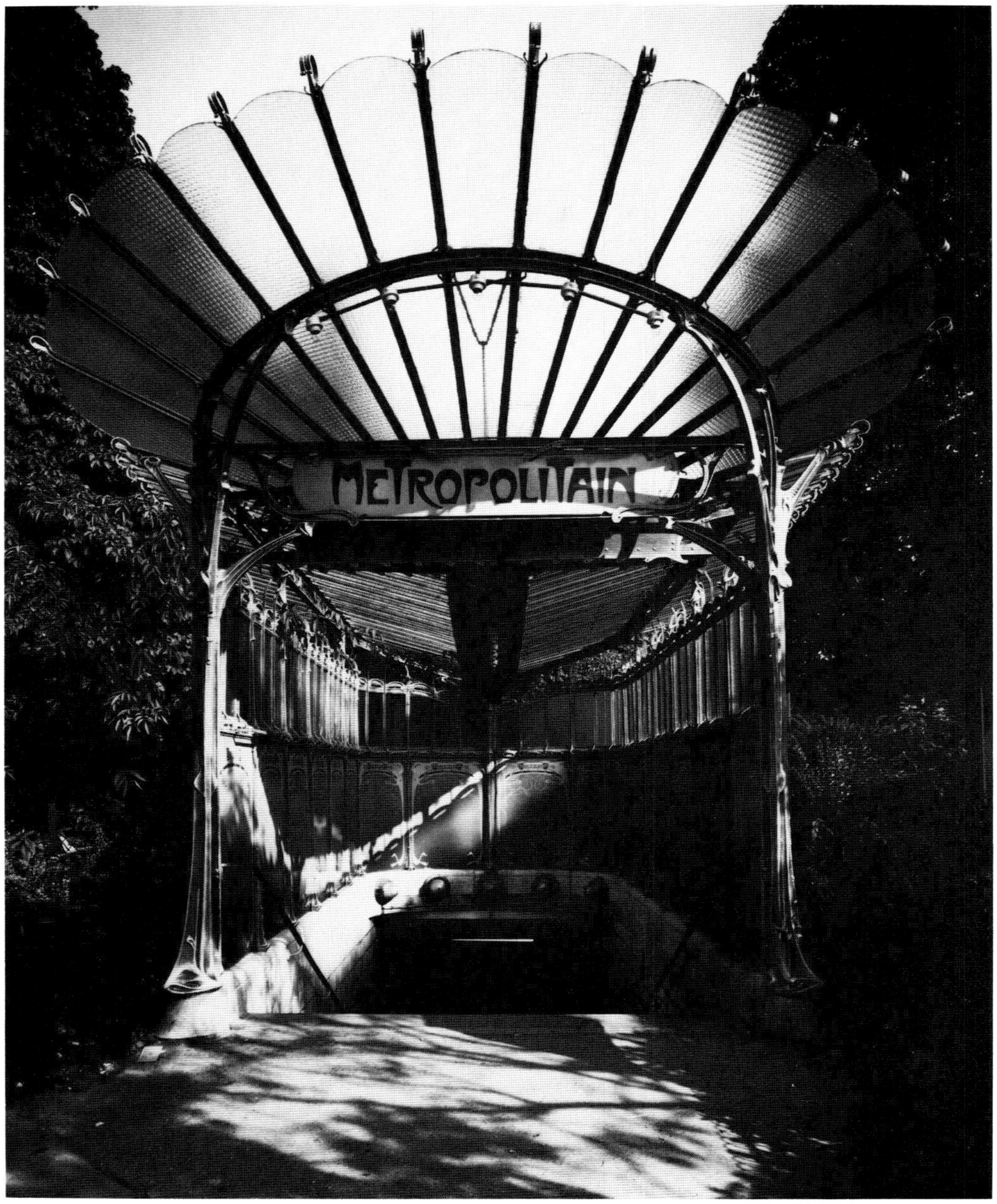

Hector Guimard, Eingangspavillon der Pariser Metrostation Porte Dauphine, um 1900.

Eigentlich mußte es ja ein groteskes Unterfangen sein, den prägnanten technischen Formen, die das neunzehnte Jahrhundert in Brücken, Eisenbahnen und Maschinen hervorgebracht hatte, eine so artifizielle und in ihren Voraussetzungen überbelastete Kunstwelt wie den Jugendstil an die Seite zu stellen. Was konnten die skurrilen Pariser Metro-Eingänge schon bedeuten angesichts des gesamten Systems und der vorzüglichen Gestaltung dieses neuen Verkehrsmittels? Eigentlich wenig und doch zugleich viel, denn gerade sie stellten in exemplarischer Weise die Verbindung zwischen dem alten und dem neuen Jahrhundert her, zwischen Technik und Kunst, auch zwischen dem Verdeckten und dem, was man zu zeigen wünschte. Zweifellos war es damals ein Zeichen ungewöhnlichen Mutes, daß die Zugänge jetzt nicht mehr historisierend – vielleicht in Form eines klassizistischen Tempelchens – gestaltet wurden, sondern im Stil der gerade erwachten Art Nouveau. Was jedoch eigentlich nahegelegen hätte, sie nämlich genauso praktisch und technisch unaufwendig zu konzipieren wie die Untergrundbahn selbst, das war um 1900 offensichtlich noch nicht möglich und widersprach anscheinend auch der Erwartung. Der Übergang von der effizienten

Georges Chedanne, Redaktionsgebäude »Le Parisien« in Paris, 1903–1905.

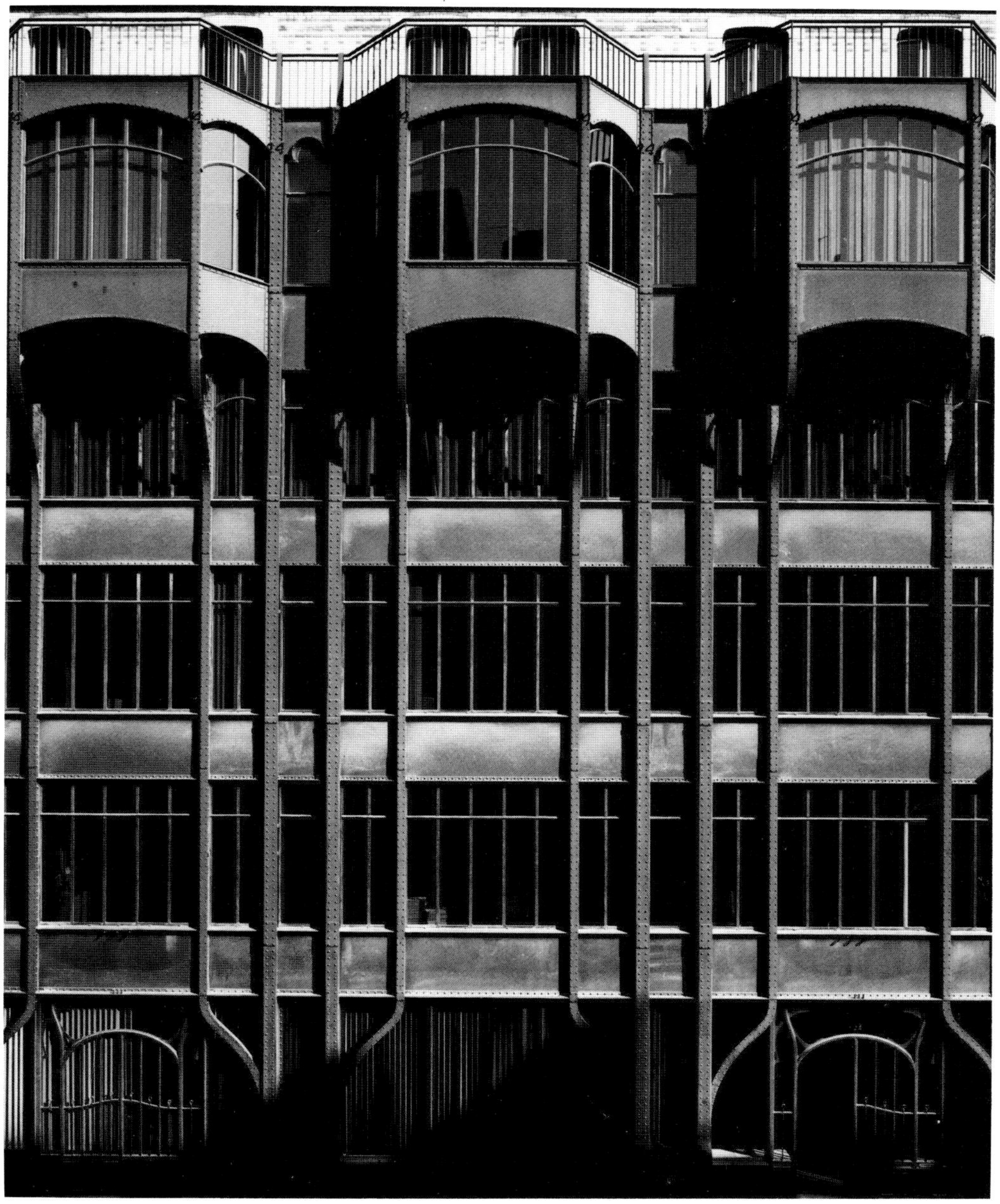

Unterwelt zum glanzvollen Straßenbild der illustren Metropole verlangte es wohl, in mildernder Weise künstlich überhöht zu werden – auch wenn das Ergebnis reichlich artifiziell war. Denn nichts sprach eigentlich dafür, an dieser Stelle Riesenornamente in Form stilisierten Pflanzenwerks aufzurichten. Doch waren diese Gebilde recht gut dazu geeignet, den an sich prosaischen Zweck so zum Ereignis zu machen, daß er erträglich wurde. Sie feierten das Banale, und das Ergebnis war eigentlich zynisch, aber auch das konnte als unterhaltend empfunden werden.

Vielleicht liegt gerade darin der Schlüssel. Gemeint sind die zweifellos verführerischen Eigenschaften des neuen Stils. Die Maskierungen des Historismus hatten ja zur Folge gehabt, daß das Wesentliche der Technik und damit auch viele funktionale, konstruktive und materialbedingte Zusammenhänge versteckt blieben und nicht nachvollzogen werden konnten. Es bedurfte nun einer sinnlich-pädagogischen Unterweisung, um hier die notwendigen Einsichten, aber auch Ängste abbauenden Gefühle zu vermitteln. Die Interpretationen des Jugendstils konnten dabei sehr hilfreich sein, und vermutlich erklärt das ihre Popularität. So gesehen gewinnt auch die Begei-

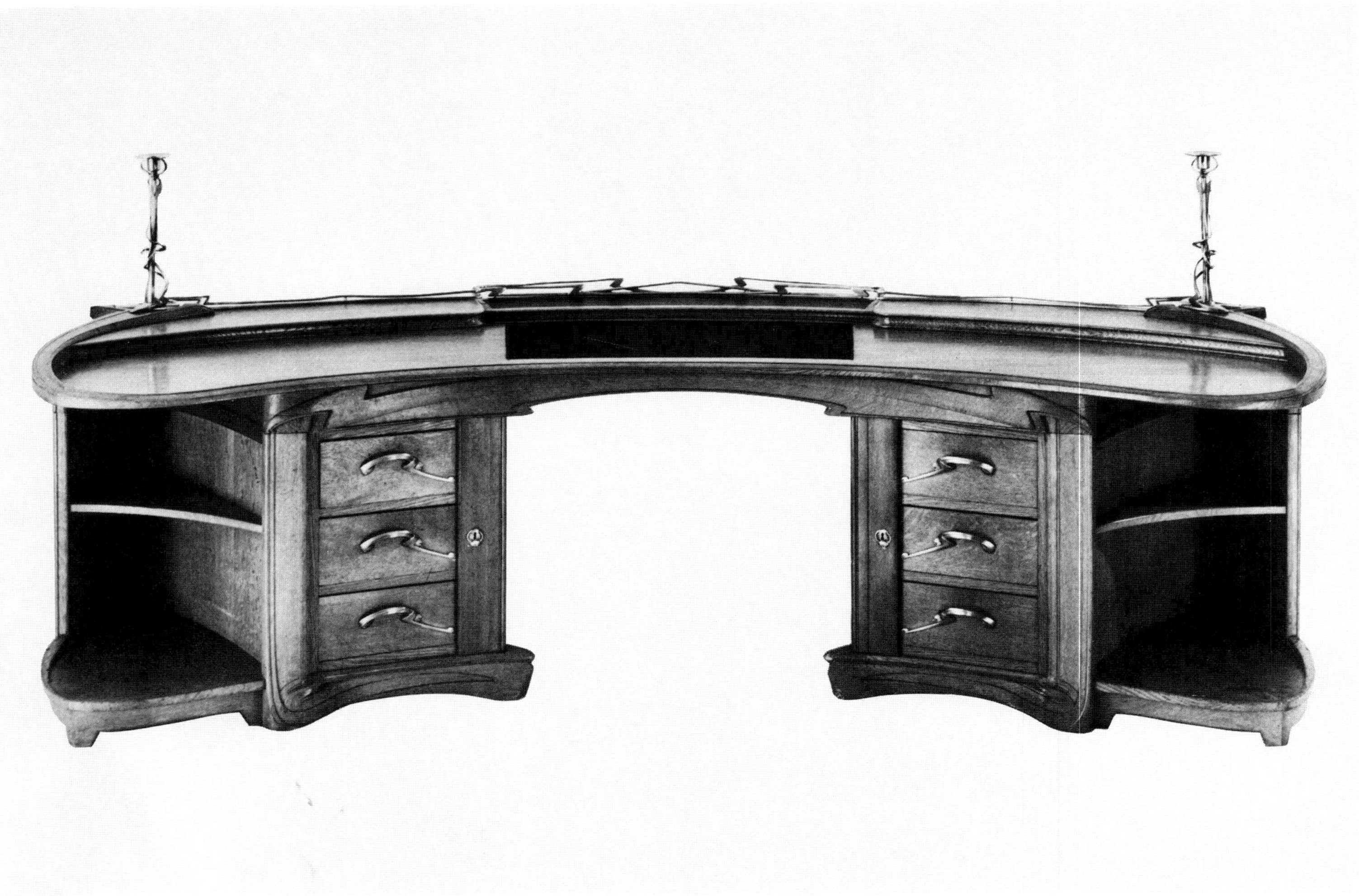

Henry van de Velde, Schreibtisch, Brüssel 1899, Eiche mit Messingteilen.
Germanisches Nationalmuseum, Nürnberg

sterung für das Ornament eine andere Bedeutung. Es war – zumindest bei den überlegt konzipierten Beispielen – mehr als nur Dekoration und avancierte jetzt von der Begleiterscheinung zum Begriff für das Ganze.
Eine Schlüsselstellung nahm hierbei der schon mehrfach erwähnte Belgier van de Velde ein, dessen dynamische Linienzüge einen deutlich demonstrativen Charakter besaßen. Die meisten seiner frühen Arbeiten kennzeichnet eine innere Lebendigkeit, die nicht das Ergebnis naturalistischer Anleihen, sondern Ausdruck überhöhter Funktionalität war. Damit bildeten sie die bestmögliche Quintessenz des Jugendstils: Sie stellten den hochgegriffenen Versuch dar, eine ökonomische Notwendigkeit ästhetisch erlebbar zu machen. Oder salopp gesagt: Der Zweck sollte zur Lust werden!
Dafür ein Beispiel: Zu den bekanntesten Möbeln van de Veldes gehört der große bohnenförmige Schreibtisch, der 1899 entstanden ist und bald wie ein Signum des Künstlers angesehen wurde. Im Grunde ist er trotz hölzerner Massivität ganz in Linienbündel aufgelöst, er wirkt ausgesprochen »nervig«. Energisch fließende Bewegungen umranden ihn, gliedern seine Binnenform und erfüllen auch scheinbar tote Flächen mit Spannung. All das ist auf eine sehr eigenwillige Art schön, meint aber stets mehr als den ästhetischen Ausgleich. Jede Einzelheit kann auch zweckvoll begründet werden. Die Krümmung der Fläche entspricht den ausgreifenden Armen des Benutzers, die plastische Ausarbeitung an ihrer hinteren Kante dient sowohl zur Verstärkung als auch als Ablage für Schreibutensilien. Dort, wo sie Massierungen besitzt, entstehen Sockel für aufgeschraubte Kerzenständer. Dieser

Henry van de Velde, Theater auf der Werkbund-ausstellung in Köln, 1914.

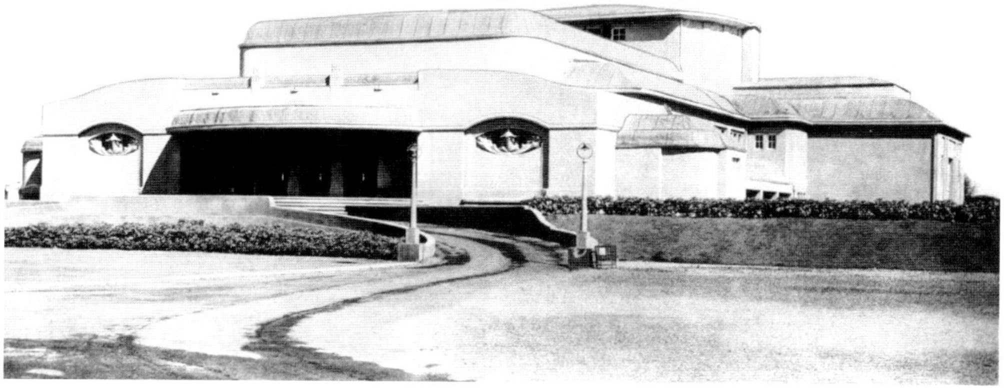

Henry van de Velde, Stuhl, Brüssel 1898, Nußbaum mit geripptem Stoff.
Hessisches Landesmuseum, Darmstadt

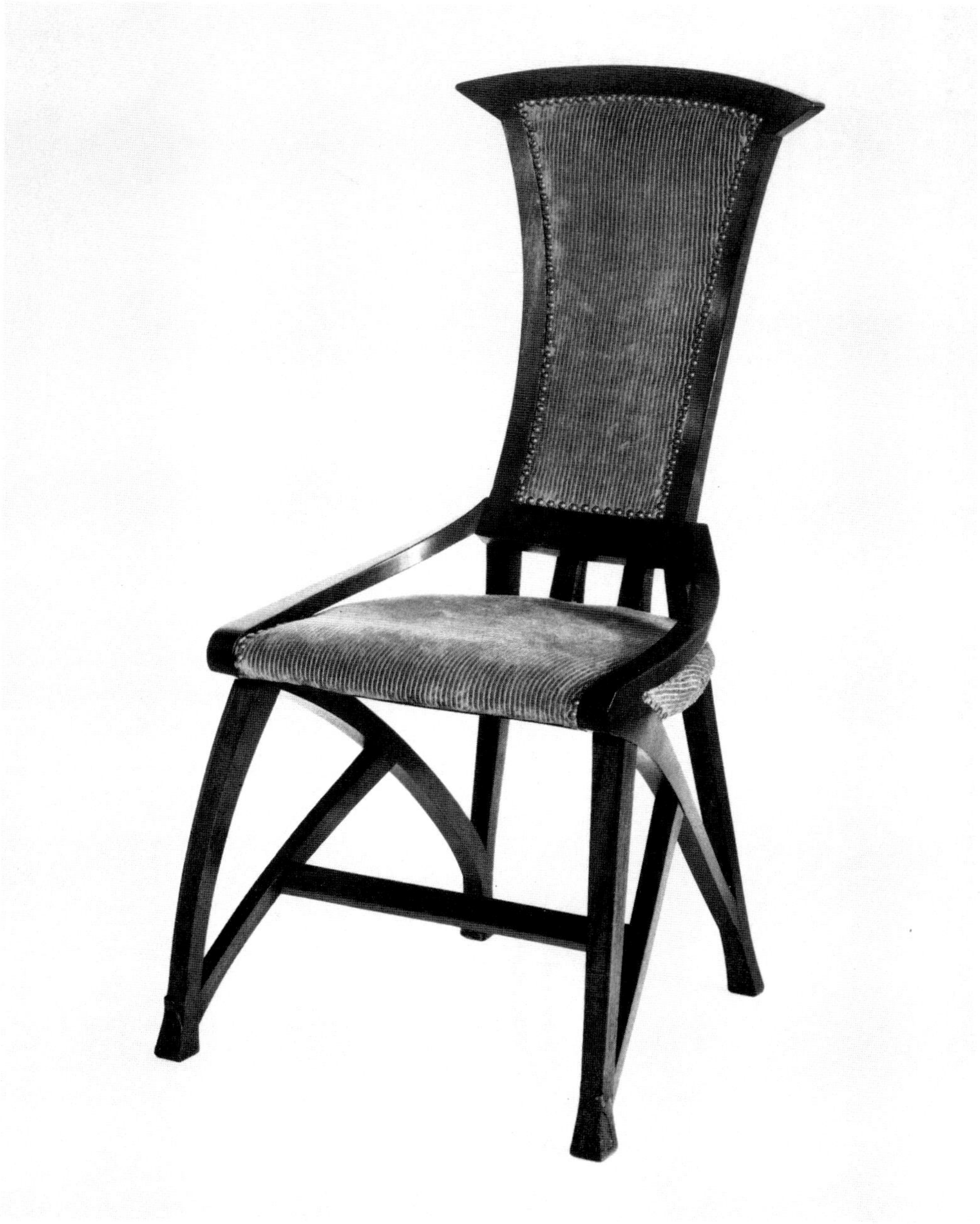

Peter Behrens, Steinzeugteller, Teil eines Services, München 1898, Villeroy & Boch, Mettlach, ∅ 26 cm. Privatbesitz, München

Unbekannter Entwerfer, Vignette, um 1900.

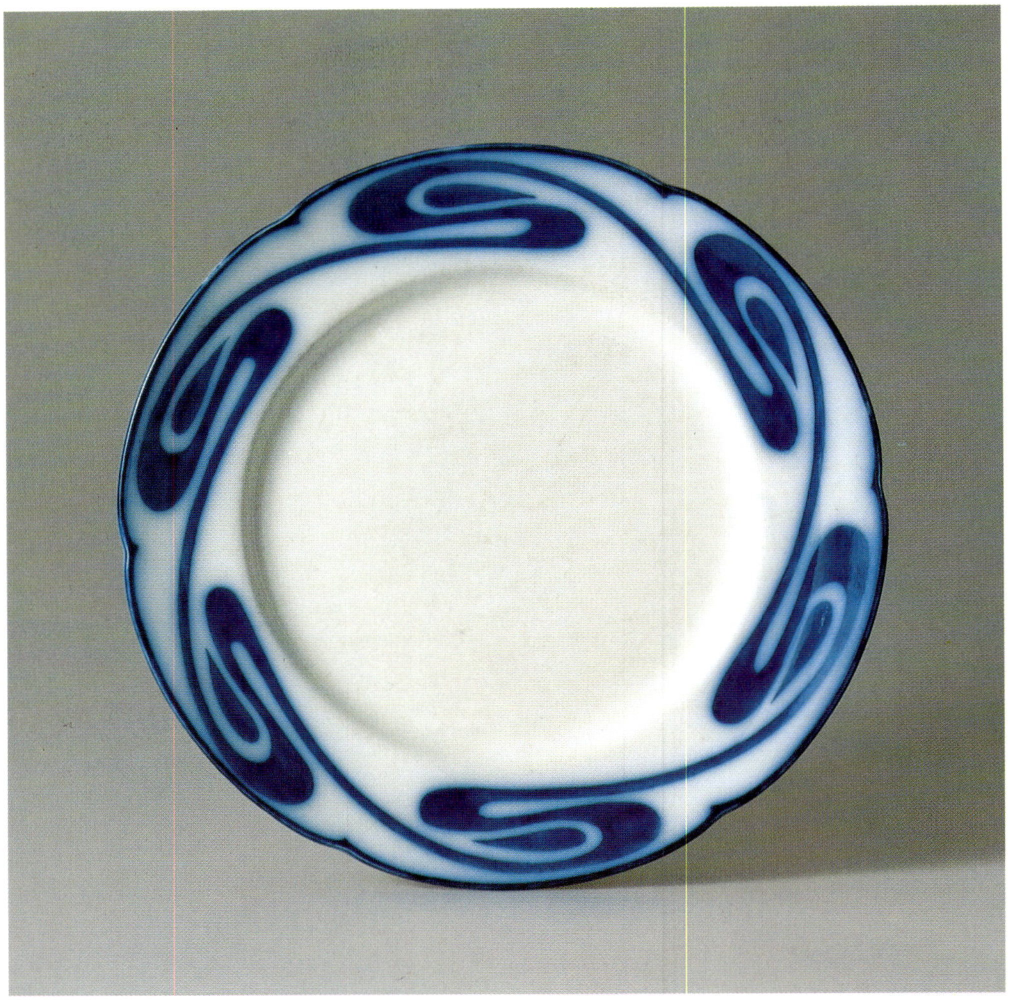

beherrschende große Zug wird nun begleitet von einer zarten Paraphrase. Ein doppeltes Messingband schwingt sich von Leuchterfuß zu Leuchterfuß und bildet dabei kleine begrenzende Stege. Zugleich werden damit die Lichthalter, die sonst zu aufgesetzt wirken könnten, in den Organismus des Möbels mit einbezogen.
Was sich auf der Tischplatte vollzieht, geschieht in ähnlicher Weise an der Vorderseite des Möbels. Ein einziger Linienzug umgreift die Öffnung für den Sitzenden wie auch die beiden Schrankteile. Sehr plastisch werden dadurch der konstruktive Zusammenhang, aber auch das Zentrum der aufwendigen Anlage hervorgehoben. Das deutlich modellierte Relief hat seinen Eigenwert und dient doch zugleich der Aufgabe insgesamt. Auch die konkaven Formungen der äußeren Enden sind zweifach zu verstehen: als sinnvolle Öffnung für Bücher wie auch als plastischer Kontrast zur Massivität der benachbarten Teile.
Formale und funktionale Elemente gehen somit an dem Möbel eine kraftvolle Symbiose ein, die Subordination der einen unter die anderen ist nicht zu erkennen, eher eine gegenseitige dramatische Steigerung. Alles ist Ornament und zweckerfüllender Bestandteil zugleich. Darin drückt sich nun eine sehr eigenwillige Auffassung vom Sinn eines Möbels aus – sein Charakter impliziert nicht Passivität, sondern aktive Demonstration. Rhetorische Züge besitzen dabei einen hohen Anteil, und gemeint ist folgendes: Gegenstände sollen nicht nur nützlich sein, sondern diese Fähigkeit auch deutlich nach außen hin zu erkennen geben. Der Schreibtisch soll deshalb in allen

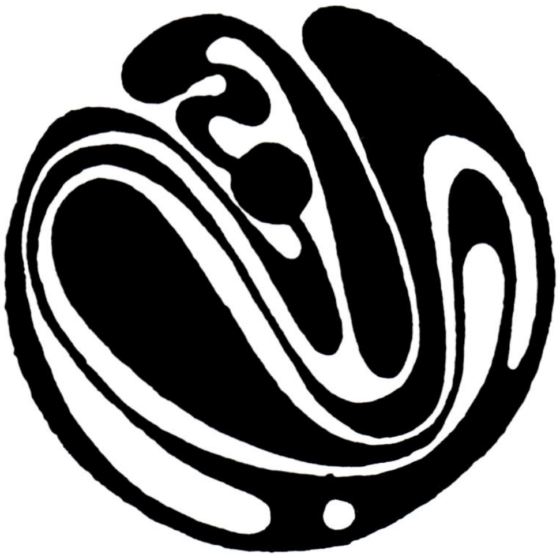

Teilen und ganz und gar Schreibtisch sein. Alle Einzelheiten dienen dieser Aufgabe im Sinne einer überhöhten Funktionalität, die van de Velde als Ideal vorschwebte. Durch die gekrümmte Form und das bewegte Spiel der Linien will er den Benutzer fesseln und ihn ganz in seinen Bann ziehen. Selbstbewußt führt das Möbel vor, wie gut es ist, aber auch wie wunderbar es sein muß, an ihm arbeiten zu können.
Die ausführliche Beschreibung hat einem besonders exemplarischen Objekt gegolten, doch ließe sich ähnliches an Werken anderer Künstler wiederholen. Fast noch virtuoser verstrickte van de Veldes Landsmann Victor Horta Konstruktion und Ornament zu einer Einheit – er begann damit schon sehr früh, 1893 in Brüssel (Abb. S. 30,31) –, und mit dieser Auffassung verwandt sind die Grundzüge im Œuvre der französischen Entwerfer Eugène Gaillard (Abb. S. 18) und – weniger kontrolliert – Hector Guimard. (Abb. S. 20–22). Dann gilt ähnliches natürlich für Antoni Gaudí in Barcelona und in einem erweiterten Sinne für den Schotten Charles Rennie Mackintosh, es

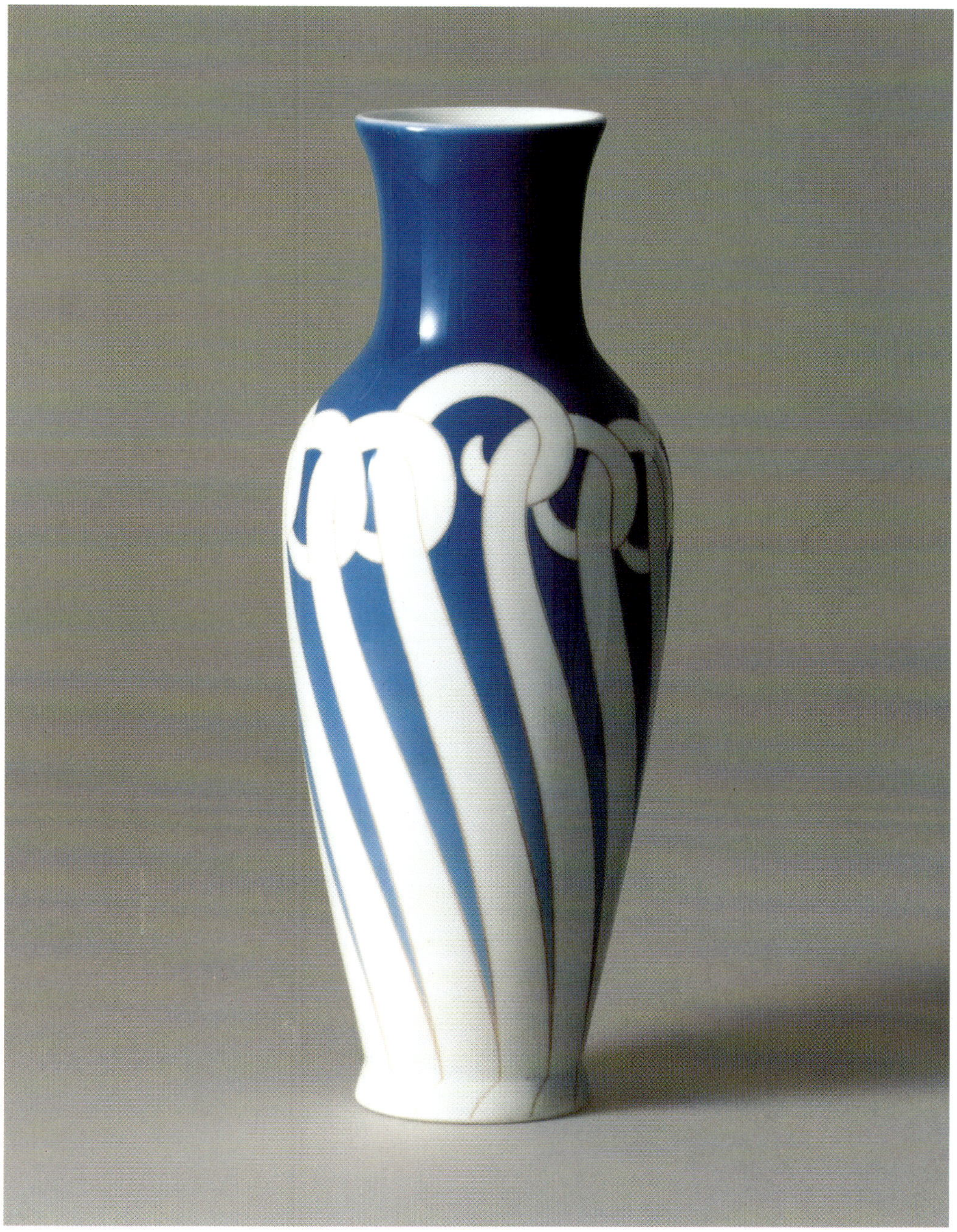

Gotfred Rode, Porzellanvase mit Unterglasurmalerei, Kopenhagen 1898, 43 cm hoch. Privatbesitz, München

trifft schließlich auch vereinfacht und geradliniger für Bruno Paul und Richard Riemerschmid in München zu. So konzentriert und selektierend betrachtet, ist das Gemeinsame im Werk dieser Gestalter wohl leicht zu erkennen. In ihrer konstruktiv-analysierenden Grundhaltung antworten sie direkt auf die Herausforderung durch Monumente der Technik, in der »beschleunigten« Form ihrer individuellen Ästhetik taten sie das indirekt. Sie übertrugen gleichsam Maschinenrhythmus in ihr Werk. Damit gingen sie das Risiko ein, nach einiger Zeit außer Atem zu geraten, doch für eine bewegende Zeitspanne behielten sie ihn jedenfalls.

Van de Velde war einer der wenigen, vielleicht der einzige, dem es gelang, die hochgestimmte Konfession des Anfangs ohne Kompromisse und Anpassungen über einen längeren Zeitraum aufrechtzuerhalten. Das Theater, das er 1914 für eine Ausstellung in Köln errichten konnte (Abb. S. 25), ist dem fünfzehn Jahre älteren Schreibtisch in seiner funktional-plastischen Auffassung unmittelbar verwandt, es zeigt einen ähnlichen Bewegungsfluß in der Verschmelzung der Teile, deren unterschiedliche Bestimmung dennoch klar artikuliert bleibt. Der Übergang von der Analyse zur Synthese, der zu dieser völlig unkonventionellen, keiner starren Grundform unterworfenen Architektur geführt hat, ist nachvollziehbar und bildet das eigentliche ästhetische Erlebnis. Ursprünglich war der Auftrag etwas anspruchsloser ausgelegt worden, van de Velde sollte »nur« auf reichlich beschränktem Raum ein Lichtspieltheater bauen. Er lieferte dafür einen seiner geistreichsten Entwürfe. Innerhalb des noch überraschend ornamental entwickelten Grundrisses umlief das Foyer in einer kontinuierlichen Bewegung den Saal – aus dem Umstand, daß der Filmvorführraum keine Bühne brauchte, eine räumliche Großzügigkeit von besonderer Art filternd. Leider kam die späte Symbiose von Jugendstil und Lichtspielästhetik nicht zustande.

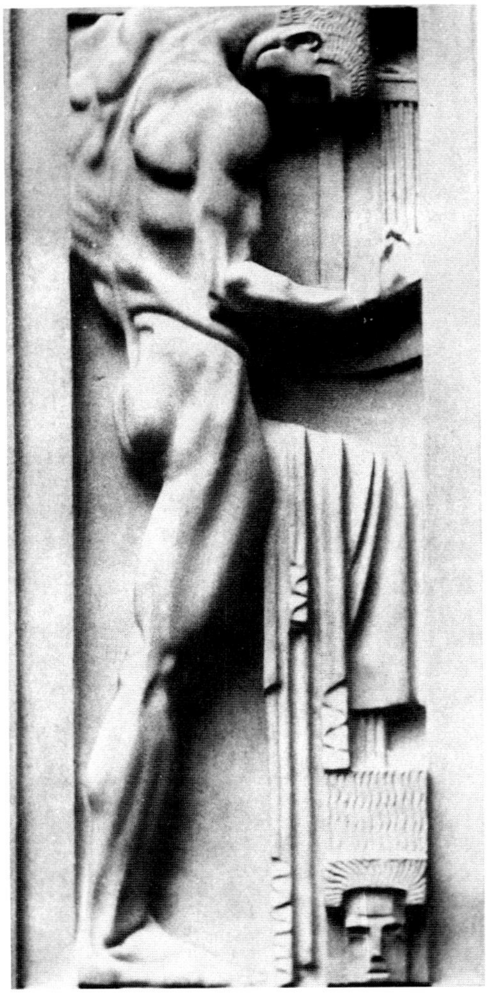

Franz Metzner, Gipsentwurf für ein Relief am Haus Rheingold in Berlin, um 1905. Verschollen.

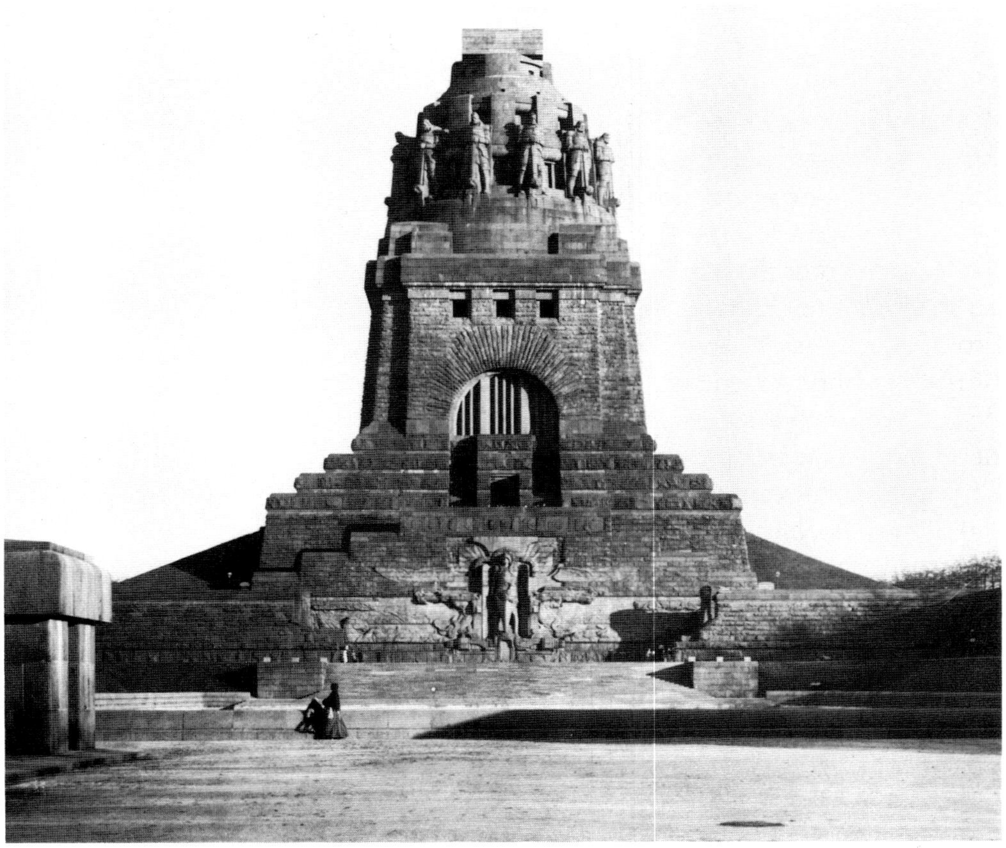

Bruno Schmitz, das Völkerschlachtdenkmal in Leipzig, begonnen 1898, eingeweiht 1913, mit plastischen Arbeiten von Christian Behrens und – nach dessen Tode 1905 – von Franz Metzner.

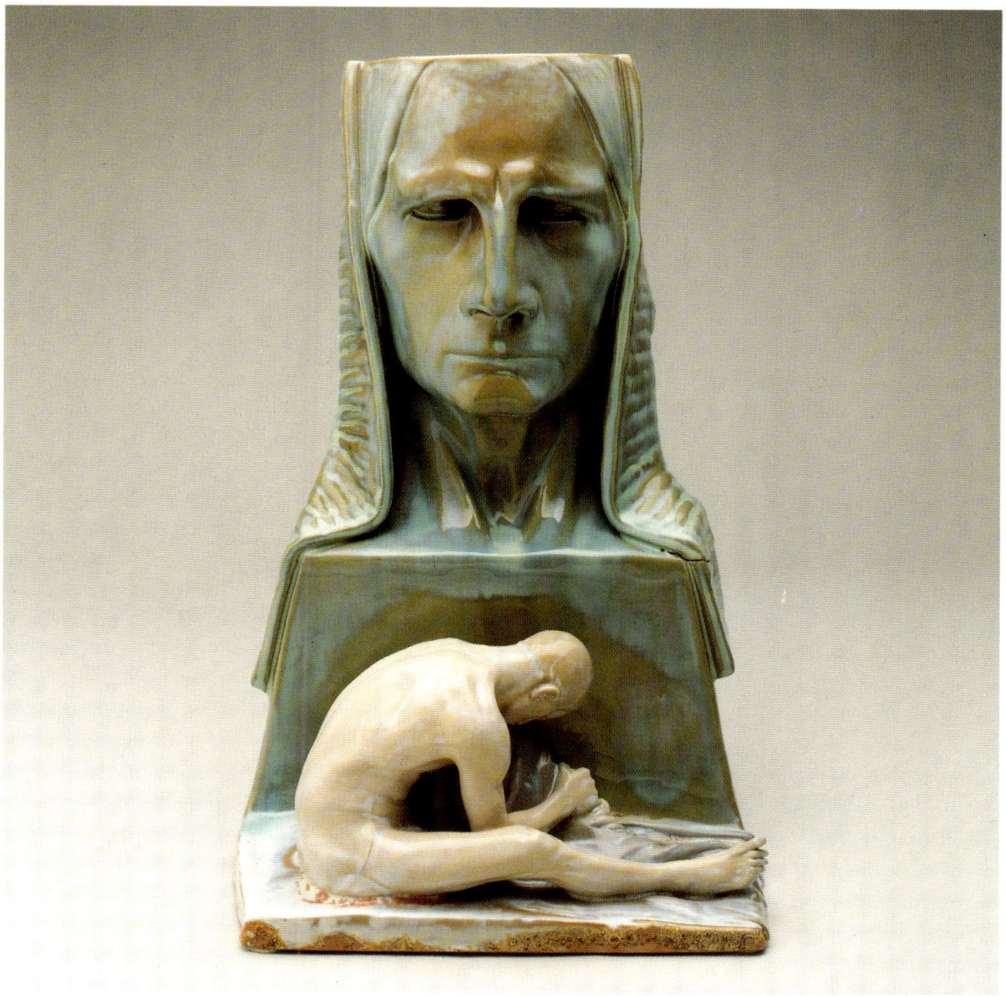

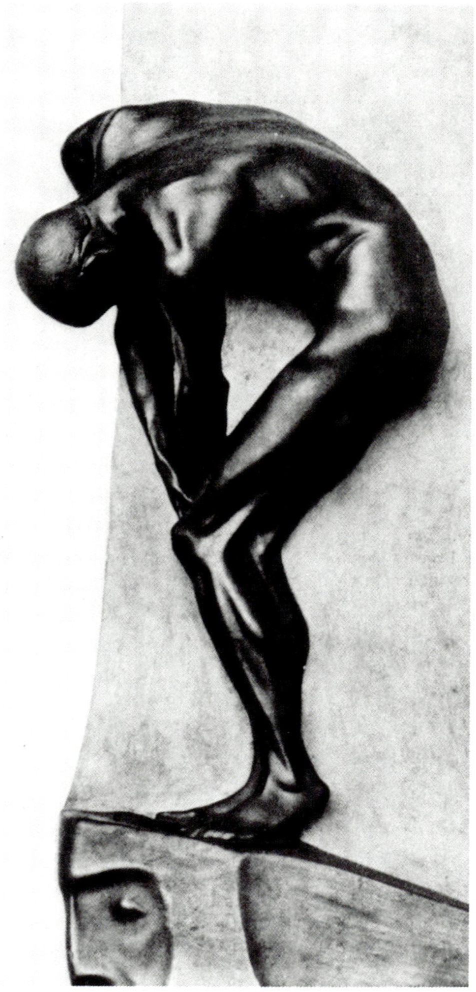

Der Jugendstil ist in dieser Darstellung auf wenige Grundzüge festgelegt worden, um das Bild übersichtlich erscheinen zu lassen. Gesamtkulturelle Aspekte standen dabei mehr im Vordergrund als künstlerische, und die Betonung des motorischen Elementes kann am besten deutlich machen, wie sehr der Jugendstil auf Anregungen von außen antwortete. Unter diesem Blickwinkel war er weitgehend ein Reflex auf die Stoßkraft der Technik und auf Phänomene in ihrer Begleitung. Doch nicht alle Neuerungen um 1900 lassen sich unter diesem Gesichtspunkt einordnen. Das gilt vor allem für die außerordentlich konzentrierte Entwicklung in Wien sowie für das Werk von Frank Lloyd Wright in Chicago. Der Verlauf war hier weniger hektisch und abrupt, er begann weder unvermutet plötzlich, noch war er nach kurzem zu Ende. Entsprechend zeitlos stellen sich bis heute die Ergebnisse dar. So kann denn gefragt werden, ob hier die Zuordnung zum Jugendstil noch sinnvoll ist. Zeitlich decken sich die Erscheinungen zwar, auch gibt es stilistisch genügend Berührungspunkte, aber die Haltungen divergieren dennoch. Wenn wir geneigt sind, im Jugendstil zuerst und vor allem die gelungene Überwindung des neunzehnten Jahrhunderts zu sehen, das artistische Feuerwerk, das nach Erfüllung seiner illuminierenden Funktion erlöschen mußte, also eher mehr Abschluß als Anfang in ihm zu entdecken, dann müssen wir andererseits einräumen, daß an den genannten beiden Orten durch Intensität und Stille mehr für die Zukunft getan worden ist als anderswo. Auf die heftige äußere Bewegung konnte hier verzichtet werden, und klare Bestimmtheit herrschte mehr vor als changierende Virtuosität.

Franz Metzner, Vase »Sphinx des Lebens«, gezeigt 1900 auf der Weltausstellung in Paris, Königliche Porzellan Manufaktur Berlin, 1898, 36 cm hoch. Bröhan-Museum, Berlin

Franz Metzner, »Schicksal«, Gipsentwurf für ein Grabmal, kurz nach 1900. Verschollen.

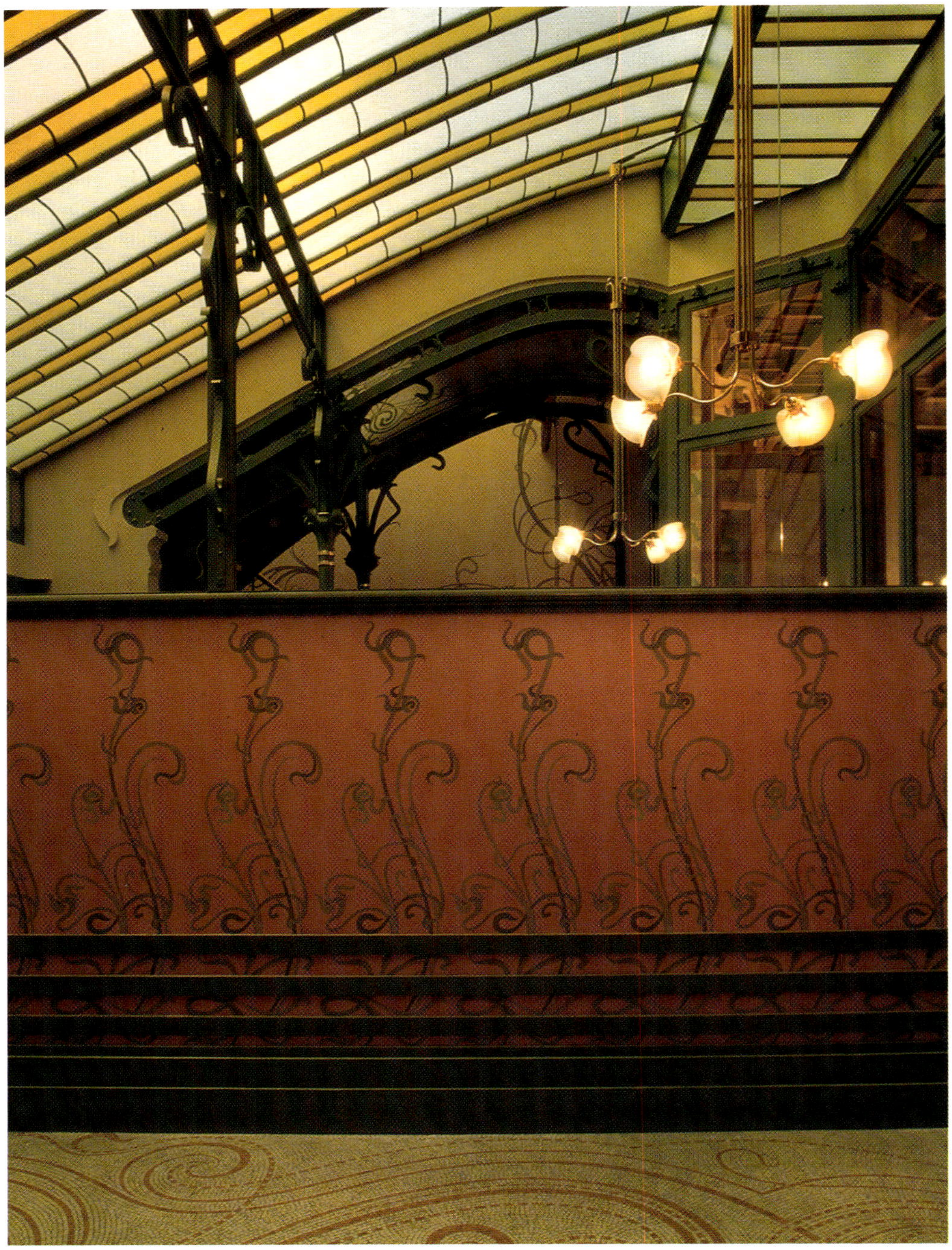

Victor Horta, Treppenaufgang und verspiegelte Seitenwand in der Eingangshalle des Hauses Tassel in Brüssel, 1893.

Ähnliches gilt für die vielen unauffälligen Beispiele einer künstlerischen Reform, die sich generell um 1900 vollzog – ganz gleich, welchen Namen man ihr nun gibt. Das Spektrum reichte auch im kleinen von den kapriziösen Zerbrechlichkeiten eines Juriaan Kok (Abb. S. 17) bis zu den Vasen und Dosen eines Christian Valdemar Engelhardt (Abb. S. 16), die in erfreulicher Weise sehr viel »Jugend« und wenig »Stil« zeigen.

Die Frage, ob für derart Unterschiedliches ein gemeinsamer Name gerechtfertigt ist, kann nur rhetorischen Wert haben und muß als längst beantwortet gelten. Alles wird als zusammengehörig empfunden, und der widersprüchlichen Einheit müssen sich dann auch die schmerzvoll-pathetischen Jünglinge des Franz Metzner einfügen (Abb. S. 28, 29), deren Jugend allerdings schon sehr resignierend daherkommt. Nichts ist nun einmal so sehr Übergang wie gerade diese frühe Lebensstufe, zu deren Vorzügen es stets gehört hat, noch unwissend und unreif sein zu dürfen.

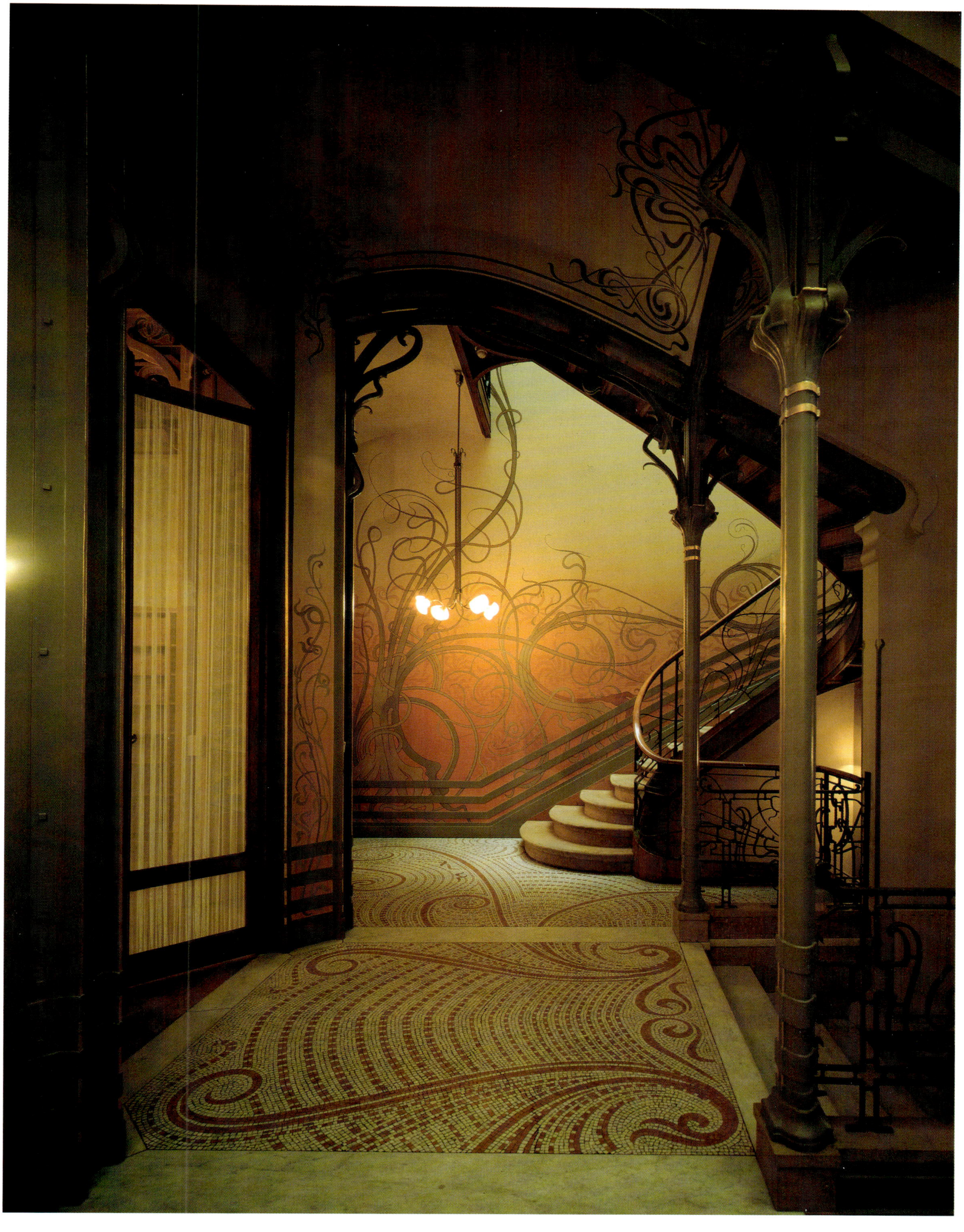

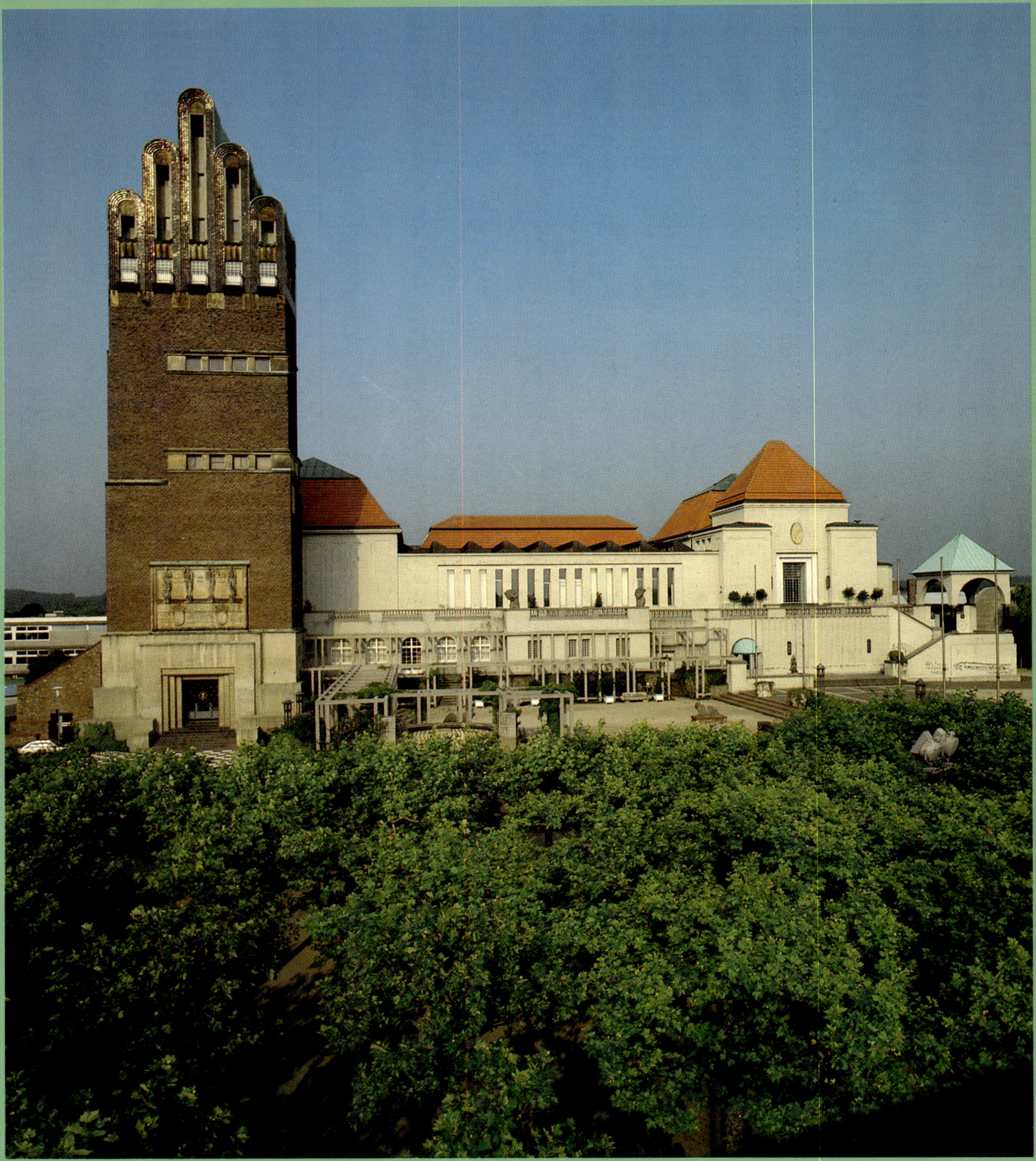

UNRUHE
DER AUFSTAND DER PROVINZEN

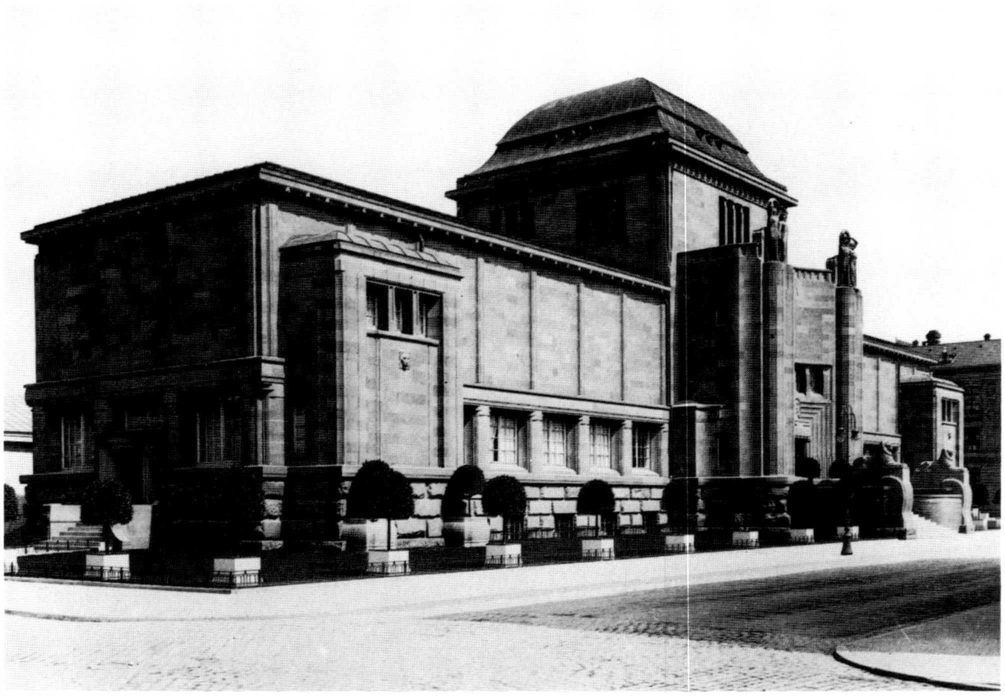

Der Blick auf den Jugendstil ist zu ausschnitthaft, wenn er nur als reformkünstlerisches Ereignis gesehen wird. Um allein das gewesen zu sein, währte er zu kurz. Der Schwerpunkt des Flüchtigen – so der Schluß hieraus – muß mehr im Komplexen liegen. Vergißt man einmal die zu schmale Spur der kunsthistorischen Ableitungs- und Zuordnungsbeflissenheit und sichtet das Geschehen topographisch, dann fällt auf, daß es weniger die Metropolen waren, die mit dem Neuen hervortraten, als vielmehr Orte, die damals als peripher gelten konnten. Glasgow zum Beispiel oder Darmstadt und Weimar, nicht zu vergessen Nancy, Barcelona und Helsinki. Zweifellos hat sich damals viel in Paris getan, auch Berlin war beteiligt, aber kaum London, ganz zu schweigen von Madrid. München konnte zwar als Kunststadt gelten, doch eher im gutwillig-spöttischen Sinne, und Brüssel war zwar eine Metropole, doch eine im Schatten von Paris und mit dem Ruf belastet, das Absonderliche zu lieben. Und im fernen Amerika tat sich erstaunlicherweise mehr in Chicago als im scheinbar begünstigten New York. Somit läßt sich nicht nur ein großer, sondern sogar beherrschender Anteil der Provinzen feststellen und auf der künstlerischen Landkarte notieren.

Deren Recht war es nun schon immer gewesen, die eigene Begrenztheit zu überwinden und aus ihren Bedingungen heraus eine besondere Kraft zu entwickeln. Doch konnte dergleichen überraschen bei einer Kunstform, die so großstädtisch war wie der Jugendstil. Nicht zu Unrecht galt dieser als teuer, und trotz aller sozialen Reformansprüche war er ein besitzbürgerliches Produkt. Zudem hätte man meinen können, daß sich ein Dialog mit den Zeitphänomenen, die ja nicht nur ästhetischer Natur waren, allein in den wirtschaftlichen Zentren zu vollziehen vermochte, nicht jedoch weit abseits von ihnen. Ein neues »Weimar« schien kaum mehr denkbar zu sein. Doch genau jenes wurde Realität – und zwar mehrfach und in verschiedenen Ländern, wenngleich natürlich mit unterschiedlicher Bedeutung.

Versucht man nun einmal nicht, wie sonst üblich, die spezifische Eigenart der einzelnen Orte herauszustellen, sondern das sie Verbindende, ihre Positionierung in der Provinz, dann ergibt sich als gemeinsamer Nenner ein Phäno-

Titelseite: Moderne Ansicht des Ausstellungsgebäudes auf der Mathildenhöhe in Darmstadt, 1905–1908 von Joseph Maria Olbrich errichtet.

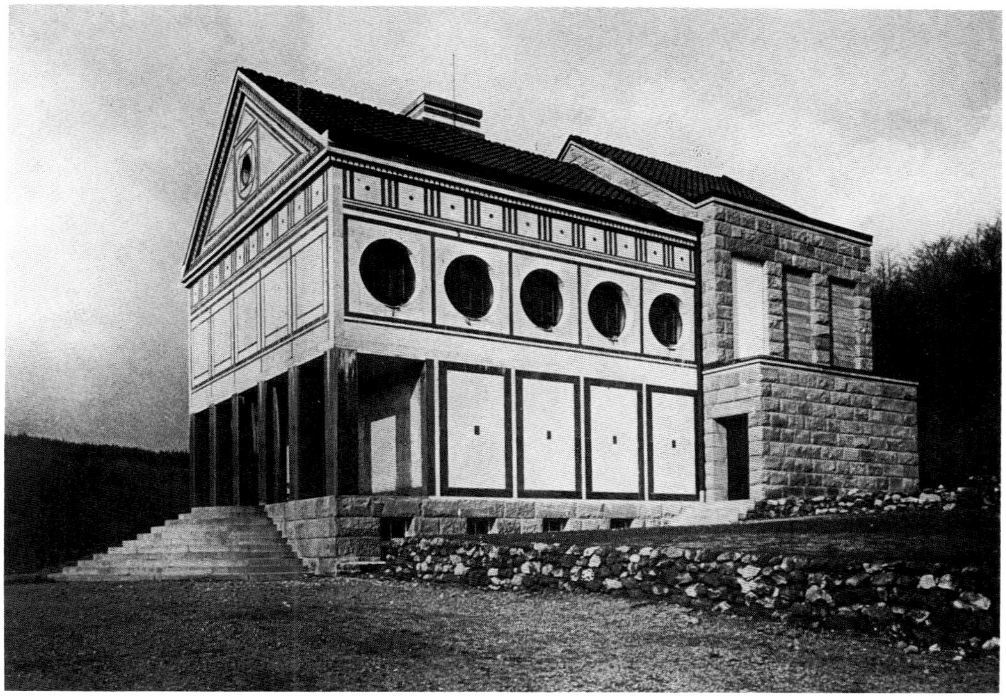

men, das nicht nur kunsthistorisch ausgewertet werden kann. Ja, der Verdacht kommt auf, daß bei dieser Betrachtungsweise das Eigentliche hinter dem Zweitrangigen hat zurücktreten müssen. Die Häufung künstlerischer Reformansätze an versprengten Orten wäre wohl kaum zu einem heterogenen Stilbild zusammengeflossen, wenn nicht andere Kräfte mitgewirkt hätten. Sicherlich sorgte damals eine schon weit entwickelte Publizistik für das gegenseitige Kennenlernen, doch erklärt dies nur unzureichend das Gesamtereignis des in sich so unkonzentrierten Jugendstils. Geht man in der Betrachtung einen Schritt weiter, dann zeigt sich in der Regel, daß die unterschiedlichen Zentren es nicht darauf angelegt hatten, im provinziellen Eigenstolz zu verharren, sondern ihre Entwicklung als Herausforderung empfanden. Wenn in Deutschland München, Darmstadt und Weimar zusammen mit Dresden oder Hagen künstlerisch viel wagemutiger waren als Berlin, dann nicht aufgrund treuer Gefolgschaft, sondern in bewußter Konfrontation zur offiziellen Kunstpolitik des Kaisers, also im Aufstand. Wenn sich in Brüssel eine Entwicklung fortsetzte, die zwar Jahrzehnte vorher in Paris begonnen hatte, aber dort nun schwach und unverbindlich geworden war, dann ergab sich damit für die belgische Metropole die Chance, endlich aus dem Schatten der großen Nachbarin herauszutreten. Aber wichtiger war wohl noch, daß sich hiermit die Hauptstadt eines Landes als zentrierend darzustellen vermochte, bei dem immer deutlicher wurde, wie künstlich es zusammengesetzt war. Ähnlich muß Nancy seine Situation gesehen haben, die dadurch dramatisiert war, daß es nicht nur eine abhängige Provinz vertrat, sondern auch noch eine zwischen Frankreich und dem Deutschen Reich geteilte. Ein politisches Unrecht als Movens wird hier zum erstenmal deutlich, verstärkt ist dergleichen dann zu erkennen im Freiheitskampf der Finnen gegen eine späte Unterdrückungswelle von russischer Seite. Andererseits reicht der Beitrag Glasgows nicht aus, ihn als bewußte Abgrenzung schottischer Interessen gegenüber London auszulegen. Separatistische Bewegungen gab es zwar auch hier, doch ignorierten sie die künstlerischen mehr, als daß sie sich mit ihnen berührten.

Hermann Billing, die Kunsthalle in Mannheim, 1907. (Seite 34)

Peter Behrens, das Krematorium in Hagen/Westfalen, 1906/07.

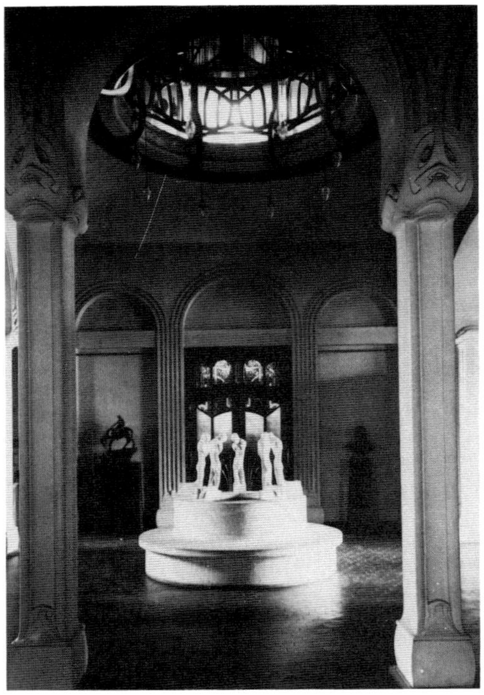 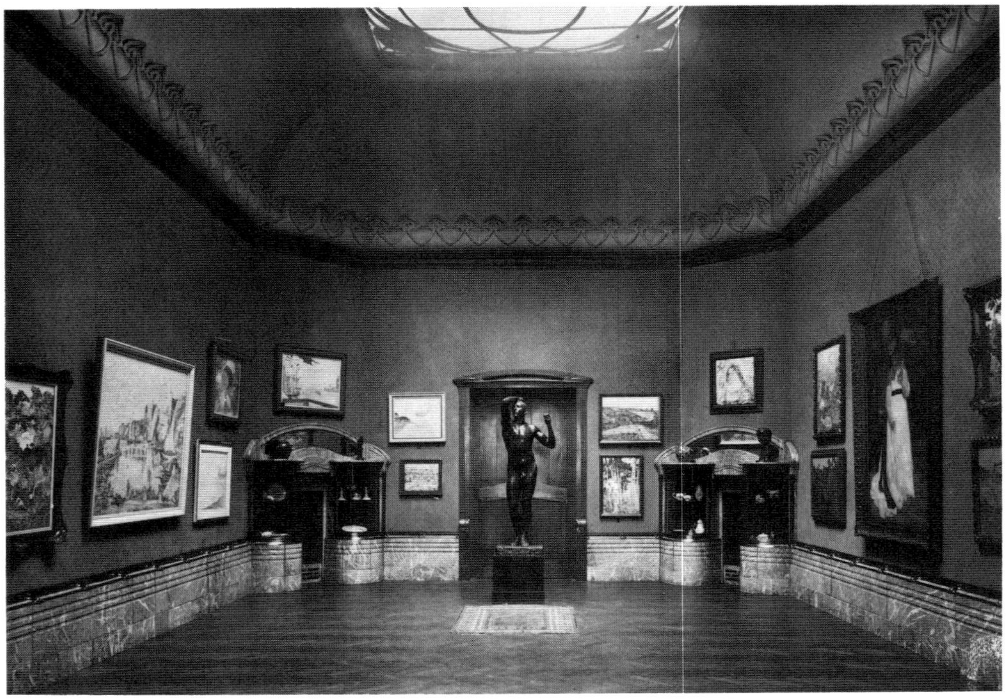

Henry van de Velde, die Eingangshalle und der große Bildersaal im Folkwang-Museum (dem heutigen Karl Ernst Osthaus Museum) in Hagen/Westfalen, 1901.

Der eklatanteste Fall war jedoch die Kongruenz von politischer wie künstlerischer Revolte in Barcelona, wo sich in der Person und im Werk Antoni Gaudís das eine wie das andere manifestieren konnte. Der individuelle Anspruch Kataloniens, sich vom übrigen Spanien absetzen zu wollen, hatte damals schon eine jahrhundertealte Tradition, äußerte sich um 1900 jedoch verstärkt. Von Barcelona ausgehend, läßt sich deshalb am leichtesten die These vortragen, daß gegen Ende des neunzehnten Jahrhunderts die Revolte der Minderheiten nicht nur eine solche avantgardistischer Künstler war, sondern in auffälliger Deckung damit auch eine der kulturell und politisch bedrängten Provinzen. Beide Interessen verbanden sich, eindeutig und offen oder auch mehr latent, doch unübersehbar für einen Betrachter, der nicht ängstlich darum bemüht ist, die Geste der Schönheit von der geballten Faust zu trennen. Der politische Aspekt ist durchaus geeignet, das Zweifelhafte, das dem Jugendstil als Kunst anhaftet, in einem anderen Licht erscheinen zu lassen. Es mutet heroisch an, daß in den Unruheherden des Fin de siècle die neue Kunst wenn schon nicht als Waffe, so doch als Mittel der Selbstdarstellung zu fungieren vermochte.

Eine Zweckkunst war der Jugendstil ja ohnehin schon durch die Selbstdefinition, dem Nützlichen im passenden Gewand dienen zu wollen. Als hilfreich erwies er sich auch in kommerzieller Hinsicht, denn seine Erfindung erzeugte Neugier, und diese wiederum schuf einen Kaufreiz, der wichtig war in einer Zeit, die wirtschaftlichen Schwankungen unterlag. Doch die neue Kunst war nicht nur vordergründig camouflierend willkommen, sie verfügte auch über ein Potential, das sich wirtschaftsstrategisch einsetzen ließ. Genau gesagt: Daniederliegende Industrien und im Abstieg begriffene Handwerkszweige konnten durch sie neu belebt werden. Dies geschah auffallend häufig und ohne jegliche Verbrämung. Die Bestrebungen, Darmstadt und Weimar zu Zentren des Jugendstils in Deutschland zu machen, beruhten zum Teil oder fast ausschließlich auf der Absicht, durch den Einkauf berühmter Künstler dem heimischen Gewerbe zu einer ästhetischen Erweckung und nachfolgend zu einer kaufkräftigen Klientel zu verhelfen.

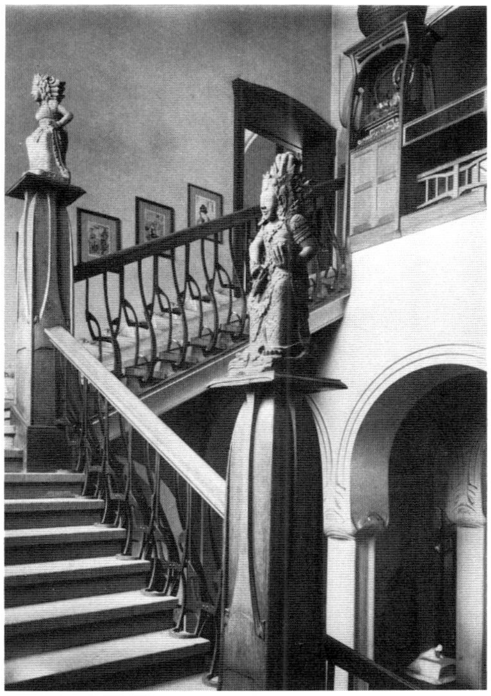

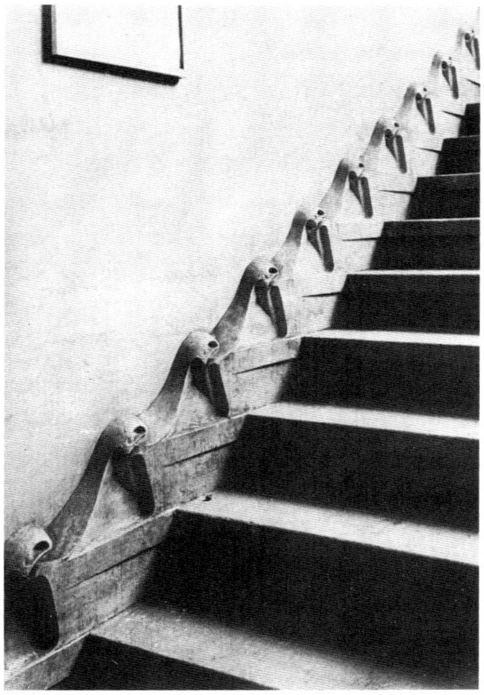

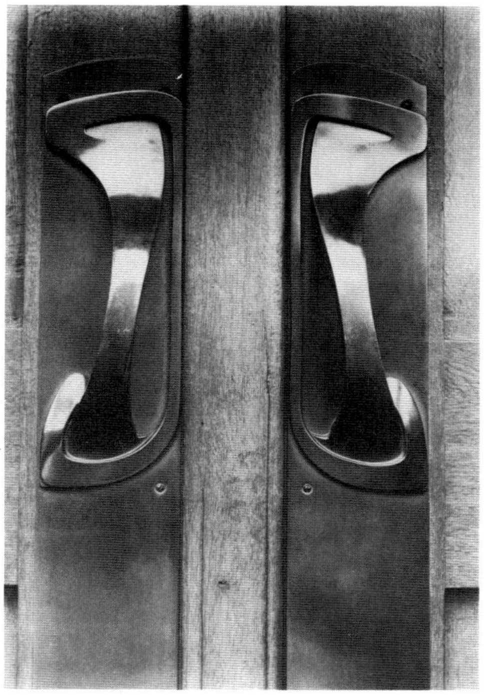

Henry van de Velde, Treppe, ein Detail der Wange und Türgriffe im Folkwang-Museum (dem heutigen Karl Ernst Osthaus Museum) in Hagen/Westfalen, 1901.

Diese Zusammenhänge könnten als konstruiert gelten, wenn sie nur mit dem Blick auf die Personen bewertet würden: Mit Vorliebe wurden diese von auswärts herbeigerufen, der Wiener Architekt Joseph Maria Olbrich nach Darmstadt und der Belgier Henry van de Velde nach Weimar. Doch wirtschaftlich erwiesen sich diese Berufungen stets als Vorteil und Gewinn. Das ist unter anderem ein Beweis mehr dafür, daß nicht die Bindung an einen Ort zählte, also etwas spezifisch Künstlerisches, sondern die Erweckungsmöglichkeit, die dem Jugendstil innewohnte. Mit dieser Eigenschaft ließ er sich offenbar mühelos von Land zu Land versetzen.

Die Erwähnung wirtschaftlicher Aspekte ist vielleicht geeignet, das reine Bild der schönen Kunst zu trüben, doch bleibt sie unerläßlich. Daß der Jugendstil besonders anregend auf die Bildung neuer Werkstätten in München, Dresden und anderswo gewirkt hat, gehört zu den bekanntesten Tatsachen. Weniger erfreulich war, daß eine bedenkenlose Industrie ihn zum Vorbild für massenhaft produzierten Kitsch nahm. Aber auch das kann anders gesehen werden: Selbst dazu taugte er. Doch sollte die wirtschaftliche Facette mit eingeordnet werden in den Gesamtaspekt der Emanzipation, die mit Hilfe des neuen Stils betrieben wurde.

Wie sich die diversen Interessen und Absichten verbanden, läßt sich am besten am Beispiel Darmstadts zeigen. Als dort der Großherzog den Plan aufnahm, eine Künstlerkolonie entstehen zu lassen, hatte er wohl zuerst das neue Lebensideal und die architektonische Manifestation im Auge, doch unter dem Motto »Mein Hessenland blühe« verfolgte er gleichzeitig auch die Förderung der heimischen Wirtschaft. Die geschickte Verbindung von Direktorat und Mäzenatentum in der Person Ernst Ludwigs sah ihr Ziel aber vor allem darin, ein künstlerisches Gegenbild zu dem offiziellen Bild des preußisch beherrschten Reichs zu entwickeln. Der Großherzog erwies sich hierbei als ungewöhnlich mutig, und da er ein Verwandter des Kaisers war, besaß der Affront ein besonderes Gewicht.

Geblieben ist bis heute der Glanz dieses Ereignisses, aber die Selektionstendenz der Geschichte hat es weitgehend herausgelöst aus dem höchst

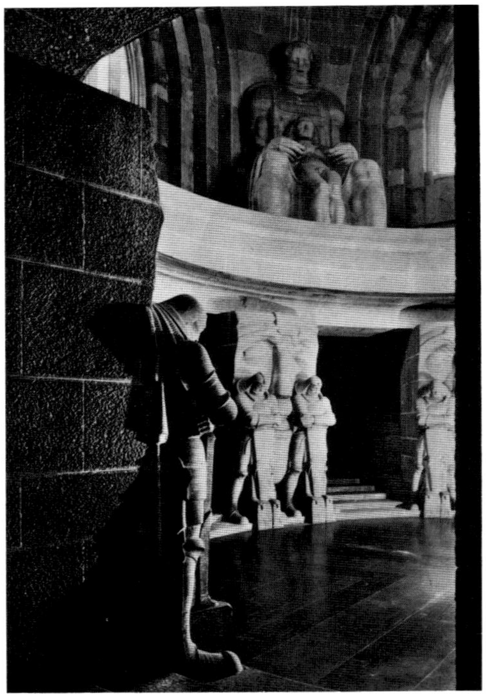

Franz Metzner, Figuren im Inneren des Völkerschlachtdenkmals in Leipzig, nach 1905.

widersprüchlichen Kontext von einst. Die konzentrierte Betrachtung all dessen, was um 1900 unter dem Signum Jugendstil entstand, übersieht leicht jene künstlerischen Äußerungen, die parallel liefen und nun das Unglück haben, weder zur Unterstützung noch als Widerpart tauglich zu sein. Es gab damals mehr als nur den Jugendstil, und es ist zu billig, seine Gegenposition auf einen überlebten Historismus einzuschränken. In seinem zwar unsicheren, aber deshalb besonders demonstrativen Selbstbewußtsein war das Kaiserreich erfinderisch genug, sich ganz spezifische Ausdrucksformen zuzulegen. Diese enthielten zweifellos viel Kostümplunder, aber daneben auch Ansätze von Größe und Originalität. Es kann nicht überraschen, daß diese Züge am ehesten dort anzutreffen sind, wo es um die Darstellung von Macht und Geschichtlichkeit ging. Zu den Bestandteilen einer Wilhelminischen Ästhetik gehören deshalb nicht allein die Popanzfiguren der Siegesallee und das billige Neorokoko kaiserlicher Zimmereinrichtungen, sondern auch die schneidige Funktionalität von Kriegsschiffen und die steinerne Gewalt zahlreicher Denkmäler. Gerade diese zeigen nun neben einer zu rechtfertigenden Imposanz auch eine Formkraft, die zumindest bemerkt und festgehalten werden muß. Beispielhaft dafür stehen die zahlreichen Bismarcktürme, die damals überall in Deutschland errichtet wurden; und stellvertretend für diese Haltung wird hier das nationalste Monument der Zeit vorgeführt, das schon vor 1900 geplante und begonnene Völkerschlachtdenkmal in Leipzig (Abb. S. 28). Das Urteil darüber sollte nicht aufgrund verständlicher Abneigung gefällt werden, sondern in zögernder Anerkennung der überzeugend eingelösten Absicht.

Die beunruhigend kraftvolle Wirkung dieser Denkmäler beruht nun auch darauf, daß sie vor allem architektonisch und weniger oder fast gar nicht bildhauerisch gestaltet worden sind und sich damit einer Abstraktion nähern. So darf denn gefragt werden, ob nicht von hier der Weg zu den AEG-Fabriken von Peter Behrens und zu anderen ähnlichen Bauten geführt hat, auch wenn wir deren Wurzeln lieber im Jugendstil sehen möchten. Zu der ambivalenten Erscheinung der Geschichtskolosse trägt, obwohl sie keine Geistesverwandtschaft mit dem Jugendstil besaßen, des weiteren bei, daß manche ihrer Schöpfer mit jenen der neuen Kunst identisch waren. So schuf der Dekorationsbildhauer Franz Metzner die krönenden und die das Innere füllenden Figuren des Völkerschlachtdenkmals und der Architekt Wilhelm Kreis war besonders versiert im Erfinden von Türmen zum Andenken an Bismarck. Überhaupt wurden nach kurzer Zeit die Übergänge fließend – zum Beispiel wenn ein Jahr nach seinem Einstand als Architekt, 1901 in Darmstadt, der Avantgardist Behrens schon zum nationalen Künstler erkoren wurde aufgrund einer Ausstellungshalle, die zu dieser Einstufung allerdings auch Anlaß gab (Abb. S. 158).

Wilhelm Kreis, Bismarckturm in Eisenach, um 1900.

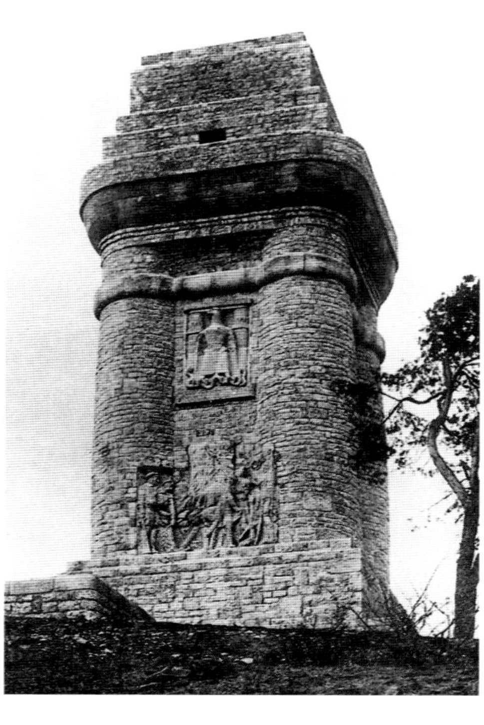

Auch sonst wußte dieser Künstler die unterschiedlichsten Positionen wechselnd zu besetzen. In den folgenden Jahren erhielt er durch den Millionär und engagierten Förderer Karl Ernst Osthaus mehrfach Aufträge in Hagen vermittelt – beginnend mit einer Zimmereinrichtung (1904), deren kluge Konzeption er kühn nach außen fortsetzte, und weiterführend über einigen Villen bis zu einem Krematoriumsbau (Abb. S. 35), der programmatischen Charakter hatte, denn Osthaus setzte sich besonders für diese Form der Bestattung ein. Nicht nur weil es die Feierlichkeit der Aufgabe vielleicht verlangt hätte, sondern weil es seiner Neigung entsprach, kam der Architekt hier zu einem Gipfelpunkt des geometrisch bestimmten Monumentalstils, der schon bald nach 1900 für ihn kennzeichnend werden sollte. An den

Jugendstil vermochte dabei allenfalls noch die Großzügigkeit der auf das Schema »Kreis und Quadrat« beschränkten Ornamente zu erinnern.
Behrens war nur einer der Architekten, die Osthaus heranzuziehen pflegte, neben ihm bauten auch Riemerschmid und später der sehr eigenwillige Holländer J. L. M. Lauweriks in Hagen, vor allen aber war es van de Velde, der den Ort zweimal entscheidend prägte: 1901 durch den Ausbau des in dürftig historisierender Art begonnenen Folkwang-Museums (Abb. S. 36, 37) und schließlich – neben einigen anderen Villen – durch den Hohenhof, das private Haus des großzügigen Mäzens, der auf seltsam besessene Weise daran glaubte, durch Kunst in jeglicher Form seine schwerfällige Heimatstadt zu neuem Leben erwecken zu können. Mochte auch hier die Art der Verwandlung einer Provinzstadt in ein Kunstzentrum etwas aufgesetzt erscheinen, so besaß sie doch Kraft, Konsequenz und vor allem Dauer. Osthaus wurde in seinem Streben nicht müde und erhielt sich dabei ein überraschend freies Urteil – wie die Wahl seiner unterschiedlichen Architekten zeigt. Wenngleich die meisten seiner Initiativen – es ist unmöglich, sie hier alle zu summieren – zeitlich und stilistisch später liegen als 1900, so nahmen sie doch damals ihren Anfang.
Schon das erste Werk, das Osthaus durch seinen privaten Einsatz ermöglichte, hatte fanalartigen Charakter. Der Ausbau des Folkwang-Museums durch van de Velde war in sich exemplarisch gelungen, bedeutete aber auch, daß die neue Kunst damit in besonderer Weise sanktioniert wurde. Was bisher andernorts noch undenkbar schien, wurde hier nun demonstriert: die Museumswürdigkeit des Jugendstils. Osthaus hatte van de Velde aufgrund einer ersten, umfassenden Publikation als Innenarchitekten gewählt, und dieser wiederum zeigte sich so engagiert, daß er den Finanzier dazu überreden konnte, das neue Haus nicht einer Mineraliensammlung zu überlassen, sondern der modernen Kunst. Osthaus kaufte umgehend vorzüglich ein und schuf ein museales Kabinettstück, dessen Inhalt und Konzeption großen Häusern weit voraus waren – das alles angesiedelt in einer besonders geschichtslosen Provinzstadt.

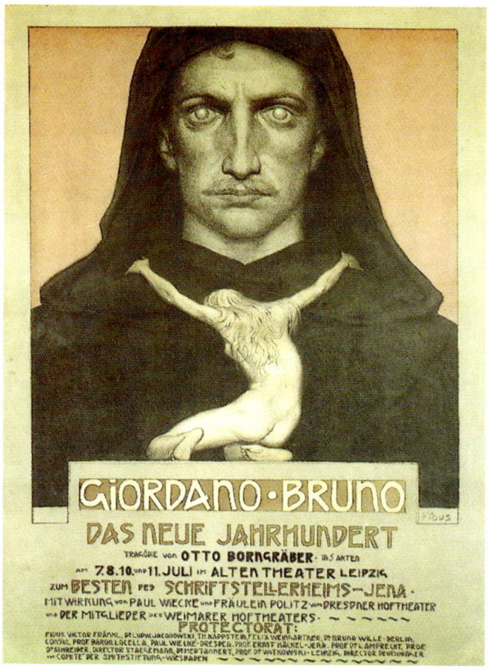

Fidus, Plakat, 1902.
SMPK Kunstbibliothek, Berlin

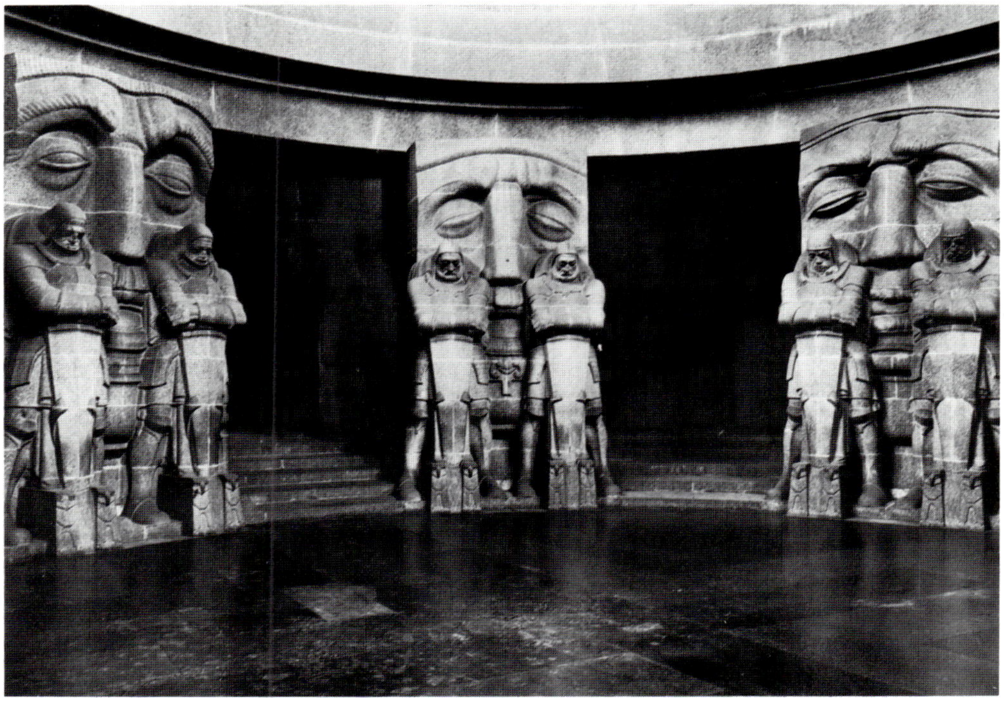

Franz Metzner, Figuren in der Krypta des Völkerschlachtdenkmals in Leipzig, nach 1905.

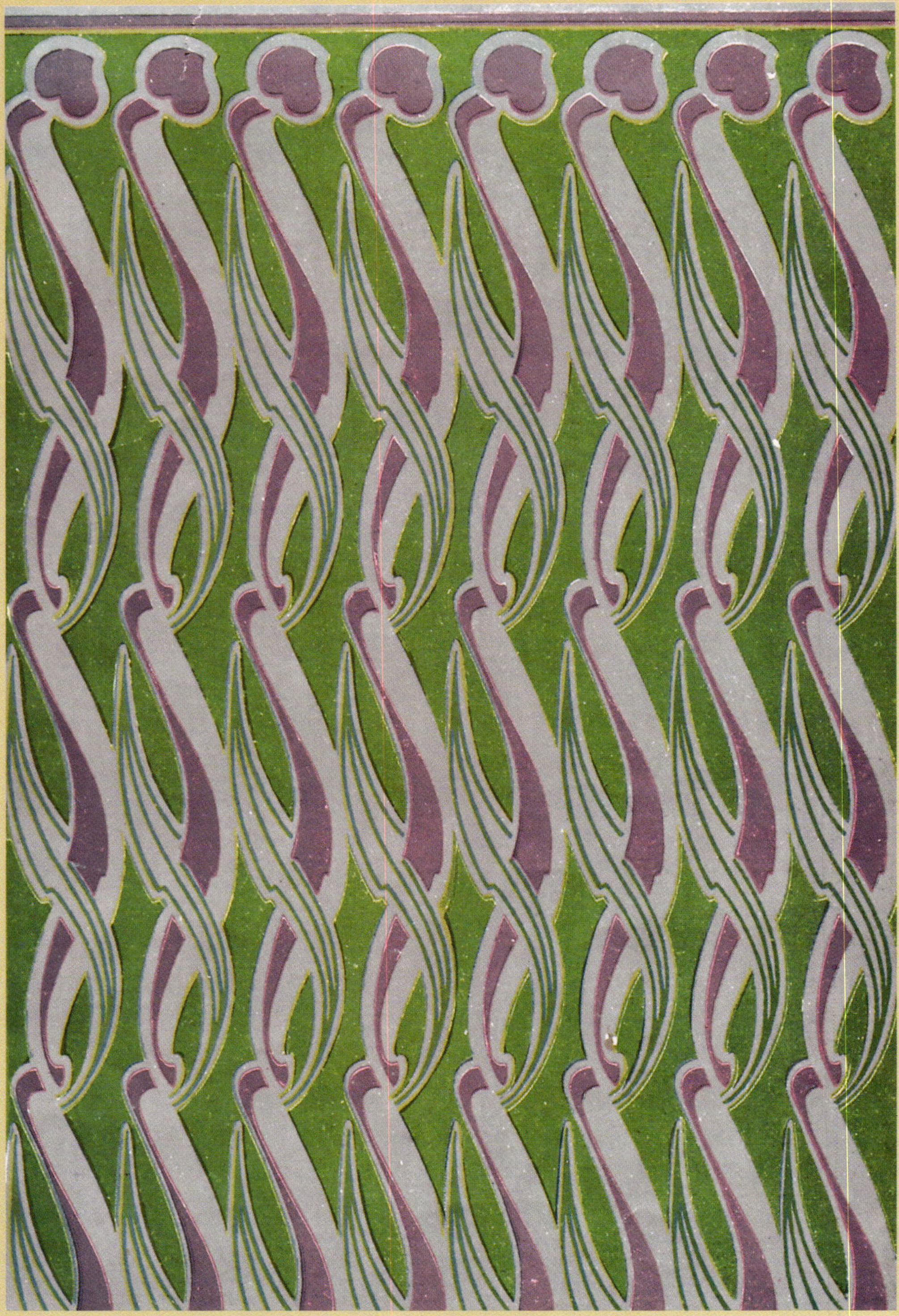

Brüssel

Auch wenn 1831 die Gründung des Königreichs Belgien ein in sich schlüssiger Akt gewesen war, blieb dennoch ein Zweifel, ob die Vereinigung der beiden Provinzen Wallonien und Flandern sinnvoll und zukunftsträchtig sein würde. Zu deutlich schien der eine Teil Frankreich, der andere den Niederlanden zuzustreben. Doch überwog damals das historisch gewachsene Gefühl der Zusammengehörigkeit, vor allem nachdem die jüngere Geschichte gerade den wechselnden Zuschlag einmal zu dieser, dann zu jener Seite mit sich gebracht hatte. Die Lösung konnte offensichtlich nur in der gemeinsamen Eigenstaatlichkeit liegen.

Bis 1792 waren die beiden Gebiete Teile des Habsburgerreichs gewesen, danach standen sie bis 1815 unter französischer Herrschaft und unterlagen einem entsprechenden Einfluß. Die folgenden fünfzehn Jahre gehörten sie dann dem neugeschaffenen Königreich der Niederlande an, wobei das traditionsreiche Brüssel abwechselnd mit Den Haag die Hauptstadt abgab – eine künstliche Lösung, die auf mühsam erzielten Ausgleich schließen läßt. Mit dem wirtschaftlichen Aufschwung seit Ende der napoleonischen Zeit war auch ein verstärkter Ruf nach Autonomie nicht mehr zu unterdrücken. 1830 erlebte er seinen affektreichen Ausbruch: Während einer Aufführung der Revolutionsoper »Die Stumme von Portici« kam es am 25. August in Brüssel zur offenen Rebellion, der Freiheitskampf war eröffnet.

Zum Ergebnis hatte er das unabhängige Königreich Belgien, dessen erster tüchtiger Regent Leopold von Sachsen-Coburg war. Das neue Land erhielt eine für die Zeit recht fortschrittliche Verfassung mit der Gleichstellung aller Bürger vor dem Gesetz, der Versammlungs- und Meinungsfreiheit und der Trennung von Kirche und Staat. Der Monarch hatte eine weitgehend repräsentative Funktion. Brüssel, das zur Hauptstadt wurde, vermochte sich über alle Veränderungen hinweg seine traditionelle Rolle als Standort des Luxusgewerbes zu erhalten, sein lebendiges Klima machte es auch immer attraktiver für vermögende Zuwanderer. Deren Anteil betrug um 1900, verteilt auf mehrere Quartiere, rund 10 000 Deutsche, mehr als 5 000 Franzosen und rund 4 000 Holländer. Bis zu diesem Zeitpunkt war die Bevölkerung von 125 000 im Jahre 1850 auf 195 000 Einwohner gewachsen. Um die Jahrhundertwende galt Brüssel als eine »fashionable« Stadt, die sich durch neue, breite Boulevards, elegante Geschäfte und weitläufige Parks empfahl.

Doch der äußere Glanz konnte nicht den inneren Zwiespalt des Landes verdecken, der in Brüssel genauso zutage trat wie die Lichtseiten. Zu der sozialen Trennung kam hier verschärfend eine sprachliche hinzu. Der Le-

Gegenüberliegende Seite: Tapete von Henry van de Velde, Brüssel 1895, die er häufig in seinen frühen Einrichtungen verwandte (siehe Seiten 53 und 55).

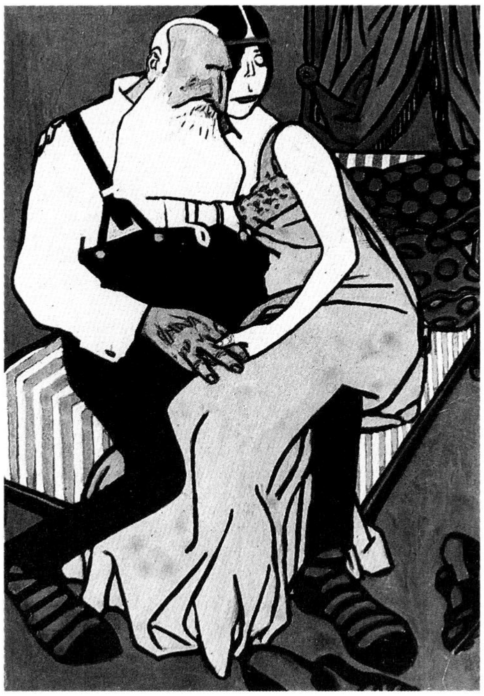

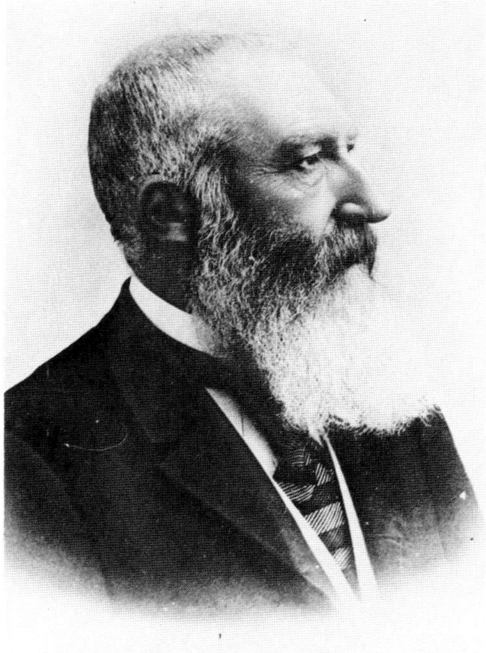

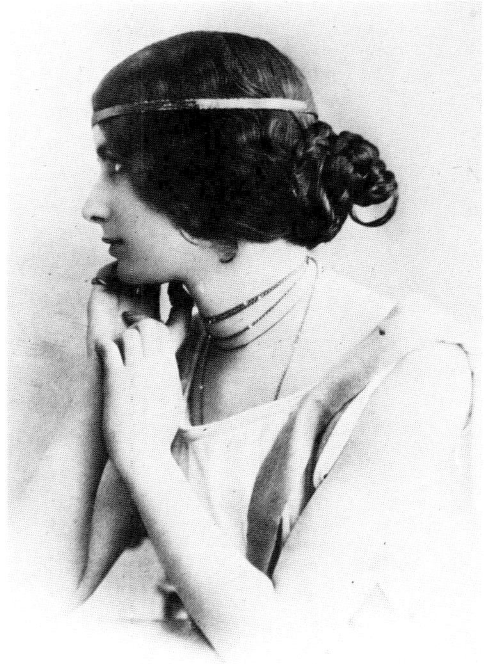

Bruno Paul (?), Karikatur auf das Verhältnis von König Leopold II. zu der Tänzerin Cléo de Merode.

Unbekannter Photograph, König Leopold II. von Belgien, um 1900.

Unbekannter Photograph, die Tänzerin Cléo de Merode, um 1900.

bensbereich der wohlhabenden Kreise, die Oberstadt, war frankophon, während unter den Händlern, Gewerbetreibenden und Arbeitern, die das alte Zentrum um die »Grande Place« bevölkerten, fast ausschließlich flämisch gesprochen wurde. Da andererseits die wichtigsten Industriezweige in Wallonien lagen, überwog der Anteil dieses Gebietes. Hinzu kam, daß im neunzehnten Jahrhundert der kulturelle Einfluß Frankreichs beherrschend war, sich also auch hier eine einseitige Gewichtung ergeben hatte. Zunehmender sozialer Deklassierung stand somit eine zum Teil von außen hineingetragene kulturelle Überlegenheit gegenüber.

Diese von Schizophrenie nicht freie Situation führte in Belgien zu einigen Absonderlichkeiten, die in dieser Form wohl nur hier möglich waren. Da kaum auszumachen war, was an dem Land echt und was nicht echt war, konnte die Künstlichkeit Triumphe feiern. So entstand in den achtziger Jahren in Brüssel eines der monströsesten Gebäude der Zeit, der von Joseph Poelaert erbaute Justizpalast am Rande der Oberstadt. Diese Architektur – eine geniale Hohlform von labyrinthischem Zuschnitt – war so gewaltig, daß nichts in Europa sie übertraf. Weniger überzogen, aber dennoch von bizarrer Pracht, waren die Gewächshäuser, die der neue und das Land wohl am meisten prägende König Leopold II. (1835–1909) ungefähr zur selben Zeit in den Parks von Laeken in der Nähe Brüssels errichten ließ. Sie waren so sehr Produkte seines Wollens, daß er in ihnen auch zu sterben wünschte – ein Anliegen, das ihm später erfüllt werden konnte.

Die Neigung zu Exotismen hatte den Herrscher schon vorher dazu gebracht, ganz privat in Afrika die ausgedehnten Gebiete des Kongo zu erwerben. Das war eine ziemlich ungewöhnliche Handlung gewesen, doch sie entsprach recht gut jener Neureichenkühnheit und Verblüffungssucht, die die Welt durch Belgien kennenlernen sollte. Ganz Herr seines Besitzes, regierte Leopold streng in seinem Kolonialreich, doch später, als er die Gebiete an den Staat abgetreten hatte, erwiesen sie sich für diesen als höchst ertragreich. Und so, als könnte die Treibhausluft der Gewächshäuser auch noch anderes zum Blühen bringen, mußte es wirken, als gegen Ende des Jahrhun-

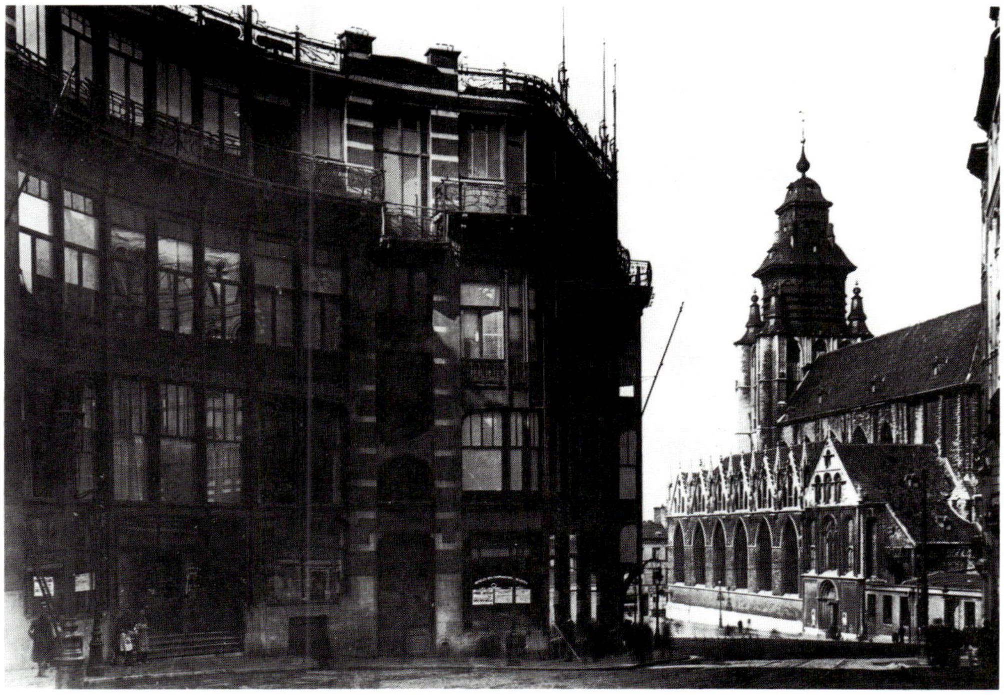

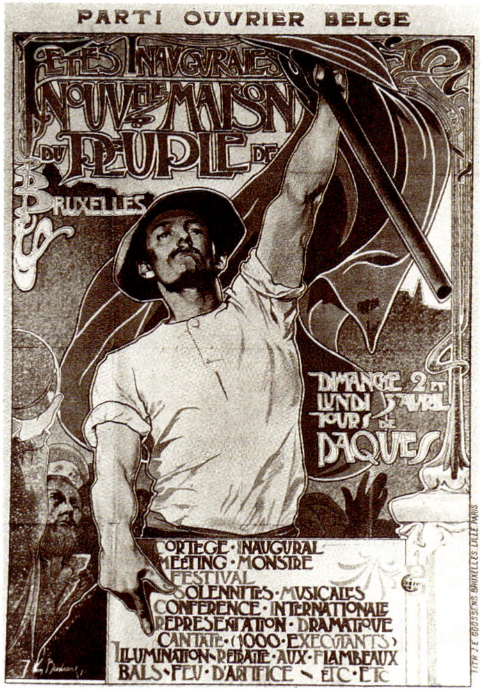

Victor Horta, das »Maison du Peuple« in Brüssel, 1897.

Jules van Riesbroek, Plakat für die Eröffnung des »Maison du Peuple« in Brüssel, 1897.

derts die Liaison des Königs mit der Tänzerin Cléo de Mérode die Klatschspalten in Europa füllte. Der alternde und auf Bildern schon zur Starrheit neigende Mann hatte die auffallend schöne Frau, deren besonderes Kennzeichen ihre schlichte Mittelscheitelfrisur war, 1896 in Paris kennengelernt. Auch sie war Belgierin, doch von dem König trennten sie vierzig Lebensjahre. Die Beziehung muß etwas Rührendes gehabt haben, denn sie erntete zwar Spott, aber nicht Häme – der zu »Cléopold« umgetaufte König erschien der Welt plötzlich liebenswert und menschlich.

Der private Jugendstil des Monarchen konnte von der Öffentlichkeit als die Krönung jenes verheißungsvollen Aufbruchs angesehen werden, der überall spürbar war, und für jeden mußte evident sein, daß hier jene Verbindung von Macht und Schönheit zustande gekommen war, die das heimliche Wunschziel bildete. Einer der imponierendsten Vertreter des imperialistischen neunzehnten Jahrhunderts war auf eine Person getroffen, die in sich die neue Kunstsehnsucht verkörperte. Cléo de Mérode nahm somit als Tänzerin einiges von dem vorweg, was wenige Jahre später Isadora Duncan zum Postulat erhob. Inmitten all der Affären, die damals häufig genug bekannte, reiche Männer mit ungewöhnlich schönen Frauen hatten, ragte diese durch ihre Weihe und ihren fast unschuldigen Charakter hervor. Wenn dann ein halbes Jahrhundert später Cléo de Mérode ihre Hetärenrolle zu leugnen versuchte und sie klagend vor Gericht als platonisch und quasi-diplomatisch darstellte, änderte das am allgemeinen Urteil kaum etwas, sondern bestärkte nur den symbolischen Grad des Geschehens.

Dem königlichen Techtelmechtel stand eine von ganz anderen Sorgen geprägte Wirklichkeit gegenüber: 1895 war es nach langem Bemühen gelungen, die »Parti Ouvrier Belge«, die Belgische Arbeiterpartei, zu gründen. Schon ein Jahr später erschütterten Aufstände das Land, die von der Armee radikal unterdrückt wurden. Dieses Vorgehen brachte der Partei intellektuelle Unterstützung auch aus eher bürgerlichen Kreisen ein, zum Beispiel durch junge Rechtsanwälte oder Kunstschriftsteller, die in Zukunft deren äußeres wie inneres Profil mitbestimmten. Sie waren es unter anderen, die

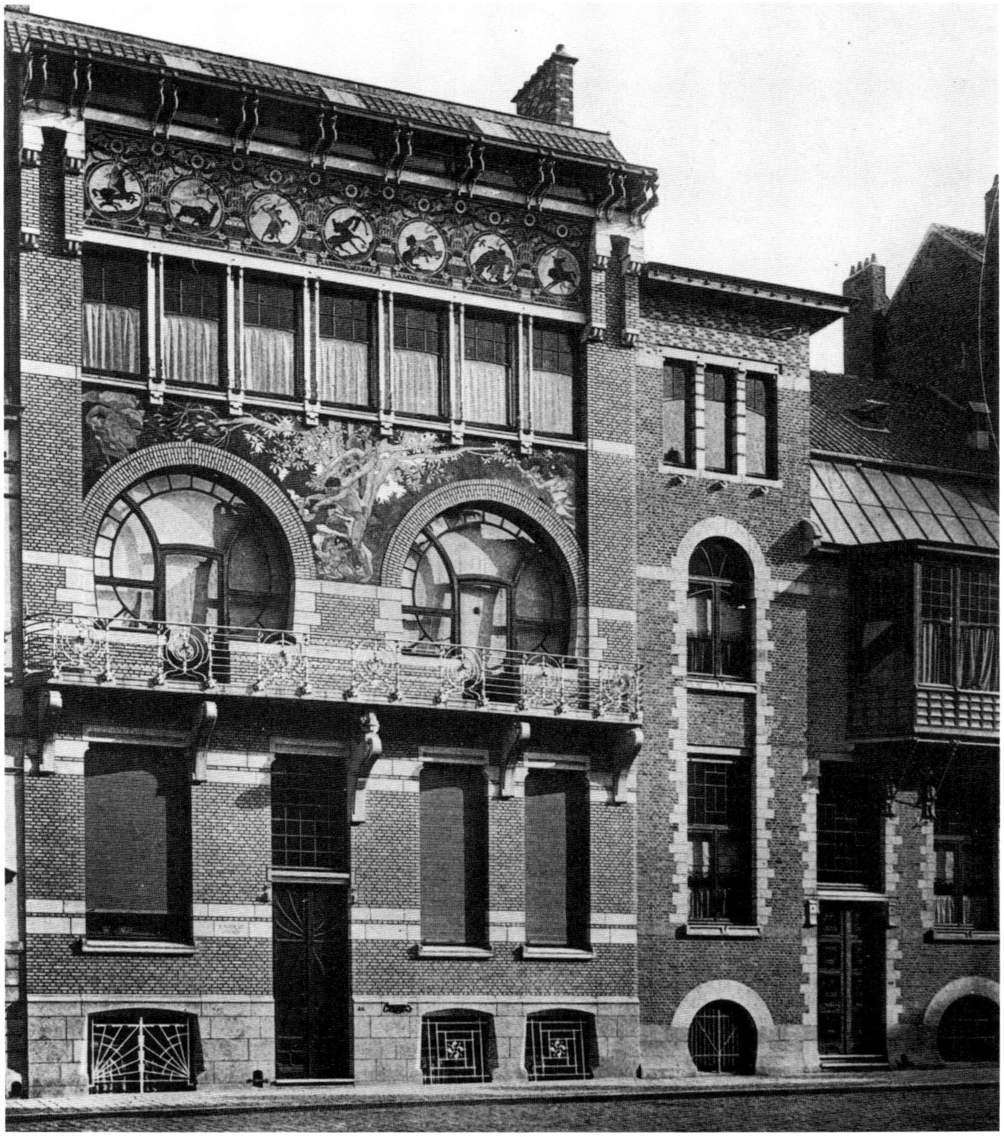

Paul Hankar, Haus des Malers Ciamberlani in Brüssel, 1897.

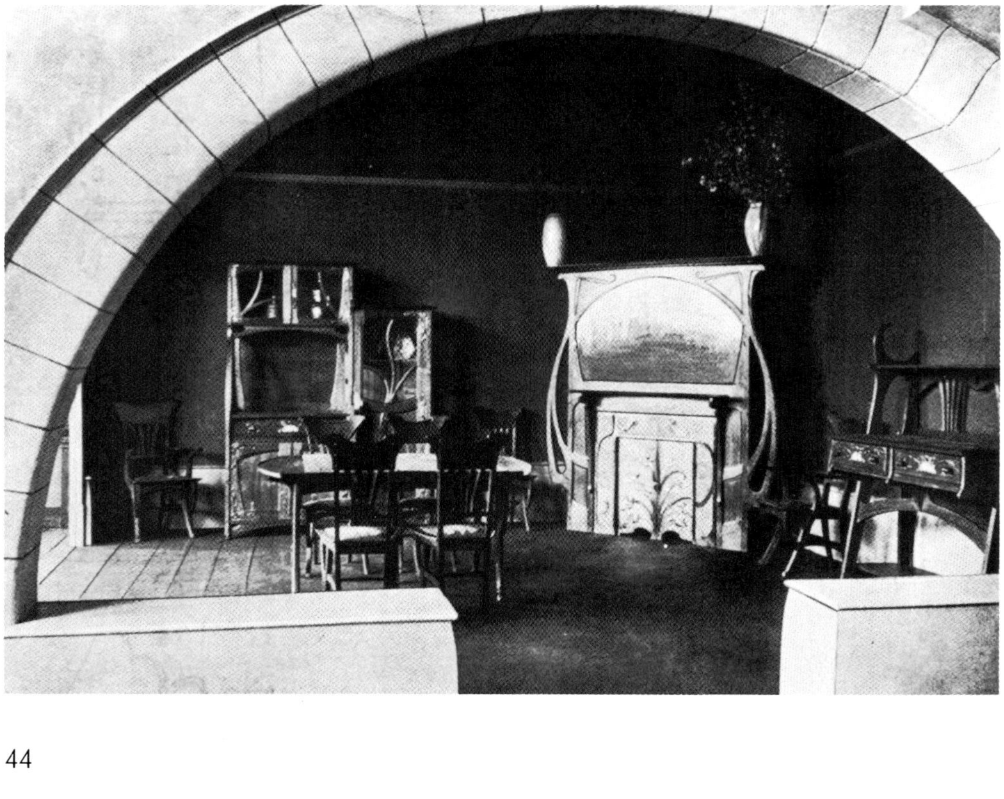

Gustave Serrurier-Bovy, Zimmereinrichtung auf einer Ausstellung, Lüttich 1899.

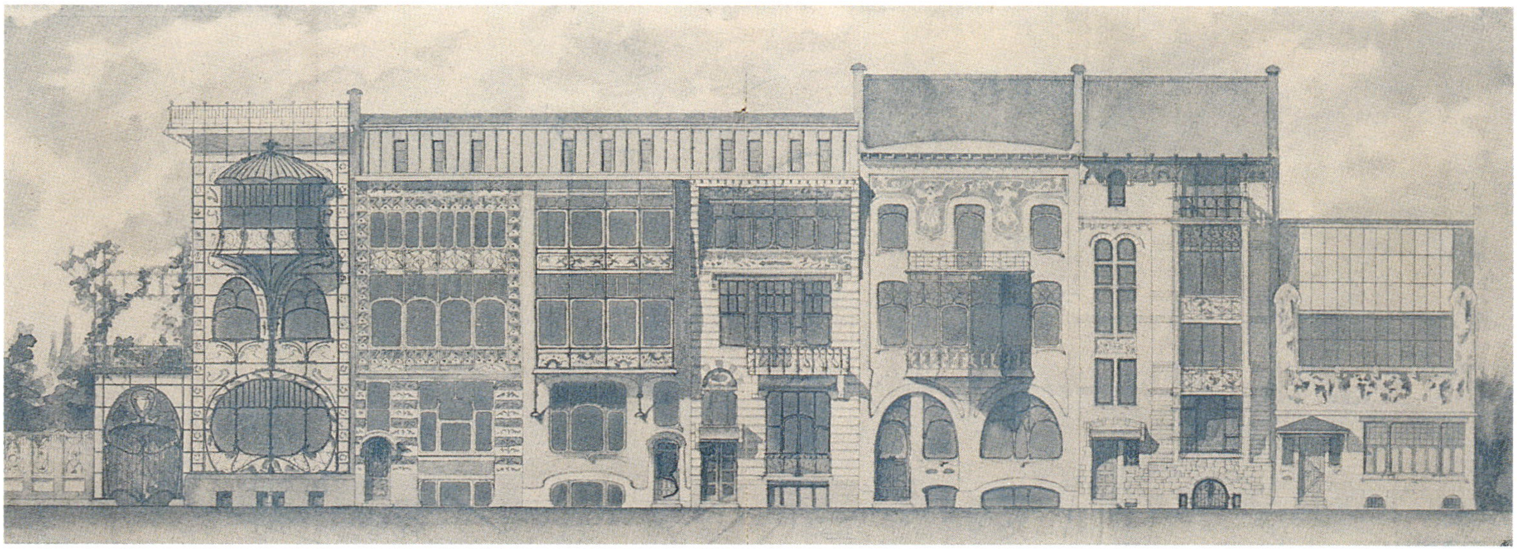

darauf drängten, daß der erst wenig erprobte Architekt Victor Horta 1897 das »Maison du Peuple«, das Brüsseler Volkshaus, erbauen konnte (Abb. S. 48, 49). Damit war ein Fanal gesetzt, denn das Gebäude entsprach in seiner konstruktiven Klarheit dem Zweck und der besonderen Bestimmung in vollendeter Weise. Aber auch der zweite Exponent der neuen künstlerischen Bewegung in Belgien, van de Velde, war schon früh mit graphischen Entwürfen für die Partei beauftragt worden.

Die Belgische Arbeiterpartei erwies sich nicht nur als fördernd und anstoßgebend, sie war auch offen für Anregungen aus den verschiedensten Kreisen. Führende Künstlervereinigungen standen ihr genauso nahe wie bedeutende Literaten. Eine Symbiose aller fortschrittlichen Kräfte hatte stattgefunden, und eine nie dagewesene geistige Aufgeschlossenheit kennzeichnete das Brüsseler Klima unmittelbar vor der Jahrhundertwende. So war es denn auch nicht verwunderlich, daß zu den Förderern der Avantgarde junge Ingenieure und selbst Unternehmer gehörten, die sich auf verschiedenen Wegen – zum Teil durch Dienst in den Kolonien – eine besondere Unabhängigkeit erworben hatten. Aus diesen Kreisen erhielt Horta dann die Aufträge zu jenen Stadthäusern, die es ihm erlaubten, seine architektonischen Vorstellungen völlig ungehindert umzusetzen.

Die historische Gerechtigkeit macht es nun notwendig, bevor auf Horta und van de Velde weiter eingegangen wird, die Namen Paul Hankar und Gustave Serrurier-Bovy einzuführen. Beide können als die Erfinder jenes Spanten- und Sparren-Stils gelten, der charakteristisch für die Frühzeit des Jugendstils war und dem auch der junge van de Velde eine Zeitlang folgte. Typisches war hier bereits weit entwickelt worden, besonders für bewegte Bogenformen bestand eine deutliche Vorliebe. Die seltsame Mischung aus Ungelenkheit und Mut an den Möbeln von Serrurier-Bovy ging auf englische Vorbilder zurück, denen er sich verpflichtet fühlte. Er nahm damit zeitweise eine wichtige Vermittlerrolle ein. Ähnliches gilt für den Architekten Hankar, der 1901 vierzigjährig starb und deshalb nur wenig vollenden konnte.

Die konstruktiven Ansätze, die trotz aller dekorativen Überlagerungen auch schon bei Hankar und Serrurier-Bovy zu erkennen waren, fanden ihre Transponierung von Holz zu Eisen – was im Kern bedeutete vom Handwerk zur Technik, von der Tradition zur Moderne – im Werk von Horta. Erst hier wurde die neue Auffassung wirklich manifest und greifbar. Ihr wohl frühe-

Paul Hankar, Entwurf für die Bebauung einer Straßenflucht, Brüssel um 1900.

Paul Hankar, der Eingang zu einem Geschäft, Brüssel um 1900.

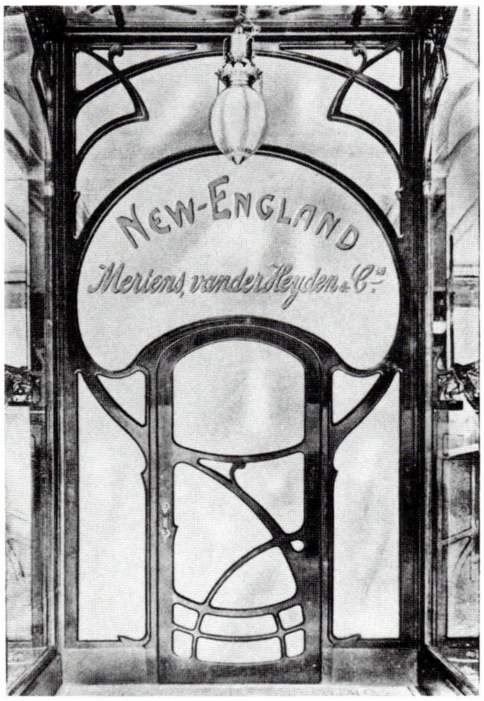

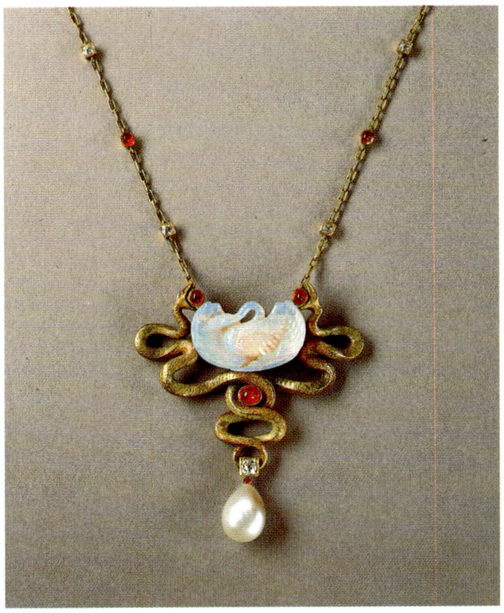

stes Zeugnis ist die Eingangshalle im Hause des Ingenieurs Tassel in Brüssel (Abb. S. 30, 31). Gleich zu Beginn entstand hier ein Werk, das die Möglichkeiten und Gefährdungen des neuen Stils gebündelt und mit Verve vortrug. Die Zuschreibung, am Anfang der Entwicklung zu stehen, erfolgt deshalb nicht nur aus zeitlicher Perspektive, sondern vor allem auch aufgrund der Komplexität, die dieses Auftaktwerk besitzt.
Auf den ersten Blick ist zu erkennen, daß die Raumanlage ingenieurmäßig aufgefaßt wurde, ihre Durchsichtigkeit und die Verwendung von schlanken Eisenteilen beweisen das. Zugleich hat man aber auch das Gefühl, einem sinnlich-dekorativen Ambiente gegenüberzustehen, das weniger an Architektur als an einen wilden Dschungel denken läßt. Die Spannung besteht darin, daß beide Elemente, das rationale wie das artistische, zu einer Symbiose gelangt sind, bei der kein Anteil dominiert, das Gleichgewicht jedoch labil erscheint. Es wäre fraglos zu billig, hier von aufgesetzter und nur sich selber dienender Dekoration zu sprechen, wie wohl natürlich auch deutlich wird, daß die Konstruktion einfacher, weniger vegetabil hätte ausfallen

Philippe Wolfers, Halskette, Brüssel 1898. Privatbesitz

Frans Hoosemans, Leuchter, Brüssel um 1900, Silber und Elfenbein, 37 cm hoch. SMPK Kunstgewerbemuseum, Berlin

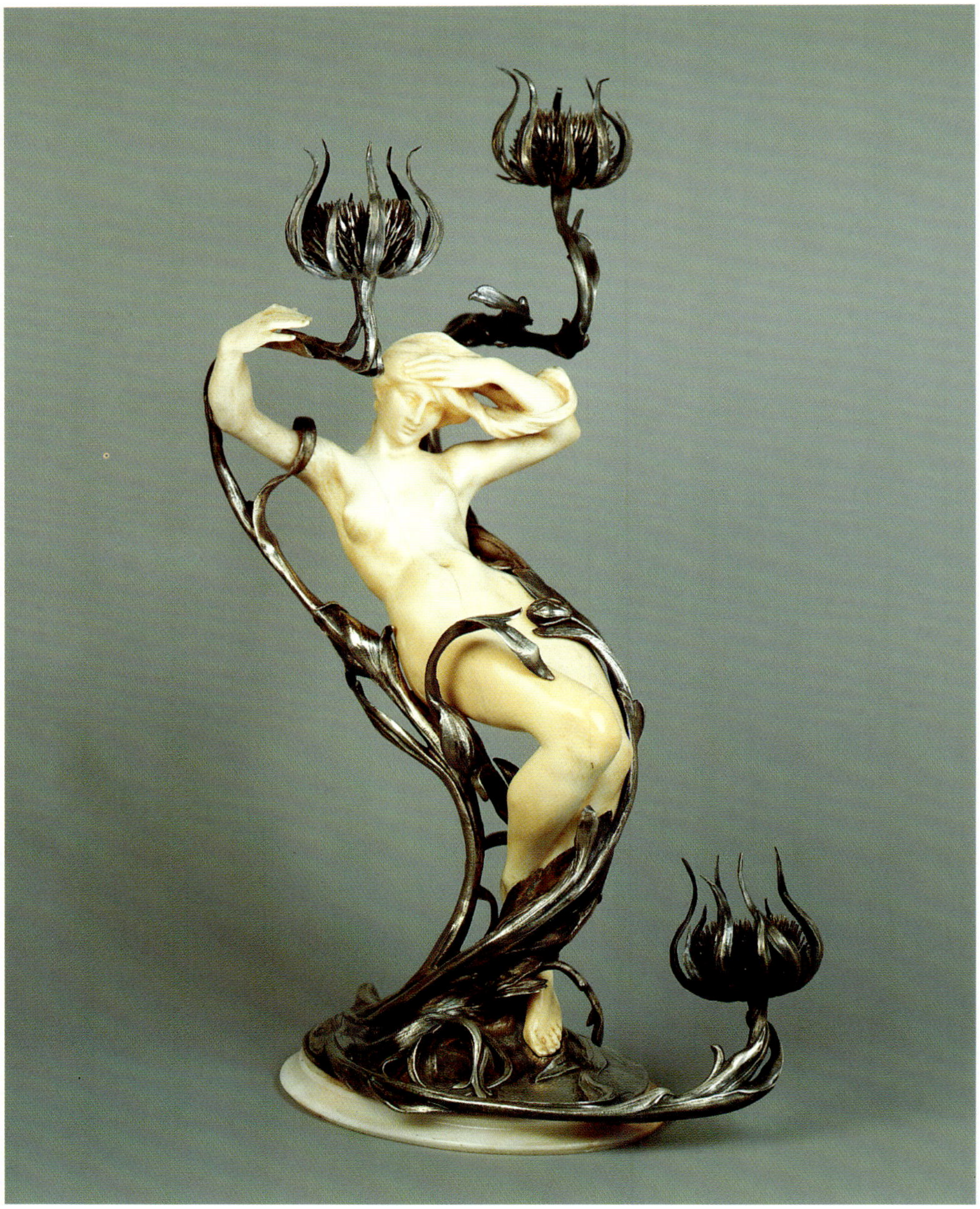

Victor Horta, die Eingangshalle im Haus Tassel in Brüssel, 1893.

Victor Horta, 1861–1947
Studierte ab 1881 an der Académie des Beaux-Arts in Brüssel und trat danach in das Büro des neoklassizistischen Architekten Alphonse Balat ein. Mit der Villa für den Industriellen Tassel von 1893 schuf er ein Gebäude, das zu den ersten eindeutigen Jugendstil-Wohnbauten Europas zählt. Von 1897 an lehrte er an der freien Universität in Brüssel und von 1912 bis 1931 an der Académie des Beaux-Arts.
Wichtige Arbeiten: Die Villen »Solvay«, 1894, und »van Eetvelde«, 1897–1900; das »Maison du Peuple«, das Hauptquartier der belgischen Sozialistischen Partei, mit dem er 1895 beauftragt wurde. Alle Gebäude entstanden in Brüssel.

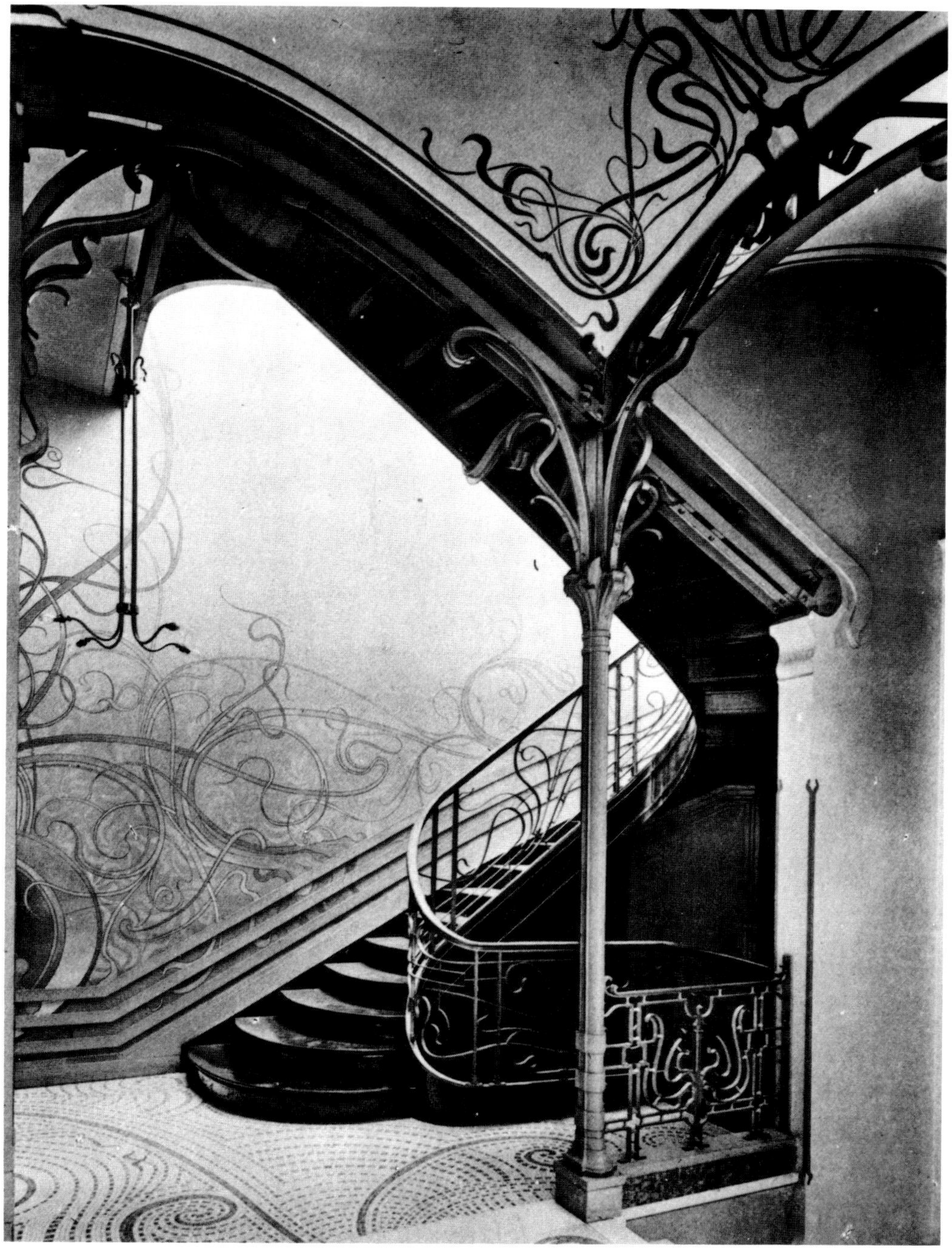

können. Nicht Selbstgenügsamkeit oder vernunftgerechte Beschränkung waren hier beabsichtigt, sondern das Ineinander-Aufgehen. Die flamboyante Komposition gleicht der raffinierten Verbindung von Weich und Hart in dem Leuchter des belgischen Künstlers Frans Hoosemans.
Es war nun alles andere als neu, sichtbare Eisenteile bei der Gestaltung von Innenräumen zu verwenden, dafür gab es im neunzehnten Jahrhundert zahlreiche Vorbilder. Ungewöhnlich war nur, dies in einem eher bescheidenen Wohnhaus zu tun – also an einem Ort, wo man sich dergleichen leicht hätte ersparen können. Die Dimensionen der Eingangshalle wären auch in herkömmlicher Weise zu bewältigen gewesen, allerdings um den Preis geringerer Transparenz. Aber gerade die Leichtigkeit der gesamten Erscheinung muß wohl von Anfang an das Anliegen des Architekten gewesen sein, denn in den folgenden Jahren suchte er sie immer wieder zu erreichen und gelangte dabei zu virtuoser Steigerung. Äußerlich gab es dafür einen

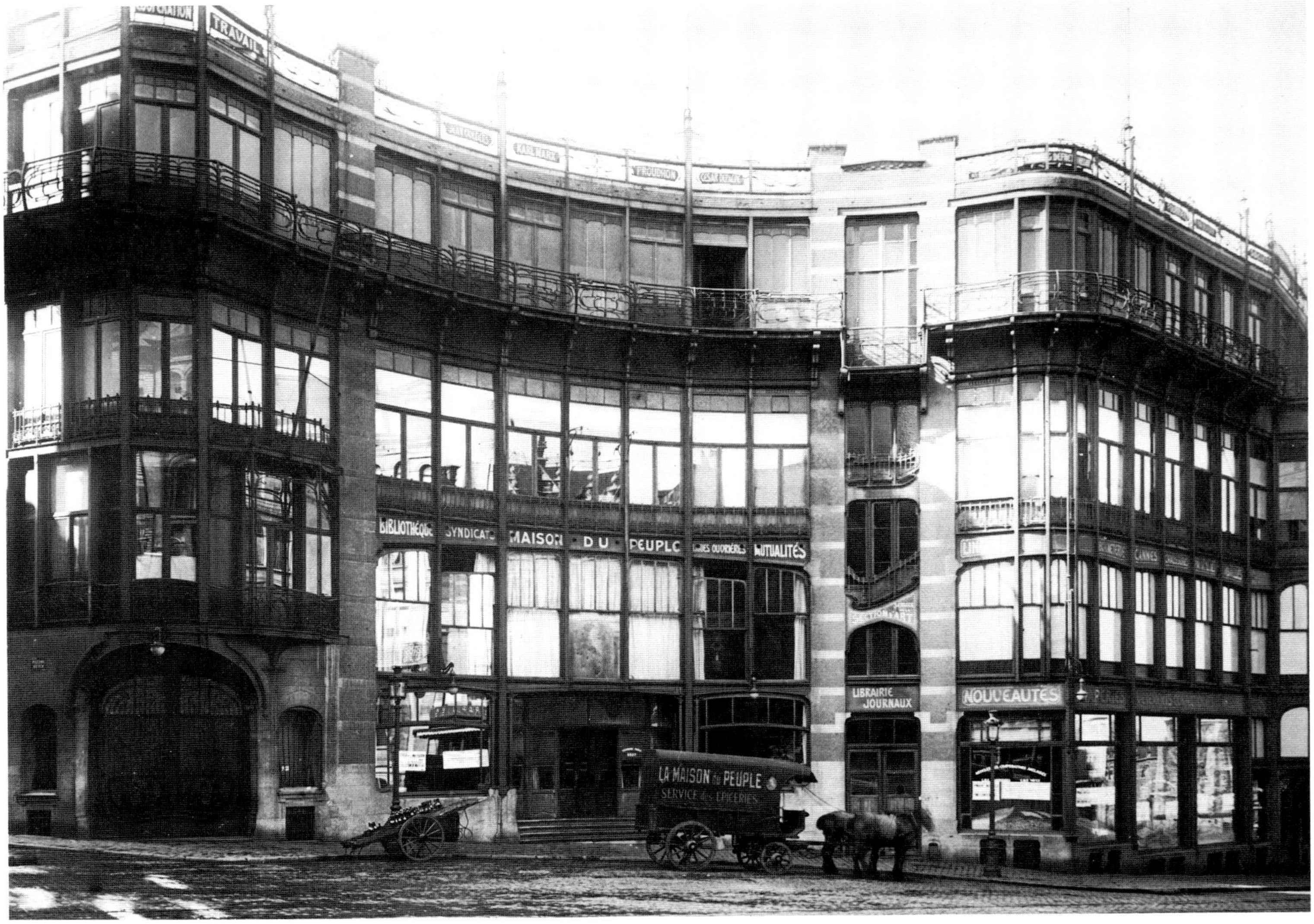

Victor Horta, das »Maison du Peuple« in Brüssel, 1897.

verständlichen Anlaß, denn die typische Schmalheit der Brüsseler Stadthausgrundstücke legte es nahe, das Innere künstlich zu vergrößern. Glasdächer, die ihr Licht von oben durch die geöffneten Stockwerke fallen ließen und in der Vertikale eine Ausweitung schufen, oder Spiegel, die sich gegenüberlagen und damit die Räume ins Unendliche fortsetzten, dienten diesem Zweck. Aus dieser schlichten Notwendigkeit hat Horta dann ein künstlerisches Prinzip entwickelt, wobei seine Lösungen meist über den Anlaß hinausgriffen. Im Haus Tassel ist diese Raumauflösung allerdings erst ansatzweise verwirklicht worden.
Die Gestaltung der eisernen Säulen nach Pflanzenmotiven folgte klassischen Vorbildern, ist originell jedoch im Hinblick auf das Material. Ungewöhnlich erscheint vor allem die Behandlung des Trägers, der den Treppenlauf unterstützt. Er ist in mehrere Teile untergliedert – was statisch begründet sein könnte. Eher jedoch ist anzunehmen, daß es rein ästhetische Gründe hatte. Der Unterzug geht damit in der bewegten Gesamtkomposition auf. Aus seiner Spaltung heraus konnte dann die runde Überleitung zu der nächstfolgenden Stütze entwickelt werden, mit der bildlich angedeutet wird, daß hier der Träger seine Last ablädt und weitergibt. Bemerkenswert ist schließlich auch die sorgsame Ausbildung des Auflagers, der sensible Punkt, wo Stein und Eisen gelenkförmig ineinandergreifen.
Sind bisher die plastischen Elemente der Konstruktion betrachtet worden, so

schließen sich jetzt die dekorativ-flächigen an. Es fällt sofort auf, daß sie den Hauptteilen nachzufolgen versuchen und nicht selbständig für sich bestehen, eindeutig haben sie unterstützende und weiterführende Funktionen. Am einfachsten kann das an der Untersicht der Decke abgelesen werden; die kreisenden Bewegungen auf Fußboden und Wand haben natürlich vor allem jenen Sinn, die Spiralform der Treppe temperamentvoll zu begleiten, ja geradezu voranzutreiben. Das Geländer, zuerst noch statisch behandelt, schließt sich an und läuft mit. Ein derart eigenwilliger Einsatz des Sekundären mußte verblüffen, zumal er nicht willkürlich erfolgte. Im Gegensatz zu minder guten Kopien war hier jede Einzelheit logisch gerechtfertigt und stilistisch eingebunden. Die Einheit des Ganzen war nicht nur gewahrt, sondern sogar gesteigert worden, der Eigenwert der Architektur hatte keineswegs gelitten. Dennoch hatte eine riskante Umwertung stattgefunden.
Gegenüber dem komplexen Interieur ist die Fassadengestaltung des Hauses Tassel eher unauffällig, nur in der aufgebrochenen Mittelzone deutet sich die innere Transparenz an. Hier haben inmitten der Steinfassung dann auch einige eiserne Elemente Verwendung gefunden. Ganz anders war dagegen das Verhältnis bei Hortas frühem Hauptwerk, dem »Maison du Peuple« in Brüssel. Die gesamte Architektur war in ein Skelett aufgelöst worden, Wände schienen gänzlich eliminiert zu sein, und Mauerwerk war nur noch rudimentär vorhanden. Im übrigen dominierten große Fenster und schlanke Eisenprofile. Horta war es hier vollendet gelungen, seine Architekturauffassung von innen nach außen zu übertragen. Da das unregelmäßige Grundstück an einem runden Platz lag, hatte er die Möglichkeit, die Flexibilität seiner konstruktiven Grundhaltung auf der Basis einer geschwungenen Kontur vorzuführen. Die Fassade wirkte deshalb wie ein Paravent, dessen bewegliche Elemente auch einer anderen Linie hätten folgen können (diese suggerierte Mobilität sollte dem Gebäude später zum Verhängnis werden, denn man hat in Belgien keine Skrupel besessen, es in den sechziger Jahren

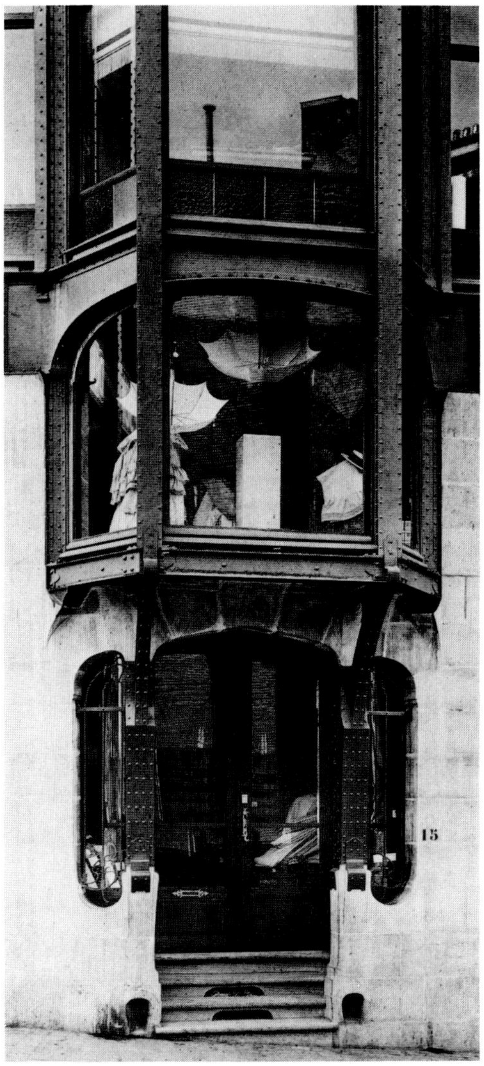

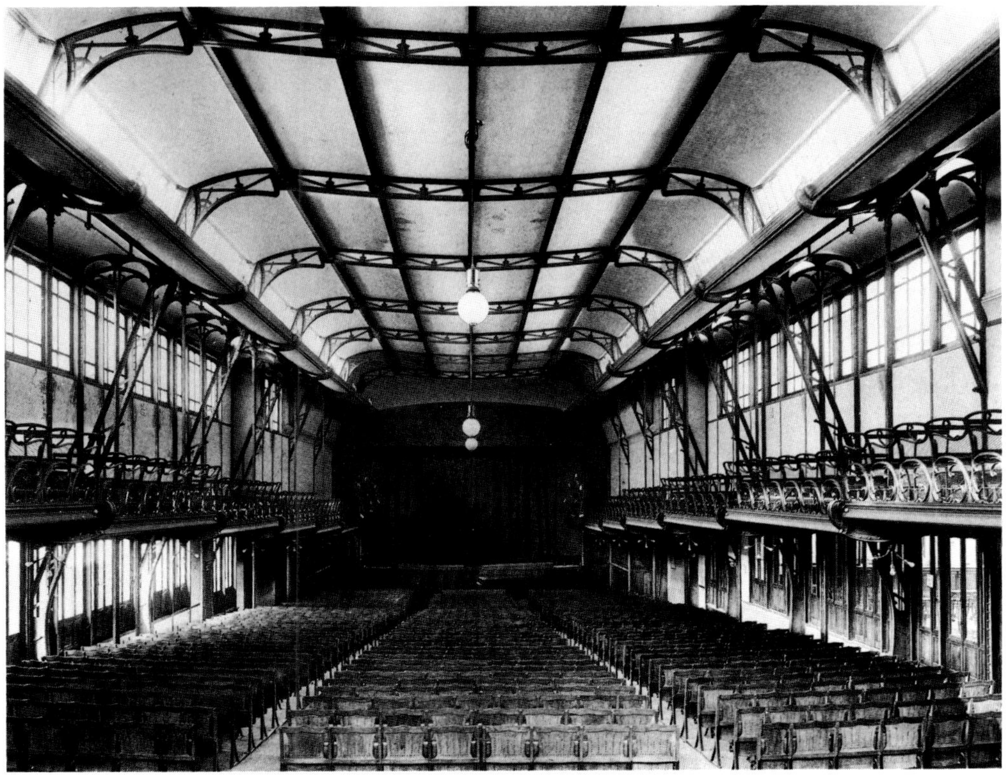

Victor Horta, Fassadenteil und Versammlungssaal im obersten Stockwerk des »Maison du Peuple« in Brüssel, 1897.

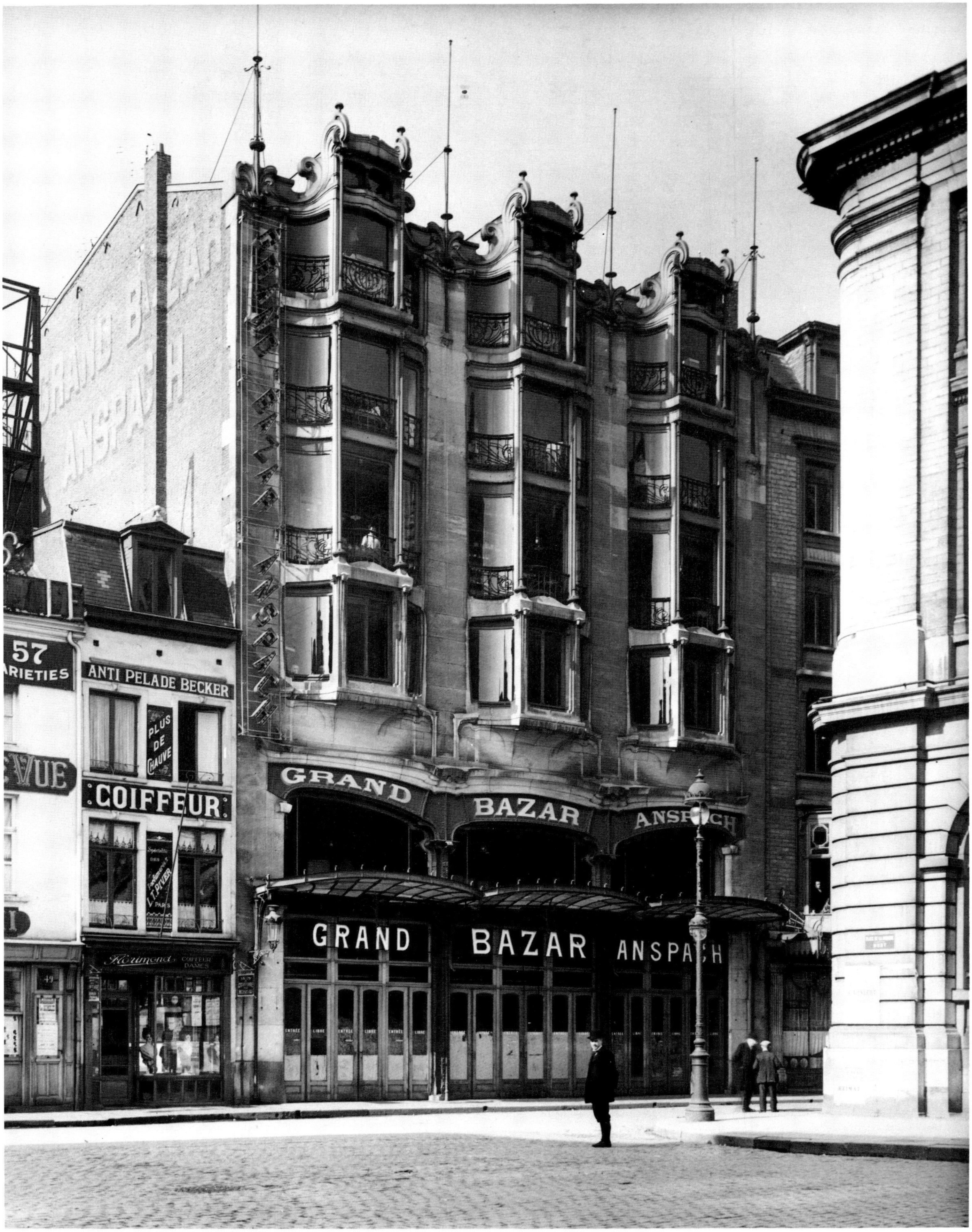
GRAND BAZAR ANSPACH
GRAND
BAZAR
ANSPACH
57
ANTI PELADE BECKER
PLUS DE CHAUVE
COIFFEUR

Victor Horta, das Kaufhaus »Grand Bazar Anspach« in Brüssel, 1903.

Victor Horta, Türgriffe im Haus Wissinger in Brüssel, 1895/96.

abzureißen). Wiederum war nicht so sehr der Einsatz von Eisen in der Architektur ungewöhnlich, sondern dessen völlig unklassische Behandlung. Im Gegensatz zu der dekorativen Anwendung im Hause Tassel war es hier ganz unprätentiös eingesetzt worden, fast billig. Die Struktur des Hauses trat völlig unverhüllt zutage, und nur die leichten Kurvaturen an den zentralen Trägern überwanden ein wenig die vorherrschende Kargheit. Das Ergebnis war deshalb auch keine irgendwie »schöne« Architektur, jedoch eine rückhaltlos ehrliche, die ihr fabrikähnliches Äußeres nicht zu verstekken versuchte.

Das »Maison du Peuple« stellte ein besonderes Manifest dar, zum einen als Bauwerk und zum anderen aufgrund seiner Bestimmung als sozialistisches »Volkshaus«. Im Œuvre Hortas blieb es singulär, spätere Auftraggeber verlangten offenbar eine Gestaltung, die mehr Reichtum demonstrierte. Schon an zwei Kaufhäusern, die er bald nach 1900 in Brüssel baute, wird das deutlich. Während sich die stählerne Fassade von »A l'Innovation« noch ganz zu einem riesigen Fenster weitet, entstand der »Grand Bazar Anspach« (Abb. S. 50) in einer Mischform aus Stein und Eisen mit nur gemäßigter Verwendung von Glas. Dafür interessiert um so mehr die plastische Virtuosität dieses Gebäudes, sein lebhaftes Wechselspiel von nach oben drängenden Kräften im unteren Teil und von nach vorn drängenden Kräften im oberen Teil. Sehr geschickt wurde hier vorgeführt, wie Lasten aufgenommen und in architektonische Sekundärelemente umgeformt werden können. Erneut hatte Horta bewiesen, daß er der führende Architekt des Anfangs war.

Hortas Werk wäre geeignet gewesen, ihm und seinem Land schon damals zu besonderem Ansehen zu verhelfen. Doch es war ein anderer belgischer Künstler, der, obgleich er zu diesem Zeitpunkt noch am Anfang seiner Entwicklung stand, das größere Echo fand: Henry van de Velde war weniger dem Œuvre nach ein Konkurrent für Horta als vielmehr aufgrund seiner Auffassungen und seiner Art, sich als Künstler zu präsentieren. War Horta der gewandte, selbstsichere Architekt, der sein Metier tatsächlich studiert hatte, so war der andere der Typ des eher gebrochenen modernen Künstlers, der tastend und voller Zweifel seine Position erst noch zu bestimmen

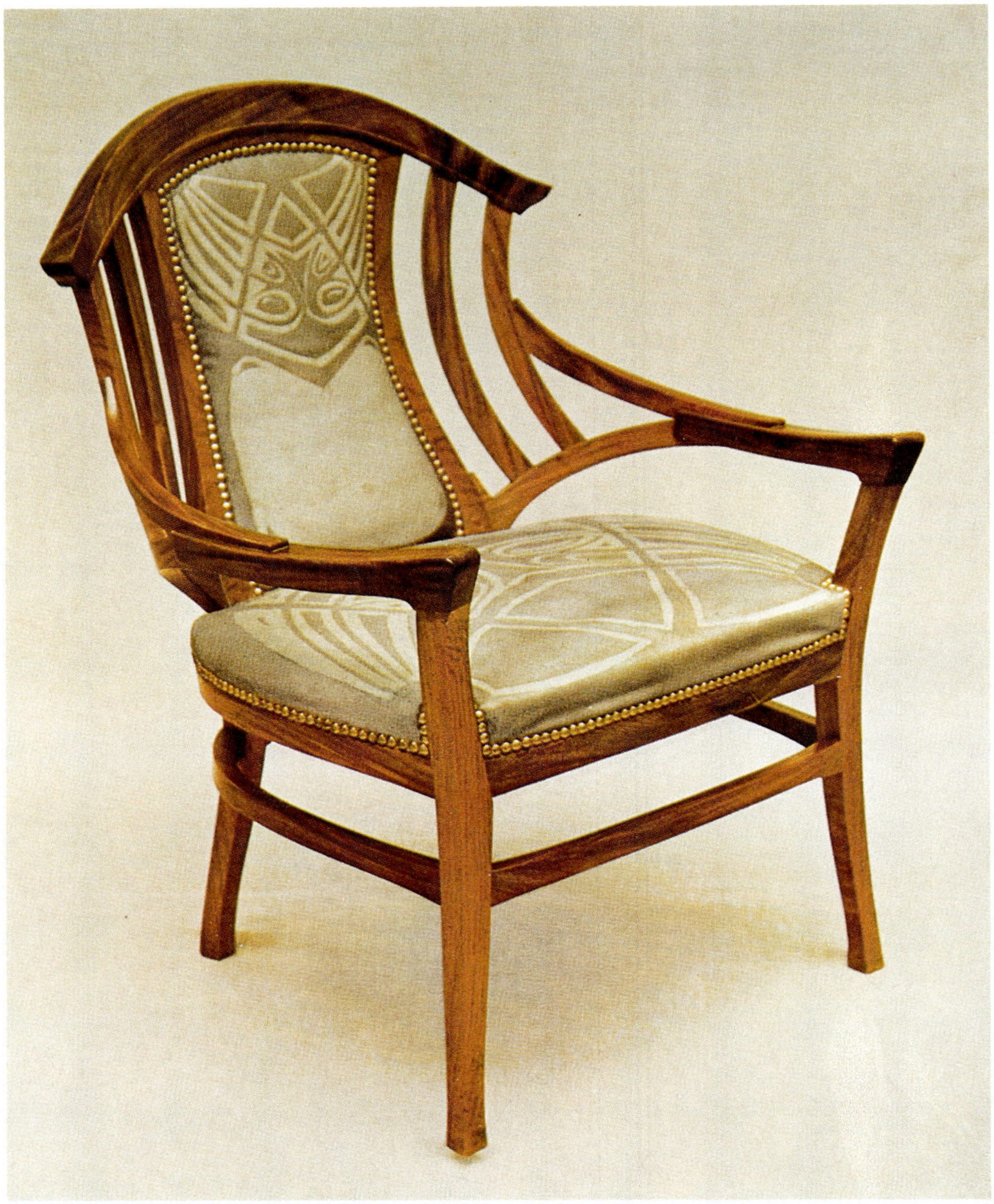

Henry van de Velde, Sessel, Brüssel 1898, Padoukholz mit Batikbezug. Nordenfjeldske Kunstindustrimuseum, Trondheim

Henry van de Velde, eine Wohnungseinrichtung in Brüssel, 1899, aus: Innendekoration XIII, 1902. Heute im Museum voor Sierkunst in Gent.

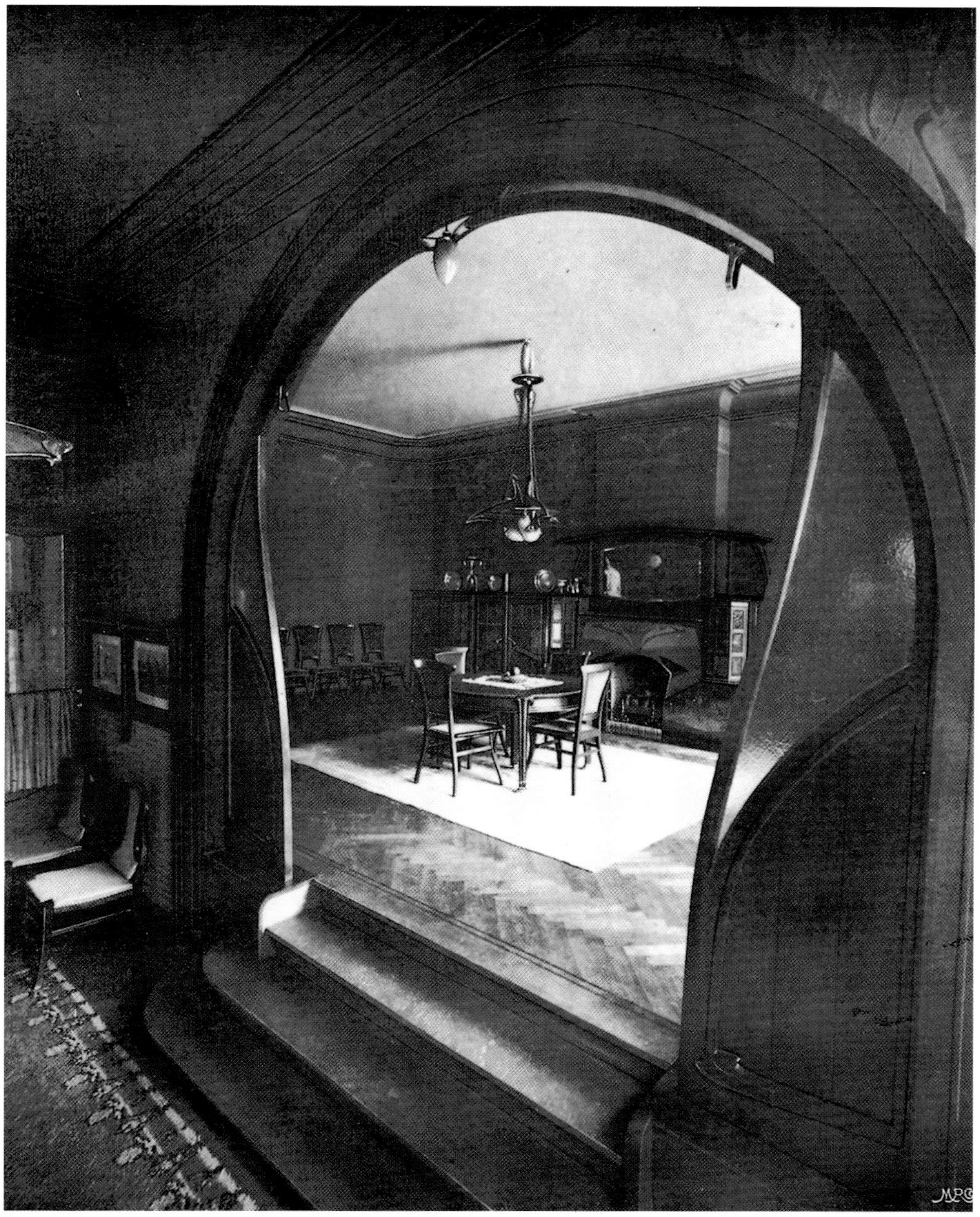

Henry van de Velde, 1863–1957
Studierte von 1881 bis 1884 Malerei an der Akademie in Antwerpen. 1889 schloß er sich der avantgardistischen Brüsseler Künstlergruppe »Les Vingt« an. Ab 1901 war er künstlerischer Berater am Hof des Großherzogs Wilhelm Ernst in Weimar, 1906–1914 Leiter der neugegründeten Kunstgewerblichen Lehranstalten in Weimar. 1917 emigrierte er in die Schweiz. 1925 gründete er in Brüssel das »Institut Supérieur d'Architecture et des Arts Décoratifs«, dem er zehn Jahre lang vorstand. Die letzten Lebensjahre verbrachte er wieder in der Schweiz.
Wichtige Arbeiten: Das Karl Ernst Osthaus Museum in Hagen, 1900/01; die Villa Hohenhof in Hagen, 1907/08; das Theater auf der Deutschen Werkbundausstellung in Köln, 1914; das Rijksmuseum Kröller-Müller in Otterlo/Niederlande, 1936–1953.

versuchte. Da van de Velde rhetorisch und als Selbstdarsteller recht begabt war, besaß er für das interessierte Publikum den erheblich größeren Reiz, denn er ließ es an dem Prozeß der Kunstfindung teilnehmen. Zudem war er bestrebt, seinem Handeln eine theoretische Basis zu geben – auch das mußte faszinieren.
Begonnen hatte er als Maler, wobei er – begabt für das Aufnehmen und Assimilieren – nacheinander die Darstellungsformen von Claude Monet, Auguste Renoir, Vincent van Gogh und vielleicht auch noch anderen repetiert hatte, bis er in dem Pointillismus von Georges Seurat vorübergehend einen Halt fand. Doch die Krise war unaufhaltsam, persönlich wie grundsätzlich erkannte er, daß die Existenz des freien Künstlers nicht geeignet wäre, befriedigend zu wirken. Er begann deshalb um 1893, sich den angewandten Bereichen zuzuwenden. Unterstützend bei diesem Prozeß war, daß er die Möglichkeit bekam, für sich und seine junge Familie ein eigenes Haus zu bauen. Damit konnte er erfolgreich seinen Anspruch untermauern, auch ohne Ausbildung ein Architekt und Möbelgestalter zu sein.

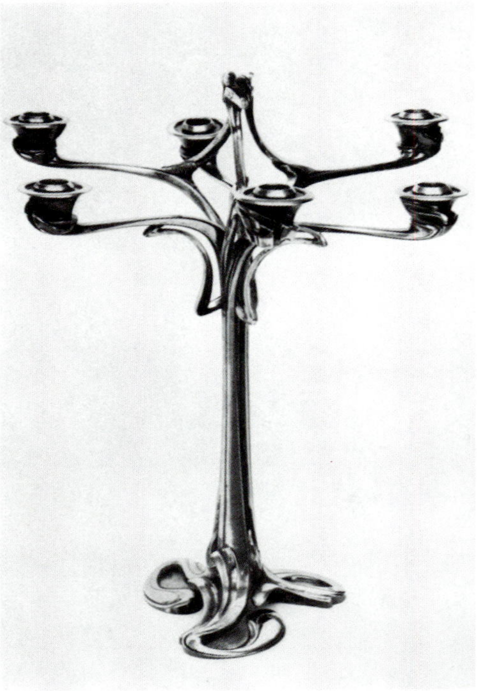

Bis hierhin hatte van de Velde die fast typische Entwicklung eines Künstlers seiner Zeit durchgemacht, denn neben ihm erlebten in Deutschland Behrens, Riemerschmid, Bernhard Pankok, Otto Eckmann und noch etliche andere einen ähnlichen Gesinnungswandel. Auch sie wandten sich zunehmend von der isolierten Position des freien Künstlers ab und einer größeren gesellschaftlichen Verpflichtung zu. Ihr Leitbild war dabei vor allem William Morris, der schon Jahrzehnte vorher versucht hatte, den Schriftsteller, Kunsthandwerker, Maler, aber auch engagierten Sozialisten in sich zu vereinigen. Die tragende Mitte bildeten eigene Werkstätten, für die er entwarf und die zugleich das Modell einer idealen Arbeitswelt darstellen sollten. In Belgien war van de Velde nun sein heftigster Adept und trug viel dazu bei, den Engländer auf dem Kontinent bekannt zu machen.
Während Horta stilistisch Frankreich nahe blieb – schließlich hatte er ja von dort die meisten Anregungen für seine Eisenarchitektur beziehen können –, trat van de Velde nun als derjenige hervor, der Gedanken und Formen aus dem Norden vermittelte. Er lobpries Morris nicht nur in Vorträgen, sondern strebte ihm auch handelnd nach. Das eigene Haus »Bloemenwerf« – so der Name des sympathisch bescheidenen Hauses, das er sich 1895 in dem Brüsseler Vorort Uccle gebaut hatte – war ein erster Schritt in diese Richtung

Henry van de Velde, Leuchter, Brüssel, 1899 oder früher, Bronze versilbert, 59 cm hoch. Nordenfjeldske Kunstindustrimuseum, Trondheim

Henry van de Velde, Bucheinband, Brüssel 1895. Museum für Kunst und Gewerbe, Hamburg

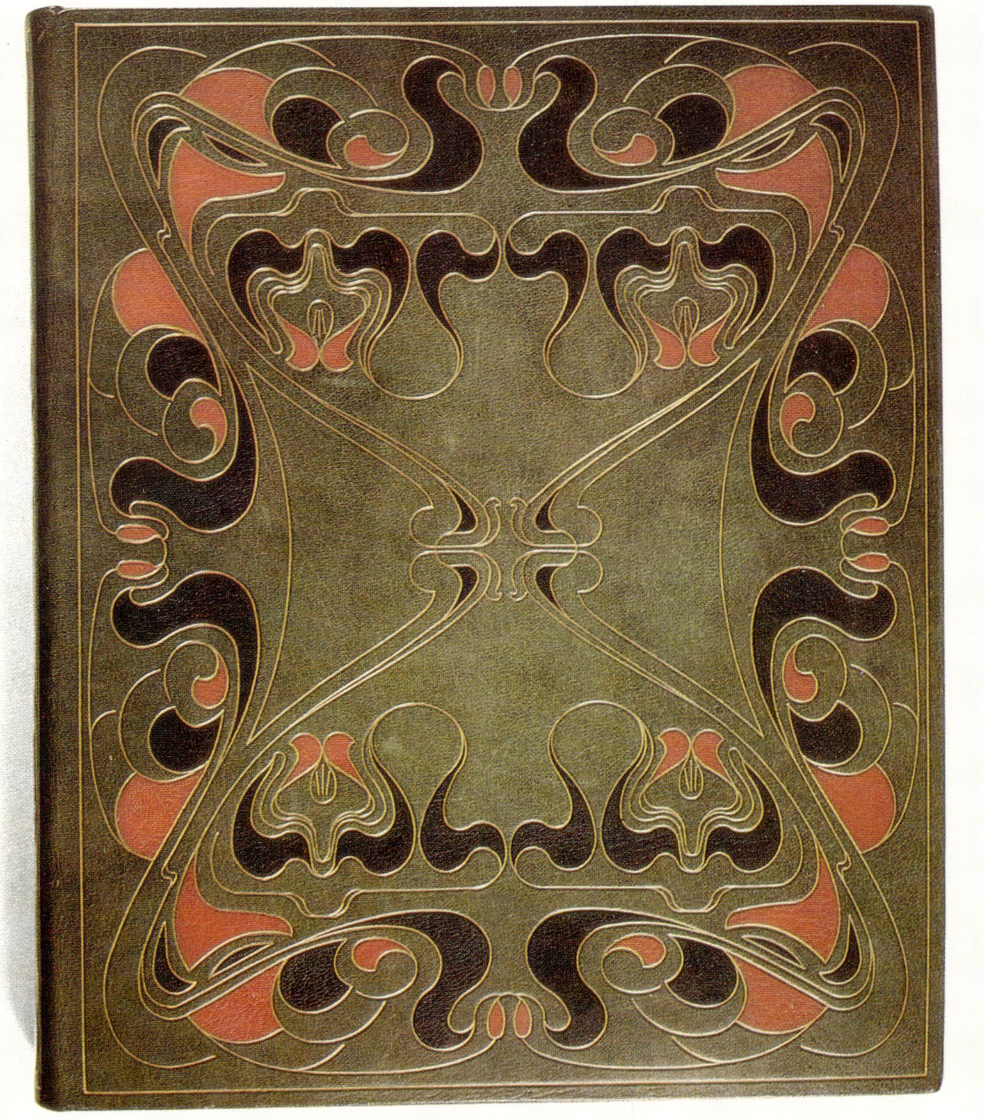

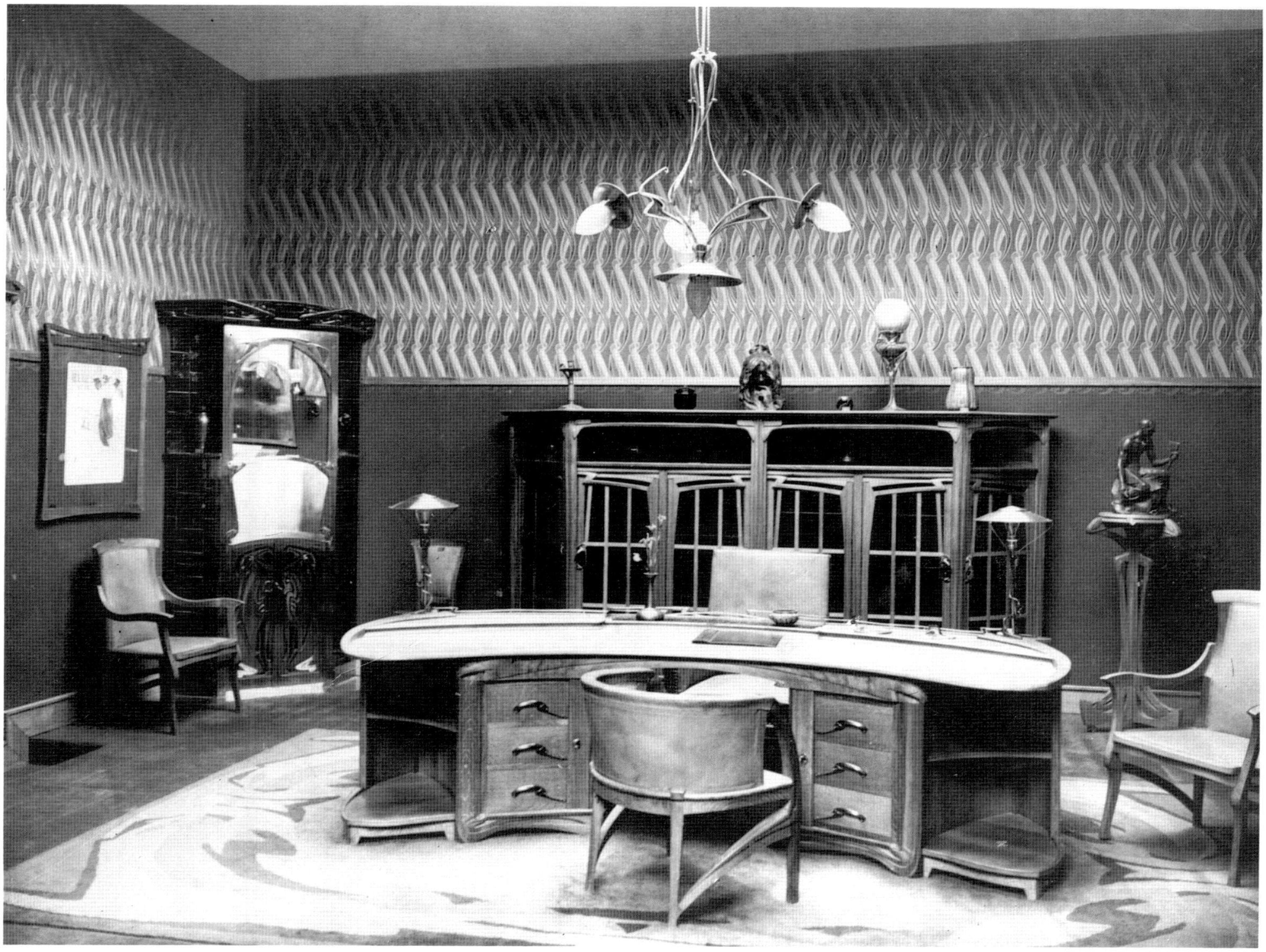

Henry van de Velde, ein Arbeitszimmer, das 1899 auf der Sezessions-Ausstellung in München gezeigt wurde, der Schreibtisch ist fast identisch mit dem von Seite 24.

gewesen; und daß er in frühen Einrichtungen gerne von Morris entworfene Stoffe und Tapeten verwandte, konnte als unmittelbare Huldigung verstanden werden. Entscheidender war jedoch, daß er auch als Unternehmer tätig wurde.

In Belgien mußte er nun unweigerlich zum Konkurrenten von Horta werden. Einige Aufträge, die er in reichen Brüsseler Häusern ausführte, ähneln in der gesellschaftlichen Repräsentativität denn auch den Interieurs von Horta, besaßen aber nicht deren Eleganz und Kühnheit. Die noch immer englisch bestimmte Prinzipienhaftigkeit van de Veldes war offensichtlich dem belgischen Geschmack zu doktrinär, die französische Note Hortas dagegen eher genehm. Somit mußte es für van de Velde befreiend wirken, als er um 1900 nach Deutschland gehen konnte. Schon bei früheren Begegnungen hatte sich gezeigt, daß dort eine besondere Affinität zu seiner Art bestand, zugleich theoretisch-weltanschaulich wie auch animierend-modellhaft zu arbeiten. Die Rolle des Präzeptors, die er anstrebte, billigte man ihm deshalb gerne zu, das Echo war von Anfang an lebhaft und in den meisten Fällen zustimmend. Wenn nun für die beiden Jahre 1900/1901 Berlin zum Ort seines Wirkens wurde, dann hatte das seinen besonderen Sinn darin, daß diese Stadt in mancher Hinsicht Brüssel ähnlich war, sie konnte somit einen

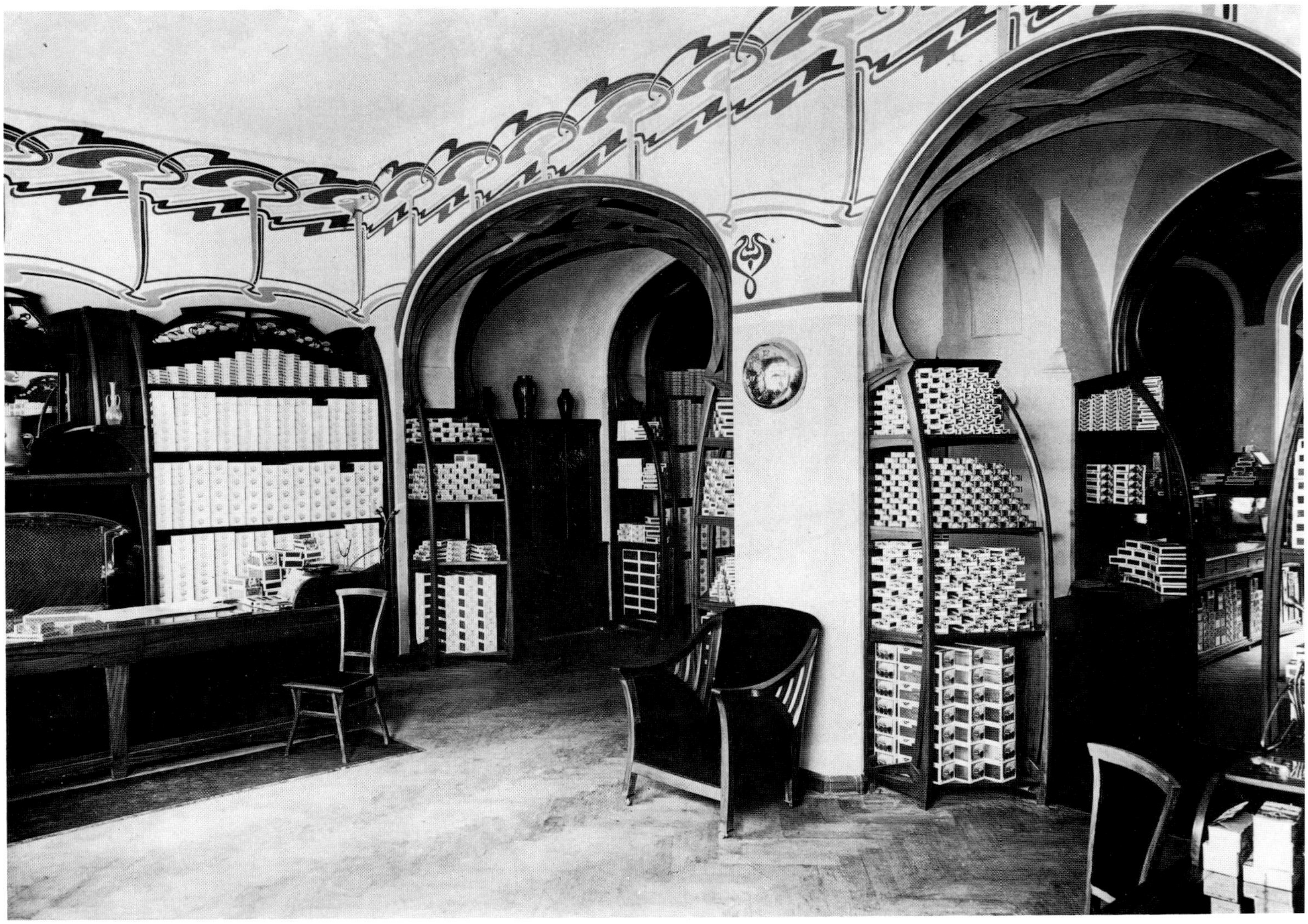

Henry van de Velde, das Tabakgeschäft der Havana-Compagnie in Berlin, 1899.

Ausgleich für das bisher nicht Mögliche bieten. Etwas neureich-parvenuhaft waren beide Metropolen, daher aber auch wagemutiger und weniger konventionell. Van de Velde nutzte die Zeit intensiv, er wurde zur künstlerischen Hauptfigur, ließ sich feiern und führte einige spektakuläre Aufträge aus. Durch die Verbindung mit dem Hohenzollern-Kunstgewerbehaus schien auch die Qualität der Arbeit garantiert zu sein, doch erwies sich das schnell als Irrtum. Um überhaupt konkurrenzfähig sein zu können, mußte Wilhelm Hirschwald, der Inhaber, van de Veldes teure Entwürfe von billigen Handwerkern ausführen lassen. Mit der Übersiedlung nach Berlin ging somit das schöne Ideal der Zeit in Uccle weitgehend verloren, erst später in Weimar konnte einiges davon wiedergewonnen werden.
Gerechtfertigt waren die Berliner Jahre jedoch durch den künstlerischen Erfolg, den sie van de Velde einbrachten. Alles, was ihn auszeichnete, kam hier zur Reife, vor allem die sehr suggestive Weise seines Vorgehens. Geschäftslokale, also Räume, die mit einem breiten Publikum rechnen konnten, haben ihn dabei wohl besonders inspiriert, denn sowohl der reichbewegte Tabakladen der Havana-Compagnie wie der elegante Salon des Hoffriseurs François Haby gehören zu seinen signifikantesten Schöpfungen. Er betrachtete sie gleichsam als öffentliche Lehrstücke. Beherrschend ist jedesmal die enge Symbiose von Konstruktion und Ornament, von Nützlichkeit und Unterweisung. Beide Bereiche gleiten ständig ineinander über, und ihre

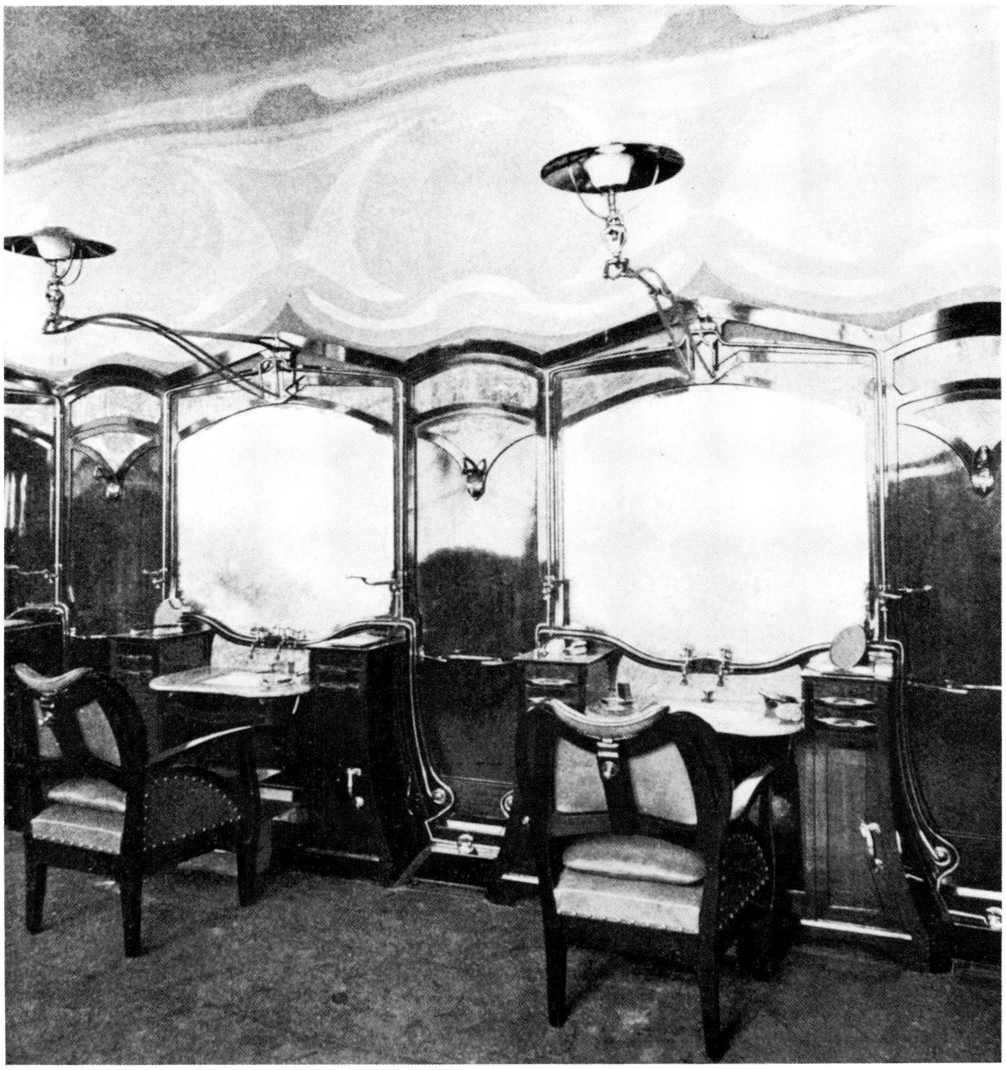

Henry van de Velde, im Salon des Hoffriseurs François Haby in Berlin, 1901.

Funktion ist nie eindimensional festgelegt. So bereiten in dem einen Fall die Rippen der Regale den oberen Abschluß des Raumes schon vor, doch dieser Linienzyklus ist nicht nur ein formales Element, sondern sein Duktus ist dem des aufsteigenden Zigarrenrauches nachempfunden, er verweist also auf den Zweck des Ganzen. Noch spektakulärer war die Darlegung der Funktion in dem Frisiersalon: Van de Velde hatte hier alle Zuleitungen offen verlegt und nicht – wie üblich – hinter den Einbauten versteckt. So demonstrierten nun Gas- und Wasserrohre ihre Wichtigkeit durch fließenden Verlauf, geschmeidig glitten sie über Holz- und Marmorteile hinweg und machten so aus ihrer technischen Notwendigkeit ein ästhetisches Ereignis von ganz besonderer Art.

Die Reaktion darauf war vorauszusehen. Der Maler Max Liebermann kommentierte die Zurschaustellung mit dem Hinweis, daß schließlich niemand seine Gedärme als Uhrkette trüge. Das stimmte zwar, doch hinkte der Vergleich insofern, als er immer noch Organisches als Vorbild voraussetzte, van de Velde jedoch stolz darauf war, dies nicht mehr zu tun. Seine abstrakte Linearität sollte ein unmittelbarer Ausfluß konstruktiver Gesetzlichkeit sein, die ohne tradiertes Formengut auszukommen versuchte. Damit war er der vielleicht konsequenteste Mitschöpfer des neuen Stils, denn so weit gingen nur wenige. Allzuoft hatte die Neuerung ja nur darin bestanden, Pflanzen, Haare und Wellen etwas anders zu ordnen. In dieser Hinsicht übertraf er

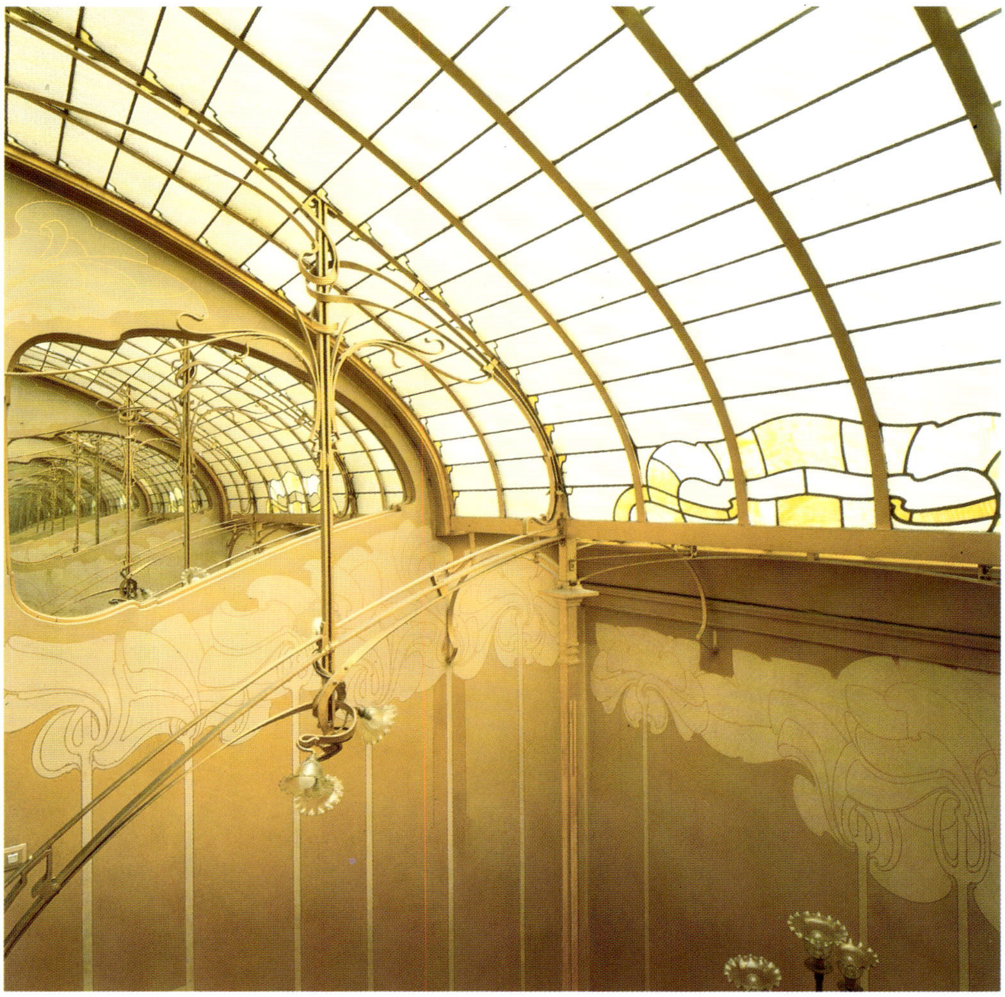

Victor Horta, der obere Abschluß des Treppenhauses und Entrée im eigenen Wohnhaus in Brüssel, 1898–1900.

sogar Horta, dessen Zierformen bei aller Kühnheit immer noch dem Gewächshaus entstammten. Wenn van de Velde auch nicht der Erfinder jener besonderen Symbiose von Kunst- und Konstruktionsform war, die um 1900 triumphierte, so doch ihr radikalster Praktiker.

Während er noch dabei war, seine Formen zu disziplinieren und mit den selbstgemachten Theoremen in Einklang zu bringen, setzte Horta in Brüssel seine Laufbahn als ebenso kühner wie akademischer Architekt fort. Seine umfassende Ausbildung erlaubte ihm ein Höchstmaß an Virtuosität, was vor allem die reichen Stadthäuser beweisen, die er jetzt in größerer Zahl bauen konnte. Er setzte dabei fort, was er im Innern des Hauses Tassel begonnen hatte. Nach wie vor ging es darum, auf recht beschränktem Raum Luxus und Weite zu entwickeln. Die Art nun, wie Horta eine fast nebensächliche Stütze am Treppenbeginn in eine Gitterstruktur auflöste, zeigt bereits im kleinen an, wo die Intentionen des Architekten lagen. Der Hinweis, der hier beim Betreten des Hauses gegeben wird, bereitet auf einen Höhepunkt vor, der am Ende der Treppe liegt, wo ein geneigtes Glasdach die Halle überfängt. Zusammen mit ihm geben zwei einander gegenüberliegende Spiegel dem Raum eine ungewöhnliche, fast explosionsartige Ausweitung. Rankenartig eingefügte Lampen komplizieren das geschickte Verwirrspiel zusätzlich.

Dennoch könnten die Einfälle noch als gereiht und etwas staccatohaft empfunden werden. Aber kurz danach gelang es Horta, in dem Haus van Eetvelde die gesamte innere Architektur einer einzigen Idee zuzuordnen (Abb. S. 61, 63). Der wiederum nur schmalen Anlage ist eine spiralförmige

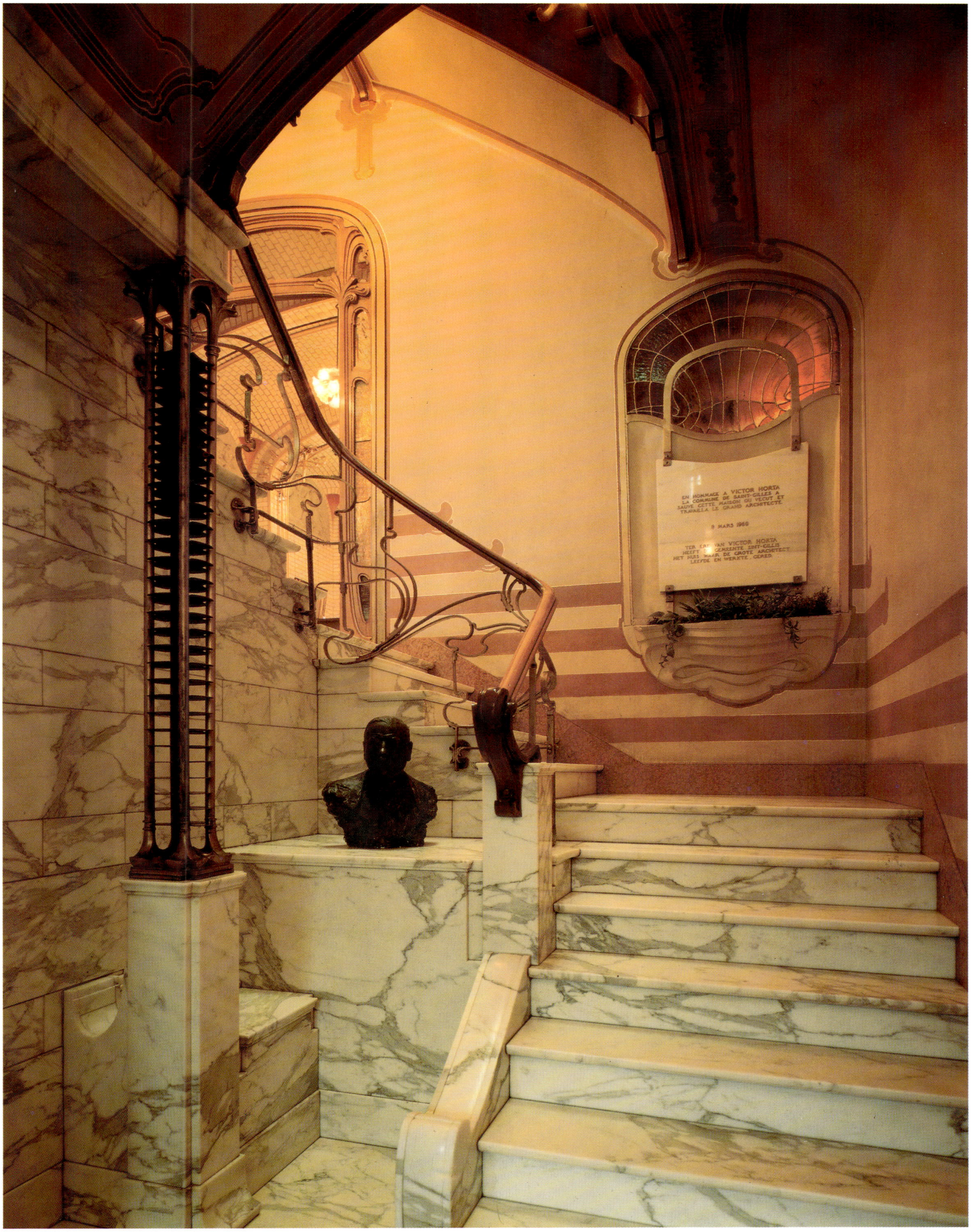
EN HOMMAGE A VICTOR HORTA
LA COMMUNE DE SAINT-GILLES A
SAUVE CETTE MAISON OU VECUT ET
TRAVAILLA LE GRAND ARCHITECTE

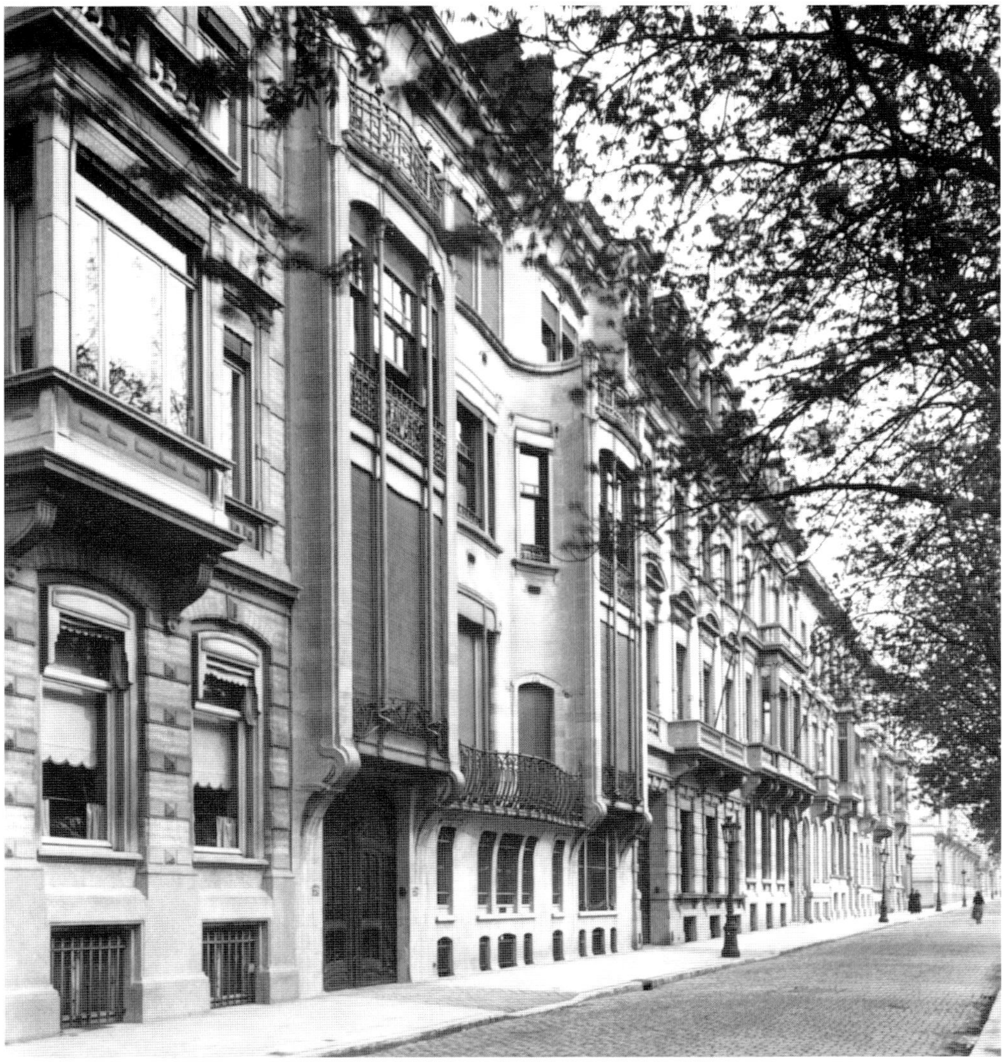

Victor Horta, Haus Solvay in Brüssel, 1895–1900.

Bewegung eingeschrieben, die bei der rechts außen angeordneten Haustür beginnt, sich dann als Korridor diagonal durch das Souterrain zieht, um vor der linken Seitenwand in einen aufsteigenden Kreis überzugehen, dessen Durchmesser der Breite des Hauses entspricht. Mit der räumlichen Steigerung verbindet sich eine vergleichbare in der Helligkeit, die laufend zunimmt. Nach einigen Stufen wird ein Podest erreicht, von dem einerseits die Plattform eines inneren runden, genaugenommen achteckigen Raumes betreten werden kann, zu der sich aber andererseits auch ein Durchgang öffnet, der in das Nachbarhaus führt. Dieses wurde ebenfalls von Horta einige Jahre früher erbaut. Der Aufstieg setzt sich fort und führt nun, der Spirale folgend, von der Seitenwand weg mehr auf die Längsachse des Hauses zu. Hier wird das Niveau des Hauptgeschosses erreicht. Es ergibt sich ein Zugang zu einem rückwärtig gelegenen, repräsentativen Raum und zu den Nebengelassen. Der Besucher fühlt sich jedoch eher aufgefordert, der großen Bewegung weiter zu folgen, den Kreis also ganz auszuschreiten. Sein Weg führt um den offenen, durch ein Oberlicht fast überhell ausgeleuchteten Rundraum auf die Vorderseite des Hauses zu, wo ihn ein großer, die ganze Breite des Hauses füllender Raum aufnimmt. Mit einem gläsernen Erker reicht dieser bis an das innere Zentrum heran. Damit werden zugleich der Höhepunkt und das Ziel der großen, das ganze Haus beherrschenden Bewegung markiert.

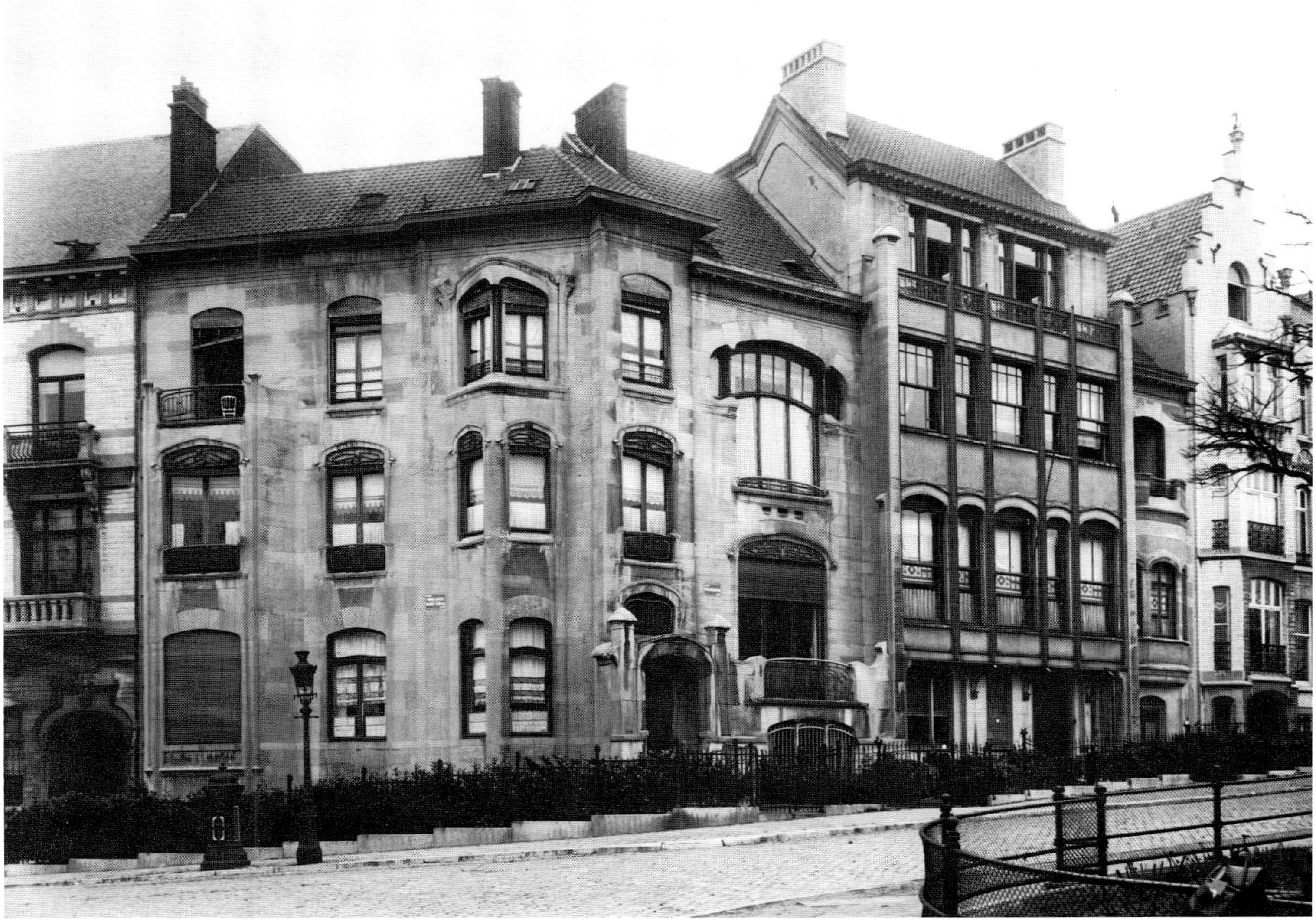

Es gibt wenige architektonische Beispiele, bei denen der Wechsel von einem Stockwerk zum nächsten und die Einführung in den Organismus eines Hauses so differenziert und einfallsreich gestaltet worden sind. Der ausschlaggebende Anstoß mag vielleicht von der Notwendigkeit ausgegangen sein, auf halbem Wege die Verbindung mit dem Nachbarhaus herstellen zu müssen (sie besteht heute nicht mehr). Doch hätte sich das auch mit einer geraden und nicht schraubenförmigen Anlage erreichen lassen. So bleibt die ingeniöse Idee des runden, von einer spiralförmigen Bewegung umzogenen Raumes erst einmal für sich bestehen. In sehr transponierter Form folgt sie aber auch einem Lieblingsmotiv des Jugendstils, etwa wenn Pflanzen oder Körper sich um eine Vase schlingen. Daß der zentrale Raum des Hauses van Eetvelde von einer filigranen Glas-Eisen-Struktur gebildet wird, überrascht nun nicht mehr. Auch die Fassade weist eine ähnlich gliederhafte Gestaltung auf, die im Vergleich zu der massiven Steinbauweise des Nachbarhauses sofort ins Auge fällt.
Noch einmal konnte sich Horta steigern, als er für den reichen Fabrikanten Solvay an der teuren Avenue de Louise ein Stadthaus zu errichten hatte (Abb. S. 60, 62). Auch hier mußte innerhalb einer Zeile gebaut werden, doch mit etwas mehr Raum als sonst in Brüssel üblich. Die Fassade nimmt Elemente des »Grand Bazar Anspach« vorweg (Abb. S. 50), ihre in den Hauptgeschossen bewegte Form hebt die plastischen Neigungen des Architekten

Victor Horta, das Doppelhaus van Eetvelde in Brüssel, 1897 und früher.

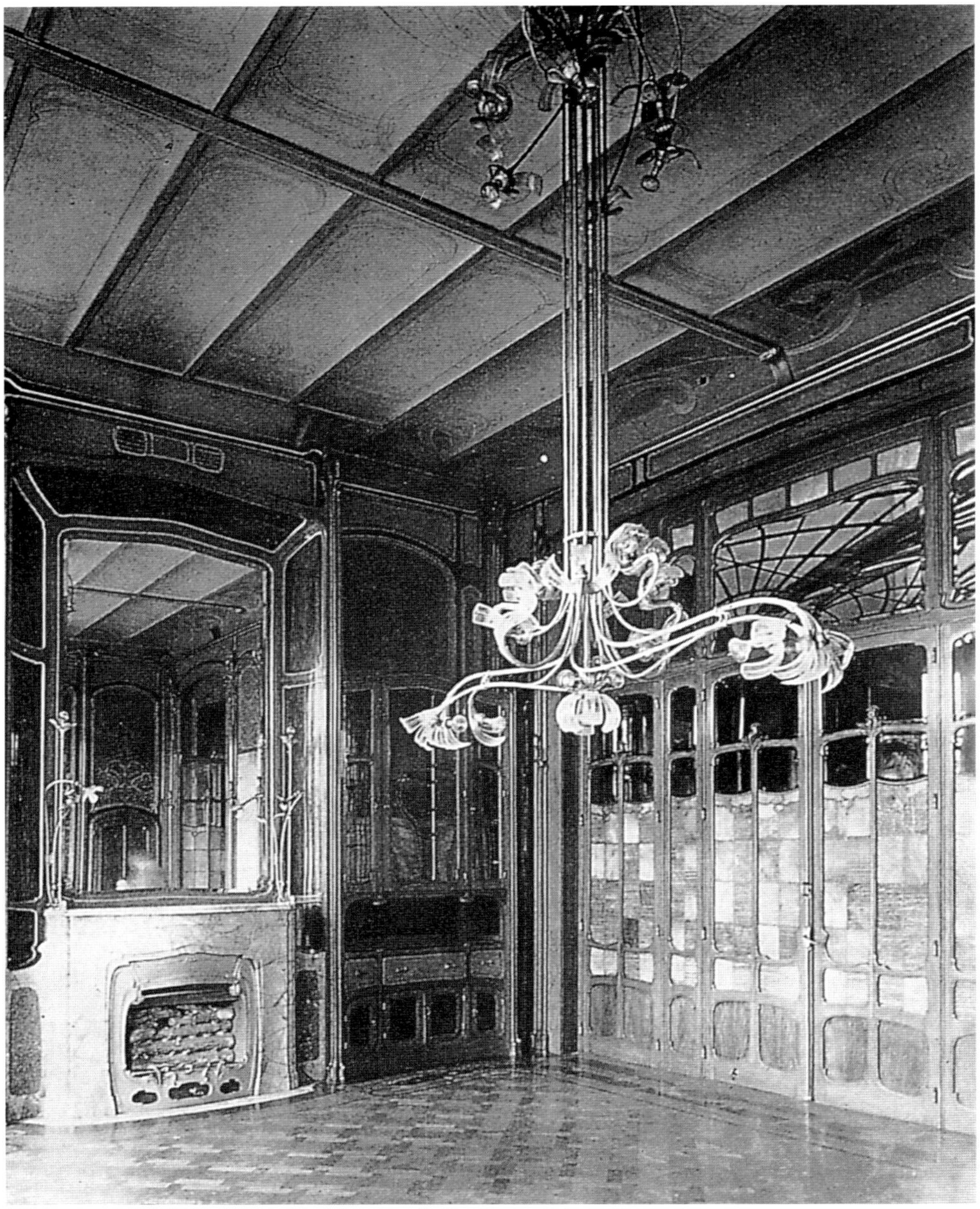

Victor Horta, Speisezimmer im Haus Solvay in Brüssel, 1895–1900.

Victor Horta, die zentrale Halle im Haus van Eetvelde in Brüssel, 1899. Rechts im Bild der Aufgang vom Erdgeschoß, im Hintergrund der zur Straße gelegene große Raum.

hervor, die er neben den strukturellen gleichfalls besaß. Wichtig ist das Innere, bei dem sich die Transparenz in der Vertikalen mit der Transparenz in der Horizontalen verbindet. Fast das ganze Stockwerk ist in Glaswände und Vitrinen aufgelöst worden, die sich zum Teil auch noch beiseite schieben lassen. Der Blick kann ungehindert die gesamte Dimension der Etage erfassen. Der Eindruck von Kühnheit wetteifert dabei mit dem der Festlichkeit, dem auch hier wieder sichtbar gelassenen Eisen sind teure Hölzer und Marmor beigesellt worden.
Damit schien der Spielraum des Möglichen ausgeschöpft zu sein. Unübersehbar ist ja zugleich, daß konventionellere Züge sich einzumischen begannen, sowohl in den Gesamteindruck wie in die etwas routiniert wirkenden Einzelheiten. Die stilistische Einheit, die van de Velde anstrebte, hatte Horta wohl so stringent nie zum Ziel gehabt, der Konstrukteur dominierte in ihm immer über den Entwerfer von Möbeln, Geländern, Lampen und ähnlichem Zubehör. So ist es denn auch verständlich, daß er zwar ein bedeutender Architekt blieb, sich jedoch als wechselhafter Stilist erwies.

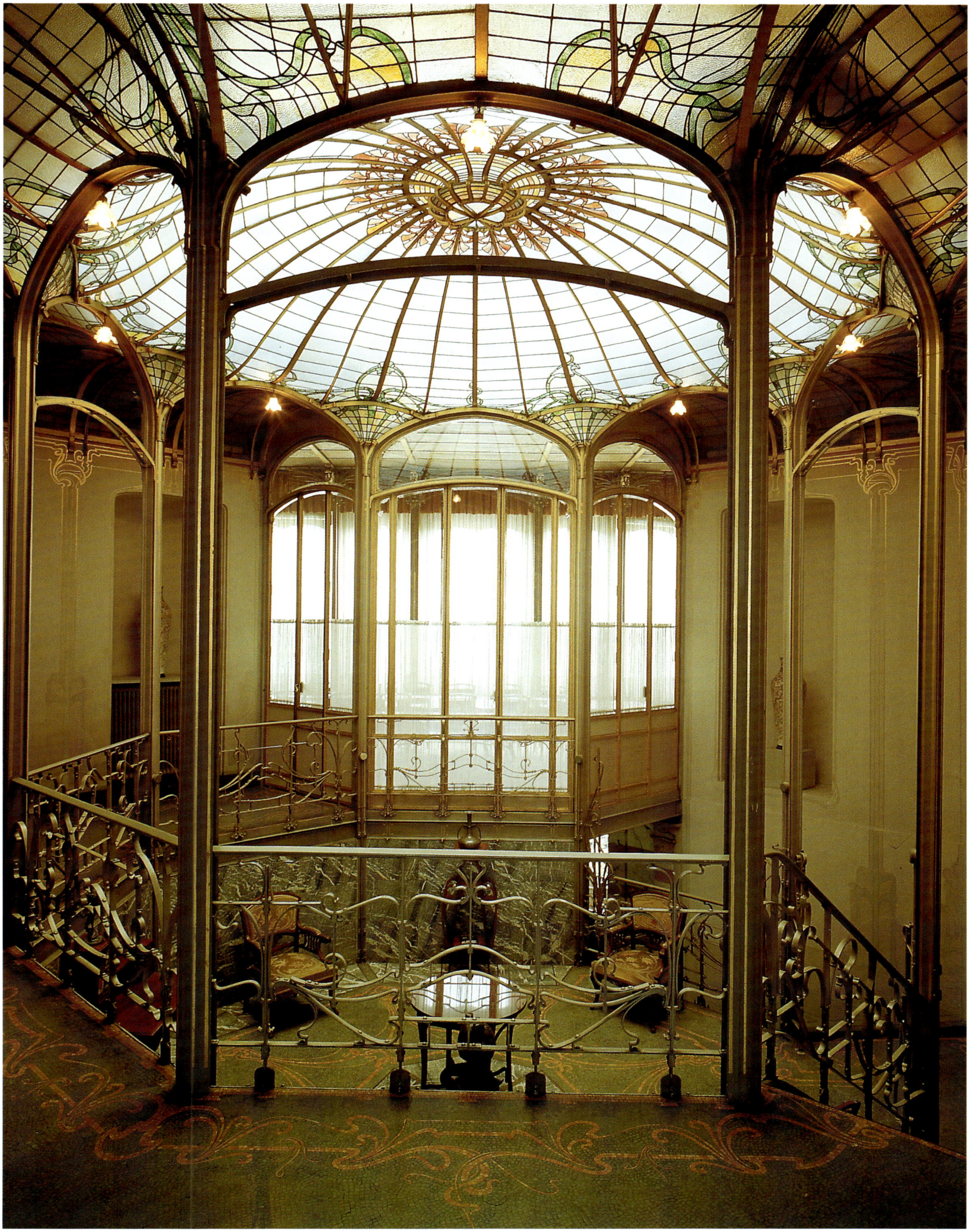

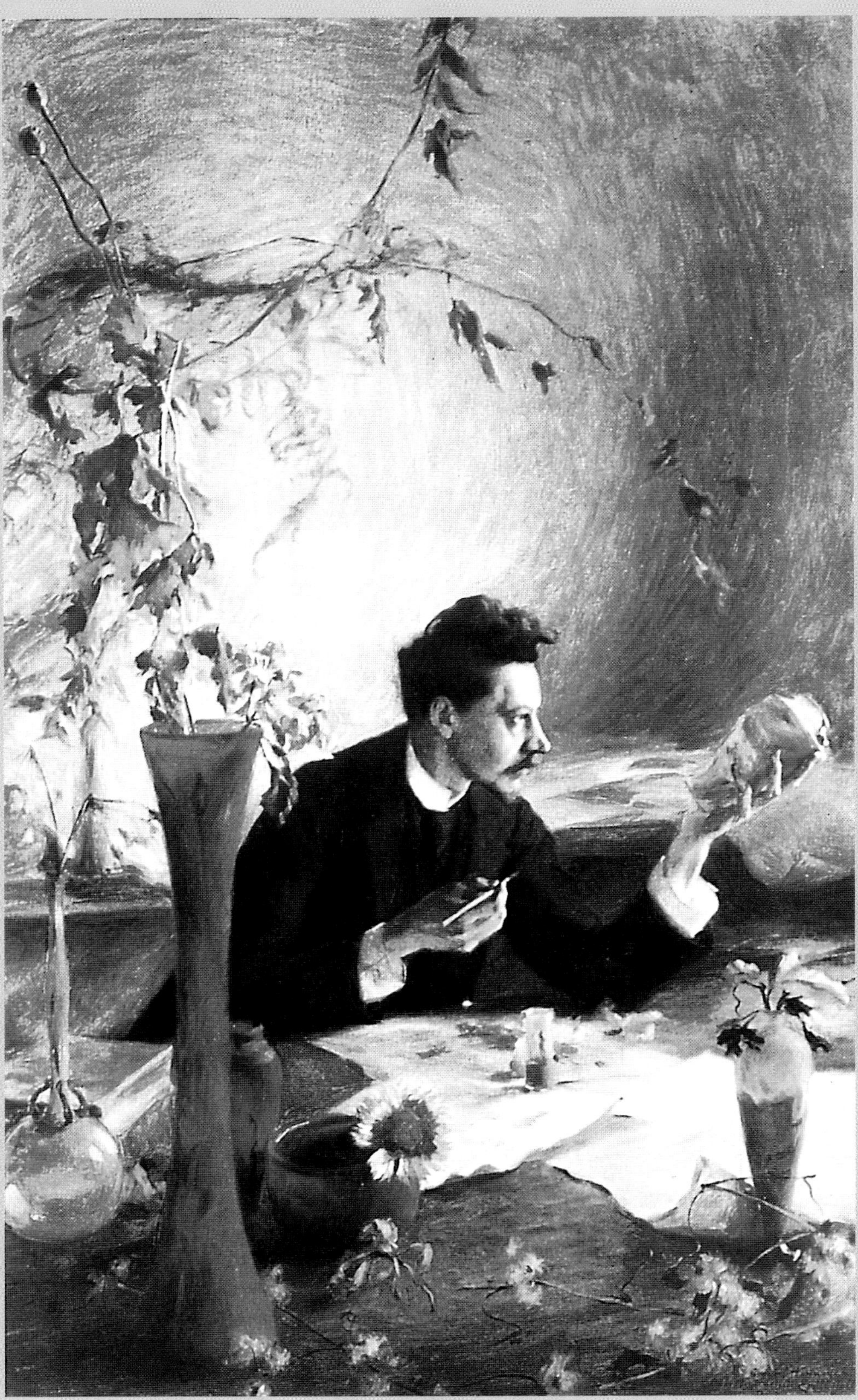

Nancy

Mehrfach in seiner Geschichte erhielt Nancy eine Bedeutung, die über den eigentlichen Rang der Stadt hinausging. Jedesmal verliehen ihr die Geschehnisse dann einen ungewöhnlichen Glanz. Einmal war das im achtzehnten Jahrhundert geschehen, und ähnliches wiederholte sich um 1900, jedoch aufgrund anderer Voraussetzungen. Aber stets gereichten Vertriebene ihr zum Glück.
Das galt 1736 für den polnischen König Stanislas Leczinski, der sein Land hatte verlassen müssen und nun Herzog von Lothringen werden konnte, weil dort das herrschende Haus gerade ausgestorben war. In den folgenden dreißig Jahren baute er seine Residenz zu einem architektonischen Juwel aus, ein weithin berühmter Platz adelt seitdem das eher kleinstädtische Nancy. Doch 1766, nach dem Tod von Stanislas, verlor das Herzogtum endgültig seine Selbständigkeit und fiel an Frankreich. Gut hundert Jahre später – 1871 – mußte dieses nicht nur das Elsaß, sondern auch Teile Lothringens, darunter Metz, an das neue Deutsche Reich abtreten. Diese Entscheidung aufgrund des verlorenen Krieges hatte für Nancy weitreichende Folgen. Aus der Mitte eines bisher nicht geteilten Landes war es plötzlich an den Rand gerückt worden, mit einer Grenze in kaum zwanzig Kilometern Entfernung.
Doch überraschend entwickelte sich die Amputation des östlichen Umlandes für die Stadt zum Vorteil. Einerseits war Frankreich jetzt bestrebt, Nancy mit dem Rest Lothringens politisch wie wirtschaftlich zu stärken, zum anderen erlebte die Stadt zwischen 1871 und 1900 eine Welle der Einwanderung aus den annektierten Gebieten, weil dort viele »nicht als Preußen sterben wollten«. Der Exodus war einschneidend, oft waren es gerade die ersten Familien der größeren Städte, die nach Frankreich übersiedelten. Metz verlor binnen weniger Jahre die Hälfte seiner Bevölkerung, aus Straßburg zogen fast alle Staatsbeamte und Professoren ab, aber auch viele Selbständige. Hinzu kam, daß die deutsche Verwaltung sich noch zentralistischer als die französische gab, einzelne Bestrebungen, das kulturelle Eigenleben der Provinz zu fördern, die unter Napoleon III. aufgekommen waren, wurden nun wieder strikt unterbunden.
Zum Ziel vieler Emigranten wurden nun Nancy und seine Umgebung, und der Gewinn dabei war, daß die Neubürger entweder Kapital oder wertvolle Fähigkeiten mitbrachten. Beides förderte die Entwicklung der Stadt zusehends, der Markt wurde reicher und das Angebot besser. Vor allem galt das – wir sind am Ende des neunzehnten Jahrhunderts – für Luxusgüter und

Gegenüberliegende Seite: Emile Gallé in seinem Atelier, Gemälde von Victor Prouvé, Nancy um 1900.

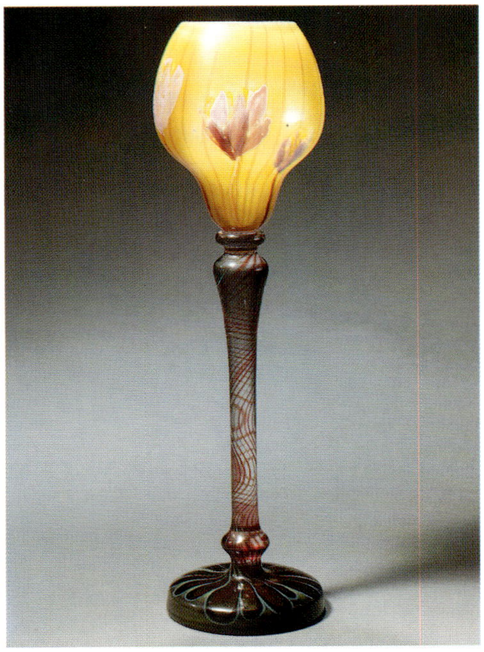

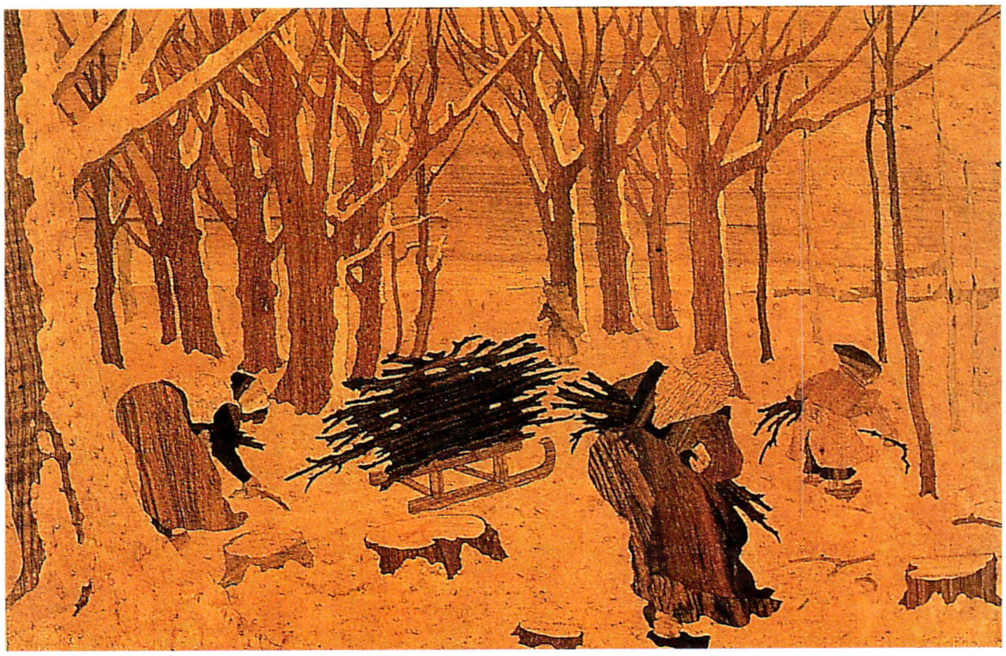

Emile Gallé, Vase mit Krokusblütenornamenten, um 1900, 38 cm hoch. Sotheby's, New York

Emile Gallé, Holzintarsie an einer Truhe, Nancy um 1900. Münchner Stadtmuseum

Artikel des gehobenen Bedarfs. Aber auch das kulturelle Niveau der Stadt erfuhr eine Steigerung durch die akademischen Kreise, die sich vermehrt ansiedelten.

Auf diese Weise war Nancy um 1900 zur unbestritten mächtigsten Stadt im Osten Frankreichs geworden – und zwar in jeder Hinsicht, politisch, wirtschaftlich und kulturell. Strategisches Gewicht erhielt es durch eine Garnison von 10 000 Mann, das waren fast zehn Prozent der Bevölkerung. Doch lebte es vor allem von der Textil- und Lederwarenindustrie, von Brauereien sowie von Möbel-, Glas- und Keramikmanufakturen. Für Transporte gab es erstklassige Kanal- und Eisenbahnverbindungen.

Aber der Zustand des Prosperierens wäre glanzlos geblieben, hätten sich nicht auch vermehrt Künstler und Handwerker hier niedergelassen. Ein gutes Beispiel dafür ist der nach Nancy emigrierte Jean Daum, dessen 1878 gegründete »Verrerie Sainte-Cathérine« – bald danach in »Verrerie de Nancy« umbenannt – seit 1895 sehr erfolgreich Glaswaren im Stil der Art Nouveau herstellte – dabei auch eine Konfektionierung nicht scheuend. Aus Metz kamen versierte Kunsttischler, unter ihnen Jacques Gruber, die mit ihren Erzeugnissen den zweiten Bereich bestritten, mit dem Nancy um 1900 zu weltweitem Ruhm gelangte. Neben überfangenem und geschnittenem Glas waren es dann Intarsien, die um 1900 zum Ansehen der Ecole de Nancy beitrugen. Emile Gallé, der geschickteste und vielseitigste unter den beteiligten Künstlern, versuchte, beide Bereiche zu beherrschen.

Die Teilung des Landes war ein so bewegendes Ereignis, daß es sich auch in der künstlerischen Produktion widerspiegelte. So tauchten oft Symbole und Insignien an den Erzeugnissen auf: zum Beispiel das Lothringer-Kreuz als Dekor, zum Teil in zerbrochener Form. Gallé fügte es eine Zeitlang sogar in seine Signatur ein. Weitere Zitate waren die lothringische Jungfrau Jeanne d'Arc – als Kämpferin gegen fremde Mächte – sowie Nancys Wahlspruch »Qui s'y frotte, s'y pique« (»Wer mich anrührt, sticht sich«), desgleichen aus dem Stadtwappen die Distel. Diese wehrhafte Blume mit der patriotischen Bedeutung erschien nun oft in stilisierter Form auf den Erzeugnissen der Ecole de Nancy.

Emile Gallé, 1846–1904

Der Schüler zeigte reges Interesse für Rhetorik, Philosophie, Botanik und Chemie. 1864–1866 praktische Ausbildung in den väterlichen Veredelungswerkstätten für Glas und Keramik, außerdem Studium des Zeichnens und des Modellentwerfens in Weimar. Erste eigene Entwürfe für Fayence-Dekor wurden ausgeführt und auf der Weltausstellung in Paris 1867 gezeigt. 1874 Übernahme der künstlerischen Leitung in der väterlichen Firma. Seit 1880 zahlreiche Entwürfe für Keramik, Glas und Möbel, ab 1885 Geschäftsverbindung mit der Manufaktur Burgun, Schverer & Co. in Meisenbach, die seit 1871 zum deutschen Teil Lothringens gehörte und einen Großteil der Rohgläser lieferte. 1889 großer Erfolg auf der Pariser Weltausstellung, das »Genre Gallé« wurde zum Vorbild für Konkurrenten. Ab Mitte der neunziger Jahre zunehmend typische Art-Nouveau-Formen.

Ob all dies den gewünschten Erfolg hatte, muß fraglich bleiben. Doch wurden zwischen 1871 und 1900 in Frankreich Dinge aus Lothringen grundsätzlich mehr beachtet als früher. Es gab auch einflußreiche Fürsprecher: Der Kritiker Edmond de Goncourt, der in Nancy geboren war, führte in Paris ein offenes Haus, in dem sich regelmäßig Literaten und bildende Künstler trafen; Roger Marx, ebenfalls aus Nancy stammend und ein Freund und Bewunderer Gallés, stieg zum Generalinspekteur der französischen Museen auf und förderte in dieser Position die Belange Lothringens.
Das Schicksal der geteilten Provinz galt nach 1871 als nationales Anliegen, und die Hoffnung auf Revanche blieb ständig wach. Doch die patriotische Zuneigung, die Lothringen zuteil wurde, rief auch gemischte Gefühle hervor. In mehr als einer Hinsicht konnte die Umarmung als zu eng empfunden werden, und der Ruf nach Abbau des typisch französischen Zentralismus erstarb auch jetzt nicht. Sogar Gallé, der ja einer der großen Profiteure der besonderen Situation war, beklagte immer wieder den zu engen Spielraum, der kulturell für Lothringen blieb. Das Selbstbewußtsein der Provinz entwikkelte sich auch hier stark, doch weniger im Antagonismus zur Hauptstadt als in geschickter Ausnutzung der politisch bedingten Vorzugsstellung.

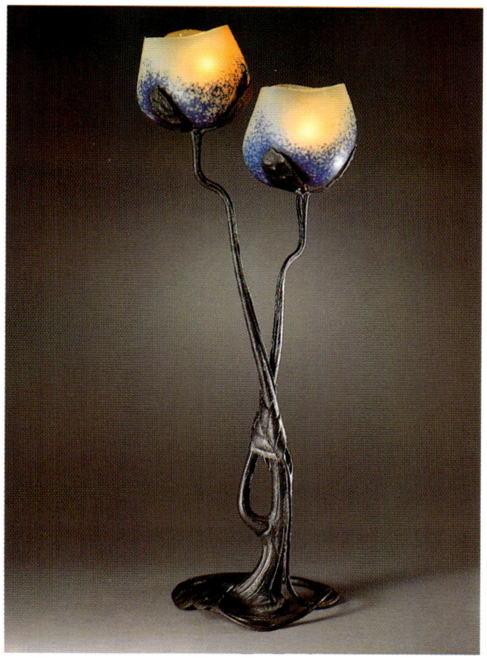

Daum, Nancy und Louis Majorelle, Lotusblüten-Lampe, um 1900, 67 cm hoch.
Sotheby's, New York

Emile Gallé, Etagerentisch, Nancy um 1900.
Münchner Stadtmuseum

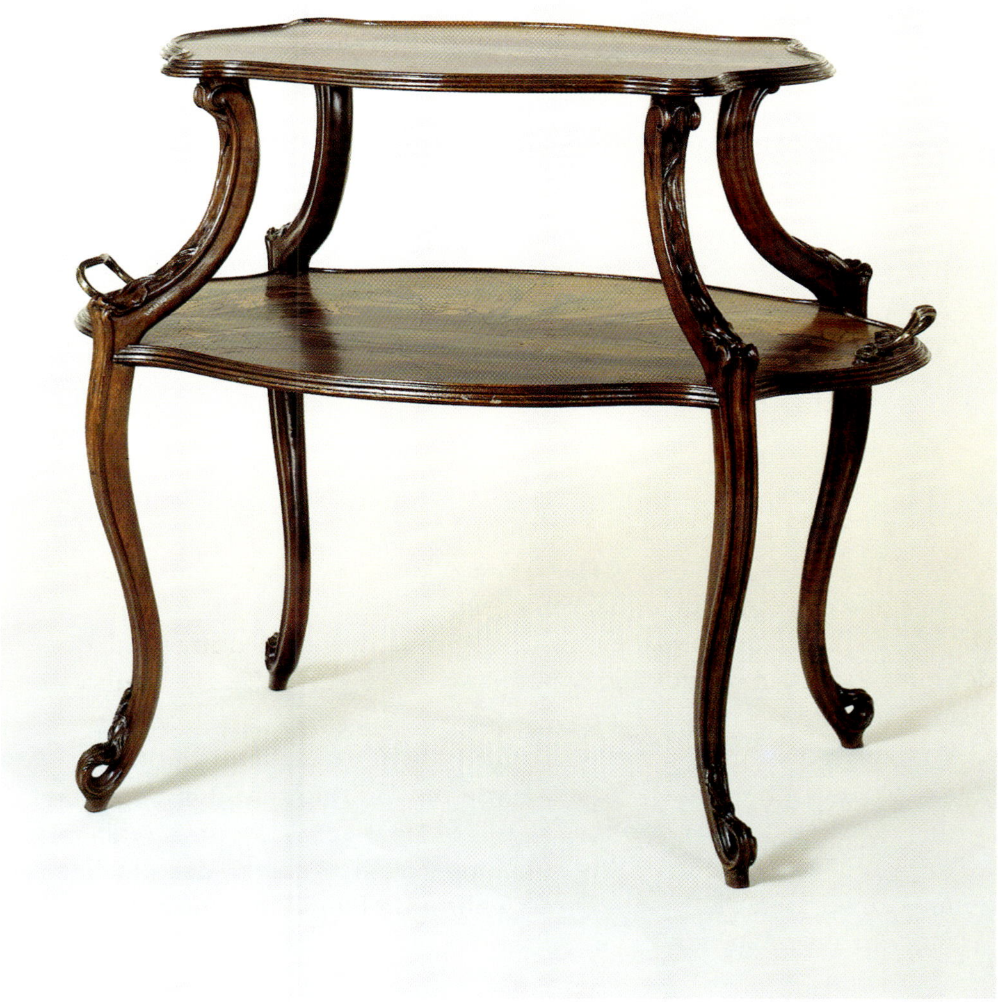

Emile Gallé, Glaskrug, Nancy, kurz nach 1900, geripptes und geschliffenes Glas, 32 cm hoch. Österreichisches Museum für AngewandteKunst, Wien

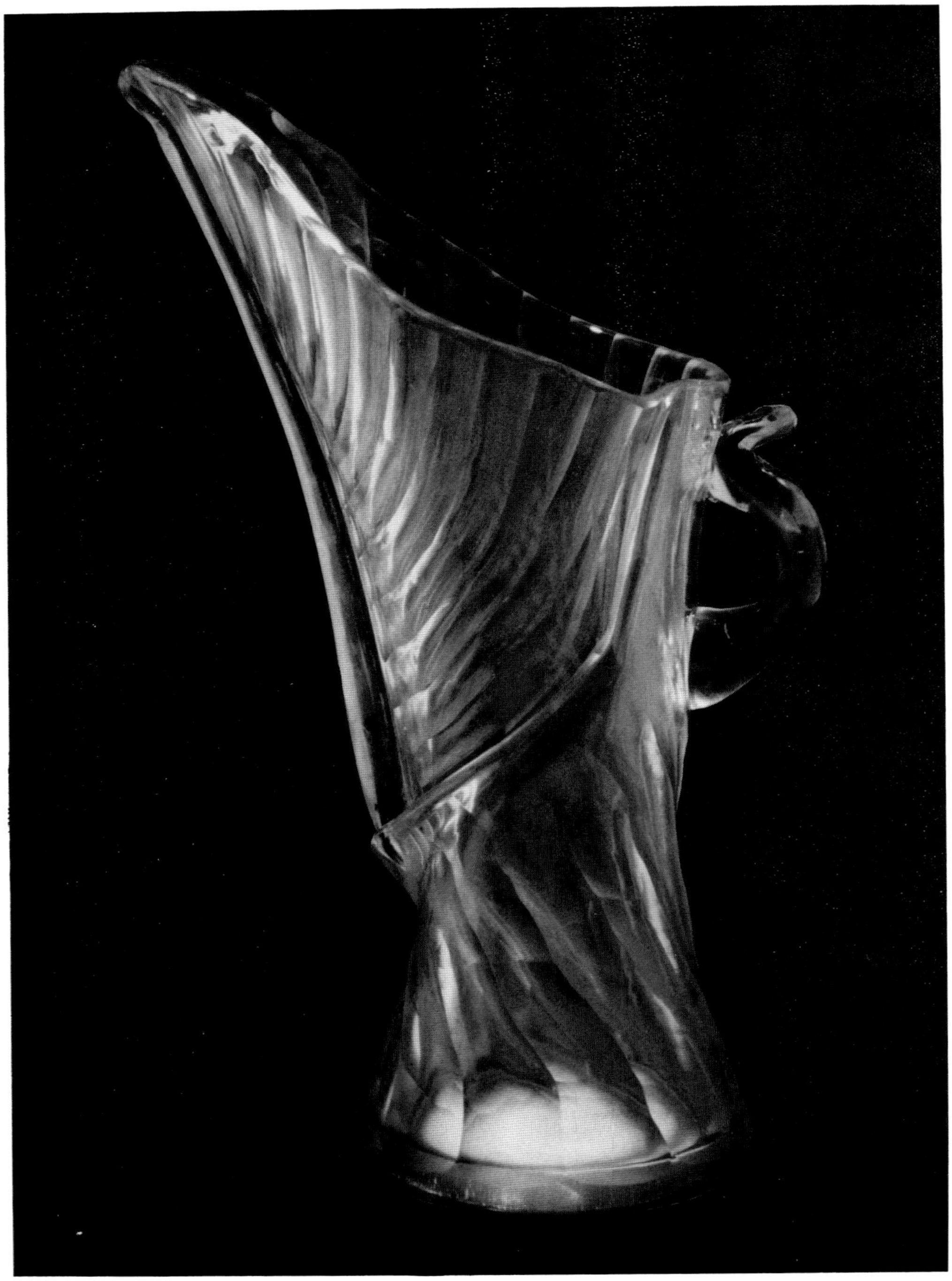

Dabei erwies es sich als äußerst vorteilhaft, daß der führende Künstler der Ecole de Nancy einen Ruf erlangte, der sich auch außerhalb Frankreichs fortsetzte, ja, man kann sagen, daß Gallé zu einer Gallionsfigur des Jugendstils überhaupt wurde. Sein Name gehört sicherlich zu denen, die stets an erster Stelle genannt werden. Er verdankt das vermutlich dem Metier, in dem er hauptsächlich tätig war, denn Glas war eines der bevorzugten Materialien des Jugendstils (Abb. S. 14, 15). Es konnte sowohl schlicht wie auch bizarr geformt werden, und seine Oberfläche ließ die mannigfaltigsten Behandlungen zu – gerade darin hatte man es in Lothringen zu erheblicher Meisterschaft gebracht. Verarbeitet zu Lampen, kam außerdem die spektrumreiche Farbigkeit zur Geltung (Abb. S. 66, 67). Das alles fand leicht Liebhaber, weshalb Gallés Produkte denn auch einen festen Posten im internationalen Kunsthandel darstellten.

Emile Gallé, Vase mit Herbstzeitlosendekor, Nancy 1899, mehrfach überfangenes Glas, 37 cm hoch. Privatbesitz, München

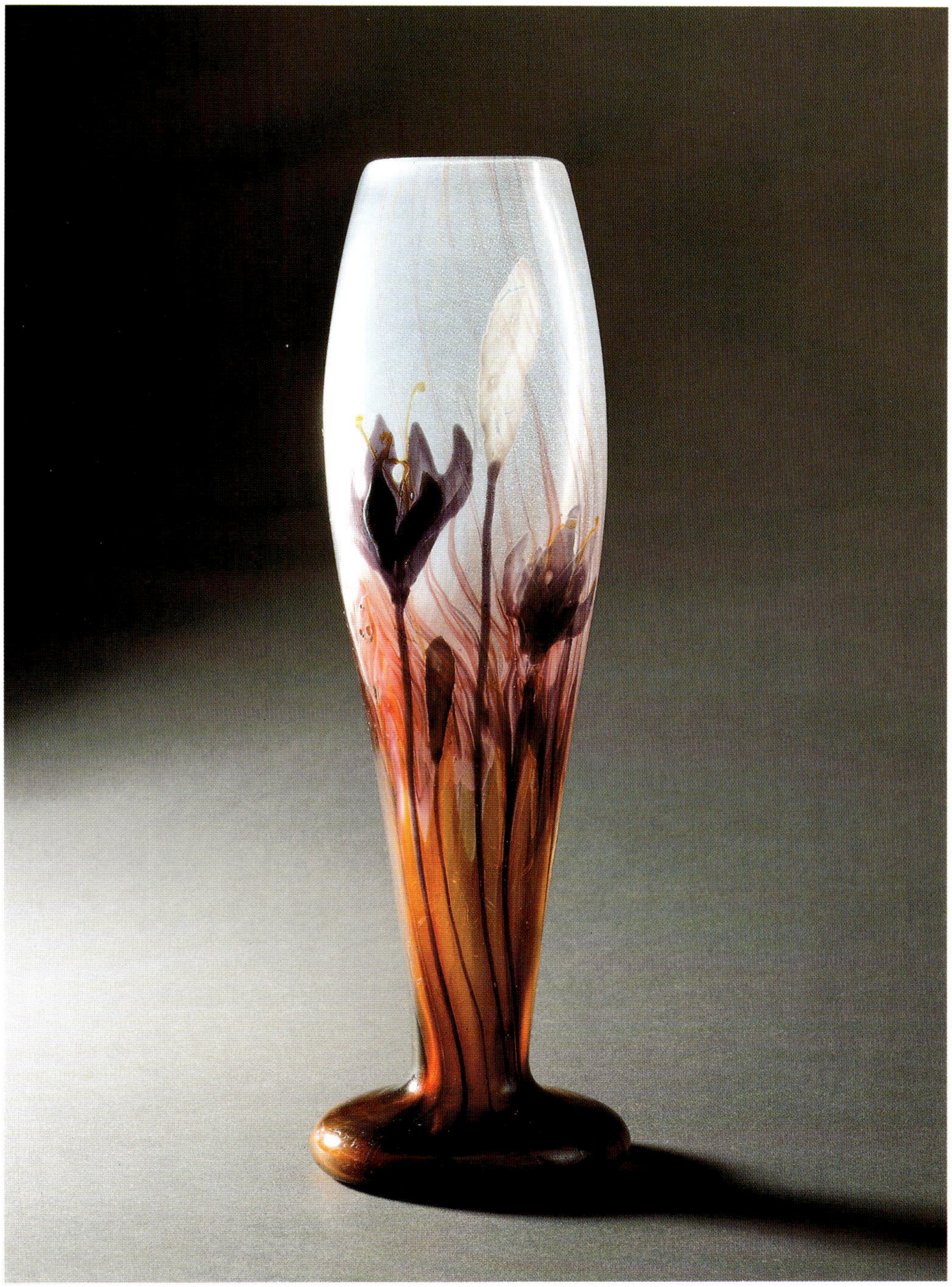

Bei der allgemeinen Begeisterung ging gern unter, daß die Erzeugnisse unterschiedlich gut waren, ja vieles als Konfektionsware angesehen werden mußte. So gibt es denn neben inspirierten und artistisch virtuos behandelten Stücken, bei denen man vermuten kann, daß Gallé sie wirklich angeregt hat, auch viele, die nur seine Manier zu Markte trugen. Verglichen nun mit der flamboyanten Art, wie der Amerikaner Louis Comfort Tiffany farbiges Glas als fragilen Zauberstoff zu behandeln wußte, wirkten die Vasen aus Nancy gern etwas bemüht und schwerfällig, sehr dem bürgerlichen Geschmack entsprechend, ja, man kann vermuten, daß gerade der Stich Spießigkeit, der ihnen zu eigen ist, zu ihrer Popularität beigetragen hat. So betrachtet waren sie vorzügliche Beispiele des französischen Kunstgewerbes, das um 1900 seinen Höhepunkt längst überschritten hatte, sich aber dennoch – oder gerade deswegen – weltweit geliebt sehen konnte.

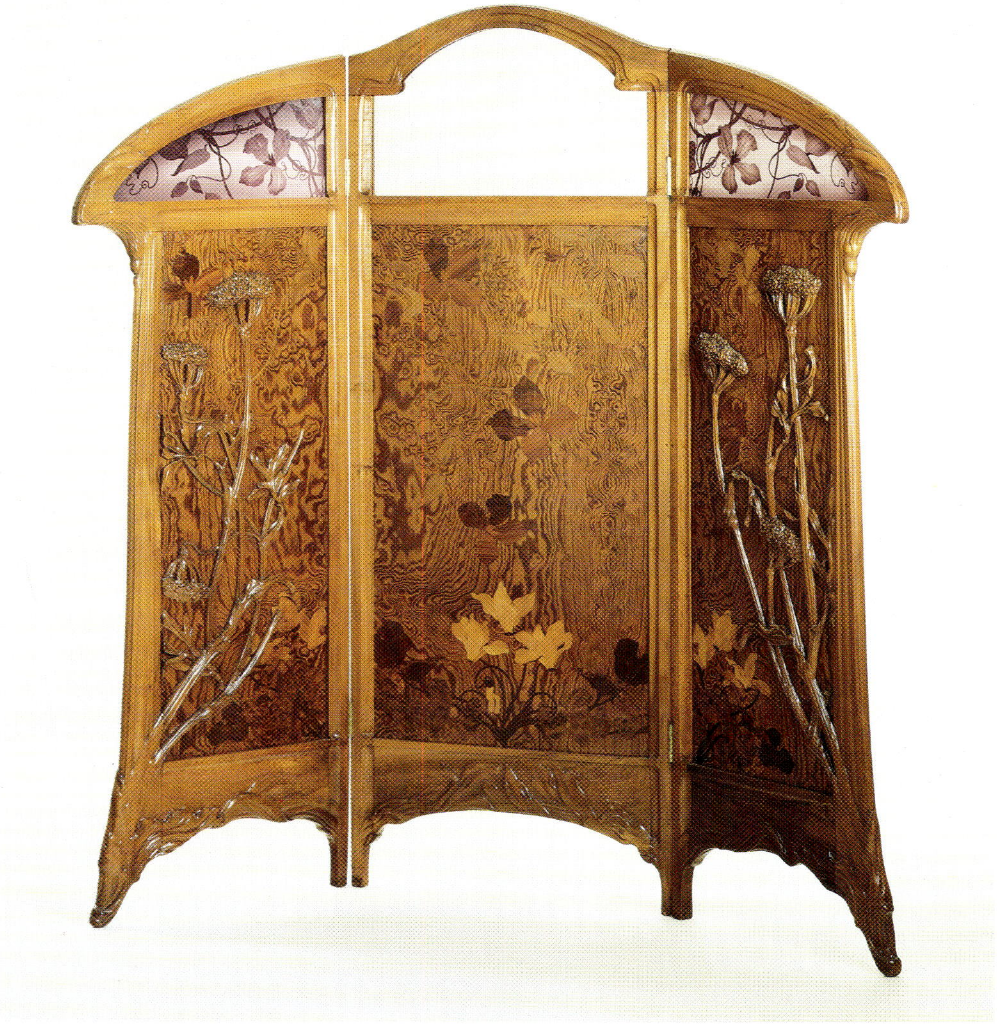

Jacques Gruber, dreiteiliger Paravent, Nancy, um 1900, Nußbaum mit Intarsien und Glaseinsätzen, 170 cm hoch.
Münchner Stadtmuseum, München

Louis Majorelle, Raum im Café de Paris, Nancy 1899, aus: Dekorative Kunst III, 1899.

Die Herausforderung durch Neues war hier nie groß gewesen – auch um 1900 nicht. Bei genauer Prüfung läßt sich leicht feststellen, daß die meisten Zeugnisse der Art Nouveau, also der französischen Spielart des Jugendstils, Abwandlungen älterer Vorbilder sind, insbesondere und verständlicherweise solche des heroisch-glanzvollen achtzehnten Jahrhunderts. Das gilt vor allem für die Möbelkunst, der sich die Ecole de Nancy ja auch angenommen hatte. Gallé ging hier ganz ehrgeizlos vor und beschränkte sich auf einige Kunstfertigkeit bei den Einlegearbeiten, während in den Einrichtungen von Louis Majorelle zu spüren ist, daß die Entwerfer den traditionellen Formen eine moderne Dynamik, Eleganz und Spannkraft verleihen wollten. Doch da der Ansatz immer mehr skulptural und weniger konstruktiv war, blieb es weitgehend bei einer Oberflächenbehandlung. Die Last einer reichen Geschichte ließ sich offenbar nur schwer überwinden, warum auch sollte Bewährtes grundsätzlich geopfert werden? Die Pariser Weltausstellung bewies jedoch gerade dem beifallgewohnten Frankreich, daß neue Kräfte sich durchzusetzen begannen. Am ehesten noch konnten französische Interieurs dann überzeugen, wenn sie die traditionelle Grundform mit lebhafter Ornamentik überzogen, so wie das Majorelle in einer Café-Einrichtung vorgeführt hatte. Aber Spätform blieb das alles dennoch.

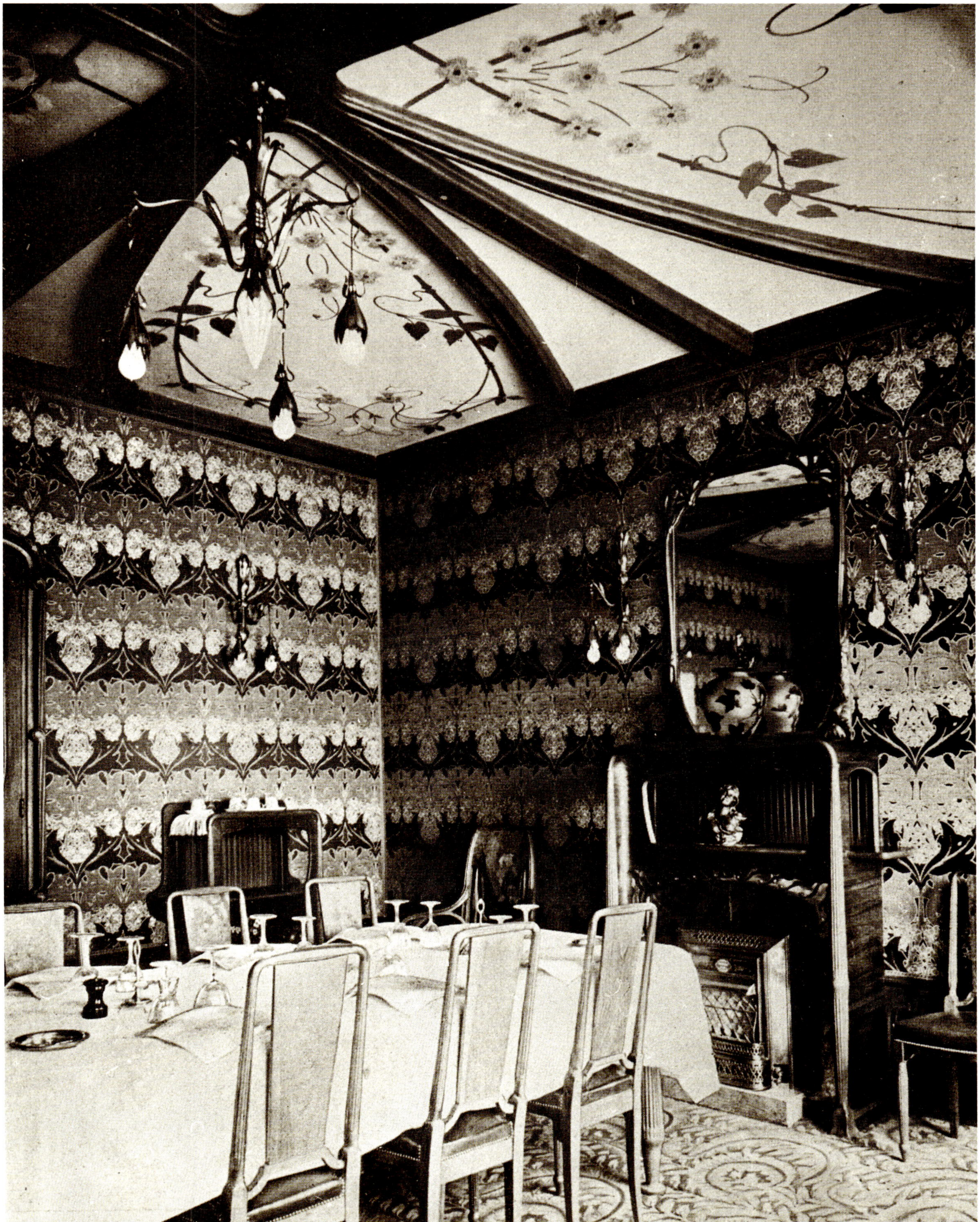

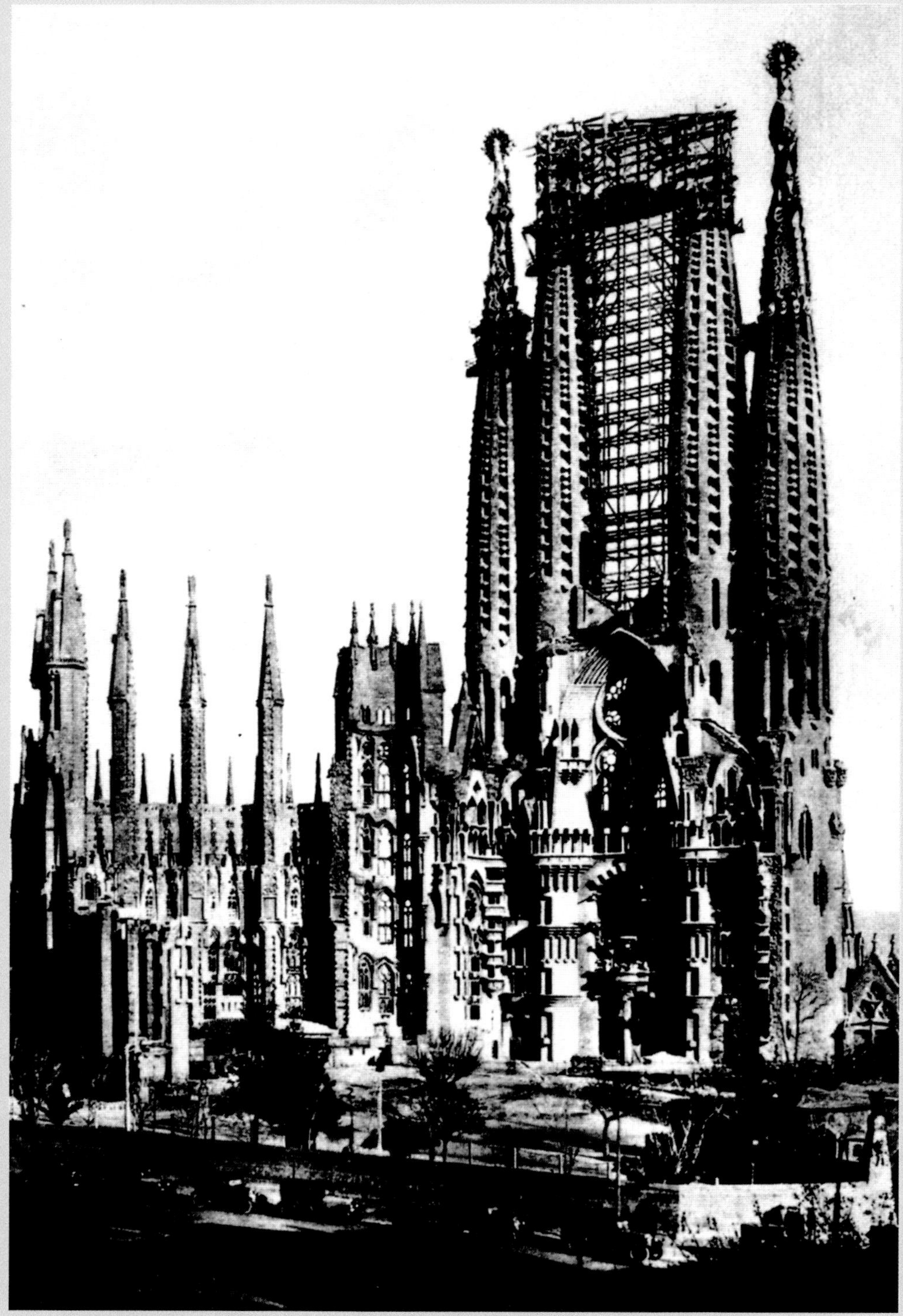

Barcelona

Die politische und kulturelle Situation Kataloniens mit seinem Zentrum Barcelona war um 1900 wie kaum eine andere Region Europas von einem jahrhundertelangen Kampf um die Anerkennung der eigenen Lebensart geprägt. Die Auseinandersetzungen reichten bis ins fünfzehnte Jahrhundert zurück und hatten sich zu Beginn des achtzehnten Jahrhunderts verschärft. 1714 erklärte König Philipp V. alle Sonderrechte des Landes für hinfällig und unterwarf die Provinz endgültig der kastilischen Herrschaft. Jedoch alle Versuche der Zentralgewalt, neben der politischen auch die kulturelle Unterdrückung zu erreichen, riefen in der Folgezeit immer wieder Konflikte hervor, die »Katalanische Frage« wurde zur ständigen Belastung der spanischen Innenpolitik. Eine lange Reihe von Rebellionsversuchen, Aufständen und Attentaten zog sich durch das neunzehnte Jahrhundert.
Barcelona, das unbestrittene Zentrum der Region, war im Mittelalter einer der führenden Häfen der Welt gewesen, erlebte aber bis Mitte des achtzehnten Jahrhunderts einen langen Niedergang. Aus politischen Gründen vom Handel mit Amerika ausgeschlossen, blieb er nahezu bedeutungslos. Entmachtet und von Madrid eifersüchtig überwacht, verlegten sich die Katalanen mehr auf wirtschaftliche Unternehmungen. Die Nachbarschaft des unvergleichlich moderneren Frankreich half dabei, diese Erneuerung aus eigener Kraft voranzutreiben. Schon im letzten Viertel des achtzehnten Jahrhunderts zählte das Land zu den wirtschaftlich modernsten Regionen am Mittelmeer. Zu Beginn des neunzehnten Jahrhunderts setzte ein lang anhaltender Aufschwung ein, weil Barcelona nun zu dem einträglichen Handel mit Amerika zugelassen wurde. Auch die beginnende Industrialisierung konnte sich hier leichter entfalten als in anderen Teilen Spaniens.
Parallel zu dieser Entwicklung wuchs Barcelona sehr schnell, vor allem durch den Zuzug von Fabrikarbeitern stieg die Bevölkerungszahl von 175 000 im Jahr 1850 auf über 500 000 um 1900 an. Das alte Zentrum wurde dadurch gesprengt, ab 1860 entstanden planvoll angelegte neue Viertel, unter dem Einfluß französischer Urbanisten wurden breite Boulevards geschaffen. Die modernen Quartiere entstanden in Schachbrettform.
Um 1900 wurde Katalonien noch immer von Madrid dominiert, doch hatte es das übrige, nach wie vor rückständige und agrarisch strukturierte Spanien längst überrundet und sich zur beherrschenden Industrieregion entwickelt. So war es um 1900 die am dichtesten bevölkerte, die am stärksten gewerbetätige und die wohlhabendste Provinz des Landes. Zwar rangierte Barcelona nach Fläche und Einwohnerzahl hinter Madrid, dennoch war es die

Gegenüberliegende Seite: Die Kirche Sagrada Familia in Barcelona, aufgenommen um 1920.

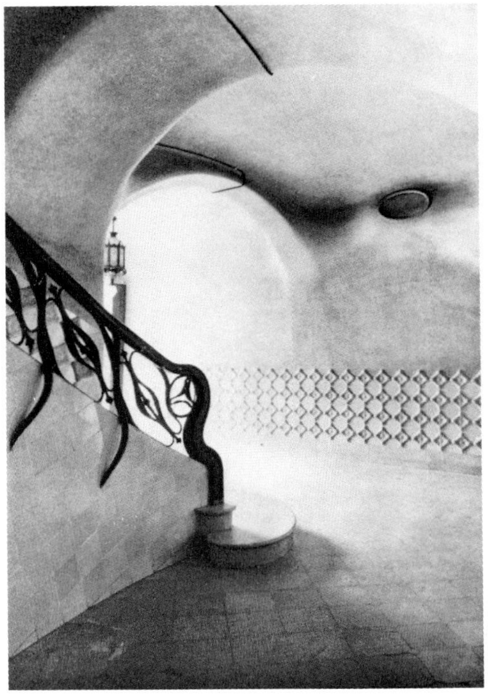

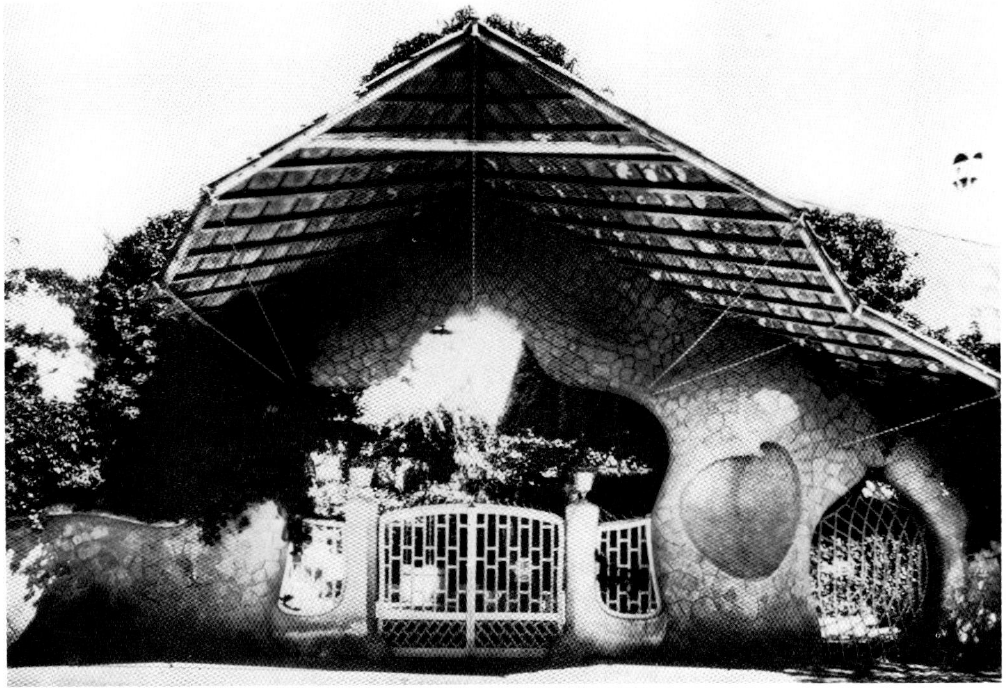

Antoni Gaudí, die Eingangshalle der Casa Batlló in Barcelona, 1904–1906.

Antoni Gaudí, Eingang zur Casa Miralles bei Barcelona, 1901/02.

eigentliche Wirtschaftsmetropole. Es besaß damit die typischen Kennzeichen einer »zweiten« Stadt, die durch ökonomische Macht auszugleichen versucht, was ihr durch die historische Entwicklung an Anerkennung versagt geblieben ist, ein Schicksal, das es mit Glasgow und Chicago teilte. Seinem Ansehen diente 1888 eine Weltausstellung, der Hafen war nun der Kreuzpunkt internationaler Seewege, unter anderem für Dampfschifflinien nach Genua, Marseille, Liverpool, Hamburg, Rio de Janeiro und Buenos Aires. Mehrere Eisenbahnlinien erleichterten die Transporte ins Landesinnere und nach Frankreich. Auch kulturell fühlte sich die Stadt führend dank zahlreicher wissenschaftlicher Einrichtungen. Mit dem berühmten Liceo besaß sie das größte Opernhaus des Landes.

Die wiedergewonnene Bedeutung, auch das Gefühl der Überlegenheit spiegelten sich 1900 in einer für spanische Verhältnisse sehr offenen geistigen Atmosphäre wider. Doch konnten vor dem Hintergrund des wirtschaftlichen Aufschwungs soziale Spannungen nicht ausbleiben. Galten die Katalanen im übrigen Spanien schon genügend als unruhige und rebellische Geister, so stellte die große Arbeiterschaft Barcelonas diesen Ruf noch besonders unter Beweis. In einem ansonsten eher ruhigen Jahr 1903 verzeichnete die Stadt immerhin dreiundsiebzig Streiks. Friedrich Engels vermutete schon 1870, daß sie mehr Barrikadenkämpfe erlebt habe als jede andere Stadt der Welt. In den folgenden Jahren verbanden sich nun die wachsenden Autonomiebestrebungen mit der Verbreitung sozialrevolutionärer Ideen. 1880 wurde in Barcelona eine sozialistische Gewerkschaft gegründet, und in den letzten Jahren des neunzehnten Jahrhunderts mehrten sich anarchistische Aktivitäten – Attentate und die Hinrichtung gefangener Täter wechselten sich immer häufiger ab.

Die Wurzel des regionalen Freiheitsstrebens gründete in der Empfindung, durch Abstammung und Sprache mehr mit der Kulturlandschaft Südfrankreichs verbunden zu sein als mit Spanien. Das Katalanische gehörte im Mittelalter zur Gruppe der provenzalischen Dialekte, die auch heute noch südlich und nördlich der Pyrenäen verstanden werden. Ähnlich wie in Finn-

Antoni Gaudí, 1852–1926
Begann mit siebzehn Jahren das Architekturstudium, nach dessen Abschluß ab 1878 erste Bauten mit Anklängen an islamische Vorbilder. Früh unter dem Einfluß der romantischen Bewegung der katalanischen »Renaixenca«, aus der sich gegen 1890 der »Modernisme« entwickelte. 1883 Auftrag zum Weiterbau der in gotischen Formen begonnenen Kirche Sagrada Familia in Barcelona, die ihn bis zum Lebensende beschäftigte. Enger Kontakt mit dem Textilfabrikanten Güell, der ihm zahlreiche Aufträge gab. Wichtige Arbeiten: Palais Güell, 1885–1889; die Kapelle der Colonia Güell, 1898–1914; der Park Güell, 1900–14; Casa Mila, 1905–1911; alle Bauten in Barcelona oder in dessen Nähe.

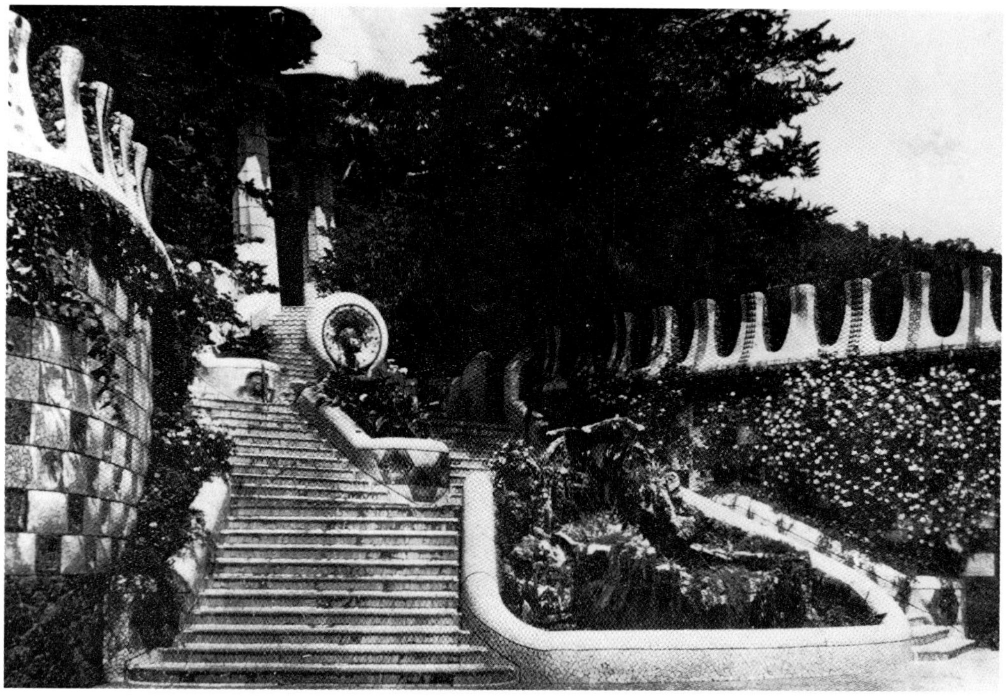

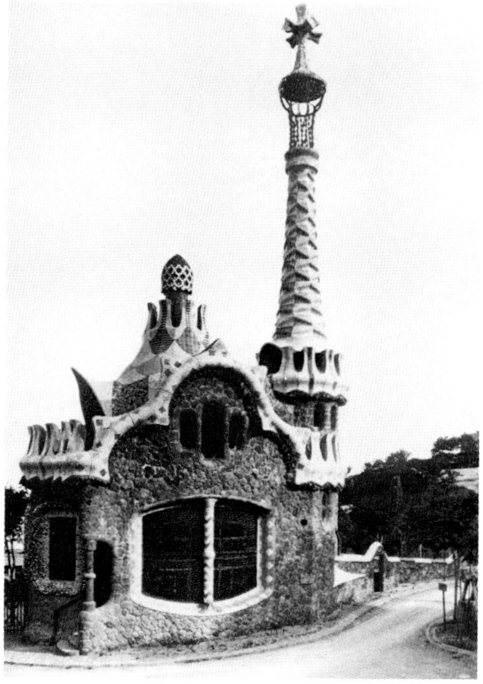

Antoni Gaudí, der Eingang zum Park Güell in Barcelona, 1900–1914.

Antoni Gaudí, Torgebäude für den Park Güell in Barcelona, 1900-1914.

land zur selben Zeit wirkte die Besinnung auf die Sprache als besonderes Stimulans in dem Bemühen um mehr Selbstbestimmung. Um 1900 war Barcelona eine Stadt, in der fast nur Katalanisch gesprochen wurde.
Einzig und allein in dieser Sprache drückte sich auch der Künstler aus, der bald zur Symbolfigur der Erneuerungsbewegung werden sollte: Antoni Gaudí. Obgleich das Werk dieses Architekten nicht umfangreich ist und zur Zeit seiner Entstehung auch umstritten war, erlangte es dennoch eine Bedeutung, die über seinen eigentlichen Wert hinausgeht. Wenn sich – wie hier – das künstlerische Experiment mit Assoziationsmöglichkeiten verband, dann vermochte die Kühnheit auch versöhnliche Züge zu tragen und schließlich zur Identifikation anzuregen. Gaudí kam seinem Publikum dadurch sehr nahe, daß er inmitten des Bizarren stets auch das Vertraute zu erkennen gab – sei es nun durch gotisch anmutende Konstruktionen, die an die Glanzzeit Kataloniens erinnerten, durch maurische Elemente, die gleichfalls als bekannt gelten konnten, oder durch naturhafte Gestaltungen, die allem etwas scheinbar Gewachsenes verliehen. Seine Schöpfungen waren in hohem Maß anregend – was nicht hieß, daß sie auch logisch und folgerichtig sein mußten. Auf jeden Fall erfüllten sie gerade kraft dieser Ambivalenz die Erwartung gegenüber dem Jugendstil in exzellenter Weise, in ihrer provozierenden Art den Pariser Metro-Gittern Hector Guimards verwandt.
Gaudí war zehn bis zwanzig Jahre älter als die meisten Künstler, die um 1900 die revolutionäre Szene bestimmten. Er besaß damit einen zeitlichen Vorlauf, trotzdem bekam auch sein Werk Stringenz und Geschlossenheit erst mit Beginn des neuen Jahrhunderts. Vorher hatte er sich als ein einfallsreicher Collagist erwiesen, dem jedoch die Ökonomie der Mittel noch weitgehend abging. Auf der anderen Seite hatte er es von Anfang an vermieden, die Sicherheit eines formalisierten Historismus aufzusuchen. Seine künstlerische Freiheit basierte dabei auf dem Vertrauen und der Großzügigkeit reicher Förderer, unter denen der Unternehmer Eusebio Güell der wichtigste war. Neben einigen privaten Bauten ermöglichte dieser Mann den öffentlichen und nach ihm benannten Park im Nordwesten der

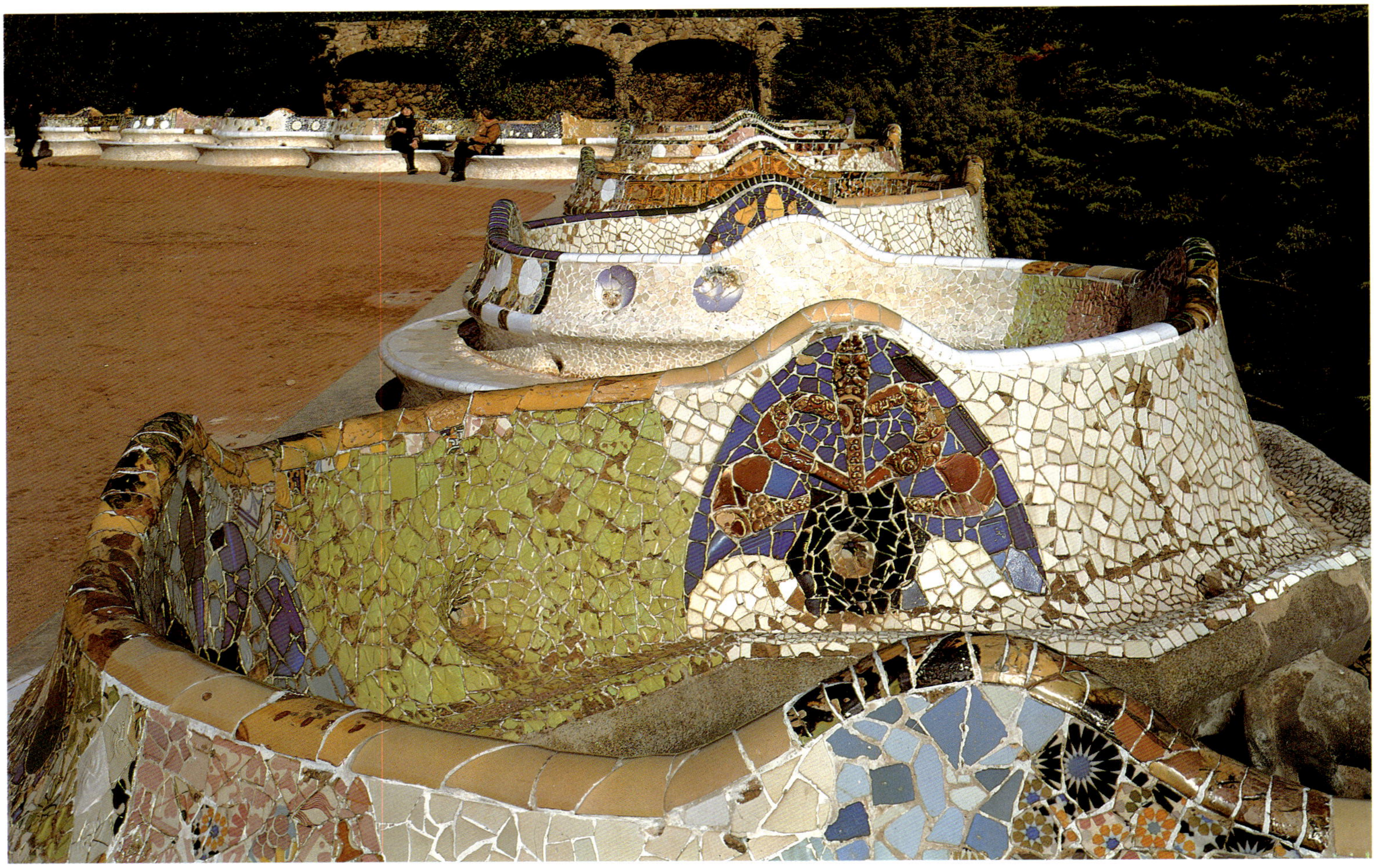

Antoni Gaudí, Park Güell in Barcelona, 1900–1914, Säulenhalle und geschwungene steinerne Sitzbank mit Mosaiken aus zerschlagenen Kacheln.

Stadt. Er bildete den Höhepunkt in der reifen, nun nicht mehr additiven, sondern auf Ganzheit zielenden Phase von Gaudís Arbeit.
Der Park war wohl von englischen Vorbildern angeregt worden und ging auf ein engagiert soziales Anliegen zurück. Doch die ursprüngliche Idee, Teile von ihm in vorbildlicher Weise mit Wohnhäusern zu bebauen, scheiterte am mangelnden Interesse von Käufern. Güell, der dies alles getragen hatte, starb 1918, aber schon vorher hatte sich Gaudí immer mehr auf jenes Bauwerk konzentriert, das sowohl sein bekanntestes wie auch sein unglücklichstes ist: die Kirche Sagrada Familia (Abb. S. 72). Dieser Auftrag, den er schon 1883 von einem Vorgänger übernommen hatte, war ihm offensichtlich immer mehr zu einer Glaubenssache geworden – trotz der Aussicht, hier allenfalls ein verschwommen neogotisches Gebilde schaffen zu können. Der in jungen Jahren als dandyhaft geschilderte Gaudí lebte zuletzt in großer Zurückgezogenheit, fixiert auf ein Bauwerk, von dem er wissen mußte, daß er es nicht würde vollenden können. Als er 1926 durch einen Unfall vierundsiebzigjährig ums Leben kam, war er eine sehr verehrte Figur, doch so gut wie keiner kannte ihn.
Dieser Widerspruch zwischen Dasein und Erscheinung war nur der letzte in einer Reihe ähnlich gearteter. Politisch mußte es verwundern, daß ein am Ende fanatisch Religiöser zur Symbolfigur einer nationalen Befreiungsbewegung werden konnte. Doch möglicherweise war diese ohnehin mehr von rechts bestimmt worden. Als Revolutionär genoß er das Wohlwollen und die Förderung reicher Leute – aber auch das war nichts Ungewöhnliches und verband ihn mit dem Geschehen in Brüssel, Darmstadt, Weimar, Glasgow

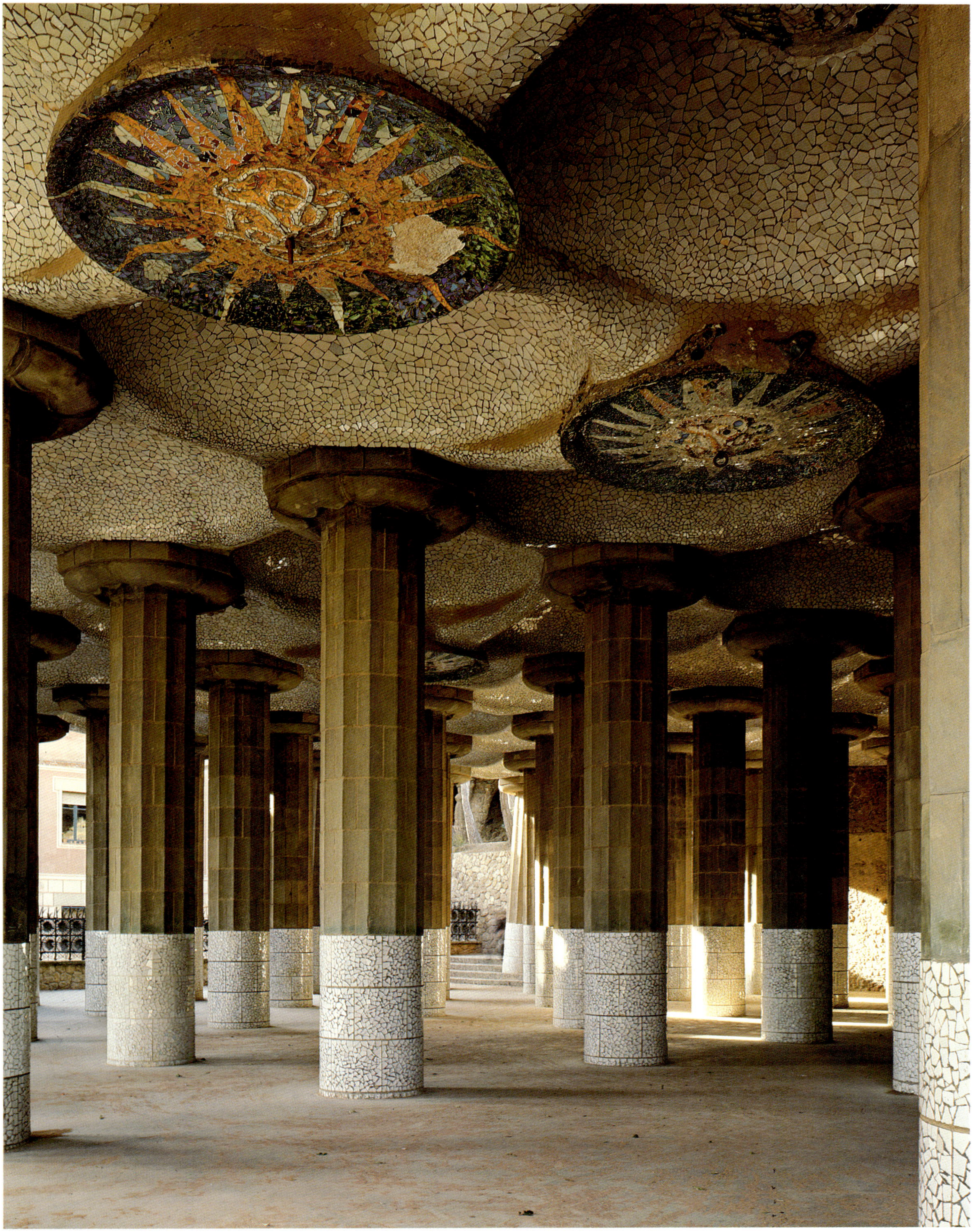

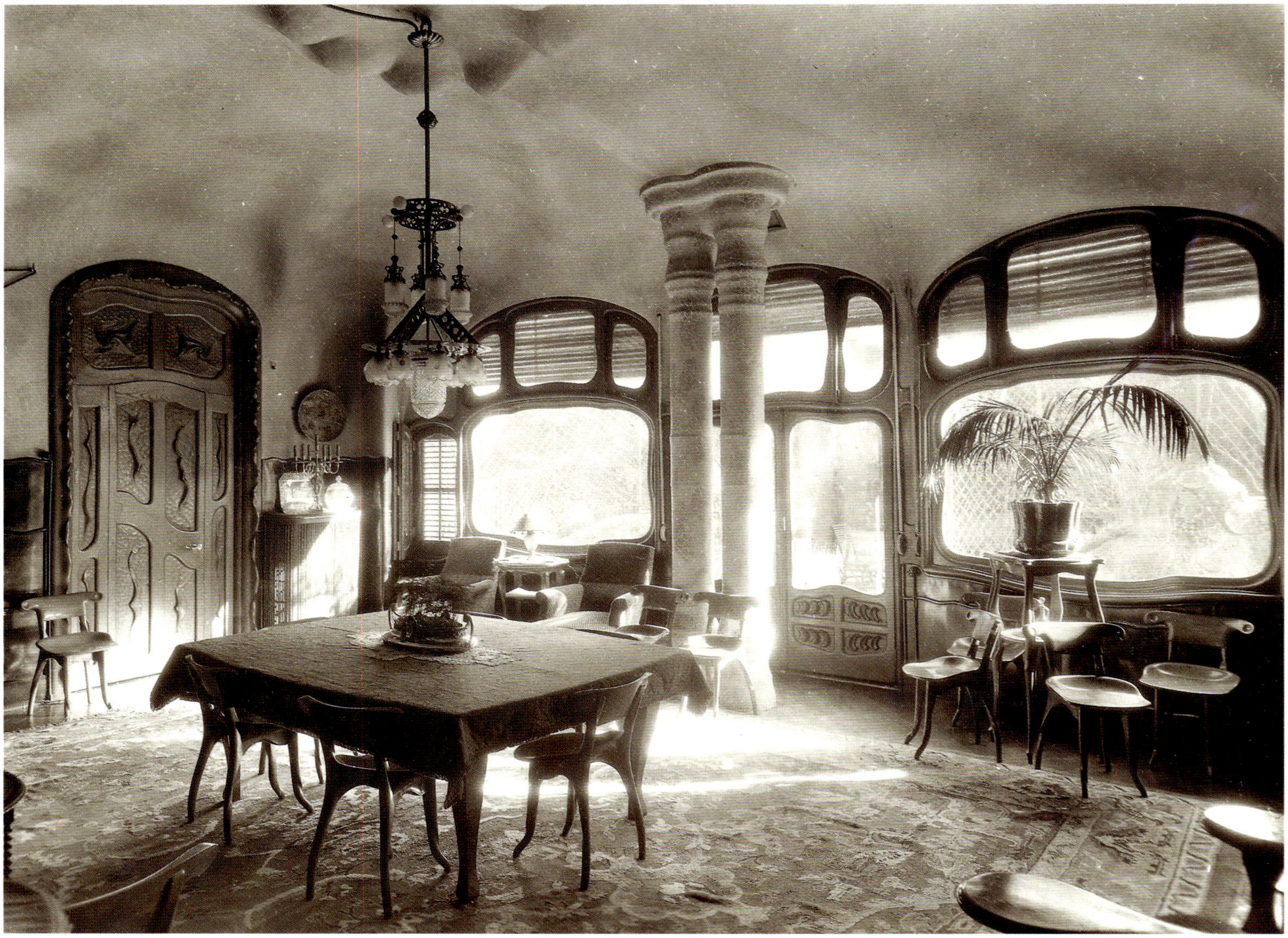

Antoni Gaudí, Speisezimmer und Straßenansicht der Casa Batlló in Barcelona, 1906.

und anderswo. Eher konnte überraschen, daß sich der Architekt in ihm immer mehr zum Plastiker entwickelte, der Häuser ohne feste Pläne begann und sie scheinbar modellierend erschuf. Jedoch gerade dieses unorthodoxe Vorgehen begründete den Mythos des Künstlers Gaudí, dem es angeblich gelungen war, eine Utopie einzulösen, nämlich die Befreiung der Architektur von dem Diktat des rechten Winkels. Auch als Konstrukteur erfuhr er eine Verklärung, aber weder vermochte Gaudís Vorbild Schule zu machen, noch brachten die statischen Experimente und Modellversuche, die er für das Langhaus der Sagrada Familia anstellte, etwas Neues hervor, sie setzten lediglich gotische Prinzipien fort und konnten allenfalls durch ihre naive Anschaulichkeit für sich einnehmen. Wirklich kühn und erfinderisch war Gaudí dagegen in einem Nebenwerk, der nur auf Zeit geplanten kleinen Schule im Schatten der Kirche (Abb. S. 72 unten rechts), der er durch auffallend dünne, aber sehr überlegte gewellte Wand- und Dachschalen eine erstaunliche Steifigkeit geben konnte. Der oft willkürliche Plastiker war hier zum präzisen Ingenieur geworden.

Die Faszination, die bis heute von Gaudí ausgeht, beruht sicherlich auf der Freiheit, die er als Künstler-Architekt für sich beanspruchte und mit der er noch einmal ein romantisches Ideal auslebte, das am Ende einer Epoche stand. Doch als Wunschprojektion wird es wohl unzerstörbar bleiben.

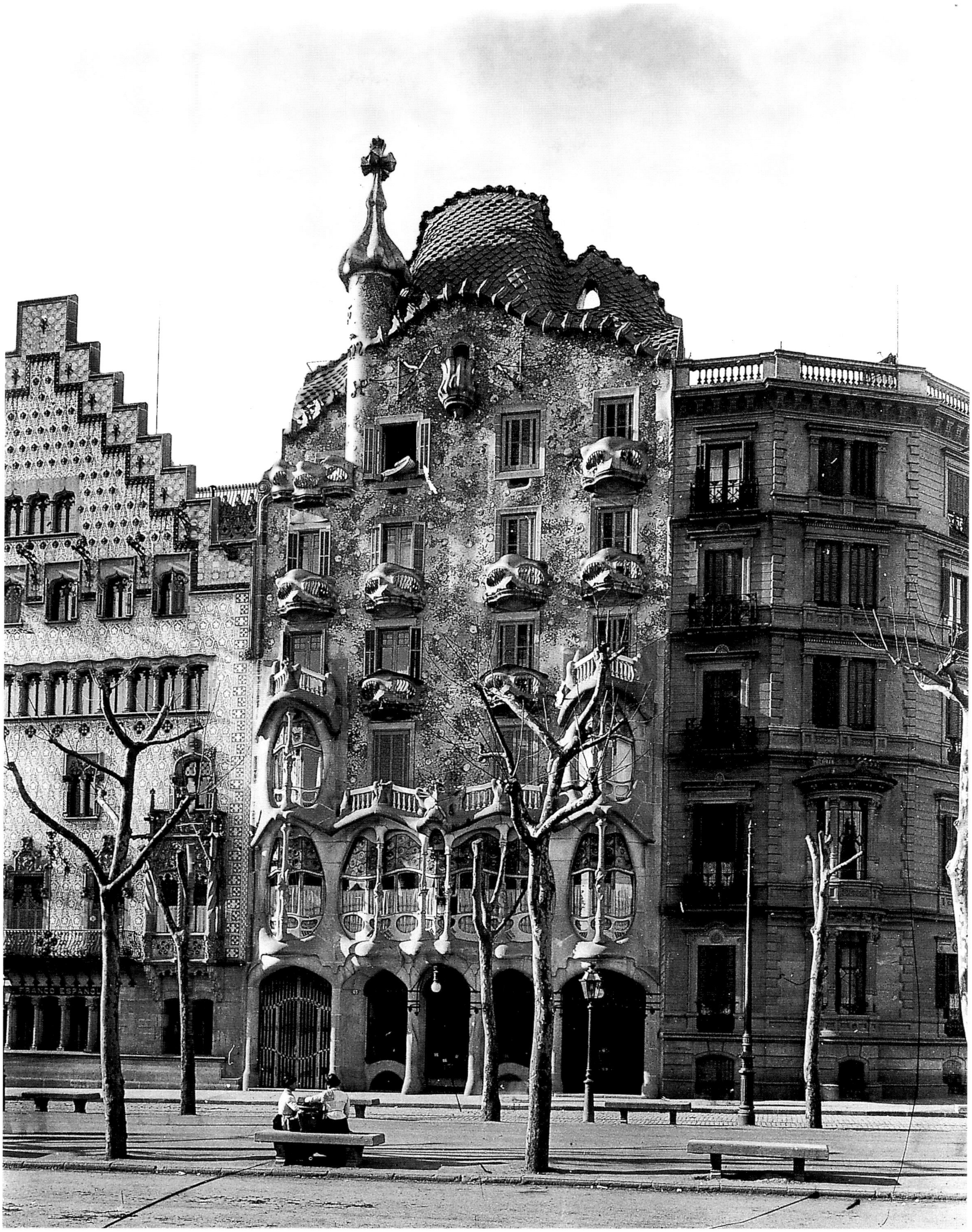

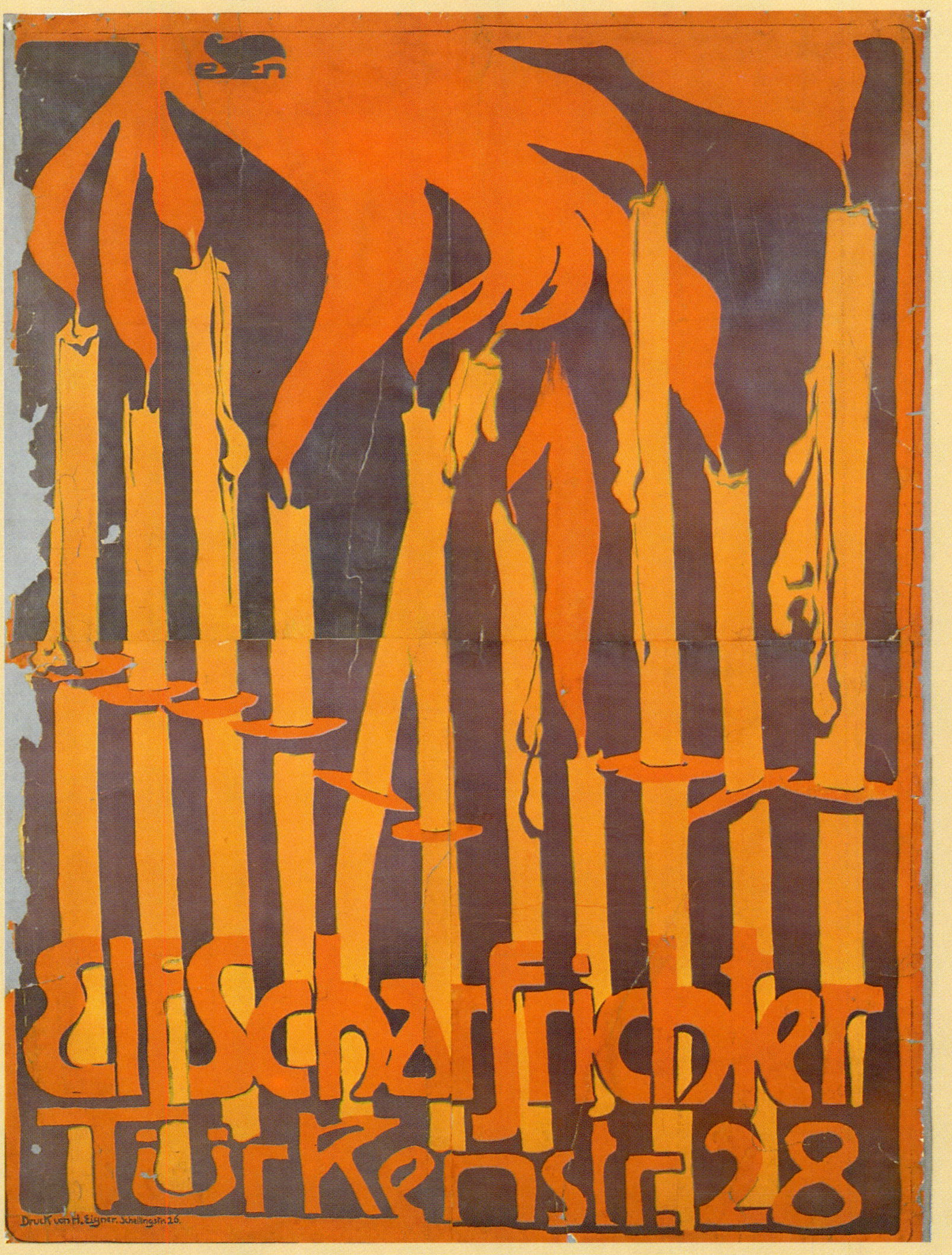
Elf Scharfrichter
Türkenstr. 28
Druck von H. Eigner, Schellingstr. 26.

München

Von allen künstlerischen Erneuerungsbewegungen um die Jahrhundertwende war jene in München vermutlich die volkstümlichste. Es gibt in dieser Stadt Beispiele eines rührenden »Vulgär-Jugendstils«, die zeigen, mit welcher Unbekümmertheit hier der Aufschwung in eine neue Kunstwelt umgehend und ohne viel Aufhebens den bürgerlichen Ansprüchen anverwandelt werden konnte. Scheu oder eine besondere Ehrfurcht wären als übertrieben angesehen worden. Die zivil gesinnte bayerische Metropole, im legeren Umgang mit den Musen versiert, hat wahrscheinlich manche der damaligen Provokationen nur als gelungenen Scherz betrachtet. Heftige Entrüstung war mehr vom Temperament her bestimmt als von der Gesinnung.
Dem kam entgegen, daß die künstlerischen Werke selbst auch volkstümlich recht unmittelbar sein konnten und ihnen eine schöne, einfache Erfindung zugrunde lag. Sie nahmen selten Umwege. Der Münchner Jugendstil war weder intellektuell noch dünnblütig oder ätherisch. Seine Herkunft aus dem eigenen Land war augenfällig, besonders bei dem Architekten Richard Riemerschmid, der gern folkloristische Motive aufgriff.
Der allgemeine Aufbruch, der damals auch München erfaßt hatte, zeitigte hier jedoch das zwiespältige Ergebnis, daß er neben Neuem, Ungewöhnlichem und bisher nicht Gekanntem – der Münchner Variante des europäischen Jugendstils – auch Traditionelles bestätigte und belebte. Ein Neoklassizismus bürgerlicher Prägung war die zweite Frucht. Was sich andernorts nacheinander vollzog – die Ablösung des jugendlich-aufrührerischen Elans durch eine feste, wieder mehr dem Bewährten zugewandte Form –, geschah in München gleichzeitig. Es ist bezeichnend für das aufgeschlossene, die Neugier jedoch nicht übertreibende Klima der Stadt, daß das so sein konnte. Man war hier nicht bereit, dem Neuen zuliebe ohne weiteres das Alte zu schmälern oder gar zu opfern.
Gelegentlich kam es auch zu Vermischungen, wobei dann antik Nachempfundenes und Modernes eine etwas seltsame Verbindung eingingen. So fand zum Beispiel 1900 eine Ausstellung moderner französischer Kunst statt – der »Denker« von Rodin war dabei – in einem Raum, den man in Form eines römischen Atriums in den weiten Hallen des Glaspalastes aufgeschlagen hatte. Oder an einem Denkmal – dem Friedensengel – erschienen antike Mythen im buntfarbenen Gewand des Jugendstils. Heute ist es möglich, diese freundliche Art von Respektlosigkeit, dieses ungenierte Vereinnahmen des Erhabenen nicht nur zu belächeln, sondern gleichsam als kunstdemokratisch anzusehen.

Gegenüberliegende Seite: Plakat von Ernst Neumann für das Münchener Kabarett »Elf Scharfrichter«, 1901. Die Neue Sammlung, München

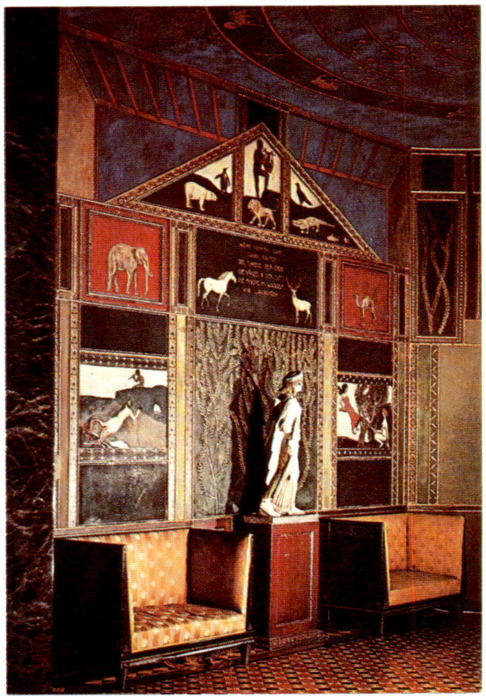

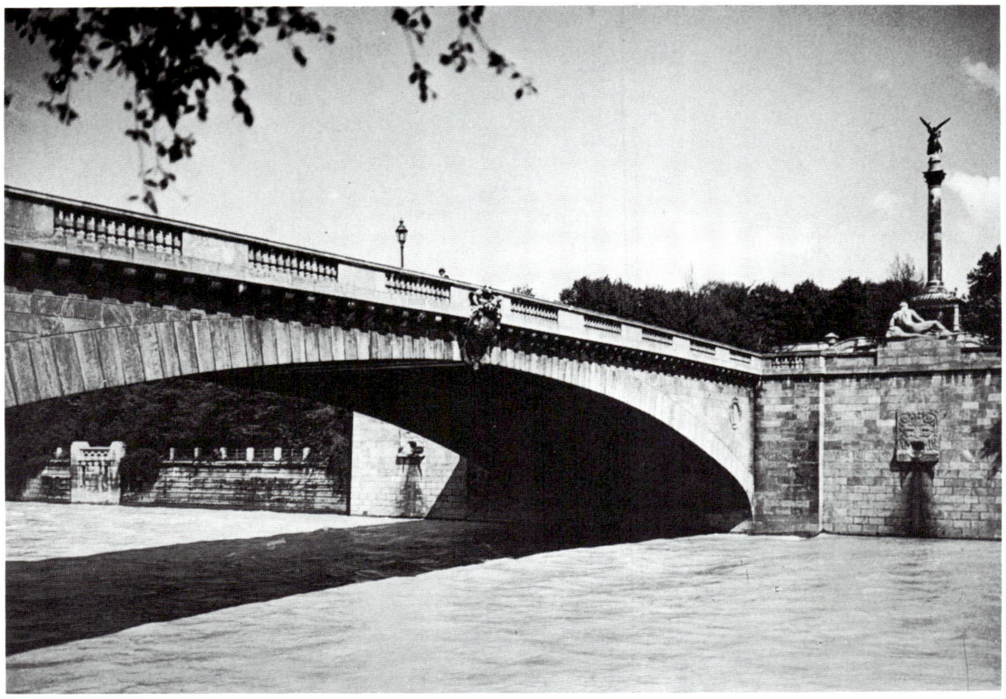

Franz von Stuck, das Musikzimmer im eigenen Haus in München, 1897/98.

Theodor Fischer, die Prinzregentenbrücke in München mit Blick auf den Friedensengel, 1901.

Für diese – wenn wir es so nennen wollen – konservative Großzügigkeit ist die künstlerische Vergangenheit der Stadt bestimmend gewesen. München war verschont geblieben von den Auswüchsen des wilhelminischen Prunk-Historismus. Die Gründerzeit war an ihm vorübergegangen und hatte seine Maßstäbe nicht zerstört. Das Wachstum der Stadt war gleichmäßig verlaufen, ihr Selbstbewußtsein bedurfte keiner hektischen Bestätigung. Man konnte gelassen zusehen.

Statt dessen hatten schon in den dreißiger und vierziger Jahren des neunzehnten Jahrhunderts Leo von Klenze, Friedrich von Gärtner und andere Baumeister das Gesicht der Stadt durch einen hellen, feinbestimmten Klassizismus und einen mild-romantisierenden Historismus geprägt. Die Glyptothek und die Universität sind dafür wohl die besten Beispiele. Eine große Zahl von bescheidenen, aber gutbemessenen Bürgerhäusern war das Echo auf diese offizielle Architektur gewesen. Die südliche Lage der Stadt trug das Ihre dazu bei: Sie bewirkte ein selbstverständliches und gelöstes Verhältnis allem »Klassischen« gegenüber.

Auf diese Ära, die ganz vom Kunstsinn König Ludwigs I. geprägt war, folgte eine wesentlich andere. Zwischen 1848 und 1864 lenkte Maximilian II. das Geschick Bayerns auf mehr pragmatische Weise. Er förderte die Industrialisierung und sah nicht, wie sein schöngeistiger Vater, in Griechenland das Vorbild, sondern in England. Bald nach der Jahrhundertmitte entstanden nun moderne Glas-Eisen-Bauten in der bayerischen Metropole, vor allem jener große Glaspalast, der schnell zum beliebten Ort für Veranstaltungen jeder Art wurde, seien es nun ausladende Sängerfeste oder üppig dekorierte Ausstellungen. Er bildete bis zu seiner Vernichtung durch einen Brand im Jahr 1931 das eigentliche Zentrum der »Kunststadt« München. Dabei ergab sich jedoch immer wieder, daß das transparente Gebäude für dergleichen Zwecke kaum geeignet war und stets durch umfangreiche Einbauten dafür hergerichtet werden mußte. Doch solche Widersprüche störten in dem mit barockem Kulissenzauber vertrauten München wenig, sie waren eher Ansporn als Hindernis.

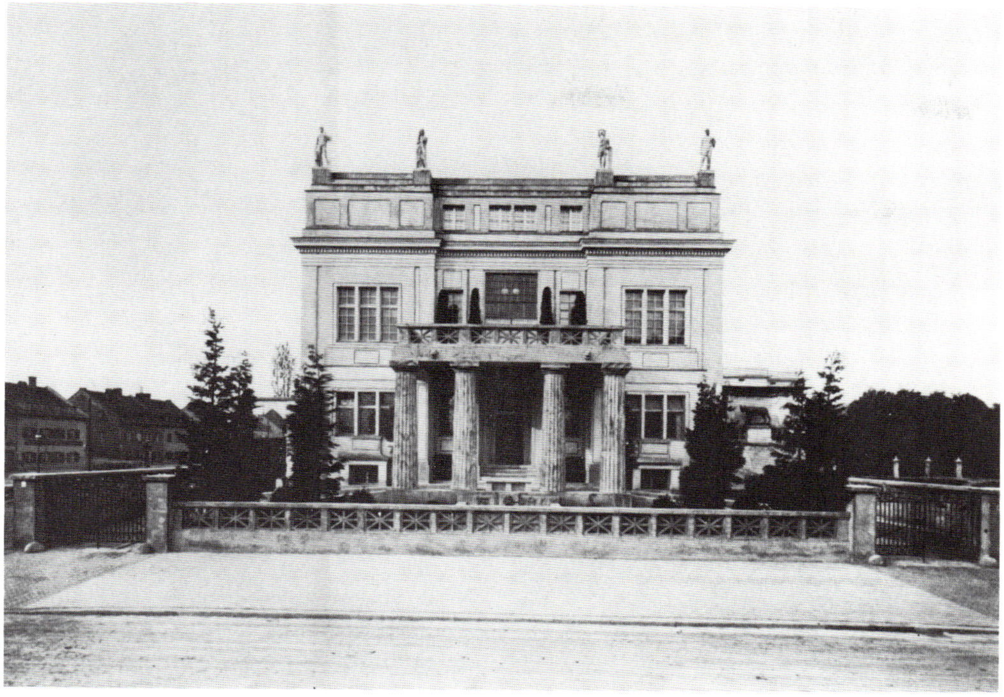

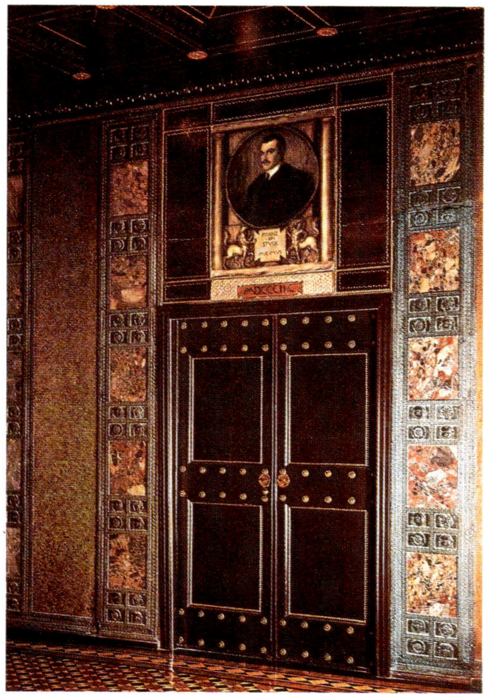

Franz von Stuck, eigenes Haus in München an der Prinzregentenstraße, 1897/98.

Franz von Stuck, das Empfangszimmer im eigenen Haus in München, 1897/98.

Somit auf den Weg zu einer modernen Entwicklung gebracht, behielt die Stadt dennoch wirtschaftlich wie auch in der äußeren Gestalt die Balance. Zwar waren Nürnberg und Augsburg die größeren bayerischen Industriestädte, aber München stellte auch hierin seinen Anteil. Es war kein reines Verwaltungszentrum, und nach wie vor behauptete sich das traditionelle Gewerbe. Ein Ergebnis dieser moderaten Entwicklung war nun, daß in allen Bereichen eine größere Kontinuität herrschte – nicht nur ökonomisch, sondern auch künstlerisch. Heftige Einbrüche waren unterblieben, die unguten Folgen einer zu hektischen Industrialisierung konnten genauso verhindert werden wie eine Entstellung des Stadtbildes durch gewalttätige Neuerungen. Nur die romantisierenden Schloßbauten Ludwigs II. gaben verstreut im Lande davon Kunde, wieweit auch in Bayern der Geschmack verkommen konnte.

Auf diesen seltsamen Herrscher, der von 1864 bis 1886 regiert hatte – in diese Zeit fällt die Krönung des preußischen Königs zum Deutschen Kaiser, der Ludwig dank einer kräftigen, durch Otto von Bismarck vermittelten Zahlung zugestimmt hatte –, folgte der Prinzregent Luitpolt. Da Ludwig II. unverheiratet und kinderlos gestorben war, ging die Regierung an den jüngsten, aber zu dieser Zeit dennoch schon betagten Sohn Ludwigs I. über – er war 1821 geboren worden. In deutlicher Abkehr von seinem exzentrischen Vorgänger und dessen menschenverachtenden Zügen gab sich Luitpold nun eher volksnah und biedermännisch. Ähnlich wie sein Vater versuchte auch er, künstlerisch fördernd tätig zu sein, doch geriet dergleichen bei ihm indifferent und ohne Anzeichen einer besonderen Neigung. Inzwischen war auch rund ein halbes Jahrhundert vergangen, und der selbstbestimmende Bürgersinn hatte sich entsprechend entwickelt. Der künstlerische Aufbruch um 1900 hatte deshalb in München natürliche Wurzeln, er war weder so artifiziell aufgesetzt wie in Darmstadt noch so von wirtschaftlicher Notwendigkeit bestimmt wie in Weimar.

Das Erbe des gemäßigten Historismus führte in München um 1900 – und auch noch darüber hinaus – der Architekt Gabriel von Seidl (1848–1913)

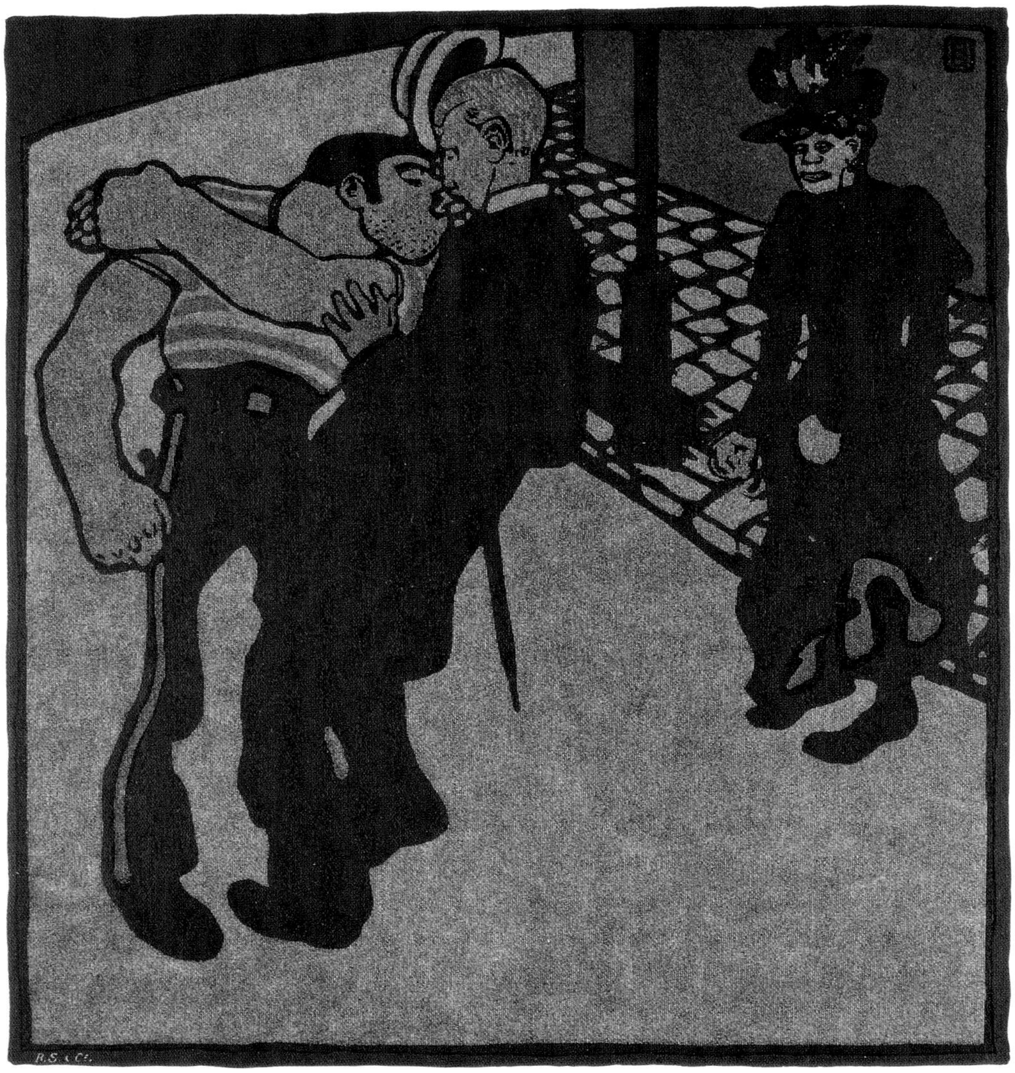

Bruno Paul, *Karikatur im »Simplicissimus«: »Moanst d'kannst mei' Braut beleidig'n, du Preuß, du stinketer!« München 1899.*

fort. Er hatte dabei zu unkonventionellen Formen gefunden, die den historischen Kanon nicht mehr als unumstößlich, als die Architektur schlechthin zeigten, sondern mehr als Applikation oder als Element der Einstimmung und Verdeutlichung. Das Bayerische Nationalmuseum – 1894 bis 1899 errichtet – trägt in seinem Äußeren durch die Vielzahl der aufgereihten Stile seine Architektur gleichsam selbst schon als programmatischen Hinweis auf Museumsstücke vor. Das bedeutete eine Distanzierung und eine Rückbestimmung des Historischen, die – wenn sie auch nichts grundsätzlich Neues schuf – gegenüber den neuen Strömungen doch Offenheit brachte.
Aus dieser Haltung erwuchs die Architektur Theodor Fischers (1862–1938), deren traditionelles Gepräge jedoch nicht mehr in historisch fixierten, sondern in zeitlos-einfachen Formen zum Ausdruck kam. Sie war maßvoll, auf Lauterkeit bedacht, aber nicht eigentlich schöpferisch. Um die Jahrhundertwende konnte Fischer in München eine Reihe von Brücken und Schulen errichten, die seitdem das Bild der Stadt mitbestimmten (Abb. S. 82).Obwohl Fischer der Generation von Künstlern angehörte, die um 1900 den Jugendstil schuf, blieb er diesem Einfluß fast ganz fern.
Traditionell war schließlich auch die berühmte Villa, die sich 1897/98 Franz von Stuck (1863–1928) erbaute (Abb. S. 83), allerdings traditionell in einer sehr unbefangenen Art. Dank seines Selbstbewußtseins und seiner natürlichen Vitalität hatte der avancierte Bauernsohn keine Scheu gekannt, in

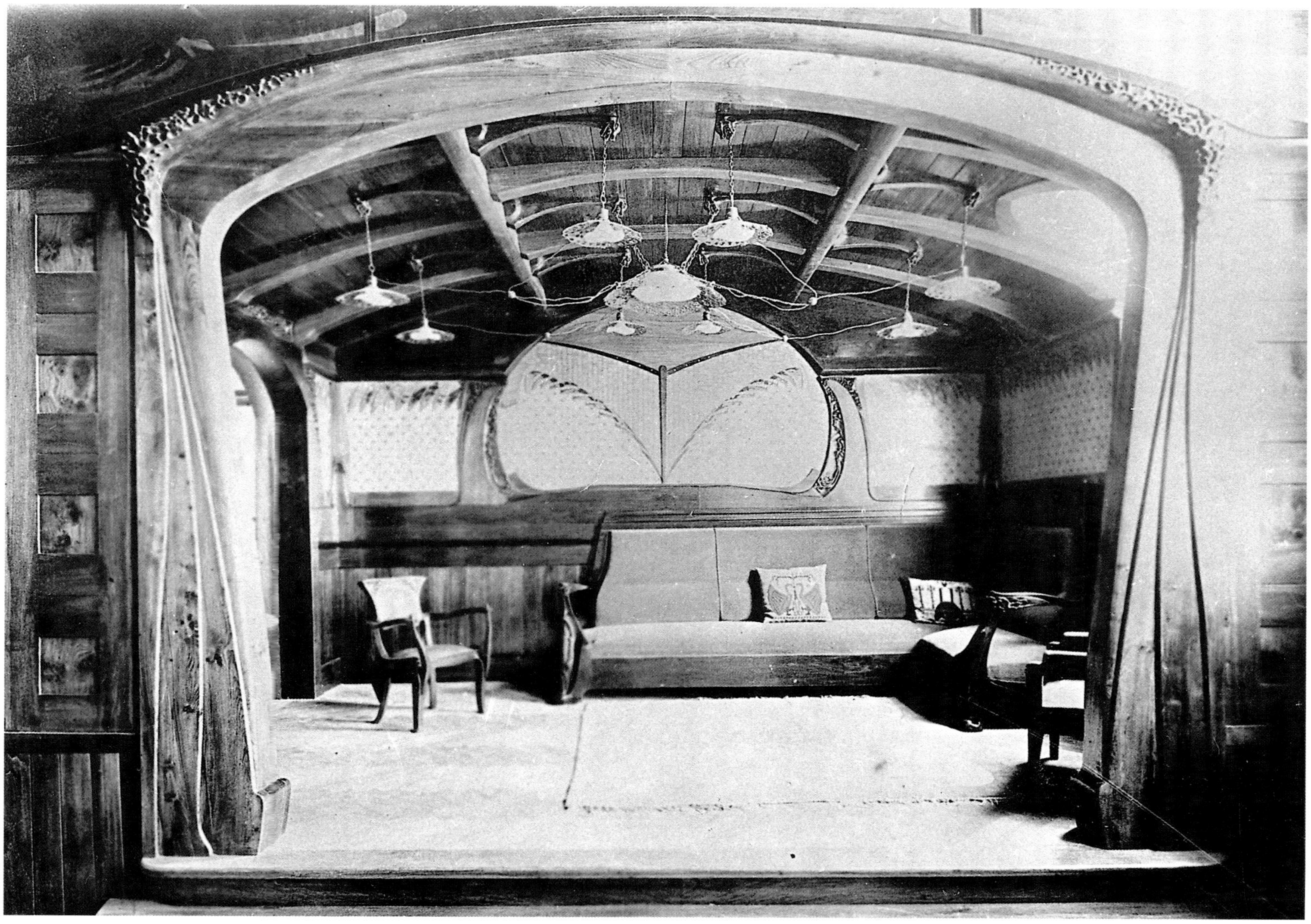

Bernhard Pankok, ein Rauchsalon, der 1900 auf der Pariser Weltausstellung gezeigt worden ist.

erstaunlicher Weise zu dilettieren. Ein gelernter Architekt hätte vermutlich alles ganz anders gemacht, ohne die Direktheit und das Nebeneinander von Liebhaberdingen. Stuck hielt sich nicht lange mit Einzelheiten auf, schuf aber eine große Form. Der kubische Zuschnitt des Äußeren, die unkonventionellen Grundrisse und die Geradlinigkeit der inneren Gestaltung belegen das. Hinzu kam eine ungebrochene Farbigkeit: viel Gold, Braun und Blau. Auch Stuck pflegte vertrauten Umgang mit antiken Göttern – er verteilte ihre Nachbildungen im ganzen Haus, sogar im Bad.
Daß es ihm nicht so sehr um ein künstlerisches Bekenntnis ging, sondern um einen gemäßen Rahmen für sich selbst, beweist der Umstand, daß neben den empireartigen Empfangsräumen auch Renaissance-Zimmer lagen. Die Einheit eines neuen Stils wurde gar nicht erst angestrebt. Trotzdem sind wir heute versucht, in diesem Haus Stucks beste Leistung zu sehen. Für seine antikisierenden Möbel erhielt er 1900 auf der Pariser Weltausstellung eine Goldmedaille.
Nun war es ja damals nichts Ungewöhnliches, wenn Künstler sich ihre Häuser selber bauten. Schon van de Velde hatte das 1895 in der Nähe von Brüssel getan, und ein gleicher Gedanke lag 1901 der Darmstädter Künstlerkolonie zugrunde. Fast könnte man von einer Verpflichtung sprechen, die dazu aufforderte, sein eigener dilettierender Architekt zu sein. Auf diesem Wege ließ sich am besten beweisen, daß man alle Disziplinen beherrschte

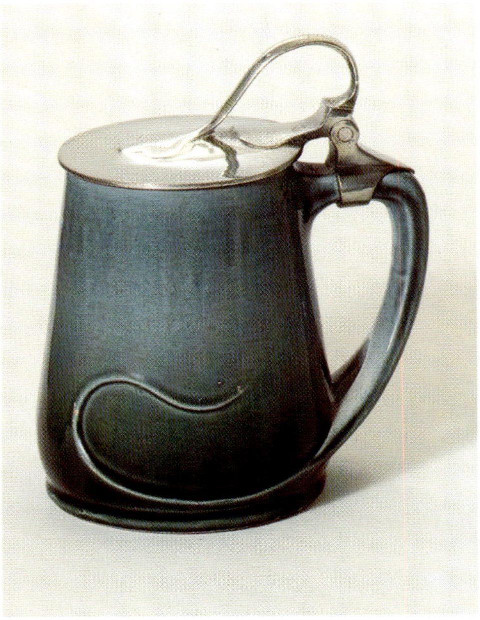

und dem proklamierten Ideal des »Gesamtkunstwerks« nahegekommen war. Einige Maler vollzogen dabei eine endgültige Wandlung, sie blieben schließlich ganz bei der »angewandten Kunst«. Das traf nicht nur auf Henry van de Velde und Peter Behrens zu, sondern gilt auch für Richard Riemerschmid, der sich 1896 in Pasing vor München ein ländlich-schlichtes Haus baute. Sogar Literaten fühlten sich angesteckt. 1901 richtete sich Alfred Walter von Heymel – Verlagsgründer, selber Schriftsteller und als »Prinz Kuckuck« sogar Titelheld eines Buches – mit Hilfe von Rudolf Alexander Schröder, damals ein gesuchter Innenarchitekt, auf der Leopoldstraße eine schöne neobiedermeierliche Wohnung ein. Der Dritte im Bunde war der Architekt Paul Ludwig Troost – der später München mit dem neoklassizistischen »Haus der Deutschen Kunst« (1934) peinigen sollte. Auch in der Wohnung Heymels war Apoll dabei, er stand als lebensgroßer Abguß mitten in einem der Zimmer.

Der Aufbruch zu Neuem, Unbekanntem, der sich daneben in den Jahren um 1900 vollzog, wirkte gegenüber diesem gepflegten Wohlverhalten geradezu barbarisch. Der Trompetenstoß, mit dem August Endell München 1897

Richard Riemerschmid, Steinzeugkrug mit Zinndeckel, München 1900, Villeroy & Boch, Mettlach, 16,5 cm hoch. Privatbesitz, München

Bernhard Pankok, Armlehnstuhl, München 1898, Mahagoni. Württembergisches Landesmuseum, Stuttgart

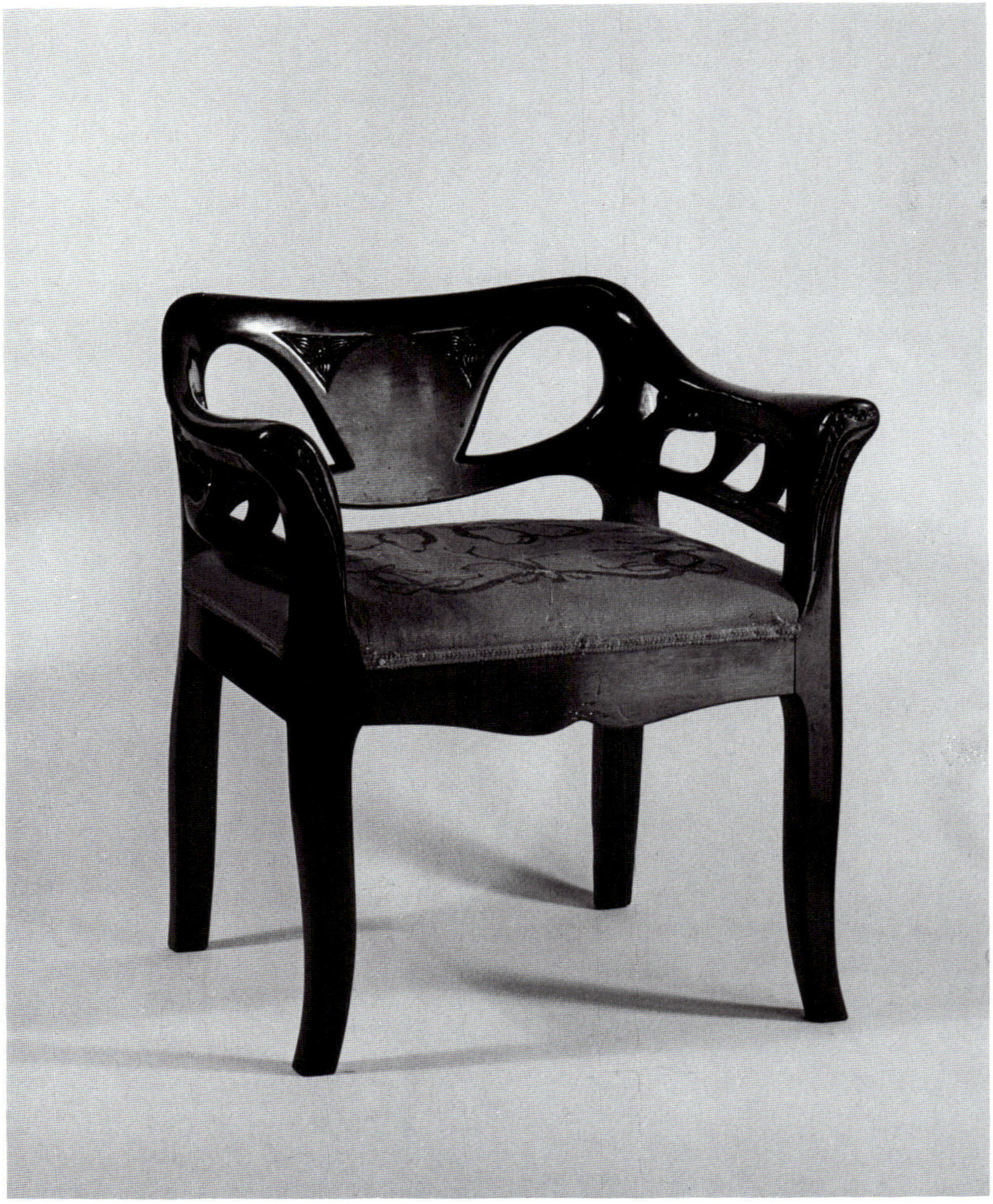

Bruno Paul, Karikatur im »Simplicissimus«: »Schorschi, sieg'st de Fliag'n doda?« – »Was für a Fliag'n?« – »De Fliag'n!« – »I siech koa Fliag'n« – »I a net!« – »Herr Palier, mir hör'n 's arbet'n auf, mir sehg'n nix mehr.« München 1901.

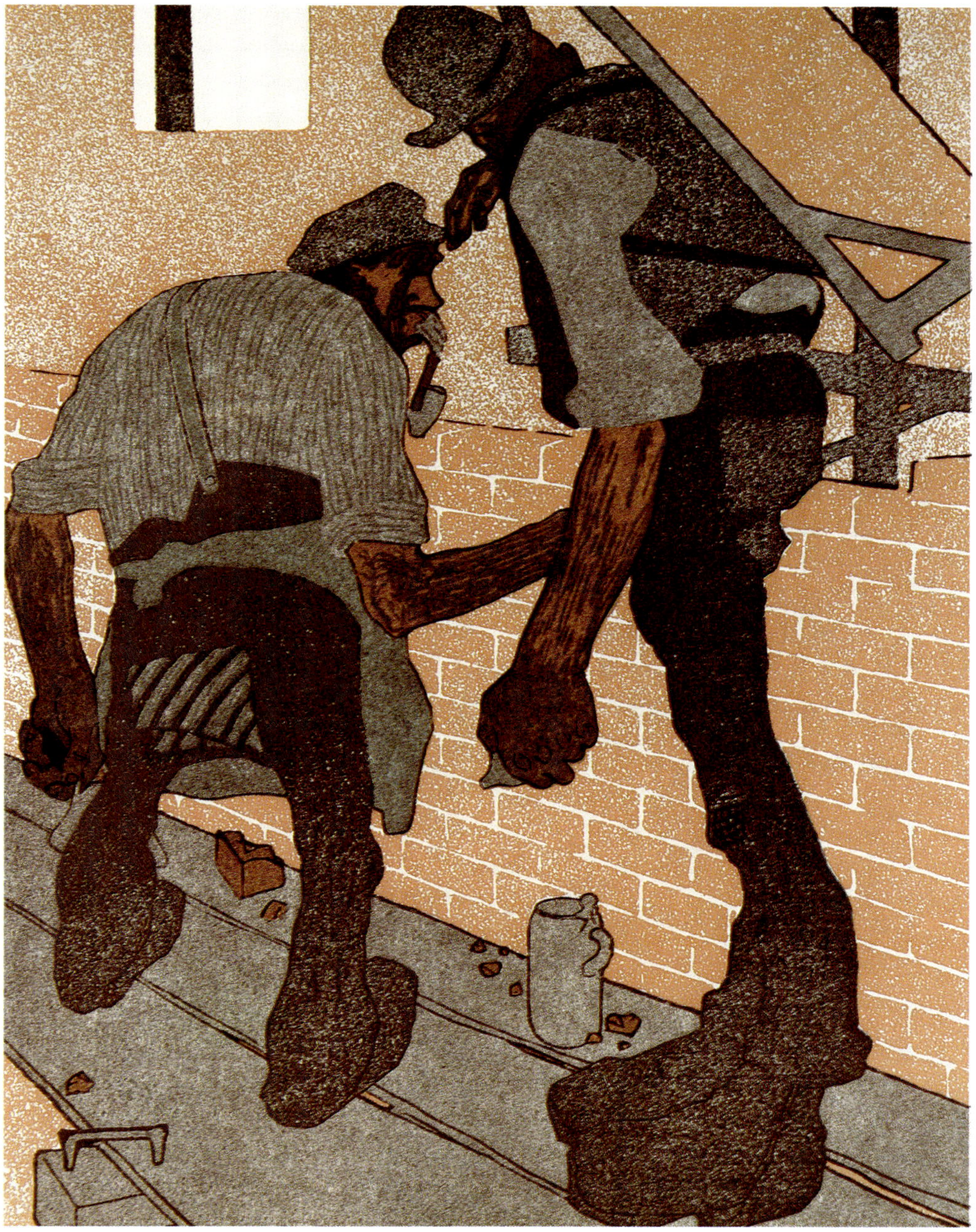

erschreckte, als er das Hof-Atelier »Elvira« schuf (Abb. S. 13, 95, 96), war kühn, ungezügelt und von keinerlei Rücksicht bestimmt. Ein neuer Formwille hatte sich Durchbruch verschafft. Mit dem Effekt einer Theaterinszenierung begegneten sich beide Positionen auf einer gerade erst angelegten Via Triumphalis, der Prinzregentenstraße. Während unten, kurz vor ihrem Beginn, die Fassade des Hof-Ateliers »Elvira« dräute und den Bürgerschreck abgab, bildete jenseits der Isar auf erhöhtem Plateau die Stuck-Villa den beruhigenden Gegenpol. Dazwischen führte der Weg über die schön geschwungene Prinzregentenbrücke, die Theodor Fischer 1901 errichtet hatte (Abb. S. 82). Bekrönt wurde sie von der hochragenden Säule des Friedensengels, einem 1899 angelegten Denkmal in antikisierendem Stil. Einige Schritte vom Ufer entfernt wohnte eine Zeitlang der rebellische Dichter Frank Wedekind, und jenseits der Künstlervilla lag das stilvolle Prinzregententheater, das 1900 in äußerlicher Anleihe an Bayreuth errichtet worden war und nun den einst vertriebenen Richard Wagner zum ständigen Gast in München machen sollte. Nichts fehlte somit, und gleichsam wie die Versöh-

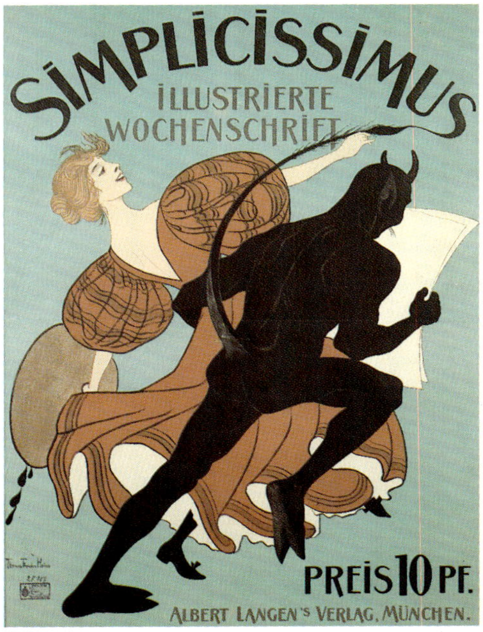

nung aller Gegensätze wirkte im Zentrum der Straße die Spoliensammlung des Bayerischen Nationalmuseums.

Wenngleich in München die gemäßigte Moderne zu überwiegen schien, so besaß der Jugendstil doch die größere verändernde Kraft. Er war einfach viel vitaler. Sein erstes Anzeichen war 1897 in dem wieder einmal vollgeräumten Glaspalast zu sehen gewesen. Innerhalb der »VII. Internationalen Kunstausstellung« war eine versteckte Ecke zu entdecken, in der sich fast alle Kräfte zusammengefunden hatten, die von nun an das wirkliche Neue in München schaffen sollten. In einem von Theodor Fischer konzipierten Raum konnten die Besucher Bilder von Richard Riemerschmid, Gipsfriese und einen gestickten Vorhang von August Endell sowie einen Stuhl von Bernhard Pankok sehen. Insgesamt wirkt das Zimmer – folgt man einer schlechten Abbildung – überfüllt und dunkel, der Eindruck ist eher altdeutsch denn aufrührerisch, dennoch waren einige Einzelheiten recht ungewöhnlich. Das gilt vor allem für die abstrakten Zierformen, die Endell beigesteuert hatte. Von hier bis zu dem bedeutendsten Monument des Münchner Jugendstils, der »Elvira«-Fassade, war es nicht mehr weit.

Thomas Theodor Heine, Plakat für den »Simplicissimus«, München 1896. Privatbesitz, München

Thomas Theodor Heine, Bronze-Teufel, München 1902, 41 cm hoch. Privatbesitz, München

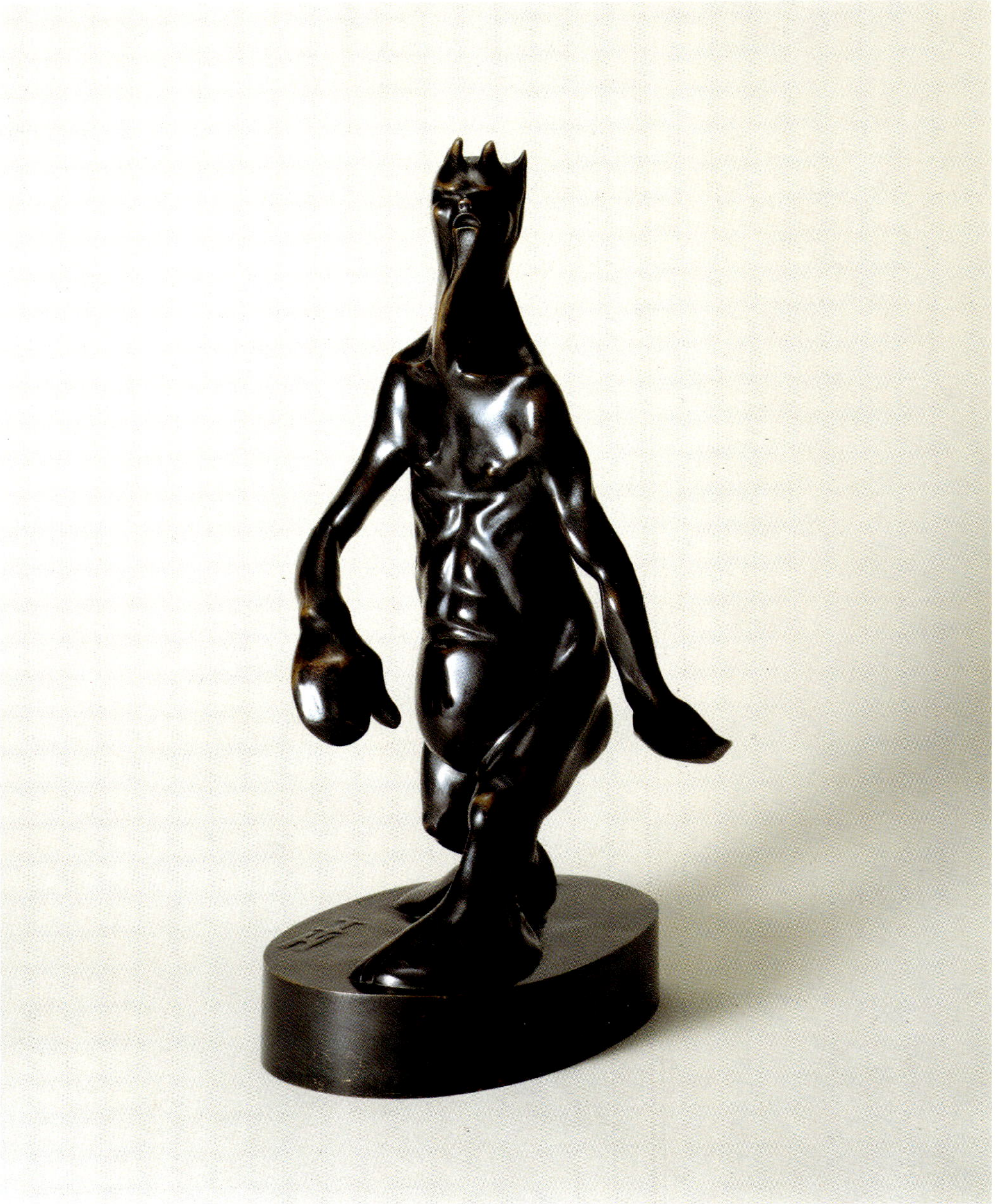

Bruno Paul, Karikatur im »Simplicissimus«: »Die Engel, die nennen es Himmelsfreud'; die Teufel, die nennen es Höllenleid; die Menschen, die nennen es Li . . . i . . . hi . . . iebe.« München 1901.

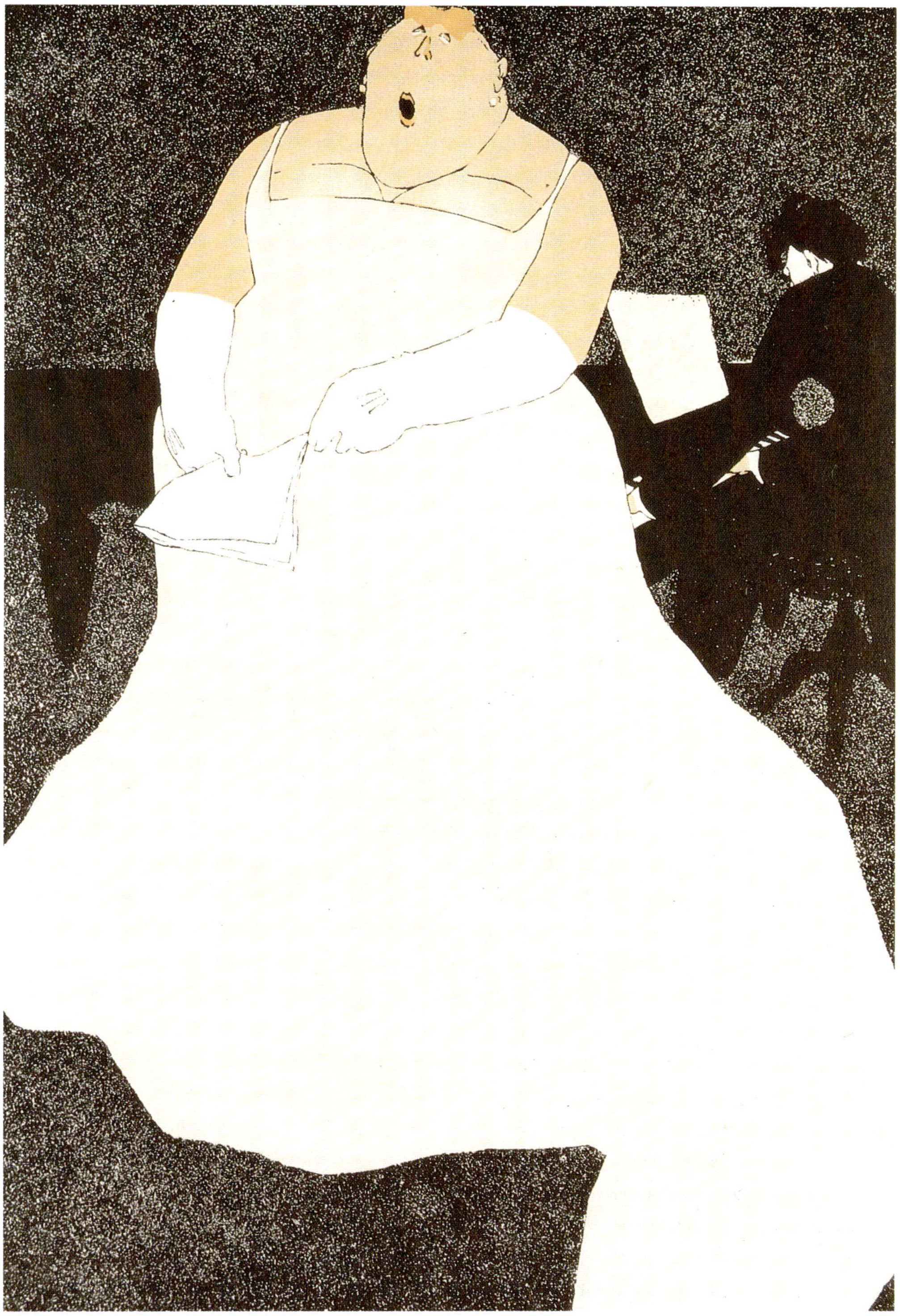

Damit war ein Anstoß gegeben, dem vieles folgen sollte. Unter der klassizistischen Oberfläche Münchens kam ein subversiver Zug zum Vorschein, der bald nicht nur das Kunstgewerbe, sondern auch Literatur, Kabarett und Musik erfassen sollte. Zeitschriften sorgten für die nötige Verbreitung, zum Beispiel ab 1899 die »Dekorative Kunst« – sie erschien bei Bruckmann in München und war besser als die »Deutsche Kunst und Dekoration«, die in Darmstadt herausgegeben wurde. Vor allem aber waren es die »Jugend« und der »Simplicissimus«, die den spezifischen Münchner Ton anschlugen. Dabei war das erste Blatt, obwohl es der ganzen Richtung den Namen geben sollte, eher betulich und ziemlich konservativ. Das besondere Lust-

Hermann Obrist, 1862–1927
Der gebürtige Schweizer gelangte 1876 nach Weimar, wo seine Mutter eine Villa in der Nähe von Goethes ehemaligem Gartenhaus bewohnte. Schon seit früher Jugend Visionen. Ab 1886 ausgedehnte Reisen, 1890 in Paris, seit 1895 in München. Bau eines eigenen Hauses mit Möbeln von Bernhard Pankok. Gründete mit Wilhelm von Debschitz eine Schule, von der er sich aber nach einiger Zeit zurückzog, 1914 plastische Ausschmückung des von Henry van de Velde erbauten Theaters für die Werkbundausstellung in Köln.

moment, das man jedoch allerorts zu spüren begann, fand seinen schönsten Ausdruck in den satirischen Zeichnungen des »Simplicissimus« (Abb. S. 84, 87). Die antipreußische Generallinie führte hier zu einer Ausprägung allerbester bayerischer Eigenschaften. Den knarrig-dümmlichen Junkern, Beamten und Offizieren standen deftige Volkstypen gegenüber, deren Einfältigkeit genausowenig geschont wurde, die in ihrer liebevollen Erfassung aber dennoch berührend menschliche Züge hatten. Die anderswo stets ein wenig stilisierte oder zu künstlerisch umschriebene Ablehnung der nordischen Töne kam hier am unverstelltesten zum Ausdruck. Man nahm kein Blatt vor den Mund, und Verurteilungen der Autoren und Redakteure waren mehrfach die Folge – vor allem dann, wenn der Kaiser als Objekt des gnadenlosen Spotts gedient hatte. Restriktionen kamen dabei auch aus dem eigenen Land, denn keineswegs war Bayern so grenzenlos liberal, wie es heute im Rückblick erscheinen könnte. Um 1900 wurde zum Beispiel gerade die Theaterzensur verschärft. Trotzdem war München fähig, den notwendigen Widerpart zu Berlin zu bilden. Da der Protest fast alle Bereiche des Künstlerischen auf populärer Ebene einschloß, hatte hier die Bewegung tatsächlich Züge einer Revolte.
Unter den Zeichnern des »Simplicissimus« war Bruno Paul der charakteri-

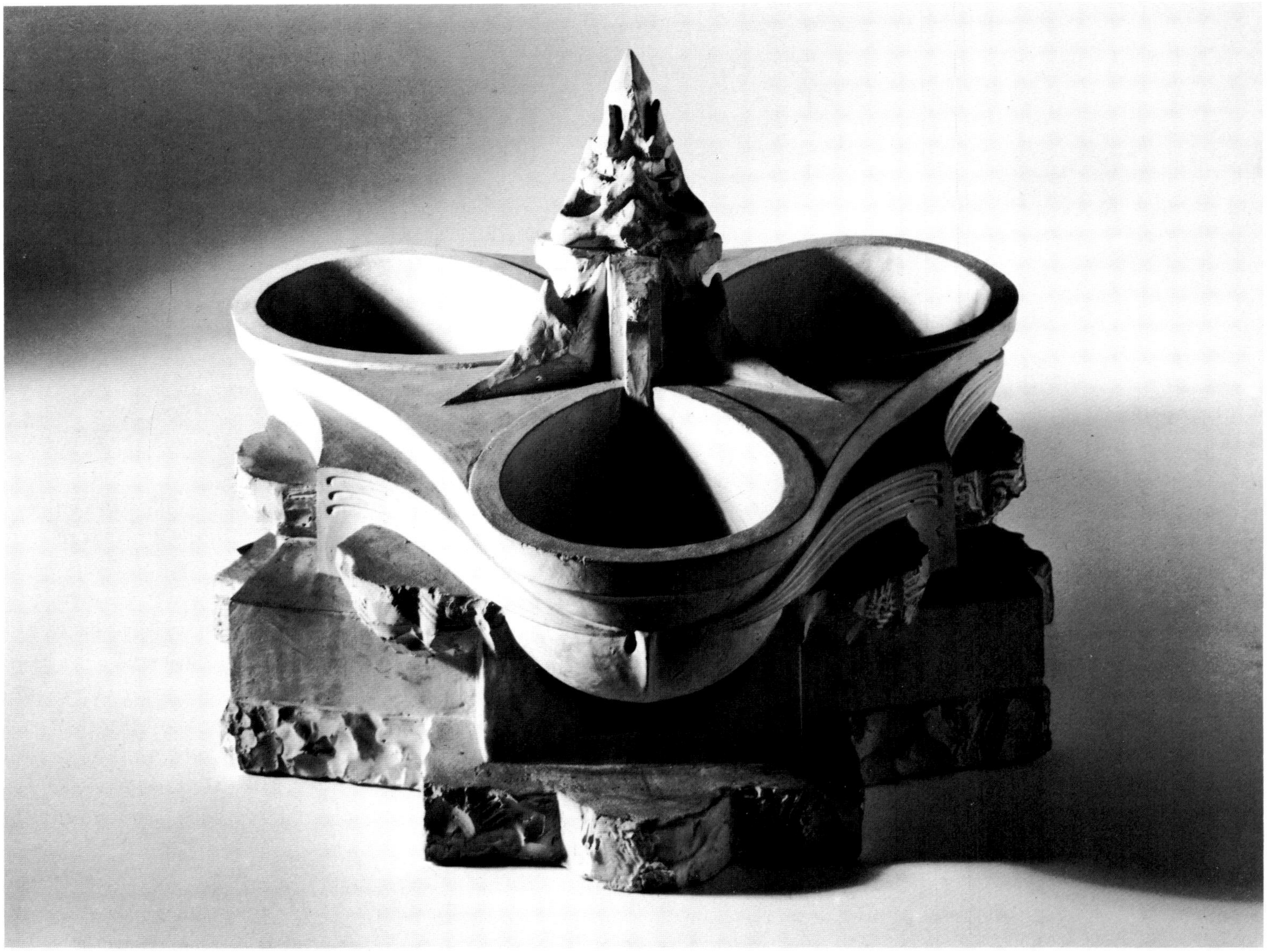

Hermann Obrist, Brunnenmodell, München um 1900, Gips, 43 cm hoch.
Kunstgewerbemuseum, Zürich

Bernhard Pankok, Vorsatzblatt im Katalog der deutschen Abteilung auf der Pariser Weltausstellung, München 1900. Bibliothek der Landesgewerbeanstalt, Nürnberg

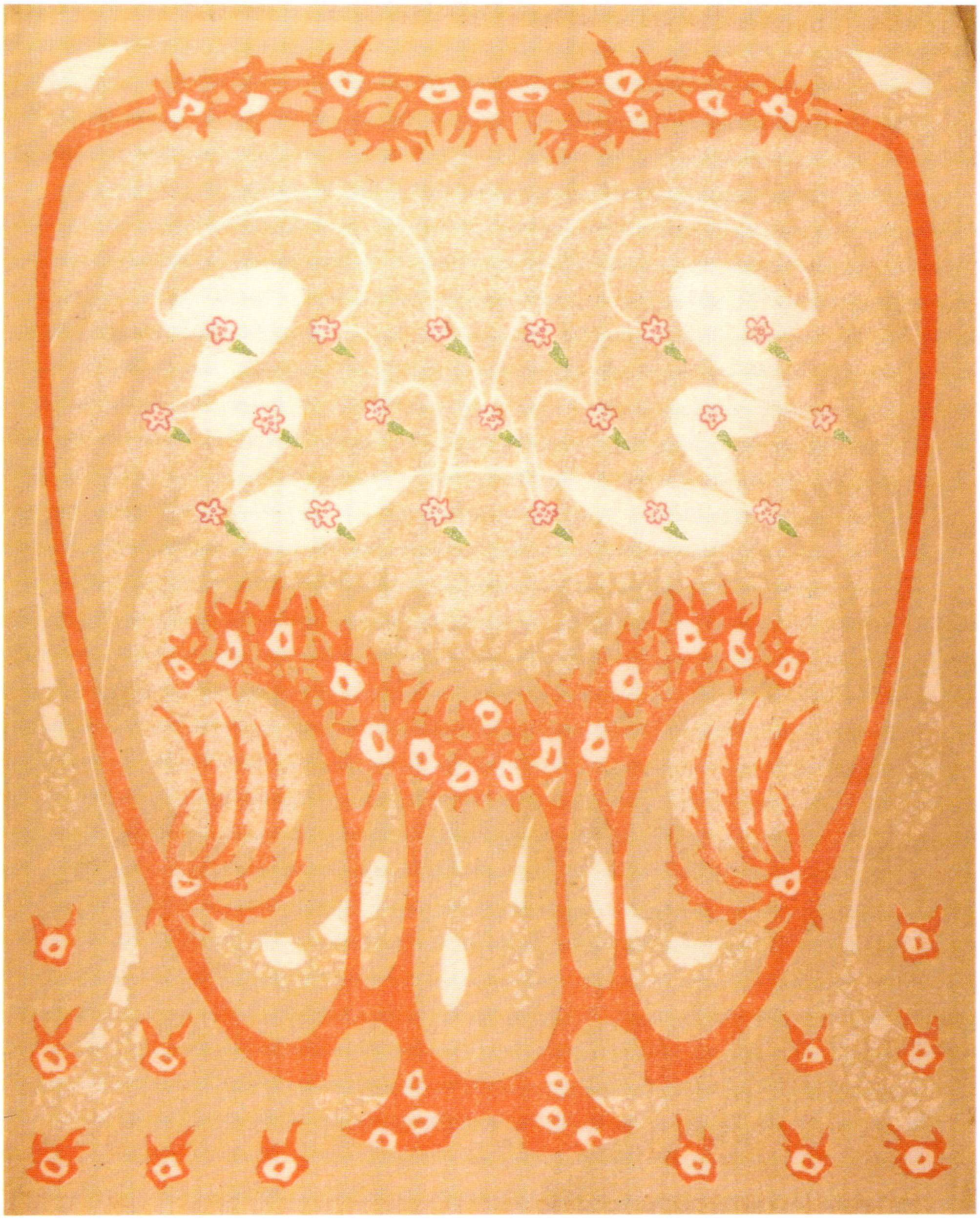

stischste. Während die anderen Karikaturisten des Blattes meist zu sehr darum bemüht waren, die Wortpointe möglichst genau zu illustrieren, wirken seine kräftig konturierten Gestalten sehr selbständig. Keiner konnte so wie er Dienstmädchen, Soldaten, Bauerntöchter und Handwerksburschen mit wenigen Strichen treffend umreißen. Die körperlichen Eigenarten des langhaxerten, schwerfüßigen und grobhändigen Gebirgsvolkes hat er so prägnant herausgestellt, daß man meinen könnte, die spezifische Kurvigkeit und bestimmte urwüchsige Züge des Münchner Jugendstils seien von diesen Menschen her entwickelt worden. Zwischen Pauls Gestalten und der Gesamtform des Zimmers, das Pankok für die Pariser Weltausstellung 1900 entworfen hatte (Abb. S. 85), besteht physiognomisch im Grunde kein Unterschied. In dieser Art der komplexen Äußerung war München damals unübertroffen.
Schärfer und gnadenloser in der Erfassung, aber auch umständlicher im Stil war zur selben Zeit der Zeichner Thomas Theodor Heine. Griffelig-böse hat auch er einige typische Gestalten immer wieder porträtiert – Bulldoggen,

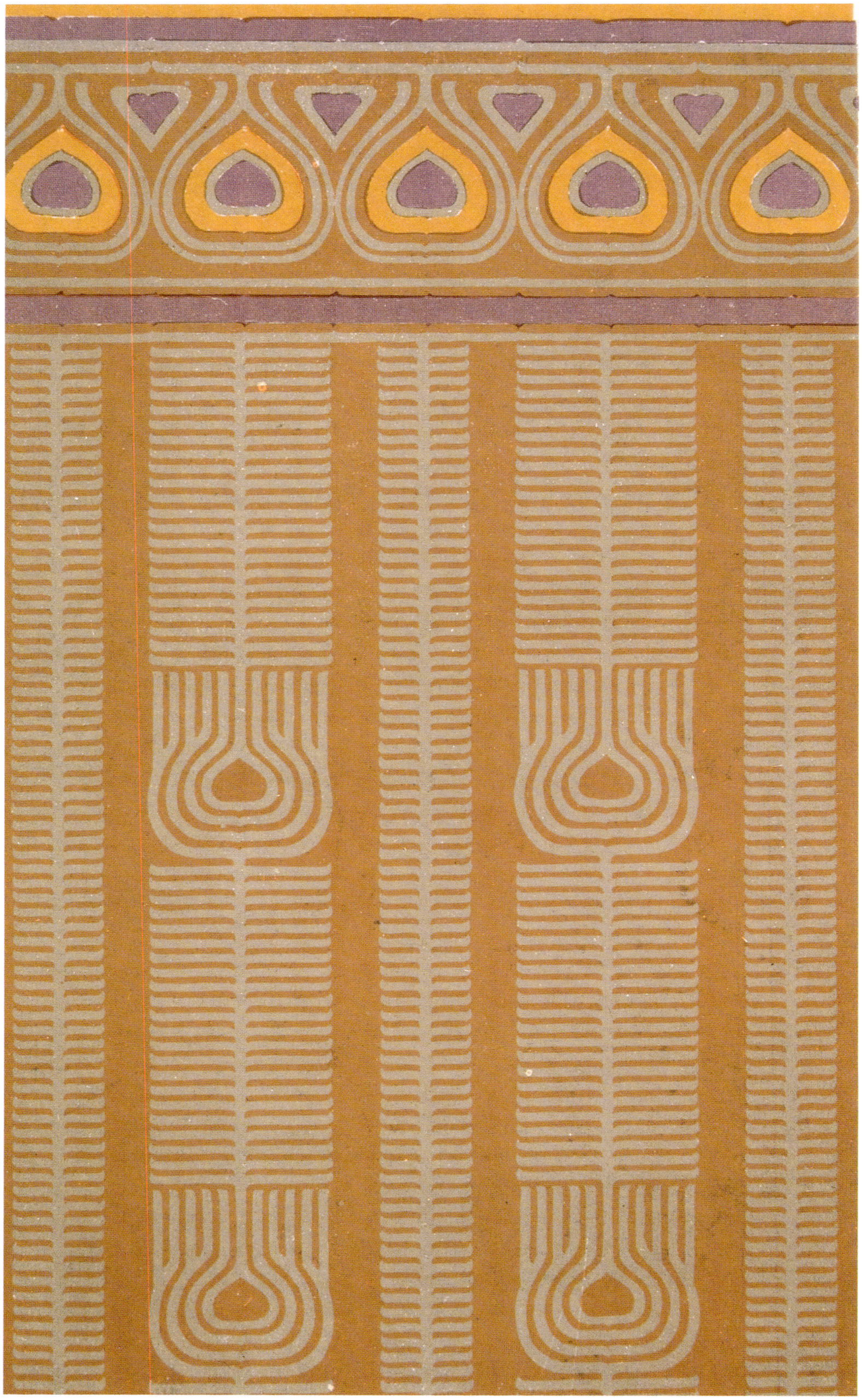

Peter Behrens, Tapetenentwurf, um 1900.

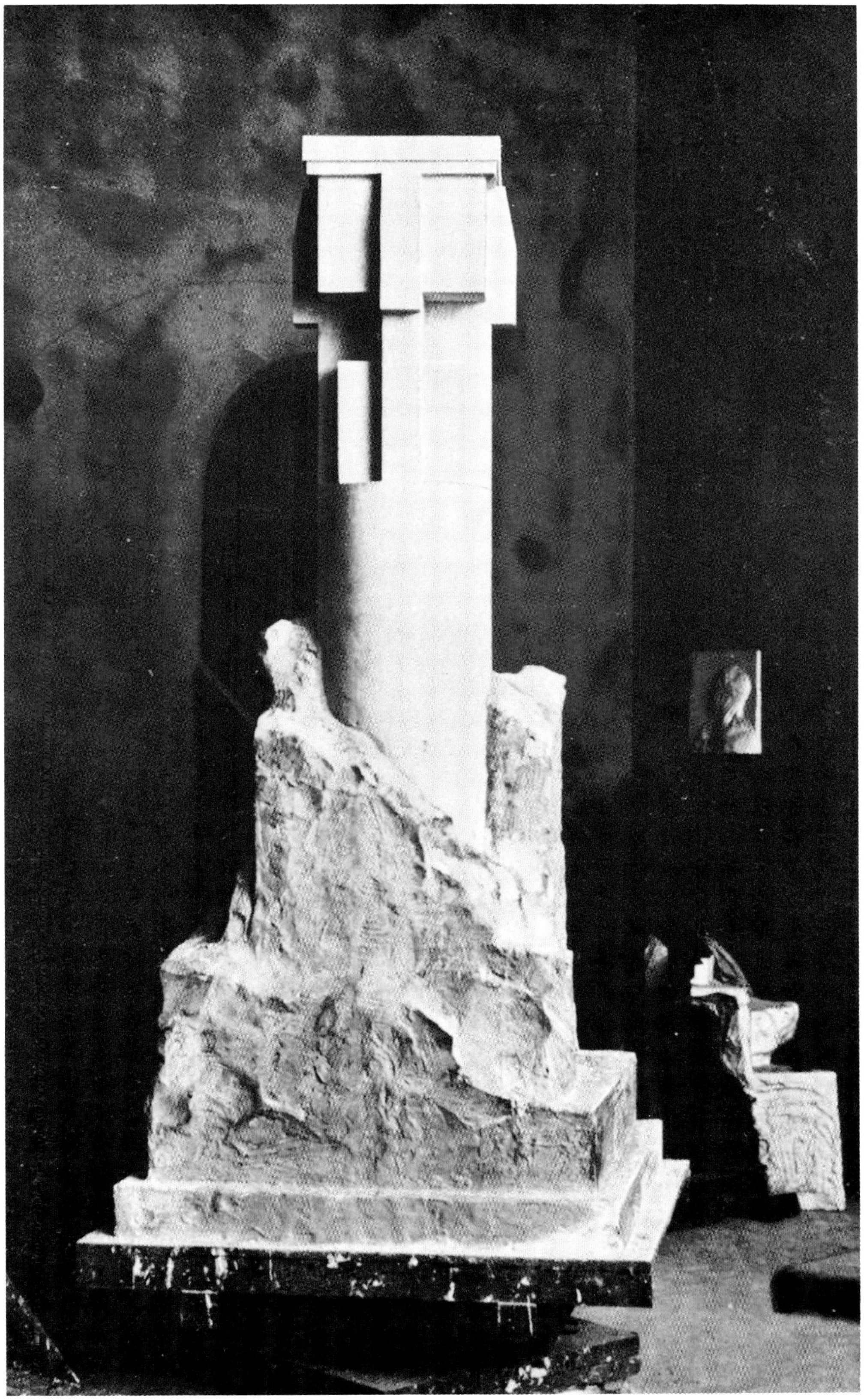

Hermann Obrist, Denkmalentwurf, um 1900.

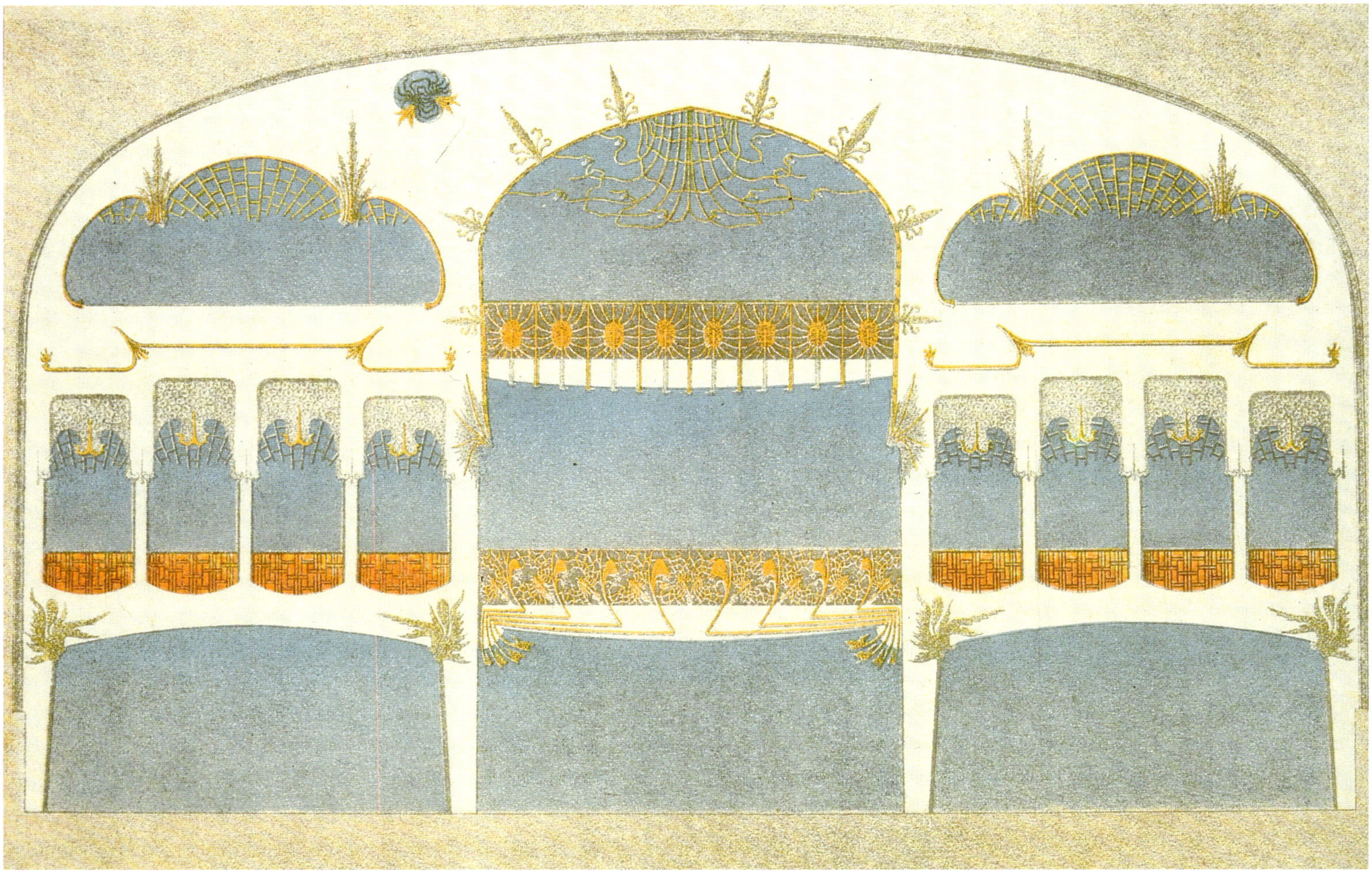

August Endell, Entwurf für die Logenwand im »Bunten Theater« in Berlin, 1901, aus: Berliner Architekturwelt, 1902.

August Endell, das Hof-Atelier »Elvira« in der Von-der-Tann-Straße in München, 1896/97.

August Endell, 1871–1925
Studierte ab 1891 in Tübingen Philosophie und Psychologie. 1892 bis 1901 lebte er in München und beschäftigte sich als Autodidakt mit kunsthandwerklichen Entwürfen und Architektur. 1901 ging er nach Berlin, wo er eine Reihe von Bauaufträgen ausführen konnte. 1904 gründete er dort eine »Formschule«, die bis 1914 bestand. 1918 wurde Endell als Nachfolger von Hans Poelzig an die Akademie für Kunst und Kunstgewerbe in Breslau berufen.
Wichtige Arbeiten: Das Hof-Atelier »Elvira« in München, 1897/98; das »Bunte Theater« in Berlin, 1901; die »Neumann'schen Festsäle«, 1905/06; die Trabrennbahn in Mariendorf, 1911/12.

hinkefüßige Teufel genauso wie dümmlich-verschämte Mädchen, keifende Eheweiber und doppelzüngige Pfaffen (Abb. S. 8, 88). Er tarnte sich gern mit einer biedermeierlichen Manier, aber sein Strich ließ nichts aus, und vermutlich hatte sein Zynismus mehr Wirkung als der elegante Witz von Paul. Dem kam im zeichnerischen Stil erst wieder Olaf Gulbransson näher, dessen Arbeiten allerdings feiner, nicht mehr so mit der »Wucht des Komischen« versehen sind wie bei Paul.
Die zugreifende Art, die die Arbeiten Pauls wie auch Pankoks auszeichnet, sollte für den gesamten Münchner Jugendstil charakteristisch werden. Das kräftige Lineament verlangte sichtlich nach einer Umsetzung ins Plastische, und deshalb geschah in diesem Bereich auch das Wichtigste. Schon früh, 1896 – und somit vor allen anderen –, war der Schweizer Bildhauer Hermann Obrist in München mit einigen ungewöhnlichen Dingen aufgefallen. Zuerst in Stickereien, später an Brunnen und Denkmälern entwickelte er eine Ornamentik, die Anregungen aus der Natur sehr frei umformte (Abb. S. 12, 90, 93). Seltsam knorpelig, wulstig und kraus, dann wieder fließend und weich dahinziehend, um plötzlich in bizarren, spitzen und scharfkantigen Bildungen zu enden, ließ sie gleichzeitig Erinnerungen an schäumende Wellen, an Eiskristalle und an den Knochenbau aufkommen. Aber nie war sie dieses genau, sondern immer etwas rätselhaft Fremdes, wie aus einer anderen Welt stammend. Tatsächlich war der Künstler mehrfach Visionen ausgesetzt gewesen, deren Bilder er später zu fassen versuchte. Die Formulierungen in seinen nachgelassenen Schriften belegen das nahezu ohnmächtige Bemühen, die geschaute Phantastik gestalthaft zu bannen. Der

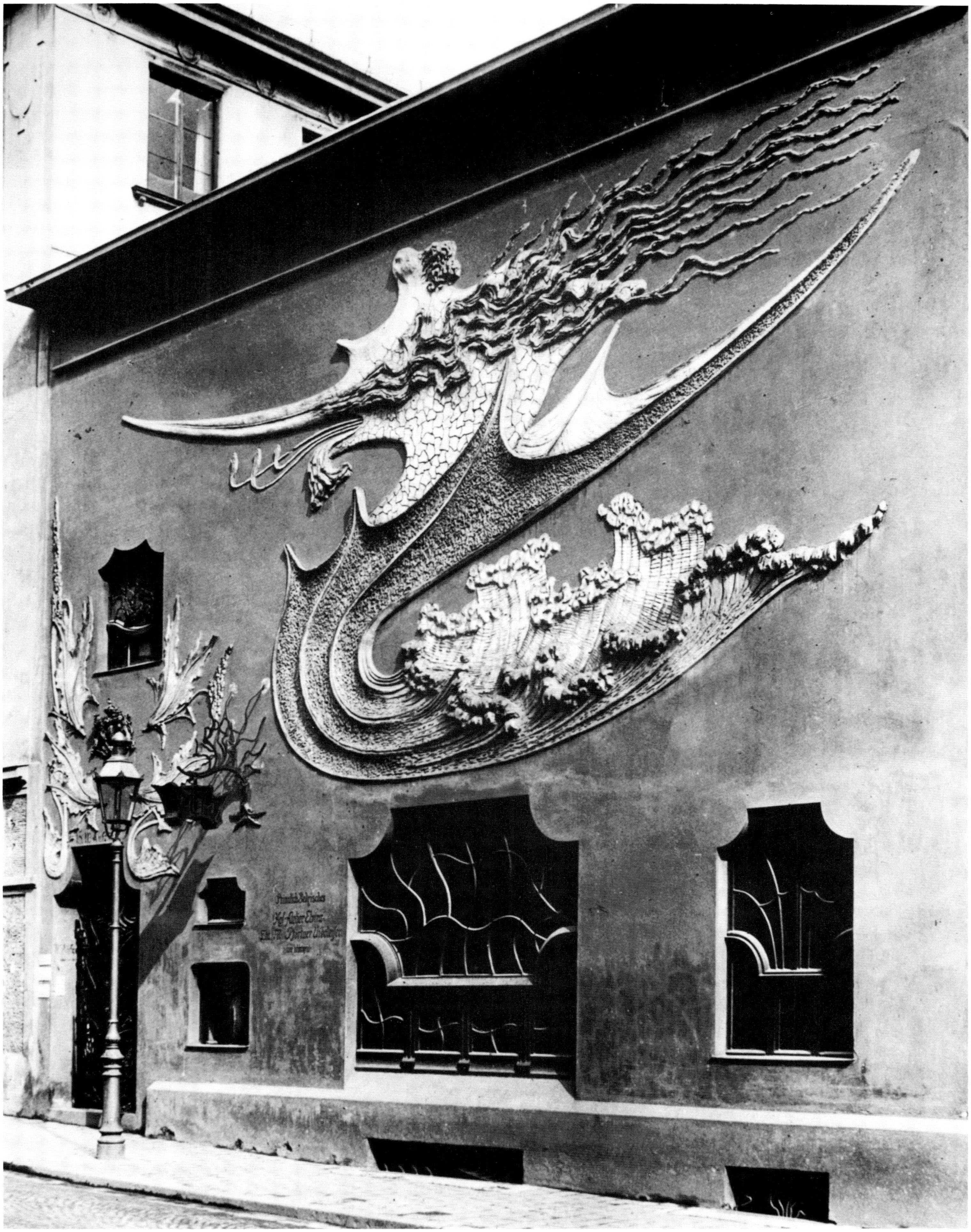

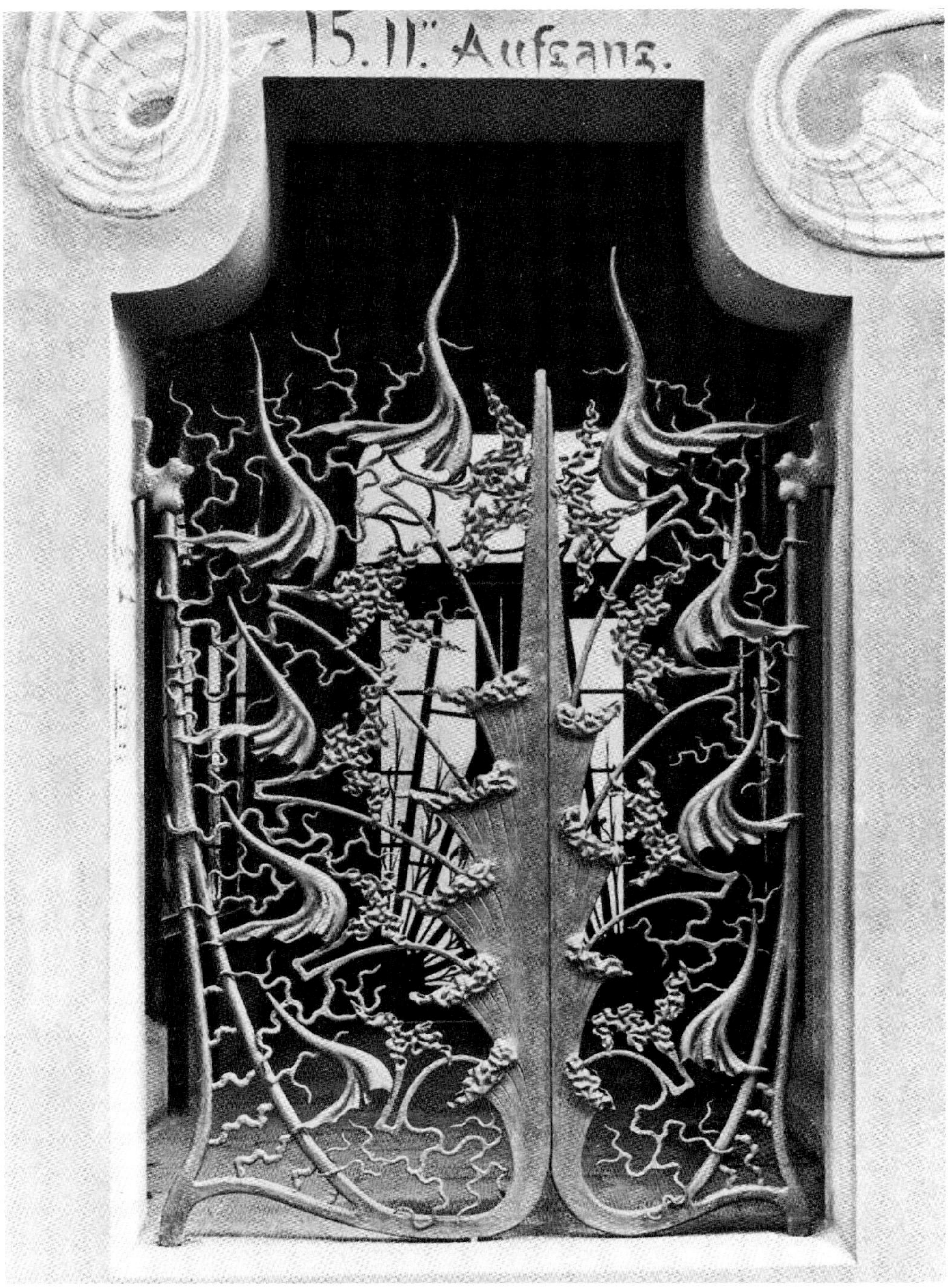

August Endell, Türgitter des Hof-Ateliers »Elvira« in München, 1896/97.

offenbar angestrebte Ausbruch in die Abstraktion gelang aber noch nicht. Die wenigen Werke, die von Obrist bekannt sind, weisen deshalb eine gedrängte, von innerer Bewegung erfüllte Form auf, bei der das Suchende deutlich zu spüren ist. Sie sind bei aller Freiheit aber auch wieder so gesetzmäßig, daß sie sofort als Anregung und Schulbeispiel verstanden wurden. Die meisten Künstler des Münchner Jugendstils standen deshalb unter dem Einfluß von Hermann Obrist.

Am deutlichsten ist das wohl bei Endell der Fall gewesen. Der ehemalige Philosophie-Student bekannte sich rückhaltlos zu dieser Anregerschaft und zeigte kaum Bedenken, als er die Fassade des Hof-Ateliers »Elvira« mit einem Ornament im Sinne Obrists versah. Nur ging er um einiges weiter. Unruhig stieß und schwankte das große Ungeheuer, das er sich ausgedacht hatte, auf der Fläche hin und her und verspottete alles, was man in München bisher erblickt hatte. Wie die Ankündigung einer kommenden Anarchie wirkte dieses spukhaft-dreiste und auch lebhaft-bunte Gebilde, von dem niemand hätte sagen können, woher es stammte – vielleicht, daß es der Bastard aus der Begegnung eines chinesischen mit einem teutonischen Märchendrachen gewesen ist. Das Fanal zum Aufbruch war damit eindeutig gesetzt, und Wut und Begeisterung konnten sich bei seinem Anblick in gleicher Weise äußern.

Entstanden war ein »Ornament an sich«, eine große zweckfreie Form – zweckfrei, wenn man davon absieht, daß sie eine leere Wand füllt. Aber es fragt sich, ob die fensterlose Fläche nicht erst ihretwegen geschaffen wurde. Nur weil das Atelier im Obergeschoß kein Südfenster gebrauchen konnte, wäre so viel Aufwand nicht notwendig gewesen. Die Umkehrung ist eigentlich recht deutlich: Nicht länger unterstützt das Ornament die Architektur, sondern diese hat nur noch als neutraler Untergrund für die übermächtige Zierform zu dienen. Die Herkunft des Jugendstils aus der Dekoration wird hier jedenfalls in extenso demonstriert.

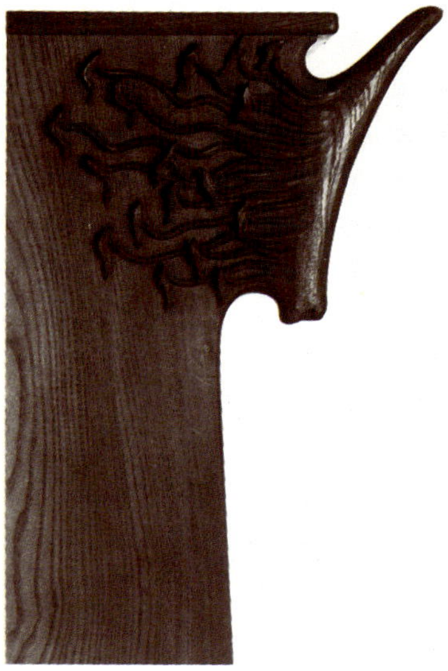

August Endell, oberer Abschluß eines Regals, München 1899.

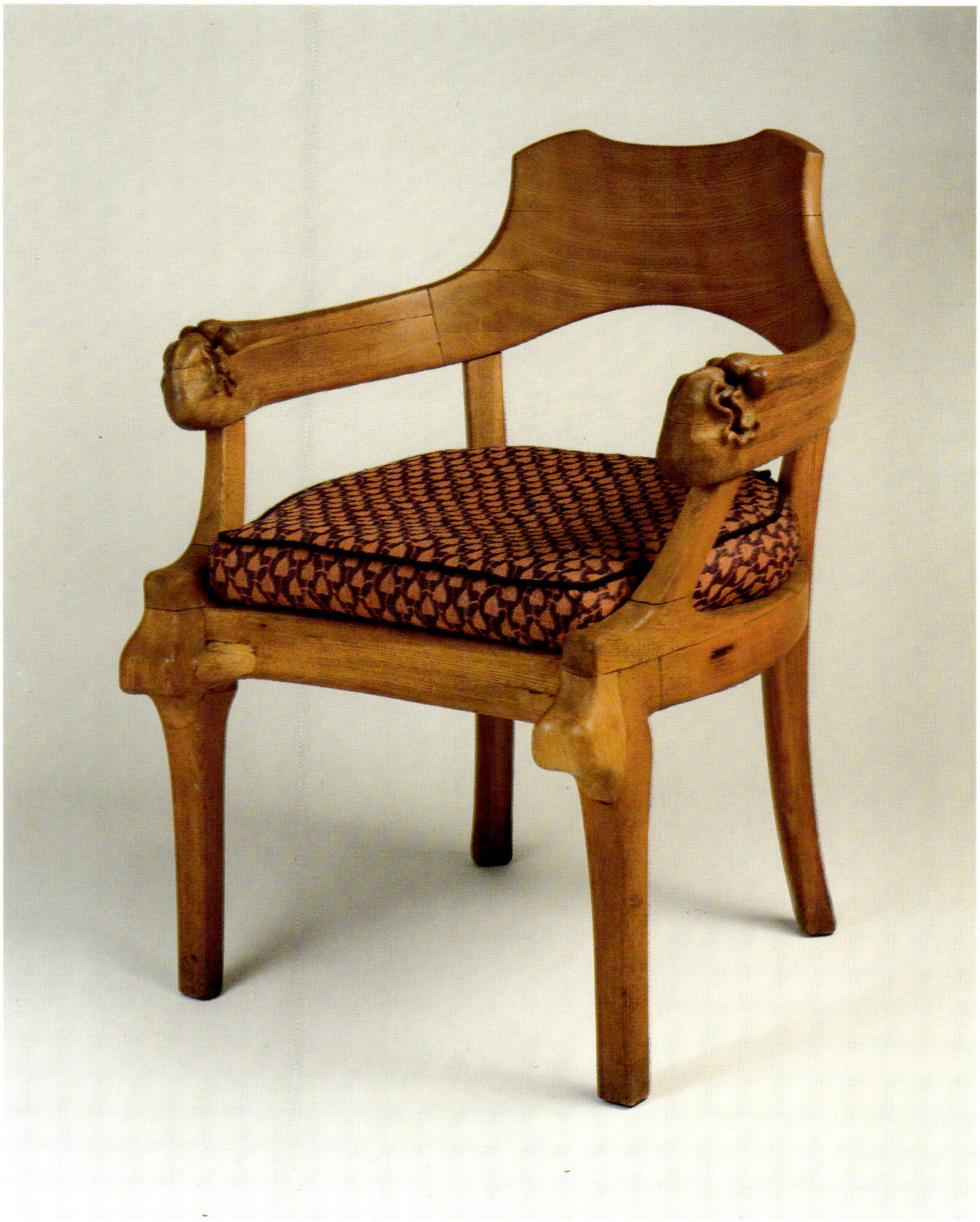

August Endell, Armlehnstuhl, München 1899, Rüster, der Bezugsstoff stammt von Richard Riemerschmid. Bayerisches Nationalmuseum, München

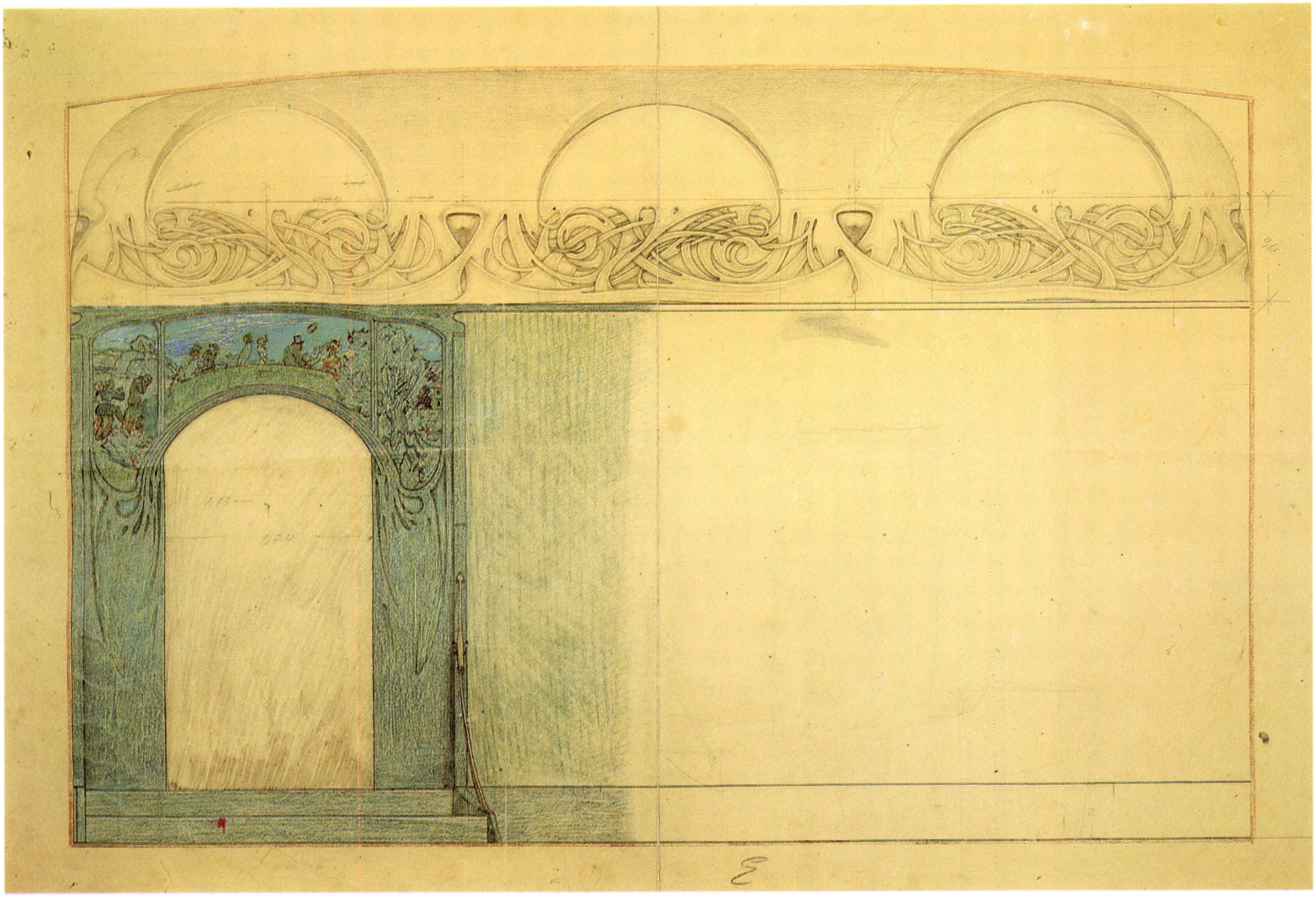

Richard Riemerschmid, Entwurf für die Wandgestaltung eines Raumes auf der Pariser Weltausstellung 1900.
Architektursammlung der Technischen Hochschule, München

Richard Riemerschmid, 1868–1957
Studierte 1888 bis 1890 Malerei an der Akademie in seiner Heimatstadt München. 1897 war er dort Gründungsmitglied der »Vereinigten Werkstätten für Kunst im Handwerk«. Von 1903 an arbeitete er für die »Dresdner Werkstätten für Handwerkskunst«. 1912 bis 1924 war Riemerschmid Leiter der Kunstgewerbeschule in München, 1926 bis 1931 Direktor der Werkschule in Köln.
Wichtige Arbeiten: Die Kammerspiele im Münchner Schauspielhaus, 1901; die Gartenstadt Hellerau bei Dresden, begonnen 1909.

Die Kühnheiten setzten sich übrigens noch fort, zuerst recht gelungen am Türgitter, weniger glücklich dann im Inneren, wo aus allen Ecken Krakenartiges und Wurzelgestrüpp hervorkroch. Etwas unbegreiflich ist bis heute der Mut der beiden Frauen, die gemeinsam das Atelier betrieben. Ihre Photographierkunst war eher konventionell und weit entfernt von der Rigorosität, die sich außen angekündigt hatte. Origineller ließen sich Endells Ornamentformen an Möbeln applizieren, wo sie in einem richtigen Verhältnis zu den knochenhaft-groben Teilen etwa eines Stuhls oder den blanken Brettern großer Regale standen (Abb. S. 97). Endell schuf nur wenige Möbel, blieb überhaupt der Münchner Linie nur anfangs treu und versuchte später, seine stets leicht bizarren Einfälle zu reglementieren. Da wirkten sie dann wie artiger Zierat, eigenwillig immer noch, aber auch domestiziert. 1901 ging er nach Berlin und fand dort gleich die für ihn passendste Aufgabe: Er durfte für Ernst von Wolzogen das »Bunte Theater« ausstatten (Abb. S. 94). Der dort geübte Witz war brillant; ohne großen Aufwand war das wohl originellste Kabarettgehäuse entstanden. Leider existierte es nur kurze Zeit, und Endell wagte dann nie mehr Ähnliches.
Von Anbeginn an weniger Ungestüm, dafür aber mehr architektonisches Verständnis zeigten die Arbeiten von Riemerschmid. Er wurde denn auch zur konstantesten Figur des Münchner Jugendstils, fast zu einem Synonym für diesen. Der anfänglich nicht sonderlich kühne Maler wandelte sich schnell zu einem konstruktiv denkenden und sinnvoll gliedernden Gestalter, aus

dessen Werkstatt eine große Anzahl von Möbeln hervorging, die alle den Vorzug hatten, sich gut benutzen zu lassen. Er besaß für diese und verwandte Dinge eine regelrechte Ingenieurbegabung, keiner vermochte so wie er mit Holz effektiv und zugleich sparsam umzugehen. Deutlich war zu sehen, wie er seine Schöpfungen zusammengesetzt hatte – stets logisch und nur gelegentlich etwas überbetont. In dieser konstruktiven Grundneigung traf er sich mit van de Velde, der in ihm denn auch den Mitstreiter erkannte und ihn öffentlich pries.

Im selben Jahr, in dem sich die ersten Spuren des Münchner Jugendstils gezeigt hatten – 1897 –, fand in Dresden eine große Kunstgewerbe-Ausstellung statt, auf der van de Velde seinen ersten und zugleich alles entscheidenden Auftritt in Deutschland erhielt. Vier Zimmereinrichtungen, die 1895/96 in Paris wenig Gefallen gefunden hatten, wurden dort zusammen mit einem weiteren Salon ausgestellt und sofort heftig akklamiert. Damit war der Bazillus des abstrakt-konstruktiven Jugendstils in Mitteleuropa eingeführt

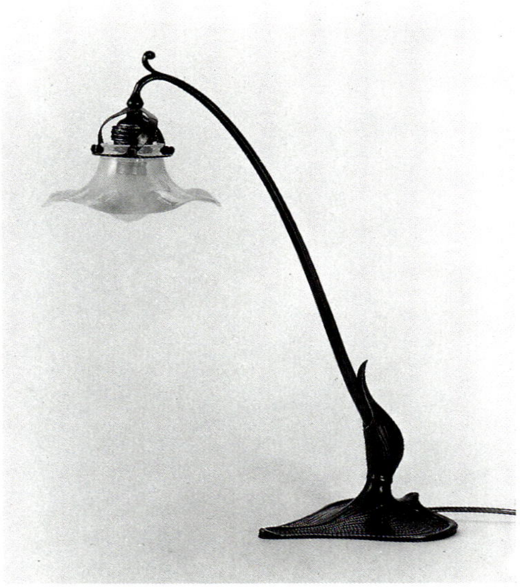

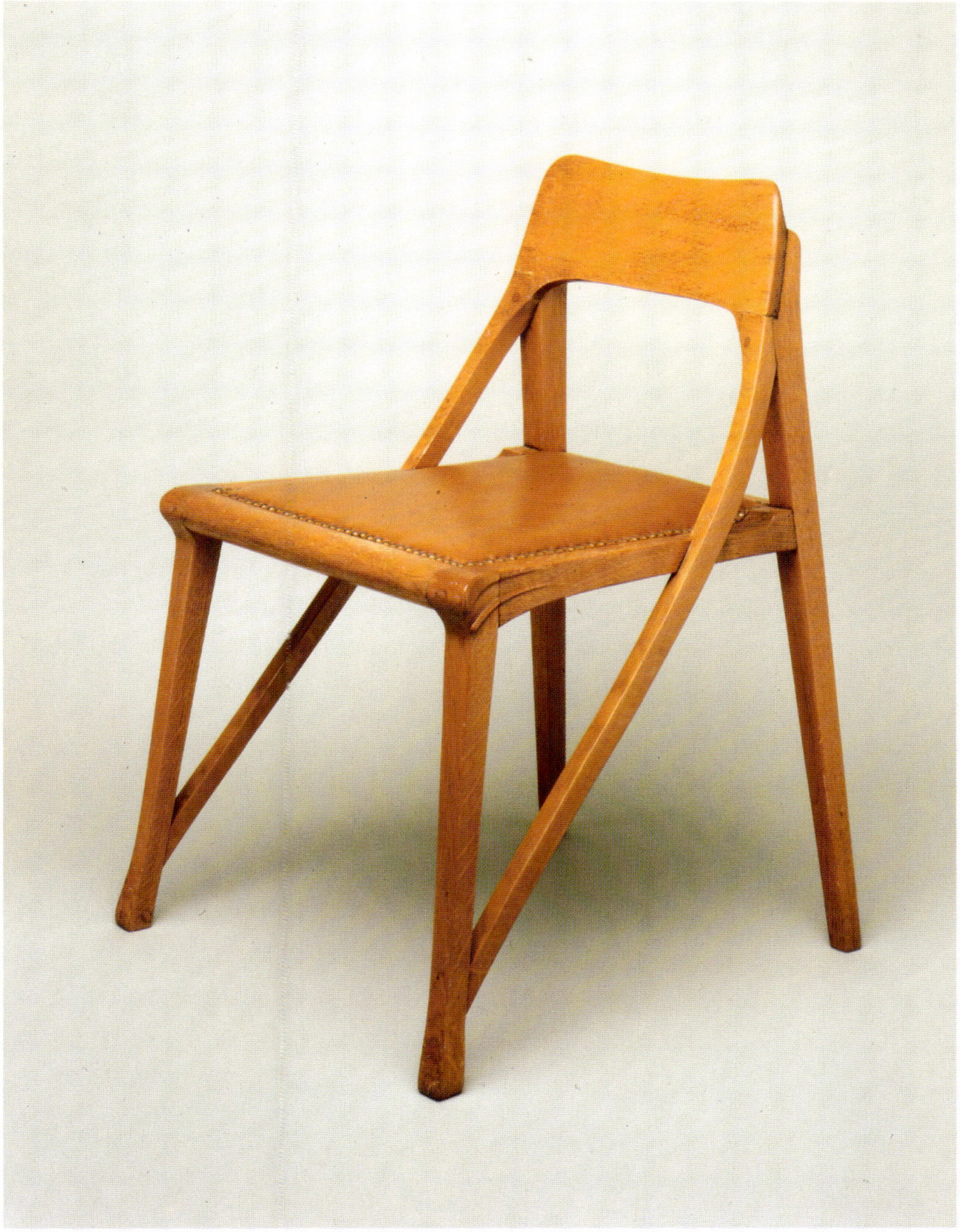

Richard Riemerschmid, Tischlampe, München 1899, 45 cm hoch.
Kenneth Barlow Ltd., London

Richard Riemerschmid, ein Stuhl, der 1899 für ein Musikzimmer entwickelt worden ist, Mooreiche und Leder.
Privatbesitz, München

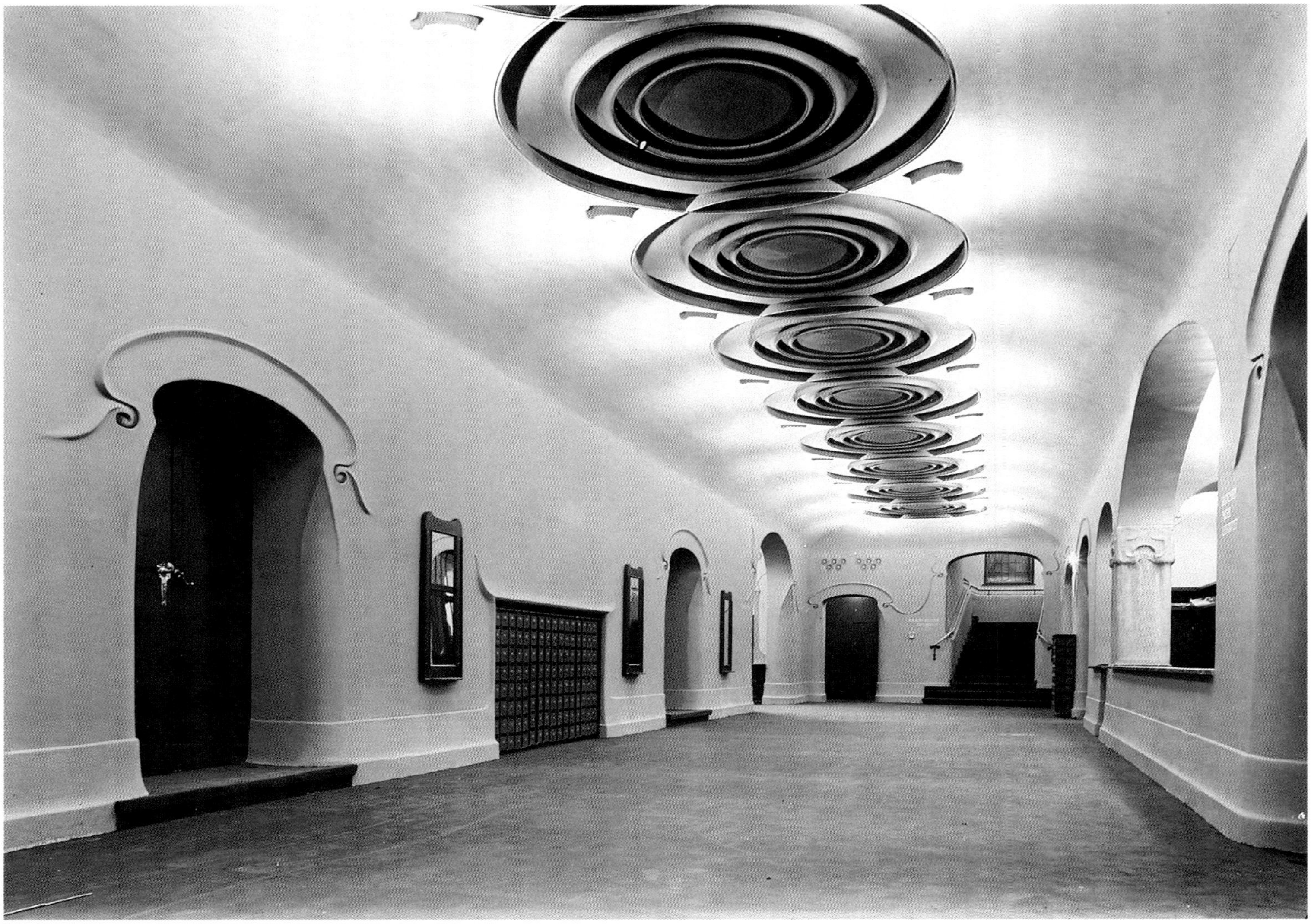

Richard Riemerschmid, das untere Foyer der Münchner Kammerspiele, 1901.

und der Kampf gegen jede andere Richtung, vor allem wenn sie weich, pflanzenselig und nur dekorativ war, eröffnet worden. Inwieweit die Münchner Entwicklung von dem Dresdener Ereignis mitbestimmt worden ist, muß Spekulation bleiben. Eine Affinität – zumindest zwischen van de Velde und Riemerschmid – bestand jedenfalls von Anfang an, die Verwandtschaft ihrer Auffassungen ist unverkennbar. Während nun der eine seinen deutschen Siegeszug 1899 in München mit einer Einrichtung fortsetzen konnte, die zu seinen besten Werken gehört – jenes schon früher erwähnte Arbeitszimmer mit dem großen Schreibtisch (Abb. S. 55) –, schuf der Münchner im selben Jahr etwas Paralleles für eine weitere Kunstgewerbe-Ausstellung in Dresden. Das Musikzimmer, das Riemerschmid 1899 dort zeigte, besaß für seinen Schöpfer einen ähnlich programmatischen Charakter wie das Münchner Zimmer für van de Velde.
Eine stark gliederhafte Gestaltung war nun auch bei Riemerschmid zu entdecken, sie bestimmte alle Elemente der Einrichtung gleichermaßen. Besonders ein damals entwickelter Stuhl ist bestens dazu geeignet, Riemerschmids kraftvoll-knappe Art zu erklären (Abb. S. 99). Angeblich um den Musikern Armfreiheit zu gewähren, verzichtete der Entwerfer auf die üblichen Seitenlehnen, ließ sich jedoch einen anderen Weg einfallen, um die nötige Stabilität zu erzeugen. Der Trick besteht in der Einführung der diagonalen Verstrebungen, die in einem Zug alle wichtigen Teile erfassen. Von der Rücken-

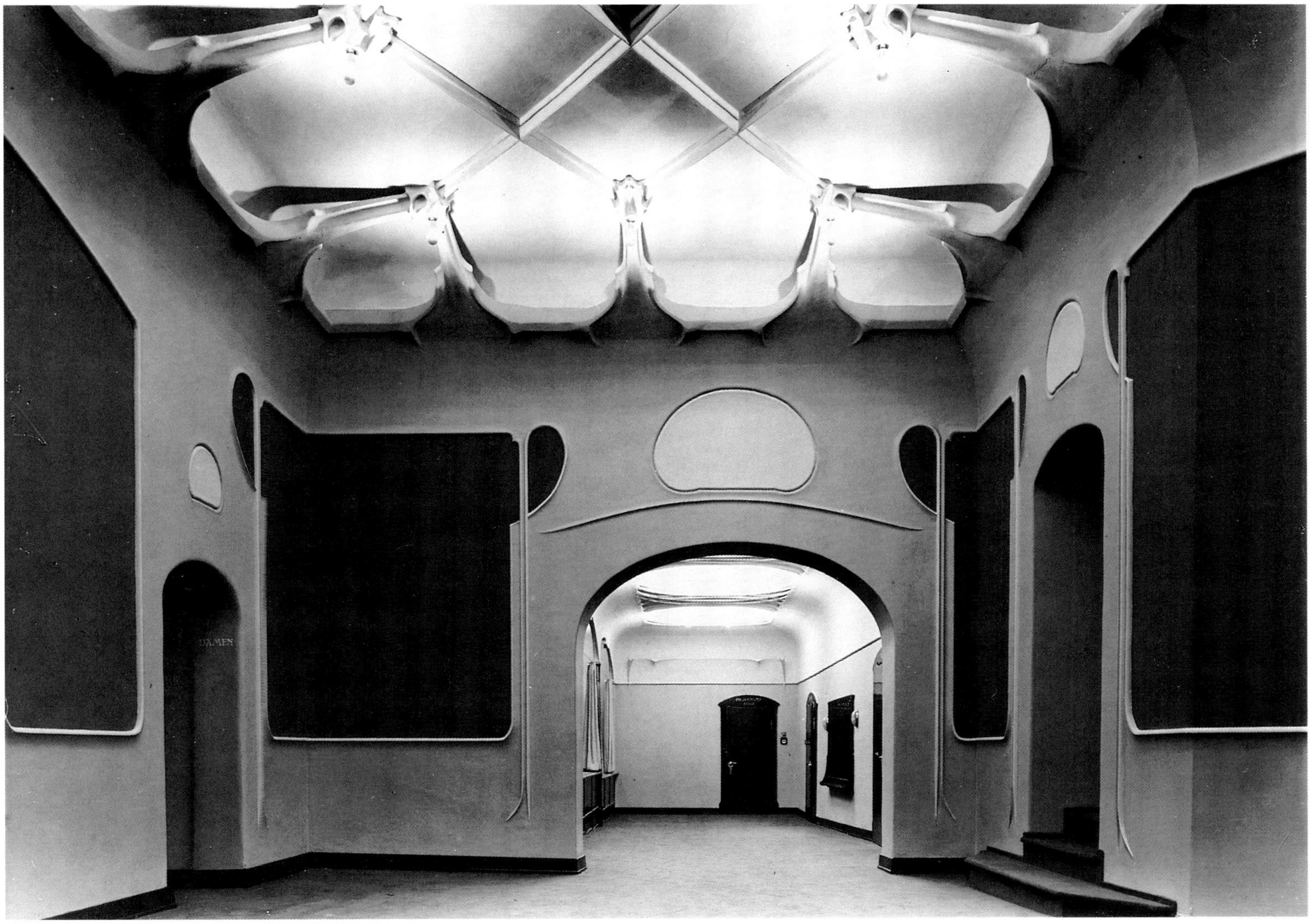

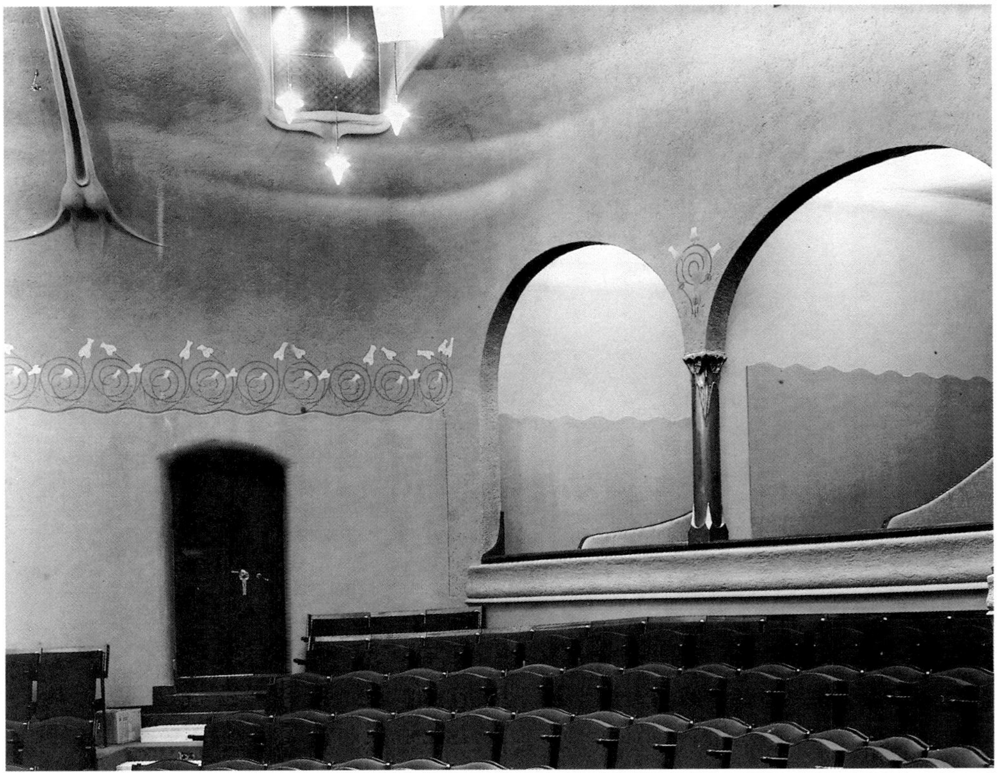

Richard Riemerschmid, oberes Foyer und Partie im Zuschauerraum der Münchner Kammerspiele, 1901.

Richard Riemerschmid, das Fabrikgebäude der Dresdner Werkstätten in Hellerau bei Dresden, 1908–1910.

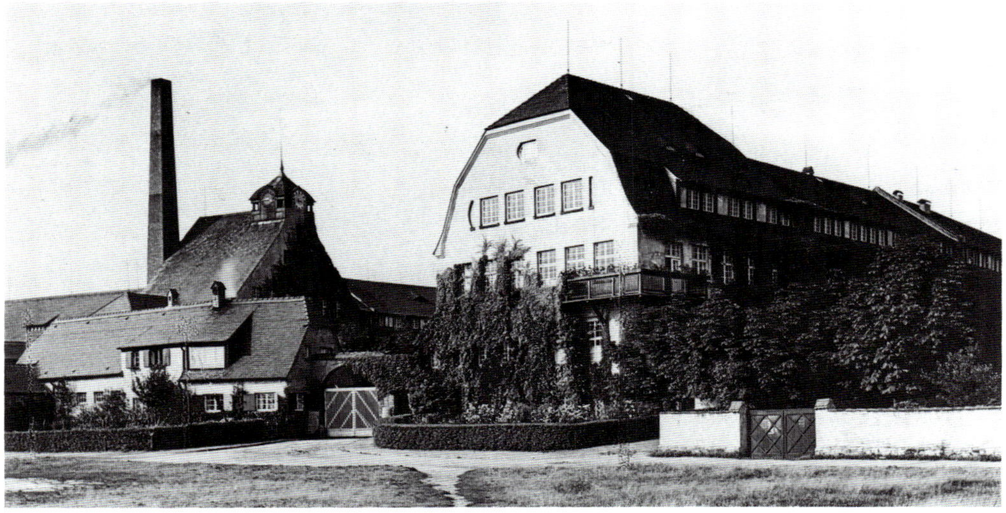

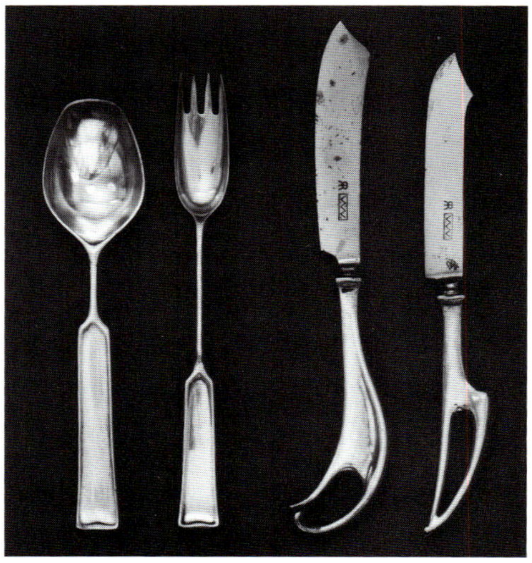

Richard Riemerschmid, Besteck, München 1899/1900, Silber.
Privatbesitz

Richard Riemerschmid, Stuhl, Dresdner Werkstätten, 1905, Eiche mit einem Bezugsstoff des Entwerfers.
Privatbesitz, München

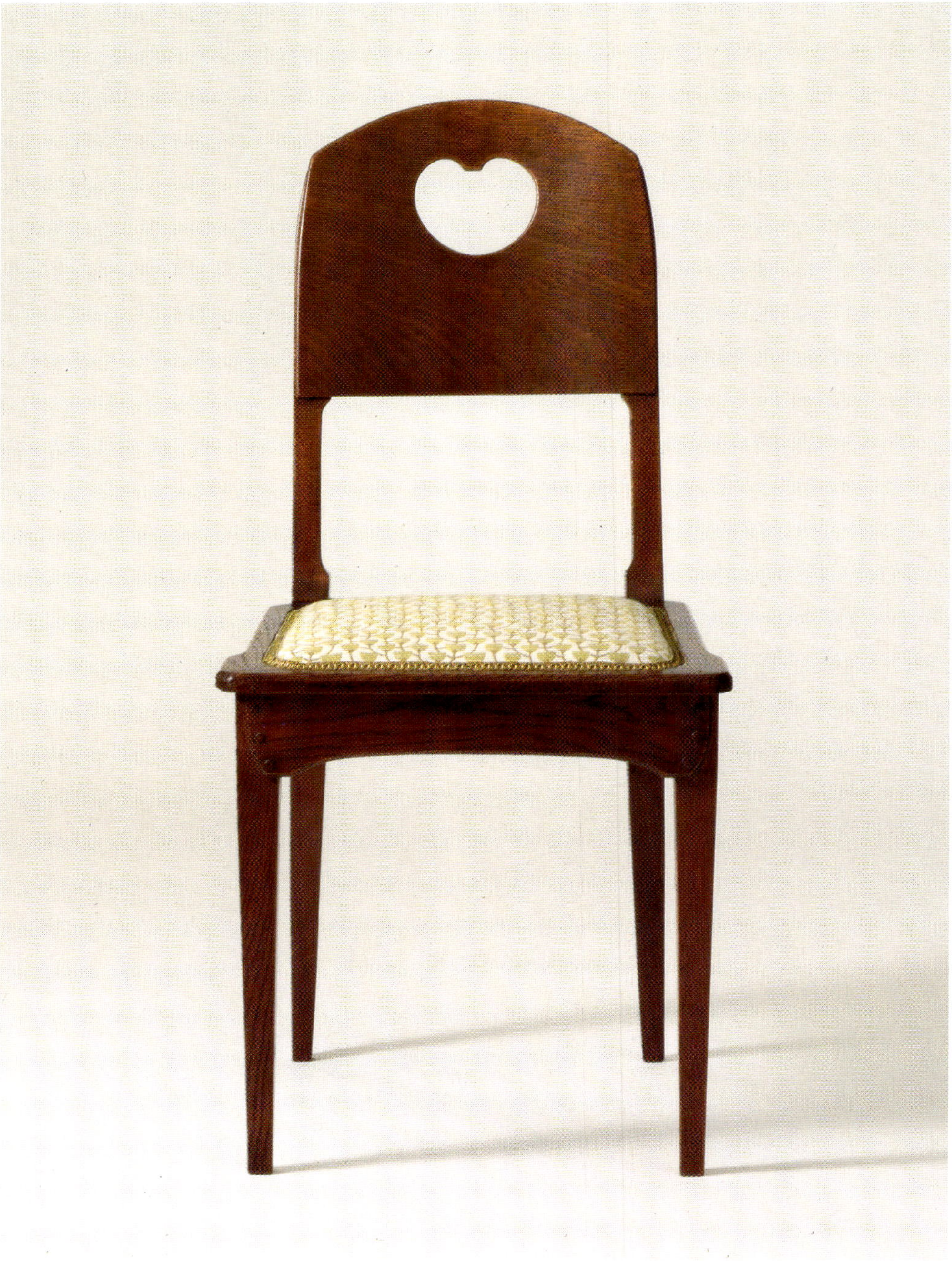

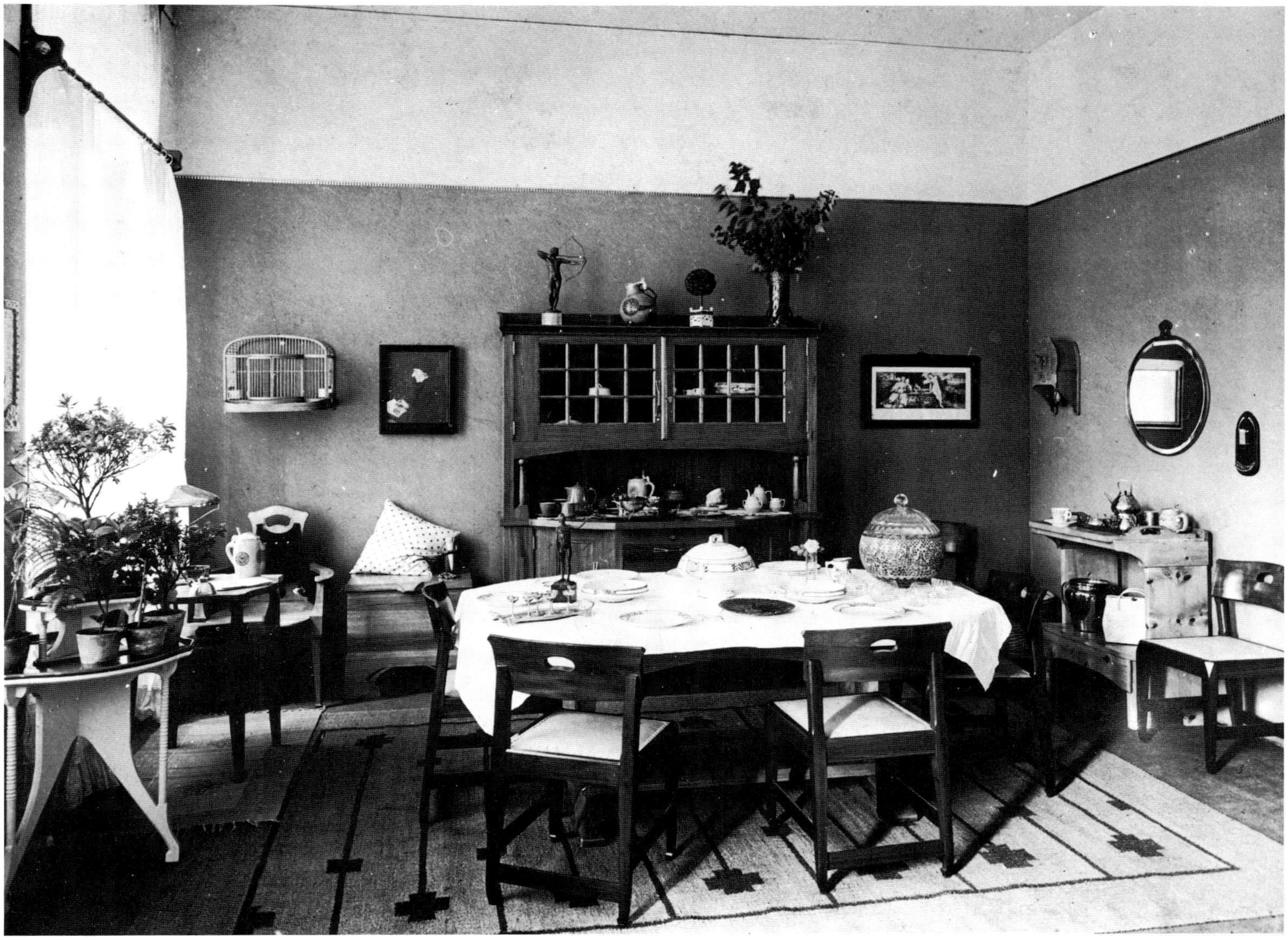

Richard Riemerschmid, *ein Musterzimmer der Dresdner Werkstätten, das mit seinen Möbeln und Keramikgeschirren ausgestattet ist, um 1905.*

lehne ausgehend, greifen sie bis zu den Vorderfüßen aus und verklammern sich fest mit diesen. Dabei wird das Sitzbrett tangiert und durch eine leichte Biegung wie unter Druck eingespannt. Rückwärtig ist die Verbindung mit den Hinterfüßen ähnlich stabil. Der Stuhl baut sich in der Seitenansicht also in zwei Dreiecksverbindungen auf, die durch eine gemeinsame Grundlinie – die Diagonalstrebe – untrennbar miteinander verbunden sind. Wo sich Sitz und Stab kreuzen, liegt der Angelpunkt des ganzen Gefüges; würde sich diese Stelle lösen, dann käme der gesamte Aufbau ins Wanken. Die konstruktive Schlüssigkeit hat jedoch nicht zu einer spröden Haltung geführt, sondern die inneren Kräfte des Möbels werden durch sorgfältige Modellierung fast organhaft spürbar gemacht.

Auch in anderer Hinsicht hatte man in München schnell gelernt, so zum Beispiel, daß es gut war, wenn sich Künstler zu einer wirtschaftlichen Interessengemeinschaft zusammenschlossen. Um ihre Entwürfe umzusetzen und dann auch verkaufen zu können, gründeten Obrist, Riemerschmid, Pankok, Paul und andere 1898 die »Vereinigten Werkstätten für Kunst im Handwerk«. Hierbei wirkte das englische Vorbild von William Morris mit: der Künstler als sein eigener Unternehmer. In München machte man damit gute Erfahrungen. Der schnelle Durchbruch führte auch zu einer Einladung, sich 1900 an der Pariser Weltausstellung zu beteiligen. Natürlich konnte der

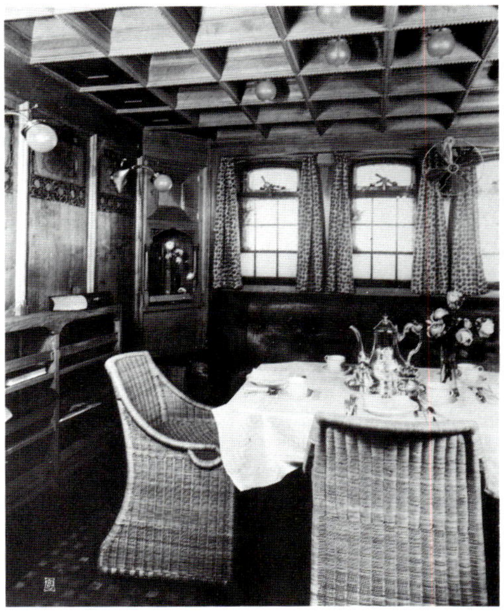

Platz dafür nicht in dem offiziellen »Deutschen Haus« sein, das zusammen mit anderen nationalen Selbstdarstellungen am Ufer der Seine stand und das ganz nach dem Geschmack Wilhelms II. ausgefallen war – also billig-kulissenhaft. Statt dessen erhielt die Münchner Gruppe eine allerdings abgelegene Ecke in der Abteilung des deutschen Kunstkommissariats an der Esplanade des Invalides.

Von den drei Räumen, die ihnen dort zur Verfügung standen, mußte der größte vor allem Einzelstücke aufnehmen – Möbel, Brunnen, Teppiche und dergleichen mehr. Riemerschmid versuchte ihn dadurch zusammenfassend zu gestalten, daß er ein plastisches Flechtornament umlaufen ließ. Es dominierte wohltuend gegenüber dem Kleinzeug. Der Rest war bescheiden, zwei Zimmer, jedoch mit jeweils einheitlicher Bestimmung. Das eine wurde als Rauchsalon bezeichnet und hatte durch Pankok eine sehr kraftvolle Holzauskleidung bekommen (Abb. S. 85). Es vermochte so an das Innere einer alten Kajüte zu erinnern. Eine wiegende Bewegung hätte ihm gut angestanden, die Verstrebungen hätten leicht geächzt, und die lose an der Decke

Richard Riemerschmid, Kajüte in dem Dampfer »Kronprinzessin Cecilie«, 1906.

Richard Riemerschmid, Peddigrohrsessel, Dresden 1904–1906. Stadtmuseum, München

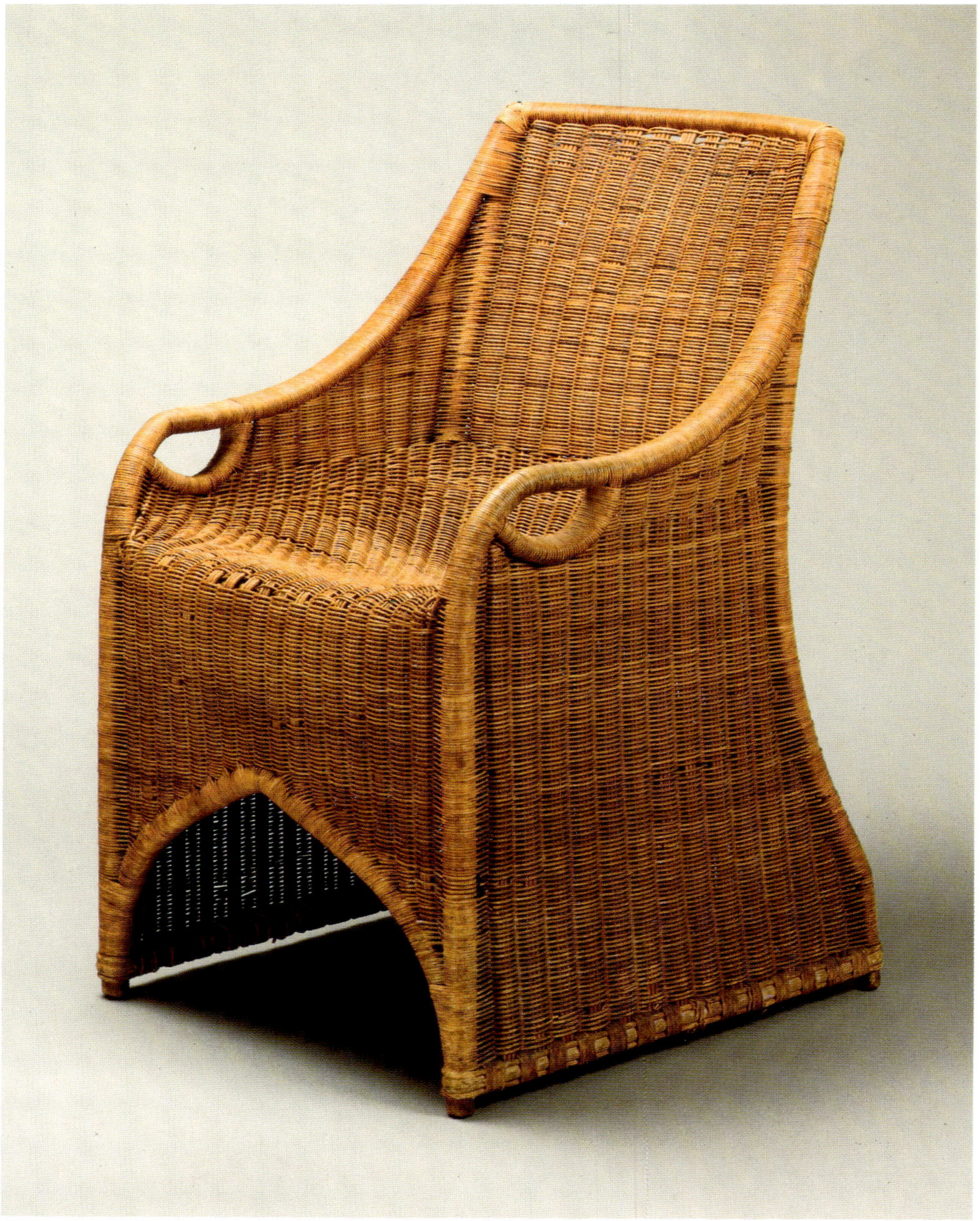

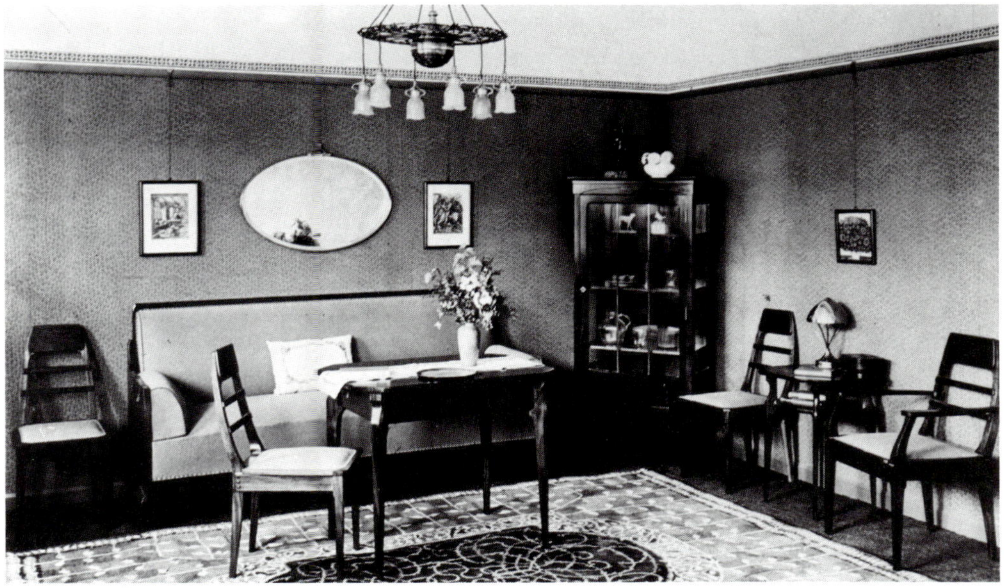

Richard Riemerschmid, ein Musterzimmer der Dresdner Werkstätten, das mit seinen Möbeln ausgestattet ist, Dresden 1905.

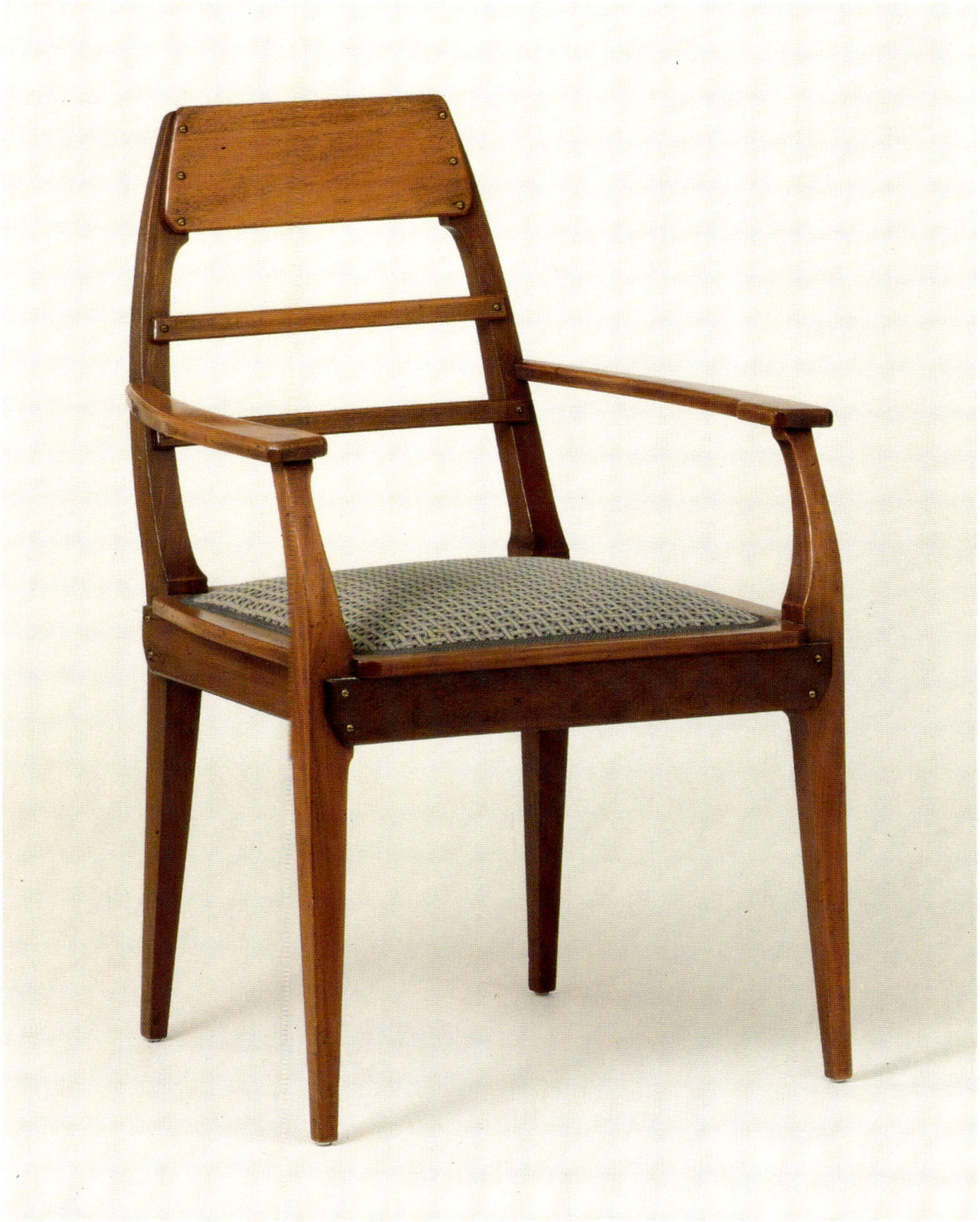

Richard Riemerschmid, Armlehnstuhl, 1905, Mahagoni mit Stoffbezug, Dresdner Werkstätten. Privatbesitz, München

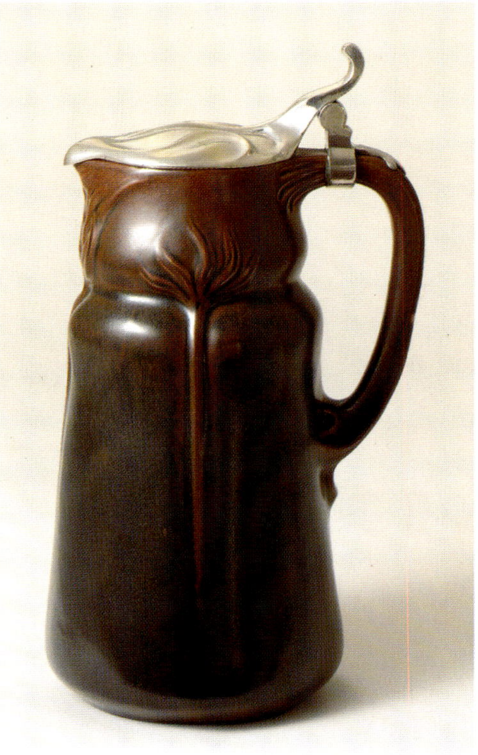

verteilten Lampen wären ins Schwanken geraten. Hier und da hatte sich etwas knorpeliges Ornamentwerk festgesetzt und wirkte anheimelnd. Vor allem die geschwellten Holzformen seitlich des Durchgangs zum nächsten Raum gaben allem etwas »Gestandenes«.
Der dritte Raum war von Paul und sollte ein Jagdzimmer darstellen. Er hatte deshalb eine hüttenstubenartige Gestaltung erfahren – und auch sonst konnte kaum übersehen werden, daß er sehr »bajuwarisch« ausgefallen war. Woher der Münchner Beitrag insgesamt stammte, war in Paris ohnehin kaum zweifelhaft. Der Einbruch der bayerischen Provinz in die Weltstadt war sicherlich kein Schock – zu den Gepflogenheiten solcher Veranstaltungen gehörte es ja, viel Folklore im Vergnügungsteil zuzulassen, aber als Kunstbeitrag war er dennoch mutig. Gleichgesinnte Gesellschaft erhielt er durch den finnischen Pavillon, wo man geradezu propagandistisch auf eine modern stilisierte Heimatkunst gesetzt hatte – hier wie dort mit Erfolg.
Schon die nächste Station offenbarte ein Meisterwerk; eindeutig war jetzt die Stunde für Riemerschmid gekommen, als er – unterstützt durch verwandtschaftliche Beziehungen – die Möglichkeit bekam, das Innere eines kleineren Münchner Theaters zu gestalten. Die heutigen Kammerspiele waren ein Glücksfall für die gesamte Bewegung (Abb. S. 100, 101), an Wert und Ausmaß vergleichbar nur dem Folkwang-Museum in Hagen, das zur selben Zeit – 1900/01 – seinen Ausbau durch van de Velde erfuhr (Abb. S. 36, 37).

J. J. Scharvogel und W. Magnussen, Steinzeugkrug mit Zinndeckel, München um 1900, 35 cm hoch. Privatbesitz, München

Richard Riemerschmid, Steinzeugkrug, München 1902, Reinhold Merkelbach, Grenzhausen, 22 cm hoch. Privatbesitz, München

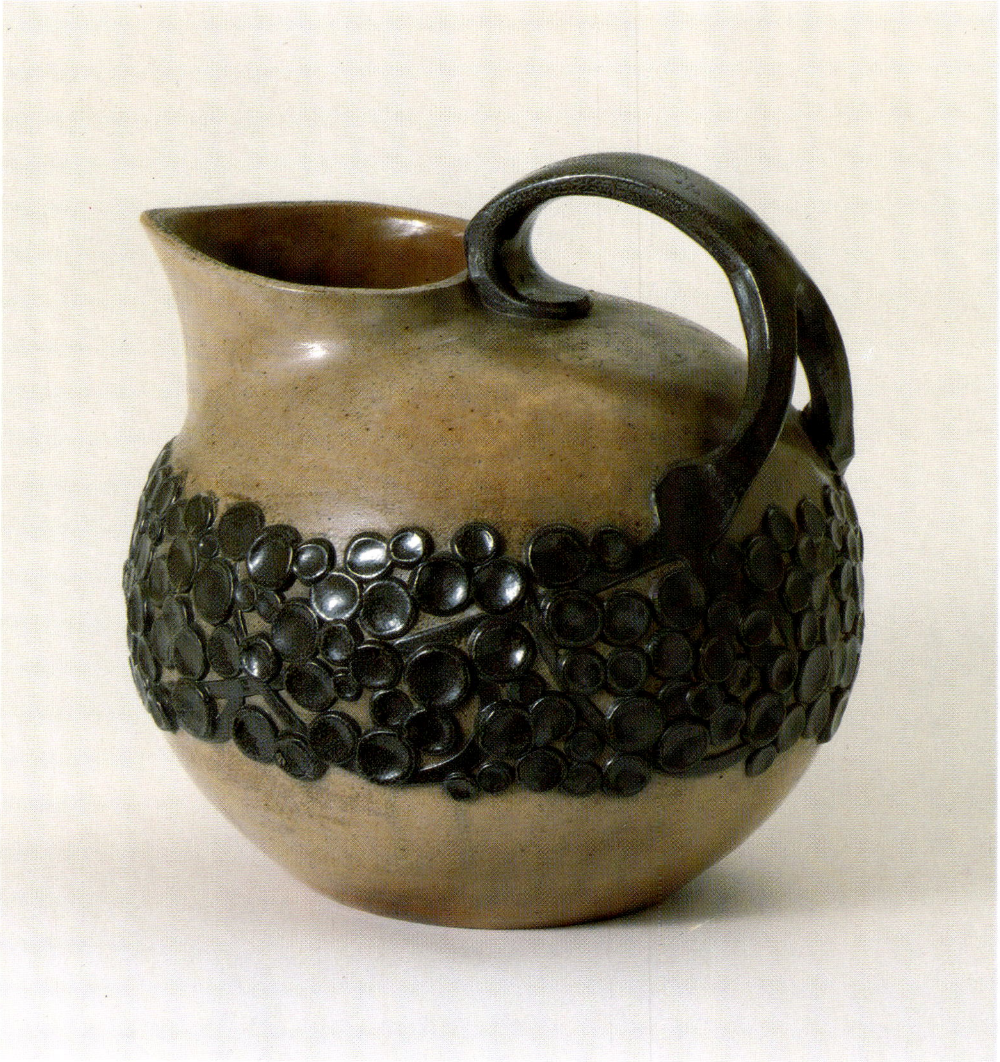

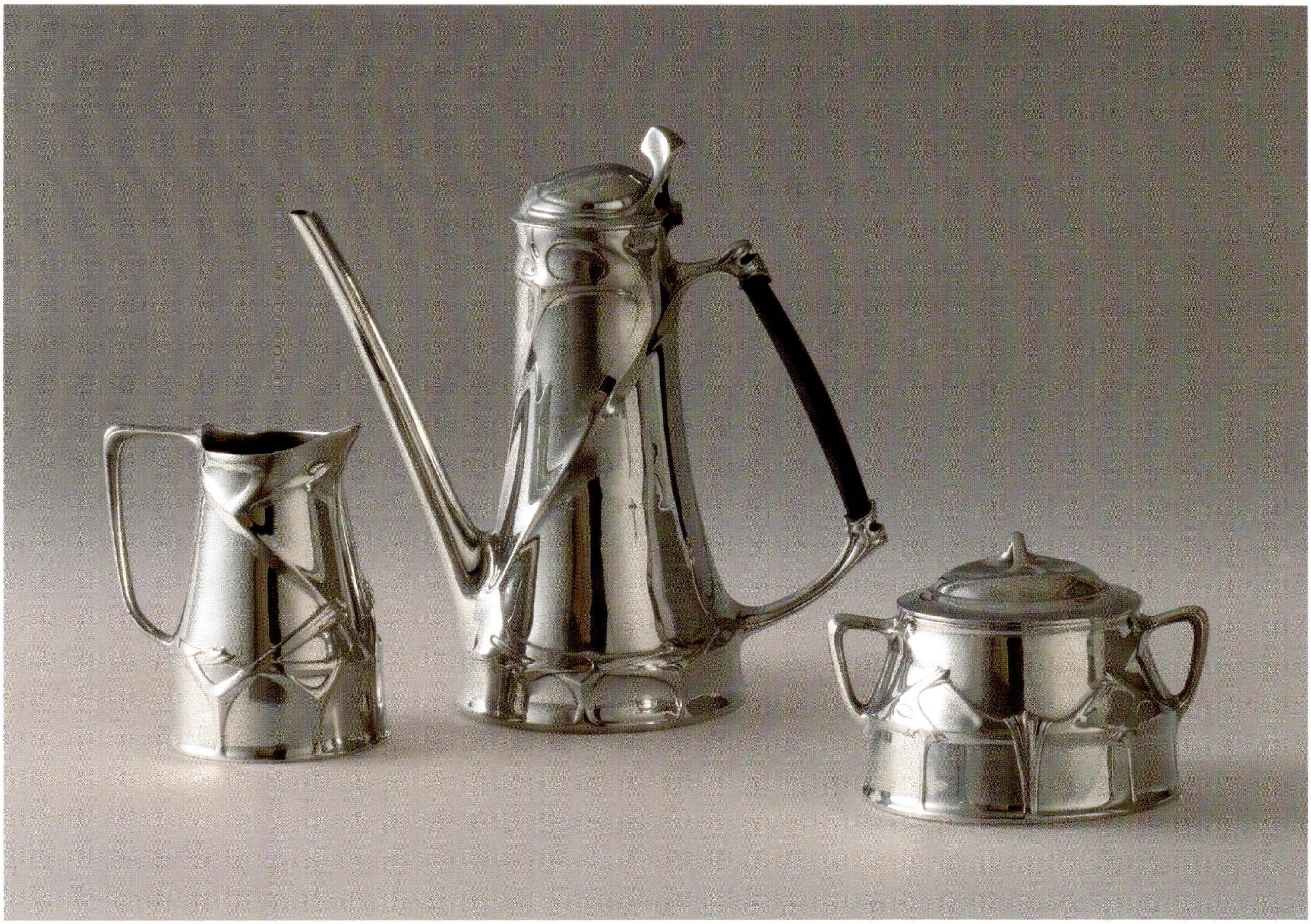

Friedrich Adler, Kaffeeservice, München, kurz nach 1900, Zinn, Höhe der Kanne: 24 cm. Privatbesitz, München

Auch die ideellen Voraussetzungen waren ähnlich. Hatte der Belgier einen Mäzen zur Seite, der dafür gewonnen werden konnte, sein Haus für die neueste Kunst zu öffnen, so baute Riemerschmid für ein Theaterensemble, das sich des modernen Dramas angenommen hatte. Größe und Gestaltung des intimen Saals wurden auf diese Aufgabe und ein Publikum, das noch als »verschworen« gelten mußte, abgestimmt. Genau wie van de Velde mußte auch Riemerschmid mit einem weitgehend fertigen Gehäuse vorliebnehmen, was kein Nachteil war: Er entwickelte gegen dieses Hemmnis einen starken Erfindungsgeist.

Besonders einfallsreich gelang ihm in allen Räumen die Deckengestaltung. Im Saal selber versammelte er alle Lampen in einigen bootsförmigen Mulden, die sich quer über den Raum spannen. Für die Foyers entwickelte er entweder sich verbindende Kreismotive oder ein Netzwerk aus Rippen – nicht nur als reinen Selbstzweck, sondern in geschickter Kombination mit der Beleuchtung. Überhaupt verlieh er den starren Räumen durch eine Vielzahl plastischer Bewegungen eine ungewöhnliche Auflockerung. Eine heitere Gewitztheit ist überall zu spüren, unterstützt noch durch entsprechende Farbigkeit. Dabei ist auch die Unterscheidung zwischen dem unteren, etwas aquariumartig anmutenden Foyer, das duftig grauviolett und blau getönt ist, und dem gesetzteren oberen, das in erster Linie Braun, Grau und Messinggelb aufweist, sehr gut gelungen. Im Saal dagegen dominieren

Theodor Fischer, die Volksschule an der Haimhauserstraße in München, 1895–1898.

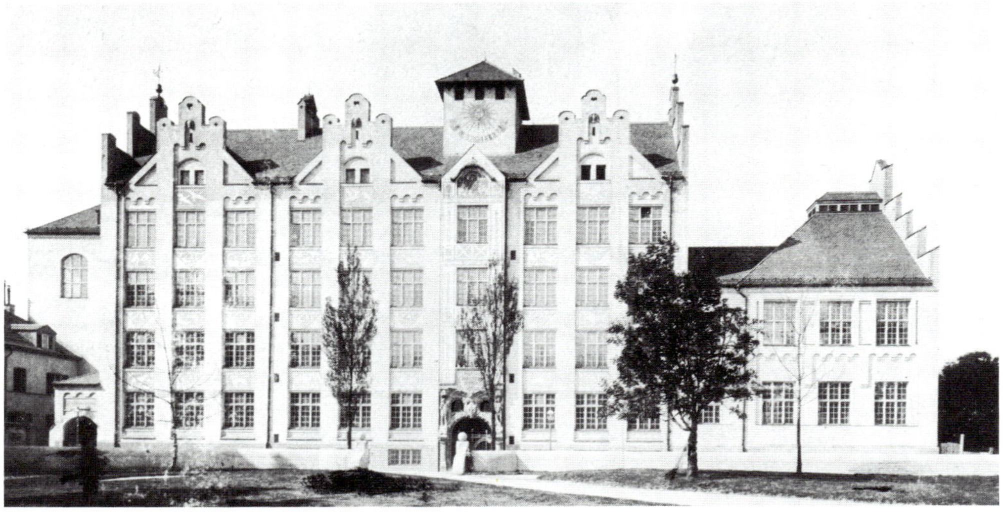

Theodor Fischer, Tür in der Schule an der Haimhauserstraße in München, 1898.

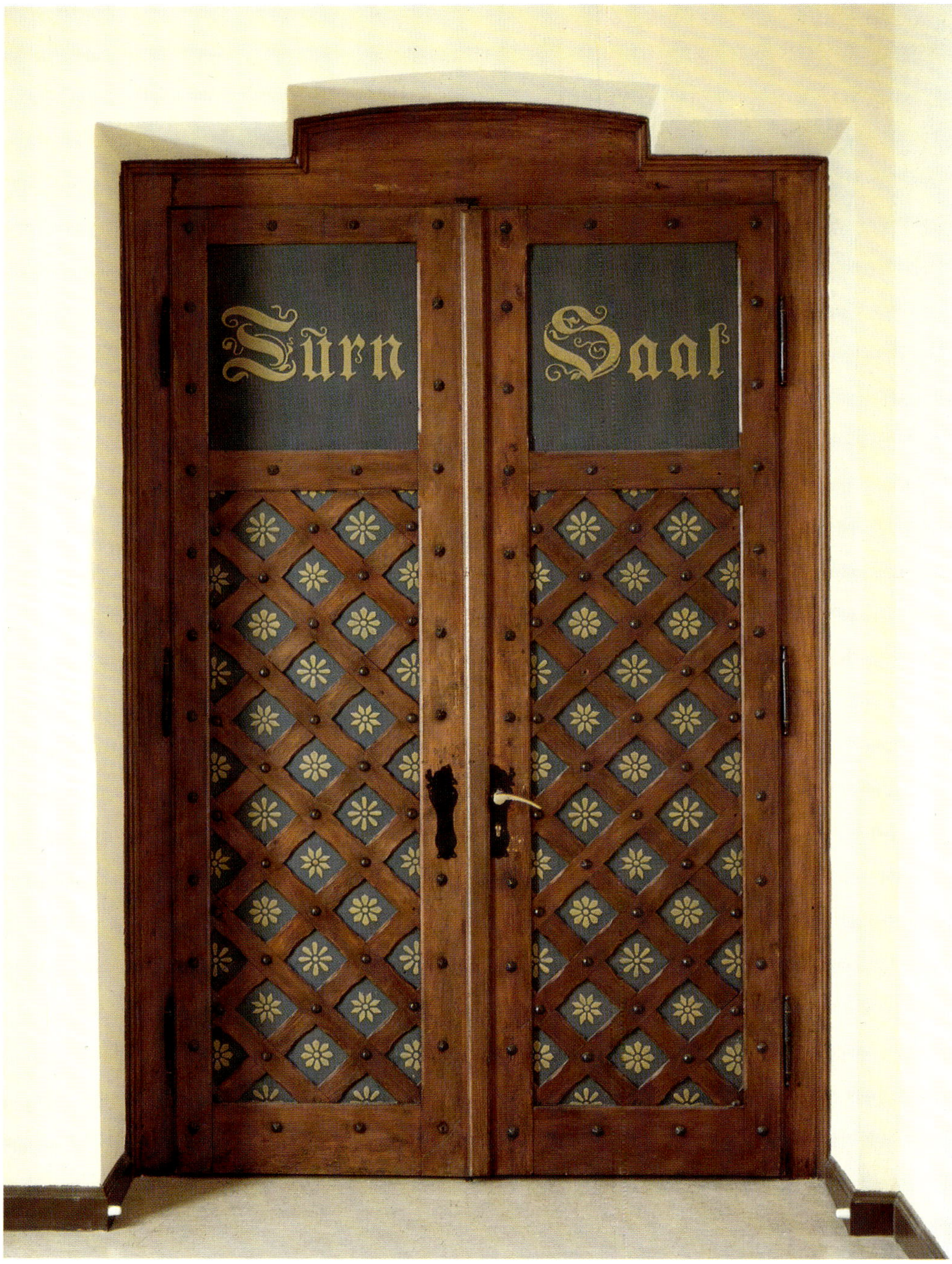

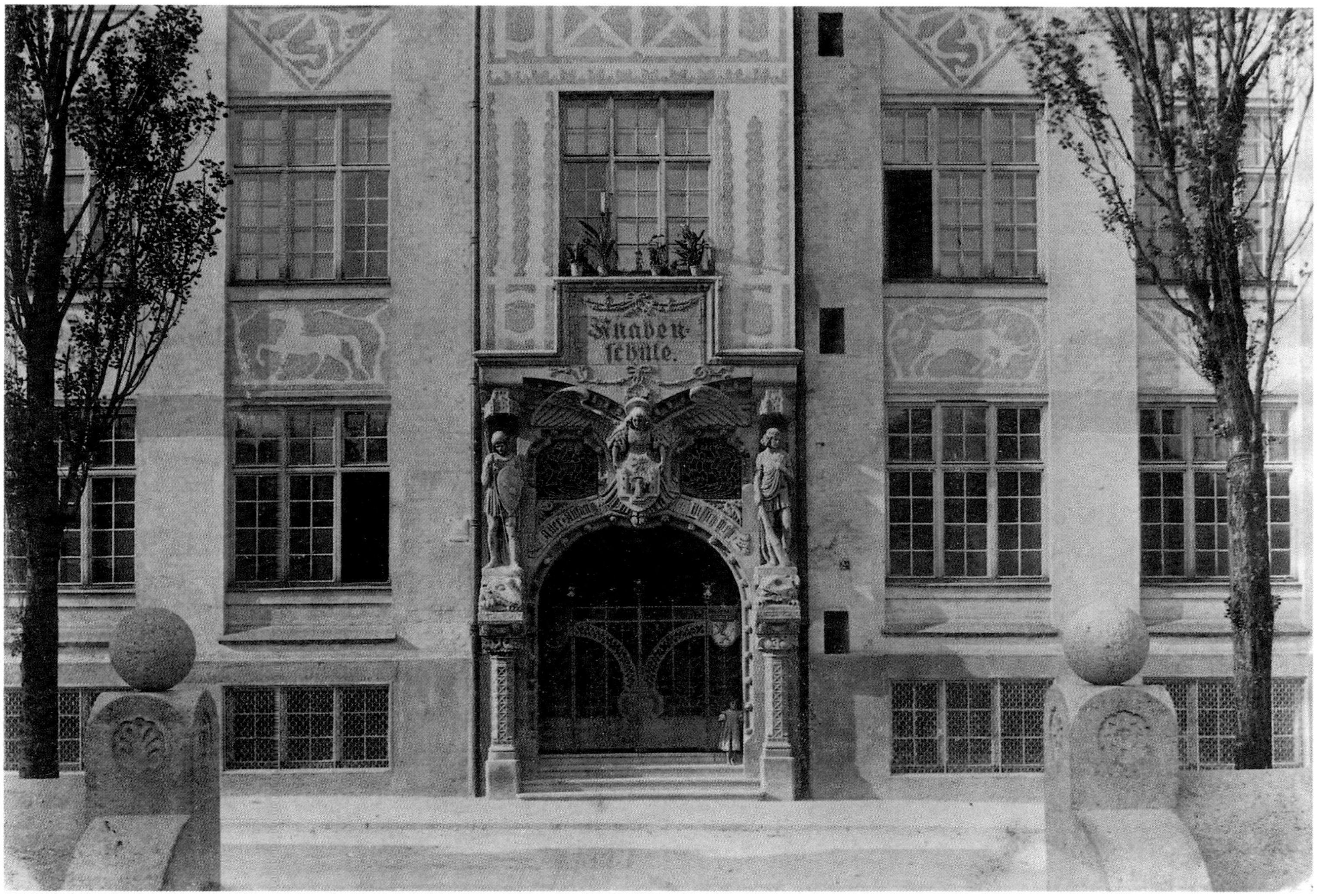

Theodor Fischer, die Eingangspartie der Schule an der Haimhauserstraße in München, 1895–1898.

ein kräftiges Rot und dichtes Wassergrün. Alles in allem war das Theater seinerzeit wohl bunter, als es Henrik Ibsen und Gerhart Hauptmann vertragen haben! Der sonst eher verhaltene Riemerschmid hatte gezeigt, über welchen Spielraum der Mittel er verfügte, wenn er sich ganz gelöst gab.
Eine vergleichbar üppige Aufgabe fiel Riemerschmid zu, als er in Berlin die Räume eines großen Speiserestaurants ausgestalten sollte. Er tat es mit ähnlichen Mitteln wie bei dem Theater. Auch einige Häuser konnte er – der das ja nie gelernt hatte – jetzt bauen. Doch seine eigentliche Passion scheint – wie schon erwähnt – der Möbelentwurf gewesen zu sein (Abb. S. 102–105). Nun waren zwar auch andere auf diesem Gebiet tätig – van de Velde, Behrens und Hoffmann –, doch ging keiner dabei so programmatisch vor wie Riemerschmid. Sein über viele Jahre hinweg verfolgtes Anliegen war es, bestimmte Standards zu setzen und modellhafte Lösungen zu finden. Schon 1901 hatte er einen Wettbewerb gewonnen, der ausgeschrieben worden war, um eine mustergültige, billige Arbeiterwohnungseinrichtung zu erhalten. Ähnliche Wege ging er weiter, als er sich den »Dresdener Werkstätten für Handwerkskunst« zuwandte, deren Ausrichtung auf volkstümlich-preiswerte Dinge seinen Interessen jetzt mehr entsprach als der gehobenere Anspruch der »Vereinigten Werkstätten für Kunst und Handwerk« in München, die er ja ursprünglich mitgegründet hatte. Die beiden Betriebe waren damals in Deutschland die in ihrer Art führenden, doch gab es daneben auch noch andere Werkstätten; sie alle wurden künstlerisch nur

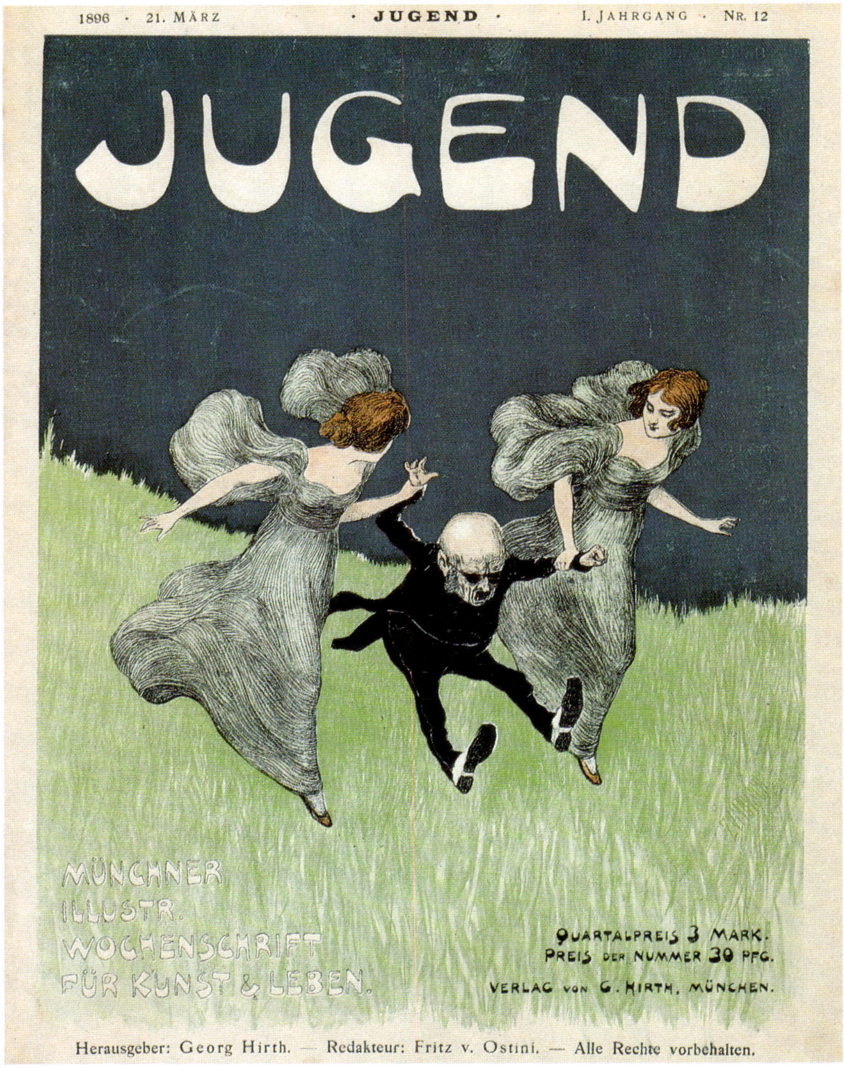

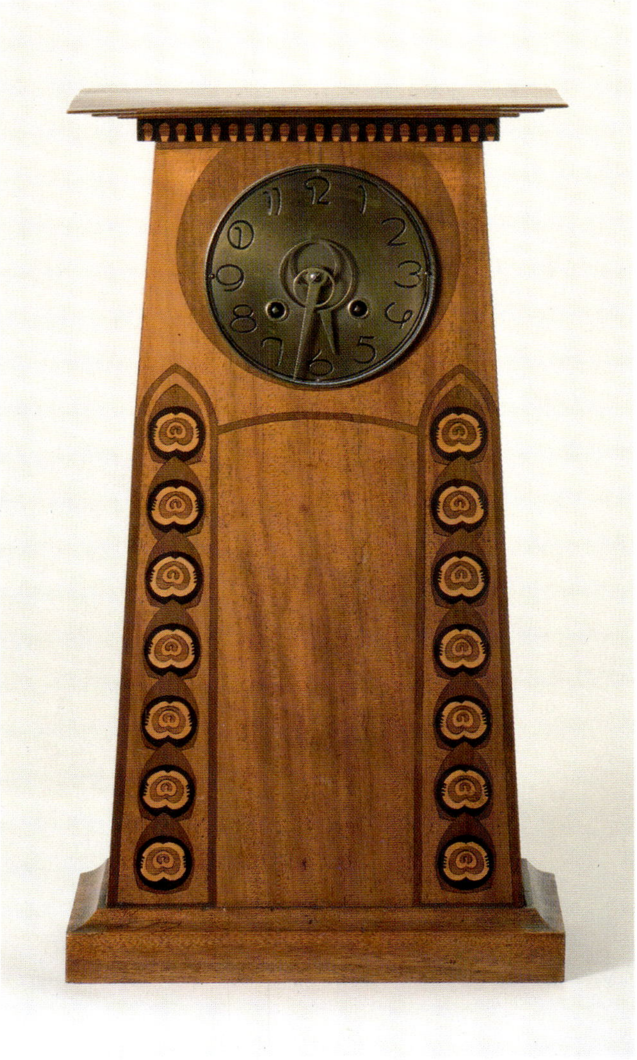

Ludwig von Zumbusch, Titelseite der »Jugend«, München 1896. Privatbesitz, München

Ferdinand Morave, Tischuhr, München 1903, Holz und Messing, 53 cm hoch, Vereinigte Werkstätten für Kunst im Handwerk. Privatbesitz, München

von wenigen Personen bestimmt, zeigten aber doch, wie verbreitet bald nach 1900 die Tendenz war, »ehrlich« gemachte Dinge zu überlegten Preisen anzubieten. Das dabei verfolgte produktionsethische Ideal verhinderte allerdings, daß man wirklich billig sein konnte. Da man aber auch nicht teuer sein mußte, wurden hier dennoch die Gedanken von Morris überzeugend in die Praxis umgesetzt.

Zweifellos war das nur möglich mit einem Verzicht auf das »Künstlerische«, auch Riemerschmid betrieb seine Arbeit jetzt mit einiger Selbstverleugnung, doch allem Anschein nach freiwillig. An den »Dresdener Werkstätten für Handwerkskunst« war er in den nächsten Jahren derart beteiligt, daß er fast ganz ihr Gesicht bestimmte (Abb. S. 102–105). Die Ergebnisse fielen unterschiedlich aus, waren aber nicht ohne Ziel und Konsequenz. Über weite Strecken herrschte allerdings das Bemühte vor, und der anbiedernde Wille zur guten Tat, der aus den Musterzimmern von Riemerschmid spricht, wirkt etwas penetrant. Die inszenierte Gemütlichkeit mit Vogelbauer, Kunstdruckbild und deftigem Geschirr mutet so vorbestimmt an, daß die Kleinbürger, für die das wohl gedacht war, darin kaum weniger gern gelebt hätten als die Opel-Arbeiter in dem Haus, das Joseph Maria Olbrich zur selben Zeit für sie in Darmstadt baute (Abb. S. 165). Hinter allem ehrlichen Wollen bleibt die Herablassung von Leuten spürbar, die meinten, wissen zu können, was dem einfachen Manne frommt. So kann es nicht überraschen, daß auch

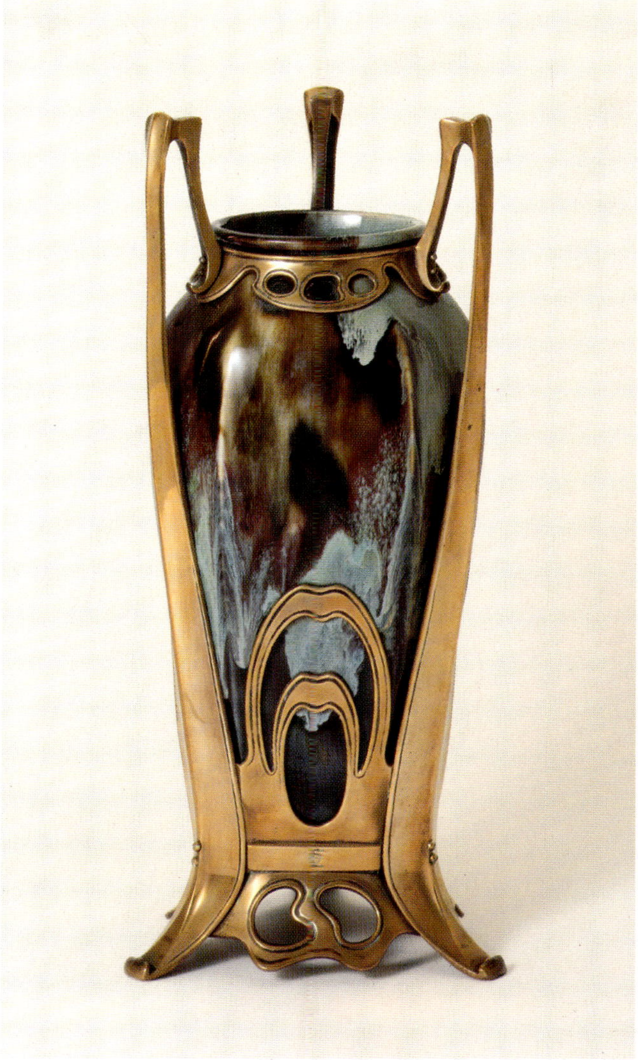

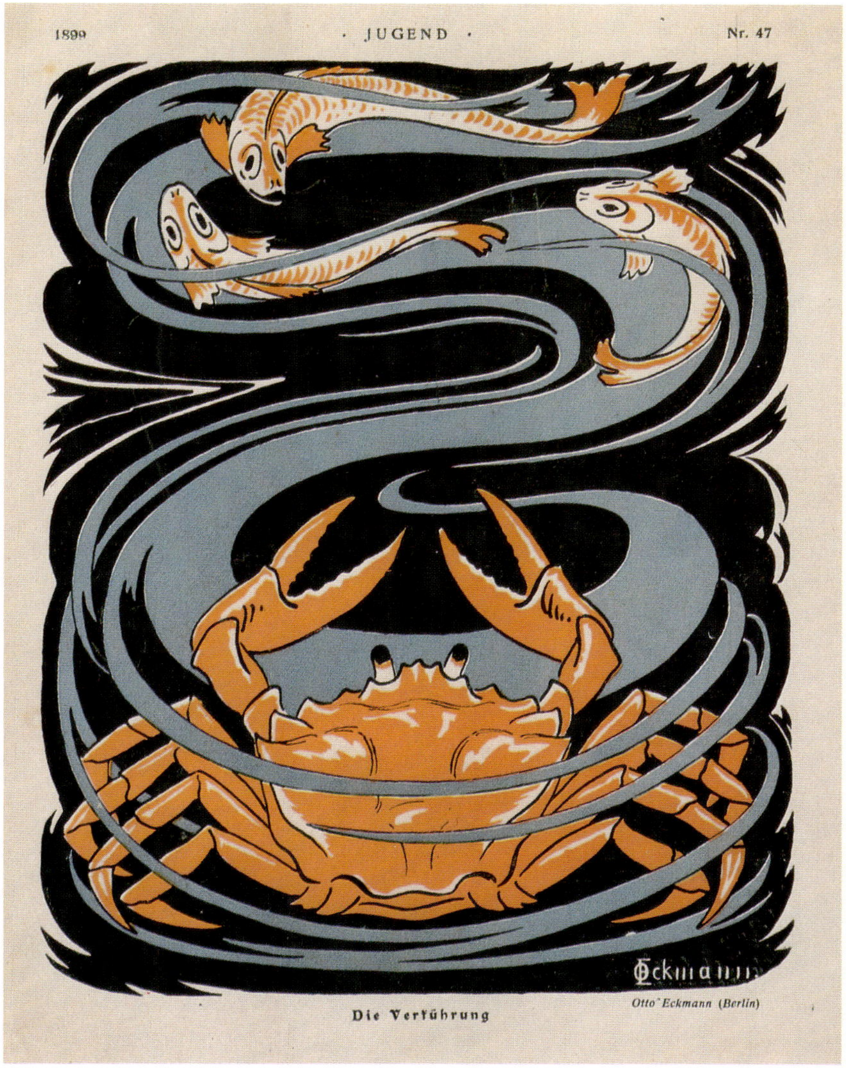

dieser Versuch einer Lebensreform ähnlich biedersinnig ausfiel wie die meisten anderen im Umfeld des Jugendstils – von Anfang an war die Bewegung in Deutschland ja mehr gewesen als nur eine Kunstrevolte. Und gekauft haben die Möbel dann wohl jene, denen es schon immer ein Vergnügen bereitete, tiefzustapeln.
Doch wurden die Resultate besser, als es gelang, die Dinge weniger aufgrund stilistischer Vorlieben als mehr aus den technischen Bedingungen heraus entstehen zu lassen. Das »Maschinenmöbelprogramm«, das man ab 1906 anbot, setzte sich aus knappen Einzelteilen zusammen, die sichtbar miteinander verschraubt waren. Zerlegt konnten sie mühelos verschickt werden. Der Jugendstil, dessen Anregerschaft ja in der Person des Entwerfers noch unmittelbar manifest war, hatte hier eine sinnvolle Überführung erhalten, auch ästhetisch ergab das einen neuartigen Reiz durch sichtbar gelassene Schrauben und deutlich abgesetzte Fugen.
Wie eine Bestätigung für die Idee und den Geist der »Dresdener Werkstätten« konnte die Gründung des »Deutschen Werkbundes« angesehen werden, einer Vereinigung von Künstlern, Fabrikanten und kritisch engagierten Schriftstellern, die sich 1907 in München zusammenfand. Das erklärte Ziel war eine engere Verbindung der fortschrittlichen Entwerfer mit der Industrie. Damit bewies man viel Pragmatismus, und durch ein Bekenntnis zur maschinellen Produktion machte man auch deutlich, daß die Zukunft und das Heil

Otto Eckmann, Steinzeugvase mit Bronzefassung, München, kurz vor 1900, 42 cm hoch. Privatbesitz, München

Otto Eckmann, illustrierte Seite aus der »Jugend«, München 1899. Privatbesitz, München

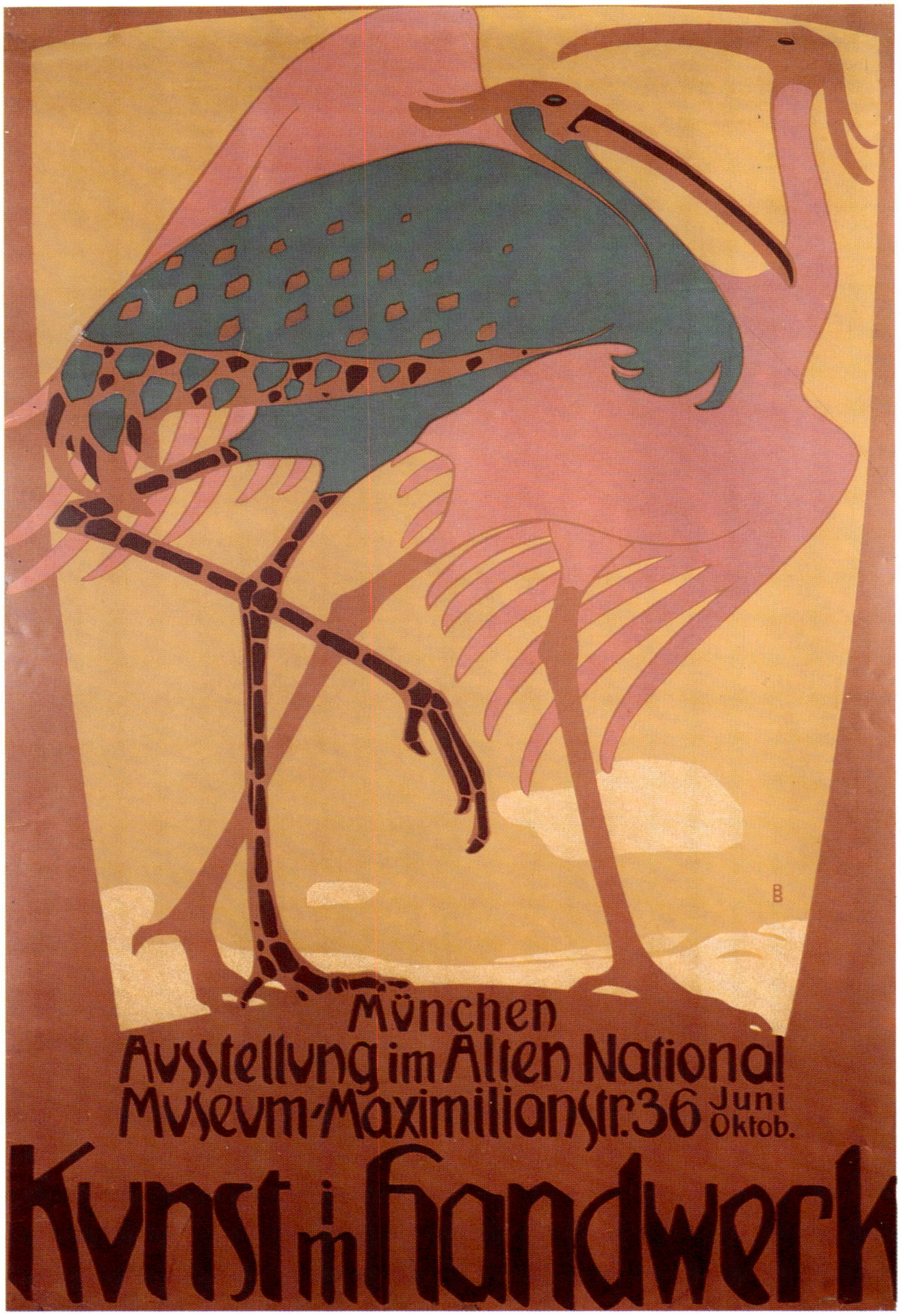

Bruno Paul, Ausstellungsplakat, München 1901.
Stadtmuseum, München

Bruno Paul, 1874–1968
Studierte an der Dresdner Kunstgewerbeschule, später an der Münchner Kunstakademie. Mitarbeiter am »Simplicissimus«, für den er nahezu 500 Karikaturen zeichnete. Begann unter dem Einfluß von Henry van de Velde Möbel zu entwerfen, 1898 Mitbegründer der »Vereinigten Werkstätten für Kunst im Handwerk« in München. 1907 Leiter der Unterrichtsanstalt des Berliner Kunstgewerbemuseums.
Wichtige Arbeiten: Jagdzimmer auf der Pariser Weltausstellung 1900, für das er einen »Grand Prix« bekommt; Speisezimmer auf der Ausstellung für dekorative Kunst in Turin, 1902; Arbeitszimmer für den Regierungspräsidenten in Bayreuth, 1904; Ausstattung des Wartesaals im Nürnberger Hauptbahnhof, 1905.

nicht mehr in dem Handwerksideal zu suchen seien, mit dem der Jugendstil angetreten war. Das hieß im Grunde, daß jetzt die eigentliche Revolution nach der scheinbaren vollzogen wurde. Die sehr bewußte Handlung, die die Gründung des »Deutschen Werkbundes« darstellte – zu seinen Mitgliedern gehörten fast alle bisher genannten Künstler –, könnte als das wichtigste Ergebnis der ganzen Bewegung angesehen werden, wenn außer acht gelassen würde, daß sie sich zum Teil gegen jene richtete und vieles von dem dementierte, was ursprünglich Hoffnung und Ziel gewesen war. Doch auch im Umdenken konnten sich ja Kontinuität und Nachfolge spiegeln. Riemerschmid war hierbei eine der konsequentesten Schlüsselfiguren.

Der Künstler, der in den nächsten Jahren – ab 1909 – die erfolgreichste Verbindung mit der Industrie erreichte, war Peter Behrens, er avancierte zum künstlerischen Berater der AEG in Berlin und war ursprünglich auch ein Mitglied der Münchner Gruppe gewesen, aber dort weniger als die anderen hervorgetreten. Er erregte erst später, nach seiner Berufung nach Darmstadt (1900), größere Aufmerksamkeit. In München war er vor allem als routinierter Graphiker tätig (Abb. S. 114). Im Rückblick wird schnell verständlich, daß für den aus Hamburg Stammenden der Aufenthalt in dieser Stadt nur ein kurzer Durchgang sein konnte, sein Geschick und sein Ehrgeiz zielten höher, als es die süddeutsche Mentalität erlaubte. Nur marginal blieb auch der Beitrag von Otto Eckmann (Abb. S. 111), der schon 1902 mit siebenunddreißig Jahren starb. Die Kraftlosigkeit, die ihm nach seinem Tode van de Velde attestierte, konnte tatsächlich wie ein Verrat an allen hohen Zielen angesehen werden. Nun war ein selbstgenügsamer Zug ja vielem zu eigen, was um 1900 in München entstand, eine heitere Unverbindlichkeit im Formalen wie in der Gesinnung fand hier wohl mehr Verbreitung als an den anderen

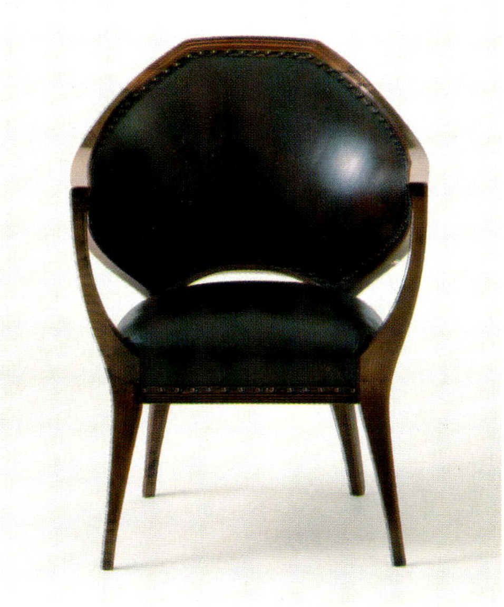

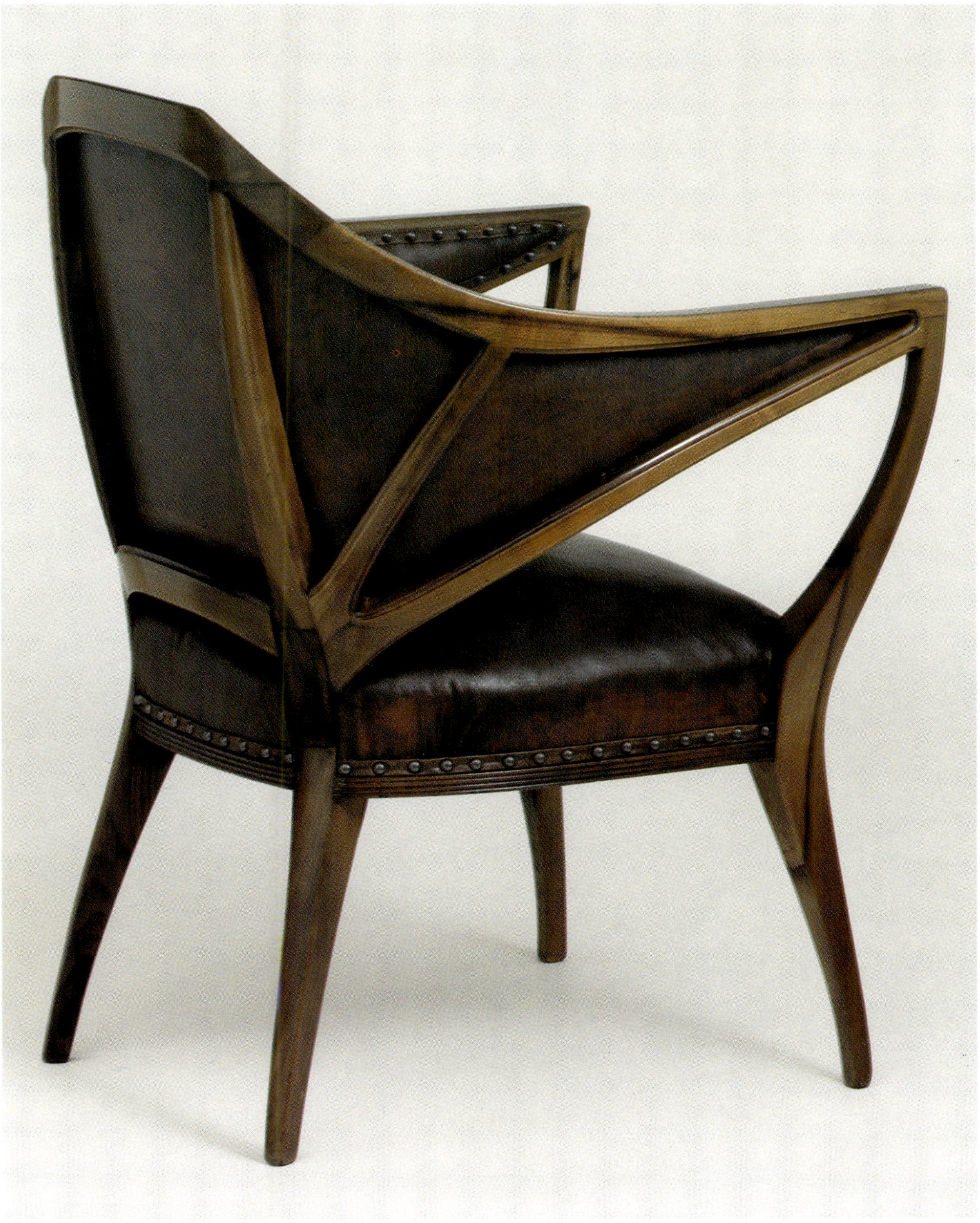

Bruno Paul, Armlehnstuhl in zwei Ansichten, München 1901, Ahorn mit Leder. Privatbesitz, München

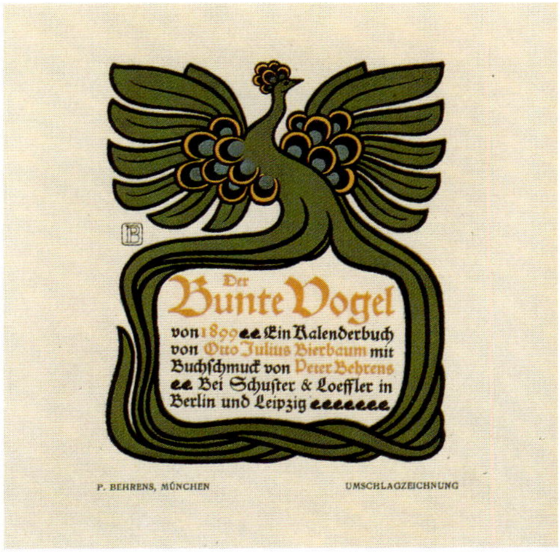

Schauplätzen. Die Sache wurde schließlich nicht ganz so ernst genommen, wie es das Anliegen wohl gefordert hätte. So konnte etwa auf einem Titelblatt der »Jugend« (Abb. S. 110) die Darstellung selbst ziemlich konventionell, die Schrift dagegen vorzüglich sein. Das Bild war uneinheitlich, oft ersetzte Gemüt die wahre Gesinnung.
Sicherlich gilt das nicht für die zwei Künstler, die schon zu Anfang gemeinsam eingeführt wurden und deren Œuvre neben dem von Riemerschmid am meisten zum Charakter des Münchner – und damit auch des eigentlichen deutschen – Jugendstils beigetragen hat: Bruno Paul und Bernhard Pankok. Sein weiterer Weg als »Simplicissimus«-Zeichner wies Paul als einen der bewunderungswertesten Mutanten aus, den die an solchen Erscheinungen ja nicht arme Zeit um 1900 gekannt hat. Überraschend schnell verwandelte sich der in seinem Metier schon mustergültige Illustrator zu einem der

Peter Behrens, Titelseite des Kalenderbuches »Der Bunte Vogel«, München 1898. Privatbesitz, München

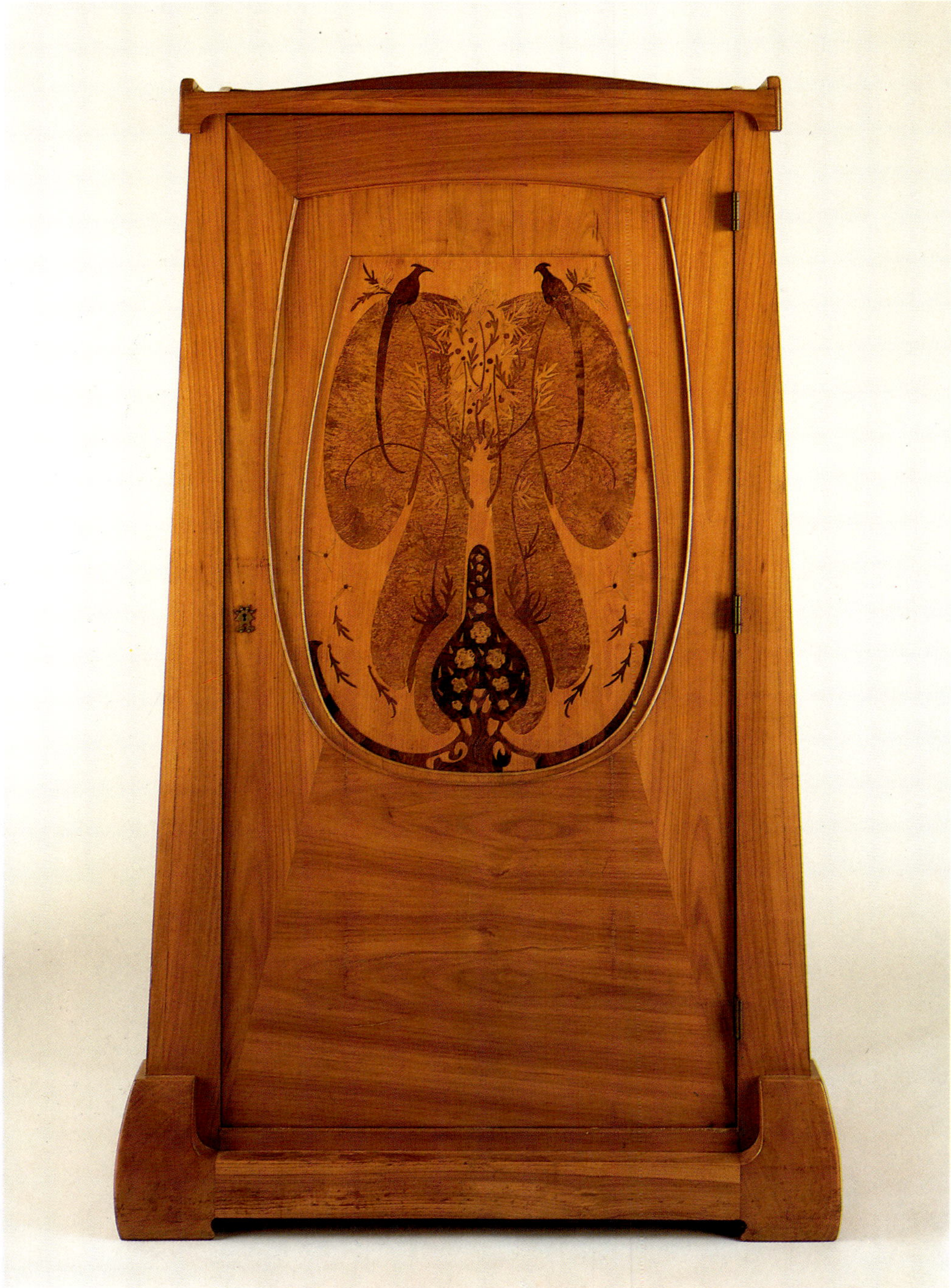

Bernhard Pankok, Kleiderschrank, München 1902, Kirschbaum auf Eiche furniert. Westfälisches Landesmuseum für Kunst und Kulturgeschichte, Münster

Bernhard Pankok, 1872–1943
Der Maler und Entwerfer Pankok studierte ab 1889 an der Kunstakademie in Düsseldorf und in Berlin. 1892 eröffnete er ein eigenes Atelier in München und war 1897 Mitbegründer der »Vereinigten Werkstätten für Kunst im Handwerk«. 1901 wurde er als Professor an die neu eingerichtete »Königliche Lehr- und Versuchswerkstätte« in Stuttgart berufen, die dann 1913 mit der Kunstgewerbeschule unter seiner Direktion vereinigt wurde.

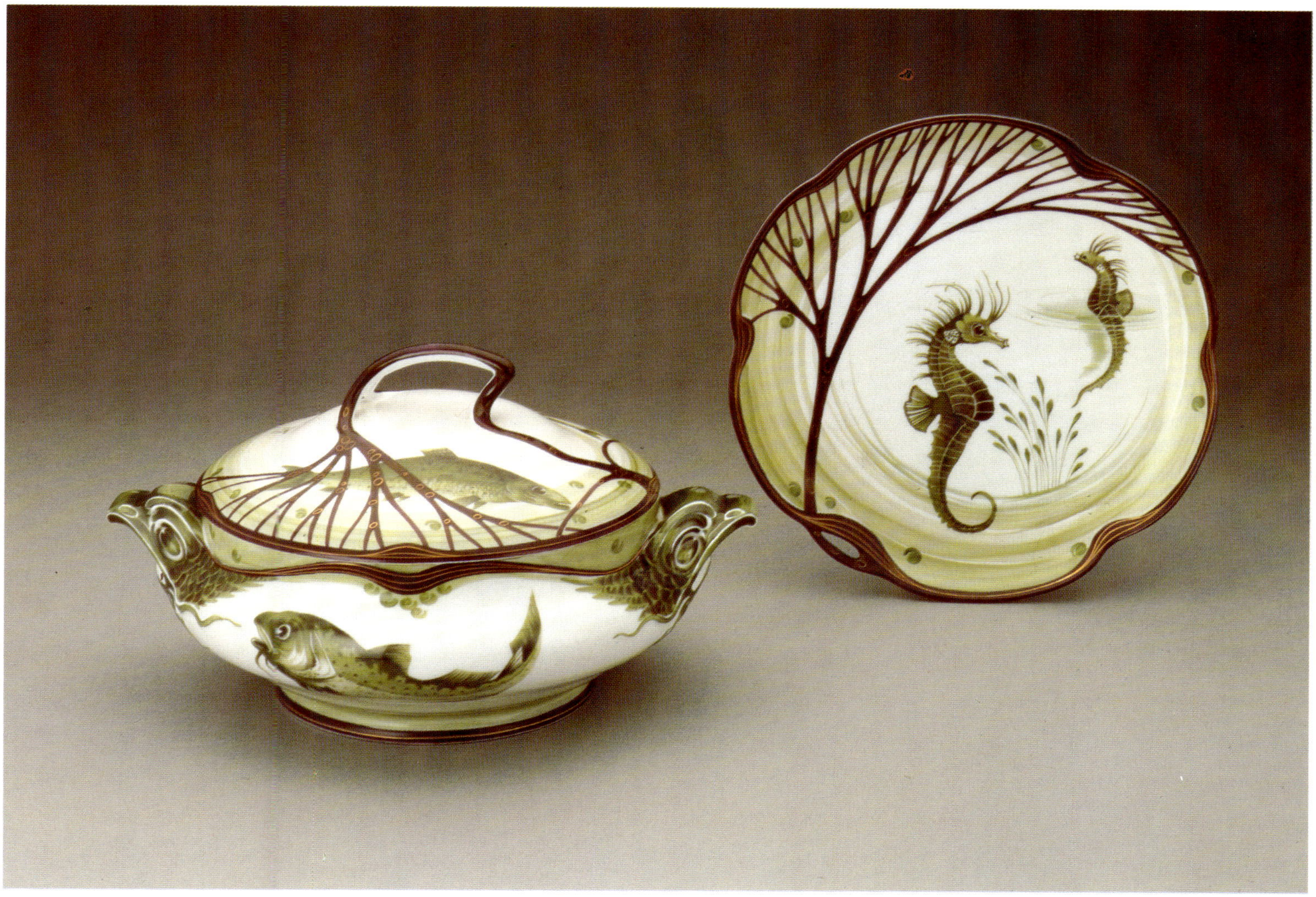

Hermann Gradl, Terrine und Teller aus einem Fischservice der Porzellan-Manufaktur Nymphenburg, München 1899, ∅ des Tellers: 23,5 cm. Bröhan-Museum, Berlin

strengsten und elegantesten Entwerfer von Möbeln, Zimmereinrichtungen und Ausstattungen größerer Art. Die Sicherheit des Anfangs blieb auch jetzt erhalten, allerdings ging sie, als sich die Aufträge häuften, nach und nach in Routine über. Jedoch die Fähigkeit, große Zusammenhänge einfach darzustellen, die schon seine Karikaturen erkennen lassen, zeichnete nun auch die Möbel aus, die er in den ersten Jahren nach 1900 entwarf. Vor allem seine Stühle und Sessel waren konstruktiv präzise gedacht und auf wenige, deutlich konturierte Elemente beschränkt. Zudem besaßen sie eine insgesamt sehr plastische Formung. Den gliederhaften Aufbau wußte Paul dann auch sehr gut auf ganze Räume zu übertragen – zum Beispiel auf das Speisezimmer, das er 1902 auf der Ausstellung moderner dekorativer Kunst in Turin zeigte. Von ihm stammt auch eines der elegantesten Plakate der Zeit (Abb. S. 112). Weit ab von aller illustrativen Vordergründigkeit wandelt dort ein Reiherpaar durch das Bildfeld und läßt die Frage offen, was das wohl mit »Kunst im Handwerk« zu tun hat – es sei denn, man stellt in Rechnung, daß es sich in beiden Fällen um etwas leicht Gespreiztes handelt! Doch kann die Verbindung mühelos hergestellt werden, wenn man beobachtet, wie die Flügelform der Vögel offensichtlich inspirierend auf die Gestalt eines Sessels von Paul eingewirkt hat (Abb. S. 113).

Anregungen aus der Fauna haben in München wohl auch sonst ihren Anteil gehabt, in erheblichem Maße jedenfalls bei Pankok, dem Künstler, der immer am überraschendsten vorging. Auch er hatte wie die anderen –

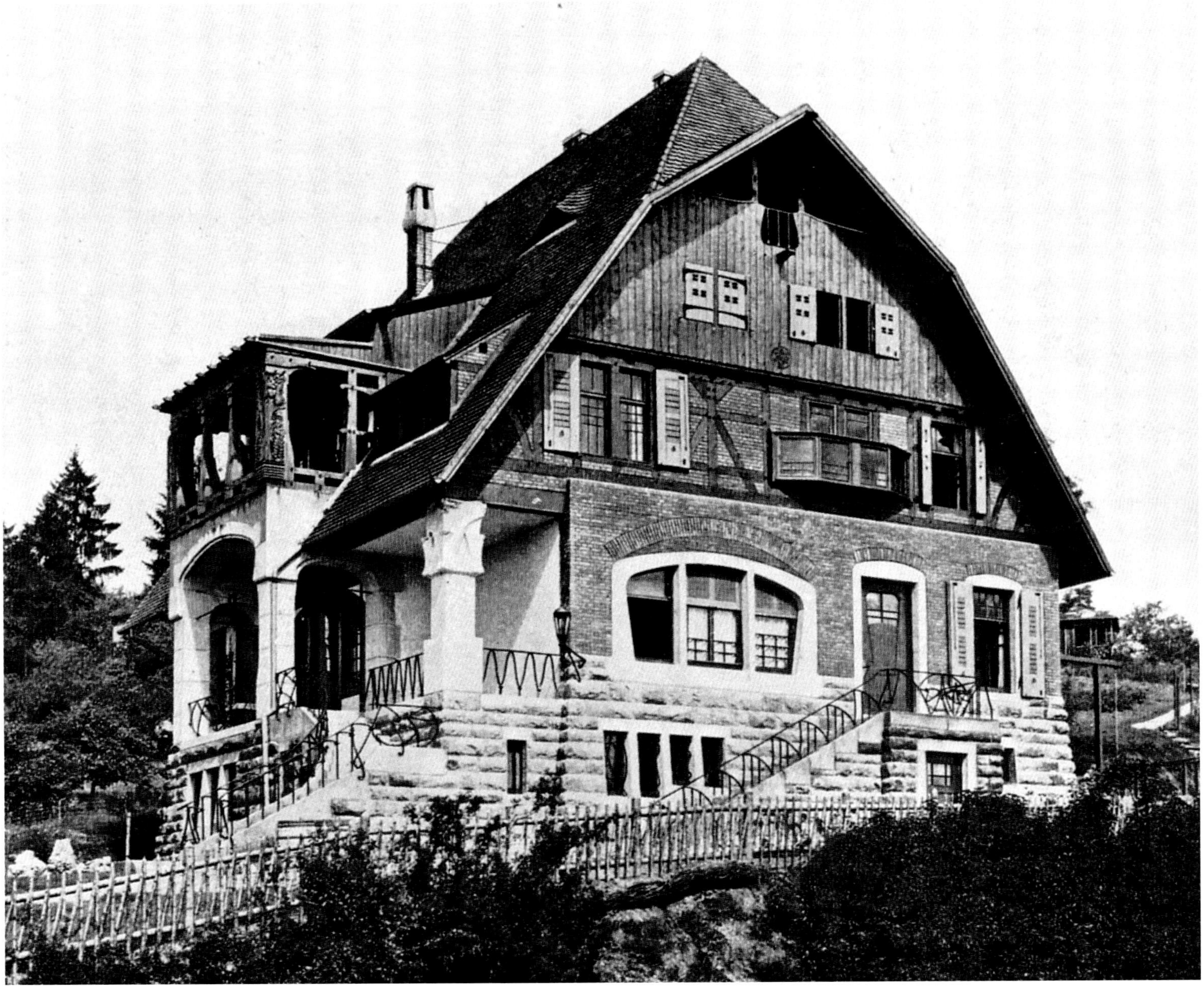

Bernhard Pankok, Haus Lange in Tübingen, 1901/02.

Riemerschmid und Behrens – als Maler angefangen, gab aber im Gegensatz zu ihnen die Malerei nie auf. Vor allem als Porträtist machte er sich später einen Namen, desgleichen als Bühnenbildner und Kostümentwerfer. Daneben schuf er dann immer wieder Möbel von ungewöhnlicher und eigenwilliger Anlage, die zudem auch einen hohen skulpturalen Wert hatten. Der Schrank aus einer Schlafzimmereinrichtung (Abb. S. 114) baut sich kräftig auf Bocksfüßen auf, verjüngt sich dann nach oben, um in zwei Spitzohren zu enden. Die Tür hat ein zweifaches, spannungsvoll konturiertes Relief, doch das innerste Feld wurde fast spielerisch mit einem Intarsienbild geschmückt. Einerseits sind da Vögel zu erkennen, die auf Ästen zu sitzen scheinen, andererseits meinen wir auch Lungenflügel zu sehen, die den Schrank wie ein Lebewesen erscheinen lassen. Gänzlich erlaubt ist diese Annahme, wenn die große, geschwellte Form im Zentrum als ein aktiver Phallus gedeutet werden darf.
Pankok erhielt auch schon früh die Gelegenheit zu bauen. Der Kunsthistoriker Konrad Lange, Ordinarius in Tübingen und 1900 ein Mann von fünfund-

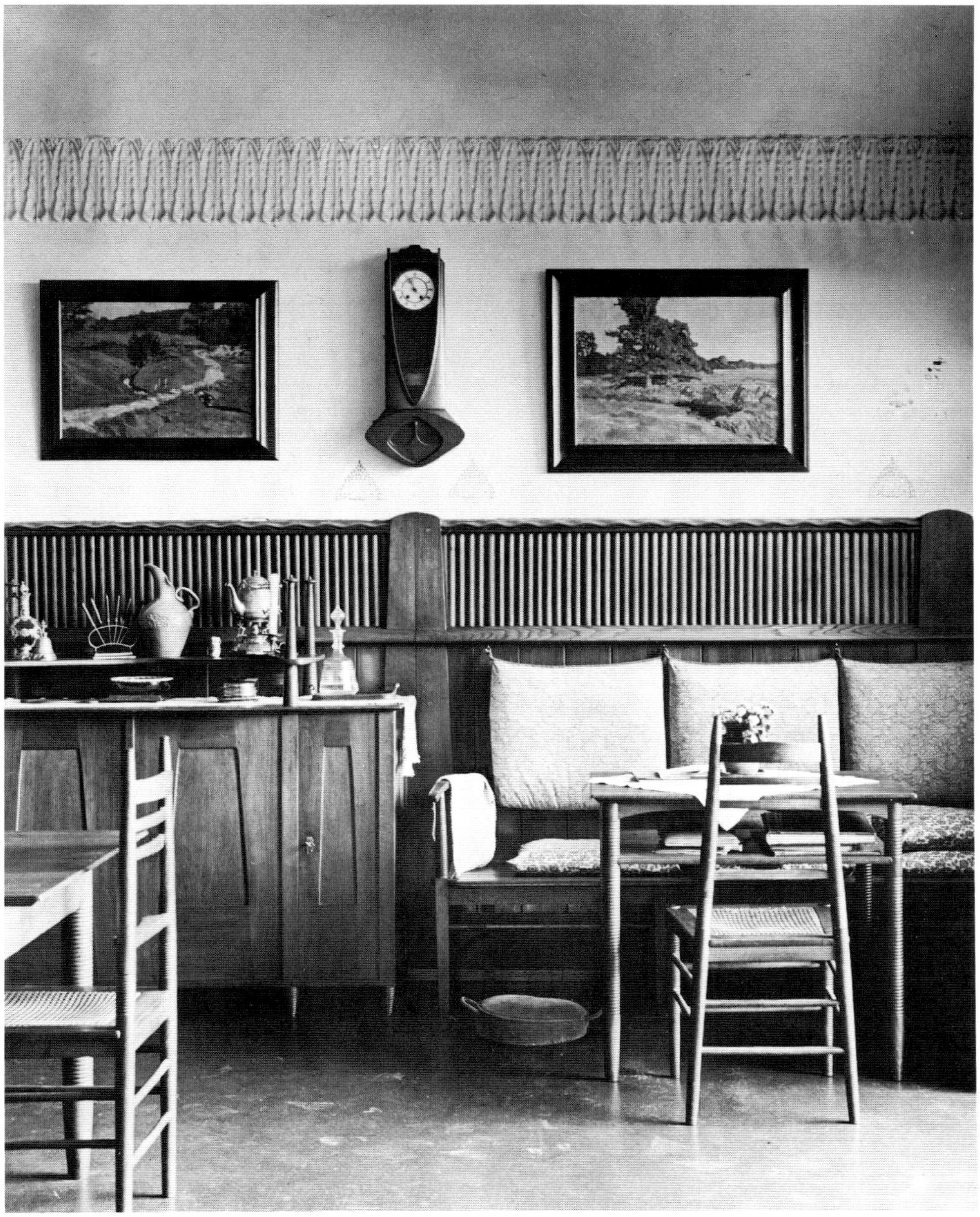

Bernhard Pankok, *Wohnraum im Haus Lange in Tübingen, 1902.*

vierzig Jahren, war so mutig, sein Haus von einem bisher nicht Erprobten entwerfen zu lassen. Vermutlich über die »Werkstätten für Handwerkskunst« in München kam er mit Pankok in Kontakt. Das Ergebnis des gemeinsamen Planens kann nun genausowenig eine Revolution in der Architektur genannt werden wie die gleichzeitig von Riemerschmid erbauten Villen und Landhäuser. Doch besitzt das Haus Lange so viel Unkompliziertheit und Frische, daß es zumindest ein verheißungsvoller Anfang war. Zwar gleicht die Gesamtform noch weitgehend der eines Schwarzwald-Bauernhauses, aber unter und neben dem beherrschenden Krüppelwalmdach haben eine Reihe von Einzelheiten Platz gefunden, die jeglichen Anflug von Schwere und Langweiligkeit unterlaufen. Die Spannung besteht deshalb weitgehend in der Verbindung des Großen mit dem mutwillig Kleinen. Bei der Anlage der Loggien und Erker, der Terrassentreppe, der Fenster- und Türumrahmungen und vor allem der Stütze an der vorderen Hausecke erwies sich Pankok wieder als der phantasiereiche Skulpteur, den man von Anfang an in ihm hatte sehen können.

Das Innere stellte das Musterbeispiel eines »deutschen Heimes« dar, Gediegenheit und Anstand der Dinge waren vorbildlich, der Reformeifer makellos und der Geschmack von Vollkornbrot in allem spürbar. Trotzdem wurde diese Haltung hier wesentlich gelöster vorgetragen als bei Riemerschmid. Bei genauem Hinsehen kann man eine Reihe schöner Einfälle entdecken: der Stuckfries unter der Decke, die witzige Wanduhr, die in ihrem Umriß den Pendelschlag zu wiederholen scheint, die hübschen kleinen Vignetten und dann die Wandverkleidung, deren Riefelung geradezu danach verlangt, genußvoll den Kopf an ihr zu reiben. Und wie eine Bestätigung für die früher geäußerte Vermutung, daß sich Riemerschmids einfache Dinge gern jene Leute gekauft haben, die auch mehr hätten ausgeben können, wirkt es, daß auf der Kredenz ein Krug dieses Entwerfers steht. Fast unmerklich verbinden sich alle Teile durch eine leichte Schräge, die Pankok ihnen im Umriß oder als Binnenform mitgegeben hat. Die grazile Gestalt der Stühle ging allerdings – wie der Besitzer monierte – auf Kosten der Bequemlichkeit.

Unverkennbar Pankoks Handschrift trägt das Musikzimmer, das er 1904 entworfen hat. Seltsamerweise verwirrt die Fülle der Einzelheiten nicht, schnell wird deutlich, daß sie der großen und im Grunde strengen Ordnung der Wandverkleidung eingepaßt ist. Doch der bizarre Schwarm der Lampen setzt das kleine Spiel von dort im Raum fort – und nun weiß man plötzlich, daß man unter Wasser ist, umgeben von Algen, Korallen und allerlei Kräuselgetier, stumm beobachtet von einer Schar schwebender Rochen. Dieser verschwenderisch reiche Raum, der für eine der letzten wichtigen Ausstellungen ausgeführt worden war, die damals veranstaltet wurden, bildete recht eigentlich den Abschluß des Jugendstils Münchner Prägung. Ähnliches ließ sich nicht mehr wiederholen, der Sinn stand mittlerweile auch nach anderem. Das kann nun gerade in diesem Fall bedauert werden, denn die Leistung zeigte unverkennbar einen Höhepunkt an.

Bernhard Pankok, ein Musikzimmer, das 1904 auf der Weltausstellung in St. Louis gezeigt wurde, danach in der Stuttgarter Landesgewerbeanstalt. Heute zerstört.

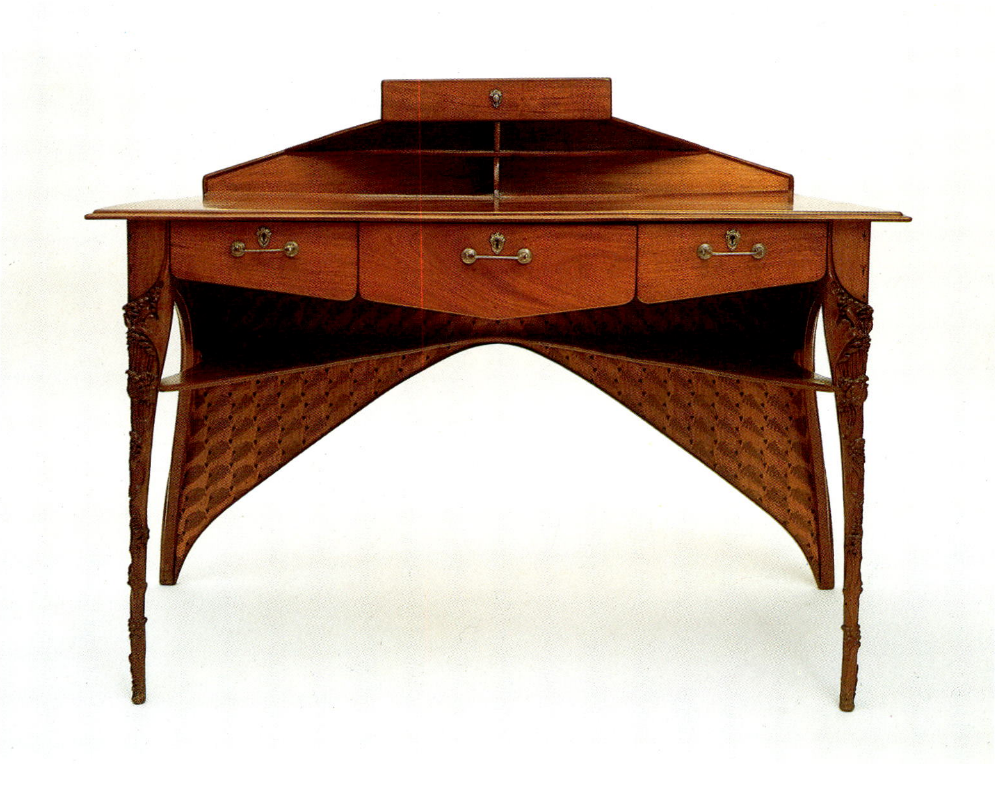

Bernhard Pankok, Damenschreibtisch, München 1900/01, Mahagoni und Kirschbaum. Galerie Geitel, Berlin

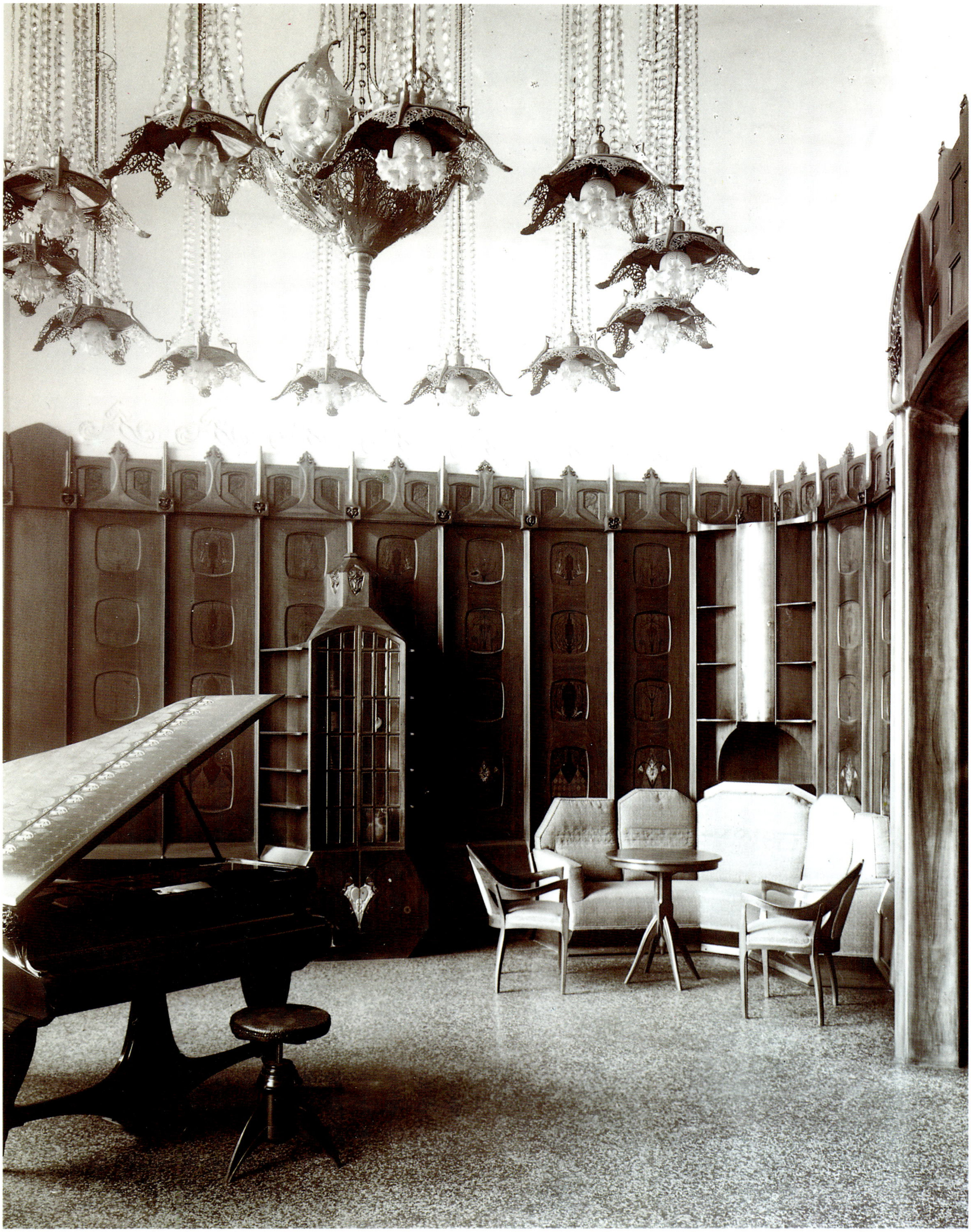

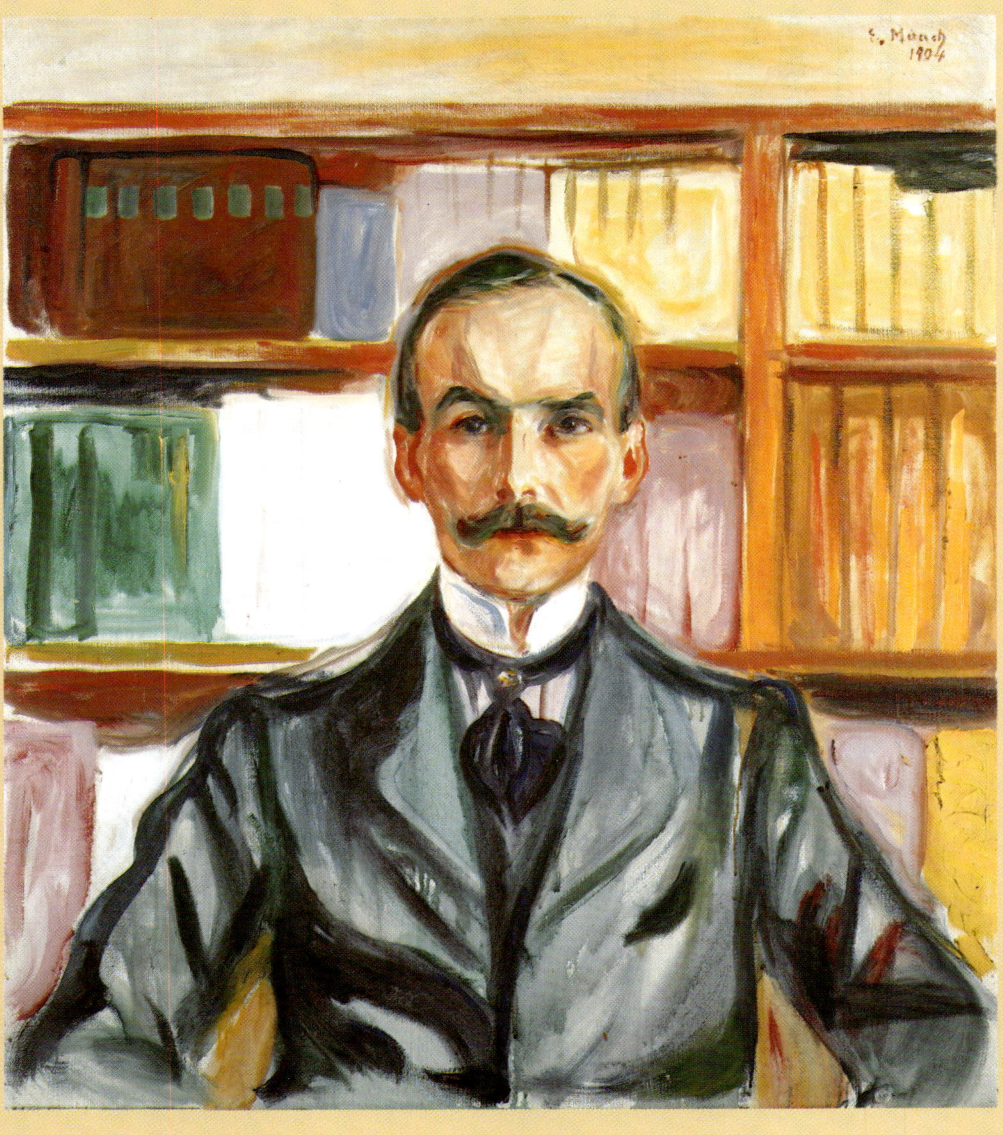
E. Munch
1904

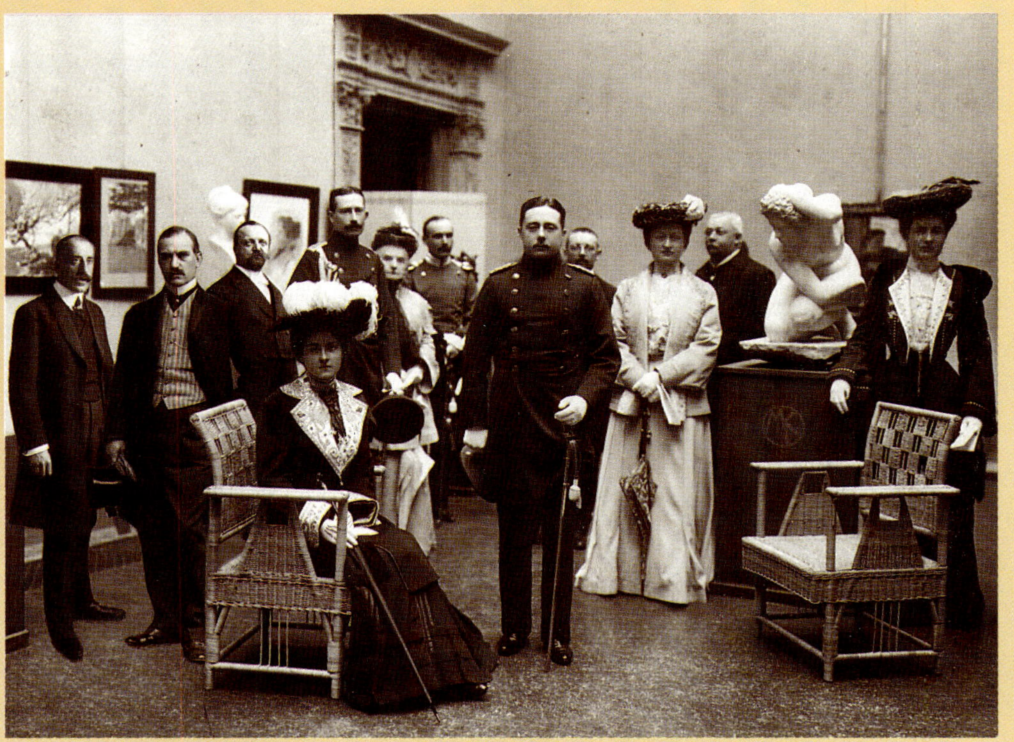

Weimar

Seit der deutschen Klassik ist Weimar ein Begriff und nicht nur ein Ort. Um 1800, unter der Regierung des Herzogs Karl August, hatte die stille, weder politisch noch ökonomisch zählende Residenzstadt ihre Erweckung erlebt und sich zu jenem »Athen an der Ilm« gewandelt, als das es sich in die deutsche geistige Landschaft einschrieb. Johann Wolfgang von Goethe, Friedrich Schiller, Christoph Martin Wieland und Johann Gottfried Herder und andere hatten hier dauernd oder zeitweise gelebt – das adelte den Ort und enthob ihn der Provinzialität.

Im Zuge der Teilung Sachsens im siebzehnten Jahrhundert war Weimar die Hauptstadt des thüringischen Herzogtums Sachsen-Weimar-Eisenach geworden, eines unzusammenhängenden Gebietes mit regional unterschiedlichen Flächengrößen – wohl einer der kleinsten unter den deutschen Kleinstaaten. Dennoch avancierte er 1815 auf dem Wiener Kongreß zum Großherzogtum. Wirtschaftlich blieb die Landschaft Thüringens trotz der Industrialisierungsschübe im neunzehnten Jahrhundert eher bescheiden. Es fehlte an Bodenschätzen; Rohstoffe und auch Halbfertigware mußten eingeführt werden. Handel und Gewerbe behaupteten sich noch am ehesten.

Neues Ansehen erlangte Weimar in der zweiten Hälfte des neunzehnten Jahrhunderts unter Großherzog Karl Alexander, der von 1853 bis 1901 regierte. Der standesbewußte Herrscher beanspruchte eine Vorrangstellung gegenüber den anderen sächsischen Herzogtümern; die preußische und russische Gesandtschaft für alle Thüringer Kleinstaaten zog er nach Weimar. Der im Vergleich liberale Großherzog steuerte anfangs einen politisch neutralen Kurs mit einiger Distanz zu Berlin. So nannte er die Auseinandersetzungen von 1866 einen »kriminellen Bruderkrieg«. Doch nach der Reichsgründung unterstützte er den Kaiser in der Annahme, daß sich nun der Einfluß Preußens verteilen und mäßigen werde – eine nicht ganz unbegründete, aber dann doch vergebliche Hoffnung. Der trotz aller Reichstreue einflußlose Großherzog versuchte nun – hierin ein Vorgänger des viel jüngeren Ernst Ludwig in Darmstadt –, um so mehr das kulturelle Ansehen seiner Residenzstadt zu fördern. Eine 1860 gegründete Malerschule unterhielt er aus seiner Privatschatulle, so bekannte Künstler wie Wilhelm von Kaulbach, Max Liebermann und Arnold Böcklin gehörten ihr zeitweise an. Für den Einfluß des Neuen, vor allem aus Frankreich, war man hier zum Teil früher und stärker aufgeschlossen als in Berlin, München und Dresden.

Auch die Erlauchten anderer Kunstgebiete beehrten die Stadt offensichtlich

Gegenüberliegende Seite: Portrait Harry Graf Kessler von Edvard Munch, Weimar 1904, Privatsammlung, und Eröffnung einer Klinger-Ausstellung in Weimar, 1903, im Vordergrund der Großfürst Wilhelm Ernst und seine Gemahlin, links ist später durch eine Montage Henry van de Velde in das Bild eingefügt worden, vor der hellen Wand Harry Graf Kessler.

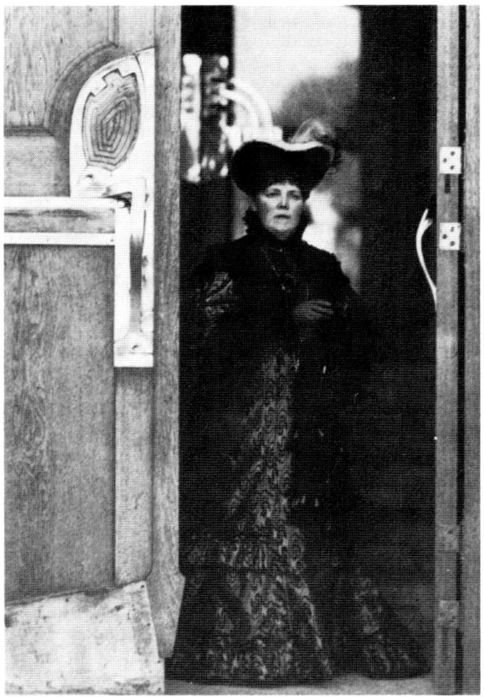

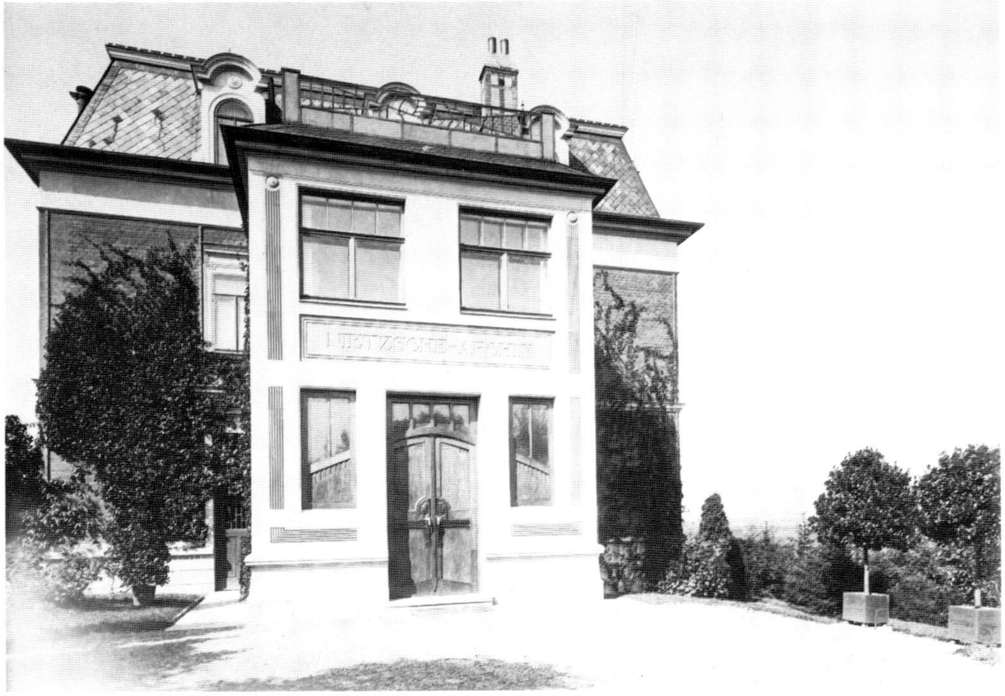

Nicola Perscheid, Elisabeth Förster-Nietzsche im Eingang des Nietzsche-Archives in Weimar, 1904, der Türgriff von Henry van de Velde, desgleichen der Stoff des Kleides.

Henry van de Velde, das in der Eingangszone von ihm umgestaltete Haus des Nietzsche-Archives in Weimar, 1903.

gern. Franz Liszt und Friedrich Hebbel nahmen Weimar zum Aufenthaltsort. Der Musenhof von einst schien sich erneut belebt zu haben, und dankbar wurde auch die Erinnerung gepflegt: Seit 1889 bestand hier das Goethe-Schiller-Archiv, das in dieser Art erste Institut der Literaturpflege; außerdem war Weimar seit 1890 Sitz der Schiller-Stiftung, und eine Shakespeare-Gesellschaft gab es schon sehr viel länger. Der liebenswürdig-bescheidene Charme der traditionsreichen Residenzstadt, die damals ungefähr 3 000 Einwohner zählte, hatte sich zu erhalten vermocht und konnte damit vielleicht überdecken, daß es dem Lande selbst, das noch weitgehend agrarisch ausgerichtet war, ökonomisch weniger gutging.
Die aufgeschlossene Atmosphäre am Hofe änderte sich jedoch jäh, als nach dem Tod des konzilianten Karl Alexander 1901 dessen Enkel die Regierung übernahm – der kränkliche Sohn war vor dem Vater gestorben. Wilhelm Ernst (Abb. S. 120) war ein preußischer Typ und ganz vom Bonner Corps-Geist geprägt. Er galt als kaltschnäuziger Machtmensch, zwar von scharfem Verstand, aber dennoch gefühllos-borniert und ohne jeden Takt. Jagdvergnügungen und Autorennen waren ihm näher als Künstlerisches. Die Tradition seiner Residenz führte er allenfalls gezwungenermaßen fort, wissend, daß er hier unumgänglich etwas tun mußte.
Trotzdem wurde 1901 sogleich damit begonnen, ein »Drittes Weimar« entstehen zu lassen. Die Situation schien jener in Darmstadt zu gleichen, obwohl Wilhelm Ernst sich in fast jeder Beziehung von seinem fürstlichen Kollegen Ernst Ludwig unterschied. So ging denn auch kaum eine Idee von ihm aus, die Anstöße kamen von anderen und waren offensichtlich von der Hoffnung getragen, den unsteten und cholerischen Regenten führen zu können. Harry Graf Kessler (Abb. S. 120), der hierbei die wichtigste Rolle spielen sollte, kannte den Großherzog schon aus der gemeinsamen Zeit beim Corps, hätte also gewarnt sein müssen. Dennoch scheint es anfangs eine Affinität gegeben zu haben, die entweder aus der standesüblichen Loyalität herrührte oder bestimmt war durch die Natur des Grafen, der vielleicht die rohe Kraft als Ausgleich zur eigenen Verletzbarkeit liebte.

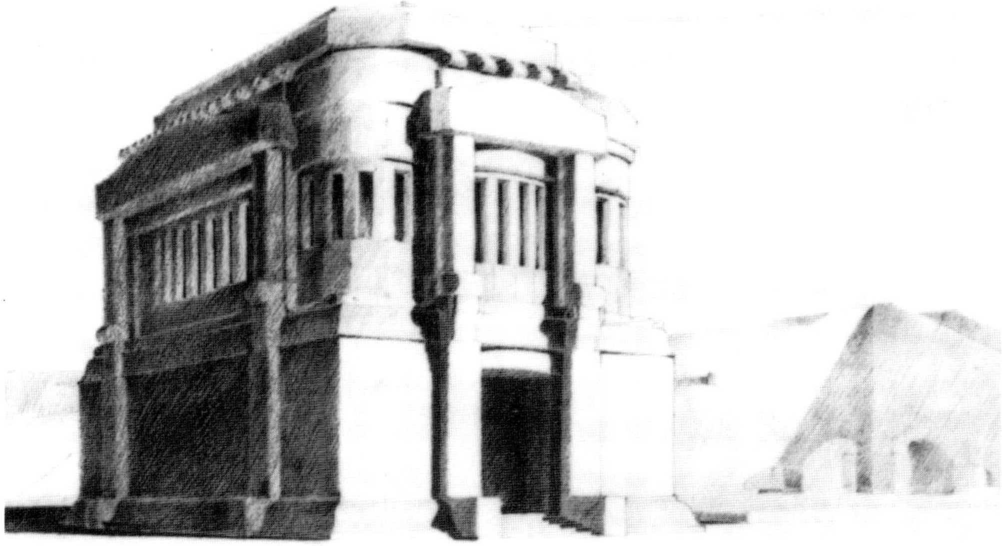

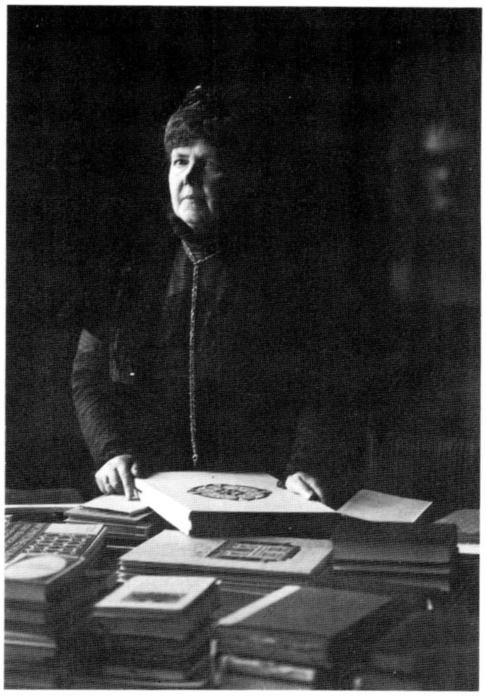

Henry van de Velde, *Entwurf für ein nie gebautes Nietzsche-Stadion in Weimar, 1911/12.*

Louis Held, *Elisabeth Förster-Nietzsche mit der von Henry van de Velde gestalteten Luxusausgabe von Nietzsches »Also sprach Zarathustra«, die 1908 erschienen war, Weimar um 1910.*

Assistenz erhielt Kessler durch Elisabeth Förster-Nietzsche, die Schwester des Dichter-Philosophen. Sie hatte ihren umnachteten Bruder während seiner letzten Lebensjahre in Weimar gepflegt und empfand sich als seine legitime Erbin – eine Verpflichtung, der sie nicht nur hütend, sondern auch korrigierend nachkam. Ihr persönlicher Ehrgeiz führte zu ansehnlichen Ergebnissen: Prachtausgaben zum Beispiel sowie zu einer Erweiterung und Neueinrichtung des Archivs, das sie betreute und mit vielen Aktivitäten zu füllen wußte. Bei allen diesen Arbeiten zog sie verehrend jenen Mann hinzu, der in den folgenden Jahren die künstlerische Physiognomie Weimars bestimmen sollte: Henry van de Velde.
Aber auch ganz nüchtern-wirtschaftliche Gründe lenkten – ähnlich wie in Darmstadt – das Handeln. Das thüringische Gewerbe und die kleinen Industrien des Landes waren zwar handwerklich wie technisch gut gerüstet, bedurften aber dennoch der geschmacklichen Erweckung, um im immer strengeren Kampf des Überlebens mithalten zu können. Gemäß der Losung, daß vor allem Kunst dem Gewerbe helfen könne, wurde nach einer Persönlichkeit gesucht, die hierfür das nötige Ansehen mitbrachte. Von dem Belgier van de Velde, dem gerade in Berlin ein spektakulärer Aufstieg beschieden war, erhoffte man sich in Weimar sowohl die starke formende Hand wie auch die Vermittlung lukrativer Aufträge für die heimischen Handwerker. Zumindest hatte Kessler dieses in Aussicht gestellt, als er seinen Freund für die Position vorschlug. Er selbst übernahm 1902 die Leitung des »Museums am Karlsplatz«, auch gern Kunstgewerbemuseum genannt. Beide verkehrten von nun an bei Hofe.
Kessler und van de Velde hatten sich in Berlin näher kennengelernt. Der Wunsch, ihre Umgebung künstlerisch zu missionieren, erfüllte beide in gleicher Weise, den einen als Mäzen und vielseitigen Anreger, den anderen als den theoriegestärkten Künstler. Beide fühlten sich zwar einerseits zu den Metropolen hingezogen, wollten ihnen andererseits aber auch gerne entgehen, um sich zurückgezogen einer konzentrierten Arbeit widmen zu können. Damit verkörperten sie in sich den künstlerischen Konflikt der Zeit.

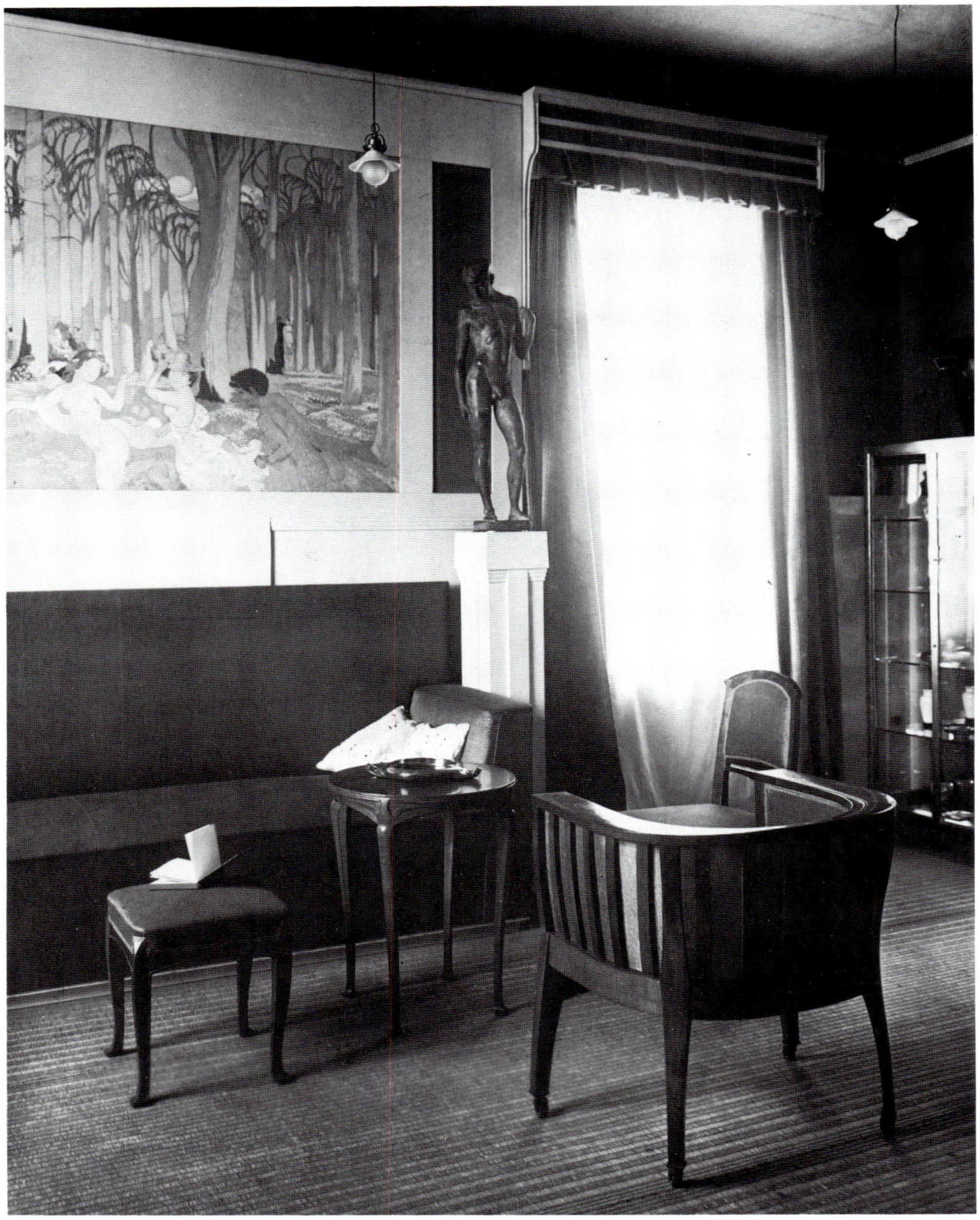

Henry van de Velde, Sitzgruppe in der Wohnung von Harry Graf Kessler in Weimar, 1902 und später, also nach der Umwandlung, des Speisezimmers zum Salon. Die Figur stammt von Aristide Maillol, das Wandbild von Maurice Denis.

AMO

J'AIME LES FLEURS QUI SONT LES yeux de la Terre, qui s'ouvrent dès qu'Elle se réveille pour nous dire l'éclat de sa joie, simple et enfantine, la gravité de ses pensées lourdes et obsédantes et de ses désirs inassouvis, l'ironie de sa cruauté ou l'infinie douceur de sa bonté.

J'aime les arbres qui réussissent où nous avons échoué et réalisent en beauté, sans l'intervention d'aucun bon sentiment, par le seul miracle de leur parure et de leur silence, la lutte et le choc des efforts et de l'égoïsme qui sont pareils à ceux qui décident de notre destinée. Pas un juge prononce parmi eux le jugement hautain; pas un prêtre la promesse fallacieuse du pardon de la faute commise contre les autres; pas un docteur applique le remède, panse la plaie; pas un voisin jase, colporte le blâme ou la médisance ou la louange chargée d'envie.

Parmi eux, le plus fort impose -- sans plus -- son geste et sa stature, puise sans égards au sol qu'il a mis sous lui. Et le faible s'accommode, fixe son humilité sans honte et sans plainte et sans revendication.

J'aime les corps humains et ceux des animaux. Nos sens affolés ont tout dit du corps de la femme, de celui de l'homme.

Le toucher s'illusionne qu'il caresse les plus beaux fruits, tandis que la vue détaille et découvre que chaque membre du corps humain ressemble aux choses les plus tentantes que son désir pourrait quérir sur Terre autant que dans le Paradis.

L'odorat trahit les fleurs, la senteur des matins et des brouillards d' automne pour les parfums de la chair qui varient selon qu'elle est sans désirs ou ardente, folle ou mortifiée et qui détient ainsi des secrets que la nature lui envie.

L'ouïe a pour la voix humaine des extases telles qu'aucun des sons que la virtuosité arrache aux instruments divins n'en peut provoquer et on sait que le goût ne connaît rien qui enivre plus sûrement que l'effleurement des lèvres et l'eau des bouches.

Tandis que ces instincts ne dissimulent qu'imparfaite-

Henry van de Velde, zwei Seiten seines Textes »Amo«, der 1909 auf der Cranach-Presse von Harry Graf Kessler in Weimar gedruckt wurde.

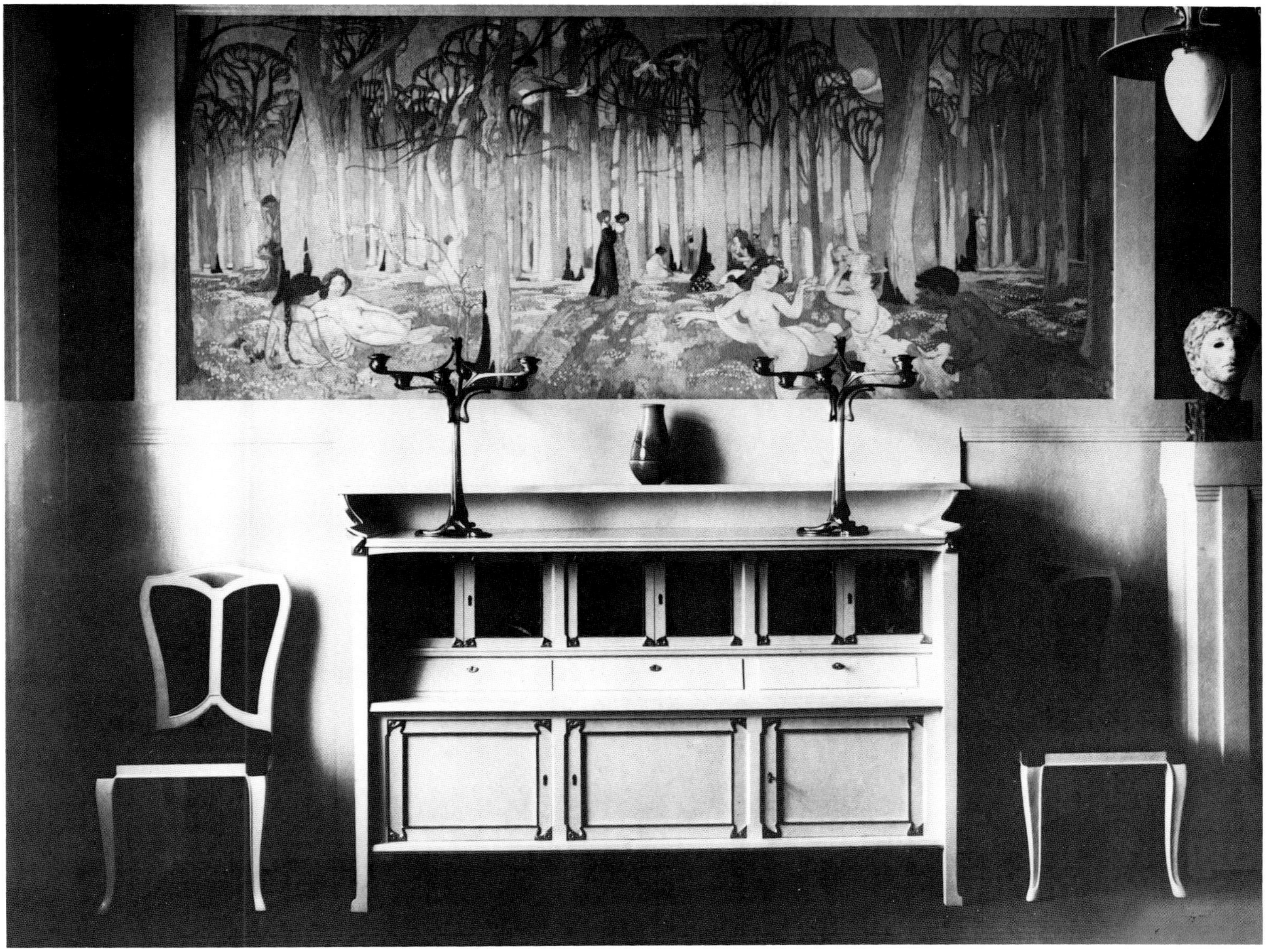

Henry van de Velde, dieselbe Situation in der Wohnung von Harry Graf Kessler in Weimar wie auf dem linken Bild, vor der Umwandlung vom Speisezimmer zum Salon, 1902.

Als Ort der Besinnung schien Weimar nun gut geeignet zu sein. In der Wahl ihrer Wirkungsplätze fühlten beide sich frei, zeitlebens wanderten sie zwischen den Ländern und geistigen Polen. Kessler, obwohl deutscher Herkunft, war in England aufgewachsen und hatte sich dann sehr weltläufig entwickelt. Zwar besaß er in Berlin eine Wohnung, aber länger aufgehalten hat er sich dort erst nach dem Ersten Weltkrieg. Im Wilhelminischen Deutschland konnte er sich genauso als Immigrant fühlen wie der Belgier van de Velde. Dieser war neben ihm der gleichfalls anglophil eingestellte Künstler, der in ähnlicher Weise eine Heimat suchte, die nicht die natürliche sein konnte. Seine vernunftbestimmten Thesen machten ihn gleichsam übernational, sein Bleiben konnte nur dort sein, wo er sich zuerst und am meisten verstanden fühlte. Nach diesem Ort hat er sein ganzes Leben lang gesucht. Beide Männer mußten sich auch treffen in ihrer Zuneigung zu Frankreich. Der Graf war ein Liebhaber der impressionistischen Malerei, für die er in Berlin Freunde zu gewinnen versuchte, der belgische Künstler hatte seine wichtigsten Anregungen in Paris erhalten. Die lebhafte und meisterliche Farbigkeit seiner Räume zeugt davon. Ihrer ganzen Lebensweise nach tendierten beide nach Westen, sie blieben jedoch aus Einsicht und Vernunft Deutschland verbunden. Die reale Chance, die sich für ihr vermittelndes

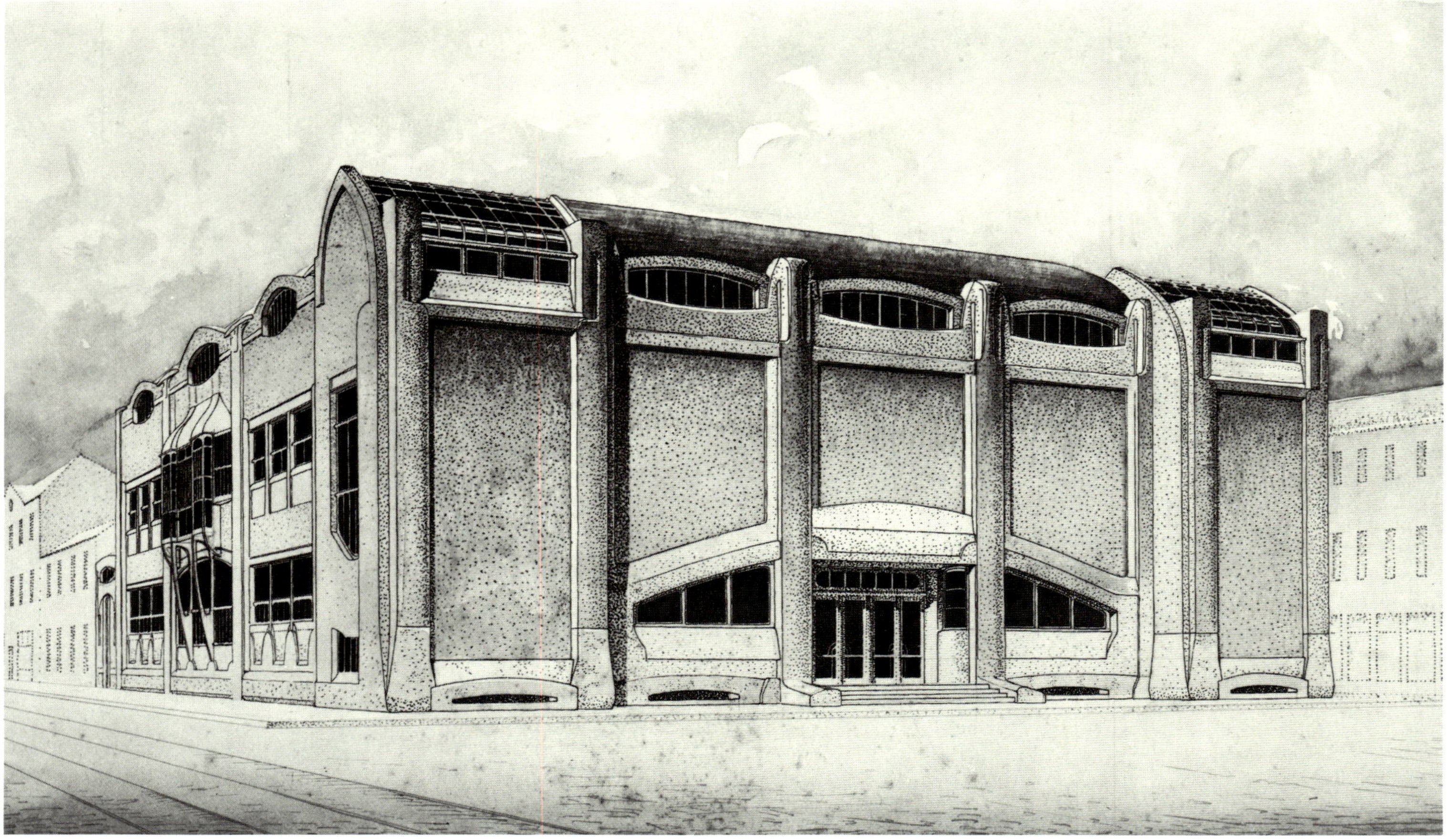

Henry van de Velde, *Entwurf für ein Kunstgewerbemuseum in Weimar, 1903/04. Archiv La Cambre, Brüssel*

Handeln hier bot, war ihnen offensichtlich wichtiger als der gesellschaftliche Glanz von Paris, das überbesetzt zu sein schien.
In seinen Lebenserinnerungen hat van de Velde die Person des Freundes sehr schön geschildert: »Die Beziehung zwischen Graf Kessler und mir war zunächst zurückhaltend und vorsichtig. Der erste Eindruck war der einer tiefen, unüberbrückbaren Distanz. Obwohl wir uns bald durch enge Bande einer fast brüderlichen, unangreifbaren Freundschaft verbunden fühlten, blieb das Gefühl dieser Distanz doch über die fast vierzig Jahre unserer engen Zusammengehörigkeit bestehen. Physisch war Kessler von vollendeter Haltung und natürlicher, selbstverständlicher Eleganz. Wohl war er etwas kleiner als der Durchschnitt, aber wohlproportioniert und ohne jede Spur von Korpulenz. Aus einem schönen Gesicht blickten scharfe, leuchtende Augen, die ohne Härte waren; manchmal trat ein autoritärer Zug in Erscheinung. Wenn man in der Literatur nach verwandten Gestalten suchen würde, so käme man auf Oscar Wildes ›Dorian Gray‹ oder Joris K. Huysmans ›Des Esseintes‹, die Hauptfigur seines Romans ›A Rebours‹...«
Kaum in Weimar angekommen, war es eine der ersten Taten gewesen, für Kessler eine Wohnung einzurichten. Das Zurschaustellen-Müssen, das noch in Berlin die Arbeit van de Veldes belastet hatte, konnte hier entfallen, und fern aller öffentlichen Neugier entstand eine sehr zwanglose Einrichtung. Ihr ist anzusehen, wie subtil sie auf den Besitzer abgestimmt war. Der wichtigste Raum hatte zuerst als Speisezimmer gedient, wurde aber einige Zeit später in einen Wohnraum umgewandelt (Abb. S. 124). Dabei blieb die Wandverkleidung zusammen mit einem festeingefügten Bild des Franzosen Maurice Denis erhalten. Dessen arkadische Stimmung wurde vorzüglich ergänzt durch eine nackte Jünglingsfigur des französischen Bildhauers Aristide

Maillol, und gleichsam als Bestätigung dafür, daß es sich hier um einen im modernen Sinne »griechischen« Raum handelte, konnte das Stück Parthenon-Fries in Gips gelten, das auf der Gegenseite über einem einfachen Kamin angebracht war. Die weißlackierte Anrichte stellt die Variante eines Möbeltyps dar, den van de Velde schon in der Berliner Zeit entworfen hatte. Sie belegt sehr schön, daß der um 1900 vielfach wirksame »Japonismus« nicht nur die Flächenkunst des Jugendstils anzuregen vermochte. Das zartgliedrige Kastenmöbel ist überdies eine geistvolle Paraphrase zu fernöstlichen Vorbildern und weist zahlreiche Feinheiten in der Proportionierung, bei den metallenen Beschlägen und im Schwung der oberen Ausladung auf. Die Stühle dagegen wandeln den Chippendale-Typ eigenwillig ab.
Die neuen Möbel in demselben Raum sind noch strenger und zeigen an, daß ihr Schöpfer mit dem Ortswechsel auch eine leichte Revision seiner Handschrift vorgenommen hat. Dabei können die Eindrücke mitgewirkt haben, die van de Velde in Darmstadt gewonnen hatte, als er 1901 die Ausstellung in Begleitung von Kessler besuchte. Das Versprechen, für einige Zeit kein Ornament mehr zu zeichnen, ist in der Weimarer Wohnung ziemlich konsequent eingehalten worden. Trotzdem ist nichts steif geraten, die Dinge wirken nach wie vor belebt, doch nicht so sehr aufgrund kühner Kurvenzüge, sondern durch ihre Handlichkeit und Logik. Zu dem entspannten Eindruck des Raumes trug vielerlei bei, unter anderem, daß er – wie alle anderen Zimmer auch – mit einfachen Matten ausgelegt war.
Van de Velde zögerte nun auch nicht, seine erfolgreich erprobten Prinzipien auf die Architektur zu übertragen. Da er seine Theorien für umfassend hielt,

»Wenn der Jugendstil mein Kind gewesen ist, so habe ich ihm jedenfalls gründlich den Hintern versohlt!«
Henry van de Velde, aus: Oswalt von Nostitz, Muse und Weltkind. Das Leben der Helene von Nostitz, München 1991

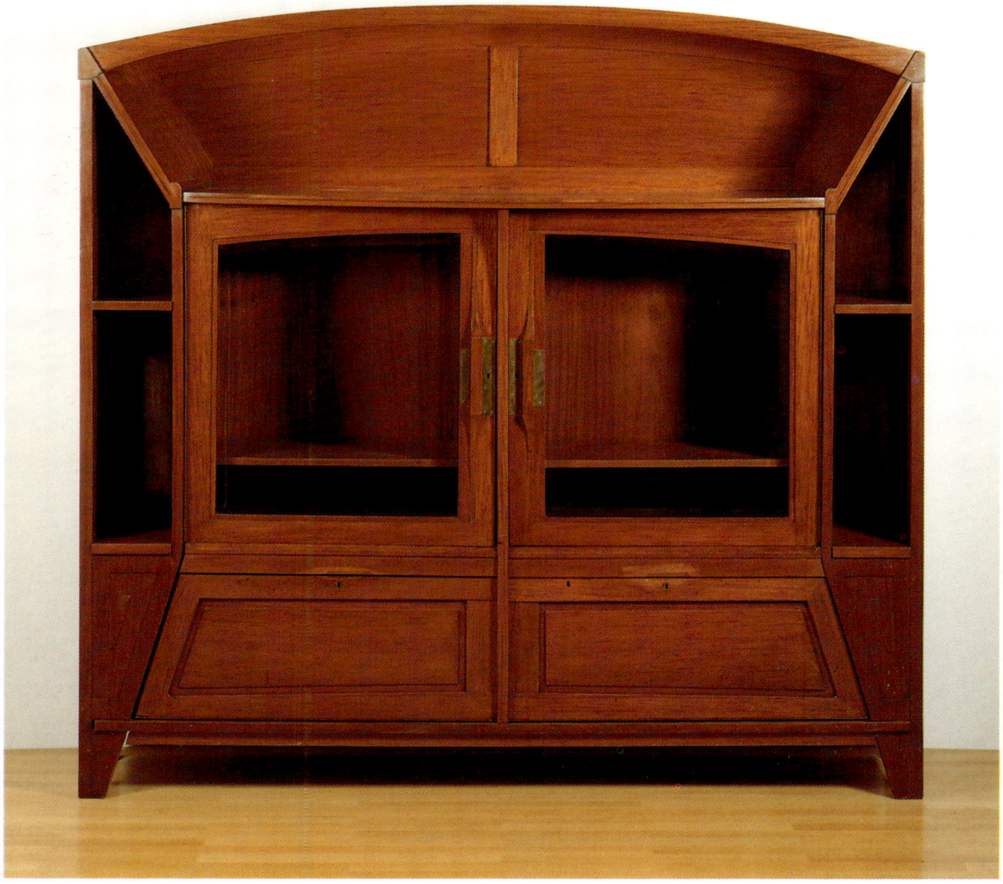

Henry van de Velde, Salonschrank, Weimar, kurz nach 1900, Mahagoni. Museum für Kunsthandwerk, Frankfurt am Main

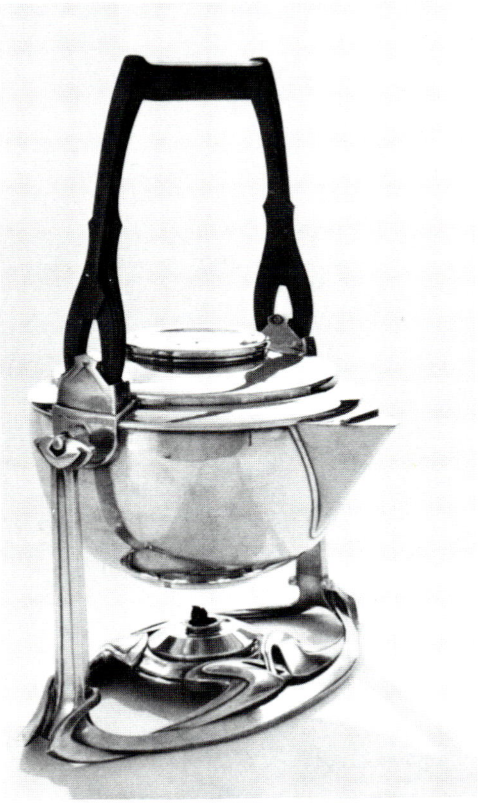

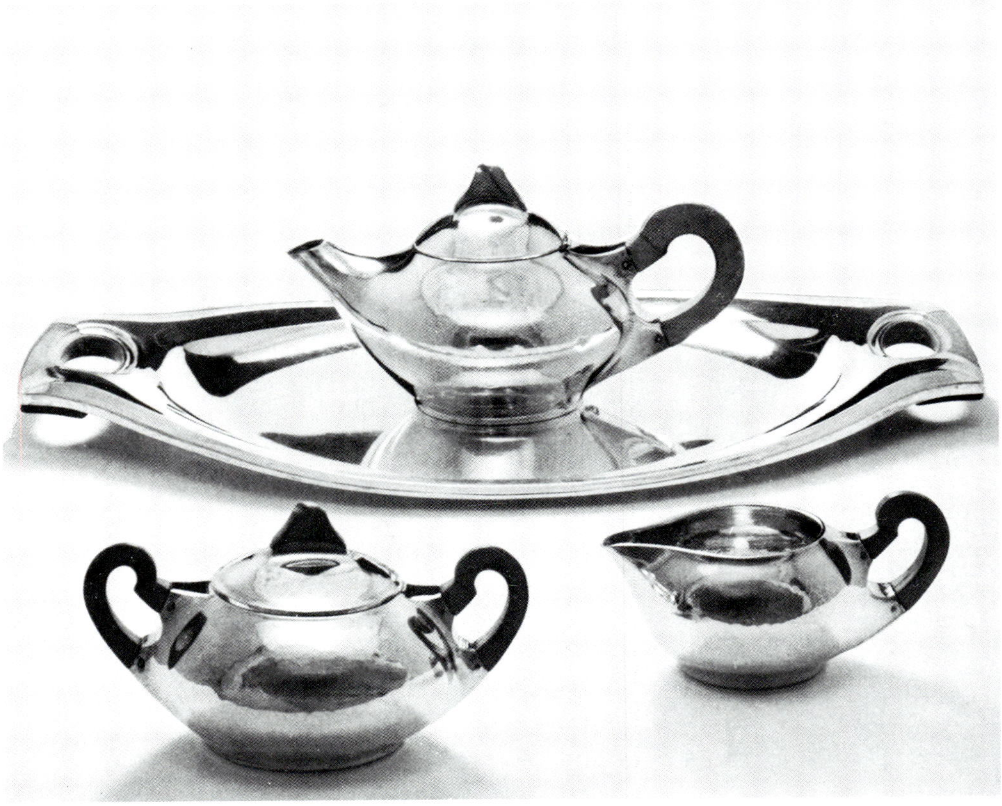

Henry van de Velde, Samowar, Weimar 1902,
Silber mit Ebenholz, 37 cm hoch.
Kunstgewerbemuseum, Zürich

Henry van de Velde, Teeservice, Weimar 1905,
Silber mit Buchsbaum, Länge des Tabletts: 50 cm.
Karl-Ernst-Osthaus-Museum, Hagen/Westfalen

Henry van de Velde, Teller aus dem Meißener-
Porzellan-Service von Seite 129, ∅ 27 cm.
Privatbesitz, München

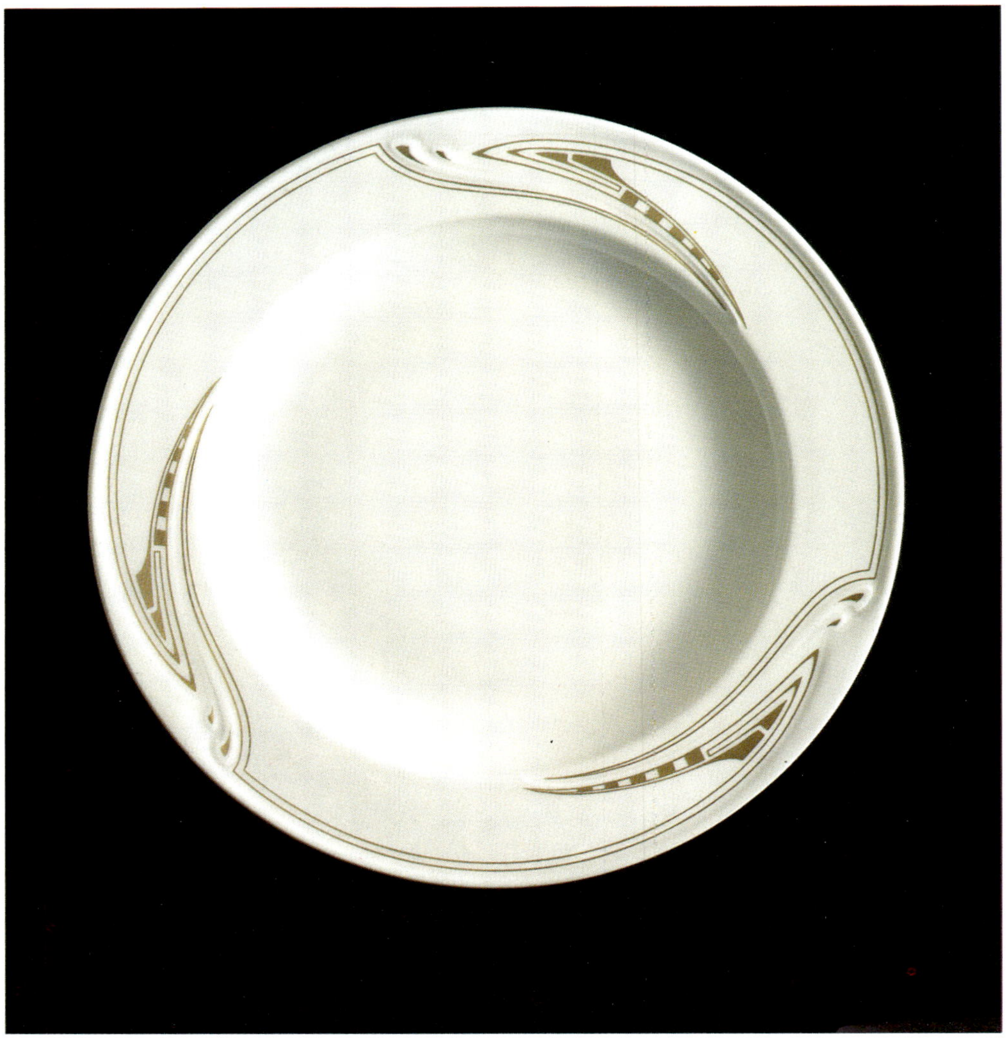

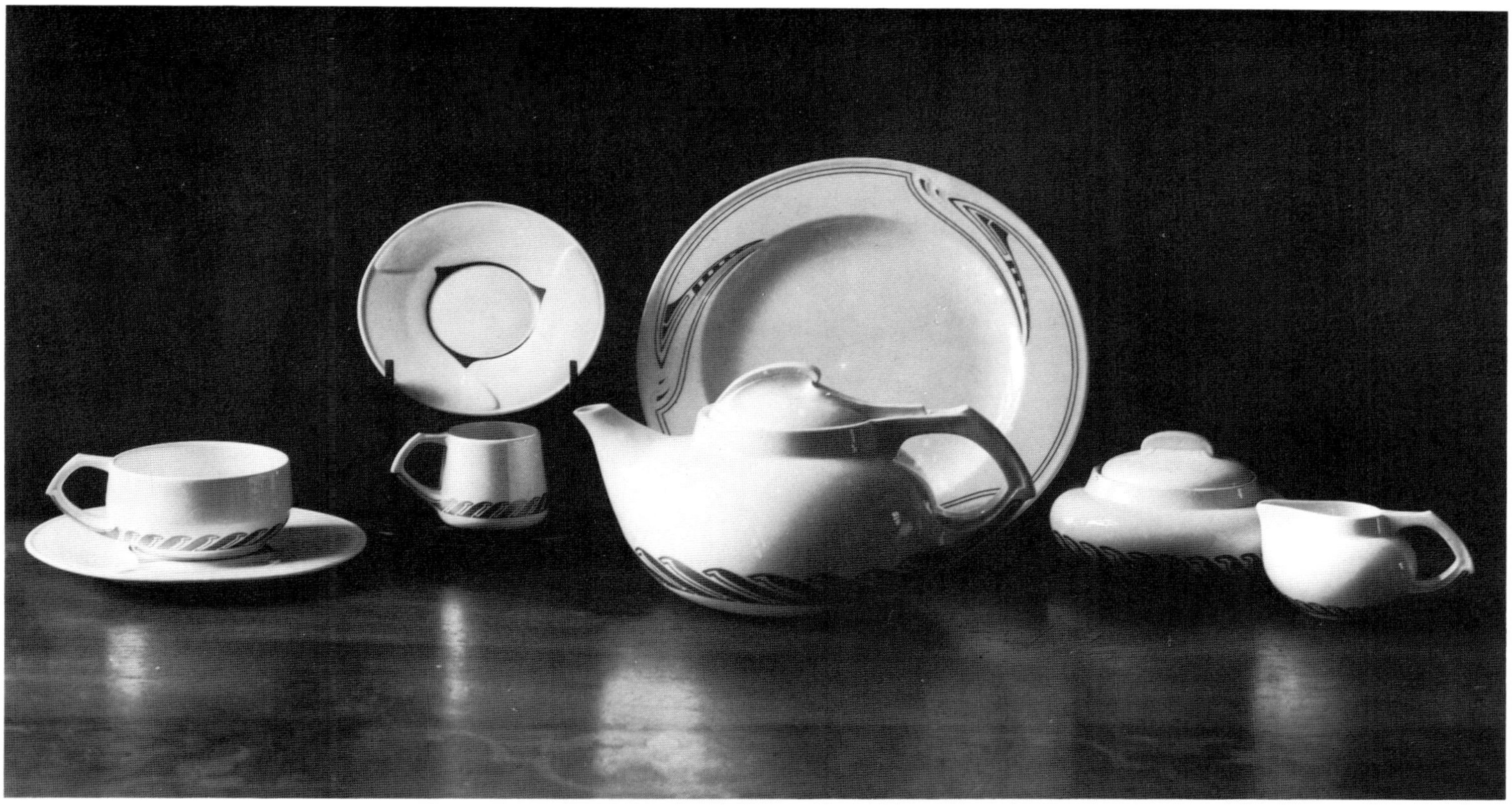

aber bisher kaum gebaut hatte, konnte man auf die Bewährung neugierig sein. Der Entwurf für einen Neubau des Kunstgewerbemuseums (Abb. S. 126), dessen Leitung Kessler ja gerade übernommen hatte, zeigt nun, wie kühn und zugleich fragwürdig das Unterfangen war, bruchlos vom Kleinen zum Großen gehen zu wollen. Der avantgardistische Ansatz ist in der insgesamt unkonventionellen Haltung und in der reichen Plastizität zu erkennen – so spontan und bedenkenlos konnte doch wohl nur ein begabter Dilettant sich der Architektur nähern –, aber evident wird auch, wie sehr das meiste aus dem Möbelbau abgeleitet worden war. Was dort jedoch noch sinnvoll sein konnte, mußte es jetzt nicht mehr sein. Das etwas gewaltsam Erscheinende des eher kleinen Gebäudes ist ein Ergebnis dieser Übertragung ins Große. Auch jetzt taucht wieder das Bogenmotiv auf, das wohl Leichtigkeit einführen sollte, aber kaum mit dem Inneren zu vereinbaren war. Doch zugleich ist auch festzustellen, daß die übliche Bauweise eines Hauses mit Dreiecksgiebeln, Rechteckfenstern und geneigtem Dach hier vermieden worden ist. Der verändernde Ansatz war zumindest umfassend.

Das Projekt wurde nicht weiterverfolgt und gehörte damit zu den ersten Enttäuschungen, die Kessler und van de Velde in Weimar erlebten. Um so erfolgreicher erwies sich dagegen die Zusammenarbeit mit dem heimischen Gewerbe. Der Hofjuwelier Theodor Müller und die Möbelwerkstatt Scheidemantel – beide in Weimar – profitierten sichtlich von der Anwesenheit des Künstlers. Ihr hohes Können wurde endlich entsprechend gefordert. Als belebend erwiesen sich jedoch nicht nur die Aufträge, die van de Velde direkt erhielt, sondern auch der Verkauf von Dingen, die nach seinen Entwürfen hergestellt wurden. Entsprechenden Nutzen hatten vor allem Korbmöbelhersteller in Tannroda, Teppichweber in Weimar, Töpfer in Bürgel, Meerschaumschnitzer in Ruhla und Kunstschlosser in Berka.

Henry van de Velde, Teile eines Meißener-Porzellan-Services, um 1905.

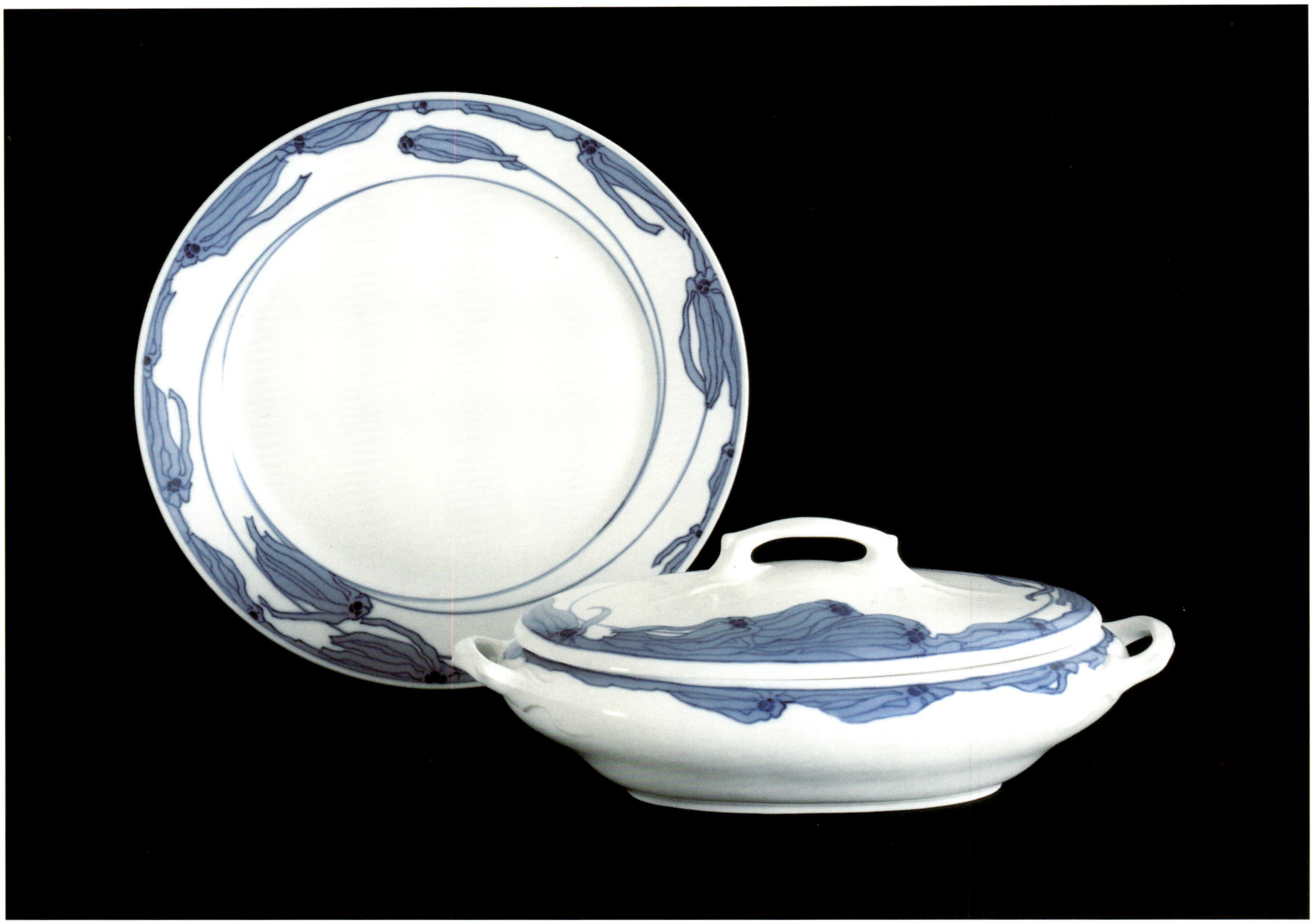

Rudolf Hentschel, *Teile aus einem Meißener-Porzellan-Service mit Arnica-Dekor, 1906, ∅ des Tellers: 25 cm. Privatbesitz, München*

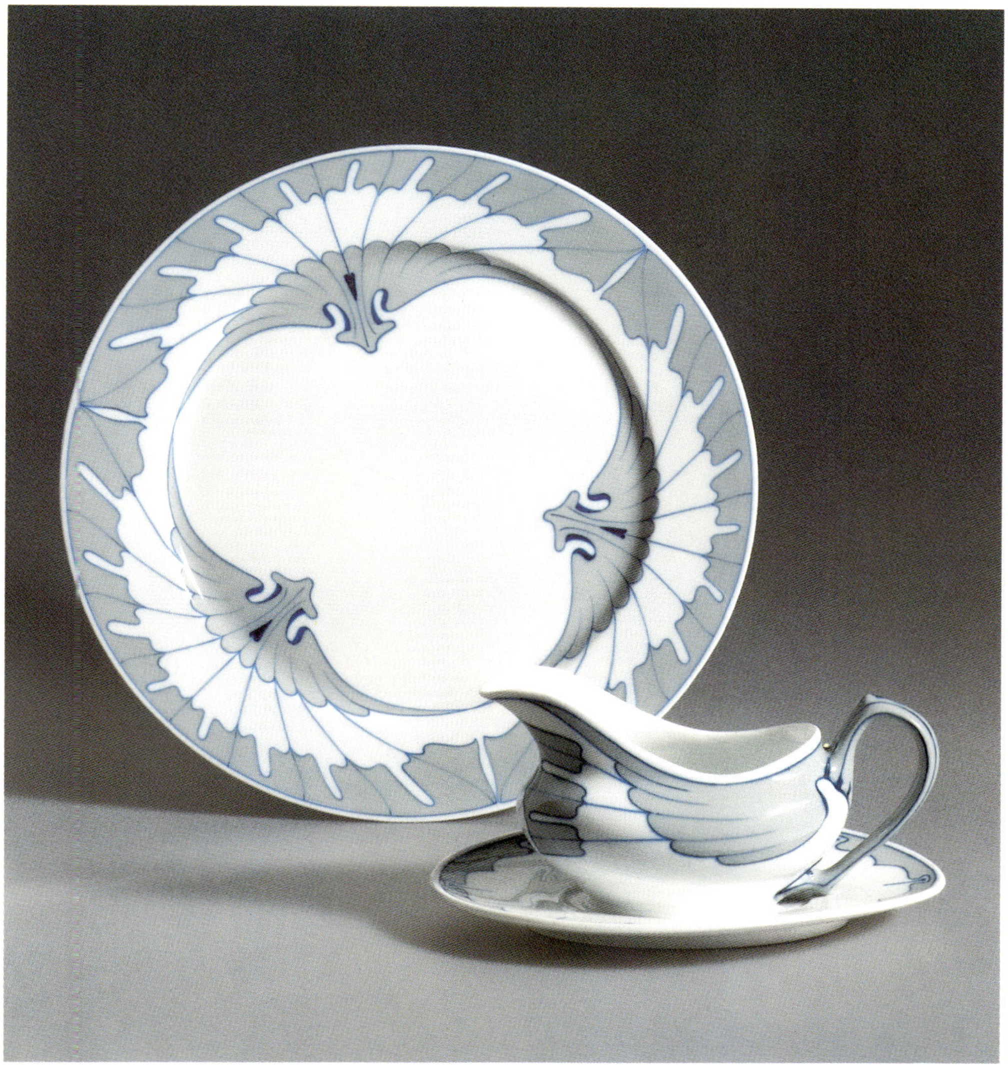

Konrad Hentschel, Teile aus dem Meißener-
Porzellan-Service mit Flügelmuster, 1901, ∅ des Tellers: 26 cm.
Privatbesitz, München

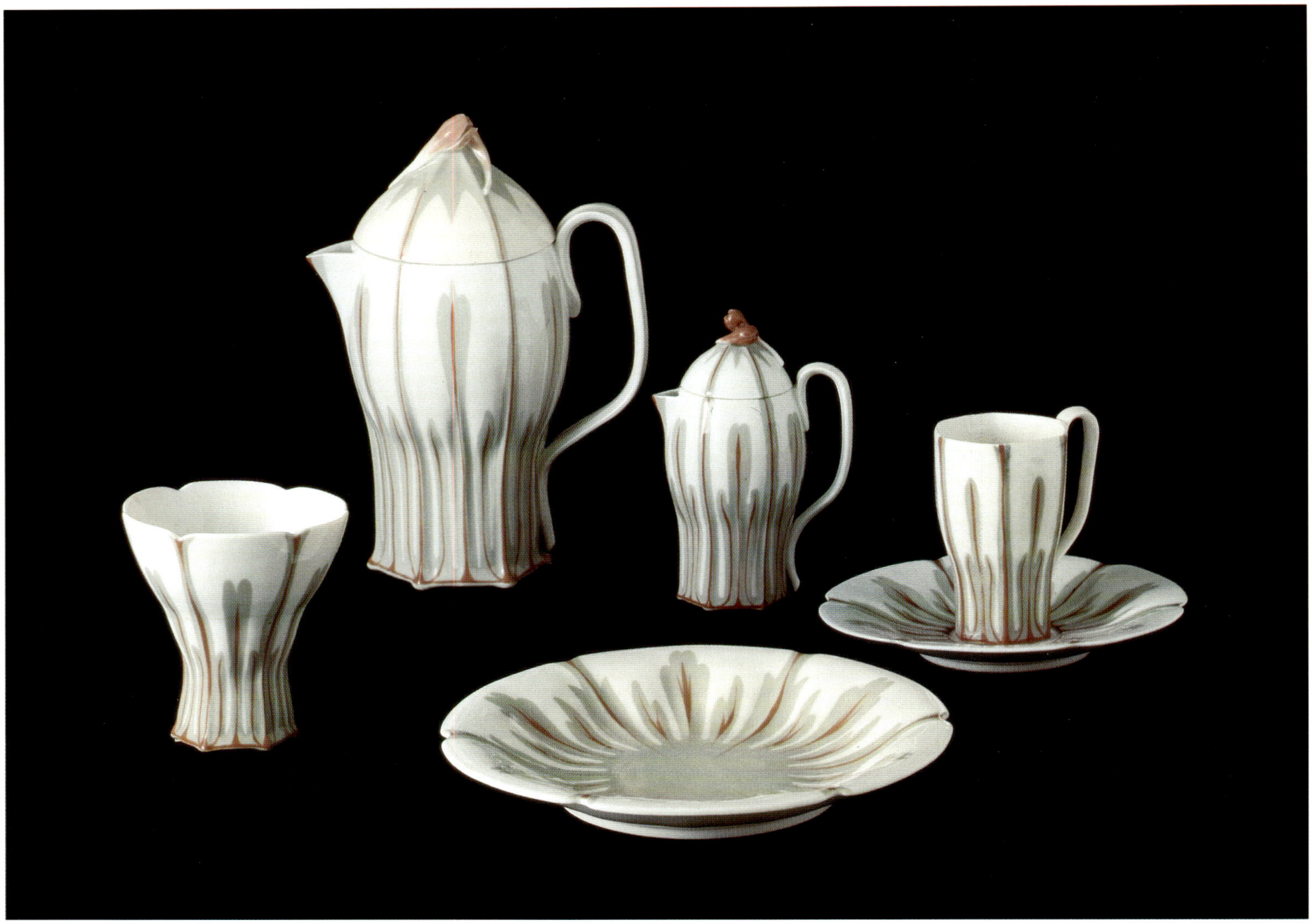

<u>Konrad Hentschel,</u> *Teile aus dem Meißener-Porzellan-Service »Krokus«, 1896, Höhe der Kanne: 20 cm.*
Privatbesitz, München

Der künstlerische Reformprozeß auf kommerzieller Basis wurde außerdem 1902 systematisiert durch die Einführung eines kunstgewerblichen Seminars. Zweck dieser Gründung war es, die Gewerbetreibenden von der Notwendigkeit zu überzeugen, entweder ihre Produkte zu verbessern oder sich ganz umzustellen. In der Praxis sah das so aus, daß die Entwerfer aus den Fabriken ihre Vorschläge vorlegten und dann unter van de Veldes Anleitung so weit korrigierten, bis sie herstellungsreif waren. Zu den Aufgaben des Künstlers gehörten auch Inspektionsfahrten durch das Land, damit die kleinen Betriebe nicht im Stich gelassen wurden. Die verdienstvolle Idee der seminaristischen Betreuung war übrigens nicht neu, eine ähnliche Institution hatte man bereits 1882 mit der »Großherzoglich-Sächsischen Zentralstelle für Kunstgewerbe« ins Leben gerufen. Sie scheint aber nur kurze Zeit bestanden zu haben.
Mit der Übersiedlung nach Weimar hatte van de Velde zwar die Berliner Klientel verloren, aber er mußte sich nicht auf Thüringen und Weimar beschränkt sehen. Aufträge erreichten ihn jetzt auch aus dem benachbarten Sachsen. In Dresden war er gut bekannt, denn eigentlich hatte dort 1897 seine deutsche Karriere begonnen. Vier Zimmer, mit denen er 1895/96 in Paris viel Mißfallen erregt hatte, waren, als sie ein Jahr später in Dresden auf einer großen Kunstgewerbe-Ausstellung gezeigt wurden, ein um so größerer Erfolg. Schon hier – vor dem Durchbruch in Berlin – hatte sich

Henry van de Velde, Lesezimmer im Nietzsche-Archiv in Weimar, 1903.

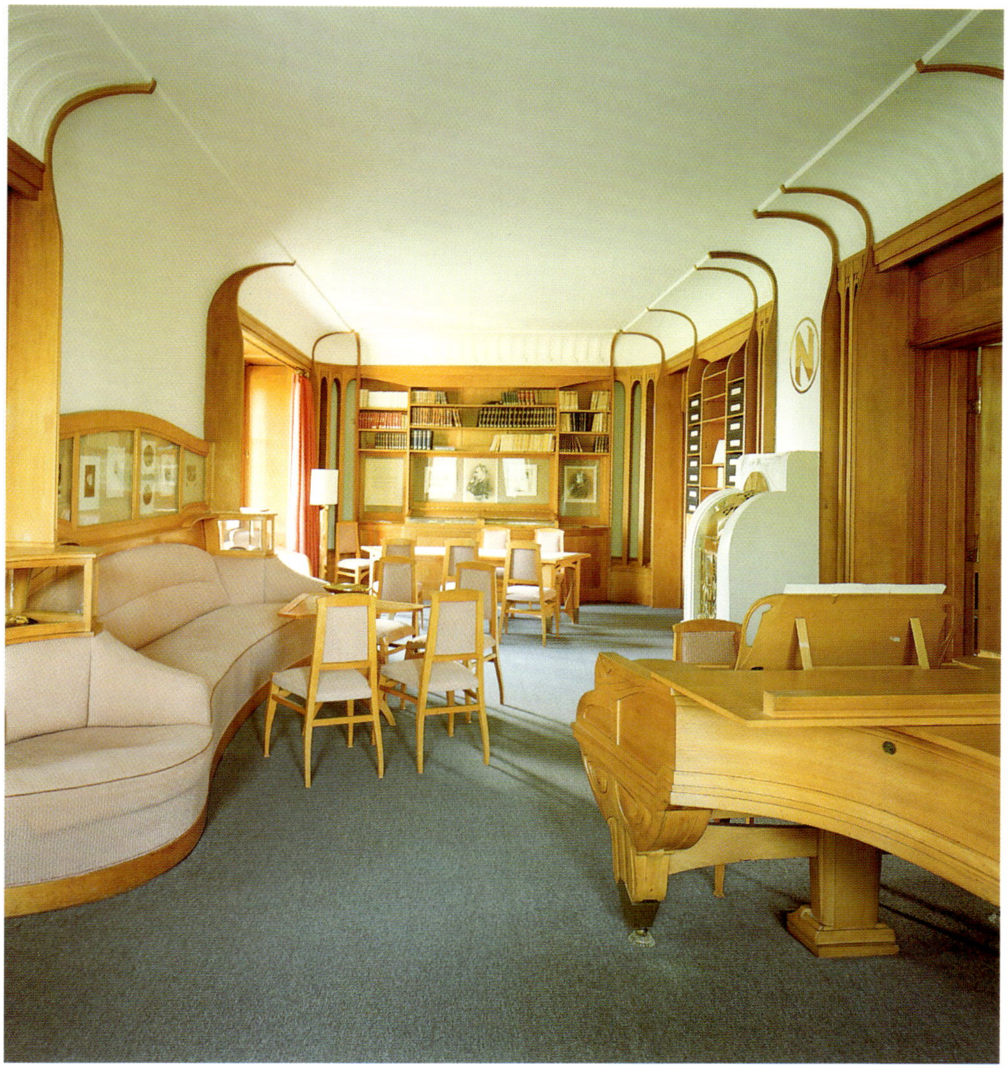

Henry van de Velde, zwei Steinzeugvasen, Weimar 1902/04, Werkstatt Reinhold Merkelbach, Höhr/Grenzhausen, 21,5 und 23,5 cm hoch. Privatbesitz, München

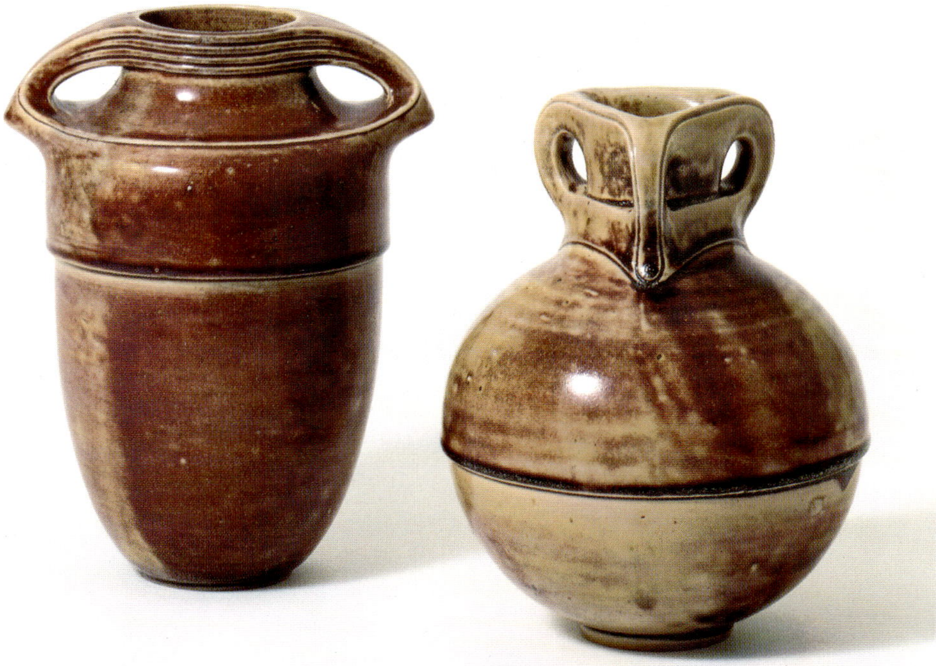

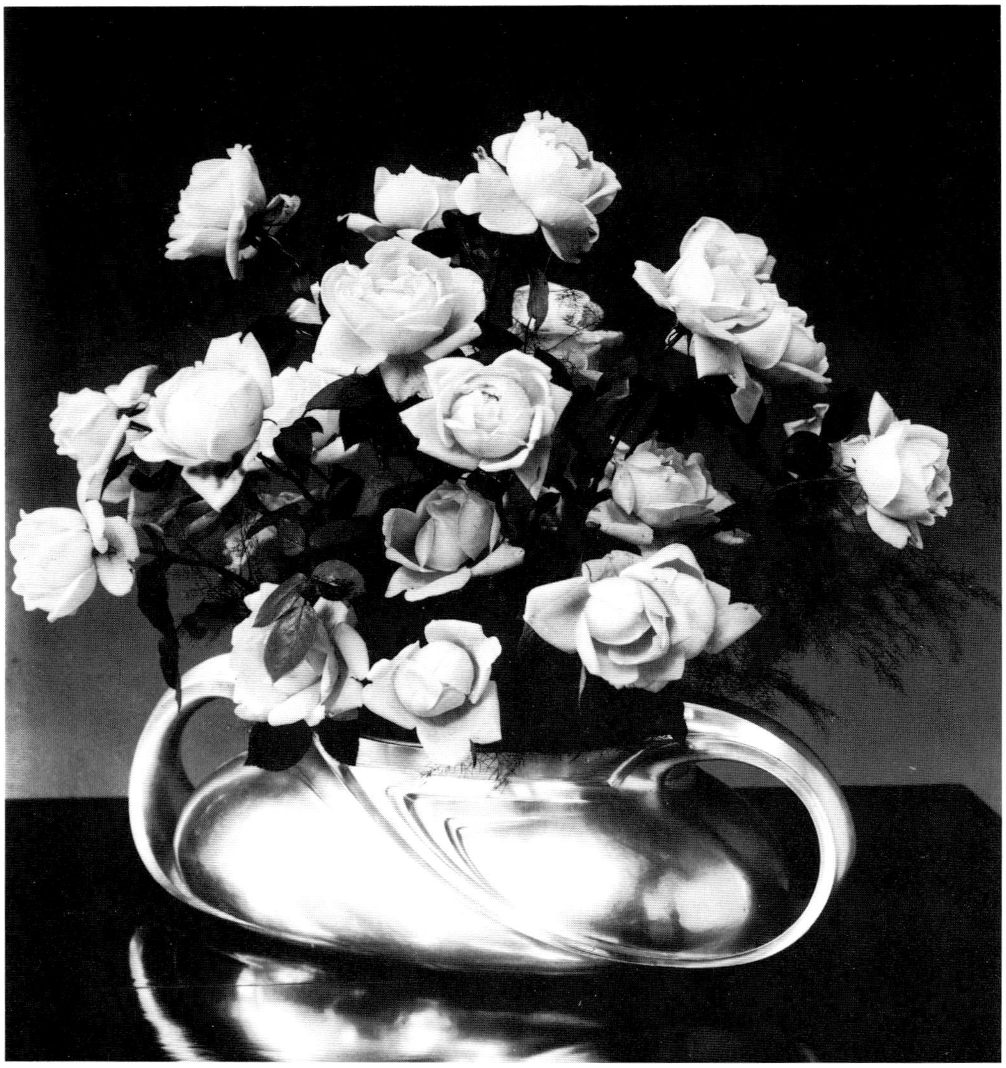

Henry van de Velde, silberne Jardiniere, Teil eines umfangreichen Geschirres, das ein Geschenk des Landes Thüringen an das großherzogliche Paar war, Weimar 1902. Verschollen.

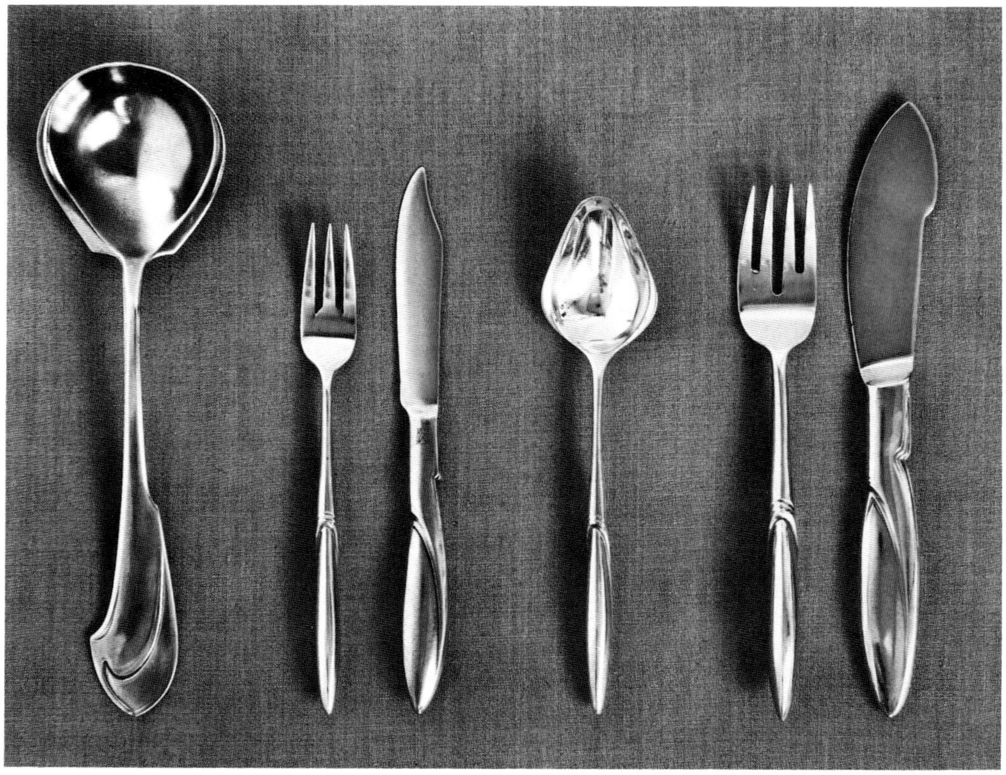

Henry van de Velde, Teile eines silbernen Besteckes, Weimar 1903. Im Besitz verschiedener Museen

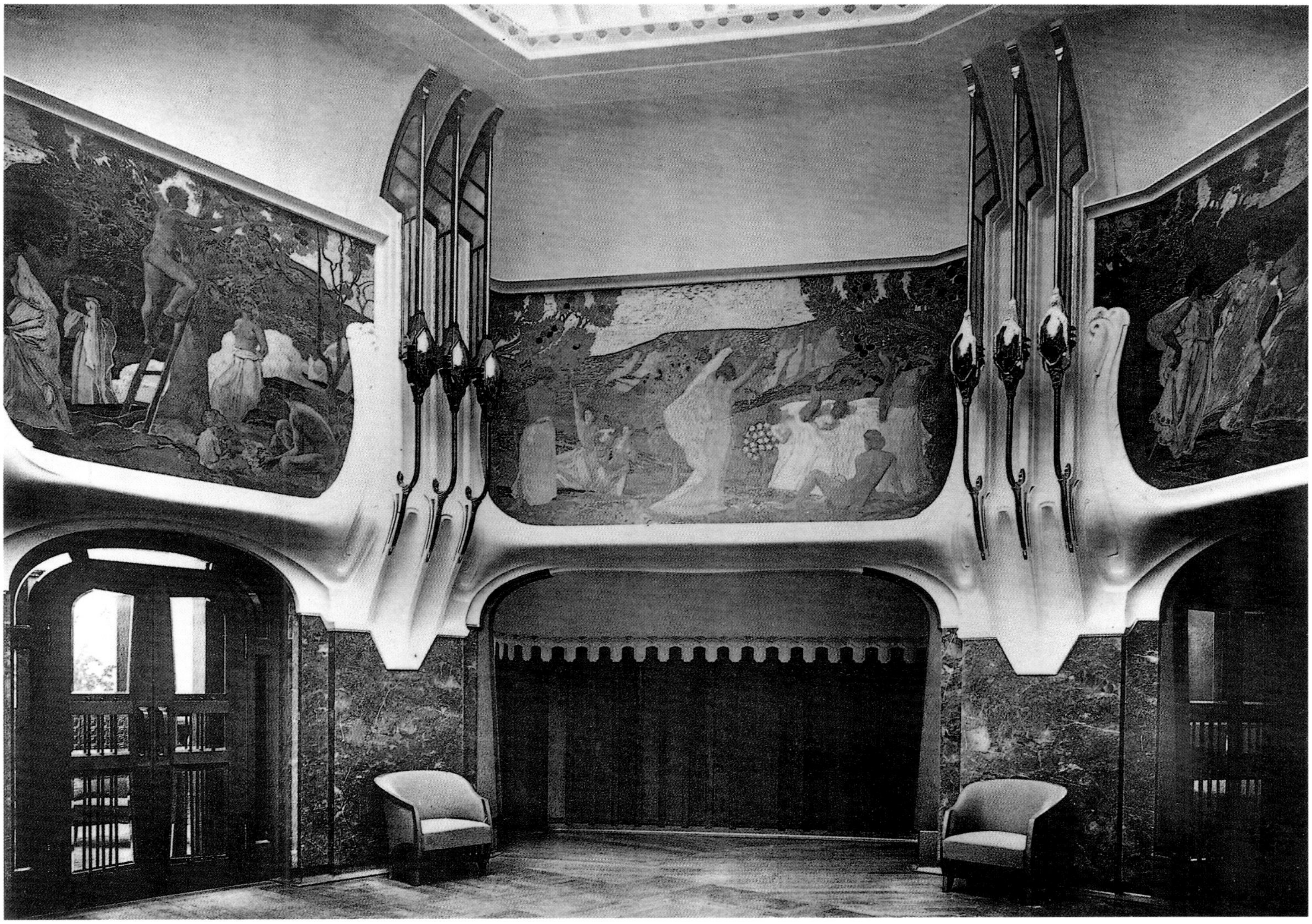

Henry van de Velde, *die Museumshalle auf der Kunstgewerbe-Ausstellung 1906 in Dresden, die Gemälde sind von Ludwig von Hofmann.*

abgezeichnet, daß die spezifische Art van de Veldes in Deutschland wohl am besten verstanden wurde. Die Fortsetzung bildete nun um 1905 die Einrichtung der Galerie Arnold in Dresden (Abb. S. 136, 137), die mehrere Räume umfaßte und sehr gut die betont konstruktive Haltung zeigt, die der Architekt damals einnahm. Ungefähr zur selben Zeit bestellte dann auch die Manufaktur Meißen Entwürfe für ein Porzellan-Service bei ihm. Dort hatte man schon früh moderne Dekors eingeführt.
Das elegant modellierte Porzellan-Service, das van de Velde 1905 für die Meißener Manufaktur entworfen hat (Abb. S. 128, 129), gehört zu den besten Arbeiten des Künstlers. Ein weicher Linienduktus bestimmt sowohl Form wie Dekor, eines ergibt sich aus dem anderen. Dabei ist große Sorgfalt darauf verwendet worden, das Ornament auf den jeweiligen Gegenstand abzustimmen, es also nicht generalisierend zu gestalten. Dem kreisenden Motiv auf dem Teller entspricht in der Funktion das stützende auf den Gefäßen. Obgleich unterschiedlich in der Anlage, ist bei beiden Versionen der Duktus gleich und läßt alle Teile des Services als verwandt erscheinen. Sehr sinnvoll ist die plastische Einzelheit, den Deckel der Kanne durch einen Steg in die Oberseite des Henkels einzusenken. Er sitzt somit unverrückbar fest. Nach ähnlichen Prinzipien hat van de Velde auch ein silbernes Besteck geformt (Abb. S. 134). Das Ornament ist hier ganz in der Form der Griffe und Stiele aufgegangen, aber deutlich unterscheiden sich Messer, Gabel

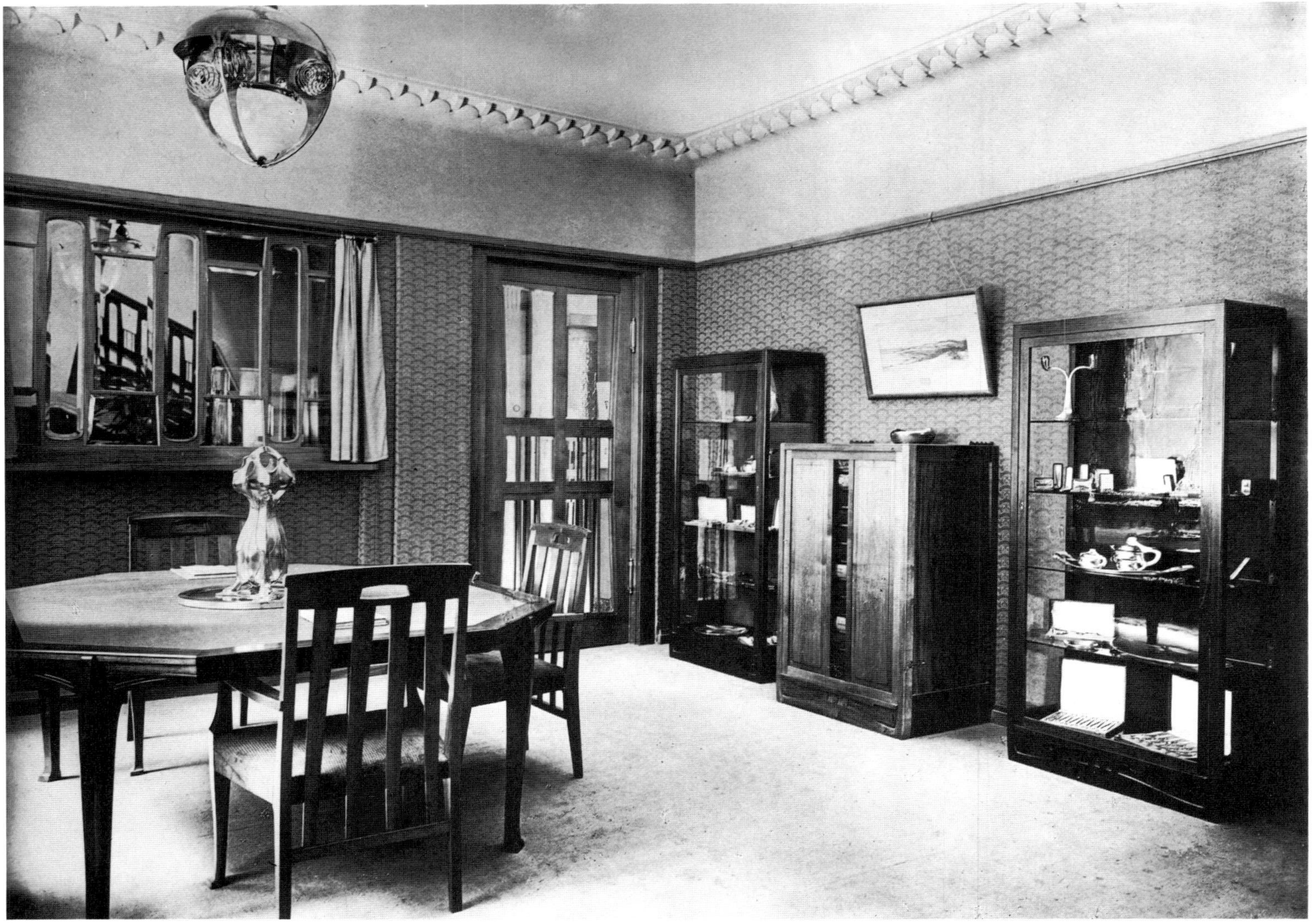

Henry van de Velde, Ausstellungsraum in der Galerie Arnold in Dresden, in dem Silberarbeiten des Entwerfers ausgestellt sind, um 1905.

und Löffel. Jedes Teil hat seine individuelle Gestalt, doch eine gemeinsame lineare Haltung vereinigt sie wiederum.
So vollendet und sinnvoll diese Modellierung im Bereich kunstgewerblicher Arbeiten war, so fragwürdig konnte nach wie vor ihre Übertragung in die größere Dimension der Architektur sein. Gemäß seiner Anschauung glaubte van de Velde so vorgehen zu können, doch die »große Museumshalle für Weimar«, die er 1906 in Dresden auf einer Kunstgewerbe-Ausstellung errichtet hatte (Abb. S. 135), besaß zwar Musikalität und viele originelle Züge, aber im ganzen ein Übermaß an plastischem Ausdruck. Sie erinnerte in ihrer Vehemenz an den leicht schwülstigen Ruheraum, mit dem van de Velde 1897 in Dresden debütiert hatte – zusammen mit den vier Pariser Zimmern –, aber jetzt, fast zehn Jahre später, waren so viel Aufwand und Überzeugungseifer überflüssig. Die künstlerische Logik mochte vielleicht im einzelnen noch stimmen, aber nicht mehr die Dimension. Eines der Grundprobleme des Jugendstils, der Übergang vom Kunstgewerbe zur Architektur, enthüllte sich hier überdeutlich.
Auch im Scheitern war van de Velde prototypisch, an seiner prinzipiellen Bedeutung für Weimar änderte sich damit nichts. Der besondere Vorsatz nun, eine künstlerische Erziehung zur Hebung der Wirtschaft zu betreiben, mußte – zu Ende gedacht – in die Gründung einer Lehranstalt einmünden. Nur mit ihr war es möglich, über die Ad-hoc-Handlungen des Seminars

hinauszukommen. 1907 wurde deshalb eine Kunstgewerbeschule unter seiner Leitung eröffnet, die in den folgenden Jahren erheblichen Zulauf hatte. Das Gebäude, das er für sie errichtete, gehört zu den wenigen öffentlichen Aufträgen, die er ausführen konnte (Abb. S. 138). Obgleich bescheiden im Ausmaß, kommt hier doch eine sehr präzise und ingenieurhafte Auffassung zum Tragen, die bewies, daß van de Velde jetzt einen direkten Weg zur Architektur gefunden hatte. Dabei war für ihn Charakteristisches nicht verlorengegangen, der Dreiviertelkreis in der Fassade zeigt unverkennbar seine Handschrift. Vielleicht ist das Gebäude dazu geeignet, das Beste des Jugendstils zu repräsentieren: die künstlerisch-phantasievolle Unterweisung in funktionale Zusammenhänge. Gleichsam mit einem Zirkelschlag war das Zentrum des Hauses markiert worden – hinter den drei Giebelfenstern lag das Atelier van de Veldes – und zugleich eine energische Verbindung von Hauskörper und Dachform hergestellt. Die Teile greifen sichtbar ineinander, und damit wird unlösbar, was sonst oft wie zusammengesetzt erscheint. Neben einigem anderen gehört somit der Gewinn einer kraftvol-

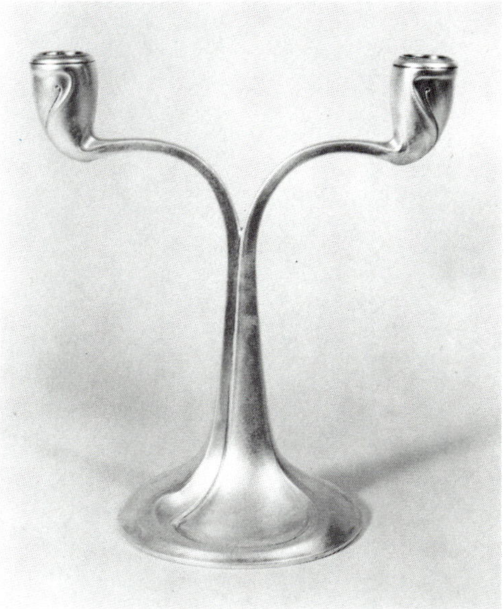

Henry van de Velde, silberner Leuchter, Weimar 1902, (der Leuchter ist auf dem Bild links im Inneren der vorderen Vitrine zu sehen). Kenneth Barlow Ltd., London

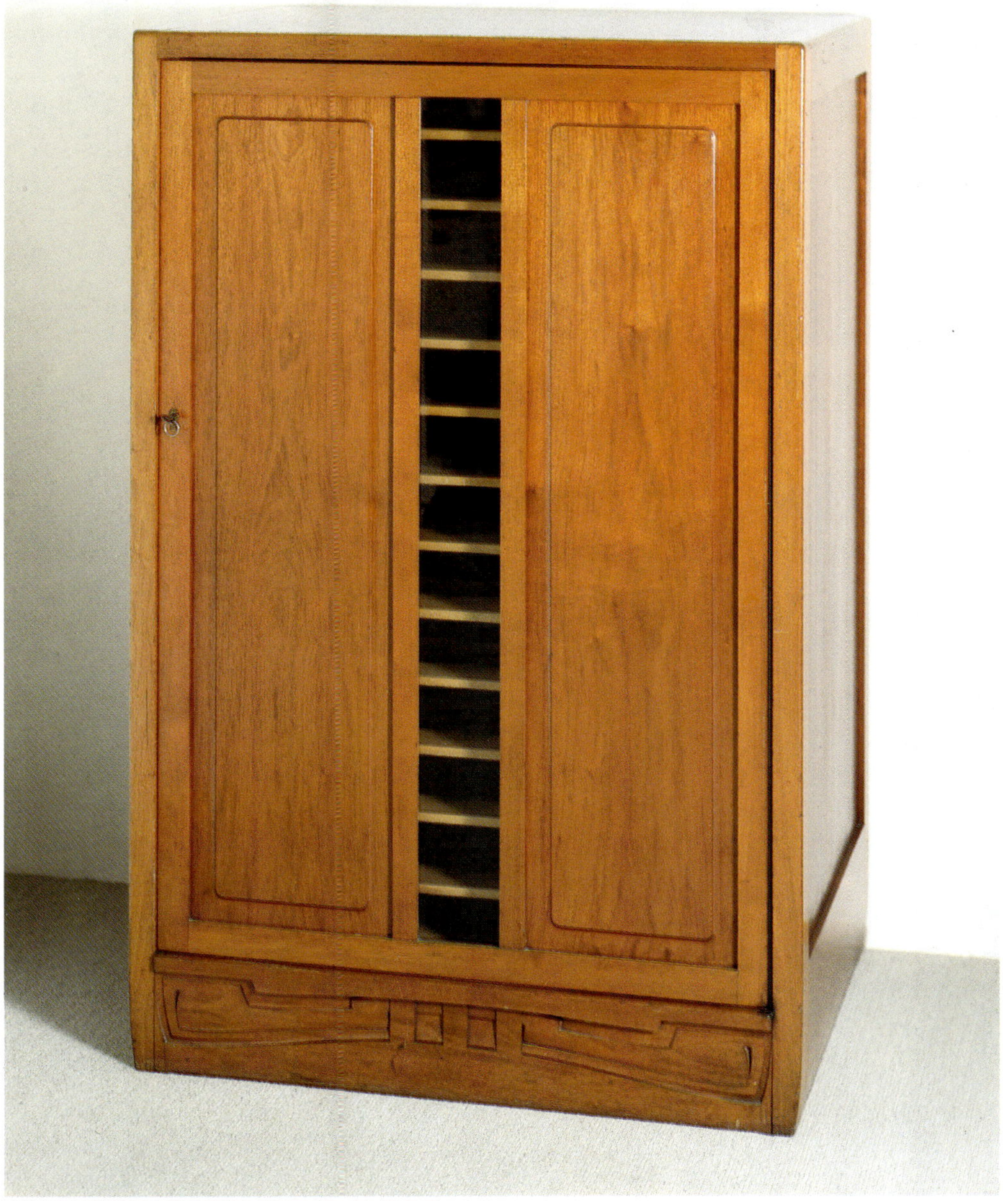

Henry van de Velde, Graphikschrank aus der Galerie Arnold in Dresden, um 1905. Galerie Stangl, München

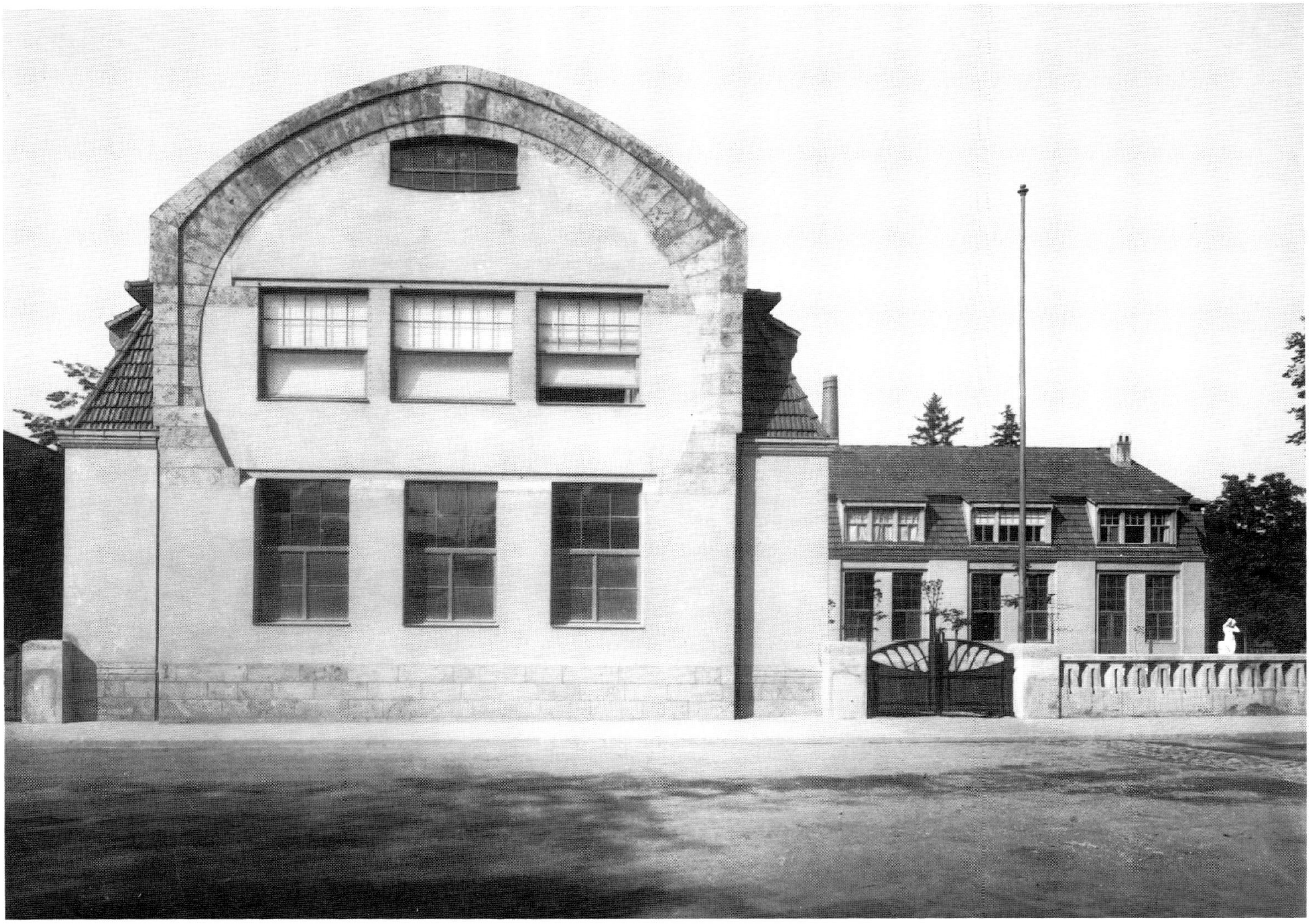

Henry van de Velde, die Kunstgewerbeschule in Weimar, 1905/06.

len Architektursprache zu den Ergebnissen der frühen Weimarer Jahre. Gebäude, die unmittelbar folgten, bestätigen das.
Wenngleich Kessler und van de Velde bisher von seiten des Großherzogs mehr Gleichgültigkeit als Beachtung erfuhren, so bestand doch die Hoffnung, dieser Ignoranz mit Beharrlichkeit begegnen zu können. Beide Männer waren unermüdlich tätig, Kessler gelang es, wichtige Ausstellungen – vor allem solche französischer Kunst – nach Weimar zu ziehen. 1903 erfolgte auf sein Betreiben hin die Gründung des »Deutschen Künstlerbundes« in dieser Stadt, deren neuer Ruf sich herumzusprechen begann. Die große Tragödin Louise Dumont faßte Weimar als Standort eines eigenen Theaters ins Auge, van de Velde entwarf dafür schon Pläne, aber das »Bayreuth des Schauspiels« kam dann doch nicht zustande. Als alle noch voller Erwartung waren, hatte sich van de Velde von dem englischen Theaterreformer Edward Gordon Craig beraten lassen, der die Stadt ebenso gern besuchte wie André Gide oder Hugo von Hofmannsthal, der sogar mehrmals dort weilte. Andere Gäste waren Rainer Maria Rilke, Gerhart Hauptmann, Max Reinhardt und Ferruccio Busoni. Die Konzentration der Namen war beachtenswert, das »Athen an der Ilm« schien erneut auferstanden zu sein.
Zwar mußte sich Weimar bescheidener geben als Darmstadt, aber im Kern waren doch an beiden Orten die Bestrebungen gleich. Ein Aristokrat und ein Künstler als Spätlinge ihrer Epoche hatten sich hier wie dort zusammenge-

funden, um noch einmal gemeinsam einem Ideal zu leben. Dabei ist ungewiß, wieweit sie ahnten, die letzten zu sein, denen dergleichen vergönnt war. Wenn nun vielleicht auch Kessler dem hessischen Großherzog glich, dann war doch der Dritte im Bunde, Großherzog Wilhelm Ernst, von beiden in Haltung und Charakter weit entfernt. Als nach dem frühen Tod seiner Frau deren kultivierender Einfluß entfiel, veränderte sich das Klima bei Hofe merklich.
Die wachsende Abneigung führte schließlich 1906 zu einer Affäre – die Geschichte ist so bekannt wie lächerlich: Kessler hatte den Bildhauer Auguste Rodin dazu bewogen, dem Regenten eine Aktzeichnung zu widmen, vermutlich in der Annahme, diesen damit beeindrucken zu können. Doch das Gegenteil geschah, der Großfürst übersah ihn nach der Rückkehr von einer Indienreise ostentativ, und Kessler mußte demissionieren. Damit war die Erweckung Weimars zu Fall gebracht. Zwar blieben sowohl Kessler wie van de Velde dort wohnen, aber für ihre tätige Freundschaft gab es nun keine Entfaltungsmöglichkeit mehr. Van de Velde fand zum Teil einen Ausgleich in Hagen, wo ihm der zwar unfürstliche, aber sehr zielstrebige Karl Ernst Osthaus zahlreiche Aufträge vermittelte, doch die Arbeiten, die er später noch in Weimar ausführte, lassen erkennen, wie sehr ihn der Vertrauensentzug getroffen hatte. Auch der Versuch 1911 durch den Entwurf eines Stadions zu Ehren Friedrich Nietzsches noch einmal die entwichenen Geister zu beschwören, mißlang. Einen neuen, wenngleich ebenfalls nur kurzen Aufbruch gab es für Weimar erst ab 1919 mit der Gründung des Bauhauses, das zum Teil aus der Kunstgewerbeschule van de Veldes hervorging.

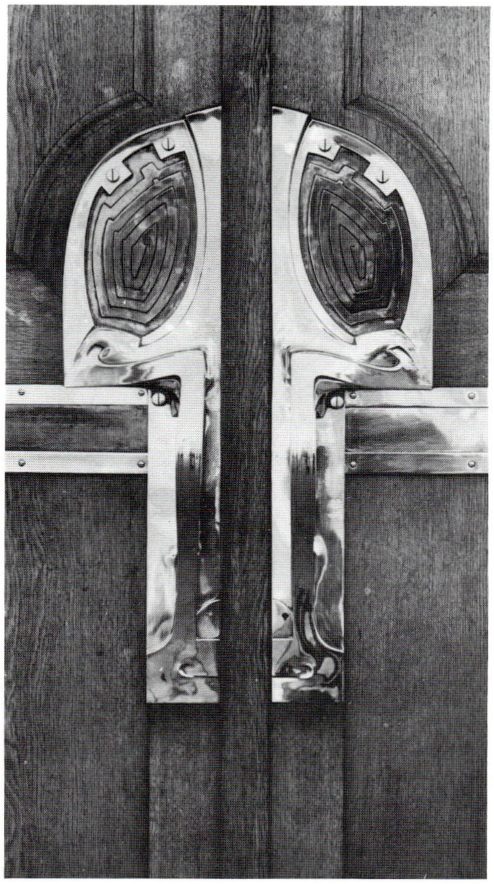

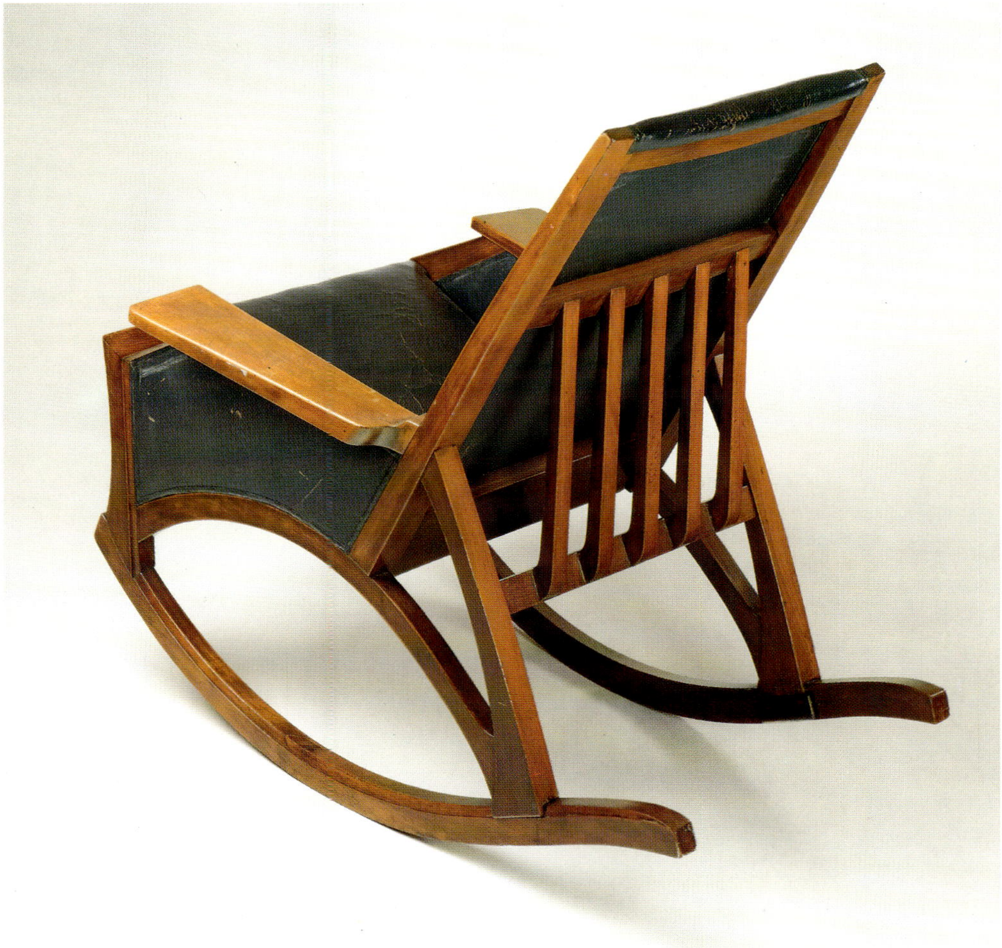

Henry van de Velde, Türgriffe am Nietzsche-Archiv in Weimar, 1903.

*Henry van de Velde, Schaukelstuhl, Weimar 1904, Mahagoni mit Lederpolster.
Museum für Kunsthandwerk, Frankfurt am Main*

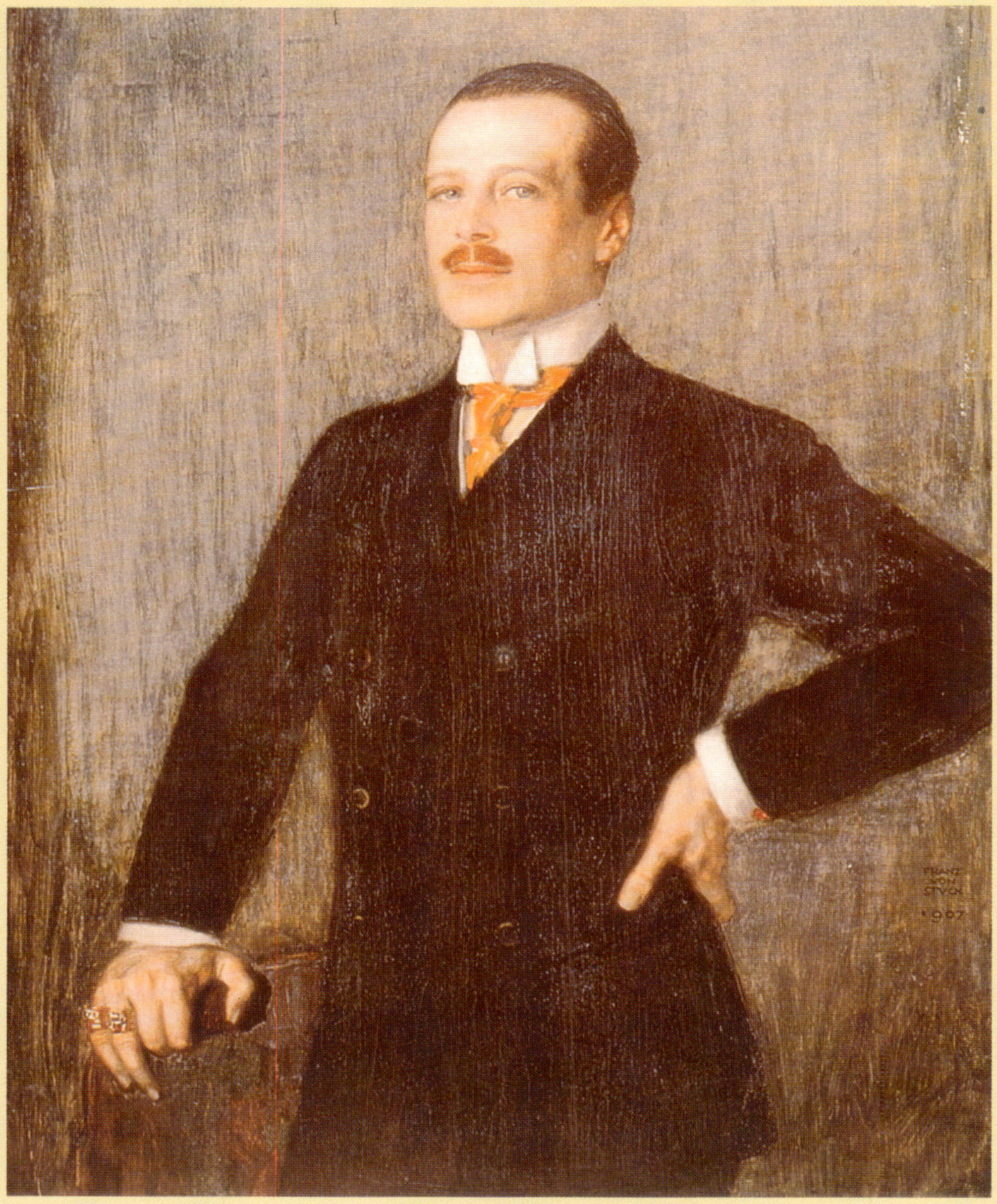

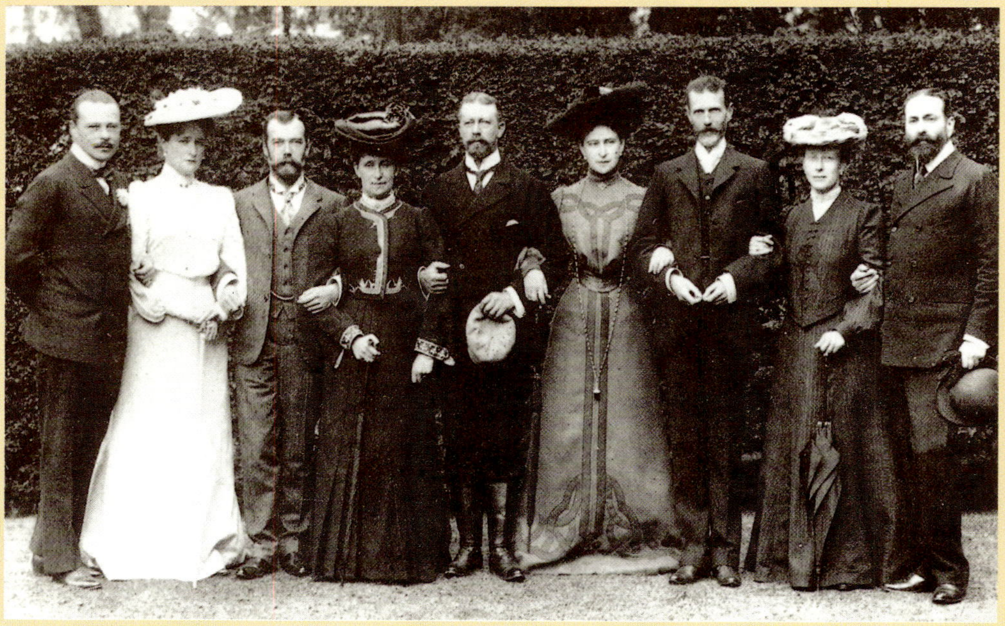

Darmstadt

Es war einmal ein Fürst, der war klug, wagemutig und stilvoll, überhaupt den Künsten recht zugetan. Nicht nur, daß er sie in seiner Residenzstadt pflegte, gelegentlich übte er sie auch selber aus. Damit sein Land zu Wohlstand und Ansehen komme, war er bestrebt, das Gewerbe durch lohnende Aufträge zu fördern. Junge Künstler sollten ihm dabei helfen; und um aller Welt seine Absichten kundzutun, lud er zu einem großen Fest ein.
Ein Märchen – in Darmstadt scheint es sich zugetragen zu haben, als dort Großherzog Ernst Ludwig die von ihm angeregte – und wohl auch konzipierte – Ausstellung »Ein Dokument deutscher Kunst« eröffnete. Das war 1901, und der Titel paßte eigentlich gar nicht zu der Liebenswürdigkeit, die sich hinter ihm verbarg: eine ganz im neuen Stil erbaute Künstlerkolonie. Die Mathildenhöhe, eine sanfte Erhebung in geringer Entfernung vom Zentrum der Stadt, diente als Gelände, ein breitgelagertes Ateliergebäude bildete den architektonischen Festpunkt, dem sieben Wohnhäuser in lockerer Gruppierung zugeordnet waren. Insgesamt ein wohltuend ungezwungenes Programm und, da fast alle Gebäude von demselben Architekten entworfen worden waren, auch ein stilistisch geschlossenes. Weniger überzeugend wirkt heute die Auswahl der sieben Künstler, die Träger und gleichsam lebendes Inventar des Ganzen sein sollten. Die beiden Maler und zwei Bildhauer dieser Gruppe waren achtenswerte Talente, aber auch nicht mehr. Ein gleichfalls eingeladener junger Innenarchitekt stand im Schatten des viel versierteren Joseph Maria Olbrich, der sich bereits in Wien einen Namen gemacht hatte und jetzt in Darmstadt schnell zum Star aufstieg. Seine besondere Nähe zur Person des Großherzogs, dem er sogar in mancherlei Hinsicht ähnelte, half ihm dabei, aber auch seine überragende Virtuosität. Außerdem war er der einzige ausgebildete Architekt der Gruppe. Mit ihm konkurrieren konnte eigentlich nur der siebte im Bunde, der aus München berufene Maler, Graphiker und Entwerfer Peter Behrens. Dieser war dann auch der heimliche Gewinner des künstlerischen Wettspiels, wenngleich Olbrich den Ton angab und seine Position auch in Zukunft in Darmstadt zu wahren wußte. Stilistisch begegneten sich in ihnen Antipoden.
Ursprünglich sollten in den sieben Wohnhäusern nur die Künstler wohnen, aber da nicht alle die nötigen Mittel besaßen, um auf dem geschenkten Grund und Boden zu bauen, kaufte schließlich zwei der schon fertigen Häuser ein Möbelfabrikant, der dann die von ihm gelieferte Ausstattung als Musterbeispiel seiner Fähigkeiten vorführte. Das war möglich, weil im Rah-

Gegenüberliegende Seite: Bildnis des Großherzogs Ernst Ludwig von Hessen und bei Rhein von Franz von Stuck, 1904, Schloßmuseum Darmstadt, und der Großherzog mit seiner russischen und englischen Verwandtschaft, der dritte von links ist Zar Nikolaus II., Darmstadt 1905.

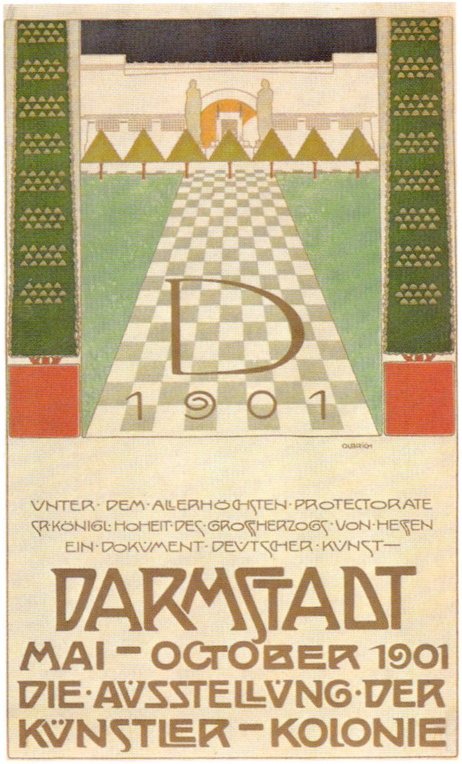

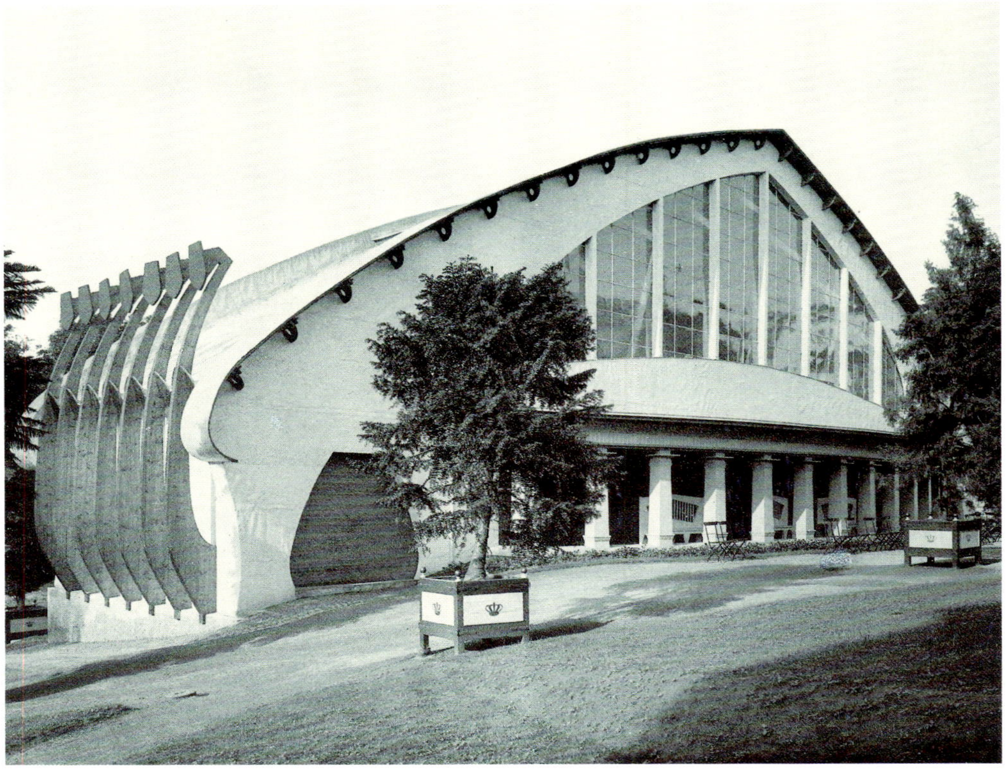

Joseph Maria Olbrich, *Plakat zur Eröffnung der Darmstädter Künstlerkolonie 1901. Museum Künstlerkolonie Darmstadt*

Joseph Maria Olbrich, *das Haus für Flächenkunst, errichtet für die Ausstellung der Darmstädter Künstlerkolonie 1901.*

men der Ausstellung alle Bauten zur Besichtigung freigegeben waren. Das Ganze geschah ohnehin nicht aus reiner Selbstlosigkeit, denn der hochgeborene Initiator hatte sein persönliches Interesse für die neuesten Entwicklungen in Kunst und Gewerbe stets in Verbindung mit einer kräftigen Förderung der hessischen Wirtschaft gesehen. Doch der kommerzielle Faktor verbarg sich diskret hinter dem ästhetischen, dieser überwog sichtlich. Sehr animierend wirkte sich auch aus, daß der kulissenartige Anblick, den Ausstellungen bis dahin oft geboten hatten, hier fehlte. Nichts war Attrappe, sondern die komplexe Wirklichkeit selbst konnte besichtigt werden. Trotz einiger Feierlichkeit im einzelnen und besonders bei der Eröffnung besaß das meiste heiteren, unangestrengten Charakter.

Für eine Veranstaltung inmitten des kaiserlichen Deutschland war dergleichen recht ungewöhnlich. Die Rebellion schien geplant zu sein, denn offensichtlich war es das Bestreben von Ernst Ludwig gewesen, deutscher Schwerfälligkeit und wilhelminischem Pathos ein Gegenbild zu bieten. Daß auch er national dachte, bewies der Titel der Ausstellung, doch verstand er sein Engagement eben anders als Berlin – von dem ihn vieles trennte. Weltläufig erzogen und durch seine Mutter mit dem englischen Königshaus verwandt, war er von dorther in vielerlei Hinsicht geprägt – was sich sowohl in seiner stets sehr beherrschten Haltung als auch in seinen Auffassungen über seine möglichen Aufgaben als Fürst und Regent niederschlug.

Von der politischen Mitwirkung im Reich durch den selbstherrlichen Kaiser weitgehend ausgeschlossen, hatte er sich um so mehr auf sein Land konzentriert und versucht, ihm ein kulturelles Eigengewicht zu geben. Das kam vor allem der Hauptstadt zugute. Darmstadt hatte sich seit der Mitte des neunzehnten Jahrhunderts von einem stillen Garnisonsort zu einer Industriestadt mit den Schwerpunkten Maschinenbau, chemische Werke und Möbelbau entwickelt. Architektonisch war die Stadt schon durch den Hofbaumeister Georg Moller aufgewertet worden, und ähnliches hatte nun auch Ernst

Joseph Maria Olbrich, 1867–1908
Studierte von 1890 bis 1893 an der Wiener Kunstakademie. Als Stipendiat des »Prix de Rome« besuchte er Italien und Nordafrika, bevor er in das Büro Otto Wagners eintrat. Olbrich blieb vier Jahre bei Wagner, wirkte an der Planung der Stadtbahn-Stationen mit und bekam Gelegenheit, das Sezessionsgebäude in Wien zu gestalten. Eingeladen vom Großherzog Ernst Ludwig von Hessen, zog Olbrich 1899 nach Darmstadt und leitete dort acht Jahre den Bau der Künstlerkolonie auf der Mathildenhöhe. Wichtige Arbeiten: Das Sezessionsgebäude in Wien, 1898; Häuser auf der Mathildenhöhe in Darmstadt, 1900/01; das Warenhaus Tietz in Düsseldorf, 1906–1908.

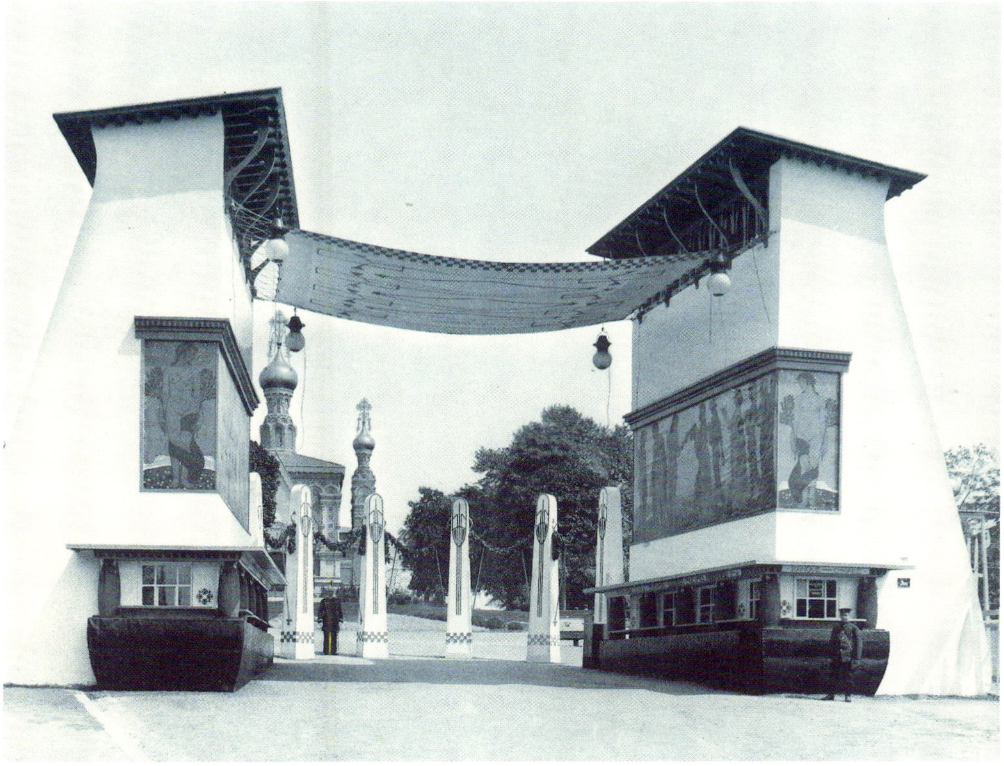

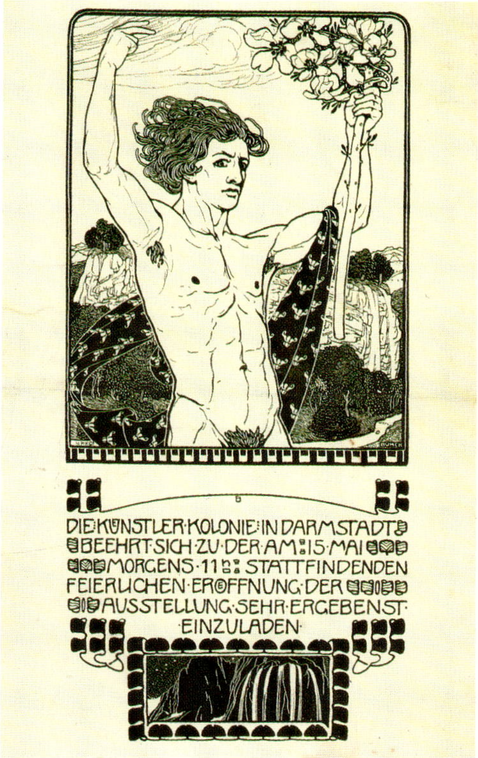

Joseph Maria Olbrich, Eingangspavillon, errichtet für die Ausstellung der Darmstädter Künstlerkolonie 1901, im Hintergrund die russische Kapelle für die Verwandtschaft des Großherzogs.

Paul Bürck, Einladungskarte zur Eröffnung der Künstlerkolonie in Darmstadt am 15. Mai 1901. Museum Künstlerkolonie Darmstadt

Ludwig im Sinn. Eine der ersten Entscheidungen des jungen, mit dreiundzwanzig Jahren zur Regierung gelangten Großherzogs war es, für den Neubau des Hessischen Landesmuseums in Darmstadt den bisher unbekannten, später um so berühmteren Alfred Messel auszusuchen. Ernst Ludwig zögerte durchaus nicht, auf sein eigenes Urteil zu vertrauen. Gelegentlich erprobte sich der Wagner-Liebhaber auch als Opernregisseur.
Englisch inspiriert war sicherlich auch der Gedanke, 1901 das erstrebte künstlerische Manifest vor allem in der Form des Eigenheimes vorzutragen. Die mäzenatische Tat war eindeutig auf das private Wohl anderer gerichtet; und wenn die Ausstellung auch zum Glück und Ansehen des Fürsten beitrug, so doch eher auf indirekte Weise. Schließlich war er auch ein großes Risiko eingegangen. Da der künstlerische Aspekt im Vordergrund stand, war es zwar verständlich, aber trotzdem kurzsichtig, daß die Veranstaltung von ihren Kritikern nur als ästhetisches Ereignis bewertet wurde und der politische Affront dabei unterging. Vielleicht herrschte auch ein gerüttelt Maß an Befangenheit vor, denn was so offensichtlich »von oben« gefördert wurde, konnte eigentlich nur verurteilt werden. Der entscheidende Unterschied wurde übersehen, auch wenn der offizielle Autor der Ausstellung – Georg Fuchs – den Gegensatz zwischen Darmstadt und den tonangebenden Metropolen München und Berlin, zwischen dem Großherzog und Kaiser Wilhelm herauszustellen versuchte: »Es war eine mutige Tat, die der Begründer der Künstlerkolonie wagte, als er entgegen der scheinbar alles überwuchernden Gewalt der äußerlich den Ton angebenden Zentralen seinem Darmstadt eine selbständige Stellung verlieh, als er seine Schöpfung der Willkür und den oft unheilvollen Einflüssen, die das Große niederzuziehen, das Geringe zu glorifizieren und das Mittelmäßige zu ernähren fortgesetzt wirksam sind, nach Möglichkeit entzog.«*
Was 1901 in Darmstadt entstand, war Architektur im Rahmen der Provinz, ohne selbst provinziell zu sein. Die übersichtliche Dimension des Ortes war

*Georg Fuchs: Ein Dokument deutscher Kunst, in: Alexander Koch (Hrsg.): Ernst Ludwig und die Ausstellung der Künstlerkolonie in Darmstadt Mai bis Oktober 1901, Darmstadt 1901

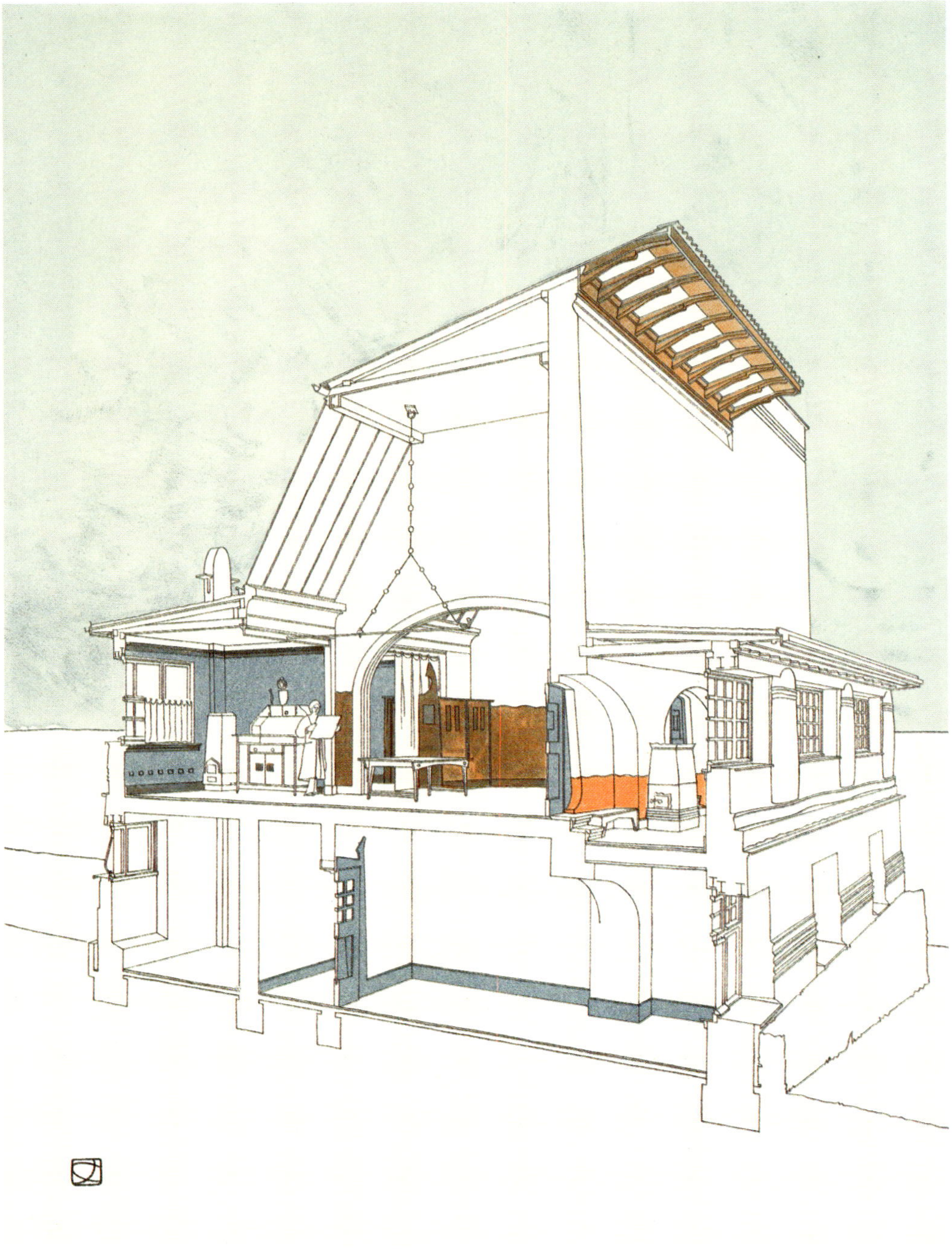

Joseph Maria Olbrich, Schnitt durch das Ernst-Ludwig-Haus in Darmstadt und die Eingangsseite des Ateliergebäudes mit den Figuren »Kraft« und »Schönheit« von Ludwig Habich, 1901.

ein Vorteil, denn Neues konnte sich hier unbehinderter entfalten als an einem kapitaleren Ort, doch da der Herausforderung Grenzen gesetzt waren, entfiel auch einiges an Größe. Das liebenswürdige Äußere, das alle von Olbrich erbauten Häuser aufwiesen, war zugleich Versprechen wie auch Begrenzung. Im ganzen gesehen ein hoffnungsvoller Beginn, im einzelnen eine zu flüchtige Realisation. Manieristische Züge, die schon früh das Werk von Olbrich gekennzeichnet hatten, traten auch in Darmstadt hervor. Das bis heute originellste Gebäude ist das Atelierhaus, in dem acht nebeneinandergereihte hohe Arbeitsräume über geneigte Glasflächen belichtet werden. Da seine Hauptfront nach Süden gerichtet ist, blieb sie weitgehend fensterlos. Dem schlichten, funktionalen Aufbau wurde nun eine aufwendige Portalnische in Form eines Dreiviertelkreises, flankiert von zwei monumentalen Figuren, vorgesetzt. Eigentlich ist der Bogen zu groß, und eigentlich sind auch die Statuen für ihn zu riesig – dennoch besteht ein erstaunli-

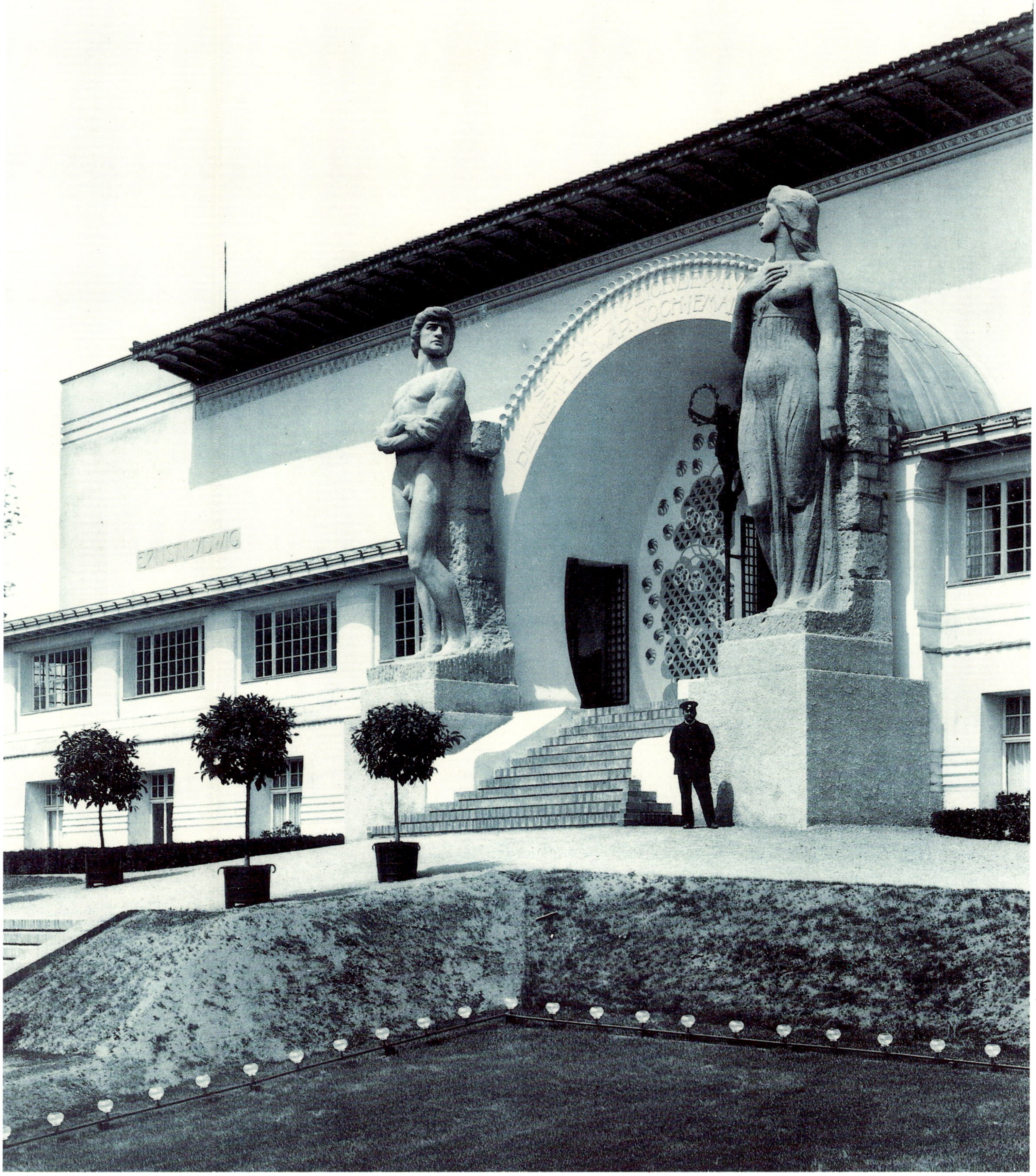

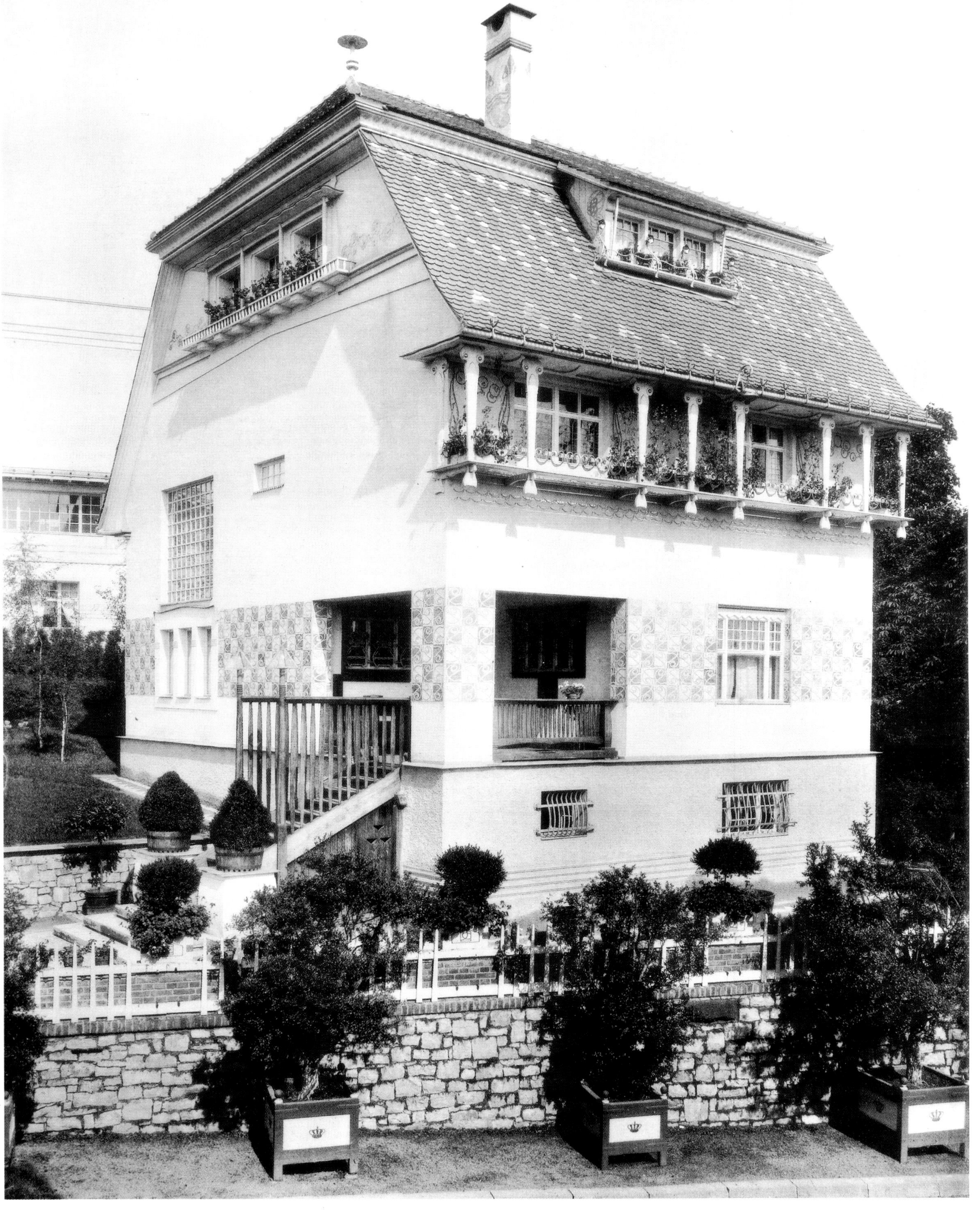

Joseph Maria Olbrich, Gesamtansicht des eigenen Hauses in Darmstadt und dessen Eingangspartie, 1901.

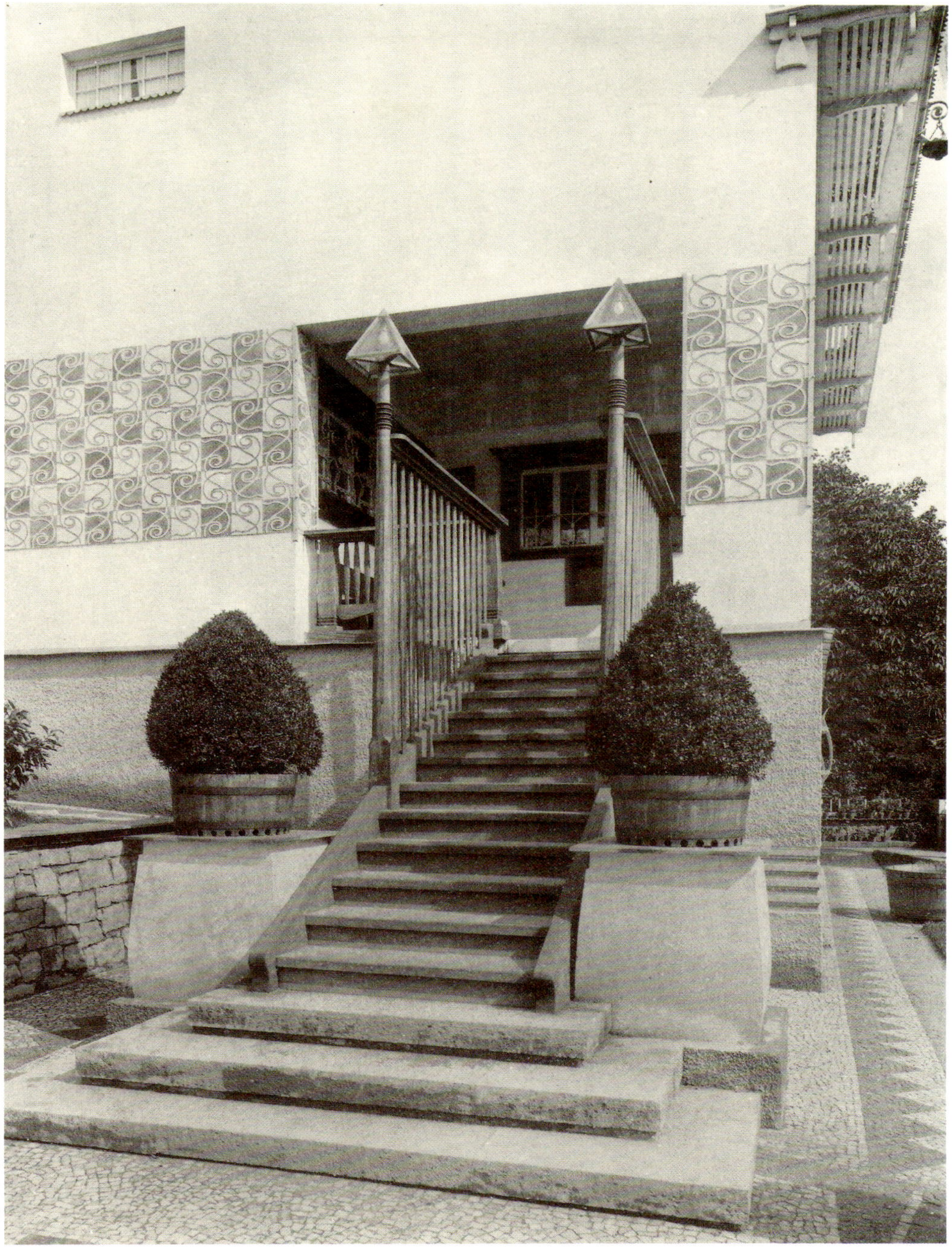

ches Gleichgewicht. Doch nicht die Architektur ist das bestimmende Element, sondern die Figuren. Sie, die einstigen Karyatiden, haben sich aus dem Verband gelöst, erheben stolz den Kopf und beherrschen das Gebäude. Die ganze Kraft liegt bei ihnen, während das übrige zu zart, ja dünn wirkt. Dieser Eindruck wird noch verstärkt durch die rauhen Oberflächen und das zum Teil Unfertige der Plastiken, sie setzen sich damit deutlich ab von der membranartig-glatten Erscheinung der Architektur.

Mehrere Umkehrungen haben hier stattgefunden: Ehemals Festes wirkt jetzt labil, und einst Labiles besitzt nun Stärke. Der Zierat hält das Haus, und nicht mehr umgekehrt. Massives wirkt verletzbar, und Verletzbares birst vor Vitalität. Damit entsteht ein ähnlicher Eindruck wie schon bei dem Gebäude der Wiener Sezession, mit dem Olbrich 1899 bekannt geworden war. Die tonnenschweren Blöcke schienen dort papierdünne Wandungen zu haben und die Schichtungen so locker gefügt zu sein, daß sie jederzeit verschoben

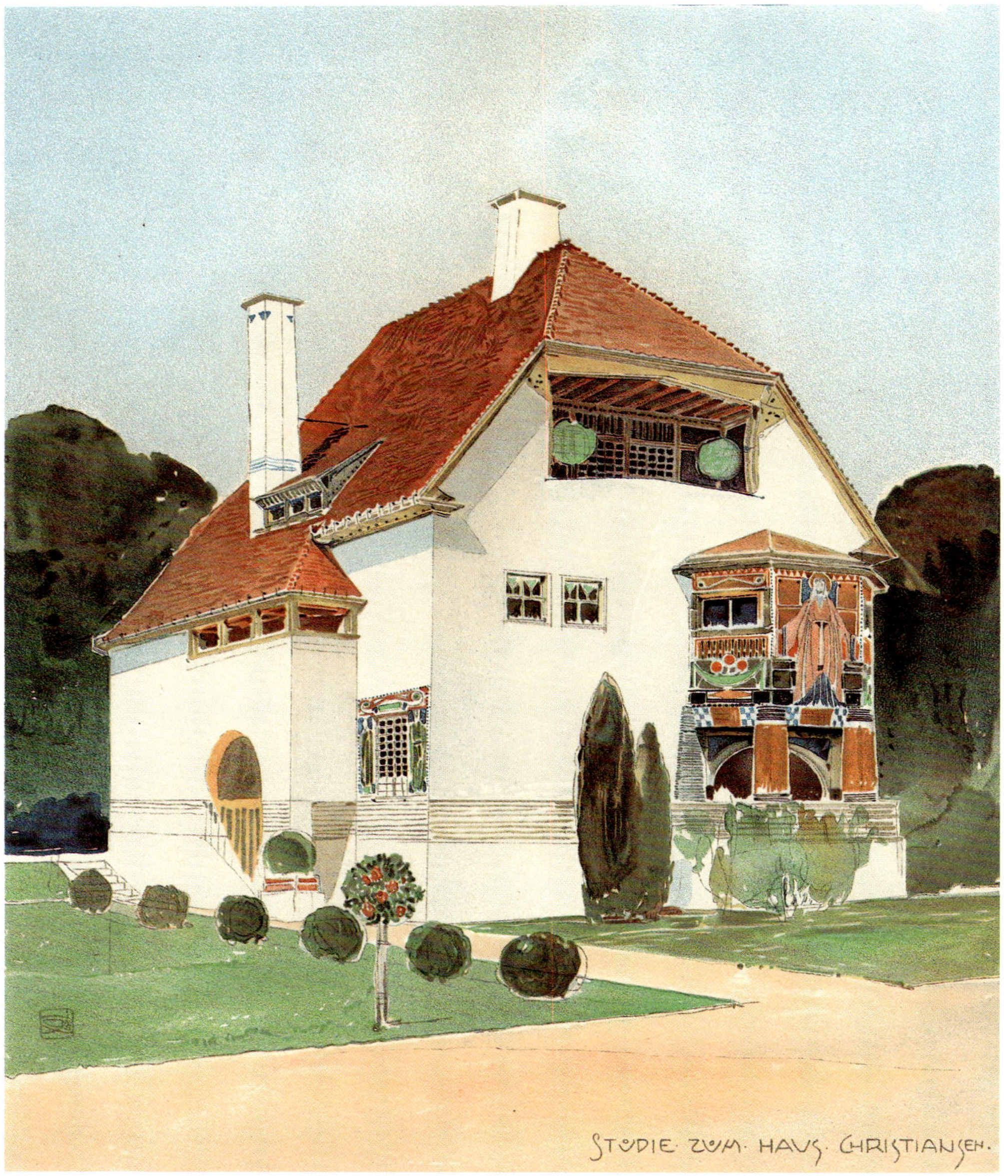

Joseph Maria Olbrich, Entwurf für das Haus Christiansen in Darmstadt, um 1900.

werden können. Etwas Nomadenhaftes geht von dieser Art Architektur aus, die wirkt, als ob sie nur flüchtig aufgeschlagen worden sei.
Tatsächlich nur auf Zeit errichtet waren die Eingangsbauten und eine Ausstellungshalle für Flächenkunst (Abb. S. 142, 143), die am Ende der kurzen Wegstrecke vom Atelierhaus abwärts lag. Während die Torbauten an Jahrmarkt und Basar denken ließen, erinnerte das andere Gebäude an eine umgestürzte Galeere. Die im Grunde sinnlosen, aber doch effektreichen seitlichen Stützglieder übernahmen dabei die Rolle der gereihten Ruder. Die kühne und höchst originelle Bogenform des Daches täuschte darüber hinweg, daß die Anlage nur eine geringe Tiefe besaß. Was aussah wie eine Stirnseite, war tatsächlich die Längswand. Ähnliche Umrißformen hat Olbrich auch später gern vorgeschlagen.
Weniger spektakulär als das Ateliergebäude und die Ausstellungshalle sind die ebenfalls von Olbrich errichteten sechs Villen. Sie variieren zum Teil tradierte Hausformen, verschleiern das jedoch durch reiche, dekorative Zutaten. Auch ein lebhaftes Spiel bei der Art und Anordnung der Fenster trägt dazu bei, die Häuser origineller erscheinen zu lassen, als sie tatsächlich sind. Dies gilt in erster Linie für das eigene Haus des Architekten (Abb.

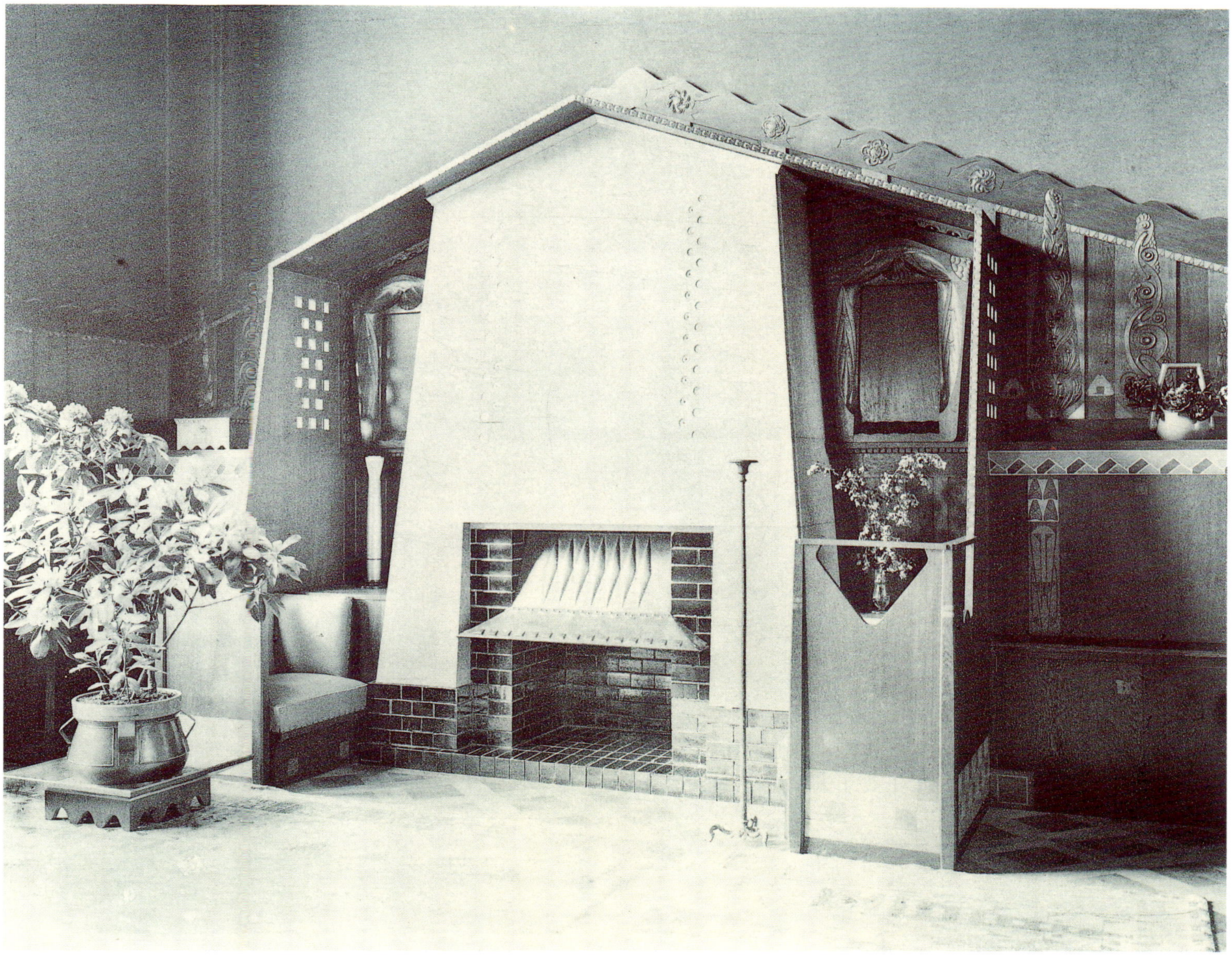

S. 146, 147) und das des Malers Hans Christiansen. Mehr tektonischen und weniger dekorativen Witz weisen dagegen das Haus für den Bildhauer Ludwig Habich (Abb. S. 150) und die kleinere der beiden Villen auf, die der Möbelfabrikant Glückert gekauft hatte (Abb. S. 151). Die in beiden Fällen kubische Grundform wurde entweder aufgebrochen, ergänzt und wirkungsvoll bekrönt oder durch einen halbtonnenförmigen Aufbau gesteigert. Besonders die gestufte Gliederung an der Hangseite des ersten Hauses ist sehr gekonnt, ungewöhnlich auch das gänzlich flache Dach. Nie entdecken wir Haupt- und Nebenseiten, das Äußere scheint sich stets wechselhaft zu öffnen und zu schließen und ganz von innen her bestimmt zu sein. Nach außen hin ergibt das eine spannungsvolle »Unordnung« von glatten Wandflächen und mannigfaltigen Fensterformen. Eine Kontrolle ist für den Betrachter kaum möglich, aber er spürt das gerade noch eingehaltene Gleichgewicht. Architektur wurde hier als virtuoses Exerzitium vorgeführt, das verblüffen konnte und animierend wirken mußte. Der insgesamt südländische Charakter der Häuser verstärkt noch diesen Eindruck.
Das Innere der Villen war in der Regel so angelegt, daß eine doppelstöckige Halle das Zentrum bildete (Abb. S. 152). Die Größe dieser Räume gab

Joseph Maria Olbrich, die Kaminwand im eigenen Haus in Darmstadt, 1901.

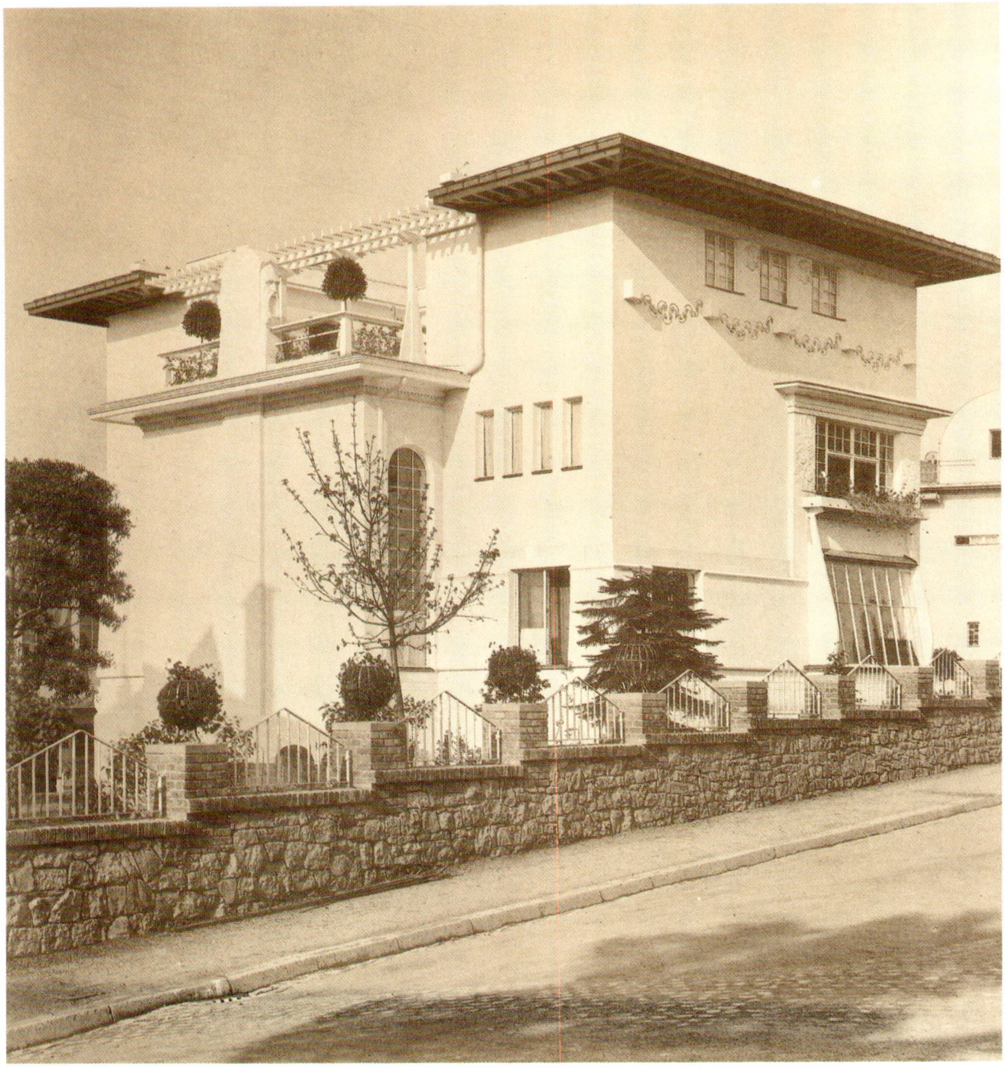

Joseph Maria Olbrich, das Haus Habich in Darmstadt, 1901.

Joseph Maria Olbrich, das kleine Glückert-Haus in Darmstadt, 1901.

Olbrich Gelegenheit, sein außen noch gezähmtes dekoratives Talent überreich zu entfalten. Eine meist nur flüchtige tektonische Gliederung traf zusammen mit einer Fülle von Flächenformen, die unerbittlich alles überzogen. Etwas hunnenhaft Wütendes kommt hier zum Vorschein, das verwirren mußte nach der so ganz andersartigen Introduktion. Der Tapezierer vernichtete jetzt den Architekten, und da erkennbar blieb, daß beide dieselbe Person waren, mußte diese einen gespaltenen Eindruck hinterlassen. Die meiste Kritik entwickelte sich wohl von hier aus, etwa wenn der leicht reizbare van de Velde sich nun vornahm, die folgenden zwei Jahre kein Ornament mehr zu zeichnen – was ihm gut bekam! Der Manierismus, der schon das Äußere des Atelierhauses bestimmt hatte, dort aber noch anregend gewesen war, wurde hier selbstgefällig und ziellos. Auch heute noch ist zu spüren, daß Olbrich nicht genügend Zeit gehabt hatte und der Versuchung erlegen war, sich zu viel zuzumuten. Das bretterhaft Dünne der meisten Innenraumgestaltungen zeigt die Eile an, mit der sie entwickelt wurden. Später sollte sich das ändern, doch die schöne Bedenkenlosigkeit des Anfangs fehlte dann.

Das heitere Schäferspiel der Olbrich-Architektur erhielt nun einen geradezu dramatischen Widerpart in der Villa, die sich Peter Behrens als einziger Künstler und Nicht-Architekt selbst errichtet hatte (Abb. S. 155). Hier war mit einem Male alles anders. Straffe Formen statt Lockerheit, Bestimmtheit statt

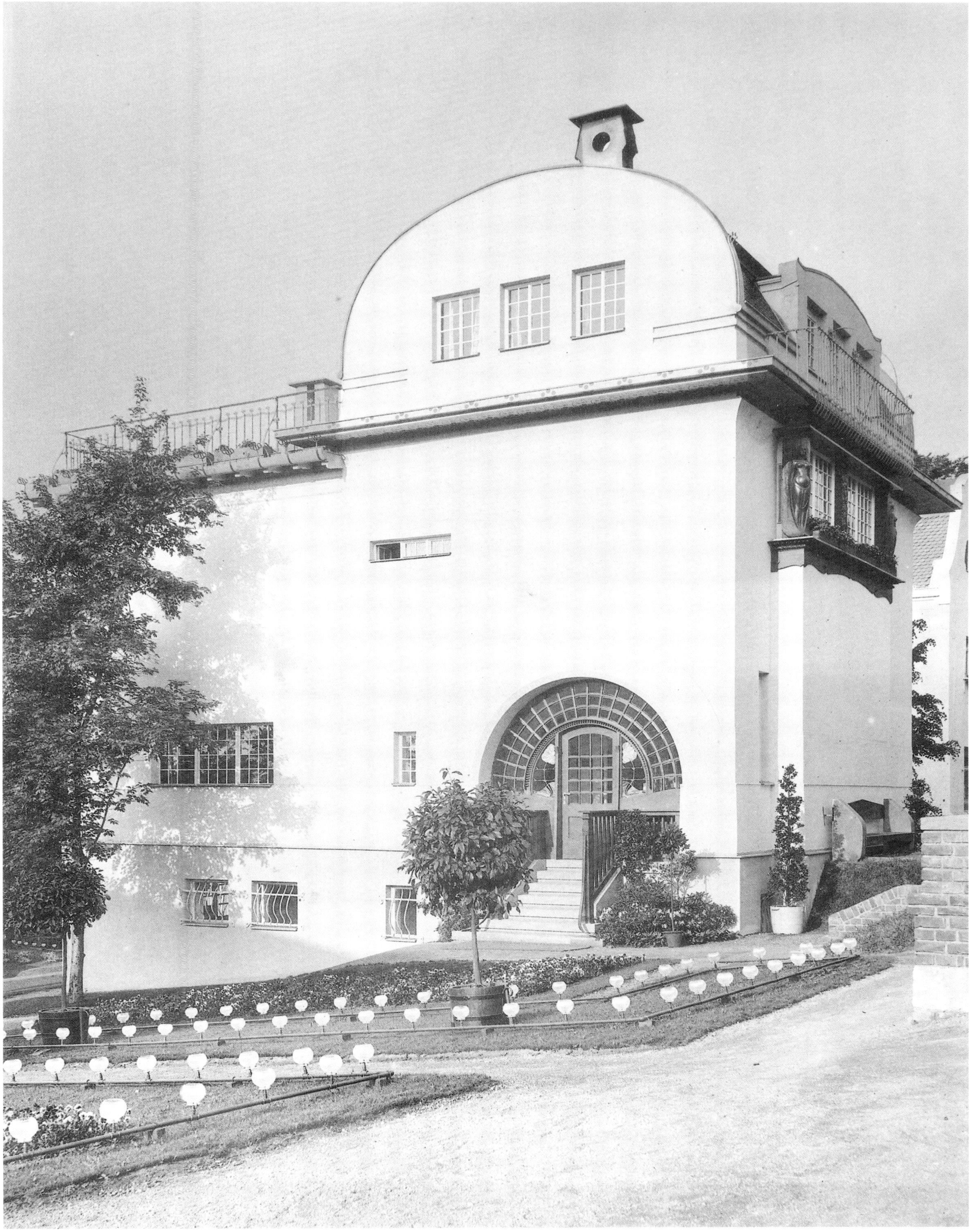

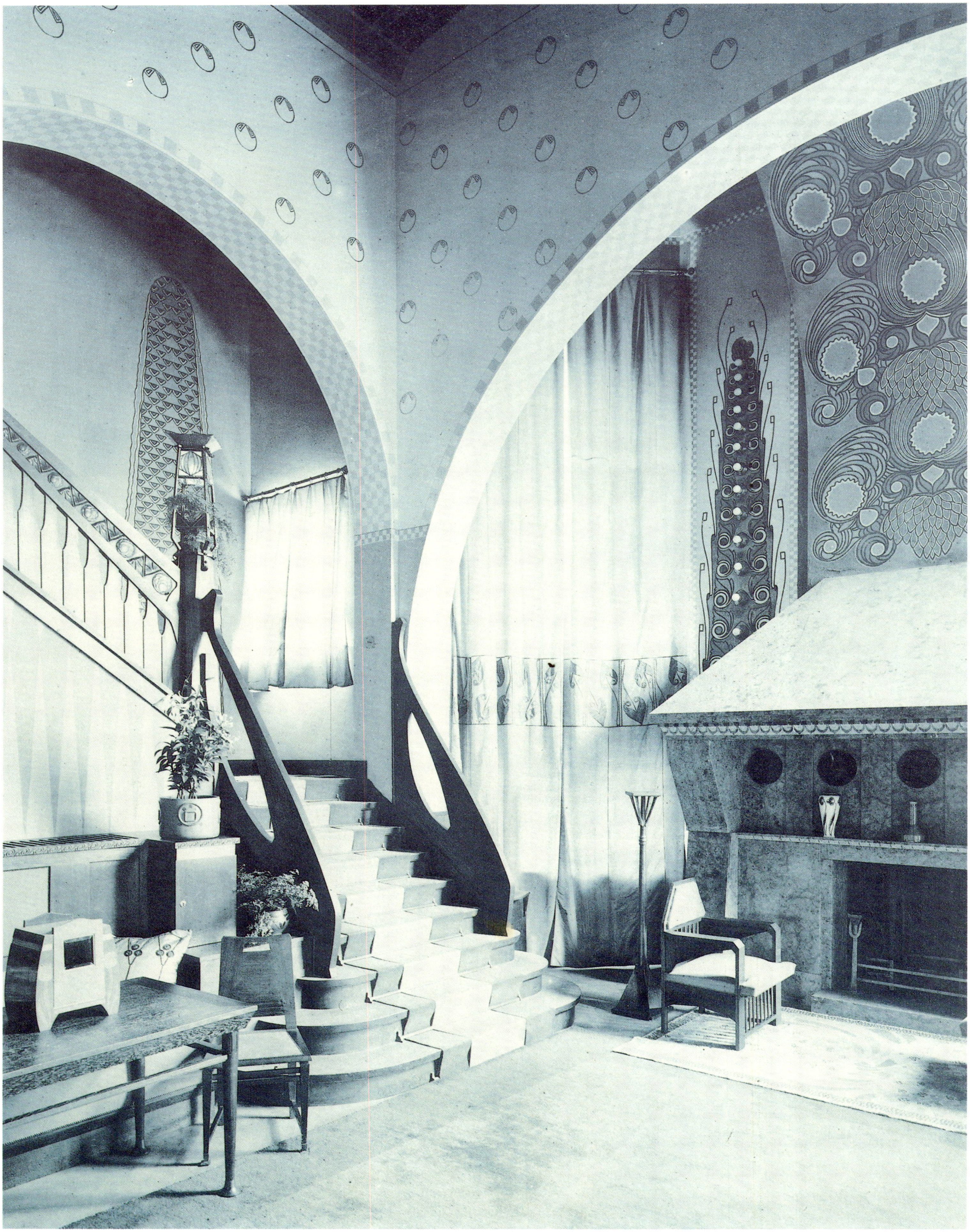

Joseph Maria Olbrich, die Halle im großen Glückert-Haus in Darmstadt, 1901.

Joseph Maria Olbrich, der Eingang zum großen Glückert-Haus in Darmstadt, 1901.

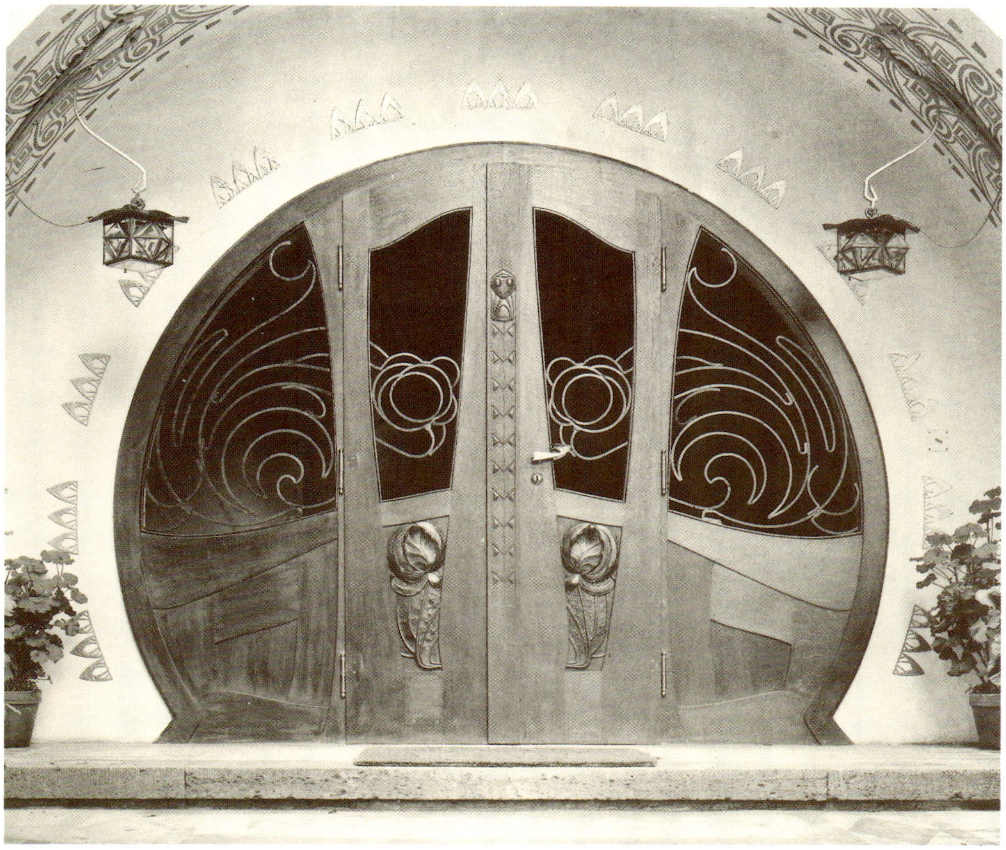

Mehrdeutigkeit. Markante farbige Ecklisenen gliedern das Haus und geben ihm deutliche Konturen. Alle etwas bewegteren Elemente – geschweifte Giebel und züngelnde Sprossenteilungen – mußten sich dem einpassen, sind aber dennoch kräftig genug, sich konterkarierend durchzusetzen. Dadurch entstand eine Spannung aus Stärke und nicht, wie bei Olbrich, aus Ambivalenz. Kokett konnte Behrens nie sein, auch in Zukunft nicht!
Das Musterhafte seines Hauses wurde schnell verstanden und entsprechend begrüßt. Der kluge und nicht zu Übertreibung neigende Kritiker Karl Scheffler rückte es sogar in die Nähe der modernen Literatur: »Darum sehen wir in dem Hause auf der Mathildenhöhe einen Solnessbau, eine Heimstätte für den Menschen der Zukunft, der durch die Lebensarbeit seiner Vorfahren über die atemlose Schwüle eines erstickenden Daseinskampfes emporgehoben sein wird, die aus dem Zweifel des Glaubens, aus der sozialen Not die neue Form der Societät, aus der Wissenschaft die Schönheit zu sich hinaufgerettet haben wird.« Ähnliches haben wahrscheinlich auch die Besucher empfunden und waren nicht vom Inneren überrascht, wo sich die äußere Strenge in feierliches Pathos verwandelt. Dunkle, schwere Formen erfüllten Musikzimmer, Arbeitsraum und Damenzimmer, nur das in Weiß, Rot und Silber gehaltene Speisezimmer bildete die Ausnahme (Abb. S. 154). Sosehr sie auch sonst divergierten, bei der Ausstattung berührten sich Olbrich und Behrens doch – Germanisches hier wie dort. Im Inneren ihrer Häuser – wie wohl auch im Innersten ihrer Künstlerseelen – machten beide deutlich, daß sie den Vorsatz der Ausstellung, ein »Dokument deutscher Kunst« zu sein, ernst genommen hatten.
Auf jeden Fall war das Gebäude von Behrens ein Markstein, und die Ausstellung erhielt damit jene Ernsthaftigkeit, die sie brauchte, um vor den Augen argwöhnischer Kritiker bestehen zu können. Somit gab es wirklich

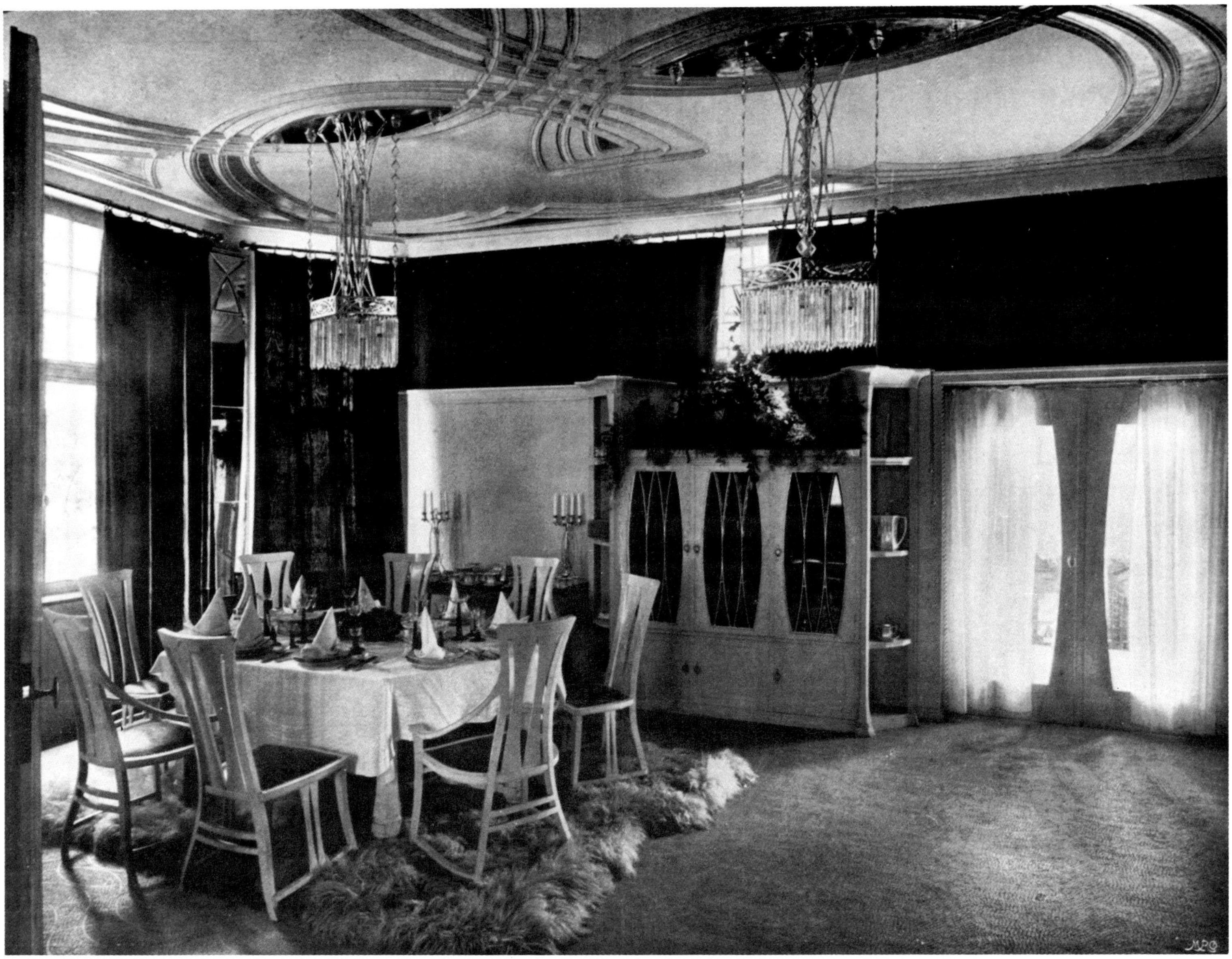

Peter Behrens, Speisezimmer im eigenen Haus in Darmstadt, 1901.

Peter Behrens, 1868–1940
Der gebürtige Hamburger studierte Malerei in Karlsruhe und Düsseldorf und lebte ab 1890 in München. Dort war er 1892 Mitbegründer der Münchner Sezession und 1897 Gründungsmitglied der »Vereinigten Werkstätten für Kunst im Handwerk«. Von 1899 bis Ende 1903 arbeitete er in der Darmstädter Künstlerkolonie. Danach wurde er Direktor der Kunstgewerbeschule Düsseldorf und 1907 gewann Emil Rathenau ihn als künstlerischen Beirat für AEG in Berlin. Ab 1922 leitete er als Professor die Meisterschule für Architektur an der Akademie in Wien, 1936 übernahm er ein Meisteratelier für Baukunst an der Berliner Akademie der Künste.
Wichtige Arbeiten: Sein eigenes Haus in Darmstadt, 1901; die AEG-Turbinenfabrik in Berlin, 1908/09; die deutsche Botschaft in St. Petersburg, 1911/12.

ein Ergebnis, das über den Anlaß selbst hinauswies, die Ausstellung hatte den Nachweis erbracht, daß eine neue Architektur möglich war. Außerdem hatte diese sich zwanglos aus einem friedlichen Wettbewerb ergeben. Die ideal gedachte und ja auch tatsächlich erfolgreiche Gemeinschaft der sieben Künstler bestand dennoch nicht lange, sie zerfiel schnell, wurde aber immer wieder ergänzt. Behrens folgte 1903 einer Berufung nach Düsseldorf und hatte in Zukunft mehrfach Gelegenheit, seiner Neigung zum Pathos Ausdruck zu geben – sei es im kleinen, wie bei der Lampe für den Großherzog (Abb. S. 159), oder im großen, wie bei der »Hamburger Halle« auf der Turiner Ausstellung 1902 (Abb. S. 158). Auch ihm war – wie damals den meisten Künstlern – der Unterschied zwischen Kunstgewerbe und Architektur gleichgültig, doch schien er gelegentlich das eine mit dem anderen zu verwechseln und alles zum Denkmal machen zu wollen.
Unter den berühmten jungen Künstlern, die um 1900 ihre Laufbahn begannen, war Behrens wohl der vielseitigste. Er hatte – wie auch van de Velde und Riemerschmid – als Maler begonnen und sich später in München zum kunstgewerblichen Entwerfer weitergebildet. Darmstadt war dann der Durchbruch gewesen, auf Anhieb hatte er sich als ein präzise denkender

Peter Behrens, das eigene Haus in Darmstadt, 1901.

Peter Behrens, Zierdarstellung des eigenen Hauses in Darmstadt, 1901.

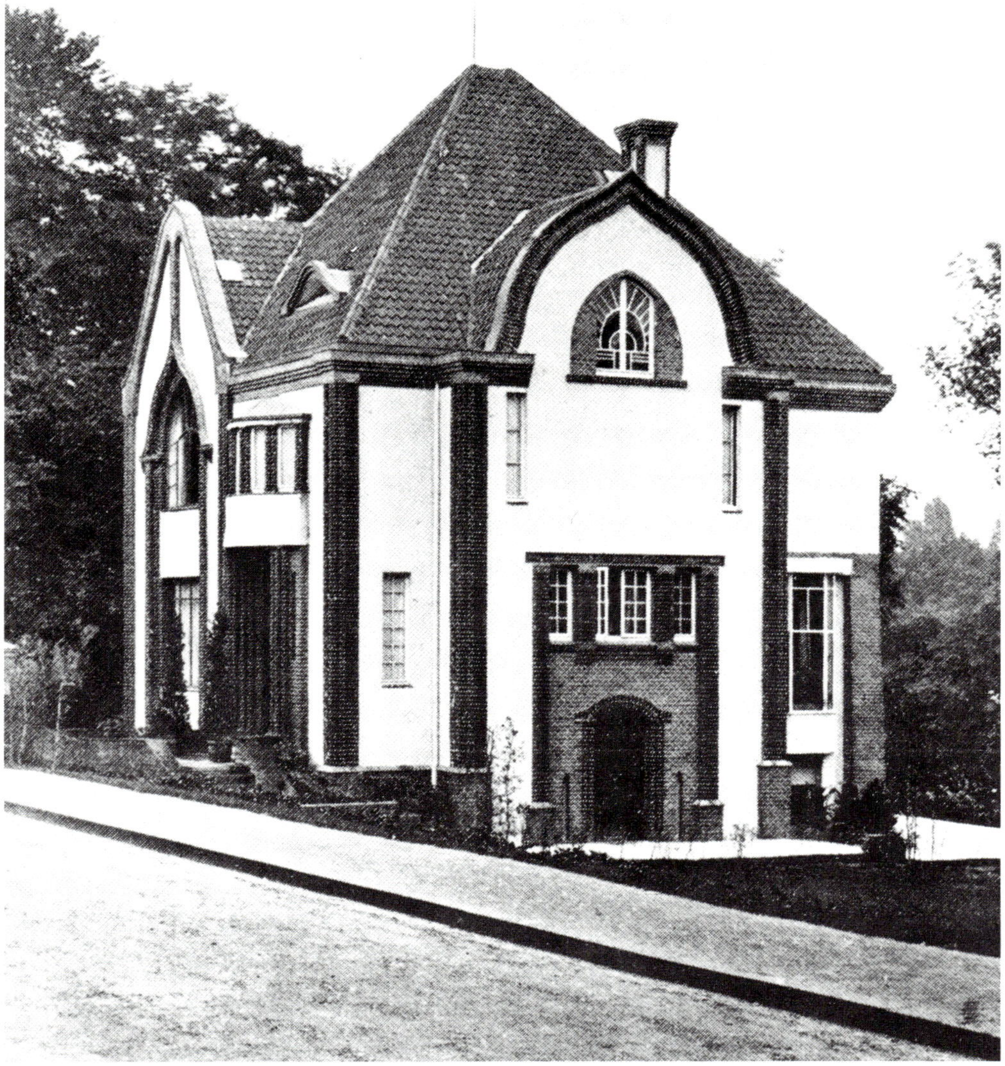

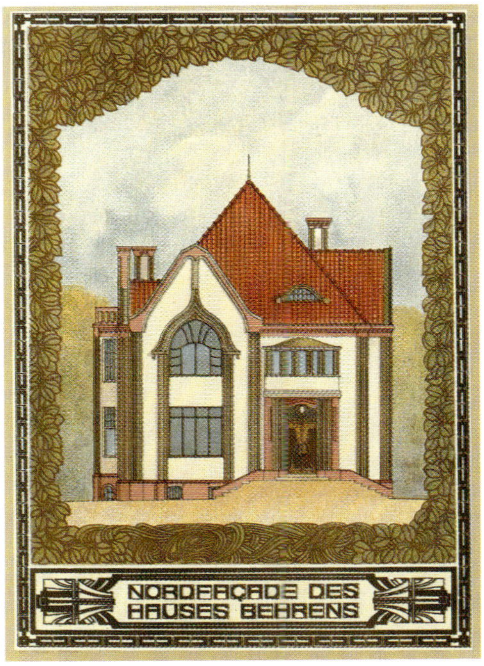

Architekt erwiesen. Wie genau und umfassend seine Vorstellungen waren, ist gut erkennbar an dem Speisezimmer seines Hauses, wo ein strenger Linienduktus auf alle Elemente der Einrichtung übertragen worden ist – beginnend bei der Decke und weiterlaufend in den Lampen, Türfüllungen und Stuhllehnen (Abb. S. 154). Hiermit kam er van de Velde und dem »Gesamtkunstwerk« sehr nahe, denn man kann spüren, daß ein so intensiv gestalteter Raum auch all das bestimmte, was in ihm geschah.
Es war abzusehen, daß ein derart gefestigter Künstler in Deutschland rasch Karriere machen würde, Darmstadt konnte für ihn nur eine Durchgangsstation sein. Die nächsten Wirkungsstätten waren Düsseldorf, Hagen und Berlin, aber auch das Industrierevier an Rhein und Ruhr. Er war damals einer der wenigen, die den umgekehrten Weg gingen – von der Peripherie unmittelbar ins Zentrum. Die Skrupel der anderen kannte er wohl nicht, freilich erreichte er auch viel. In Berlin avancierte er 1909 zum Hausarchitekten der mächtigen AEG, für die er auch die Produkte gestaltete. Das war ein entscheidender Durchbruch, denn nun war die angestrebte Verbindung von »Kunst« und »Industrie« im großen Maßstab vollzogen. Ein Vertreter des Jugendstils hatte Zugang zu den Chefetagen gefunden.

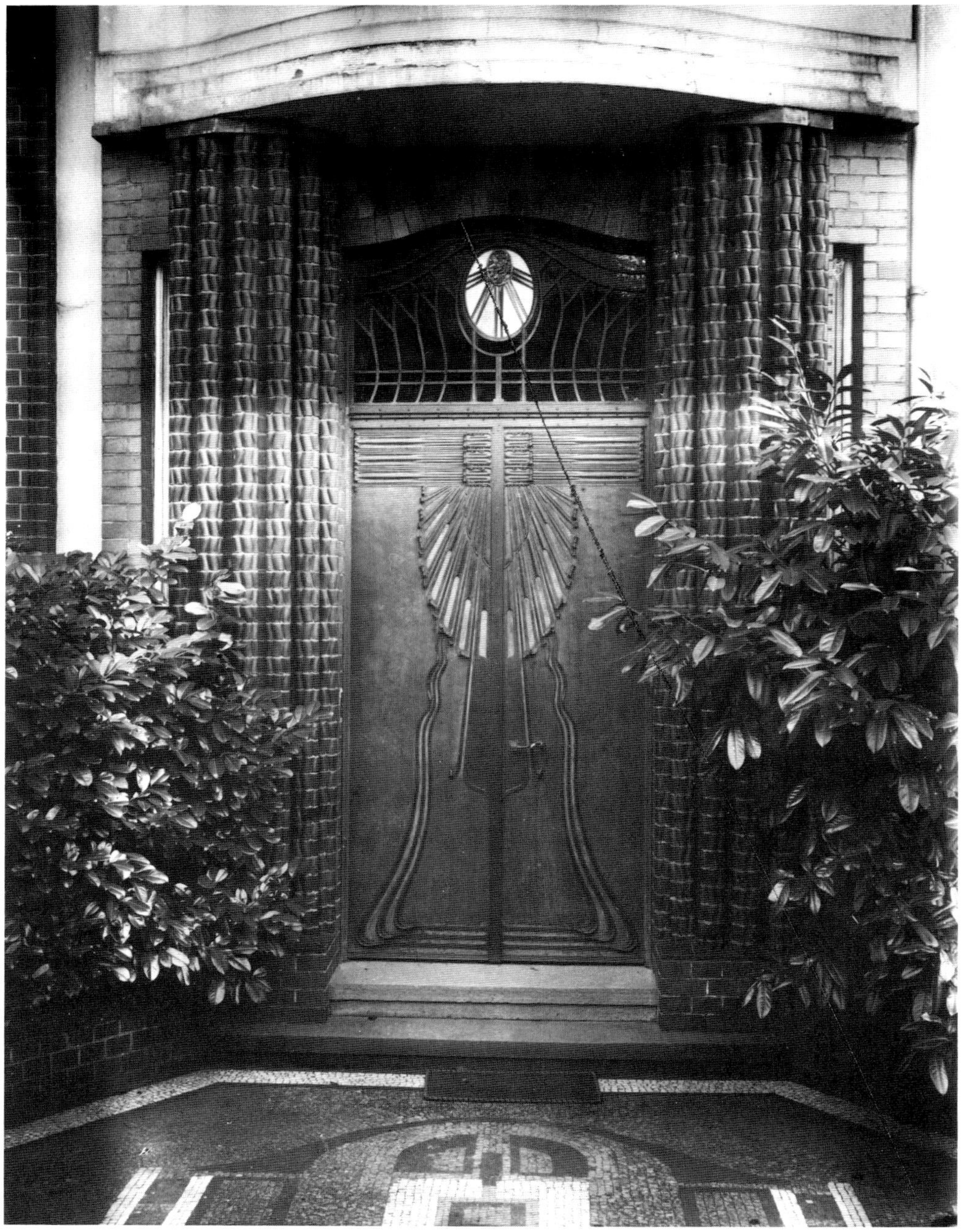

Peter Behrens, die Eingangstür am eigenen Haus in Darmstadt, 1901.

Peter Behrens, Teile des Porzellan-Services, die er für das Speisezimmer im eigenen Haus entworfen hatte, Porzellanfabrik Weiden, Gebr. Bauscher, ∅ des größten Tellers: 25 cm. Germanisches Nationalmuseum, Nürnberg

Behrens war damit zum »Großkünstler« geworden, dem ein Entwurfsimperium unterstand. Doch die Fülle der Aufträge – Villen, Fabriken, Ausstellungen, aber auch die deutsche Botschaft in St. Petersburg – brachte es mit sich, daß seine Handschrift immer unverbindlicher wurde. Die meisten Dinge, die jetzt seinen Namen trugen, wirkten recht schematisch. Wahrscheinlich hatte er nur einen flüchtigen Blick für sie gehabt, denn er konnte sich auf sein hochbesetztes Büro verlassen. Zwei der besten Vertreter einer neuen Architektengeneration – Ludwig Mies van der Rohe und Walter Gropius – arbeiteten zeitweise für ihn.
Zudem war Behrens ein spezifisch deutscher Künstler. Äußerlich ist das erkennbar in dem wagnerianischen Pathos, das er in den frühen Jahren vorlegte, und in den hymnischen Tönen, die seine Kommentatoren dafür fanden. Über die »Vorhalle zum Haus der Macht und der Schönheit« – gemeint war die schwülstige Anlage auf der Turiner Ausstellung (Abb. S. 158) – schrieb jener Georg Fuchs, den wir schon im Zusammenhang mit

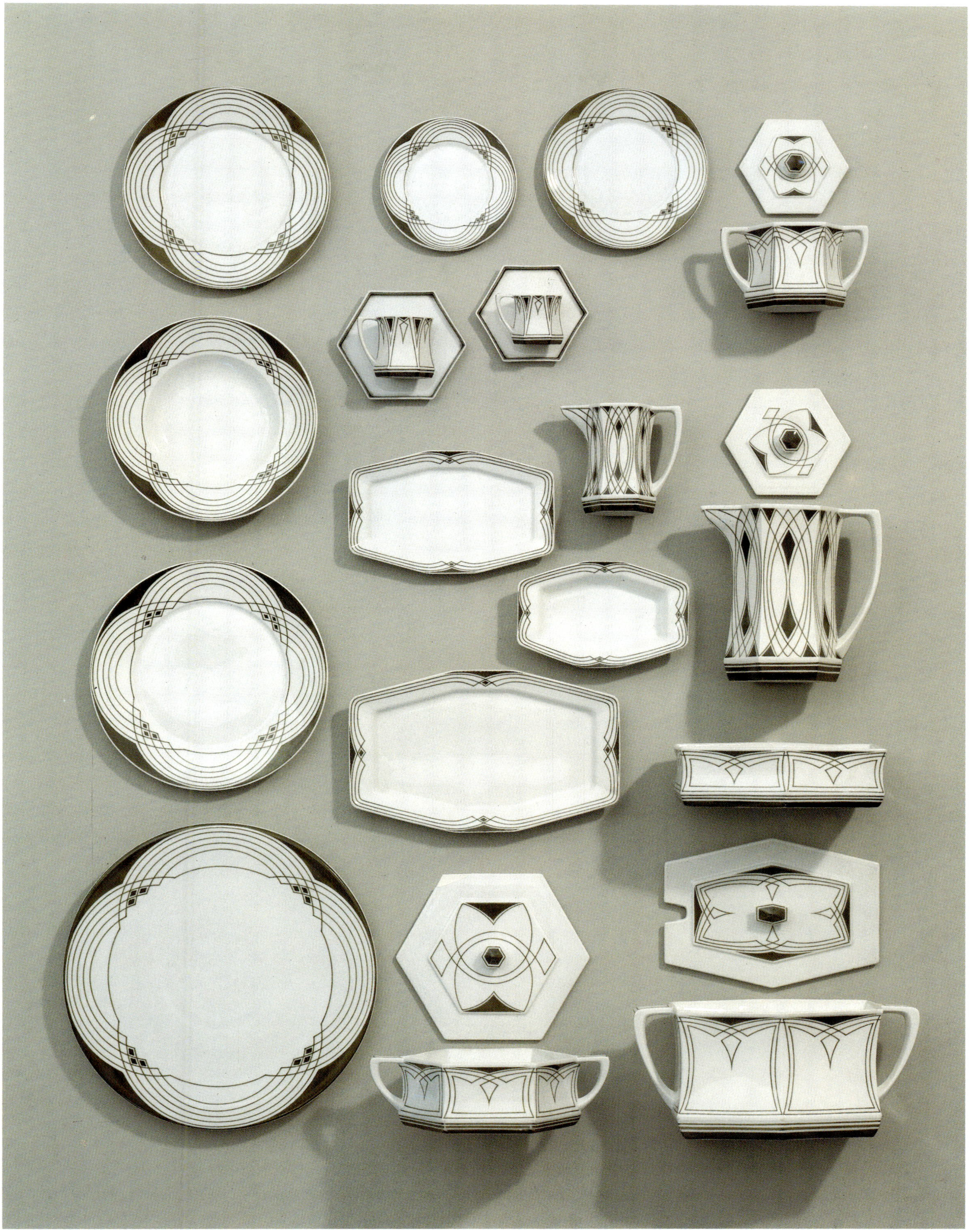

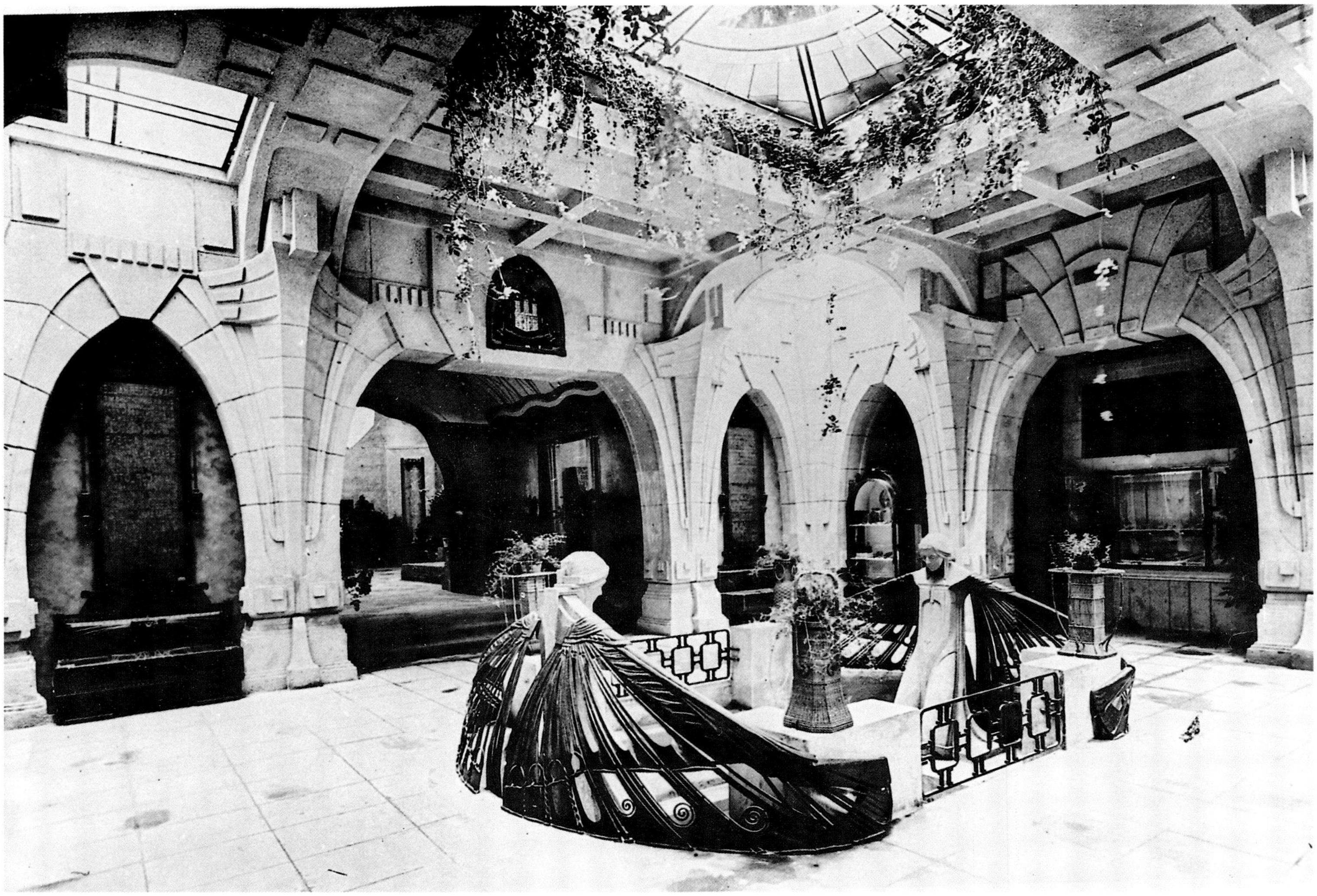

Peter Behrens, die »Hamburger Halle« auf der großen Ausstellung für moderne dekorative Kunst in Turin, 1902.

Darmstadt gehört haben: »'Tritt ein, Fremdling, hier waltet das Deutsche Reich; siehe mit frohem Herzen, was es vermag!' Einen Spruch dieser Art sollte man über den Eingangsbogen meißeln. Denn was sich stummen Mundes kund gibt in dieser Halle, das ist die Macht, das ist die Macht des Kaisertums Wilhelms II., gereift gerüstet und entschlossen, gleich berechtigt, gleich besitzend, gleich gebietend neben den Welt-Mächten ihren Platz behauptend bei der neuen Teilung des Erd-Balles, welches das Völker-Schicksal als seinen unabänderlichen Ratschluß angekündigt hat.« Erschreckend schnell war hier die Okkupation erfolgt und die Avantgarde vereinnahmt worden. Dabei hatte der Autor sicherlich richtig gespürt, daß Behrens ein konformistischer Künstler war, der sich für fast alles und jedes gewinnen ließ. Es war, als ob eine Art Gehorsamspflicht ihn dazu anhielt; und da die gemäßigte Moderne, die er bald nach 1900 vertrat, leicht zu vermitteln war, hatte er entsprechend großen Erfolg.
Zu seinen Förderern hatte in Darmstadt auch der Verleger Alexander Koch gehört, der seit 1890 die Zeitschrift »Innendekorction« herausgab, auf die einige Jahre später die »Deutsche Kunst und Dekoration« folgte. Der einflußreiche, aber auch parteiische Mann rechnete sich einigen Anteil am Zustandekommen der Ausstellung von 1901 zu, aber wichtiger war er im selben Jahr als Initiator eines Wettbewerbs, bei dem Entwürfe für das »Haus eines Kunstfreundes« gesucht wurden. Einen der Preise gewann der Engländer Baillie Scott, der schon vor 1900 einige Räume für den Großfürsten in

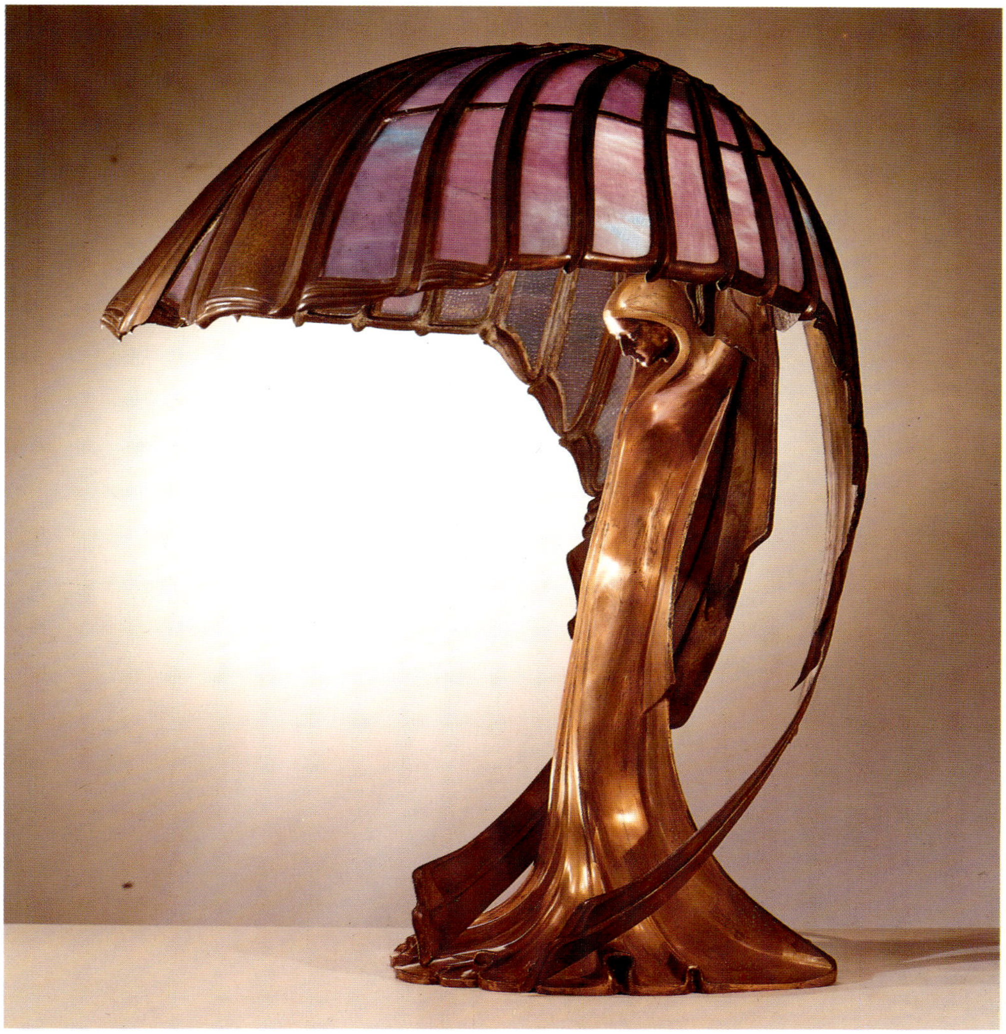

Peter Behrens, Tischlampe, Darmstadt 1902, Bronze und farbiges Glas, 70 cm hoch. Großherzogliche Hessische Privatsammlung

sehr britischer Manier gestaltet hatte. Aber der triumphale Sieger dieser spektakulären Aktion war der Schotte Charles Rennie Mackintosh. Er kam nur deshalb auf den zweiten Rang, weil seine Unterlagen nicht ganz vollständig waren. Wenn auch seine Entwürfe damals weder in Darmstadt noch anderswo realisiert wurden – sondern erst 1990 in Glasgow –, so hatte doch durch ihn das Wetterleuchten der Genialität den Ort gestreift.
Im Gegensatz zu den anderen, die kamen und gingen oder überhaupt nicht kamen, blieb Olbrich vor allem auch deswegen in Darmstadt, weil Ernst Ludwig klug, vertrauensvoll und wagemutig genug war, ihn zu halten. Weitere Ausstellungen folgten 1904, 1908 und 1914. Sie glichen der ersten in der Betonung von Architektur, Ausstattung und Kunstgewerbe. Neue Häuser wurden gebaut und mustergültig eingerichtet, aber am bewunderungswürdigsten blieb nach wie vor die Unbeirrbarkeit des Großfürsten. 1904 war nun das Hauptstück eine »Dreihäusergruppe« (Abb. S. 161), an der Olbrich zeigen konnte, daß er seiner Phantasie auch straffere Züge zu geben vermochte. Ohne Einbuße an Einfall besitzt das abwechslungsreiche Ensemble Kraft und tektonisch begründete Plastizität. Der Eindruck entsteht, daß Olbrich intelligent genug war, die Lehre zu akzeptieren, die ihm Behrens erteilt hatte. Zugleich ist aber auch zu spüren, daß mit zunehmender Festigkeit auch ein neuer Klassizismus aufkam, eine Wiederkehr der Achsen und Symmetrien, die von der Fülle der Erfindungen nur zum Schein verdeckt wird. Spätere Bauten von Olbrich zeigen das dann unverhüllter.

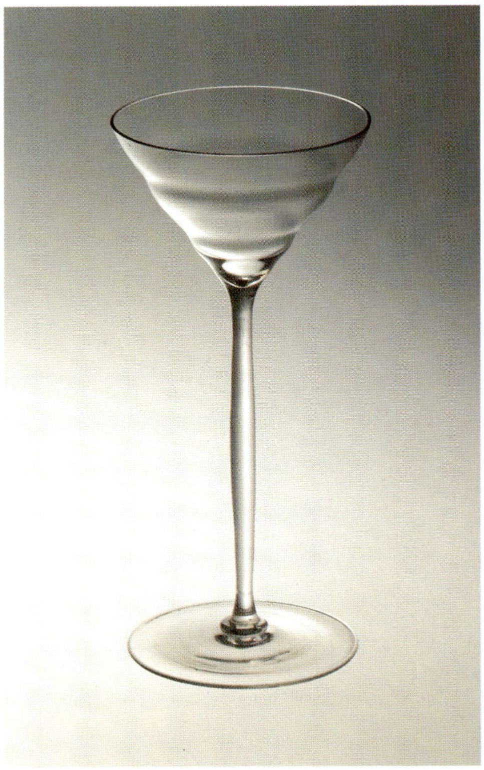

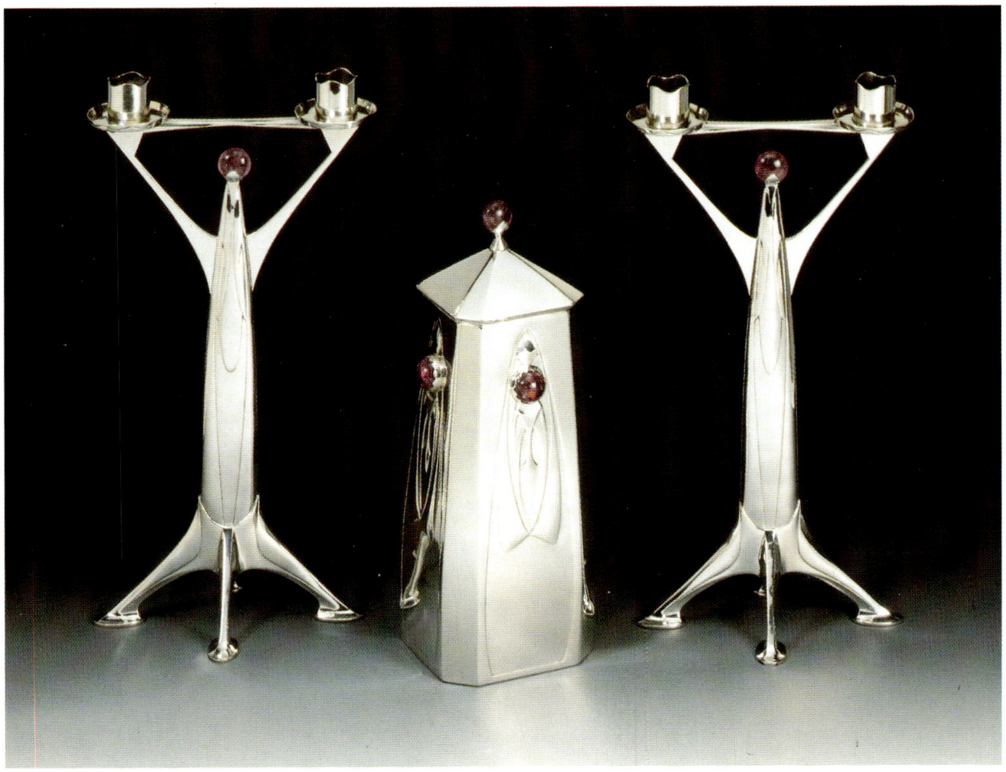

Joseph Maria Olbrich, Weißweinglas, Darmstadt um 1900, G. Bakalowits & Söhne, Wien, 25 cm hoch.
Privatbesitz, München

Joseph Maria Olbrich, Löffel, Darmstadt um 1900, versilbertes Weißmetall, Christofle & Cie., Paris, 23 cm lang.
Museum Künstlerkolonie Darmstadt

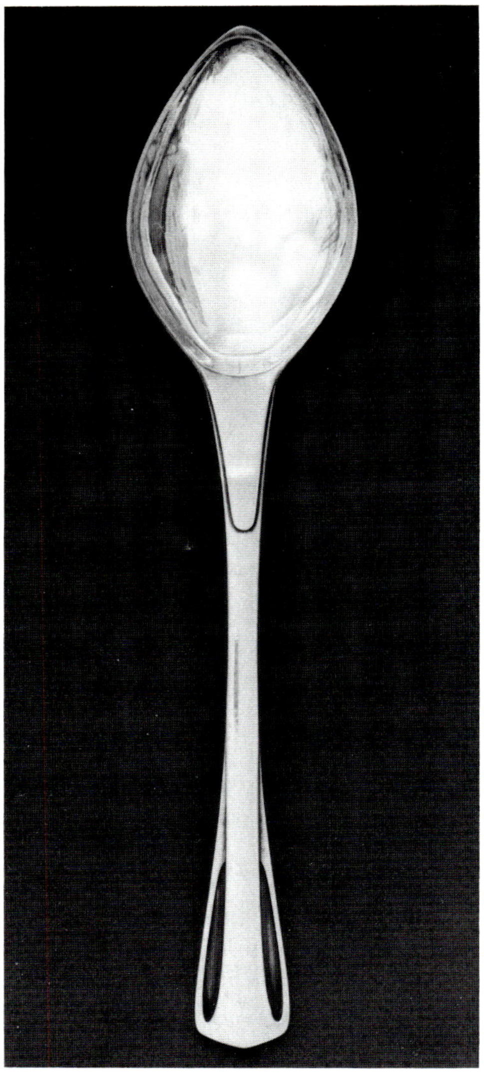

Joseph Maria Olbrich, Leuchterpaar und Teedose, Darmstadt um 1900, Silber mit Amethysten, P. Bruckmann & Söhne, Heilbronn, Höhe der Leuchter: 35 cm.
Privatbesitz

Joseph Maria Olbrich, das Predigerhaus, das Teil der Dreihäusergruppe war, die 1903/04 für die zweite Ausstellung der Darmstädter Künstlerkolonie errichtet wurde.

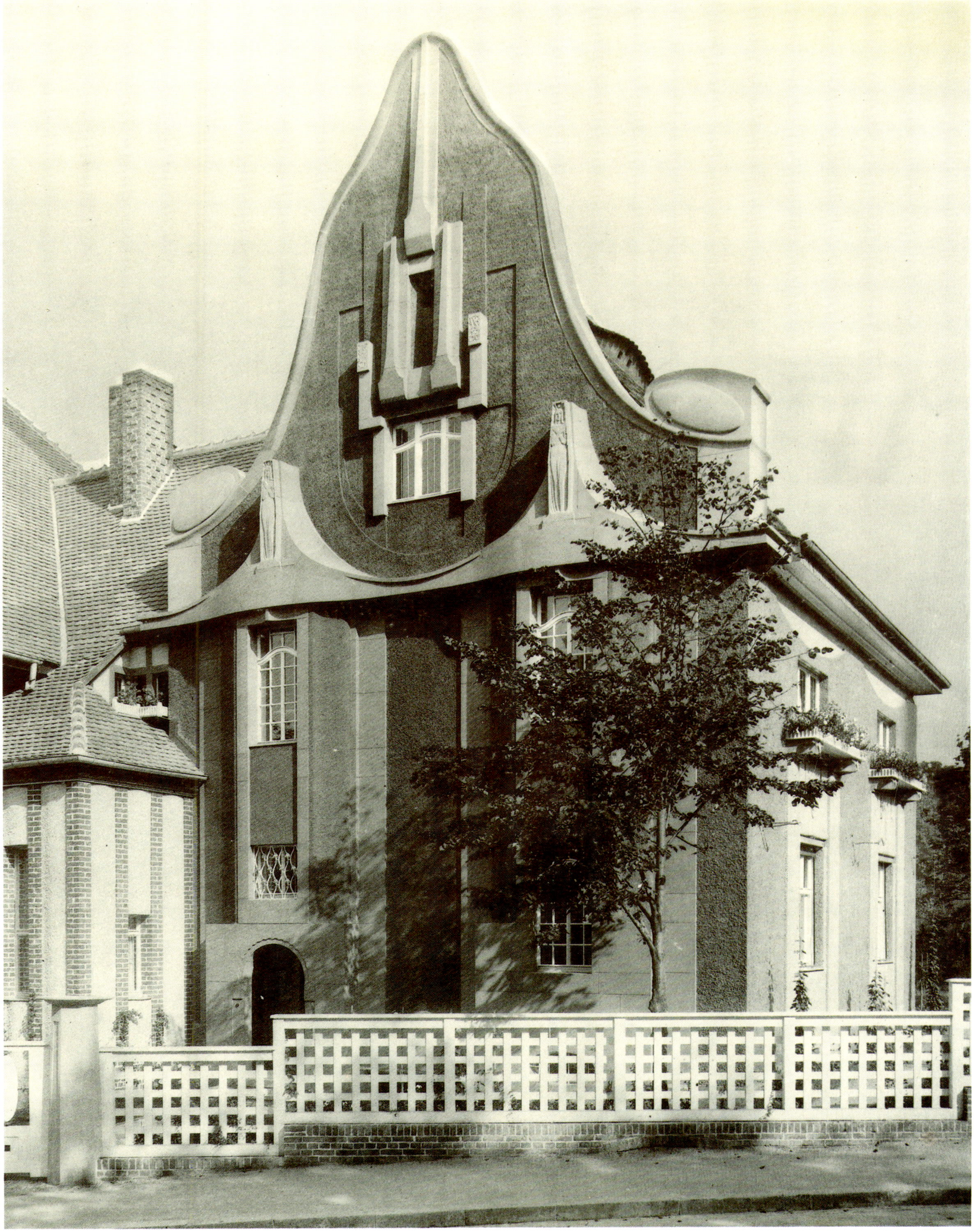

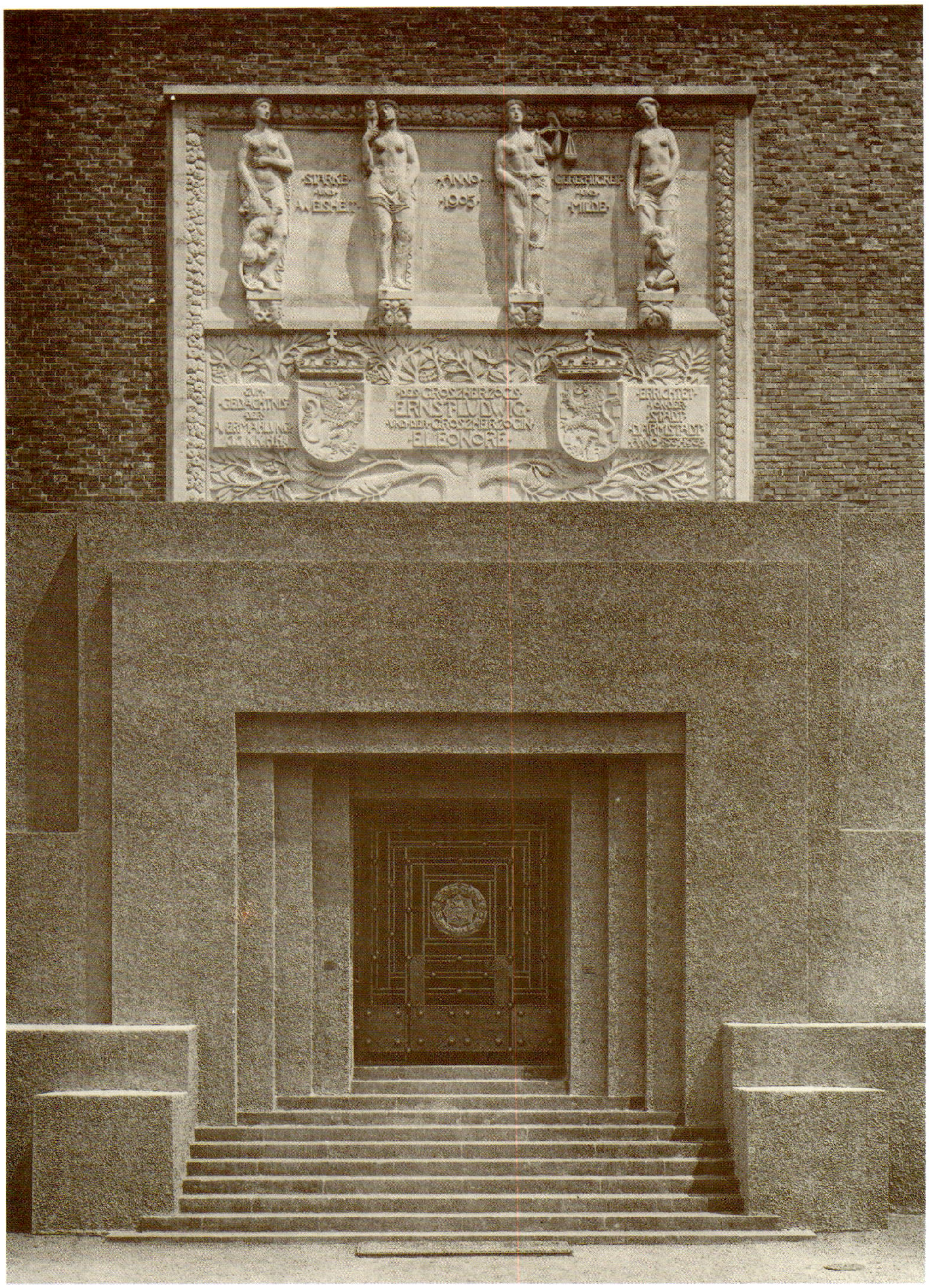

Joseph Maria Olbrich, der Eingang zum »Hochzeitsturm« in Darmstadt, 1908.

Wie weit gedacht der Darmstädter Reformversuch war, belegen sicherlich am besten die Entwürfe für Arbeiterhäuser, die Olbrich mehrfach angefertigt hat (Abb. S. 165). Dergleichen war zwar nicht neu, denn schon auf der ersten Weltausstellung 1851 in London war ein Musterhaus gezeigt worden, doch überrascht die Fortsetzung inmitten des Darmstädter Rahmens, der gern als überzüchtet und zu schöngeistig verdächtigt worden war. Die anfängliche Doppelhausplanung erinnert denn auch noch an englische Vorbilder, während das 1908 ausgeführte Beispiel tatsächlich nicht frei ist von dem falschen Ton einer bemühten Liebenswürdigkeit (Abb. S. 164). Die hinzugedachten Bewohner hätten von großer Bravheit sein müssen.
Der 1901 nur zaghaft entwickelte städtebauliche Ansatz fand bis 1907 eine wesentliche Erweiterung, als die Kuppel des Hügels erbaut wurde, auf

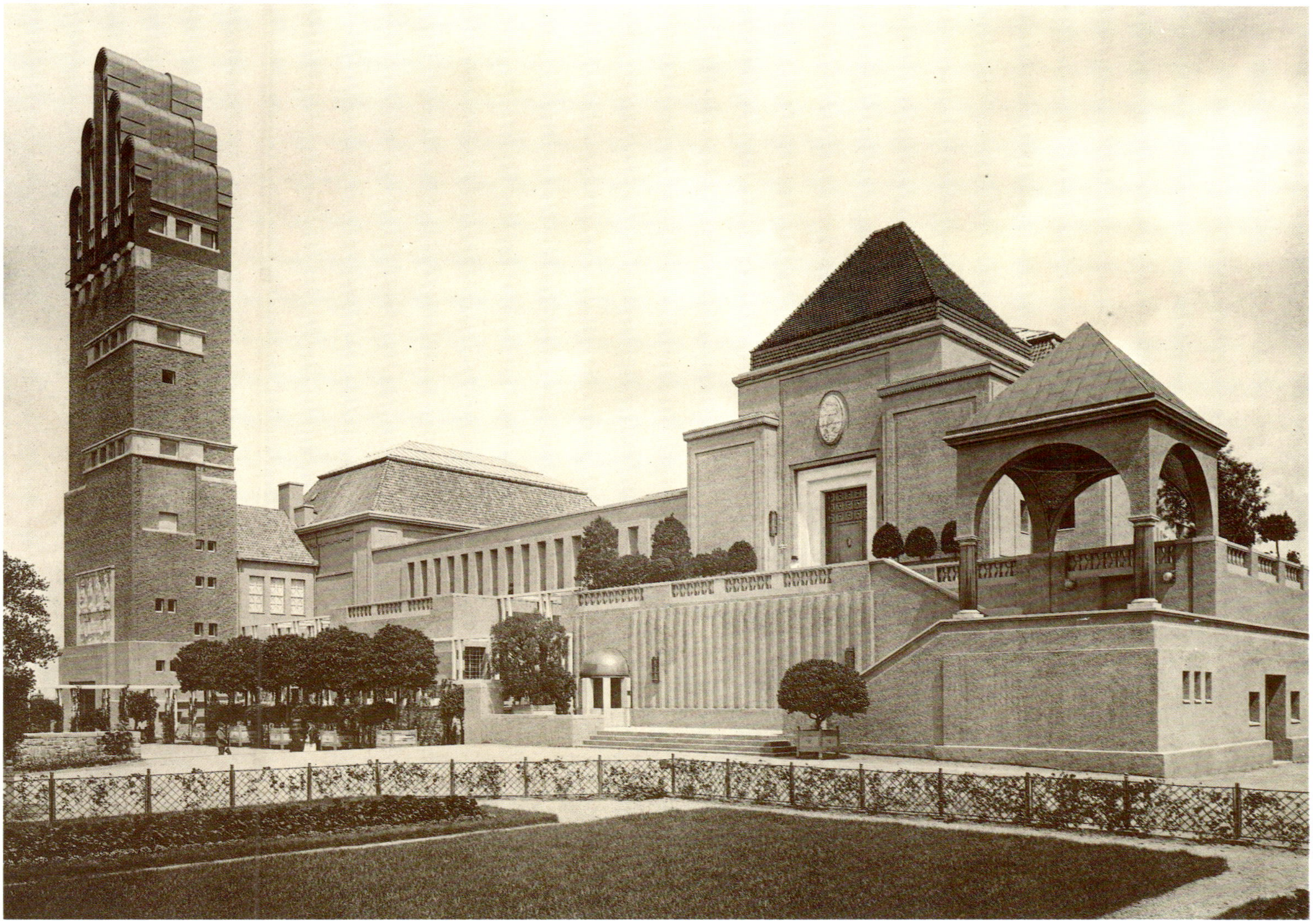

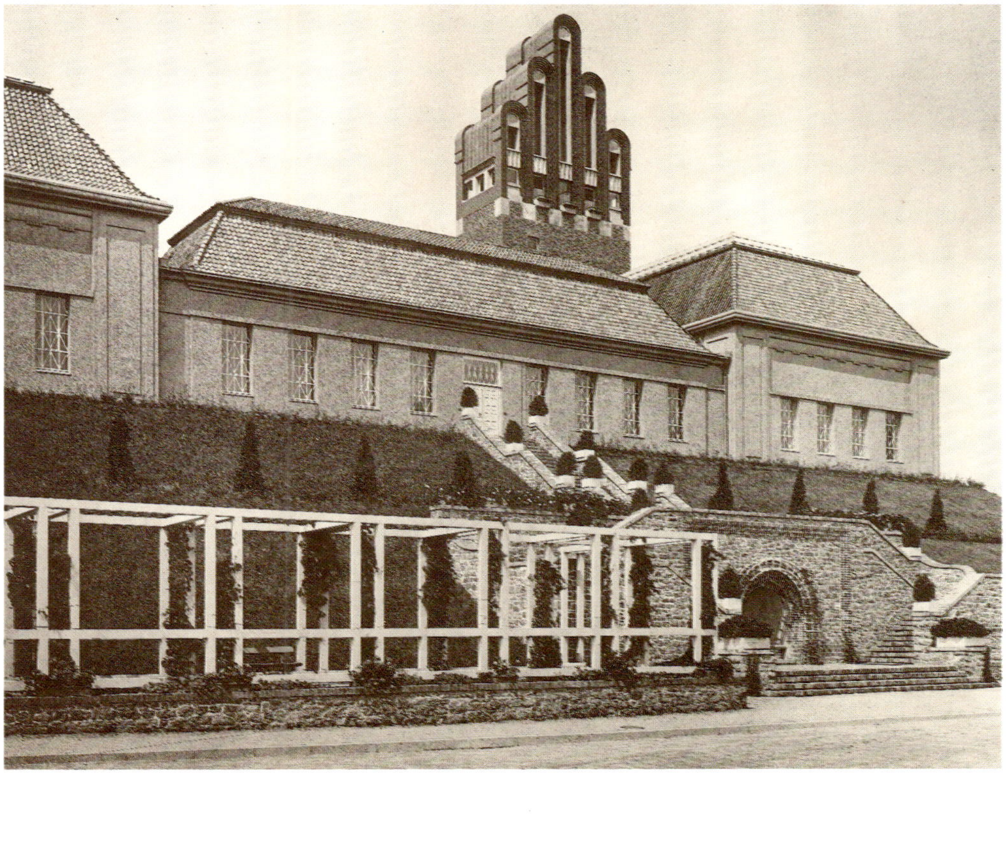

Joseph Maria Olbrich, die Stadtseite des Ausstellungsgebäudes auf der Mathildenhöhe in Darmstadt, links der »Hochzeitsturm«, der als Geschenk der Stadt zur zweiten Vermählung des Großherzogs 1905–1908 errichtet worden ist.

Joseph Maria Olbrich, die Rückseite des Ausstellungsgebäudes auf der Mathildenhöhe in Darmstadt, im Vordergrund eine strenge steinerne Pergola.

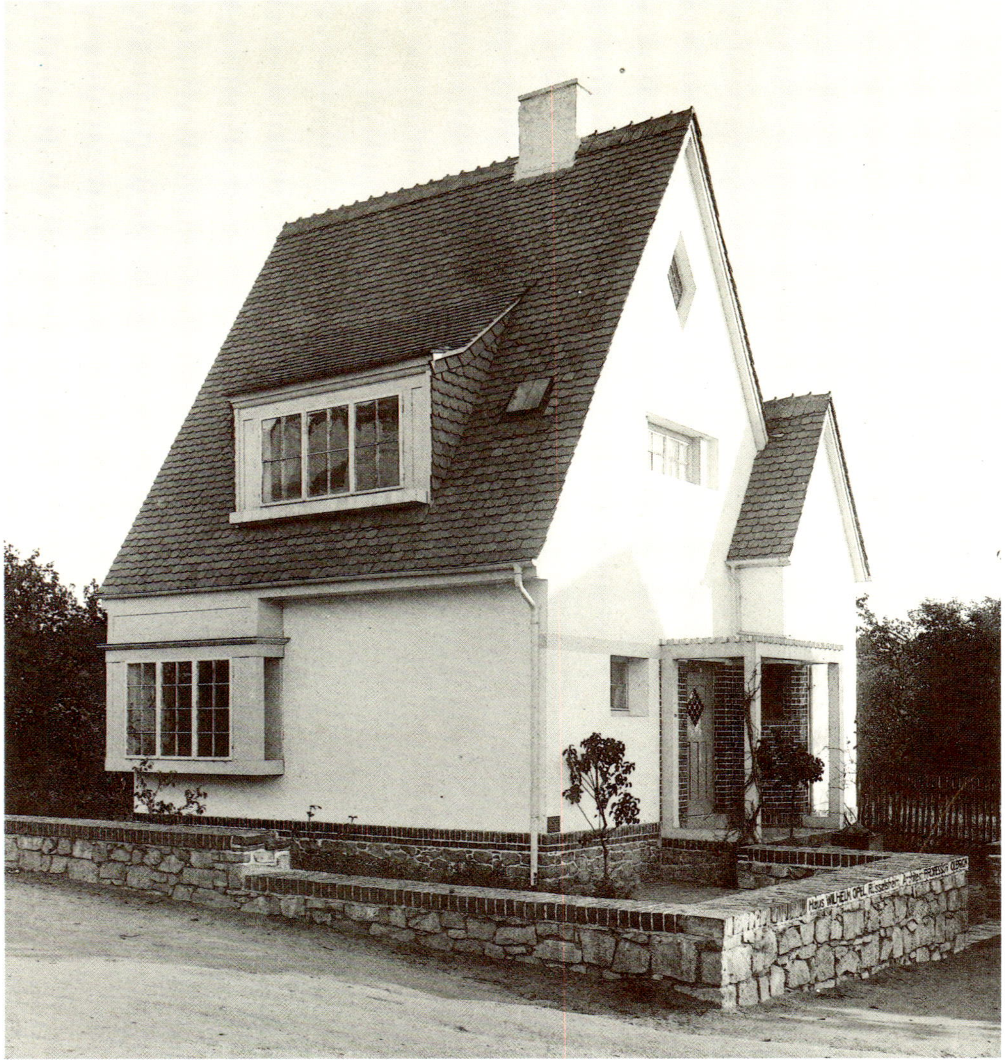

Joseph Maria Olbrich, Ansicht und Wohnraum des Arbeiterhauses, das im Auftrag der Opel-Werke in Darmstadt errichtet wurde, 1907/08.

Joseph Maria Olbrich, Entwurf für Arbeiterhäuser, Darmstadt um 1900.

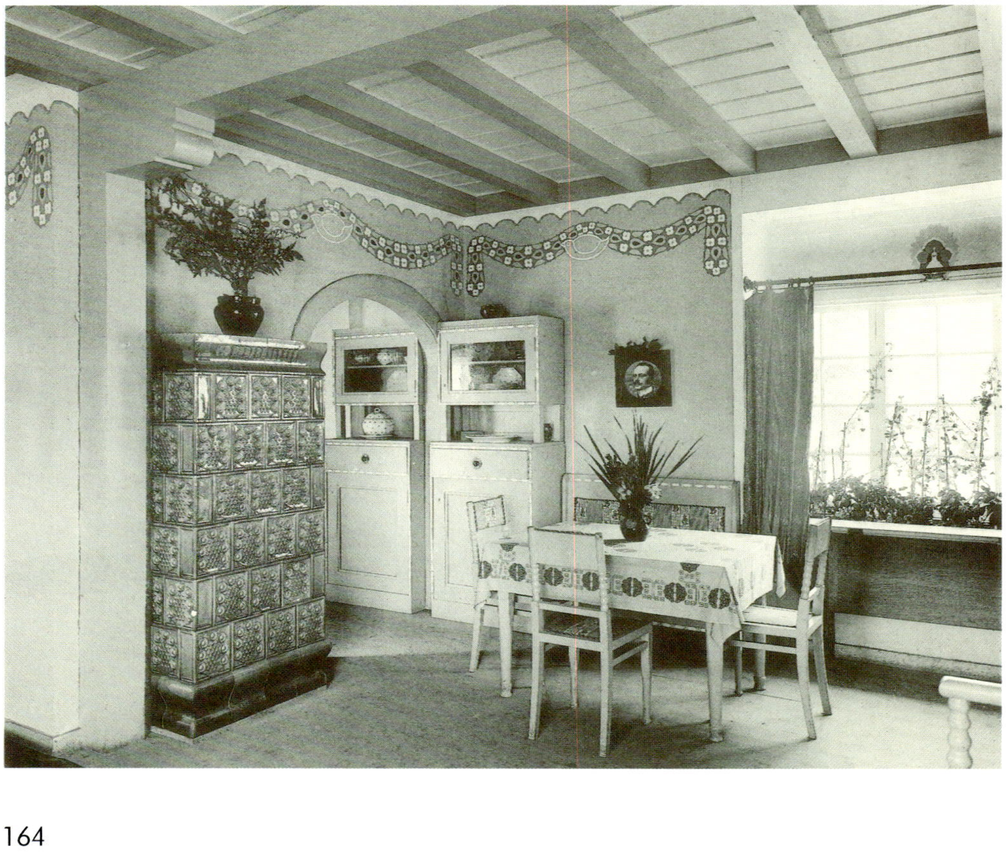

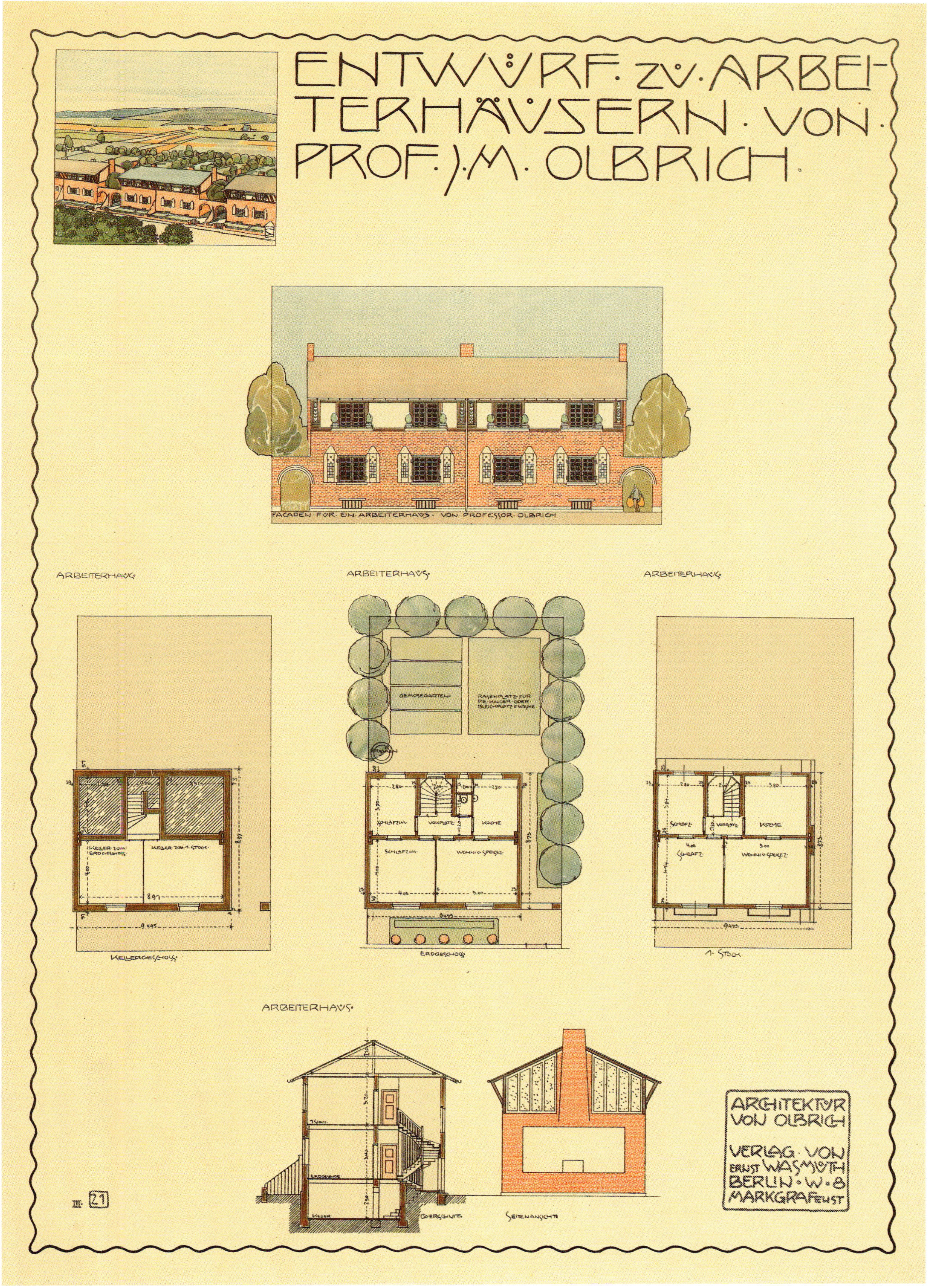
ENTWÜRF · ZU · ARBEITERHÄUSERN · VON · PROF · J · M · OLBRICH ·
FACADEN · FÜR · EIN · ARBEITERHAUS · VON · PROFESSOR · OLBRICH
ARBEITERHAUS
ARBEITERHAUS
ARBEITERHAUS
GEMÜSEGARTEN
RASENPLATZ FÜR DIE KINDER ODER BLEICHPLATZ F. WÄSCHE
KELLERGESCHOSS
ERDGESCHOSS
1 · STOCK
SCHLAFZIM.
VORPLATZ
KÜCHE
WOHN- U. SPEISEZ.
ARBEITERHAUS
QUERSCHNITT
SEITENANSICHT
ARCHITEKTUR VON OLBRICH
VERLAG · VON ERNST WASMUTH BERLIN · W · 8 MARKGRAFENSTR.
III · 21

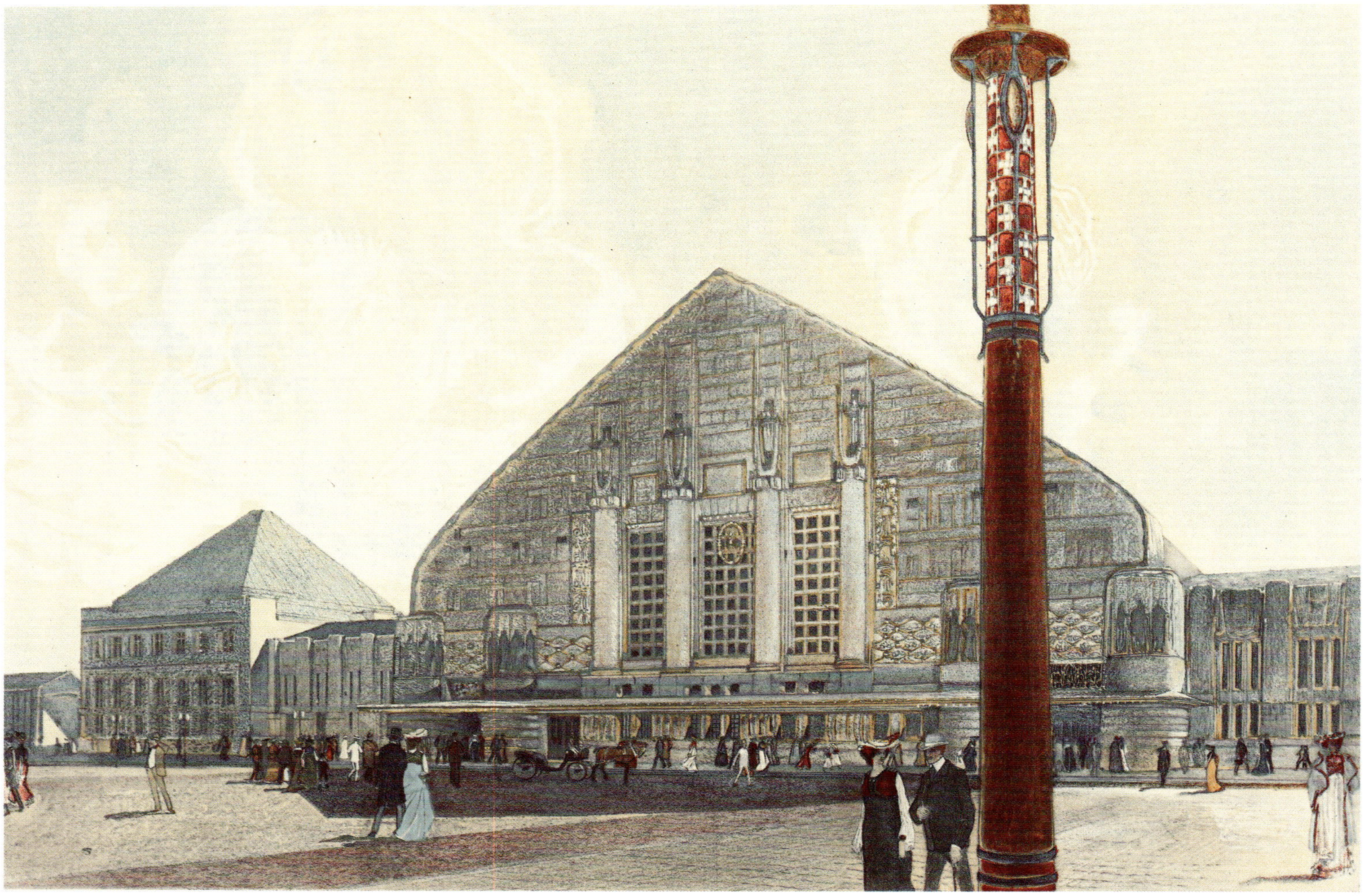

Joseph Maria Olbrich, Entwurf für den Hauptbahnhof in Basel, 1903.

dessen Südflanke die Künstlerkolonie lag. Bisher hatte es hier nur ein Wasserreservoir gegeben. Dieses bildete nun die Basis für ein großes Ausstellungsgebäude, dem asymmetrisch ein Turm beigesellt wurde (Abb. S. 162, 163). Er war das offizielle Geschenk der Stadt zur Wiederverheiratung des Fürsten, und dank ihm wurde die Mathildenhöhe zu einem Begriff. Der gern als Schwurhand gedeutete »Hochzeitsturm« war als Fanal unübersehbar, mit ihm wurde eine deutliche Verbindung zum Zentrum der Stadt hergestellt. Dem trug auch eine erweiterte Wegachse Rechnung, die unmittelbar auf das Ausstellungsgebäude zuführte und in ihrem Verlauf die kleine russisch-orthodoxe Kapelle berührte, die für die zaristische Verwandtschaft des Großfürsten 1899 errichtet worden war (Abb. S. 143). Das Gebäude war architektonisch bedeutungslos, aber wirkungsvoll kraft seiner Buntheit. Durch die neue Orientierung rückte zwar die Künstlerkolonie etwas an die Seite, aber einen Angelpunkt bildete nach wie vor das Atelierhaus.
Das Ausstellungsgebäude ist im Grunde ein symmetrischer Dreiflügelbau mit eingeschlossenem Hofraum, doch die verschiedenen Ergänzungen an seiner westlichen Schauseite – Treppen, Terrassen, ein Pavillon und schließlich der aufragende Turm – überspielen das und ergeben zusammen eine vielgestaltige Komposition. Olbrich bewies hier nun jene Meisterschaft, die er bisher immer nur in Ansätzen gezeigt hatte. Der Aufbau ist wiederum sehr locker, fast spielerisch, doch auf das geschickteste ausgeglichen und in der Waage gehalten. Genau betrachtet gleicht er sogar noch dem des Atelierhauses, nur daß jetzt der Turm den vielgestaltigen Bau hält und nicht mehr

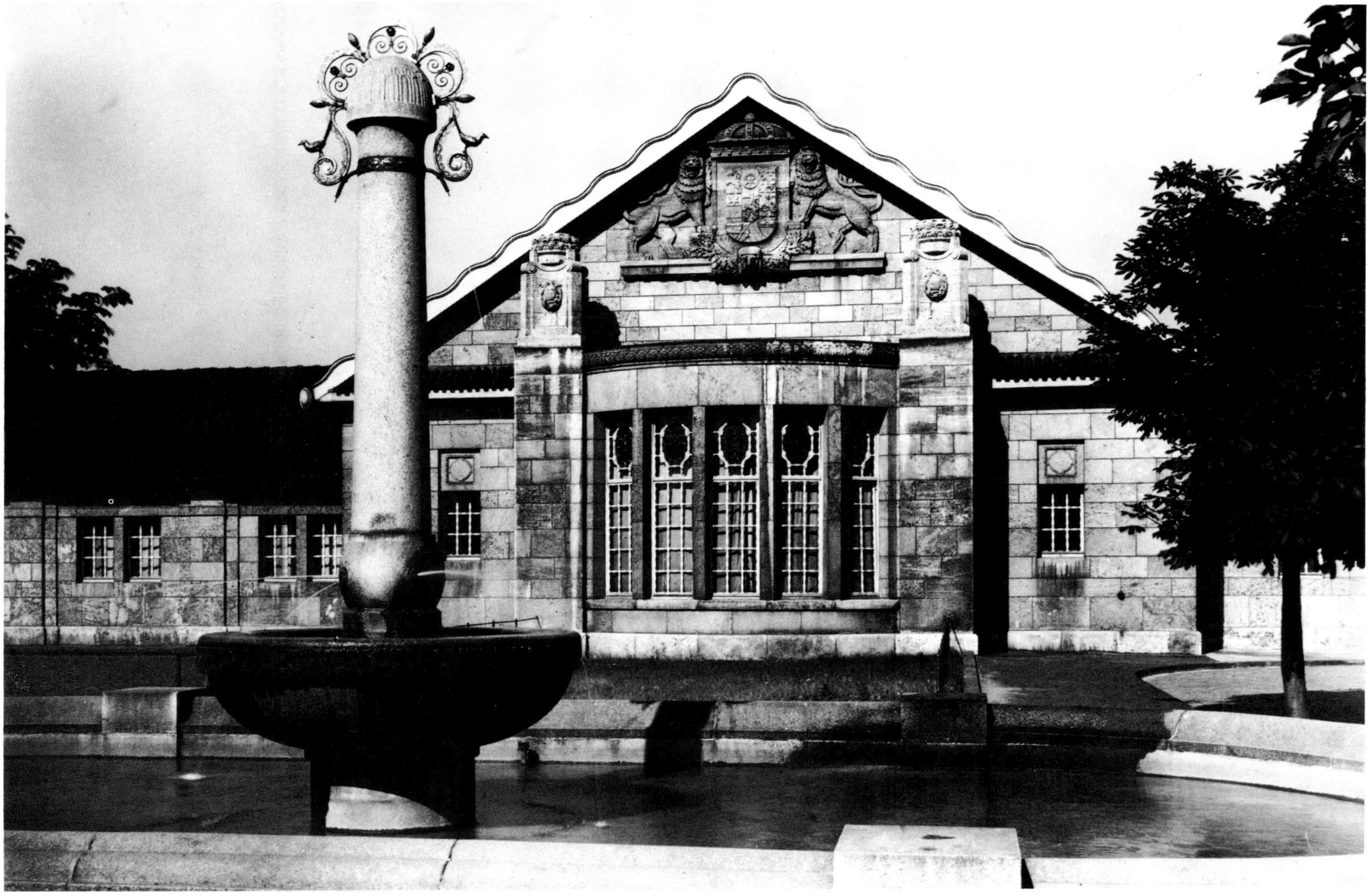

Friedrich Pützer, ein Seitentrakt des Hauptbahnhofes in Darmstadt, um 1910.

eine Figurengruppe. Wenngleich sich hier nun Architektur zu Architektur gesellte, so blieben dennoch Unterschiede betont: zum Beispiel die weithin gewahrte Symmetrie des Hauptteiles zu der des Turmes, die durch die Eckfenster unterbrochen wird, oder dessen rauhe Backsteinhaut zu den glatten Putzflächen des übrigen. Man könnte auch sagen, daß sich hier zwei fremde Epochen begegnen, Mittelalter und Klassizismus, doch wäre das zu spitzfindig angesichts der waltenden Könnerschaft und Freiheit. Auf jeden Fall demonstriert das Gebäude lauter Konterkarierungen des Kanons, die noch einmal den gelenkten Zufall ins Spiel bringen und jene Ambivalenz entstehen lassen, die Olbrichs beste Arbeiten auszeichnet.
Mit den Bauten auf der Mathildenhöhe verabschiedete sich dieser Architekt von Darmstadt, inzwischen war er für die Stadt zu groß geworden. Im Rheinland hatten sich für ihn neue Aufgaben ergeben, die schließlich zu einem letzten Höhepunkt führten, bevor er früh vollendet – wie oft bei überreichen Begabungen – 1908 starb. Zurück blieb das einmalige Ereignis von Darmstadt – nirgendwo sonst hatte sich damals ein Künstler so reich entfalten können, und nirgendwo sonst waren die Möglichkeiten und Gefährdungen des neuen Stils so exzessiv vorgeführt worden wie gerade dort. Auf kleinem Raum, aber mit Vitalität war hier ein Beginn gewagt worden, der seine Kraft aus der Isolation bezog, aus dem Gefühl heraus, nur gegen die offizielle Wertung erfolgreich sein zu können. Undenkbar, daß dergleichen in Berlin hätte geschehen können. Auf berührende Weise verband sich in Darmstadt die politische Handlung mit der künstlerischen zur Einheit, eine

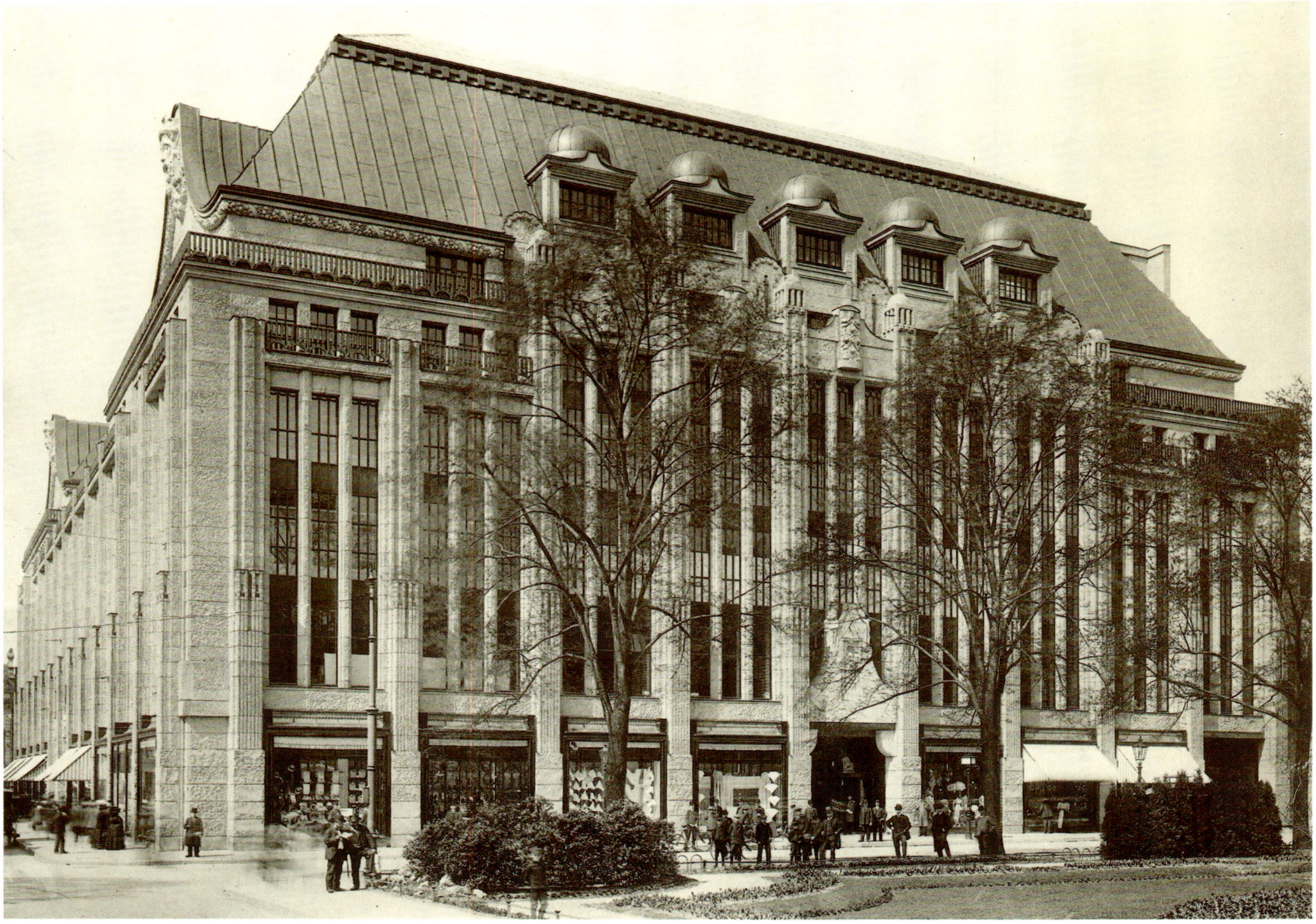

Joseph Maria Olbrich, das Warenhaus Tietz an der Königsallee in Düsseldorf, Außenansicht und große Halle im Innern, 1907/08.

Kraft dabei gewinnend, die beide vereinzelt nicht gehabt hätten. Die besonderen Möglichkeiten der Zeit, die auf riskante Weise den Aufbruch und das Ende in sich enthielt, waren hier erkannt und ausgeschöpft worden. Neben den viel mächtigeren Städten Paris, Brüssel und Wien bildete die hessische Residenzstadt einen wichtigen – und somit ersten deutschen – Hauptort des neuen Stils. Das bedeutete im Fall von Darmstadt aber auch, daß damit eine politische Erwartung verknüpft war.

Der frühe Tod verhinderte es, daß Olbrich die Fertigstellung seines Hauptwerkes erleben durfte, er starb mitten in der Arbeit an der Innenausstattung des Kaufhauses Tietz in Düsseldorf. Mit diesem Bau war ihm einer der spektakulärsten Aufträge der Zeit zugefallen, den er trotz des Berliner Vorbildes von Alfred Messel sehr souverän und eigenwillig löste. Vor allem die geschwungenen Giebel über den Eingängen und in der Dachzone verleihen der Architektur über das Zweckhafte hinaus eine mit Leichtigkeit gepaarte Würde, die nur Olbrich zu erzeugen vermochte. Spät, aber dennoch war hier die Symbiose von technischer Grundstruktur und Modellierung im Jugendstil gelungen. Beide Komponenten vermögen dabei stark zu bleiben, und anstatt zu konkurrieren, ergänzen sie sich. Die langjährige Darmstädter Experimentierphase war zu einem überzeugenden Abschluß gekommen. Eine Fortführung hätte nur Olbrich selbst vornehmen können, und somit verschloß sich die gerade eröffnete Perspektive.

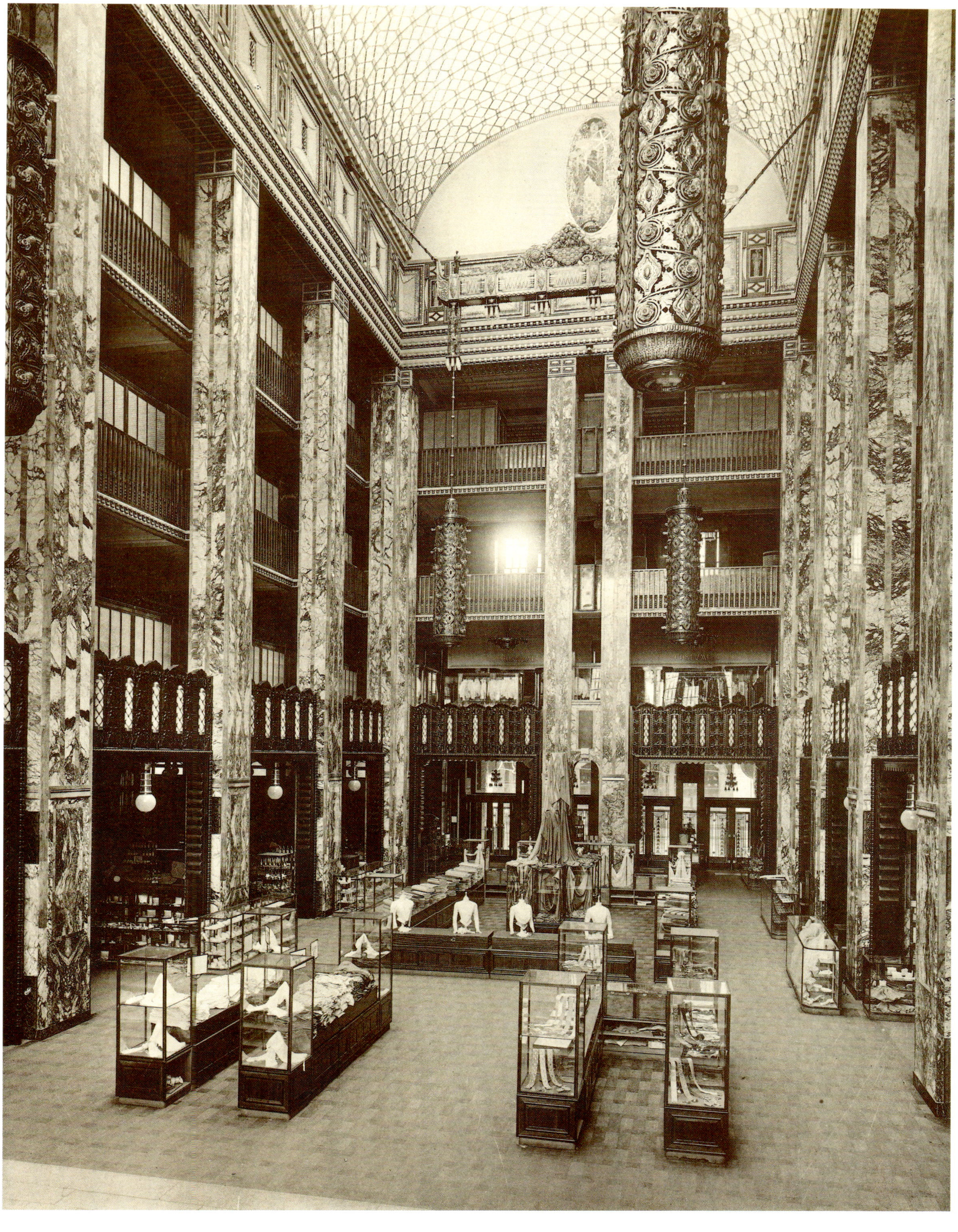

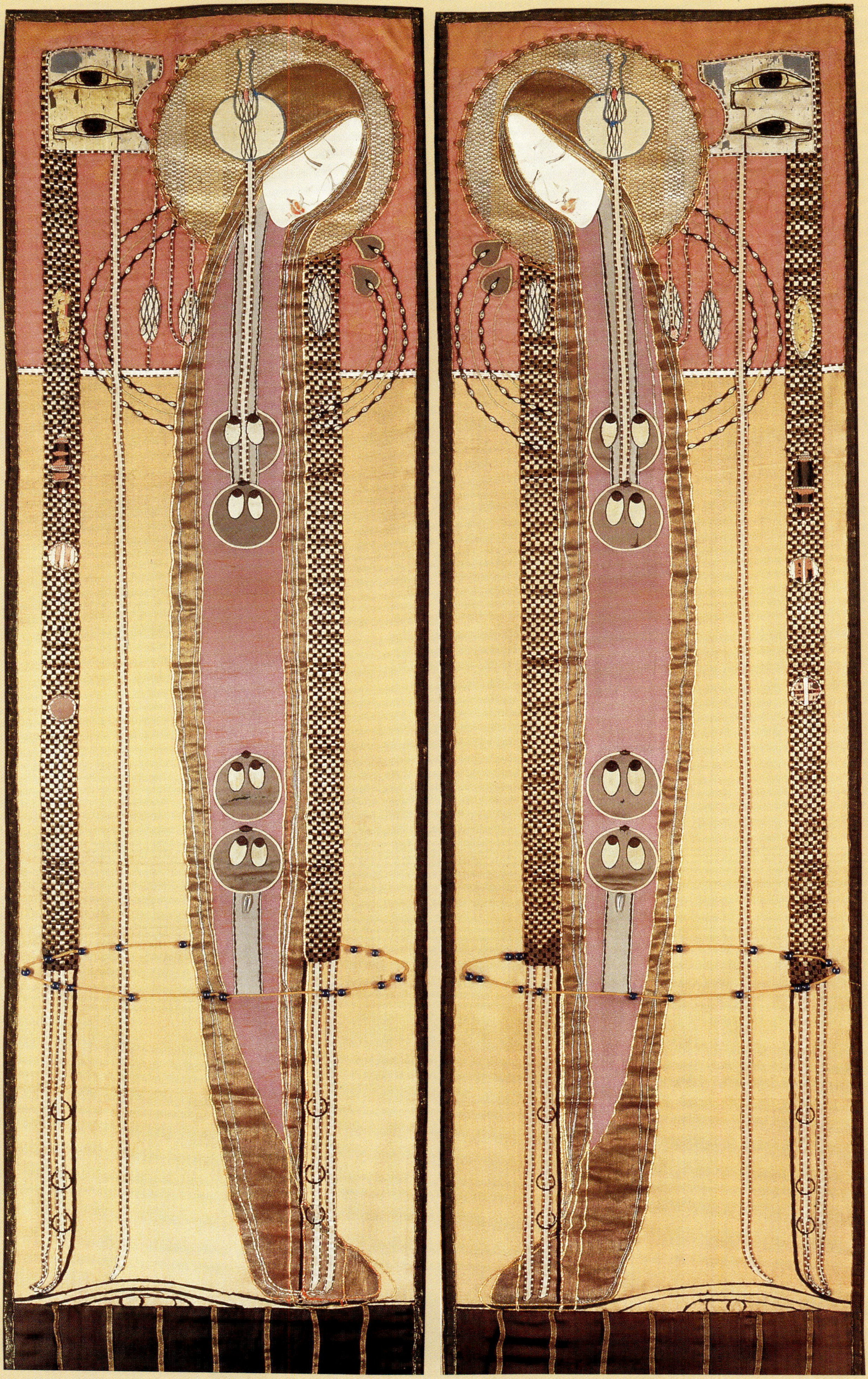

Glasgow

Glasgow ist das Musterbeispiel einer durch die industrielle Entwicklung zwar reich, aber auch zwielichtig und zweifelhaft gewordenen Stadt. Der ursprünglich ziemlich geschichtslose Ort erlebte im neunzehnten Jahrhundert ein großes Wachstum und erhebliche Aufwertung. Grundlage dafür waren zuerst Baumwollfabriken, die Glasgow sogar mit Manchester konkurrieren ließen. Ab 1860 gewann die Schwerindustrie immer mehr Gewicht, und im letzten Jahrzehnt des neunzehnten Jahrhunderts bestimmten Hüttenwerke, Kohlenhalden und Maschinenfabriken das Gesicht der Stadt. In der Produktion von Lokomotiven und Eisenbahnausrüstungen war Glasgow zur führenden Stadt Europas geworden. Außerdem stellte der Bau von eisernen Schiffen für den Hafenort einen weiteren wichtigen Industriezweig dar. Um 1900 lieferte Glasgow Dampfer bis in den pazifischen Raum.
Doch die Stadt verfügte nicht nur über Fabriken, auch der Seehandel verhalf ihr zu großen Möglichkeiten. Sie stand zunehmend in Verbindung zu englischen, irischen, aber auch amerikanischen Städten. 1908 liefen fast doppelt so viele Schiffe Glasgow an – mittlerweile der größte schottische Hafen – wie ein Jahrzehnt vorher. Drei Bahnhöfe im Zentrum der Stadt stellten die Verbindung mit dem Hinterland her. Entsprechend rapide war die Bevölkerung gewachsen: Von 1840 bis 1914 vervierfachte sich die Einwohnerzahl. Edinburgh, das Verwaltungszentrum und die eigentliche Hauptstadt Schottlands, war längst überflügelt, wirtschaftlich rangierte Glasgow unmittelbar hinter London.
Diese fast abenteuerliche Entwicklung förderte das Selbstbewußtsein. Die lange bekämpfte Vereinigung mit England war aufgrund der greifbaren Vorteile hingenommen worden, doch gegen Mitte des neunzehnten Jahrhunderts kamen auch wieder Autonomiebestrebungen auf. Die 1853 gegründete »Nationale Vereinigung zur Verteidigung schottischer Rechte« verfolgte separatistische Ziele, seit 1880 wurden auf ihren Versammlungen die entsprechenden Forderungen immer lauter.
Das zwar prosperierende, aber als neureich und kunstlos geltende Glasgow besaß im letzten Viertel des neunzehnten Jahrhunderts einen eher schlechten Ruf. Die Stadt galt als häßlich – auch wegen des Elends, das als unübersehbare Folge der raschen Industrialisierung entstanden war. Berüchtigt waren die »Gorbals«, die Massenunterkünfte der Stadt. Doch wurde dergleichen auch zynisch als Zeichen besonderer Vitalität gewertet, ähnlich der Trunksucht, die weit verbreitet war – nicht nur bei Proletariern, wie der Lebenslauf des Künstlers Mackintosh beweist, der um 1900 Glas-

Gegenüberliegende Seite: Margaret Macdonald-Mackintosh, bestickte Textilbanner für den schottischen Raum auf der achten Sezessions-Ausstellung in Wien, 1900. Glasgow School of Art, Mackintosh Collection

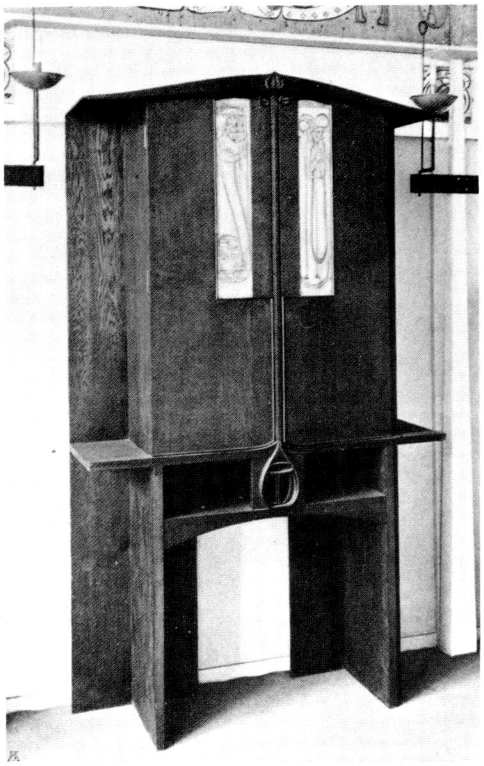

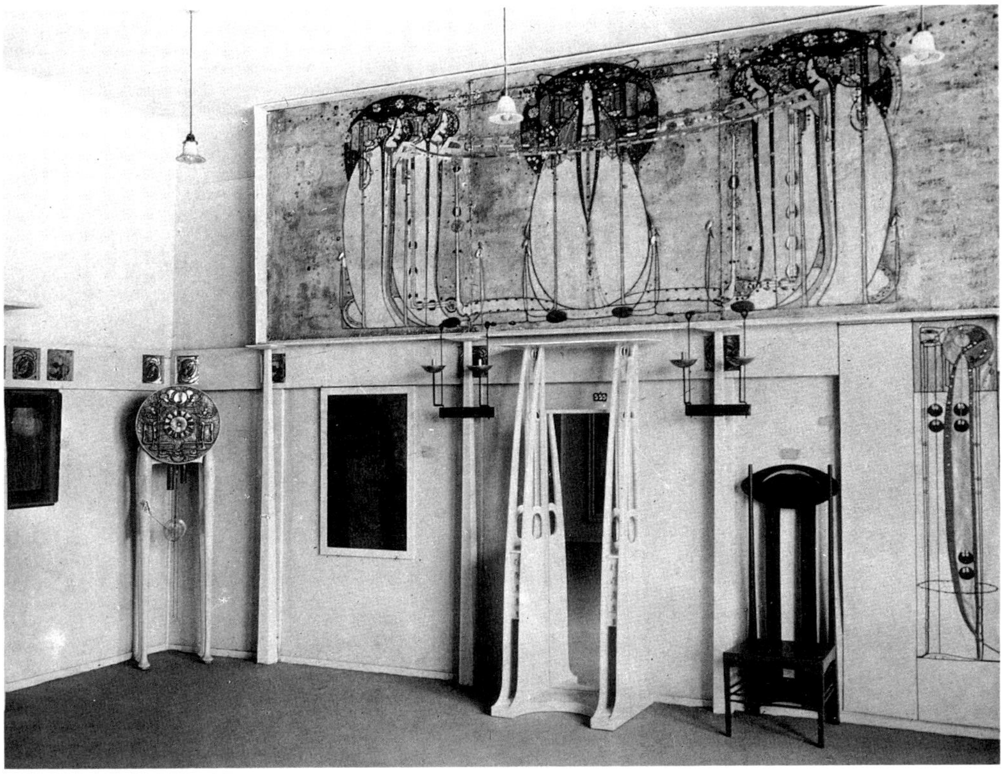

Charles Rennie Mackintosh, ein Schrank in dem Raum auf der achten Sezessions-Ausstellung in Wien, 1900.

Charles Rennie Mackintosh, Raum auf der achten Sezessions-Ausstellung in Wien, 1900.

gow einen ungewöhnlichen Glanz verliehen hat. Die Stadt entließ offensichtlich niemanden unbeschadet, der diesem Ort angehört hatte. Teesalons und Fußballclubs wurden mit der ausdrücklichen Absicht gegründet, vom Alkohol abzulenken. Doch half dergleichen wenig, die Stadt lebte sich aus, bis ein wirtschaftlicher Niedergang sie in ihre Grenzen verwies. Ein letzter Höhepunkt war mit der Rüstung für den Ersten Weltkrieg erreicht, dann begann der Abstieg. Zu dem negativen Bild Glasgows trug auch bei, daß es weder eine besondere Architektur noch sonst etwas Auszeichnendes vorzuweisen hatte. Es war einfach eine typisch viktorianische Stadt – so unternehmerisch wie rücksichtslos und so lebensvoll wie häßlich.

Ein Resultat des regen Handels war nun, daß die Schiffe auch Dinge an Land warfen, die sich von den üblichen Gütern unterschieden. Ein Einbruch von Exotik brachte ungewohnte Farben in das grau-schmutzige Bild der Stadt. Das Schlüsselland war hierbei Japan, das zu Glasgow schon früh Verbindungen geknüpft hatte und mit dem sich die Kontakte mehrten, als sich die fernöstliche Nation zunehmend für den Westen öffnete. 1876 begleitete Christopher Dresser, der später ungemein nützliche Dinge von staunenswerter Einfachheit entwerfen sollte, eine Sendung britischer Industrieprodukte, die für das kaiserliche Museum in Tokio bestimmt waren, von Glasgow nach Japan und blieb dort ein ganzes Jahr. Zurück kam er mit einer reichen Sammlung von Möbeln, Holzschnitten und Alltagsgeräten. Kaum wieder im Lande, ermunterte er seinen Sohn, in Japan einen internationalen Kunsthandel zu eröffnen. Die Verbindung der rauhen schottischen Stadt mit der zart anmutenden fernen Welt mag grotesk erscheinen, aber in Anbetracht des Abenteuergeistes besaß sie für das späte neunzehnte Jahrhundert auch wieder Schlüssigkeit. Sie beruhte auch keineswegs nur auf schönen Dingen. Die Zerstörer und Kreuzer, die später den Russisch-Japanischen Krieg entschieden, waren in Glasgow gebaut worden. So ergänzten sich die Interessen.

Charles Rennie Mackintosh, 1868–1928
Besuchte von 1877 bis 1884 die Alan Glen's High School und danach Abendkurse an der School of Art in Glasgow. Er lernte bei dem Architekten John Hutchinson und war ab 1889 Zeichner bei der Firma John Honeyman & Keppie in Glasgow. 1904 wurde er Partner dieser Firma. 1900 heiratete er Margaret Macdonald, eine Absolventin der Glasgower School of Art, mit der er eng zusammenarbeitete. Ab 1923 widmete er sich vor allem der Malerei.
Wichtige Arbeiten: Die neuen Gebäude für die Kunstschule in Glasgow, 1897–1909; das Hill House in Helensburg, 1903; Tea Rooms in Glasgow, 1897–1911.

Fernöstliches wirkte auch in anderer Hinsicht vermittelnd, es lenkte den Blick auf den französischen Impressionismus, der schnell bei jener Elite Wohlgefallen fand, die sich auf Glasgows Reichtum gebildet hatte und die nun nach ästhetischer Sublimierung verlangte. Schließlich muß noch angeführt werden, daß 1903, nach seinem Tode, der gesamte Nachlaß von James McNeill Whistler nach Glasgow gelangte – aus Dankbarkeit dafür, daß dort eine öffentliche Sammlung die erste Institution gewesen war, die eines seiner japanisierenden Gemälde gekauft hatte.
Somit war einiges zusammengekommen, um den Boden vorzubereiten und zu nähren für jenen Künstler, dem es gelingen sollte, in seinen Schöpfungen Japan und Schottland zu verbinden – dabei zu einer Symbiose kommend, in der das letztere zugunsten des ersten fast aufging, aber doch vorhanden blieb. Charles Rennie Mackintosh muß zwar, wenn es um den Beitrag Glasgows zum Jugendstil geht, zusammen mit den drei Künstlern genannt werden, mit denen er in der Regel gemeinsam auftrat, doch es verletzt nicht die kunsthistorische Wahrheit, sich bei einer gedrängten Darstellung vor allem auf ihn einzulassen. Er, seine Frau Margaret Macdonald, ihre Schwester Frances und deren Ehemann Herbert MacNair bildeten zweifellos ein Gespann, dessen stilistische Neigungen auffallend ähnlich und miteinander verwandt waren – weshalb der Direktor der »Glasgow School of Art«, an der alle studiert hatten, ihnen schon frühzeitig den Rat gab, sich zusammen-

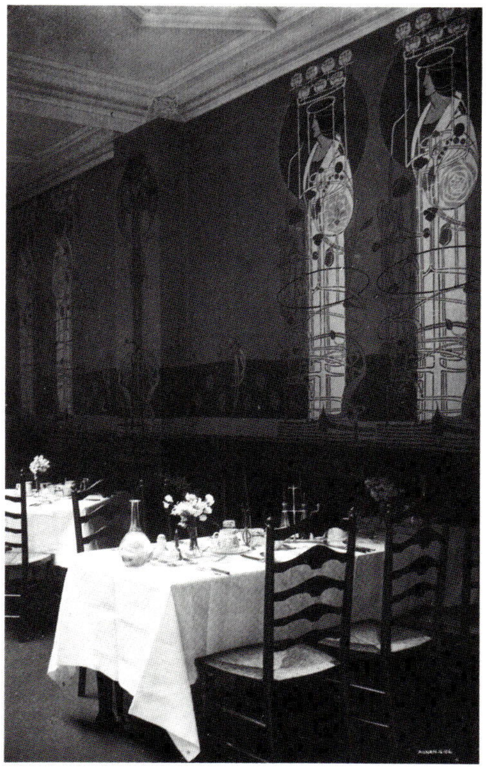

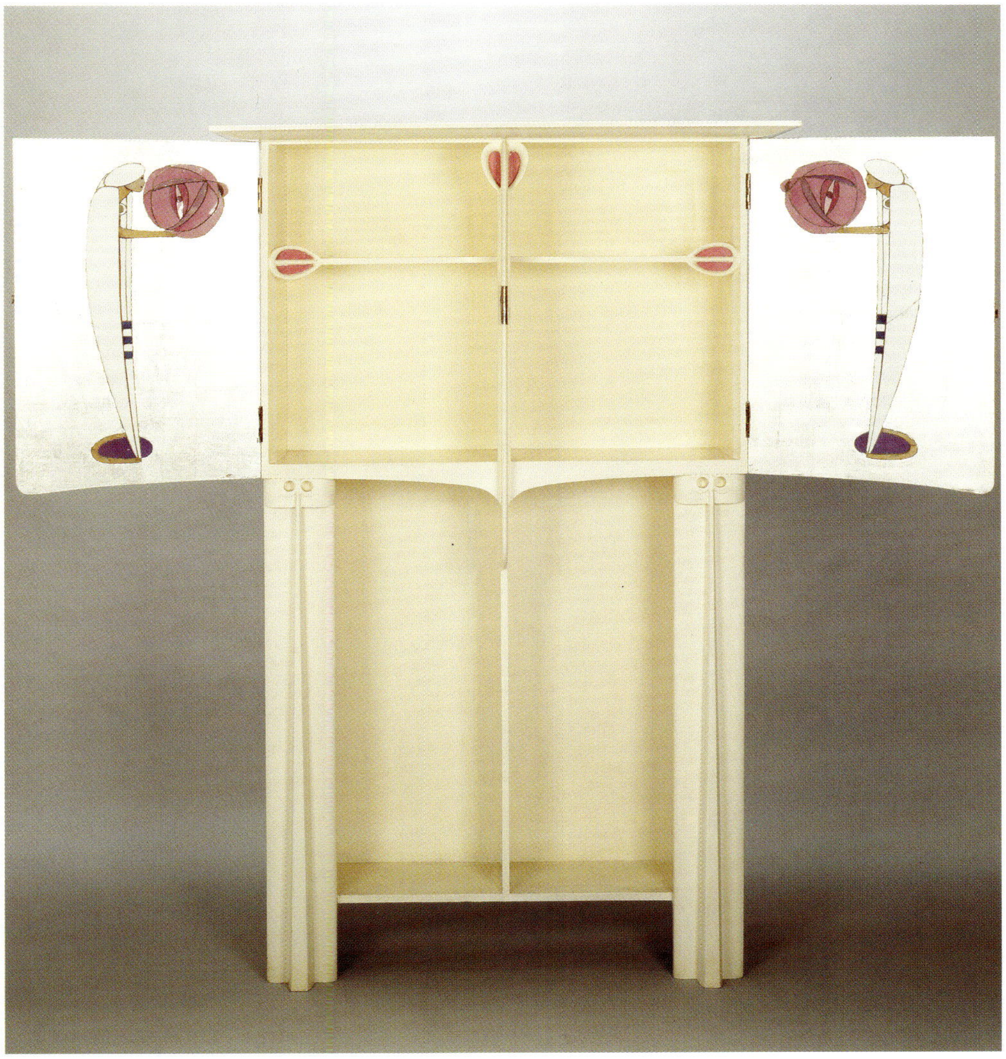

Charles Rennie Mackintosh, Teesalon in Glasgow, 1891–1893. Die Ausstattung stammte von dem Architekten George Walton, von Mackintosh der Schablonendekor an den Wänden.

Charles Rennie Mackintosh, Schrank aus bemaltem Holz, mit Email und farbigem Glas eingelegt, Glasgow um 1900.

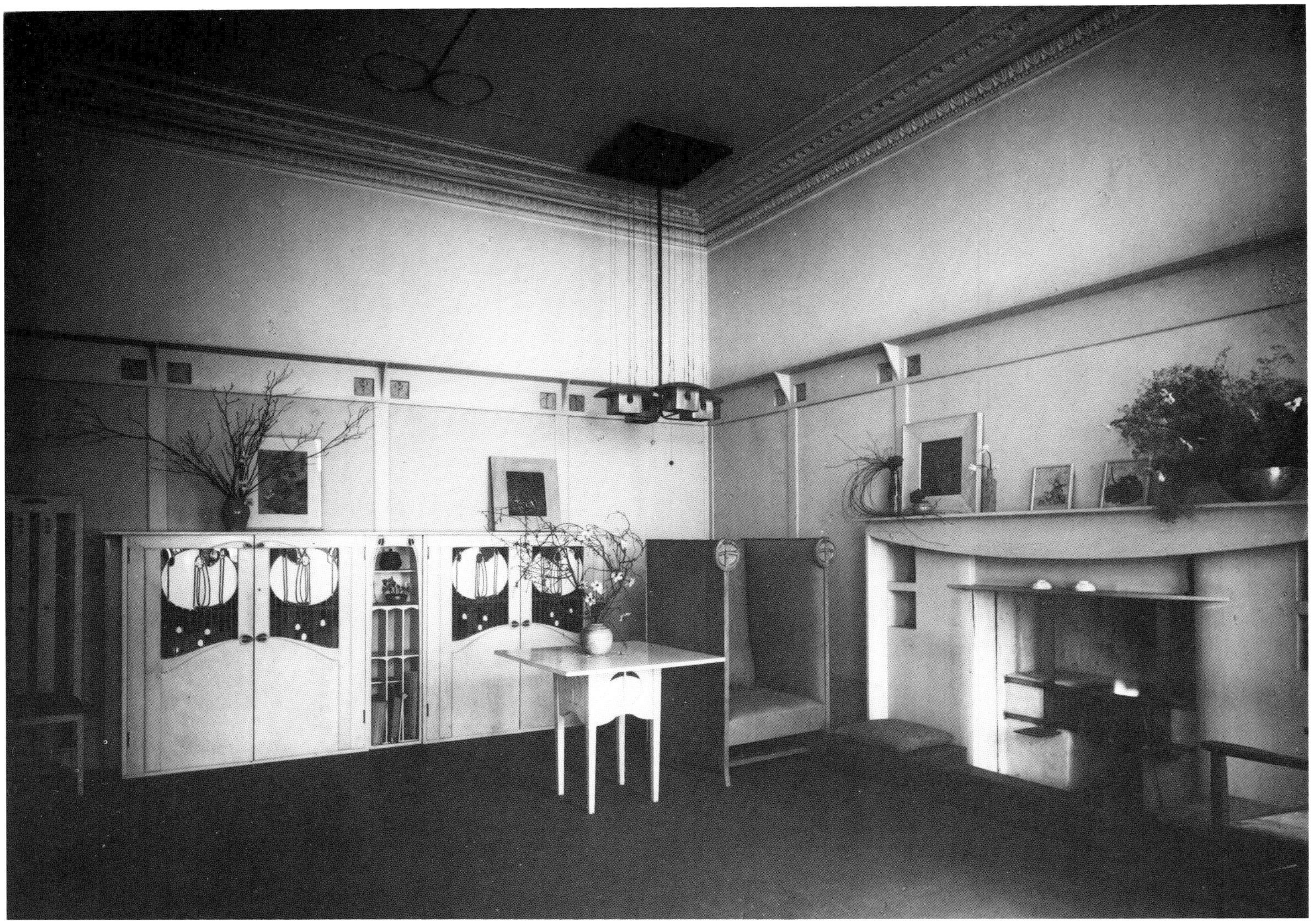

Charles Rennie Mackintosh, Salon in der eigenen Wohnung in der Mains Street in Glasgow, 1900.

zutun. Francis Newbery war auch später für alle ein fördernder Begleiter, besonders wichtig wurde er, als er 1897 Mackintosh den Auftrag für sein wichtigstes Werk vermitteln konnte: den Neubau eben jener Kunstschule, deren Absolventen sie gewesen waren (Abb. S. 179). Vereinfacht kann gesagt werden, daß die beiden Frauen – der Herkunft nach sogenannte höhere Töchter, doch unzweifelhaft begabt – mehr für das Schmückende im Gesamtwerk der vier verantwortlich waren, die beiden Männer dagegen eher für das Konstruktive. Aber diese Trennung wäre unzulässig ohne den Verweis darauf, daß gerade die Durchdringung beider Bereiche den Glasgower Stil auszeichnete.

Die überzart gereckten, kleinköpfig und blutleer dahergeisternden Gestalten, die Frances – sie galt als die begabtere – und Margaret Macdonald mit Vorliebe entwarfen und auf Leinwand, Seide oder Email bannten, waren späte Nachfahren präraffaelitischer Zauberwesen, oft schon deren Parodien – wie auch Aubrey Beardsley sich geplündert fühlen konnte! Sowenig uns die Symbolik dieser Darstellungen beschäftigen kann, so verstärkt interessiert das dekorative Element, das in den meisten Fällen überwiegt und geschickt überleitet zu den Möbelformen und Innenraumgestaltungen, deren Bestandteil diese Dinge in der Regel sind. Die schwebenden Kurven und schweifenden Kreise, die sich über die Bilder legten, setzten sich dann fort in den sanften Schwüngen von Borden, Lehnen und Gesimsen. Oder die ge-

häuften Rosenbällchen lebten vereinzelt wieder auf als ornamentierte Knotenpunkte an Stühlen oder Schränken. Doch wären alle diese wundersamen Erfindungen ortlos und verloren geblieben, hätten sie sich nicht inmitten von Architektur ansiedeln können. Allein vermochten sie wenig auszurichten, im Verbund einiges.
Von allen bedeutenden Künstlern der Jahrhundertwende ist Mackintosh sicherlich der rätselhafteste. Wußte er, was er tat, oder war er nur ein Jongleur, der sich verausgabte? Die Virtuosität seines Œuvres ruft neben Bewunderung auch Unsicherheit hervor: Auf welchem Grund bewegte sich das alles, wo hatte diese Kunstwelt noch einen Halt außer bei sich selbst? Und die Frage, warum er so früh stürzte, legt sich unweigerlich über jede Beurteilung, und man ist versucht, das Geheimnis vom Ende her zu entschlüsseln. Vielleicht war es tatsächlich sein besonderes Unglück, nicht ähnlich jung gestorben zu sein wie Joseph Maria Olbrich – mit dem ihn

Charles Rennie Mackintosh, Stuhl, Glasgow 1902, bemaltes Holz und bemaltes Seidenpolster.

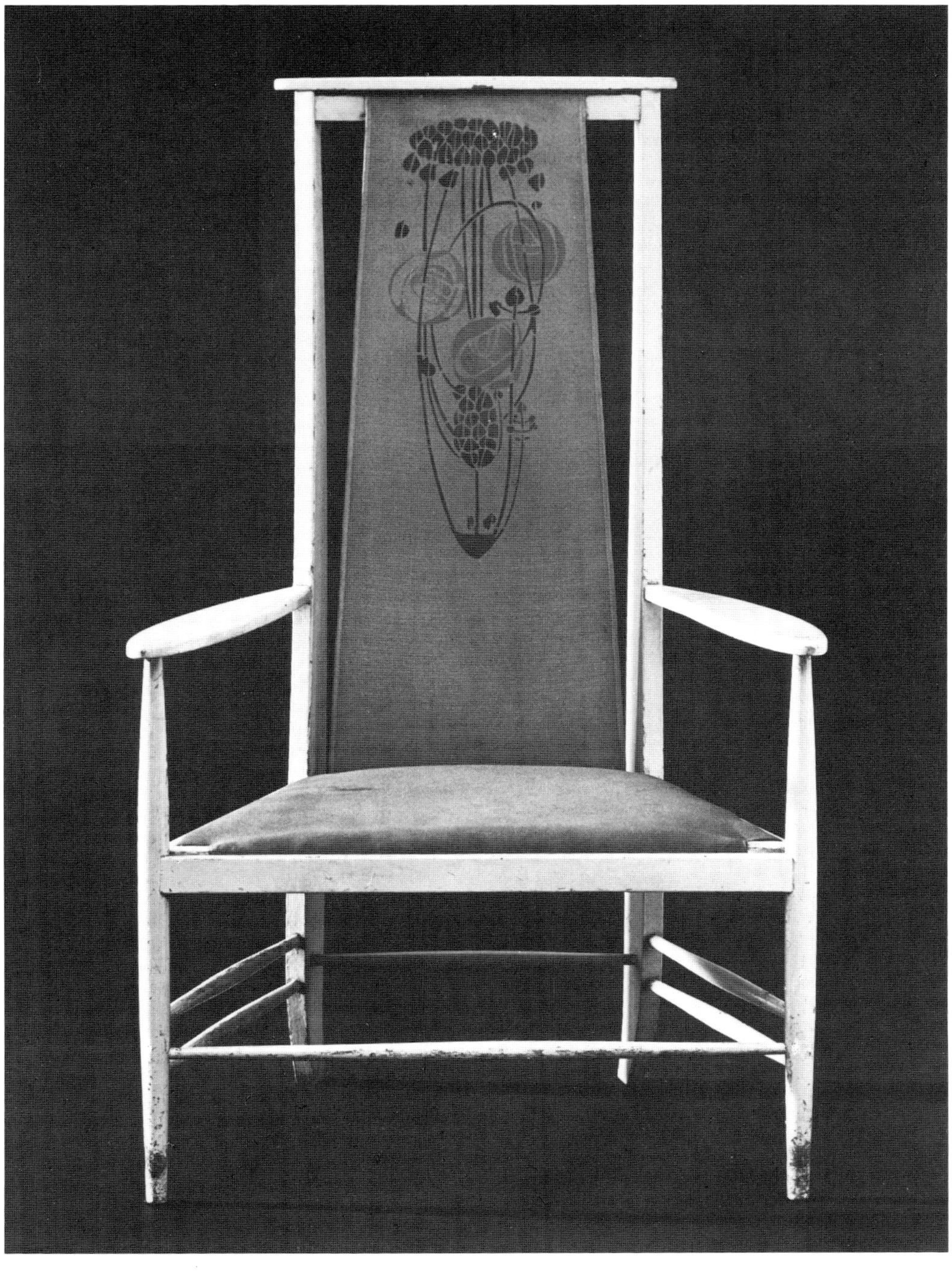

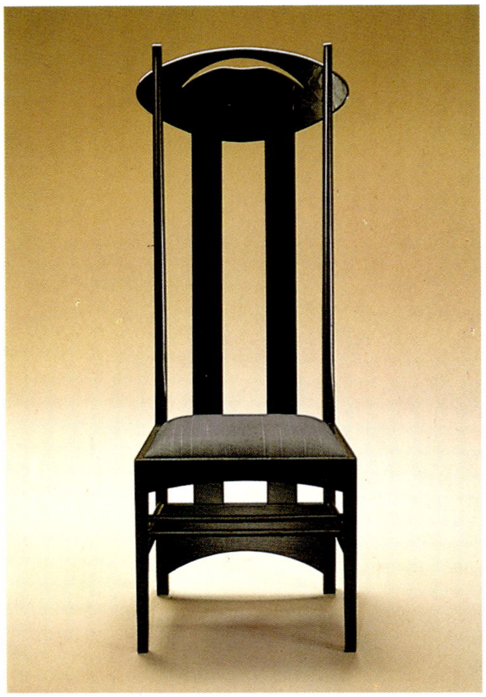

vieles verband, so vor allem der Reichtum der Begabung und die Bedenkenlosigkeit, sie auszunutzen. Er wäre somit des Problems enthoben gewesen, wie eine hochgespannte und stets glänzend bediente Erwartung allmählich in den Alltag überführt werden konnte. Eine Photographie, die Mackintosh mit ungefähr fünfunddreißig Jahren zeigt, gibt das Gesicht eines etwas bohemehaft-durchschnittlichen Künstlers wieder, männlich gut geformt, doch ein wenig flott, mit weichem, offenem Hemd und Plastron, Anflüge von Mokanz verbinden sich mit solchen der Labilität, kein wirklicher Kämpfer. Liegt hier der Zugang zu dem Umstand, daß er in der Regel als Teil einer kleinen Gemeinschaft, gleichsam einer Künstlerkommune, geführt wird? Die um einige Jahre ältere Margaret Macdonald hat möglicherweise recht stabilisierend gewirkt. Sie ihrerseits sieht auf einer Photographie der gleichen Zeit überlegen und resolut aus – im durchaus sympathischen Sinne, es wäre sicherlich falsch, sie mit ihren ätherischen Geschöpfen gleichzusetzen. Vermutlich wäre sie gern Mutter geworden.
Die bittere Wahrheit ist, daß Mackintosh nach glänzenden Anfangserfolgen bald in den Hintergrund geriet und ab 1908 kaum noch arbeitete. Dafür können äußere Gründe angeführt werden – Glasgow erwies sich auf die Dauer als zu schmale Existenzbasis –, dann solche, die sich aus dem Werk

Charles Rennie Mackintosh, moderner Nachbau eines Stuhles, entworfen 1897. Cassina, Meda/Milano

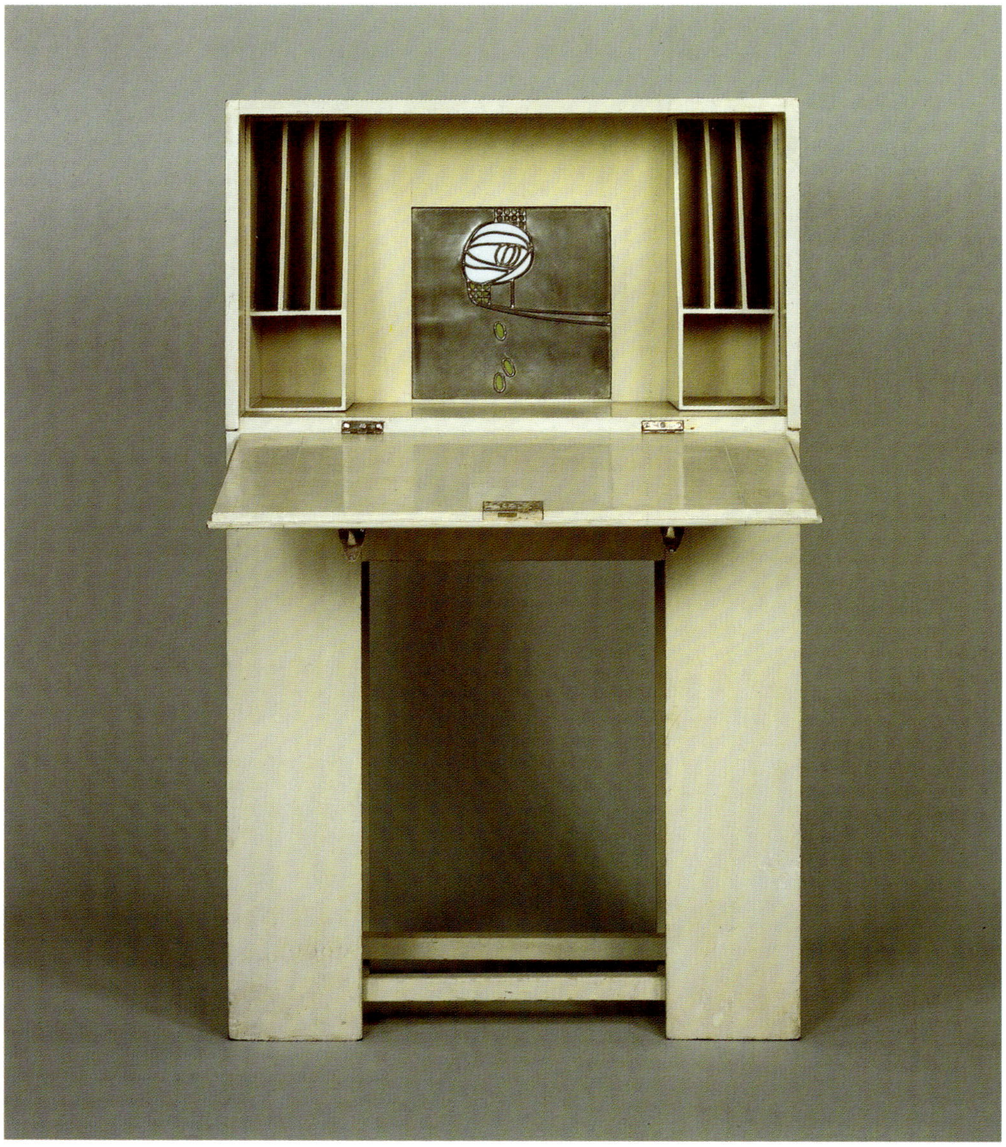

Charles Rennie Mackintosh, Schreibsekretär, Glasgow 1904, bemaltes Holz, Glas und Metall. Musée d'Orsay, Paris

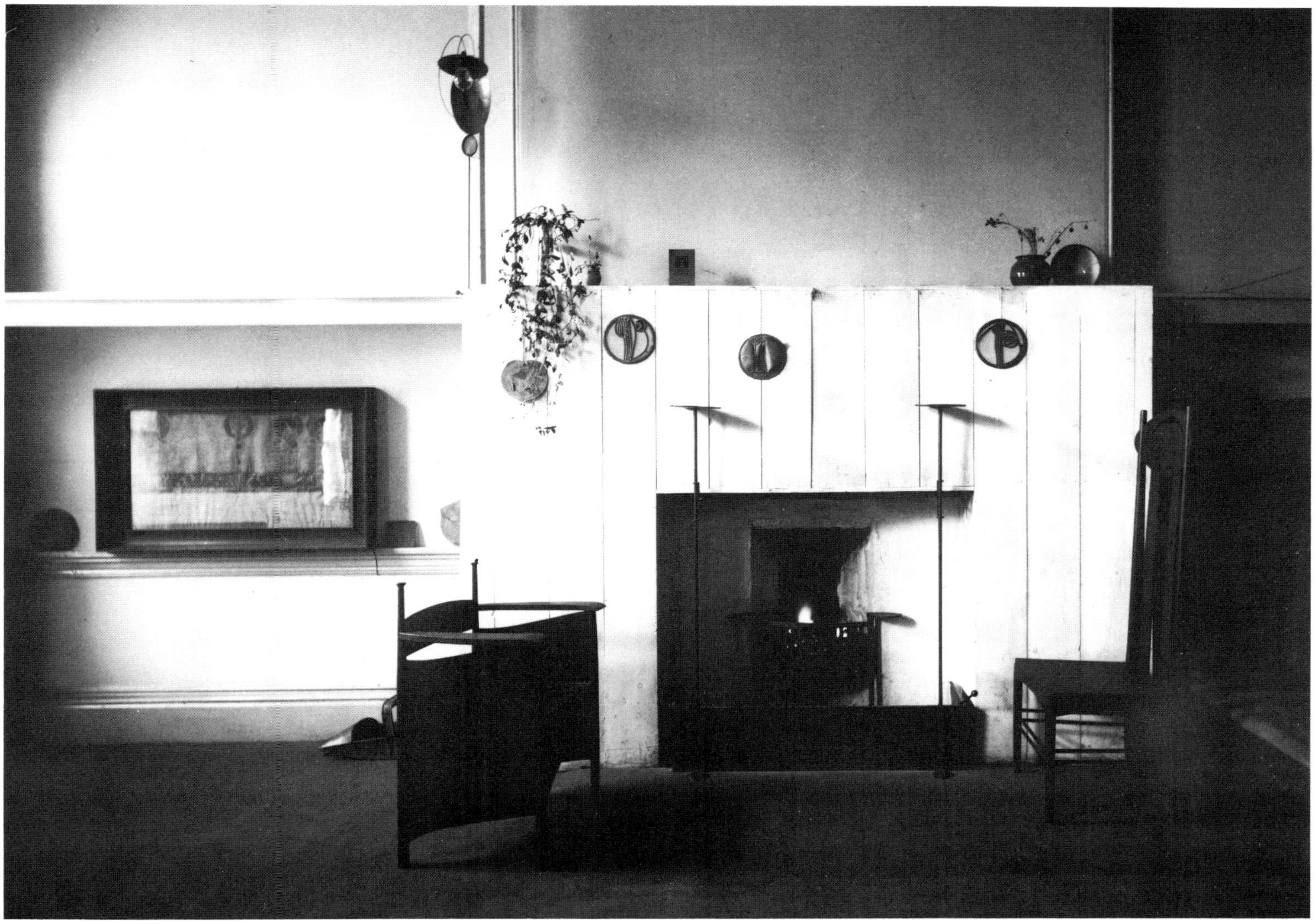

Charles Rennie Mackintosh, Kaminseite im Atelier der eigenen Wohnung in der Mains Street in Glasgow, 1900.

ergaben – es ließ keine Weiterentwicklung mehr zu – und schließlich ein ganz persönlicher Grund: das Trinken. Tatsächlich war von Beginn an der Ruhm der Glasgower Künstler auf dem Kontinent größer als in England, trotz früher Veröffentlichungen in der führenden Zeitschrift »The Studio«. Aber das Besondere an diesem Blatt war, daß sich seine Beiträge vor allem auf dem Festland höchster Bewunderung erfreuten.
Vor 1900 galt Englisches grundsätzlich noch als vorbildlich, erst als sich der Jugendstil als neue Gewißheit herausstellte, änderte sich das. Diese Blickverlagerung, die die Insel ins Abseits rückte, war für die wenigen Künstler, die sich dort noch an der neuen Entwicklung beteiligten, höchst ungünstig. Zwar wußte man von den vieren in Glasgow, doch was hatten die dort oben verloren? Die Zentren der Kunst lagen nun woanders. Zum Beispiel in Wien, Turin, München oder Darmstadt, ja selbst in Dresden – alles Orte, in denen Mackintosh auftrat oder Spuren hinterließ. Am deutlichsten sicherlich in der österreichischen Metropole, für die ihm gerne die Rolle des Heilsbringers zugesprochen wurde. Doch auch wenn der eine Raum, den er dort 1900 im Rahmen der achten Sezessions-Ausstellung zeigte (Abb. S. 172), lebhafte Bewunderung fand, so war Wien ein künstlerisch viel zu gefestigter Ort, als daß er der Erweckung noch bedurft hätte. Der Vorgang macht eher deutlich, welchen Effekt das richtige Auftreten auf der passenden Ausstellung damals haben konnte. Ähnlich wie van de Velde seinen Durchbruch 1897 in Dresden

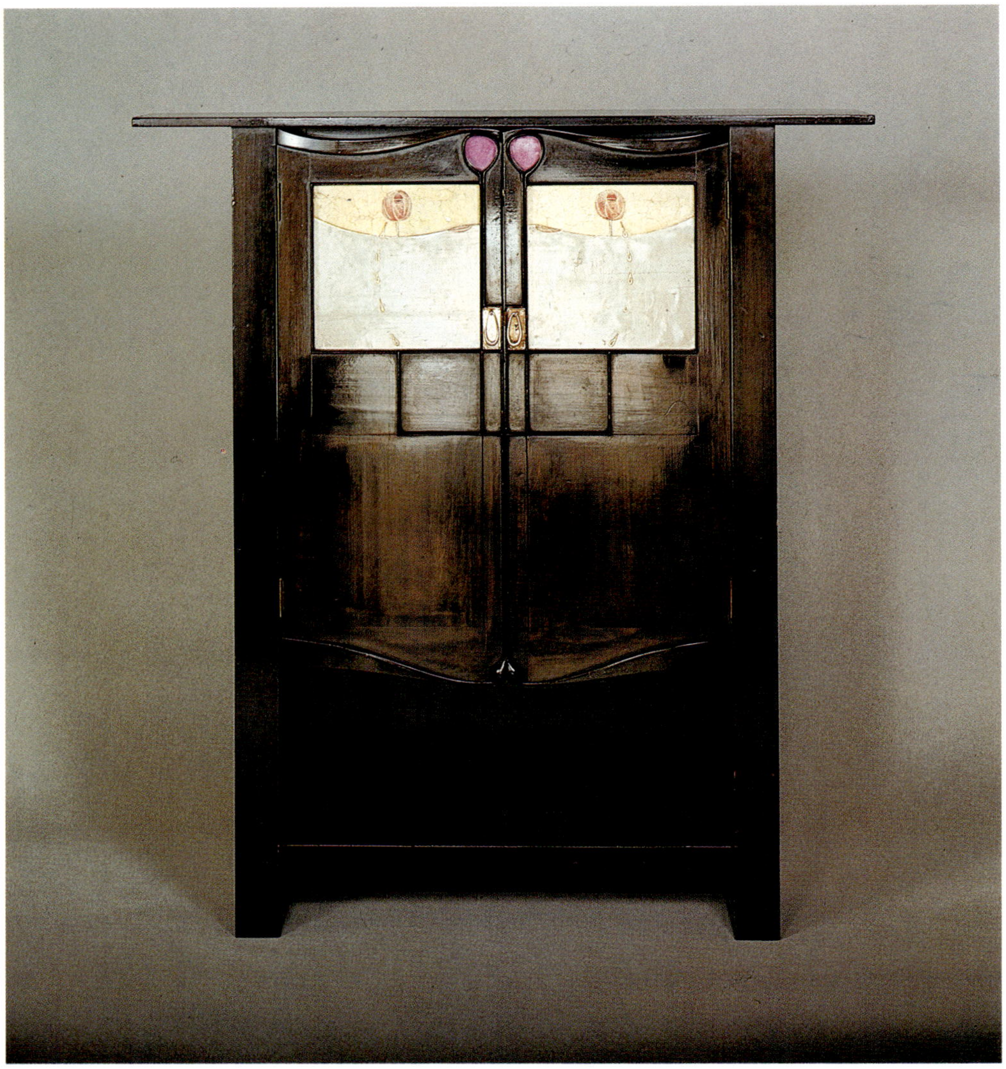

Charles Rennie Mackintosh, Schreibschrank, Glasgow 1901, dunkel gebeiztes und poliertes Ahornholz, Panneaus von Margaret Macdonald. Österreichisches Museum für Angewandte Kunst, Wien

Charles Rennie Mackintosh, der ältere Teil der Glasgow School of Art, 1898.

hatte und darauf seine deutsche Karriere begründen konnte, und ähnlich wie Olbrich erst in Darmstadt der wurde, den man dann kannte, hatte Mackintosh seine Chance in Wien. Ein unmittelbares Ergebnis war allerdings nur die Einrichtung eines Musikzimmers für Fritz Waerndorfer, den späteren Mitbegründer der »Wiener Werkstätte«.

Doch weitere Aufforderungen, den Standort zu wechseln, stellten sich ein: 1901 gewannen zwar andere die Preise bei einem Wettbewerb »zur Erlangung von künstlerisch-eigenartigen Entwürfen für ein Herrschaftliches Wohnhaus eines Kunstfreundes«, den der Darmstädter Herausgeber der Zeitschrift »Innendekoration« ausgeschrieben hatte, doch als der eigentliche Sieger galt Mackintosh, der einen eleganten und aufs feinste ausgearbeiteten Vorschlag eingesandt hatte (Abb. S. 181) – vielleicht das Beste, was ihm je eingefallen ist (jetzt nachzuprüfen, da sich die Stadt Glasgow zu einer späten Verwirklichung entschlossen hat). Angeblich wurden die Entwürfe des Schotten nur deshalb nicht preisgekrönt, sondern lediglich zum Ankauf bestimmt, weil einige Unterlagen gefehlt hatten. Doch da bekannt war, daß Alexander Koch, der Auslober, nicht die Vorliebe seines Landesherrn für Olbrich teilte, der ja gerade die Darmstädter Künstlerkolonie zu verantworten hatte, kann gemutmaßt werden, daß alles, was dem Wiener Stil nahekam, also auch Mackintoshs Arbeit, nicht gewinnen durfte. Dennoch wurden seine Zeichnungen aufwendig veröffentlicht, begleitet von einem Kommen-

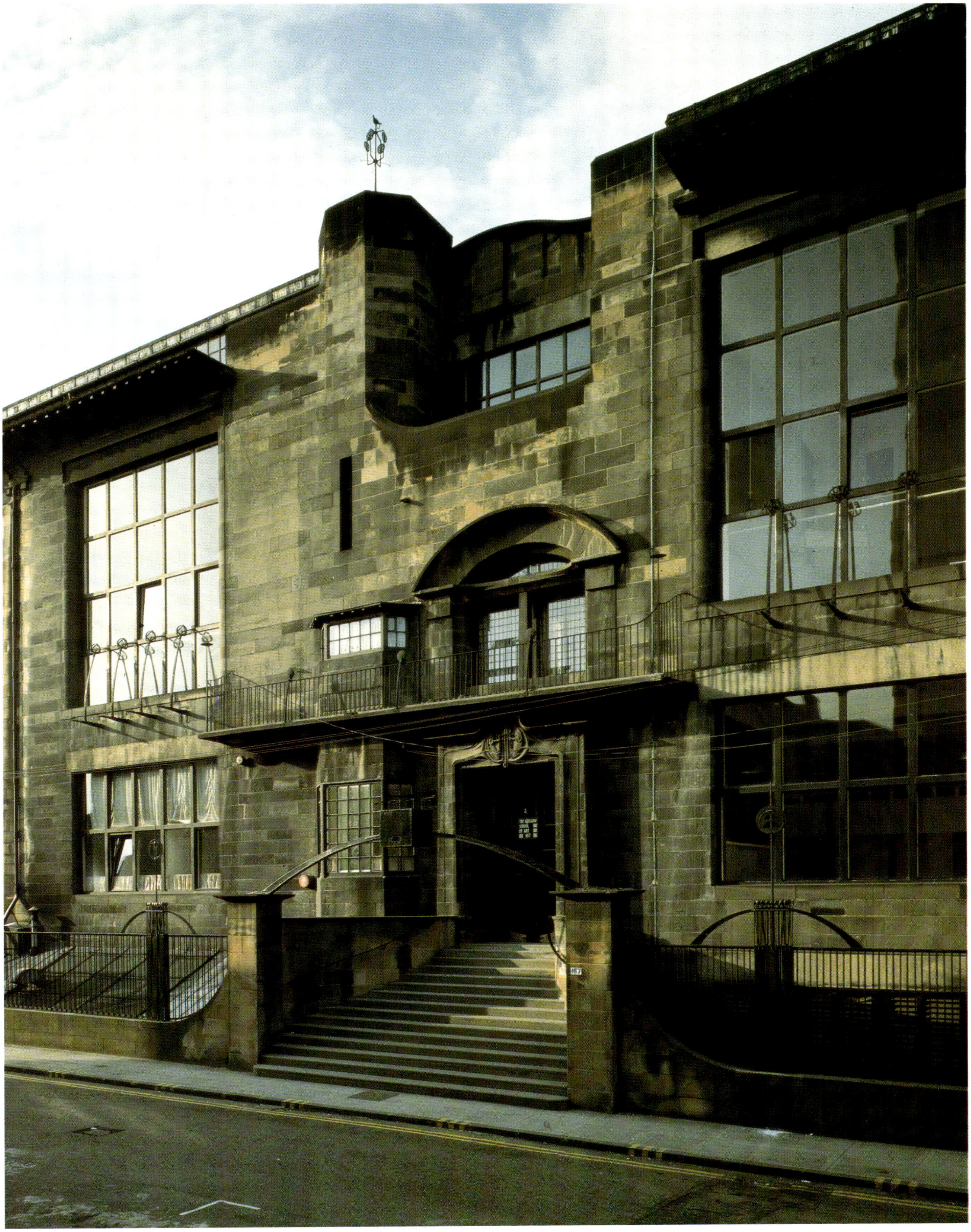

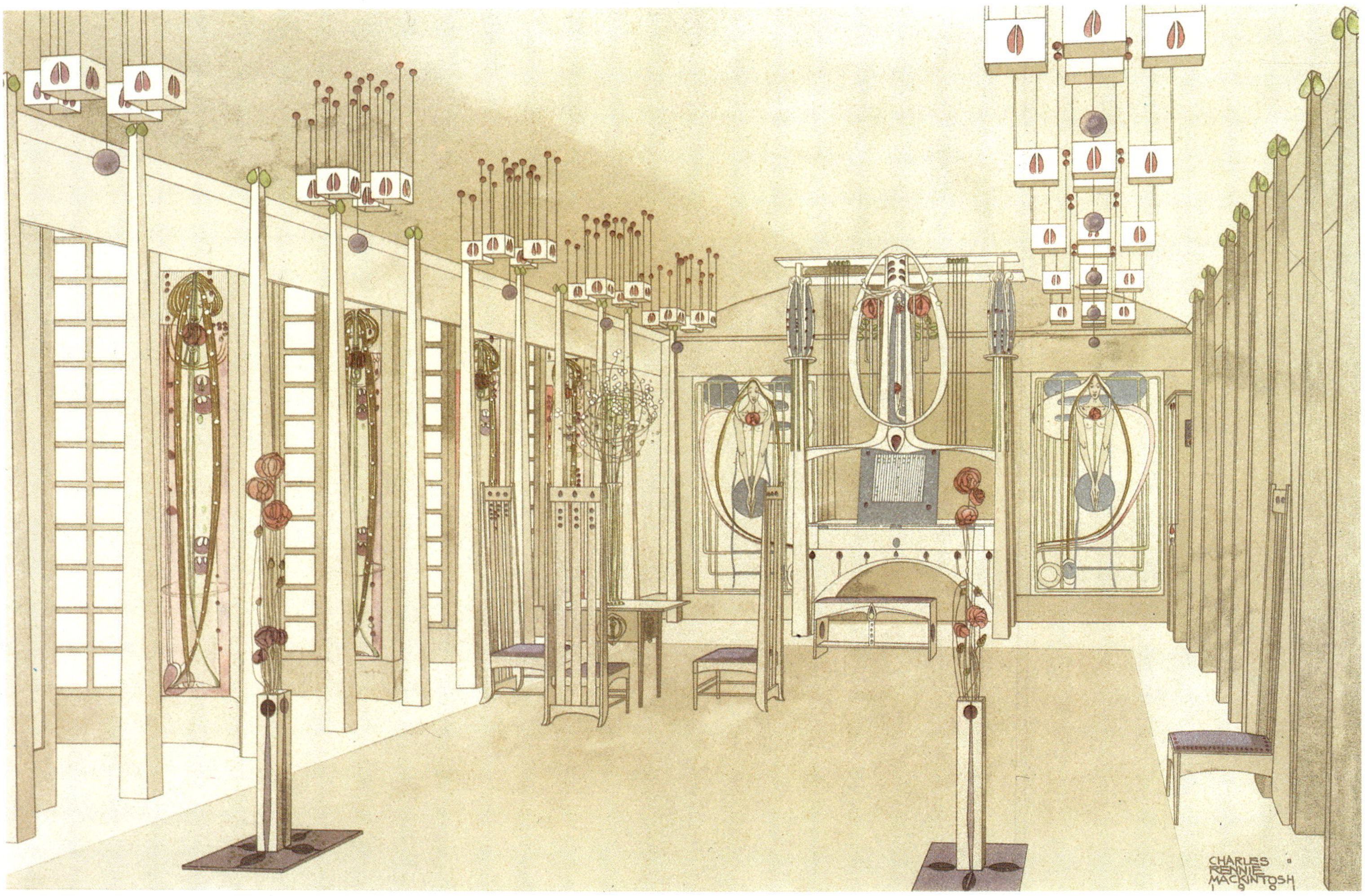
CHARLES
RENNIE
MACKINTOSH

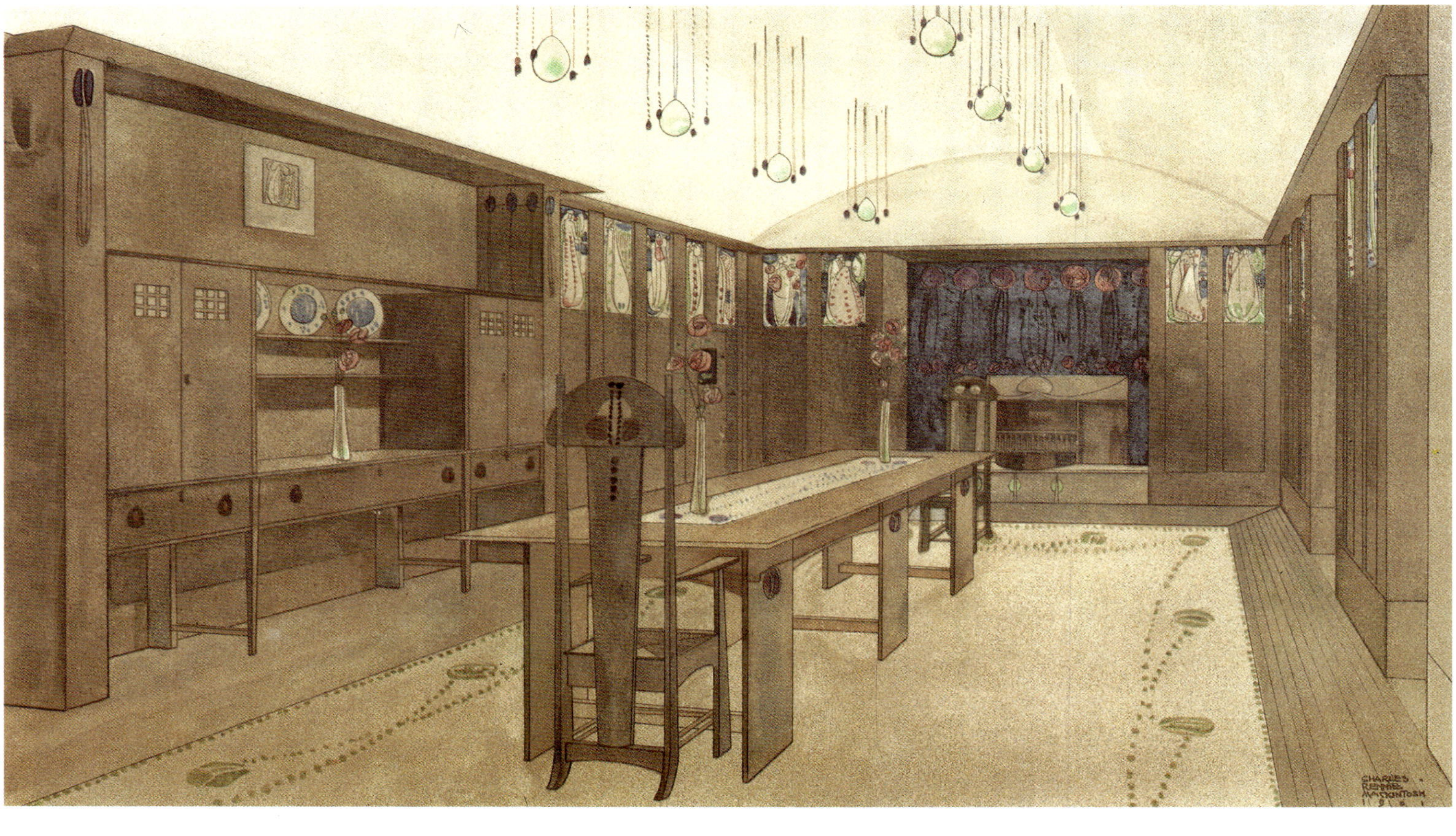
CHARLES
RENNIE
MACKINTOSH

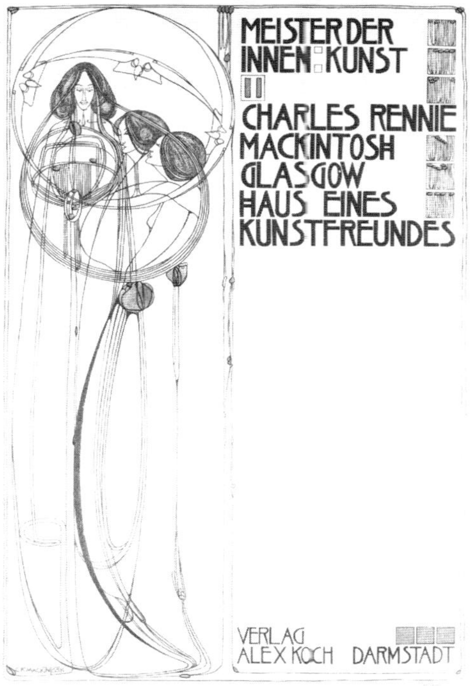

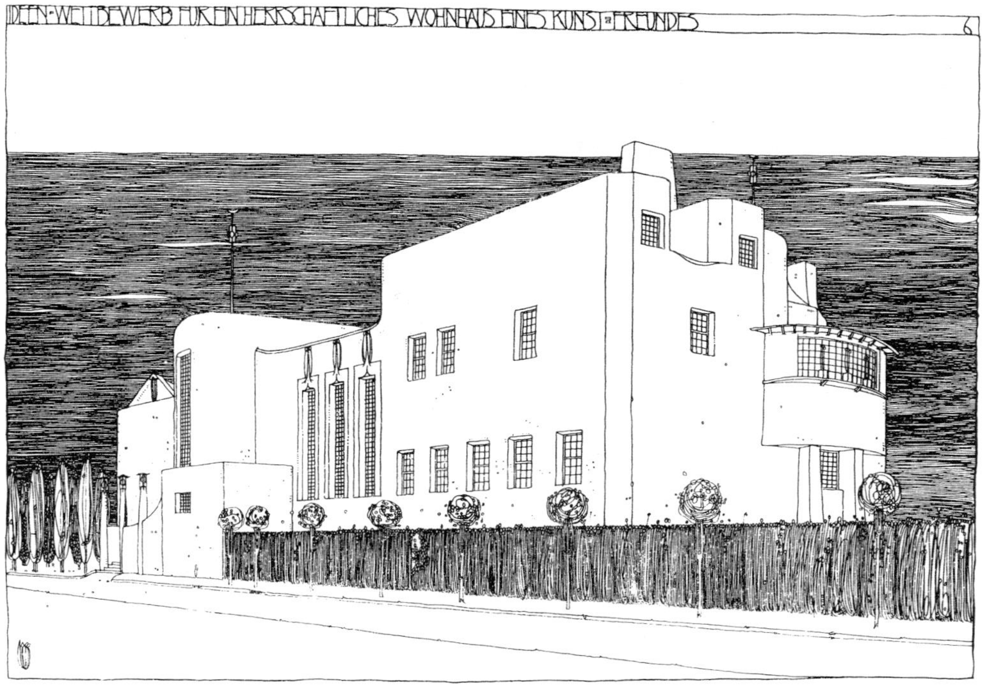

Charles Rennie Mackintosh, drei Entwürfe für das »Haus eines Kunstfreundes«, Empfangszimmer, Speisezimmer und Eingangsseite, außerdem die Titelseite des Mappenwerkes, in dem die Entwürfe veröffentlicht wurden, 1901.

tar des Architekten und England-Kenners Hermann Muthesius – was damals vielleicht mehr wert war als eine Realisierung, zu der es in Deutschland übrigens für keinen der Beteiligten kam.
Ein drittes Mal konnte Mackintosh internationalen Ruhm erringen durch seinen Beitrag auf der großen Ausstellung für moderne dekorative Kunst, die 1902 in Turin stattfand. Mit dieser Veranstaltung zeichnete sich bereits das Ende des großen Festes ab, die Dämmerung der klassischen Jugendstilphase begann. Da halfen weder der Aufwand von Behrens (Abb. S. 158) noch die bravourösen Albernheiten eines Carlo Bugatti, eher zeigten sie das Ausmaß der kommenden Krise an. Mackintosh blieb sich treu – was in diesem Moment auch ein Anzeichen von Verlegenheit war.
Zu Hause war er zu diesem Zeitpunkt noch recht erfolgreich. Der erste Abschnitt seines Hauptwerks, der »Glasgow School of Art«, war zwischen 1897 und 1899 entstanden (Abb. S. 179). Das Gebäude mußte auf einem geschenkten Grundstück errichtet werden, das steil nach Süden abfällt. Da es jedoch unerläßlich war, die Ateliers nach Norden auszurichten, und eine Mindestzahl von vier Stockwerken nicht zu umgehen war, ergab sich eine steil aufragende Rückseite, mit der der Entwerfer nichts anzufangen wußte und die gnadenlos ungestaltet blieb. Der gelungenste Teil – zumindest der ersten Baustufe, ein Teil des Gebäudes konnte erst später errichtet werden – ist nun ohne Zweifel die Nordseite, bei der geschickt das unterste Stockwerk versenkt und das oberste zurückgesetzt wurde, so daß sich in der Ansicht das Volumen reduziert. Beherrschend sind die außergewöhnlich großen und sehr einfach geteilten Fensterflächen. Pfeilerartige Mauerteile dazwischen sorgen für die nötige Stabilität und den nötigen optischen Halt. Ein überschattendes Gesims beendet sehr stimmig den harmonischen Aufbau. In diese »Arbeitsform« ist nun leicht asymmetrisch die »Kunstform« der Eingangsachse hineingestellt worden, die zum übrigen im bewußten Kontrast steht: massiv und schwer, unflächig-plastisch, höchst phantasiereich mit Zierat versehen. Sehr überzeugend ist in das funktional-moderne Gebäude ein Stück Tradition eingefügt worden – das Element wirkt wie eine

Paraphrase schottischer Burgenarchitektur. Doch der Gegensatz ist nicht störend, sondern wirkt ausgesprochen versöhnend, beide Teile ergänzen sich vorzüglich, darin fast ein Programm darstellend. Durchaus meisterhaft ist auch im ganzen das Wechselspiel der senk- und waagrechten Linien und der räumlichen Versetzungen. Eine eher marginale Notwendigkeit hat zu einem besonderen Ergebnis geführt: Die eisernen Laufstege für die Fensterputzer liegen als leicht gebogenes Gespinst vor den strengen Teilen der Fassade und sorgen hier für eine Poetisierung der Zweckform.
Das Ausspielen graziler Elemente gegen massivere ist ein Wesensmerkmal, das Mackintoshs Gesamtwerk durchzieht: kleine Fenster in fest geschlossenen Mauern, dünne Borde über blockhaften Schränken, steile Stuhllehnen vor schlichten Wänden, winzige Schmuckteilchen, fast verloren in großen Flächen. Im Fall der Laufstege waren diese die Bestandteile eines großen Zusammenhangs und damit richtig proportioniert. Übertragen auf die be-

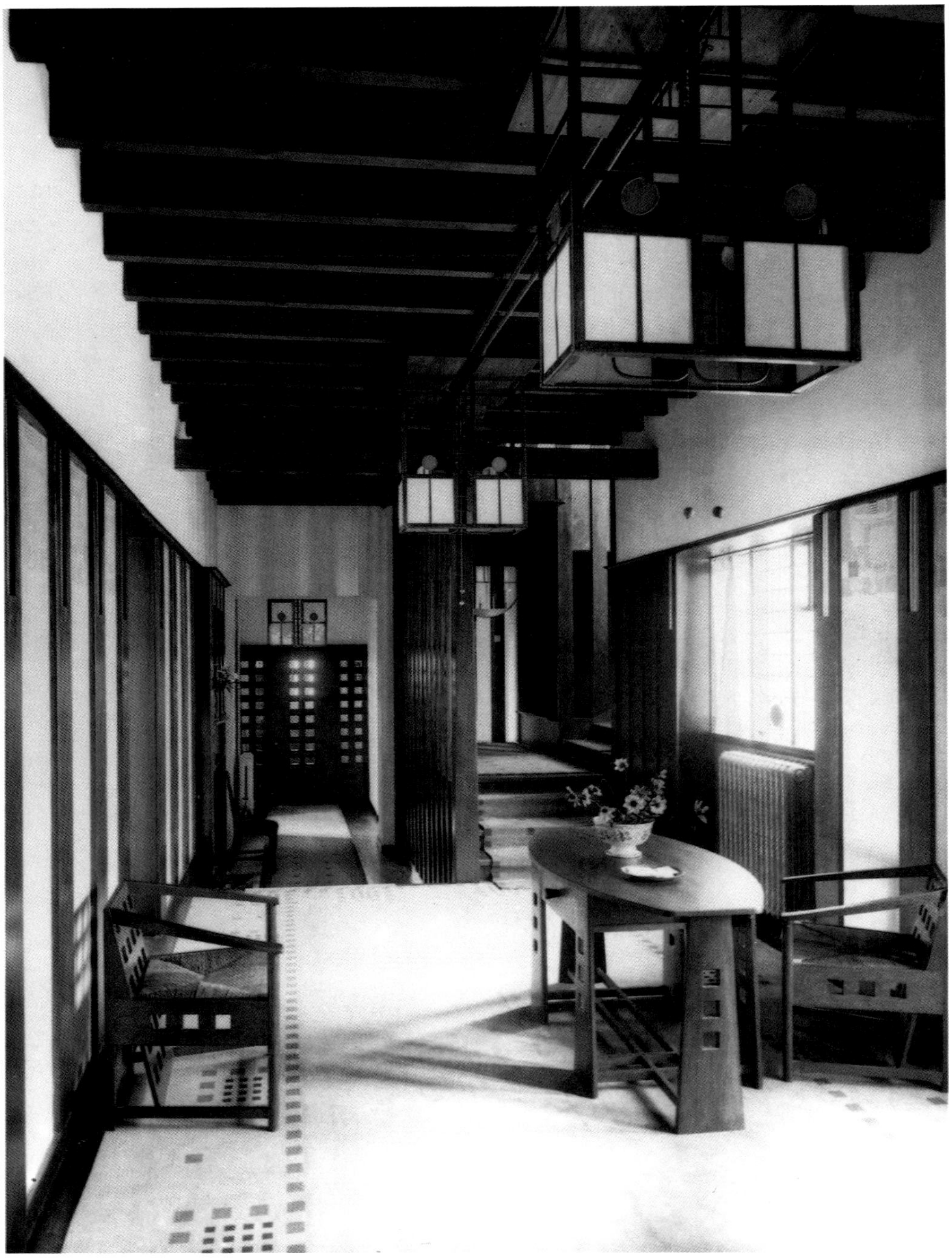

Charles Rennie Mackintosh, Halle in dem Landhaus Hill House in Helensburgh bei Glasgow, 1903.

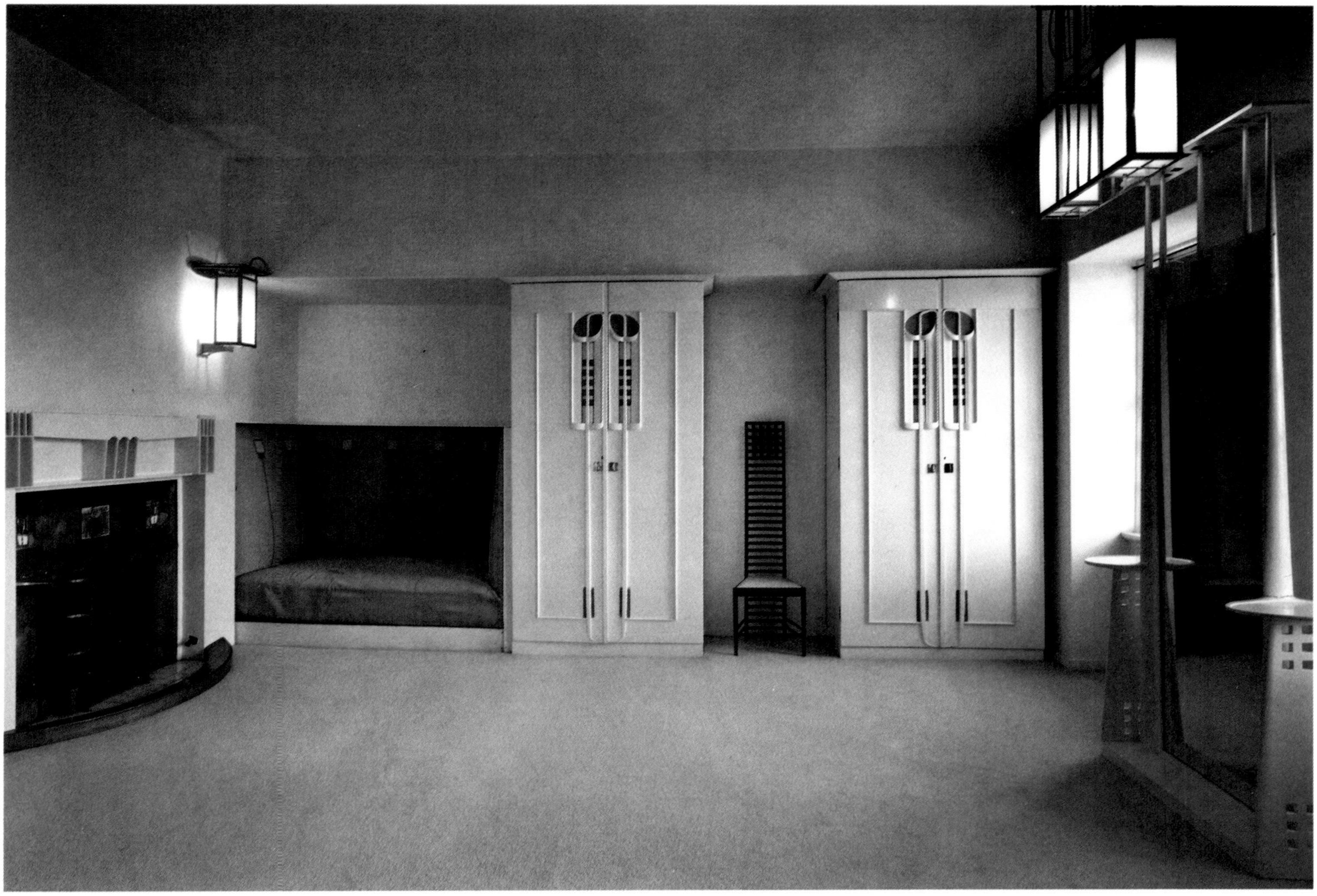

Charles Rennie Mackintosh, Schlafzimmer in dem Landhaus Hill House in Helensburgh bei Glasgow, 1903.

grenzte Dimension eines Innenraumes, konnte aus einer solchen Detailbesessenheit jedoch ein etwas irritierendes Spiel werden. Das wohl kunstvollste Ergebnis dieser Art waren die Räume in der eigenen Wohnung der Mackintoshs (Abb. S. 174), ein Spiegelbild ihrer Einstellung in forcierter Form. Die Konsequenz der Stilisierung verdient auf jeden Fall Bewunderung, vor allem wenn eine nähere Prüfung ergibt, daß eigentlich keine der preziösen Einzelheiten unsinnig war. Allenfalls die Stühle versprachen unbequem zu sein. Doch verbot sich weder die ornamentale Führung der elektrischen Leitungen an der Decke des Salons – es war in der gemieteten Wohnung anscheinend nicht möglich, sie unter Putz zu verlegen – noch die Anlage mancherlei Stege und Gesimse. Diese binden alle Elemente des Raumes ein, ihn mit einem Gespinst umziehend, das ihn zugleich leicht macht und umgittert. Wir glauben eine Märchenbühne vor uns zu haben, auf der im selben Moment die Darstellung der Unschuld wie auch die Umgarnung durch den bösen Zauber stattfindet – ein Vexierspiel, dem man zugleich erliegen möchte und auch mißtraut. Findet man wieder hinaus?
Die Schöpfer taten das wohl nur bedingt. Zwar waren ihre folgenden Innenräume ein wenig irdischer und auch heiterer, aber den zeremoniellen Charakter legten sie nie ganz ab. Die direkteste Nachfolge hätten noch die Räume in dem »Haus eines Kunstfreundes« gebildet (Abb. S. 180), wo sich im Speisezimmer hohe Stühle über einen langen Tisch hinweg »steif wie Erstkommunikanten« anschauen sollten – Frank Lloyd Wright in Chicago

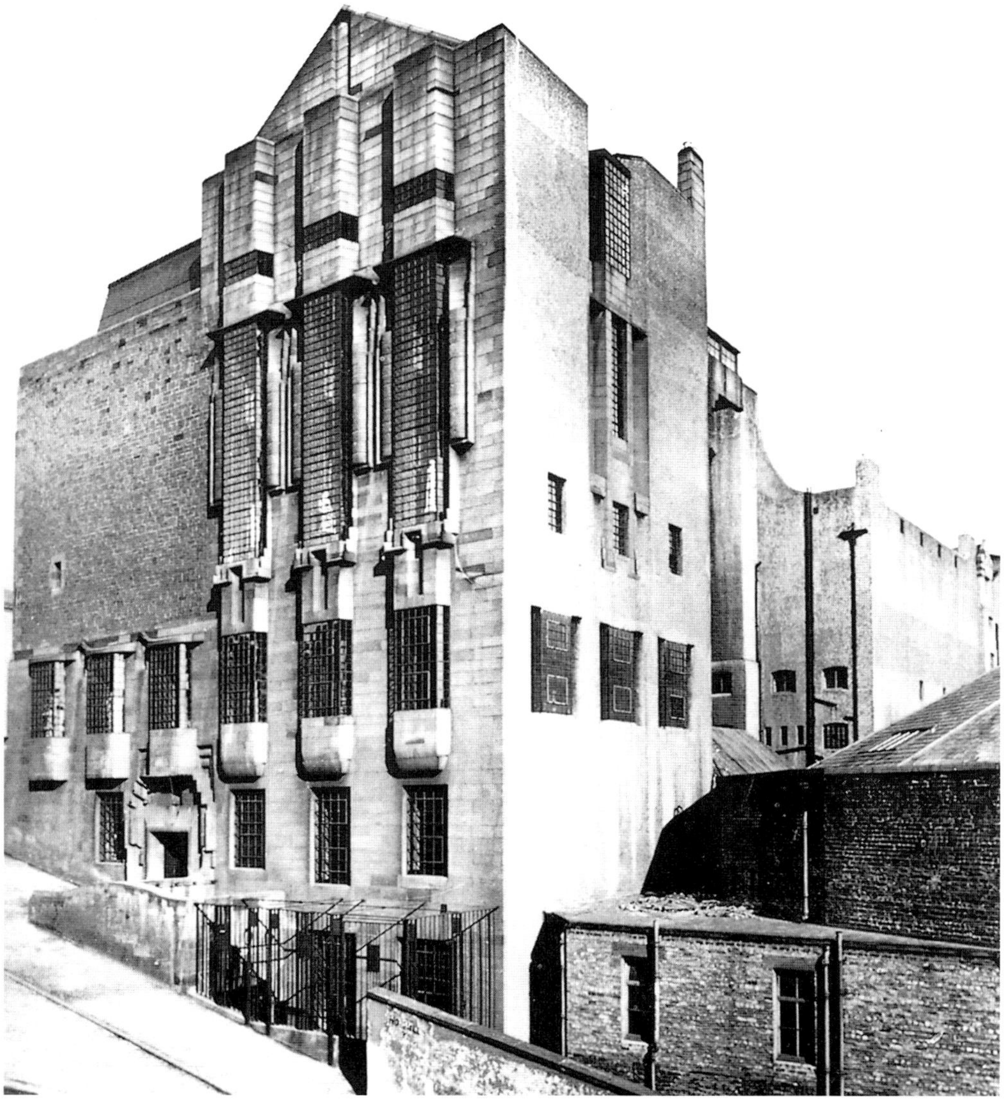

Charles Rennie Mackintosh, der jüngere Teil der Glasgow School of Art, Ansicht von Südwesten und Lesesaal, 1907–1909.

scheute sich wenige Jahre später nicht, dergleichen wirklich auszuführen. Als Mackintosh dann zwischen 1900 und 1904 zwei Landhäuser in Schottland bauen durfte (Abb. S. 182, 183), kamen seine Dinge schon sichtlich weltlicher daher. Die wunderschön lasziven Bögen und müden Kurven waren inzwischen strengeren Konturen gewichen, überhaupt sprach jetzt wieder deutlich der Architekt aus ihm. In ihrer äußeren Gestalt gaben diese Häuser zwar wenig her, sie ähnelten traditionellen Bauten der Gegend, aber im Inneren ist doch eine zunehmende Strenge und Bewußtheit zu erkennen. Insofern gab es für Mackintoshs Auffassung wohl Zukunft.
Am besten stellte er das unter Beweis, als er zwischen 1907 und 1909 den zweiten Teil der »Glasgow School of Art« baute. Seine Kunst des vielschichtigen Reliefs, des stufenweisen Vordringens von der Fläche in den Raum kam hier gestrafft und mit fast expressiver Unbedingtheit zum Ausdruck: sowohl außen in den orgelartig überlängten Fenstererkern wie im Inneren des Lesesaals, wo das Geflecht der konstruktiven Elemente nicht nur die Begrenzungen des Raumes umzieht, sondern ihn dschungelartig ganz durchdringt. Gleichsam als ob diese Konsequenz ihm höchstes Anliegen gewesen wäre, zog sich der Entwerfer danach zurück – oder mußte es tun. Einige Gelegenheitsarbeiten, die noch folgten, haben kaum Gewicht.

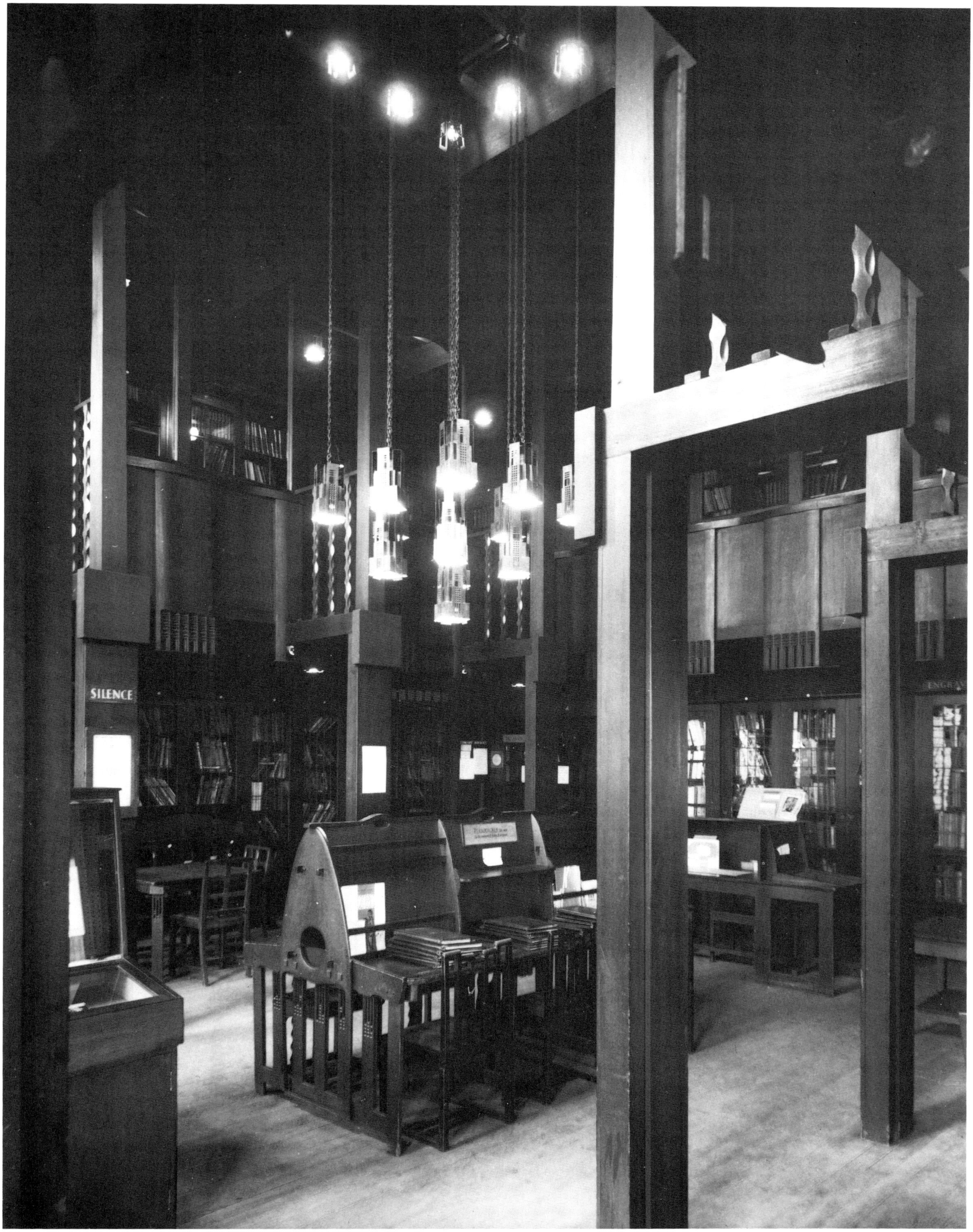
SILENCE

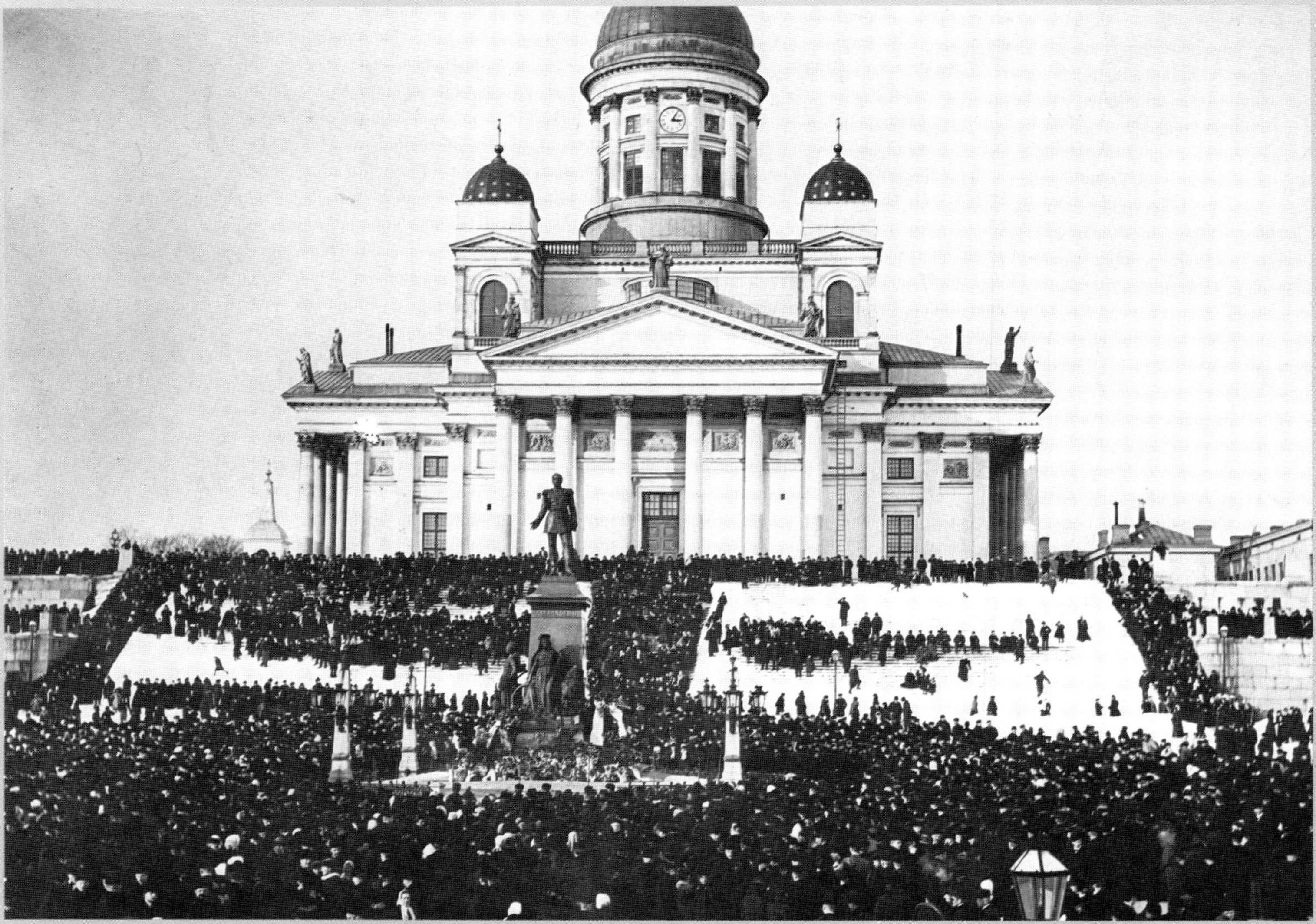

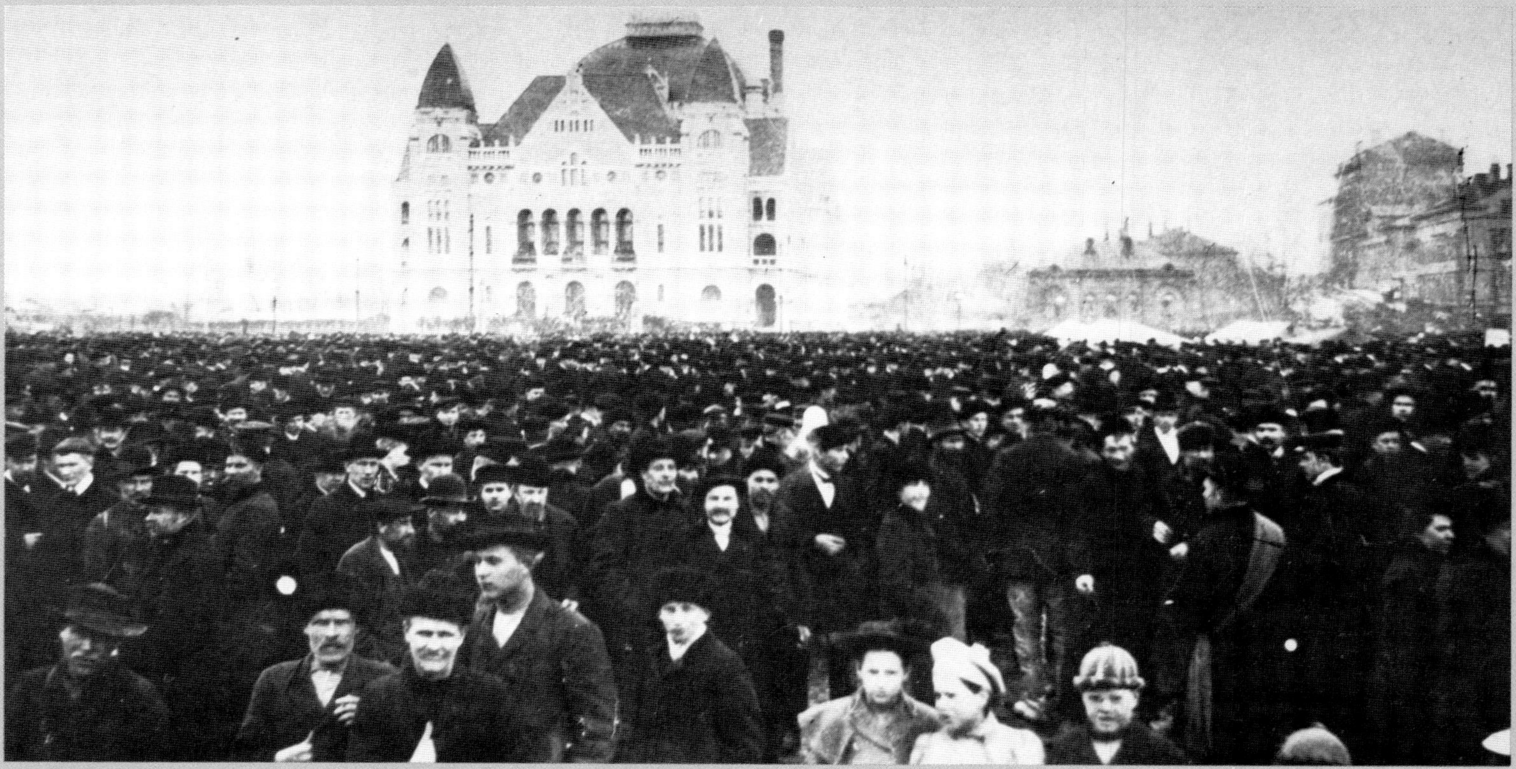

Helsinki

Nirgendwo sonst in Europa war die Reformbewegung so sehr Ausdruck nationaler Besinnung wie in der russischen Provinz Finnland. Die sehr eigenwillige Ausprägung, die der neue Stil dort fand, ist nur verständlich aufgrund der völkischen Kraft, die ihn trug und formte. Das konnte damals überraschen, denn Finnland hatte politisch wie kulturell lange geschwiegen. Bestimmte Ereignisse änderten das fast schlagartig.
Über Jahrhunderte hinweg war das heutige Finnland eine gehütete Provinz gewesen, zuerst von Schweden beherrscht und seit 1809 – als Ergebnis eines Krieges – von Rußland. Jedesmal waren die Umstände erträglich gewesen, ja, im Laufe des neunzehnten Jahrhunderts hatten sie sich sogar verbessert. Dieses war vor allem Alexander I. zu verdanken, der dem Land weitgehende Sonderrechte einräumte. Die Verbindung zu Rußland bestand eigentlich nur in seiner Person – er war als Zar gleichzeitig auch der Großfürst von Finnland, der versichert hatte, das Land unter Einhaltung der alten Verfassung zu regieren und die Vorherrschaft der lutherischen Konfession anzuerkennen. Das alles bedeutete, daß Finnland weitgehend wie eine selbständige Nation behandelt wurde, es bildete gleichsam einen Staat im Staate und verfügte sogar über eine eigene Armee.
Seine Autonomie ging so weit, daß es mehr oder minder offen Flüchtlinge aufnehmen durfte, die Rußland aus politischen Gründen verlassen mußten. Maxim Gorki verbarg sich hier, und Lenin suchte Finnland mindestens zehnmal als Exilant auf.
Die Eigenständigkeit des Landes geriet jedoch gegen Ende des Jahrhunderts in Widerspruch zu der panslawistischen Bewegung, die in Rußland unter dem Ruf nach »einem Reich, einer Sprache, einer Religion« an Bedeutung zunahm. Diese unerwartet imperialistische Haltung trieb Finnland binnen weniger Jahre zum entschlossenen Widerstand, der das alte Vertrauensverhältnis völlig auslöschte. Kurz vor 1900 spitzte sich die Lage zu, und ein Höhepunkt des Konfliktes war erreicht, als Zar Nikolaus II., der sich genau wie seine Vorgänger verpflichtet hatte, als finnischer Großfürst die Rechte und Gesetze des Landes zu achten, 1899 die Privilegien aufhob. Das »Februar-Manifest« wurde zu einem Wendepunkt in der finnischen Geschichte. Aus russischer Sicht war das vielleicht nur ein marginales Geschehen, für Finnland stellte dieses Dekret jedoch einen Eidbruch dar, die grundlegenden Interessen des Landes wurden dadurch aufs heftigste berührt. Russisch sollte von nun an die Amtssprache sein, das finnische Heer russischem Oberbefehl gehorchen. Willkürliche Verhaftungen fanden statt, und

Gegenüberliegende Seite: Aufstände gegen die russische Hegemonie in Finnland, oben: Demonstration am 13. März 1899 vor der Nikolaus-Kathedarale in Helsinki, unten: Menschenauflauf vor dem gerade errichteten Nationaltheater in Helsinki, 1905.

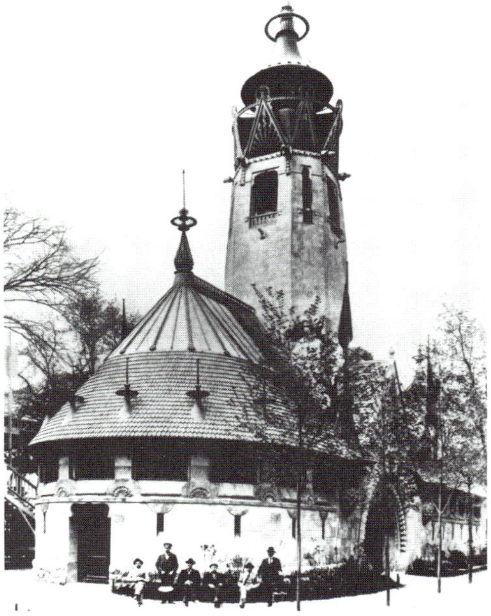

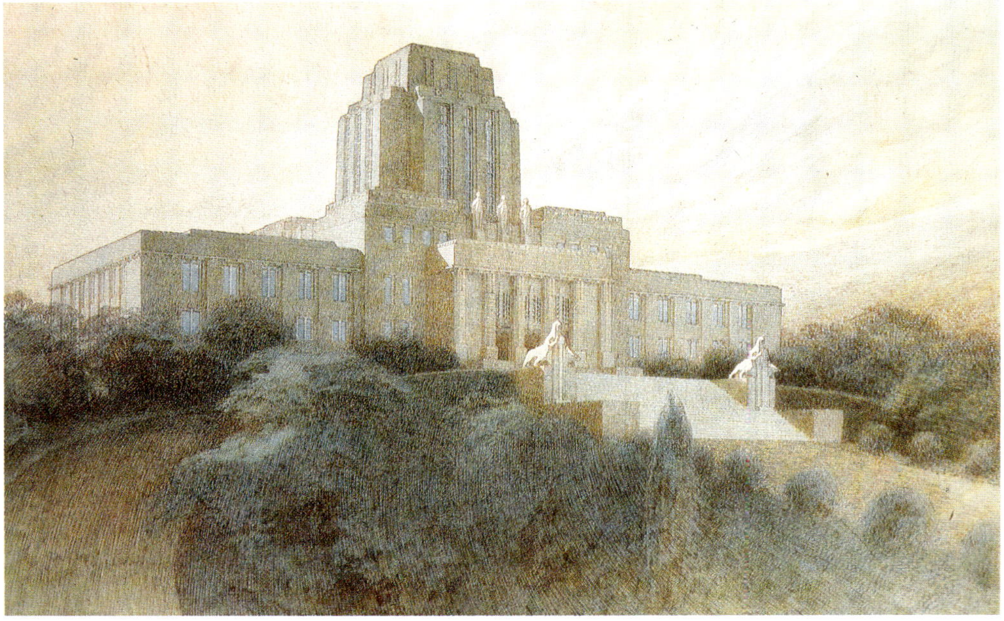

Herman Gesellius, Armas Lindgren, Eliel Saarinen, der finnische Pavillon auf der Weltausstellung in Paris, 1900.

Eliel Saarinen, Entwurf für das – in dieser Form nicht ausgeführte – Reichstagsgebäude, Helsinki, 1908.

finnische Volksvertreter wurden ins Exil gezwungen. Ein Echo konnte nicht ausbleiben, die rüde Verletzung finnischer Rechte hatte 1899 einen europäischen Protest zur Folge, der von mehr als tausend Persönlichkeiten unterzeichnet wurde, unter ihnen Emile Zola, Anatole France, Rudolf Virchow, Ernst Haeckel, Theodor Mommsen, Otto Harnack und Florence Nightingale. Einen unmittelbaren Erfolg hatte das zwar nicht, aber Finnland war plötzlich in den Mittelpunkt des Zeitgeschehens gerückt, Sympathien und teilnehmendes Interesse konnten ihm gewiß sein.

Seit 1898 regierte der russische Statthalter Bobrikow weitgehend autokratisch, eine Haltung, die sich ab 1903 noch verstärken sollte. Als der passive Widerstand der Bevölkerung und die Verweigerung der Beamten nichts bewirkten, gingen kleinere Gruppen zu offenen Angriffen über. Anschläge mehrten sich, in Helsinki explodierten immer häufiger Bomben vor russischen Behörden. Am 16. Juni 1904 erschoß der Senatsangestellte Eugen Schaumann den verhaßten Bobrikow, und als es in der Folge des Russisch-Japanischen Krieges im gesamten Zarenreich zu Aufständen und Putschversuchen kam, griffen die Unruhen auch vermehrt auf Finnland über. 1905 wurde ein Generalstreik ausgerufen, der dazu führte, daß das Land zumindest vorübergehend seine Privilegien zurückerhielt und eine Atempause eintrat. Im Gefolge der Erhebung war aber auch deutlich geworden, daß jetzt innere Konflikte drohten. Die Klassenunterschiede hatten sich verstärkt, die Arbeiterschaft begann, ihre Rechte einzufordern. Schon 1899 hatte sie eine eigene Partei gegründet, die 1903 in eine sozialdemokratische umbenannt wurde. Diese steuerte einen schärferen Kurs als verwandte Organisationen in den skandinavischen Ländern. Ihr politisches Gewicht führte dazu, daß sie bereits achtzig von zweihundert Sitzen erhielt, als 1907 das erste finnische Einkammerparlament gewählt wurde. Während des Ersten Weltkrieges konnte sie sogar die absolute Mehrheit erringen.

Die Einführung wahrhaft demokratischer Zustände, die unter anderem das Wahlrecht für Frauen mit sich brachte (Finnland war hierin das erste Land in Europa und das zweite in der Welt), mußte jedoch scheitern, solange der Zar die beschlossenen Gesetze nicht verkündete oder dem Parlament bewußt zuwiderhandelte. 1909 brach eine neue Unterdrückungswelle aus, die Rus-

Eliel Saarinen, 1873–1950
Studierte Malerei und Architektur in Helsinki. 1896–1923 als freier Architekt in Helsinki tätig, bis 1905 in Partnerschaft mit Armas Lindgren, bis 1907 mit Herman Gesellius. 1923 Übersiedlung in die USA, ab 1924 Lehrer an der University of Michigan in Ann Arbor, später Partnerschaft mit seinem Sohn Eero.
Wichtige Arbeiten: Finnischer Pavillon auf der Pariser Weltausstellung, 1900; Atelierhaus Hvitträsk in Kirkkonummi bei Helsinki, 1902; Hauptbahnhof in Helsinki, 1904, 1909–1914; zweiter Preis bei dem Wettbewerb für das Hochhaus der Chicago Tribune, 1922; Cranbrook Academy of Art in Bloomfield Hills, 1926–1943.

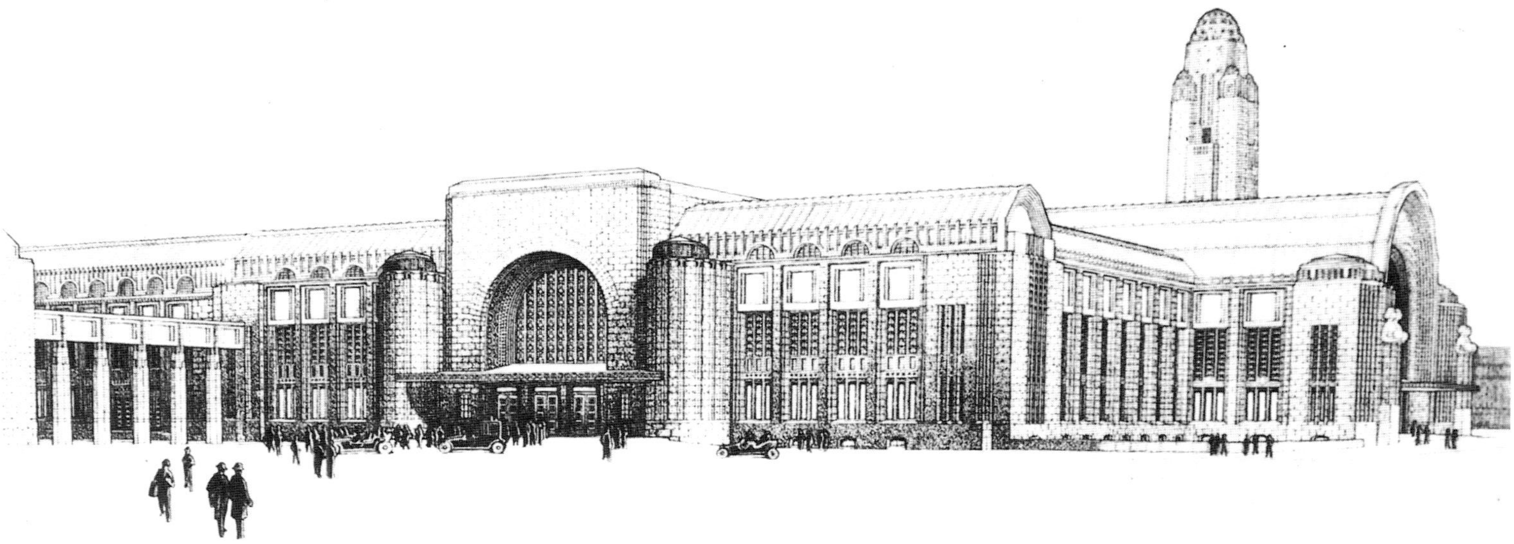

Eliel Saarinen, der Hauptbahnhof in Helsinki, erste Planung 1904, Ausführung 1909–1914.

sen nahmen einen Teil der Regierungsgewalt in die eigenen Hände, die inneren Konflikte des Landes dabei ausnutzend. 1914 befand sich Finnland in einer umfassenden Krise, die einerseits durch das Legalitätsproblem bestimmt war, zum anderen durch interne Auseinandersetzungen um die Gleichberechtigung der Arbeiterschaft und die verbleibende Kraft der zum Teil besitzlosen Landbevölkerung. Das alles vollzog sich unter unvermindertem russischem Druck. Der Wahlspruch »Finis Finlandiae«, mit dem die Panslawisten 1910 angetreten waren, schien sich damals erfüllen zu wollen. Erst 1917 löste sich der Zwang, und das Land wurde unabhängig.
Die Hauptstadt des finnischen Großfürstentums war seit 1812 Helsinki, ein um einen natürlichen Hafen herum schön gelegener Ort, dessen Zentrum der deutsche Architekt Carl Ludwig Engel seit 1820 mit einer Reihe vorzüglicher Bauten klassizistisch geprägt hatte. Sie bestimmen noch heute das Gesicht der Stadt. Im neunzehnten Jahrhundert entwickelte sich Helsinki zum Verwaltungs-, Wissenschafts- und Lehrzentrum des Landes, und um 1900 war es auch dessen wichtigster Handelsplatz. Finnland hatte sich nur langsam der Industrialisierung geöffnet, wichtig waren vor allem die Holzverarbeitung und die Papierherstellung geworden. Mit dem Zugang zum internationalen Holzhandel nahmen die auswärtigen Verbindungen zu, insbesondere – neben Rußland – mit Schweden, England und Deutschland. Um 1900 war der gepflegten Stadt der allgemeine Wohlstand anzusehen, wenngleich sie eine bescheidene Metropole blieb. Das Land zählte damals nur 2,7 Millionen Einwohner, 1914 waren es aber schon 3,5 Millionen.
Auch nach der schwedischen Niederlage von 1809 war der Einfluß des mächtigen Nachbarn noch lange bestimmend geblieben, er wurde zu keiner Zeit durch ein vergleichbares Einwirken russischer Kultur ersetzt. Eher wurde versucht, ein Gegengewicht in der Form zu schaffen, daß alles Finnische eine bewußte Förderung erfuhr. Ähnlich wie in anderen Ländern geschah das auch hier über eine Aufwertung der eigenen Sprache, die in immer mehr Bereichen zugelassen wurde und dort das Schwedische verdrängte. Doch um 1910 bedienten sich dessen noch die Hälfte der Einwohner Helsinkis, das im Ausland auch weiterhin Helsingfors hieß. Wenn nun die eigene Sprache verstärkt wiederentdeckt und gepflegt wurde, dann

aufgrund einer weitgehend nationalromantischen Motivation, die vor allem dazu führte, bisher nur mündlich überlieferte Volkssagen und Erzählungen – allen voran das Kalevala-Epos – aufzuzeichnen. Die wachsende Begeisterung mündete in den »Karelianismus«, das hieß, Künstler verschiedenster Art durchstreiften die finnischen und russischen Teile Kareliens auf der Suche nach einer Ursprünglichkeit, die sie in den tiefen Wäldern noch zu finden hofften. Kaum ein großer Geist entging damals dieser Bewegung.
Ein zweiter bestimmender Zug war daneben der rege Austausch zwischen den Künstlern, die Berührung verwandter Neigungen. So erhielt eine Gestalt der finnischen Mythologie, der Schwan von Tuonela, zu gleicher Zeit eine Wiedergabe in der Musik von Jean Sibelius, in einem Gemälde von Akseli Gallén-Kallela und in einem Schauspiel des Lyrikers Eino Leino. Der genannte, für die finnische Kunst wichtige Maler war ein Anführer auch jener Richtung, die sich ihre Umgebung nach eigenen Vorstellungen zu schaffen wünschte. Sein Haus, das er sich selbst 1894 in einer unwegsamen Gegend Mittelfinnlands baute, griff auf die einheimische Holzbauweise zurück und

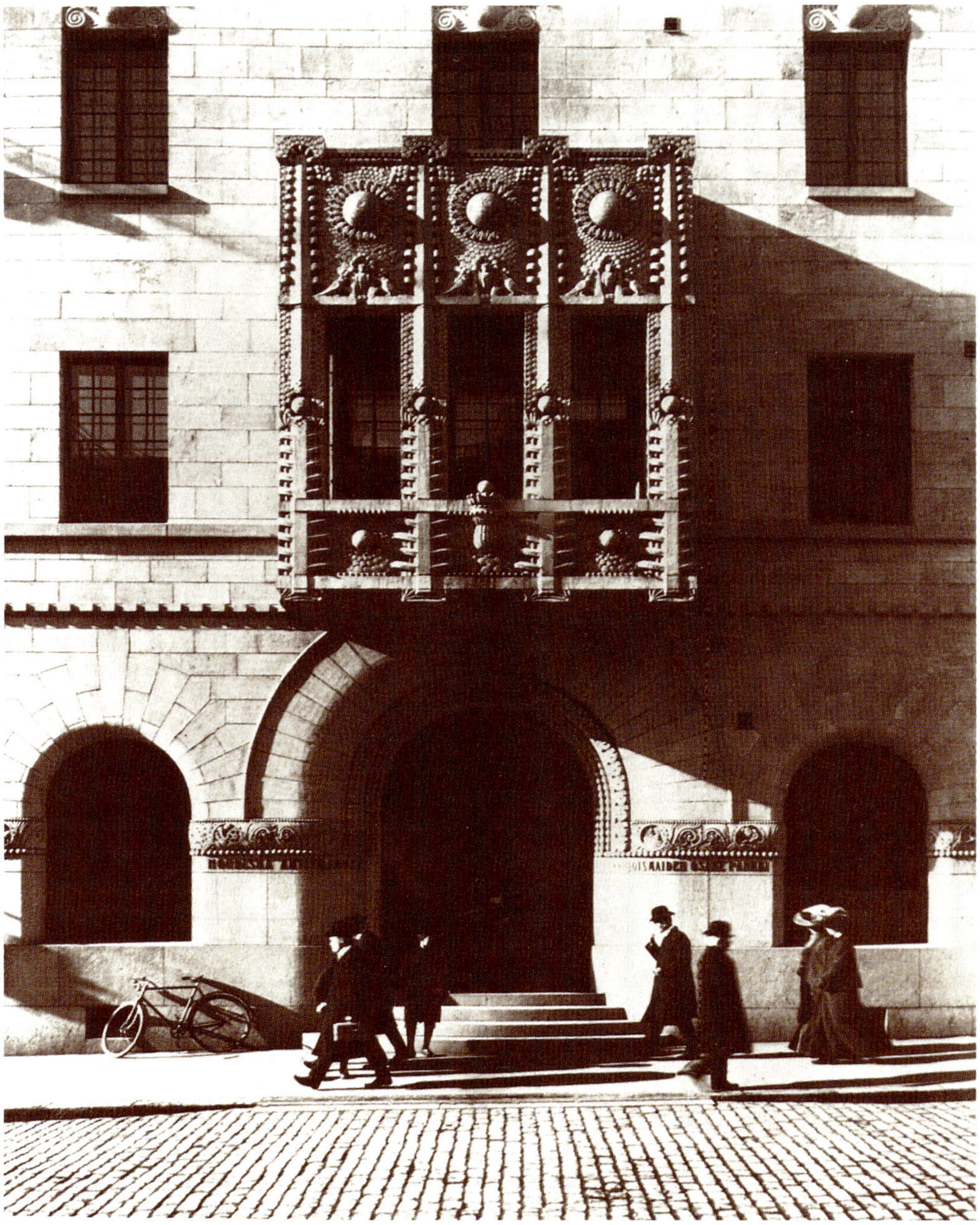

Herman Gesellius, Armas Lindgren, Eliel Saarinen, die Nordische Aktienbank in Helsinki, 1903/04.

Herman Gesellius, Armas Lindgren, Eliel Saarinen, Entwurf für ein Landhaus in Kirkkonummi, 1902.

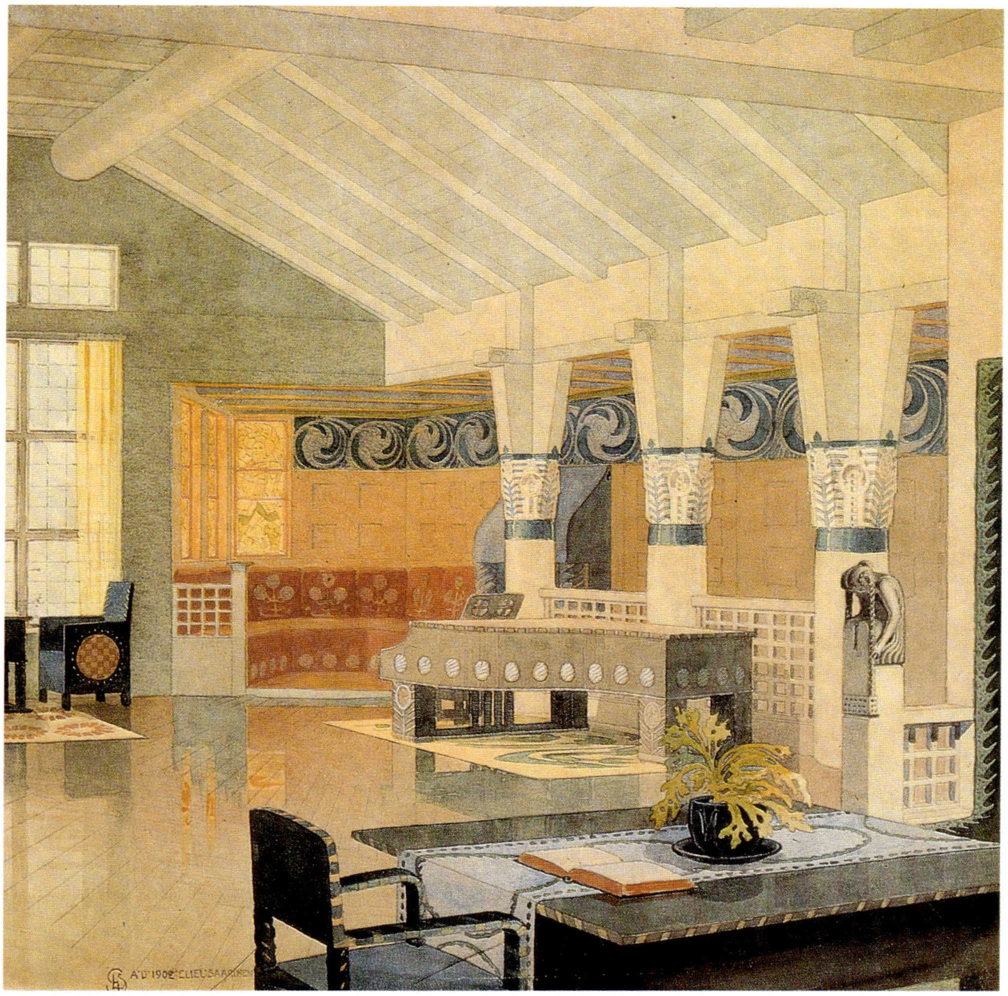

war, ähnlich wie das Haus Bloemenwerf des Belgiers van de Velde, ein Manifest außerhalb der Moden und Stile. Doch markiert dieser Bau den Beginn jener nationalromantischen Phase, in die von da an die gesamte finnische Kunst eintrat.

Was diese Bewegung auszeichnete, führte besonders glücklich der Pavillon vor, mit dem sich Finnland 1900 an der Pariser Weltausstellung beteiligte (Abb. S. 188). Die ungewöhnlich freie Verwendung traditioneller Motive, der kraftvolle Zitatcharakter und die überraschende Frische des Bauwerks fanden sofort Anerkennung. Es hatte damit eine ähnliche Wirkung wie der Beitrag der im Geist verwandten Münchner Gruppe, nur daß jetzt das Echo ungleich bedeutungsvoller war. Der Pavillon geriet zu einer Demonstration finnischer Eigenständigkeit, er verstand sich als Antwort auf die russischen Unterdrückungsversuche, die ja gerade ein Jahr zuvor besonders deutlich geworden waren. Von nun an wurde Bauen zum Zeichen des finnischen Freiheitswillens, Architektur diente jetzt auch der Aufgabe, die nationalen Ansprüche zu untermauern. Dieser Prozeß hatte seinerzeit ein wesentlich größeres Gewicht, als es die von der Kunstgeschichte nur vereinzelt vorgeführten Bauten vermitteln können: Nicht nur der neue Hauptbahnhof in Helsinki (Abb. S. 189) und verschiedene öffentliche Bauten und einzelne Kirchen verfolgten dieses Ziel, auch weite Teile der damals neuen Wohnviertel entstanden in einem unverwechselbar finnischen Stil, der neben seiner künstlerischen Güte auch bekenntnisartigen Charakter hat. Ein aufmerksamer Flaneuer kann heute noch mühelos entdecken, wie stark Hel-

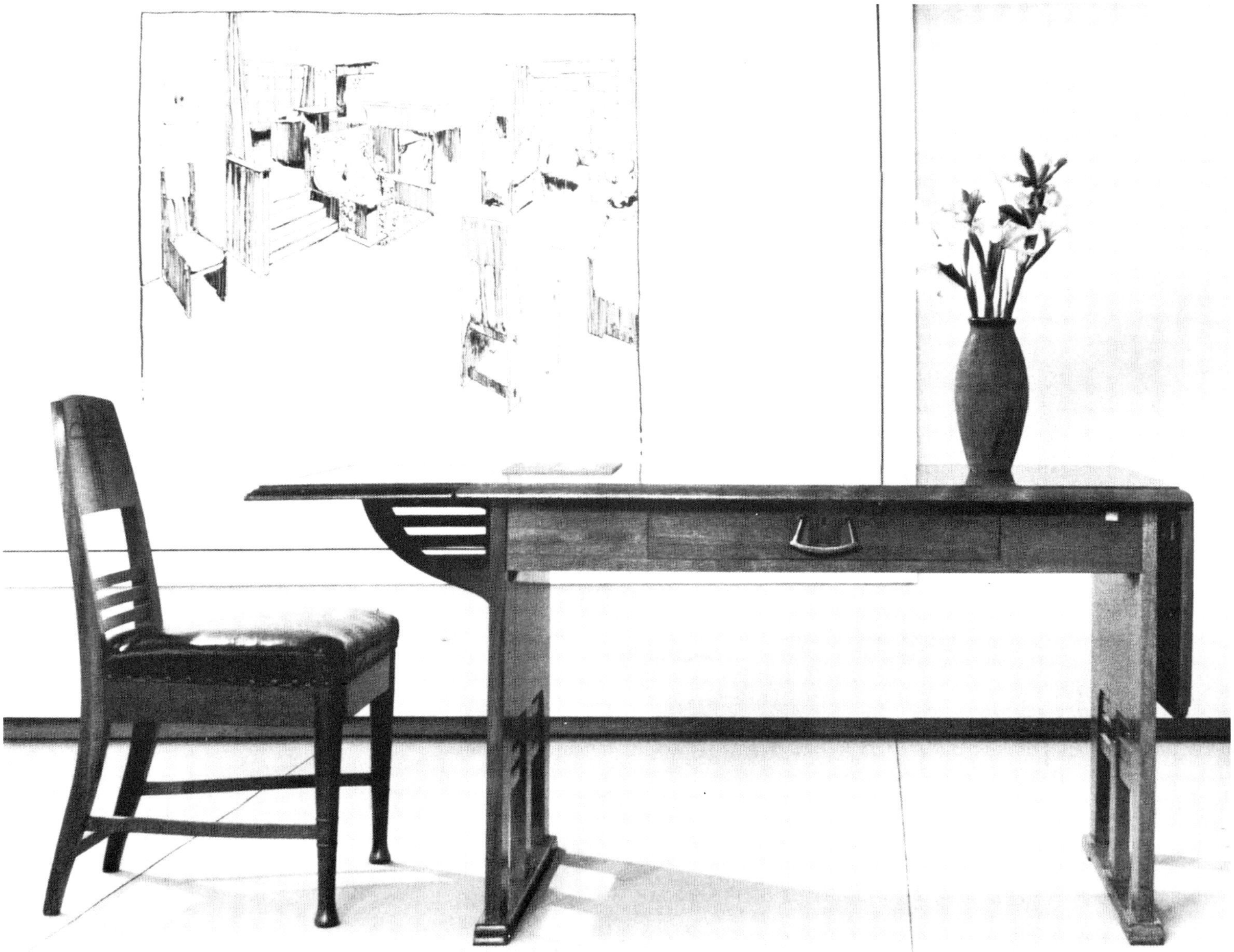

Louis Sparre, Stuhl und Tisch aus Mahagoni, 1902/03, Louis Sparres Tischlerwerkstatt.

sinki von einer Baukunst bestimmt ist, in der sich bürgerliches Selbstbewußtsein mit präzisem Formgefühl verbinden. Diese Geschlossenheit kann nur als einheitliche Willensbekundung aufgefaßt werden. Für die meisten dieser Bauten sind dabei die Häuser, die Herman Gesellius, Armas Lindgren und Eliel Saarinen um 1910 erstellten, das Vorbild gewesen. Jene drei Architekten hatten bereits 1898 den Wettbewerb gewonnen, der für den finnischen Pavillon ausgeschrieben worden war. Im Ausland wurden sie später fast gleichgestellt mit der modernen finnischen Architektur insgesamt, eine unzutreffende Vereinfachung, die dennoch nicht ganz ohne Berechtigung ist. Prägend und Leitbild gebend waren sie auf jeden Fall; ihr gleichbleibend etwas schwerer, zum Pathos neigender Stil ist körperhaft-eindrucksvoll, markant im Zuschnitt und einfach in der Ornamentik. Im Inneren stellte sich gelegentlich eine Verwandtschaft mit Arbeiten von Joseph Maria Olbrich, Peter Behrens und Hermann Billing her. Vor allem aber in der äußeren Gestalt der zahlreichen Gebäude, die die drei Architekten in einer Zeit, die zwar unruhig, aber nicht arm war, errichten konnten, verbindet sich gliederstarke Einfachheit derart mit einem pointierten Einsatz des Dekors, daß die Zugehörigkeit zum Jugendstil zugleich bewiesen wie auch erweitert und

gesprengt wird. Insbesondere im Werk von Eliel Saarinen (Abb. S. 188) kann verfolgt werden, daß hier bruchlos ein Übergang in die Moderne der Nachkriegszeit möglich war
Das bekannteste finnische Bauwerk jener Zeit, der 1904 aus einem Wettbewerb hervorgegangene Hauptbahnhof in Helsinki, erfuhr während seiner Planung Veränderungen, die auf den Einfluß gegensätzlicher Strömungen zurückgingen. Neben der eher introvertierten Haltung, die das neue Heil aus dem eigenen Erbe ableitete, entwickelte sich immer mehr eine solche, die der Nationalromantik die Auffassungen der europäischen Moderne gegenüberstellte. Sie empfand sich als fortschrittlicher und betonte die funktionalen Zusammenhänge stärker als die gefühlsmäßigen. Ihr konsequentester Vertreter war der Architekt Sigurd Frosterus, der in den Jahren 1903 und 1904 mehrfach bei van de Velde in Weimar gewesen war und dort ein ganz anderes Denken kennengelernt hatte. Wenngleich er in Finnland auch nur wenig bauen konnte, so war sein kritischer Einfluß doch bedeutend. Der schließlich in gestraffter Form errichtete Hauptbahnhof wirkte vorbildhaft auf Planungen weit außerhalb Helsinkis, die Kraft der finnischen Architektur war dazu geeignet, international Schule zu machen.

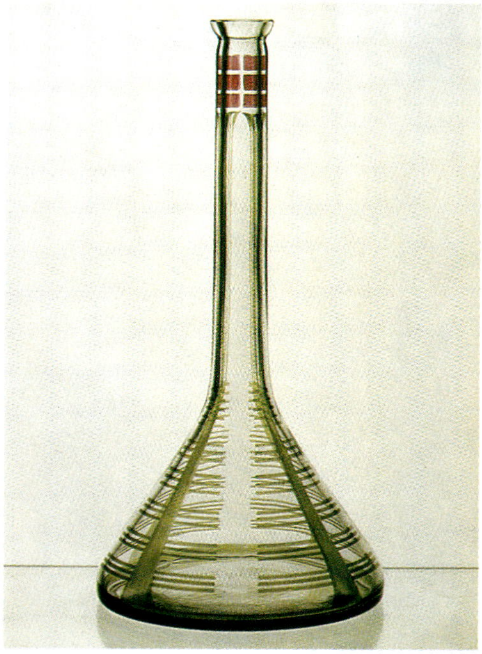

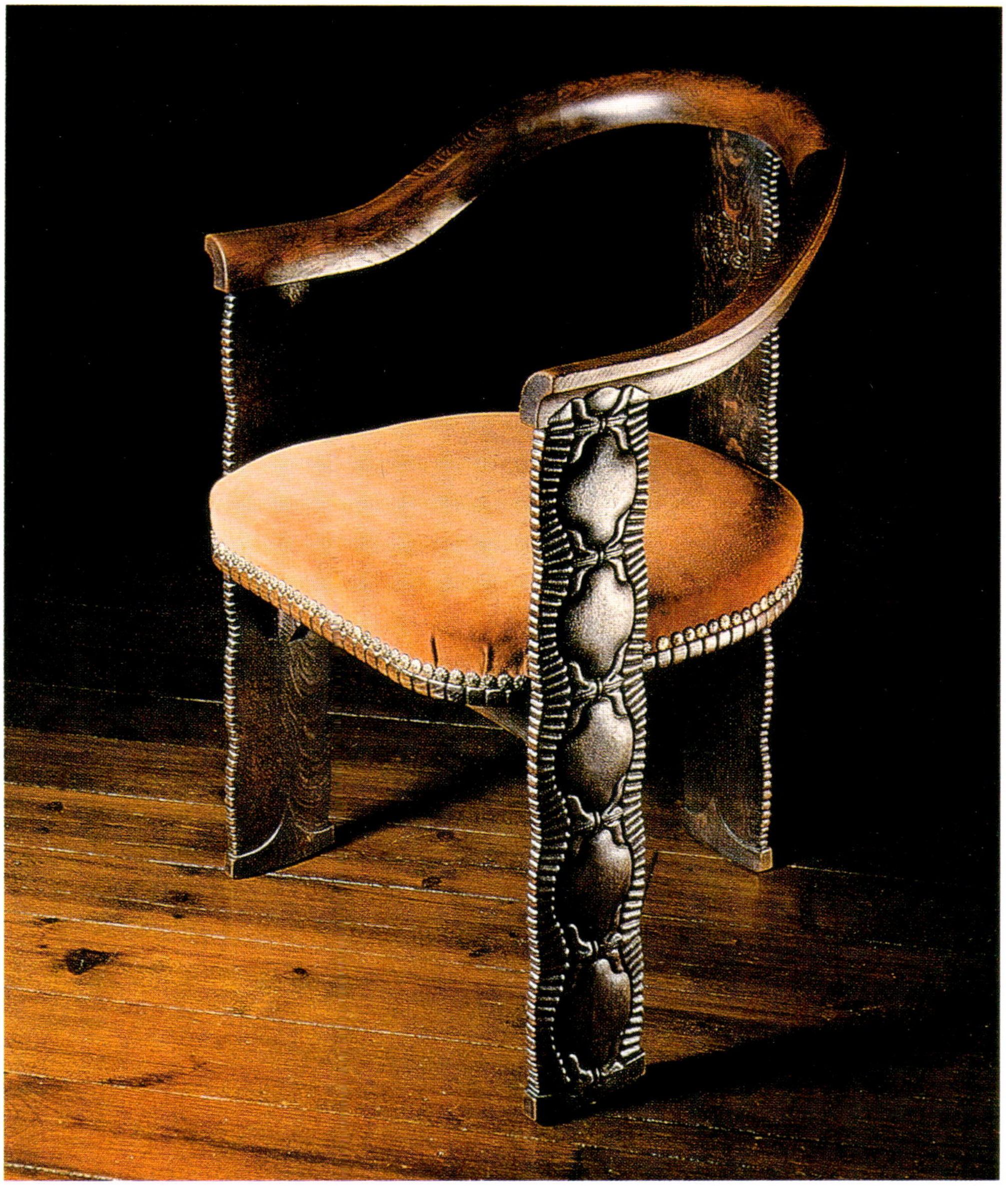

Glasbläserei Wärtsilä-Nuutajärvi, Vase mit Handbemalung, 20 cm hoch, um 1900.

Eliel Saarinen, Stuhl mit Armlehnen, Eiche mit Leder, 1902.
Gerda und Salomon Wuorio-Stiftung, Hvitträsk

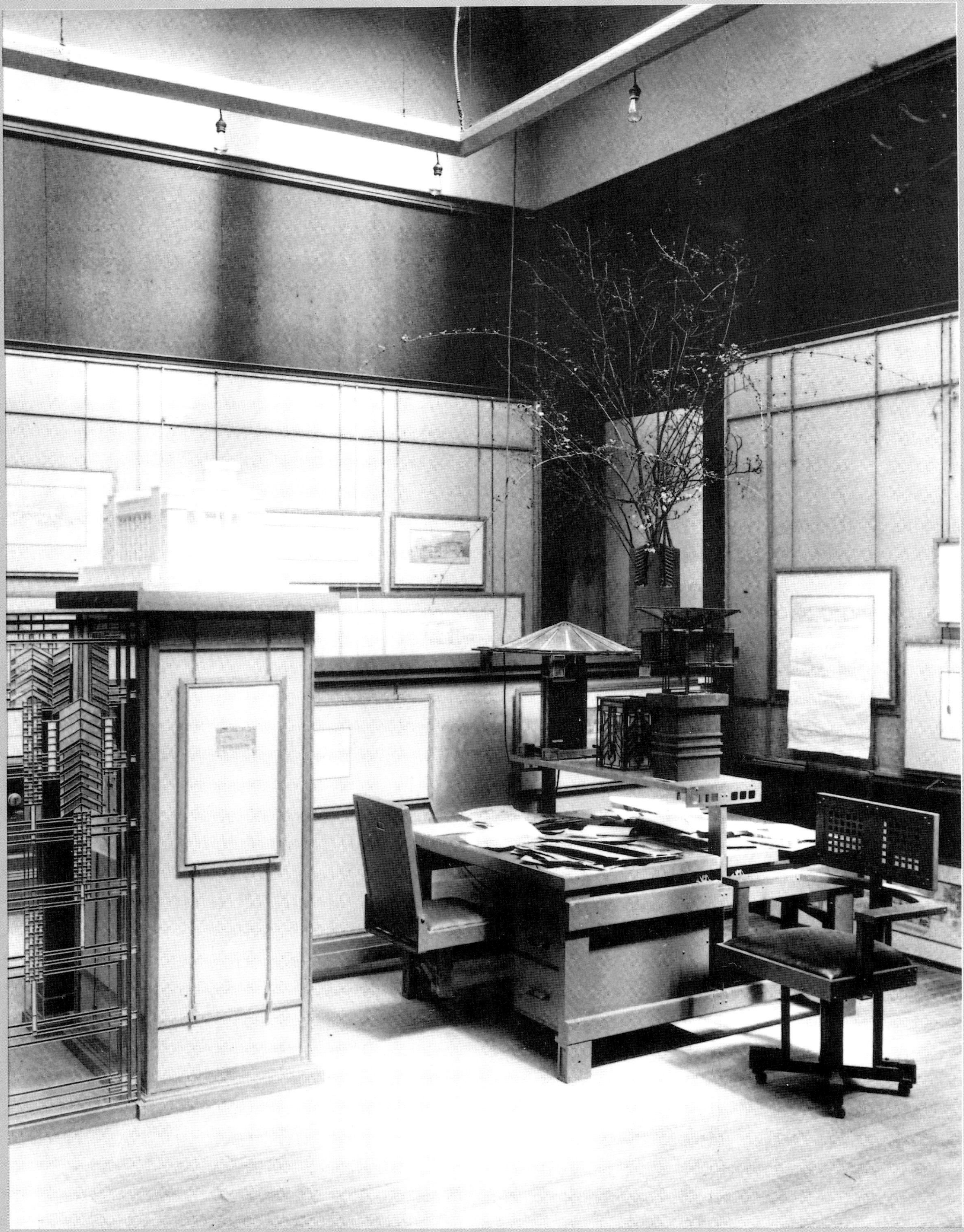

Chicago

In Chicago mußte um 1900 die Moderne nicht eingeführt werden, es gab sie schon – zumindest und vor allem in der Architektur. Das Bauen hatte diese Stadt geprägt, seitdem 1871 durch ein großes Feuer weite Teile von ihr zerstört worden waren und danach ein paar kluge Köpfe die Chance erkannt hatten, die sich als Folge der Katastrophe bot. Pragmatismus in der Architektur wurde hier sehr gern als Ausdruck einer unverwechselbaren, eigenen Mentalität empfunden.

Noch 1830 war Chicago ein Dorf mit zwölf Häusern und siebzig Bewohnern gewesen, doch im Laufe des neunzehnten Jahrhunderts wuchs die Stadt zur zweitgrößten Amerikas an. Bis 1860 profitierte sie in erster Linie von ihrer günstigen Lage am Ufer der großen, schiffbaren Seenplatte, denn sie gab damit einen idealen Umschlagplatz für die Erzeugnisse des weiten Mittelwestens ab. Doch mit dem Ende des Bürgerkriegs kam zum einträglichen Handel auch die Industrie hinzu, vorrangig natürlich eine solche, die landwirtschaftliche Produkte verarbeitete. Aber umfangreiche Kohle- und Erzvorkommen im Hinterland förderten zugleich die Schwerindustrie und den Maschinenbau. Große Betriebe siedelten sich an – die Pullman-Waggonfabrik und McCormick, der Erntemaschinen herstellte.

Um 1900 war Chicago damit zum unumstrittenen Zentrum des Mittelwestens geworden. Im Schnittpunkt der vier Bundesstaaten Illinois, Michigan, Minnesota und Wisconsin gelegen, konnte es erstklassige Verkehrswege anbieten, sowohl auf dem Wasser wie mit einem seit 1850 ausgebauten Eisenbahnnetz. Die im Binnenland situierte Stadt hatte – es mag unglaubwürdig klingen wie so vieles an ihr – trotzdem direkte Verbindungen mit der ganzen Welt: über den Erie-Kanal nach New York und zu der gesamten Ostküste, nach Europa über die Seenplatte und den St.-Lorenz-Strom bis zum Atlantik, nach Süden über den Michigan-Kanal zum Mississippi und zum Golf von Mexiko – und von dort später weiter durch den Panama-Kanal zum Pazifik und zur Westküste. Als Drehscheibe zwischen dem amerikanischen Westen und dem Atlantik besaß es praktisch eine Monopolstellung. In der Stadt liefen schon 1880 über vierzig wichtige Eisenbahnlinien zusammen, 1905 war sie das Zentrum für ein Sechstel aller Schienenwege der Welt, täglich passierten zehntausend Güterwaggons ihre Bahnhöfe.

Der bedeutendste Wirtschaftsfaktor blieb dabei der Umschlag von Getreide und Vieh. Es entstanden die berühmten Schlachthöfe, jene fast ins Mythische stilisierten Orte, an denen tatsächlich um die zwanzigtausend Schweine, fünftausend Rinder und achttausend Schafe getötet, zerlegt, ver-

Gegenüberliegende Seite: Eine Ausstellung mit Werken von Frank Lloyd Wright im Art Institute of Chicago, 1907, die Situation ist offensichtlich dem Arbeitsplatz des Architekten nachgestaltet worden, besonders charakteristisch sind für ihn der Metallstuhl im Vordergrund (1904), das Gipsmodell des Larkin-Buildings in Chicago (1905) auf dem Postament links, das Glasfenster daneben und die Vasen auf dem Schreibtisch.

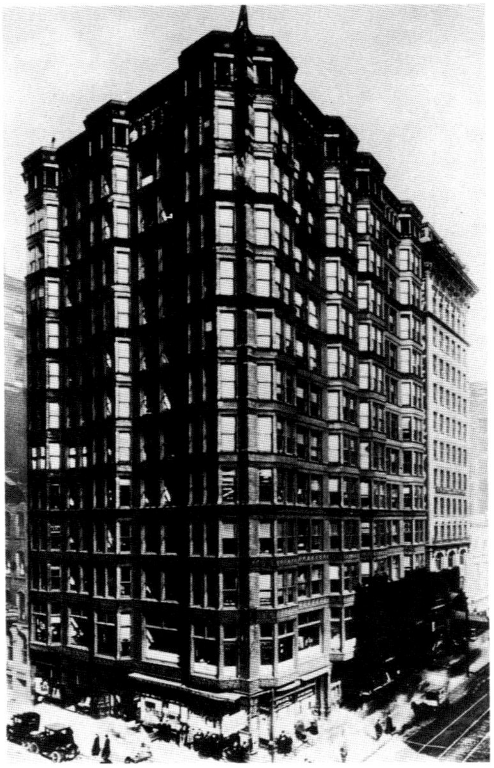

laden und versendet wurden – täglich. Fast ein Drittel des wirtschaftlichen Ertrags der Stadt erzeugte die fleichverarbeitende Industrie.
Chicago war damit die Stadt der Superlative. Es führte in den USA in der Produktion von Eisen und Stahl, von Erntemaschinen, von Möbeln, ja und auch von Orgeln und Klavieren, desgleichen war es der größte Eisenbahnknotenpunkt und der größte Binnenhafen des Landes. Bezogen auf die gesamte Welt, stellte es den größten Getreideumschlagplatz, den größten Viehmarkt und den größten Holzhandelsplatz dar, außerdem besaß es das größte aller Warenhäuser. Zugleich mit der wirtschaftlichen Expansion war natürlich auch die Bevölkerung gewachsen, von 300 000 Einwohnern 1870 auf 1 700 000 um 1900. Einwanderer aus Europa hatten daran einen erheblichen Anteil, vor allem deutsche, die die stärkste Kolonie bildeten.
Der Ruf der Stadt hatte sich schnell verbreitet, nicht ohne schauervolle Verklärung, besonders in der Alten Welt. Schon Bismarck hatte sich gewünscht, sie sehen zu können, und viele Besucher erlebten sie tatsächlich 1893 während einer Weltausstellung und empfanden ihren rauhen, zugreifenden Charakter als etwas unverwechselbar Amerikanisches. Rudyard Kipling äußerte sich später in diesem Sinne, und für Sarah Bernhardt war das Töten der Schweine ein schreckliches und großartiges Schauspiel gewesen – immerhin, sie hatte sich ihm ausgesetzt. Der Unterschied zu dem europäisch geprägten New York muß wirklich eklatant gewesen sein.

Holabird and Roche, Tacoma-Building in Chicago, 1887–89.

Louis H. Sullivan, Warenhaus Carson Pirie Scott & Co., Chicago, 1899–1904.

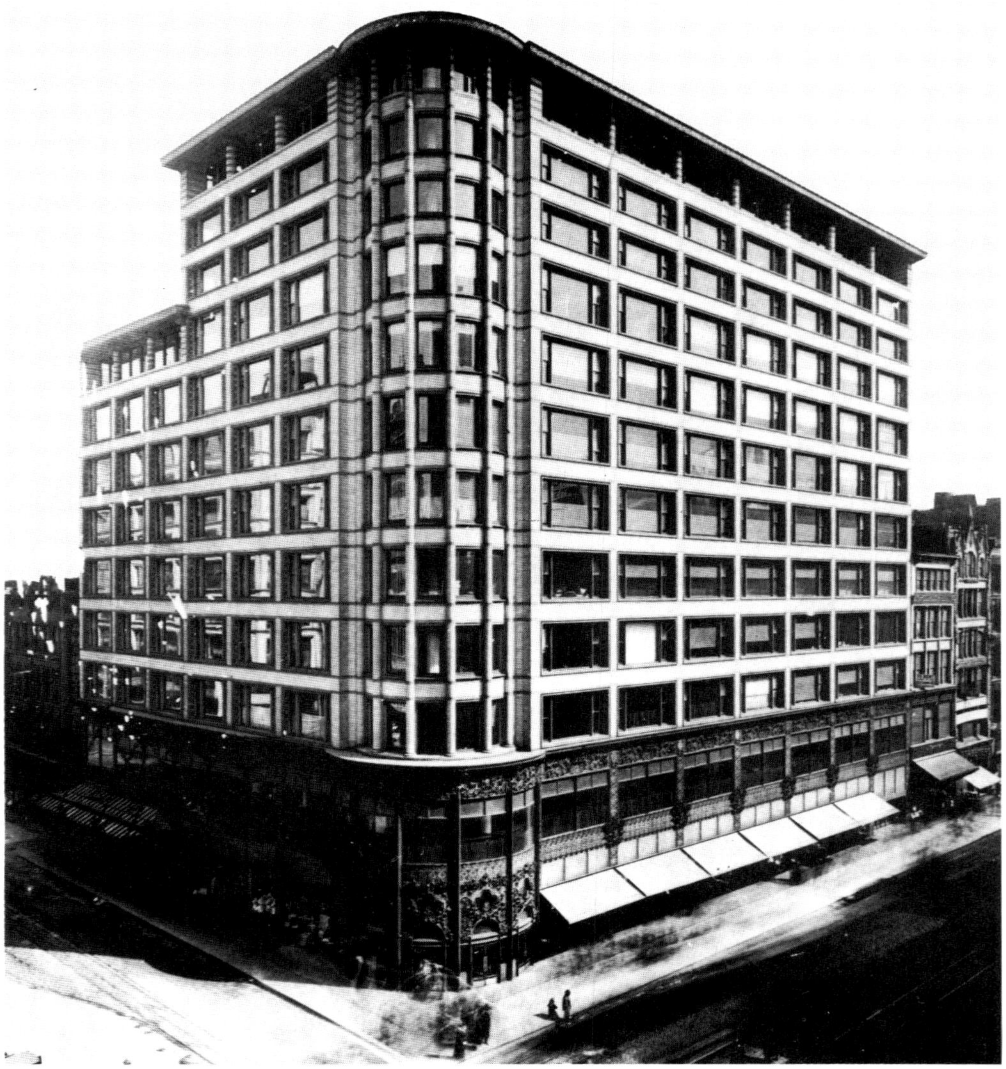

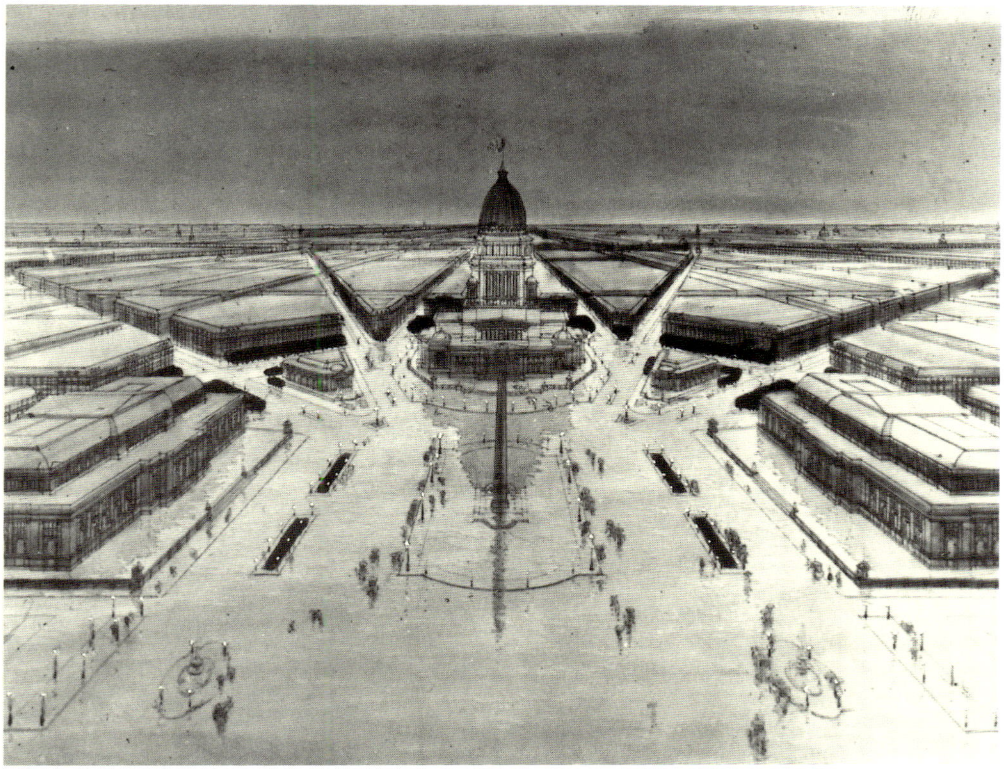

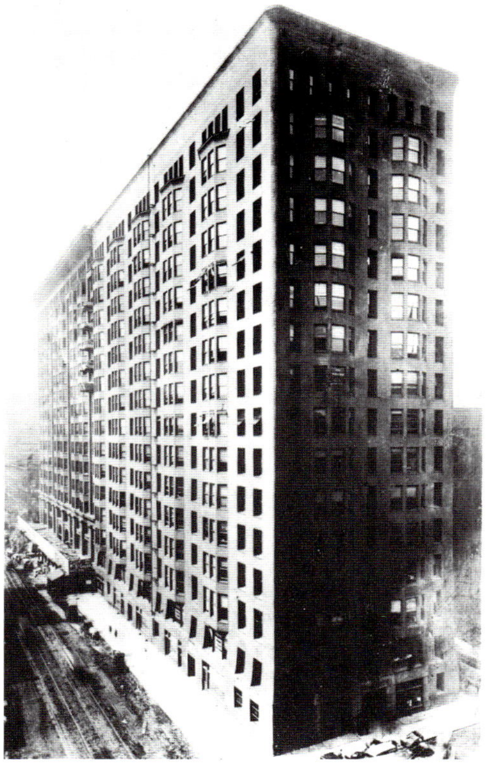

Daniel H. Burnham, *Erweiterungsplan für Chicago, 1909.*

Daniel H. Burnham und John W. Root, *das Monadnock-Building in Chicago, 1884–1890.*

Für eine Stadt, die so sehr auf Wachstum und ständige Erneuerung fixiert war, konnte eine Katastrophe eher Stimulanz denn Hemmnis sein. Der große Brand von 1871 hatte ein Drittel von ihr zerstört, aber damit auch die alte, wild wuchernde Bebauung beseitigt. Man kann es mit Blick auf das Folgende nicht anders deuten, als daß dieser Schlag den Anstoß gab, von da an ganz gelöst und unsentimental vorzugehen. Chicago wurde zur Geburtsstätte einer spezifisch amerikanischen Architektur, die weitgehend von dem bestimmt wurde, was in Europa noch ferne Erwartung war, nämlich Ingenieursgeist. Ganz pragmatische Fragen wie die nach der Haltbarkeit von Häusern mit großer Stockwerkzahl, deren innerer Erschließung und Versorgung, der feuerbeständigen Ummantelung von Stahlgerüsten und ähnliches diktierten eine Haltung, die experimentell und vorurteilslos zu einer wirklich neuen Architektur führte. Häuser entstanden hier tatsächlich aus der Aufgabe heraus und nicht durch die Auswahl eines für sie vielleicht geeigneten Stilvorbildes. Historische Reminiszenzen lebten allenfalls in der Dekoration fort, aber auch da in ungewöhnlich freier Anwendung.

Typisch waren nun entweder sehr schlichte Mauerwerksbauten oder weitgehend auf die Skelettstruktur reduzierte Gebäude, die mit großen Fensterflächen auch das tiefe Innere nutzbar zu machen versuchten. Das Vorgehen war dabei völlig undogmatisch – so konnte zum Beispiel bei dem Monadnock-Building eine besonders kraftvolle Wirkung dadurch erzielt werden, daß es trotz einer Höhe von sechzehn Stockwerken außen noch traditionell gemauert war, doch im Kern ein leichtes Gußeisengerüst besaß. Die Verjüngung der Dimensionen nach oben hin wurde für eine straffe Kurvatur in der Vertikalen genutzt.

Was zuerst keineswegs sicher war, geriet in Chicago dennoch: 1893 warf die Weltausstellung einen erheblichen Gewinn ab. Doch der offizielle Charakter der anspruchsvoll ausgelegten Veranstaltung hatte eine Rückkehr zur konventionellen Architektur der Beaux-Arts-Tradition zur Folge. Die große

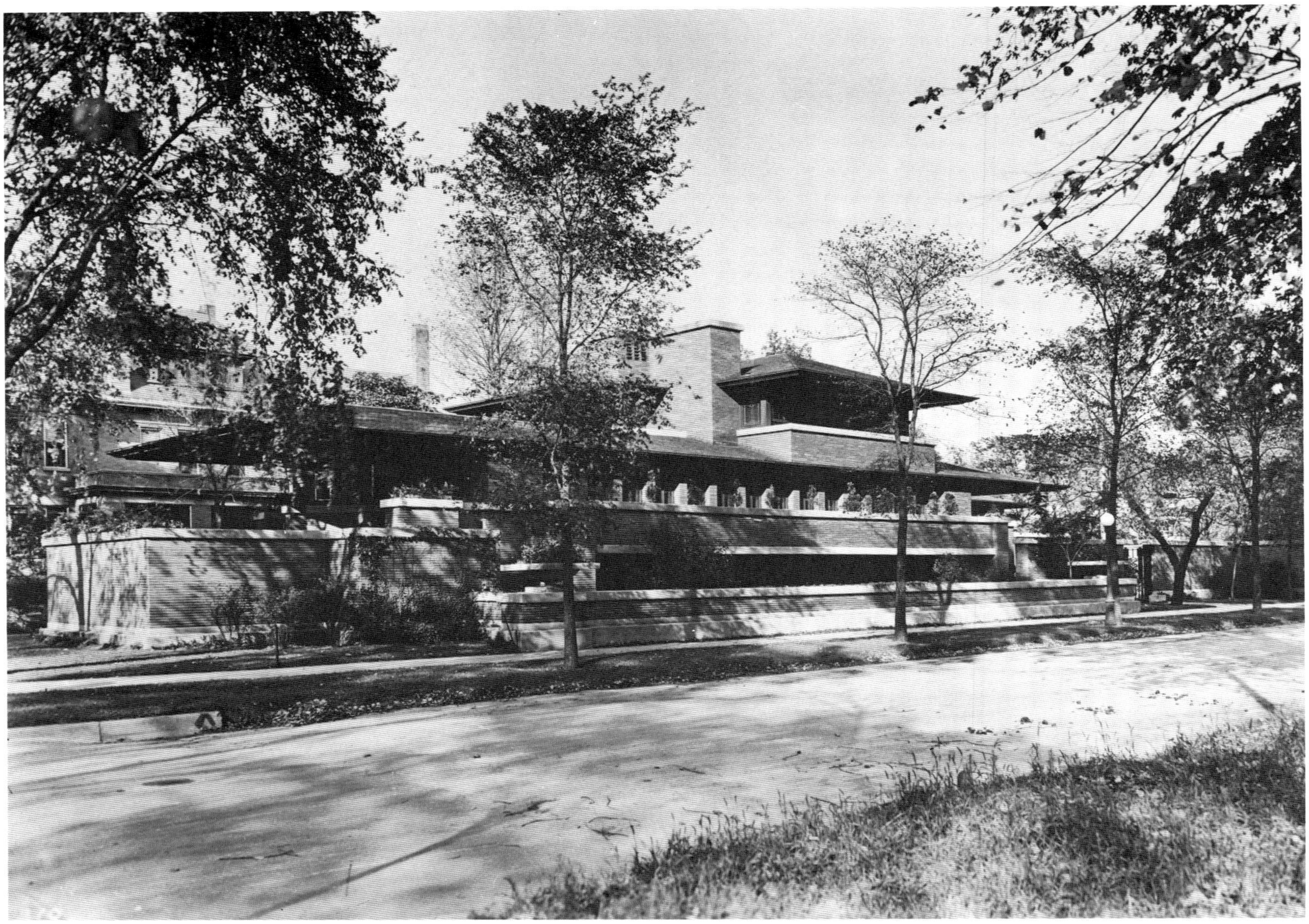

Frank Lloyd Wright, das Robie-Haus in Chicago, 1906–1909.

Frank Lloyd Wright, die Eingangspartie des Heurtley-Hauses in Oak Park bei Chicago, 1901.

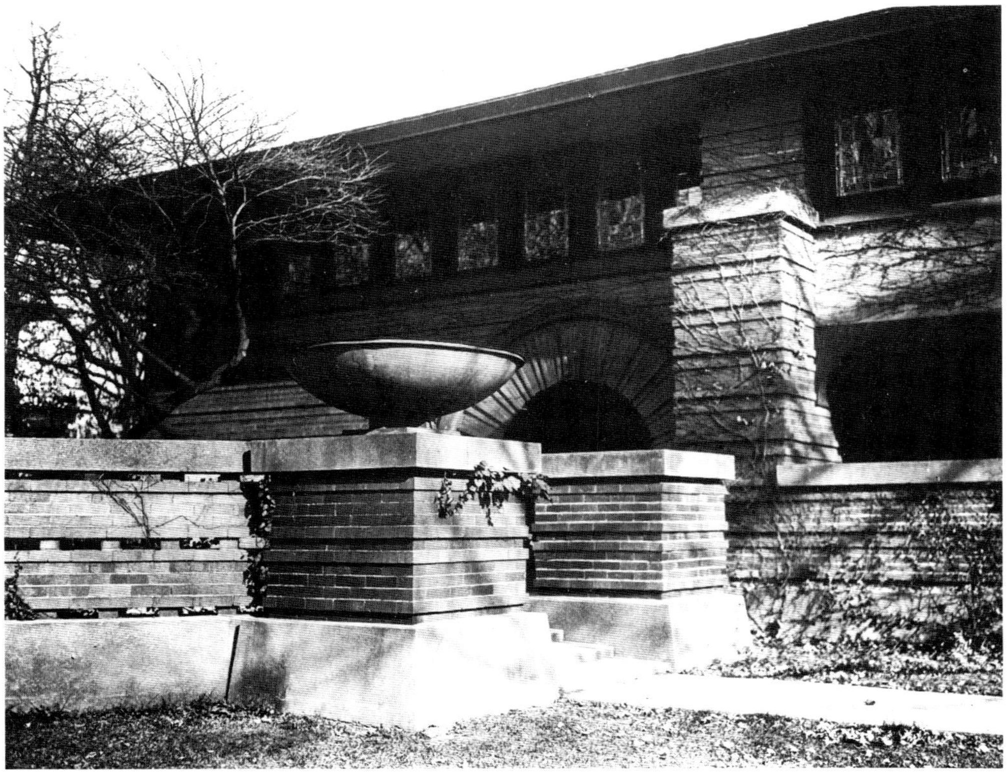

Zeit der »Schule von Chicago« war damit vorerst zu Ende, doch wurde sie mit einiger Ambivalenz von einem Architekten weitergeführt, der sich schon mit seinem Beitrag zu der Weltausstellung nicht der oktroyierten Auffassung gebeugt hatte: Louis H. Sullivan. Mit ihm trat eine jüngere Generation an, durchaus geprägt von der neuen, nun gerade abgebrochenen Tradition, aber auch ausgreifender, fordernder und nicht ohne inneren Widerspruch. Obwohl Sullivan um einiges älter war als die Architekten, die ab 1900 in Europa das Geschehen bestimmten, gehörte er doch dank Gesinnung und Werk der Jugendstilbewegung an. Der rein pragmatische Ansatz war bei ihm zu einer Vorstellung erweitert worden, die dem »Gesamtkunstwerk« mit dem Einschluß auch stark dekorativer Elemente nahekam. Er zeigte durchaus Neigungen zum Pathos und war fern von puristischer Ausschließlichkeit. Offensichtlich strebte auch er eine sinnliche Überhöhung der schlicht-funktionalen Zweckerfüllung an, dabei gedanklich vielem nahestehend, was gerade in Europa geschah, formal jedoch ganz frei und eigenwillig. Am ehesten schien er sich noch mit Otto Wagner in Wien zu berühren. Das große Kaufhaus, das er zwischen 1899 und 1904 in Chicago baute (Abb. S. 196), zeigt sehr gut die gelungene Verbindung von strenger Struktur für das Ganze und ornamentaler Explosion im Einzelnen, die nicht zweckrational erklärt werden kann, sondern nur als ein überzeugend künstlerisches Ergebnis zu würdigen ist. So gut wie nichts rechtfertigte das bizarre Rankenwerk der beiden unteren Geschosse, auch als Kaufanreiz ließ es sich kaum begründen. Eigentlich widersprach Sullivan damit allen Theorien und führte in letzter Konsequenz ad absurdum, daß dem Ornament noch eine präzis bestimmbare Ordnung gegeben werden könne. Er hatte sich damit wieder zum »Künstler-Architekten« bekannt und eine Abwendung von den »Ingenieur-Architekten« vollzogen, die in Chicago seine Vorgänger gewesen waren. Für die europäische Anschauung mußte das später eine rückwärtsgewandte Bewegung sein, doch für die Zeit um 1900 erfüllte Sullivan damit seine Aufgabe in überragender Weise. Er verband die makellose und auf das klarste dargestellte Konstruktion mit den Attributen des Kunstanspruchs, leugnete aber die Illusion – und darin war er vielleicht mehr Prophet als die anderen –, daß beides noch miteinander verschmolzen werden könne.
Sullivans künstlerische Mission schien sich damit erfüllt zu haben – wenn man so will in aussichtslos-tragischer Weise, spätere Werke hatten nur noch marginalen Charakter. Doch der Boden war fruchtbar genug, um jetzt eine ganz andere Entwicklung aufkeimen zu lassen. Wiederum – wie so oft – konzentrierte sie sich auf das Werk einer einzigen Person. Frank Lloyd Wright war nun wirklich ein Zeitgenosse der Olbrich, Hoffmann, Behrens und Mackintosh in Europa, doch dank seiner Ausbildung bei Sullivan und dessen Partner Dankmar Adler in außergewöhnlicher Weise gerüstet und ausgestattet. Schon mit fünfundzwanzig Jahren machte er sich 1894 selbständig, baute sich ein Haus mit Atelier in Oak Park, einem Vorort von Chicago, und hatte dann auf Anhieb Erfolg, vor allem als Entwerfer von anspruchsvollen Wohnhäusern. Sein Eintritt in die Architekturgeschichte geschah somit kurz nach der Weltausstellung und deckte sich zeitlich mit ähnlichen Schritten bei Victor Horta und Henry van de Velde in Brüssel.
Das Bestechende an der neuen Auffassung war nun, daß sich in ihr gleichermaßen eine Emanzipation der Gesellschaft wie eine der Architektur kristallisierte. Wright hätte seine großzügigen Villen und Landhäuser nicht bauen können ohne die Vorgabe einer spezifischen Lebensweise durch seine Kunden. Diese war neu, amerikanisch-unkonventionell, doch zugleich

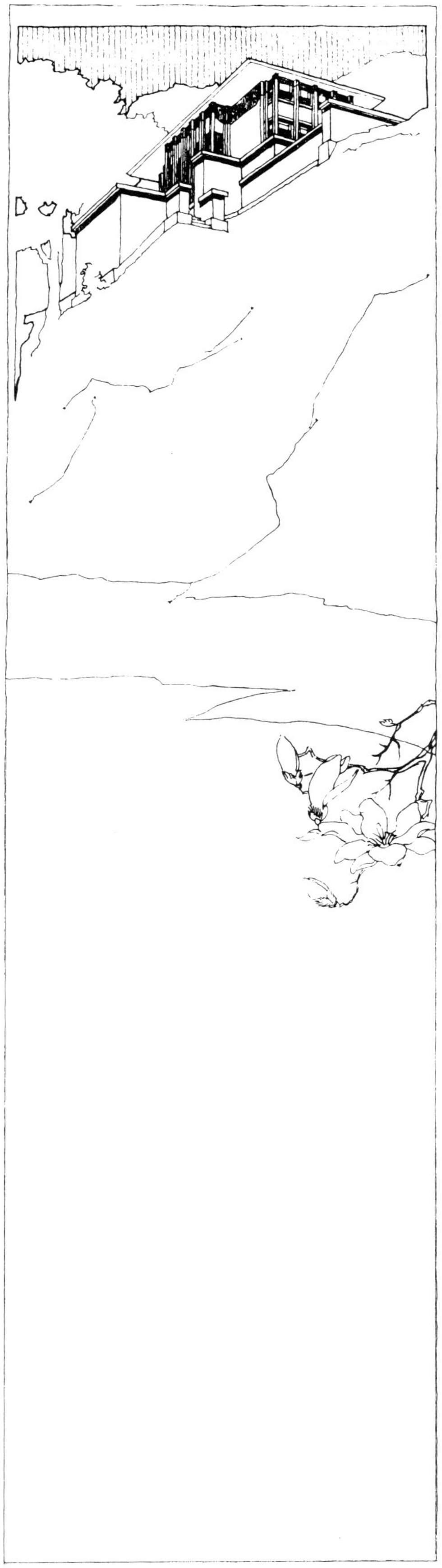

Frank Lloyd Wright, Perspektive des Hardy-Hauses in Racine, Wisconsin, um 1900.

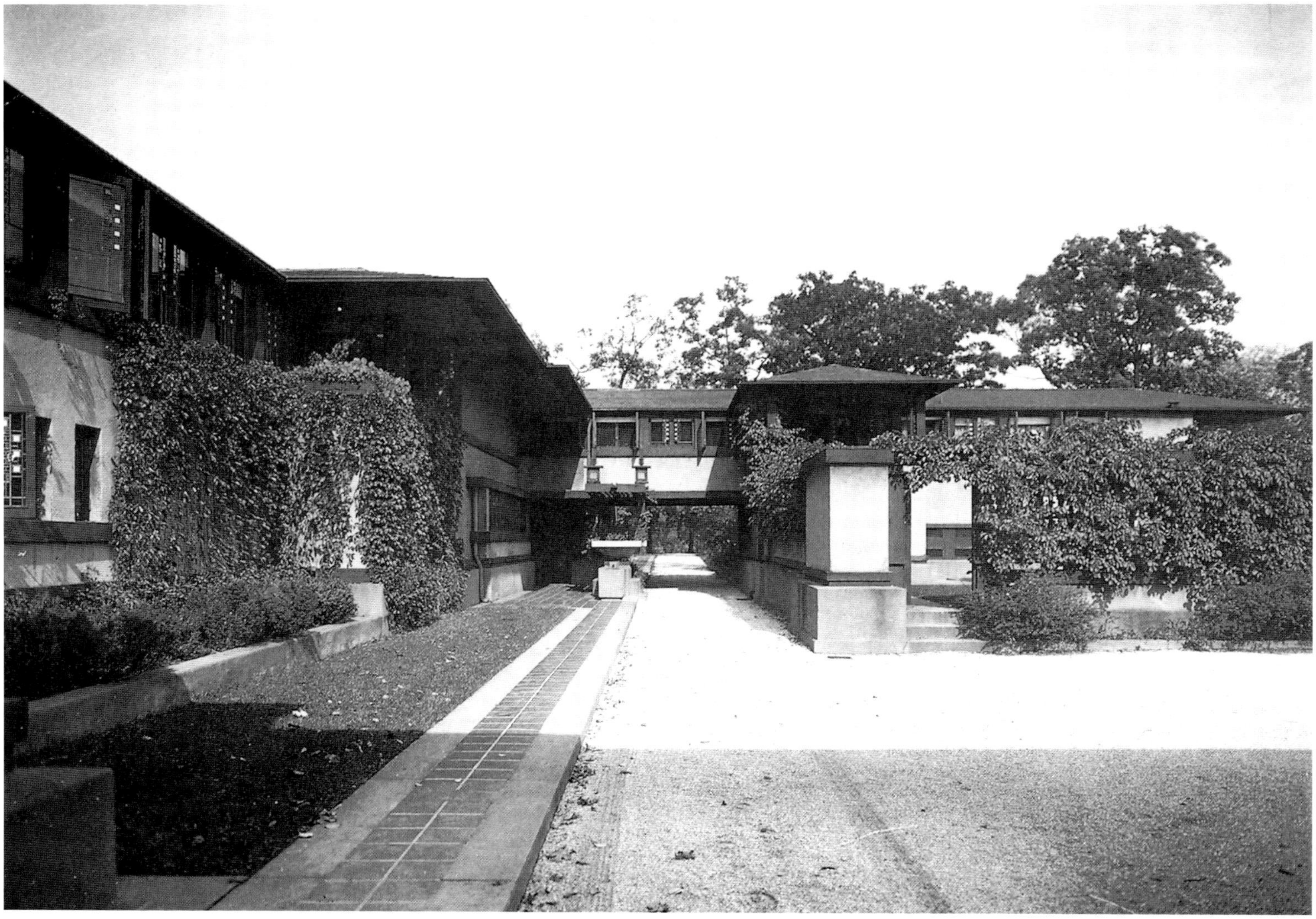

Frank Lloyd Wright, rückwärtige Einfahrt des Coonley-Hauses in Riverside, Illinois, 1907/08.

Frank Lloyd Wright, 1867–1959
Nach einem zweijährigen Studium an der Ingenieurschule der Wisconsin University in Madison arbeitete Wright von 1888 bis 1893 im Architekturbüro von Louis Sullivan. Schon während dieser Zeit baute er zahlreiche Häuser in eigener Regie und richtete sich ein Atelier in Oak Park, einem vornehmen Vorort Chicagos, ein. Hier projektierte er später seine »Prairie Houses«. 1909 reiste er nach Europa und wurde durch eine Ausstellung in Berlin und sein Buch »Ausgeführte Arbeiten und Entwürfe« zu einem wichtigen Anreger für Architekten wie Walter Gropius und

von einiger Erwartung, was die Nützlichkeit und den praktischen Wert der Dinge anging. Unverkennbar war hier, daß ein natürlich gewachsenes Selbstbewußtsein nach einer entsprechenden Umgebung verlangte. Sicherlich haben gerade in diesem Fall die Vorstellungen des Architekten dazu beigetragen, die geschilderte Haltung zu fördern, doch konnte er davon ausgehen, sie in Chicago anzutreffen.
Die Kongruenz von Lebensform und Architektur begann bei der ebenerdigen Anlage der Häuser, die eine Nähe zum großzügig verfügbaren Boden herstellte. Terrassen, Wasserbecken und die für Wright so charakteristischen flachen Steinschalen führten das Innere unmerklich mit der Umgebung zusammen, die hierarchischen Stufungen europäischer Villen ganz vermeidend. Noch war das Land neu, auf dem man sich bewegte, das wollte man spüren. Dieser Bezug wurde vervielfältigt durch die ausgreifende Gestalt der Grundrisse, die nicht zentrierend entwickelt waren, sondern mit Vorliebe in Kreuzform. Das hatte eine Multiplikation der Außenwände zur Folge, somit auch eine Mehrung der Öffnungen. Kern der Anlagen war in der Regel ein starker Kamin, der den übrigen, leichter aufgebauten Teilen der Häuser den nötigen Halt gab – fast könnte es so scheinen, als ob Wright die Anregung hierzu durch Photographien des zerstörten Chicago erhalten hätte, auf denen nur noch die Schornsteine der abgebrannten Gebäude zu sehen waren. Doch wesentlicher ist wohl, daß hierin immer noch eine pio-

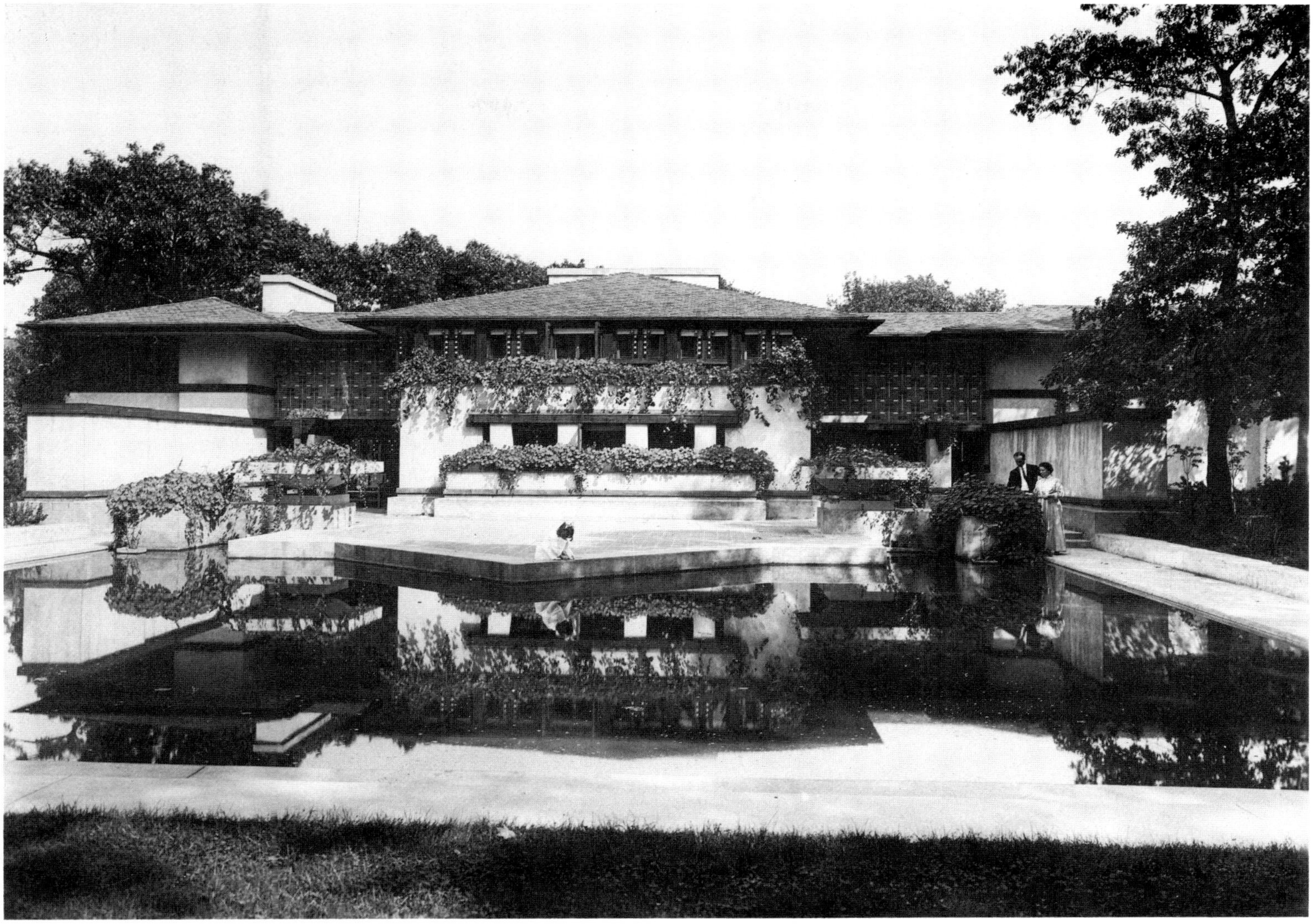

Frank Lloyd Wright, die Gartenseite des Coonley-Hauses in Riverside, Illinois, 1907/08.

nierhafte Einstellung zum Ausdruck kommt, die das Notwendige – die Feuerstelle – zuerst aufschlägt und alles Weitere dann folgen läßt. Durch die aufgebrochene Form der Grundrisse ergaben sich auch die gewohnten Trennungen der Bereiche – wohnen im Zentrum, doch wirtschaften, arbeiten, schlafen in jeweils separaten Flügeln.

Die Bindung an den Grund wurde auch in der Vertikalen dadurch weitergeführt, daß die Geschosse – in der Regel höchstens zwei – geduckt gehalten und die flach geneigten Dächer möglichst tief heruntergezogen wurden. Eine Betonung aller horizontalen Elemente – Gesimse, Brüstungen, Traufen und die gern zu Bändern zusammengefaßten Fenster – hatte eine vielfache Schichtung des Äußeren zur Folge, die für das Auge die geringe Erhebung der Häuser noch zusätzlich minderte. Hinzu kam, daß weite Dachüberstände alles Massive in den Schatten rückten und in seiner Wirkung stark zurücknahmen.

Auch im Inneren blieb etwas von der jungen Geschichte des Landes spürbar, in dem man nun in endlich erreichter Sicherheit leben konnte. Die zentrale Halle des Hauses Coonley zum Beispiel erinnert mit ihrer über das ganze Volumen ausgreifenden Dachform an ein Lagerzelt. Doch Ausdruck des ganz neuen Lebensgefühls waren vor allem die fließenden Übergänge zwischen den Räumen, die das Zentrum der Häuser immer als große Einheit erscheinen ließen. In der Regel waren Entree, Wohnraum und Treppenhaus

Ludwig Mies van der Rohe. Nach seiner Rückkehr in die Vereinigten Staaten 1911 gründete er in Wisconsin die Gemeinschaft von Spring Green, sein Haus »Taliesin« wurde zur Architekturschule.
Wichtige Arbeiten: Das Coonley House in Riverside, Illinois, 1907–1911; das Robie House in Chicago, 1907–1909; das Larkin Building in Buffalo, 1904; das Wohnhaus »Fallingwater«, Bear Run, Pennsylvania, 1936; das S.-C.-Johnson-Verwaltungsgebäude, Racine, Wisconsin, 1936–1939; das Solomon R. Guggenheim Museum in New York, 1943–1946 und 1956–1959.

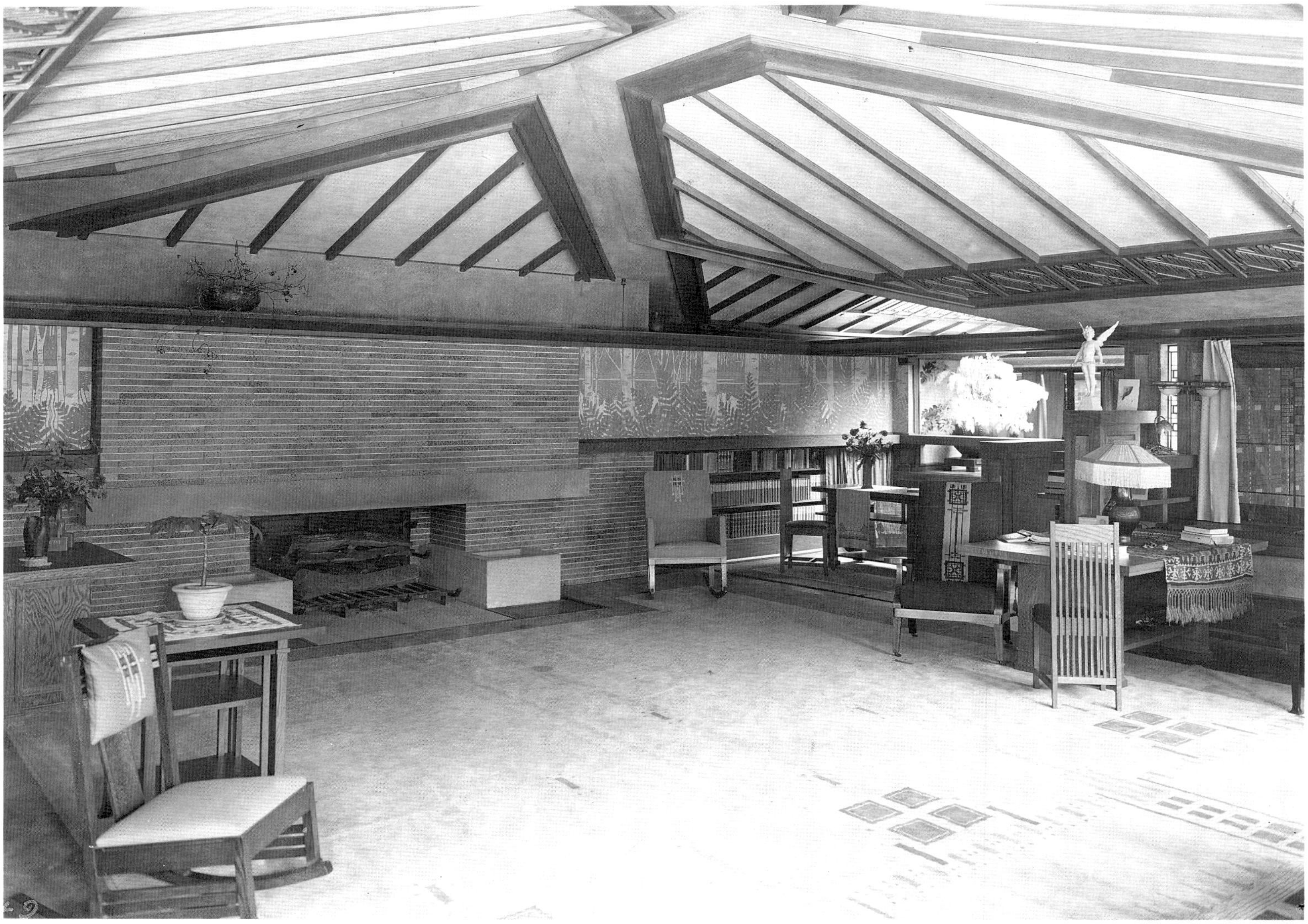

Frank Lloyd Wright, großer Wohnraum im Coonley-Haus in Riverside, Illinois, 1907/08.

als ein Kontinuum angelegt, das ohne Trennung den Kern durchzog. Der Kamin bildete dabei den Festpunkt für die zahlreichen Achsen und Durchblicksrichtungen, inmitten des offenen Raumspiels auch wieder Intimität herstellend.
Die ausführliche Beschreibung ist nötig, um das Ungewöhnliche der Architekturauffassung von Wright deutlich zu machen. Es wäre möglich, diese als extrovertiert zu bezeichnen im Gegensatz zu jener seiner Zeitgenossen. Der Amerikaner schuf Häuser wie ein Steckspiel, einzelne Elemente wurden der Anforderung entsprechend zusammengefügt, wobei die Stimmigkeit des inneren Organismus, eine reine und leicht handhabbare Funktionalität die Basis waren, das Äußere dagegen noch in der Entscheidung offenblieb. Freilich war dem nicht ganz so, die geordnete und sorgsam komponierte Erscheinung seiner Häuser ist unübersehbar. Doch da seine Methode der versatzreichen Schichtung in sich genügend optische Festigkeit hatte, erübrigte es sich für ihn, Fassaden zu entwickeln. Dieses Vorgehen war nun kontrovers zu allen üblichen Anschauungen, die stets auf eine feste Form für das Äußere zielten. Auch wenn diese vielgestaltig angelegt war, mit Brechungen, Zugaben und Erweiterungen, so gelangte sie doch immer zu einer blockhaft-hermetischen Erscheinung. Die Zuordnung geometrischer Körper als Basis der Architektur ersetzte Wright jedoch durch das Ineinandergreifen von zum Teil geschlossenen, zum Teil auch offenen Räumen: Mauern

Frank Lloyd Wright, Entwurf für ein Gebäude der City National Bank in Mason City, Iowa, 1909.

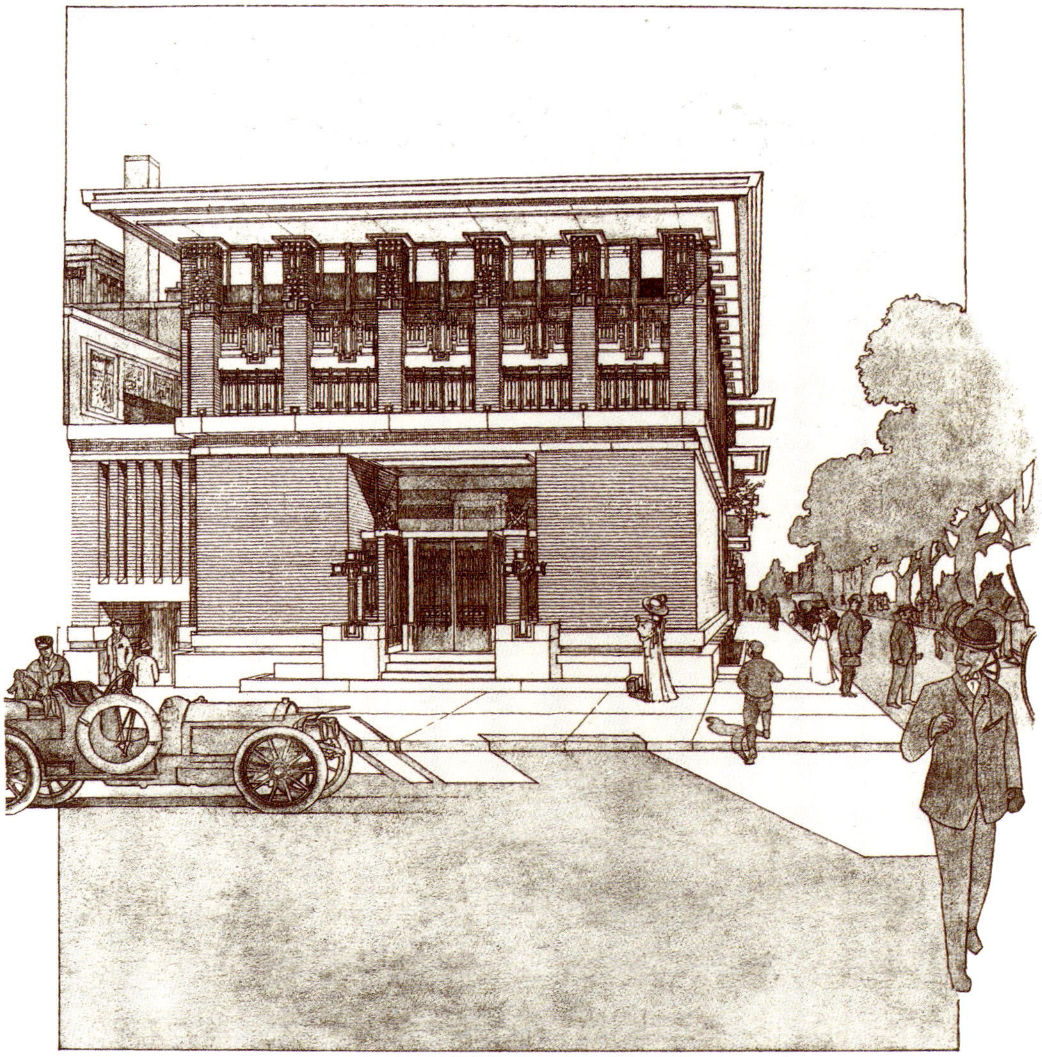

griffen dann in die Umgebung aus, Dächer schufen Schattenzonen, und lange Fensterbänder lösten die räumliche Begrenzung des Inneren auf.
Der »Präriestil« des Amerikaners entwickelte sich zu einer Zeit, als in Europa auch die mutigsten Architekten noch damit beschäftigt waren, der konventionell gebliebenen Grundgestalt ihrer Häuser ein neues Gewand zu verpassen – ornamental und plastisch wie Olbrich, mit dynamisch-suggestiven Zügen wie van de Velde oder gleichsam durch Kantenschliff wie Behrens. Als dann 1910 in Deutschland ein umfangreiches Mappenwerk mit Zeichnungen der wichtigsten Gebäude von Wright erschien, hatte das ein lebhaftes Echo zur Folge; doch war zu dieser Zeit die Entwicklung längst auf einen neuen Klassizismus eingeschwenkt, der das genaue Gegenteil zu der Auffassung des Amerikaners darstellte. Nur ganz vereinzelt wurde sein Beispiel aufgegriffen.
Die Fronten begannen sich zu verlagern – eine Erkenntnis, die im Gefolge des Jugendstils nicht ganz neu war. In mancherlei Hinsicht war es eben stimmig, daß die besten Ansätze zu einem neuen Bauen damals in Amerika entwickelt wurden, und innerhalb dessen ist es von ähnlicher Logik, daß dies nicht in dem europäisch geprägten New York geschah, sondern in einer Provinzstadt, die Kraft, Freiheit und Raum genug besaß, das Neue über längere Zeit zu fördern – zuerst noch mit einer Art Ellbogenmentalität, später dann sehr kultiviert.

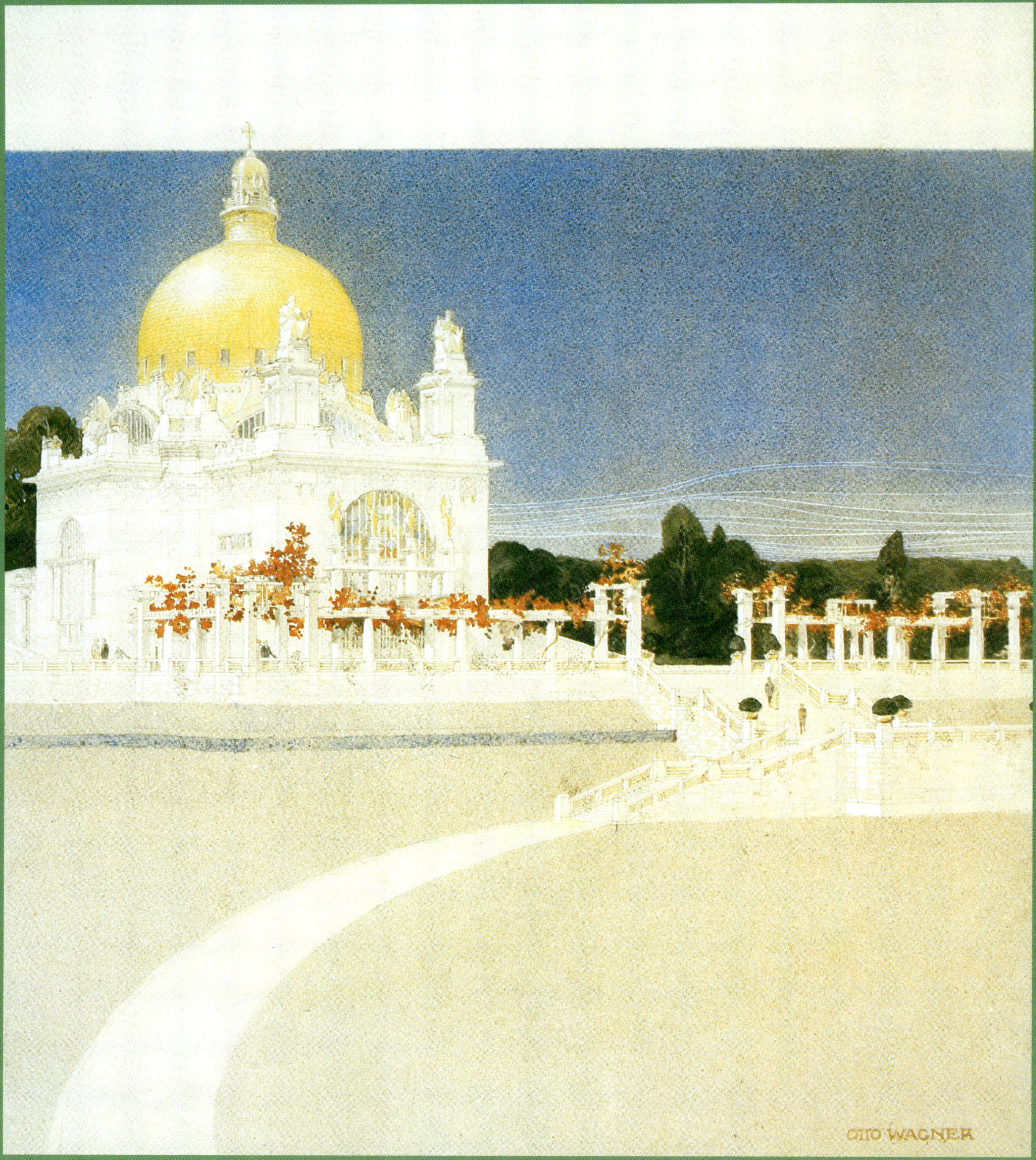
OTTO WAGNER

AUSGLEICH

DIE EINFÜHRUNG DER MODERNE DURCH WIEN

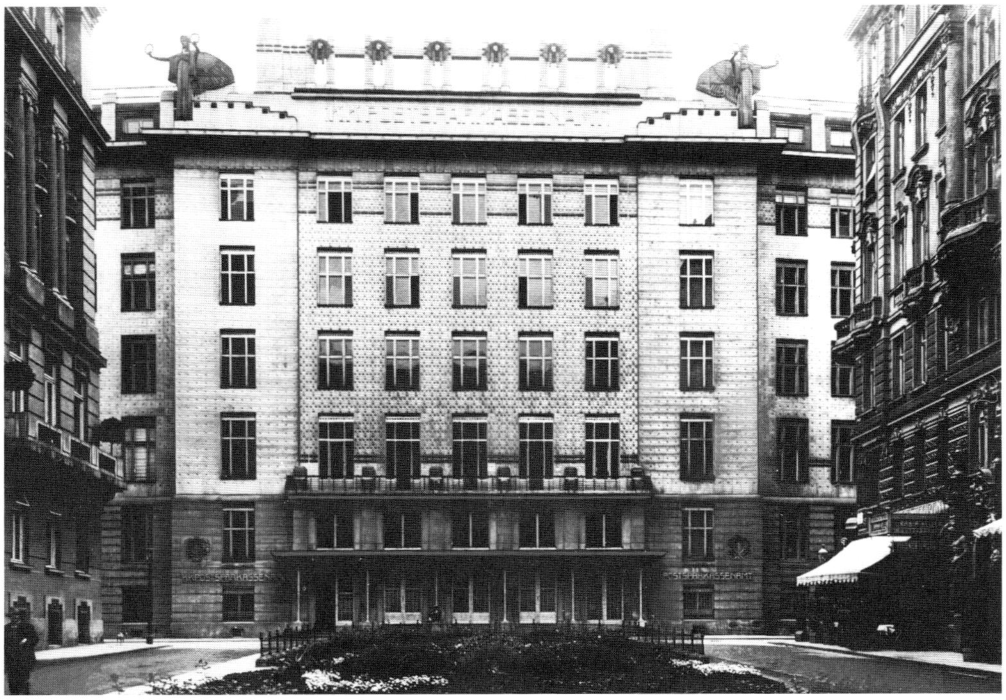

Es könnte nach allem bisher Ausgeführten zum Streitfall gemacht werden, ob der Beitrag Wiens zur Moderne um 1900 noch als Jugendstil bezeichnet werden darf. Die luzide Klarheit vieler Objekte spricht dagegen, die aber auch hier noch fast ungebrochene Freude am ornamentalen Reichtum dafür. Die rhetorische Frage nach dem Für und Wider kann aber nur den Sinn haben, nachdrücklich festzustellen, daß sich Wien in vieler Hinsicht von den anderen Zentren des europäischen Jugendstils unterschied. Der dynamisch aufbrechenden Spielart wurde hier die ausgewogen-gereifte entgegengesetzt – dem dionysischen Element der sinnlichen Funktionalisten nun das apollinische einer Haltung, die Klassizität und Harmonie auch schon im Aufbruch besaß. Einer der noch am ehesten Unzuverlässigen – Joseph Maria Olbrich – verließ folgerichtig die Stadt schon früh und ging nach Darmstadt. Keine Störung also. Natürlich ist das eine Vereinfachung, aber vielleicht ist sie zur Einführung erlaubt.

Auch könnte niemand behaupten, daß Wien zur Jahrhundertwende einer Provinz vorgestanden habe. Summiert man die Leistungen der Stadt vor und vor allem nach 1900, dann rückt sie zu einer der ganz großen Metropolen auf, damals Paris fast gleichkommend und, wenn man bedenkt, daß sie nicht darauf angewiesen war, sich fremder – zum Beispiel russischer – Kräfte zu bedienen, vielleicht an Geschlossenheit der Seine-Stadt überlegen. Das Trägheitsmoment in der Beurteilung hat sich erst in den letzten Jahren dahin gehend überwinden lassen, daß dies zur Kenntnis genommen wurde.

Auf der anderen Seite täuscht das sich immer mehr verdichtende Bild einer kulturell in hohem Maße sehr komplexen Metropole, die nicht nur in Architektur und bildender Kunst, sondern auch auf den Gebieten Literatur, Musik, Philosophie und Medizin – es ist inzwischen unerläßlich, den Namen Sigmund Freuds zu nennen – Überragendes aufzuweisen hat, über eine politisch disparate Lage hinweg. Ähnlich wie in Brüssel scheinen die geistigen Kräfte eine Bindung hergestellt zu haben, die sich auf anderen Ebenen zunehmend aufzulösen begann. So war Wien denn auch seit 1872 nicht mehr das alleinige Zentrum des Reichs, sondern mußte sich nominell diese Auf-

Titelseite: Perspektive der Kirche am Steinhof von Otto Wagner, Wien 1902, Aquarell. Historisches Museum der Stadt Wien

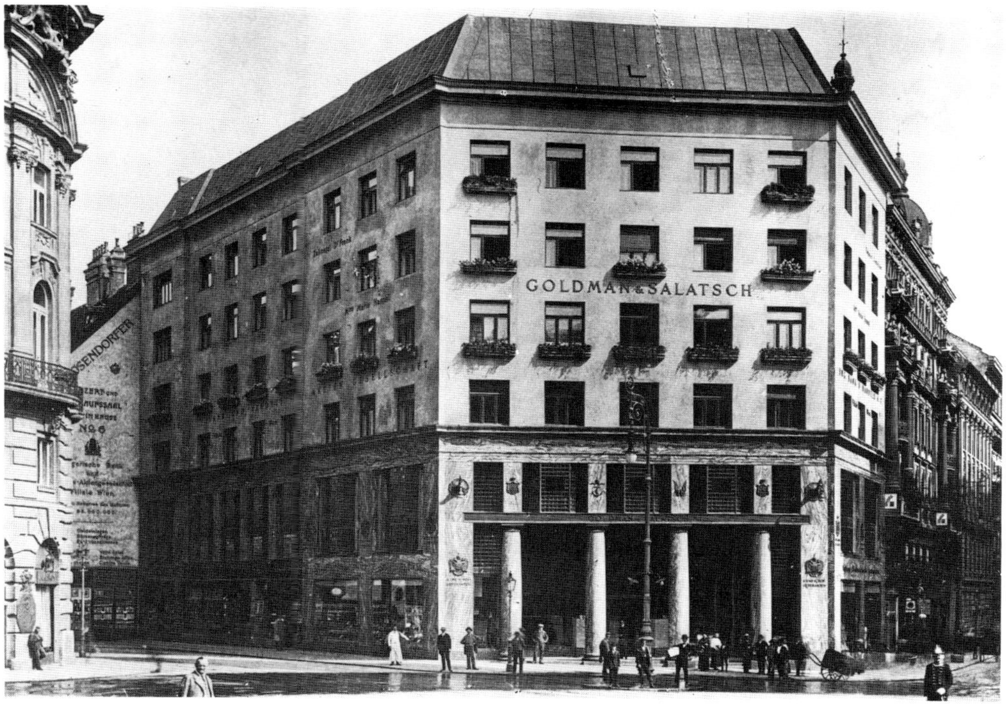

gabe mit Budapest teilen. Das führte früh zu einem großzügigen Ausbau dieser Stadt, die – was Selbstbewußtsein und Allüre anbelangte – nun innerhalb der k.u.k. Doppelmonarchie die Rolle der fordernden Provinz übernahm. Auch sie tat das mit den Mitteln der neuen Kunst, doch wenig überzeugend, offensichtlich gegen den Glanz der wahren Metropole nicht ankommend.
Die Teilung der Macht, die Bildung der österreichisch-ungarischen Doppelmonarchie, war einer der spektakulärsten Schritte gewesen, den Zusammenhalt des Vielvölkerstaates, der sich um 1900 aus mehreren Dutzend Nationalitäten zusammensetzte, zu wahren. Verschiedene Niederlagen – vor allem 1866 gegen Preußen – und ständige Regierungskrisen, dazu wirtschaftliche Probleme und die Last einer finanziell desastergleichen Weltausstellung (1873) hatten dem Ansehen Österreichs geschadet und den inneren Zusammenhalt gefährdet. Wachsender Nationalismus bei den einzelnen Volksgruppen und kulturelle Eifersüchteleien zwangen die Zentralgewalt zu immer größeren Konzessionen, den Staat damit ingesamt lähmend.
Trotz der gescheiterten Revolution von 1848 waren seit 1860 die bürgerlichen Liberalen an der Macht beteiligt. Ihr Einfluß veränderte vor allem Wien, wo sie bis kurz vor der Jahrhundertwende politisch, wirtschaftlich und kulturell die dominierende Richtung vertraten. Träger waren die vergleichsweise kleinen, doch wohlhabenden Mittel- und Oberschichten, die durch das einschränkende Klassenwahlrecht, das auf der Höhe des Steueraufkommens beruhte, den Gemeinderat bestimmen durften. Politisch strebten die Liberalen eine weitere Beschränkung sowohl der Macht des Obrigkeitsstaates wie der Privilegien des Adels an, sie drangen auf Verfassungsrechte und eine strikte Rechtsstaatlichkeit. Für die Wirtschaft forderten sie den freien Wettbewerb ohne staatliche Einmischung und eine Gewerbefreiheit ohne größere soziale Rücksichten. An die Stelle klerikaler Auffassungen sollte der Glaube an den Wert rationaler Erziehungsmethoden und der Wissenschaft treten. Ein linearer Fortschrittsoptimismus bestimmte weitge-

Otto Wagner, das Postsparkassenamt in Wien, 1903–1912. (Seite 206)

Adolf Loos, das Haus am Michaelerplatz in Wien, 1909–1911.

Otto Wagner, Perspektive der Stadtbahn-Haltestelle am Karlsplatz, Wien 1898, Aquarell. Historisches Museum der Stadt Wien

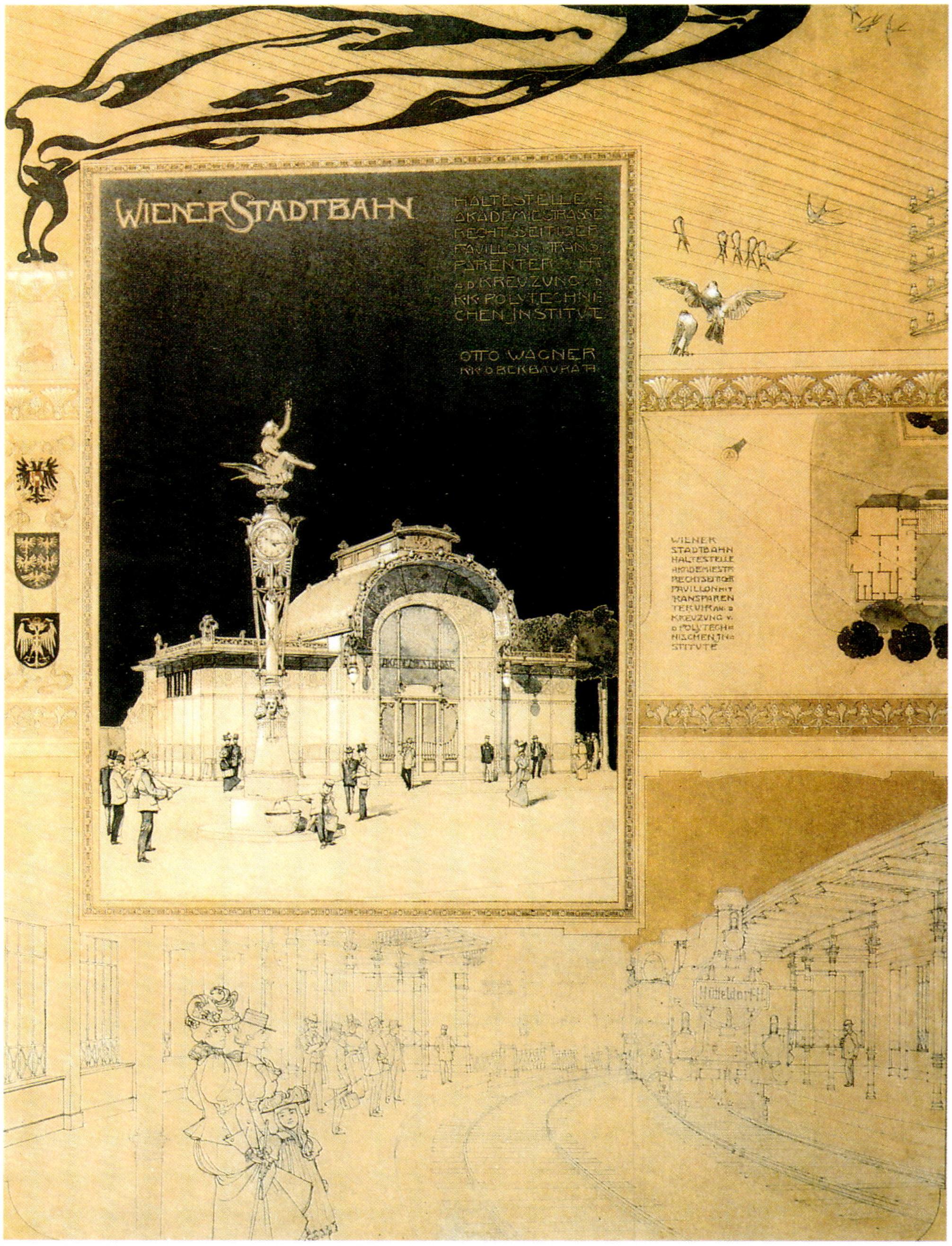

Otto Wagner, 1841–1918
Wagner begann seine Ausbildung 1857 an der Technischen Hochschule in Wien, studierte an der Berliner Bauakademie und 1861 bis 1863 an der Akademie der bildenden Künste in Wien. 1894 wurde er dort Professor. Von 1899 bis 1905 war er Mitglied der Wiener Sezession. 1890 übernahm er den Auftrag zur Neuplanung der Stadt Wien und realisierte den Bau der Stadtbahn.
Wichtige Arbeiten: Die Mietshäuser an der Linken Wienzeile, 1898/99; die Bauten für die Stadtbahn, 1894–1897; die Kirche am Steinhof; das Wiener Postsparkassenamt, 1904–1906.

hend Ansichten und Handeln. Die vergleichsweise kosmopolitische Haltung bedingte eine Ablehnung verengter nationalistischer oder betont völkischer Orientierungen. Damit stellte der Liberalismus einige Jahrzehnte lang eine stabilisierende Kraft innerhalb der auseinanderdriftenden Donaumonarchie dar. Getragen wurde er unter anderem von einem starken Anteil wohlhabender Juden.

Nach mehr als dreißig Jahren unbestrittener Dominanz gab es Ende des neunzehnten Jahrhunderts einen überraschend schnellen Zusammenbruch, und die katastrophale Niederlage der Liberalen bei der Gemeinderatswahl 1895 bildete zugleich den Durchbruch für die 1889 gegründete christlichsoziale Partei unter Karl Lueger, der nach einem beispiellos harten Wahlkampf zum Bürgermeister gewählt wurde. Er blieb in diesem Amt bis zu seinem Tode 1910, sein verklärtes Bild lebte noch lange weiter.

Für den Wechsel hatte es verschiedene Gründe gegeben: Zum einen waren

Otto Wagner, ein Fassadenausschnitt des Hauses Linke Wienzeile 38, Wien 1898/99.

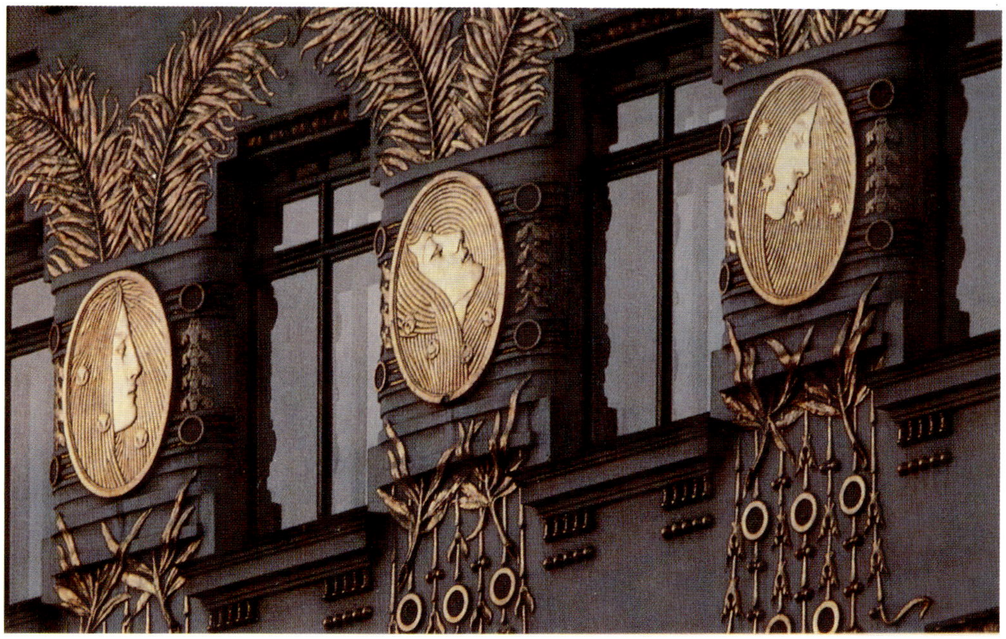

Otto Wagner, das Majolikahaus an der Wienzeile, 1898/99, aus: Moderne Städtebilder, Neubauten in Wien, Berlin 1900.

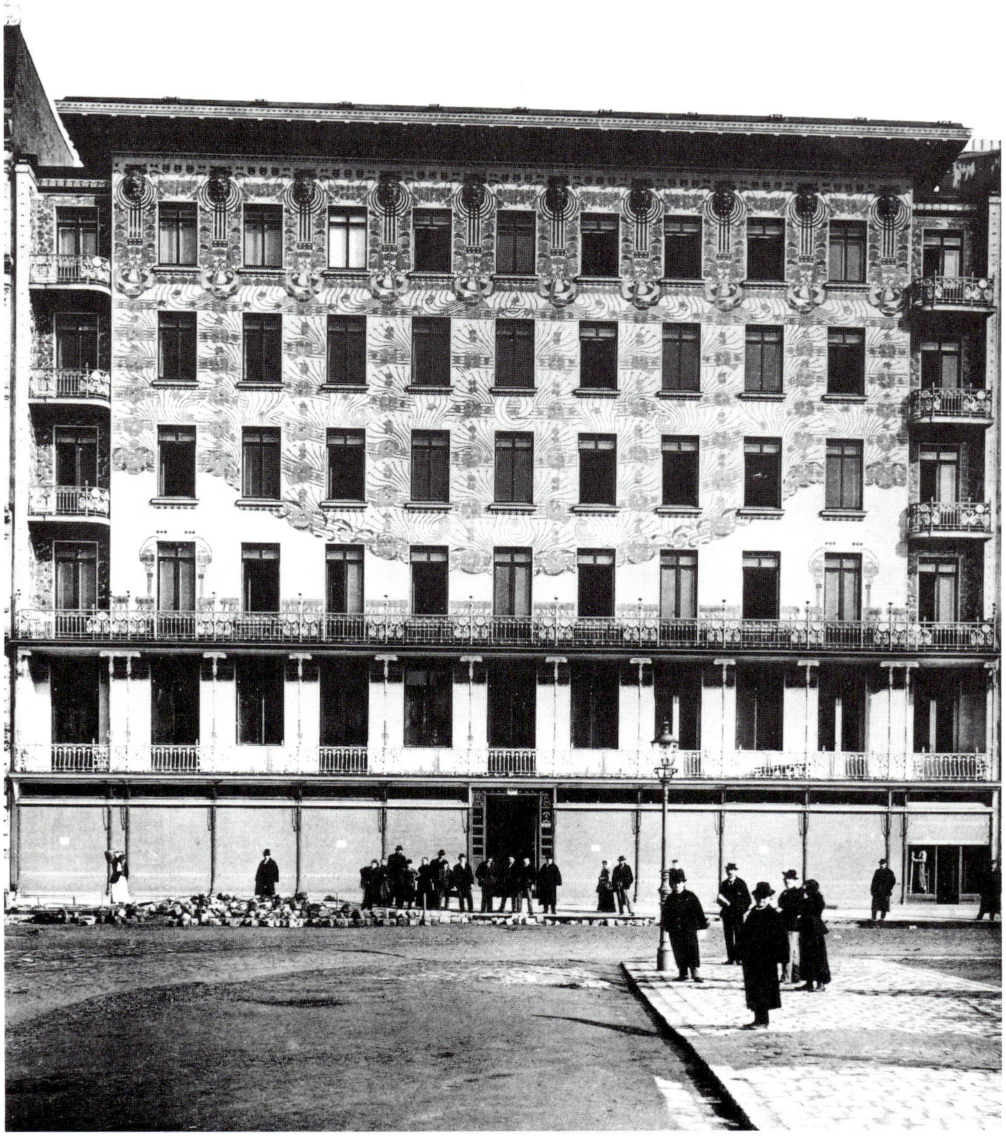

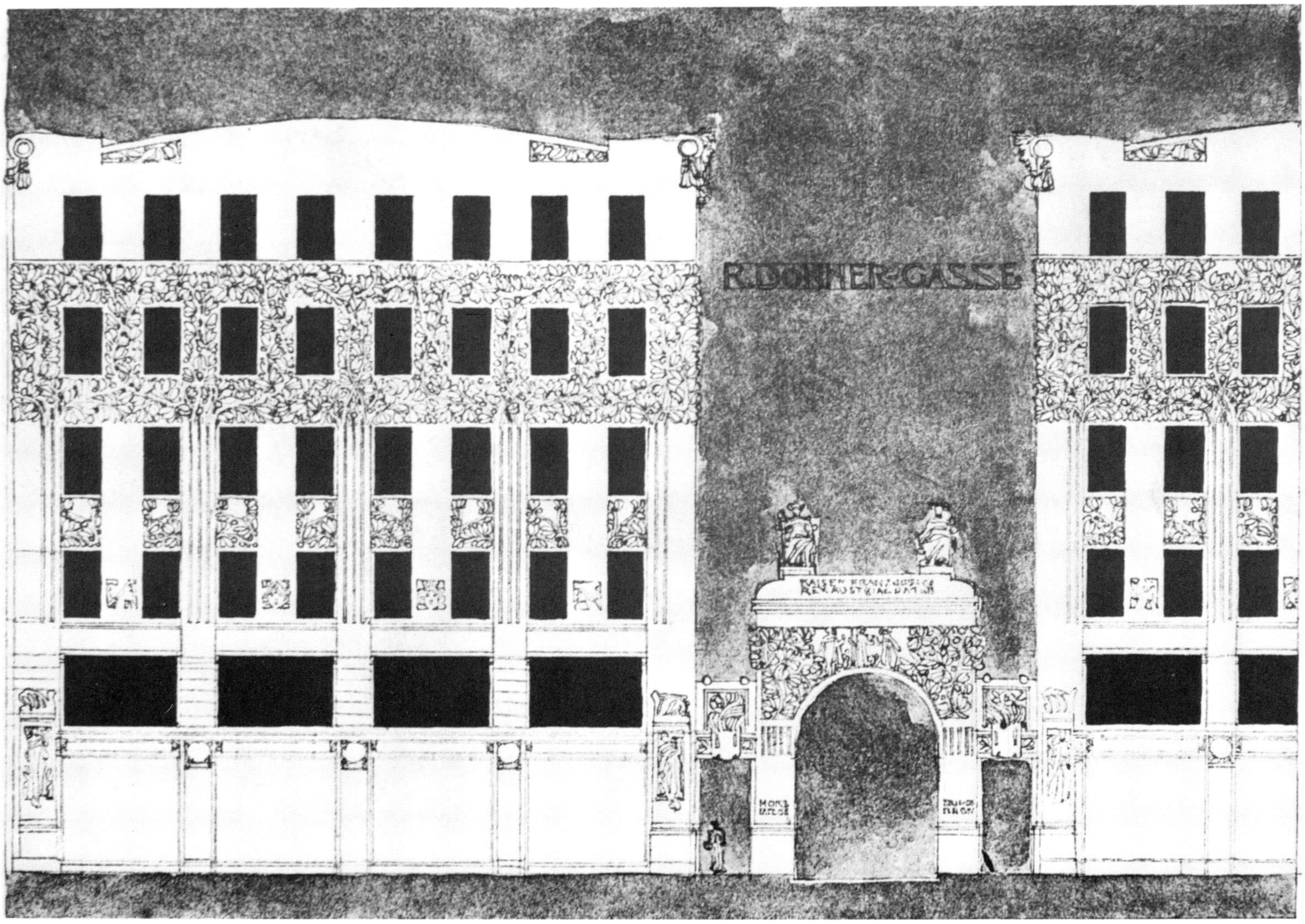

Josef Hoffmann, Fassadenentwurf, um 1895, aus: Dekorative Kunst II, 1898.

Josef Hoffmann, 1870–1956
Studierte an der Staatsgewerbeschule in Brünn und von 1892 bis 1895 an der Akademie der bildenden Künste in Wien bei Karl von Hasenauer und Otto Wagner, in dessen Atelier er später mitarbeitete. 1899 bis 1936 war er Professor an der Kunstgewerbeschule in Wien, 1897 Mitinitiator der Wiener Sezession, die er 1905 mit der Klimt-Gruppe wieder verließ. 1903 gründete Hoffmann zusammen mit Koloman Moser die »Wiener Werkstätte« und blieb deren künstlerischer Leiter bis 1932. 1907–1912 war er Vorsitzender des Österreichischen Werkbundes.
Wichtige Arbeiten: Die Häuser Moser, Moll, Henneberg und Spitzer auf der Hohen Warte in Wien, um 1900; das Sanatorium in Purkersdorf bei Wien, 1903; das Palais Stoclet in Brüssel, 1905–1911; der Ausstellungspavillon für die Biennale in Venedig, 1934.

die liberalen Wirtschaftsideen aufgrund einiger Einbrüche immer mehr in Mißkredit geraten und hatten zu Unsicherheit besonders in kleinbürgerlichen Kreisen geführt; zum anderen war es nicht gelungen, für die eigene Stadtpolitik das Vertrauen der unteren Bevölkerungsschichten zu gewinnen. Die wachsenden sozialen Probleme verlangten jetzt offenbar eine ernsthaftere Behandlung als bisher. Zwar war in der Vergangenheit einiges für die kommunale Modernisierung getan worden, zum Beispiel 1871 und 1875 eine Regulierung der Donau, die nun die üblichen Überschwemmungen verhinderte. 1873 war das erste städtische und nichtkirchliche Krankenhaus eröffnet worden. Aber ein bestimmtes Maß an indifferenter Haltung blieb bestehen, Zukunftsängste innerhalb der kleinbürgerlichen und handwerklichen Schichten, die sich durch das unbeschränkte Konkurrenzprinzip bedrängt fühlten, wurden zu wenig beachtet, die Wohnungsnot unter der ständig wachsenden Arbeiterbevölkerung noch nicht – wie in Wien dann später sehr ausgeprägt – durch kommunale Initiativen aufgefangen.
Luegers christlich-soziales Programm enthielt neben einigen Forderungen, die gut und richtig waren, auch eine ganze Reihe von Punkten, die eine antiliberale Gesinnung offenbarten, vor allem verlangte es wieder mehr klerikalen Einfluß in den Schulen und schlug wohlfeil-nationalistische Töne gegen das »internationale Großkapital« an. Die Tendenz war schnell erkennbar und wurde nicht verhüllt: Luegers Wahlsieg beruhte hauptsächlich

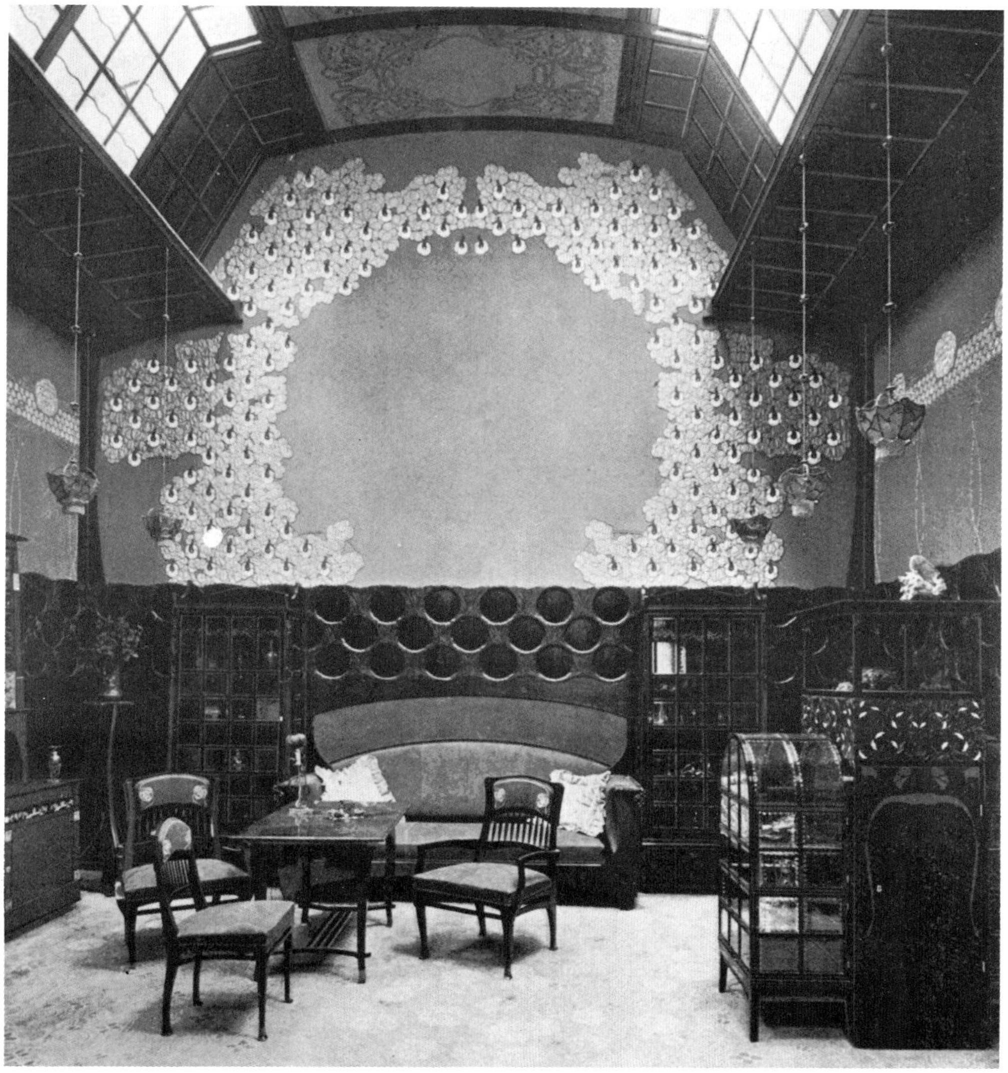

Joseph Maria Olbrich, Salon für eine Luxusjacht, war 1900 auf der Pariser Weltausstellung zu sehen.

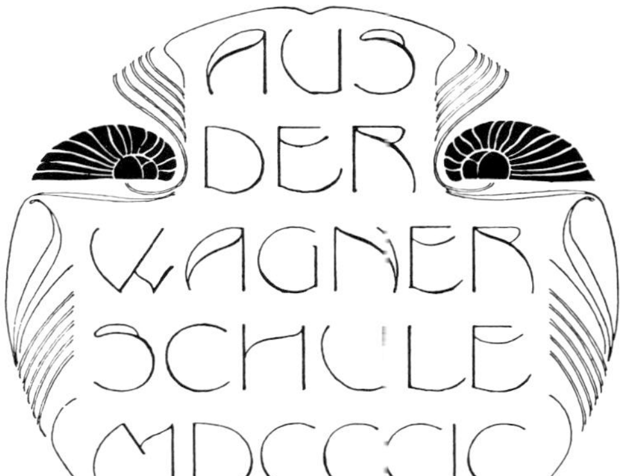

Alois Ludwig, Buchtitel, um 1900.

auch auf antisemitischen Äußerungen, die auf Träger der wirtschaftlichen Macht gemünzt waren.
Um 1900 hatte Wien also gerade einen erheblichen Umbruch erfahren und war zudem dazu gezwungen, das bindende Zentrum eines heterogenen Staatengebildes zu sein. Eine zusätzliche Irritation ging vielleicht auch von der immer größer werdenden Macht – und damit dem wachsenden Einfluß – Berlins aus. Vor allem kulturell wurde die Stadt zusehends aus ihrer angestammten Metropolenfunktion verdrängt. Belastet war Wien außerdem – wie so viele Städte damals – durch ein ungewöhnlich schnelles Wachstum. Zwischen 1870 und 1900 hatte sich die Zahl der Einwohner verdoppelt und belief sich nun auf 1,6 Millionen. Damit war die Stadt die viertgrößte Europas. Das einigende Band in dieser Situation mühsam verdeckter Schwäche verkörperte nun die achtvoll gewürdigte Person Kaiser Franz Josephs, der 1900 schon seit zweiundfünfzig Jahren regierte und dieses noch weitere sechzehn Jahre lang tun sollte. In die verschiedenen Jubiläumsfestlichkeiten dieser auch durch menschliche Tragödien belasteten Regentschaft wurden Kunstäußerungen der spezifisch österreichischen Moderne mit einbezogen. Ähnliches wäre in Berlin kaum denkbar gewesen.
In die nun einmal auch in Wien zu feiernde Fin-de-siècle-Stimmung konnten sich deshalb leicht apokalyptische Töne einmischen. Sie förderten Gefühl, Introspektion, Ästhetizismus und Psychologisierung, die Haut wurde immer

dünner und legte die Nerven frei. Auf der anderen Seite konnten Momente des Schwindens und Zusammenbrechens schon immer als Stationen des Anfangs gewertet und genutzt werden. In Wien geschah das um 1900 in einer kaum faßbaren Weise, wobei vielleicht annähernd die Voraussetzungen gedeutet und geklärt werden können, nicht jedoch die Kraft, die hier die Bewegung schnell gewann. Ausgeprägter als an anderen führenden Orten wurde die neue Entwicklung in Wien von einem liberalen Großbürgertum getragen, das aufgrund längerer und ausgewogenerer Traditionen besonders aufgeschlossen und sensibel war. Die Verständigung zwischen den Künstlern und dem – natürlich auch hier kleinen – Kreis ihres Publikums vollzog sich in Wien offensichtlich unangestrengt. Eine erstaunliche Sicherheit der Ergebnisse war die Folge.

Vor allem vier Architekten bestimmten nun um 1900 das Geschehen, jedoch nicht ausschließlich bauend: So hatte Joseph Maria Olbrich mit dem Sezessionsgebäude einen Sammlungsort für alle anderen Kräfte der Erneuerung, also insbesondere junge Maler und Bildhauer, schaffen können; und Adolf Loos griff polemisierend in die aktuellen Auseinandersetzungen ein. Die anderen beiden, Otto Wagner und Josef Hoffmann, waren daneben die pragmatischeren, die die reichen Möglichkeiten, welche sich ihnen boten, ohne Zögern nutzten.

Ähnlich wie in Chicago bestand auch in Wien schon eine Tradition der Moderne, sie mußte hier nicht erst erfunden werden. Ihr Exponent war der Architekt Otto Wagner, in dessen Œuvre sich der lineare, von keinerlei Störungen und Unsicherheiten belastete Übergang von einem kultivierten Historismus zu einer kompromißlosen Moderne verfolgen läßt. Er demonstrierte Erneuerung durch Wandlung und nicht durch Bruch – eine Haltung, die dank seines Vorbildes auch sonst weithin die Situation in Wien bestimmen sollte. Revolutionäre Prankenschläge fanden hier seltener statt, dafür trat das Neue dann früh vollendet gut auf.

Von den vier genannten Architekten war Wagner der mit Abstand älteste und auch von daher die Vaterfigur. Damit besaß er wie Louis Sullivan in

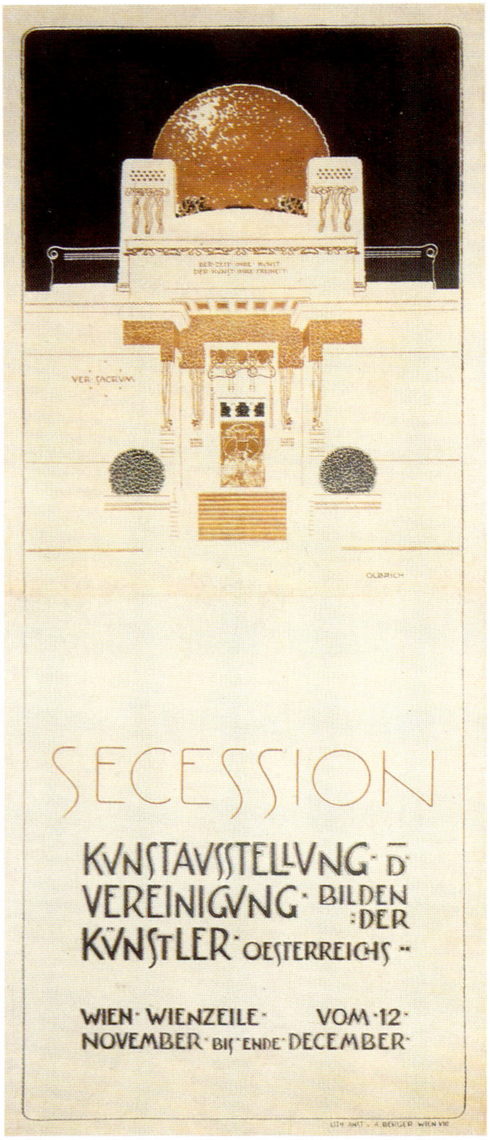

Joseph Maria Olbrich, *Plakat für die zweite und dritte Sezessions-Ausstellung, Wien 1898/99. Sammlung Mr. und Mrs. Leonard A. Lauder*

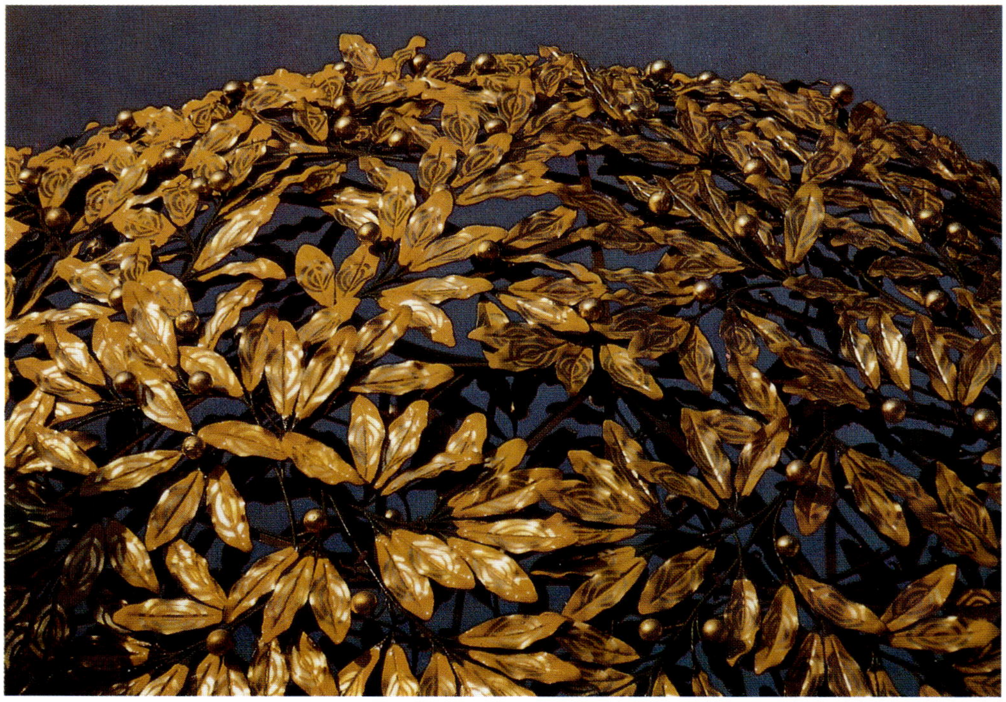

Joseph Maria Olbrich, *die Kuppel aus vergoldeter Bronze über dem Sezessions-Gebäude in Wien, 1897/98.*

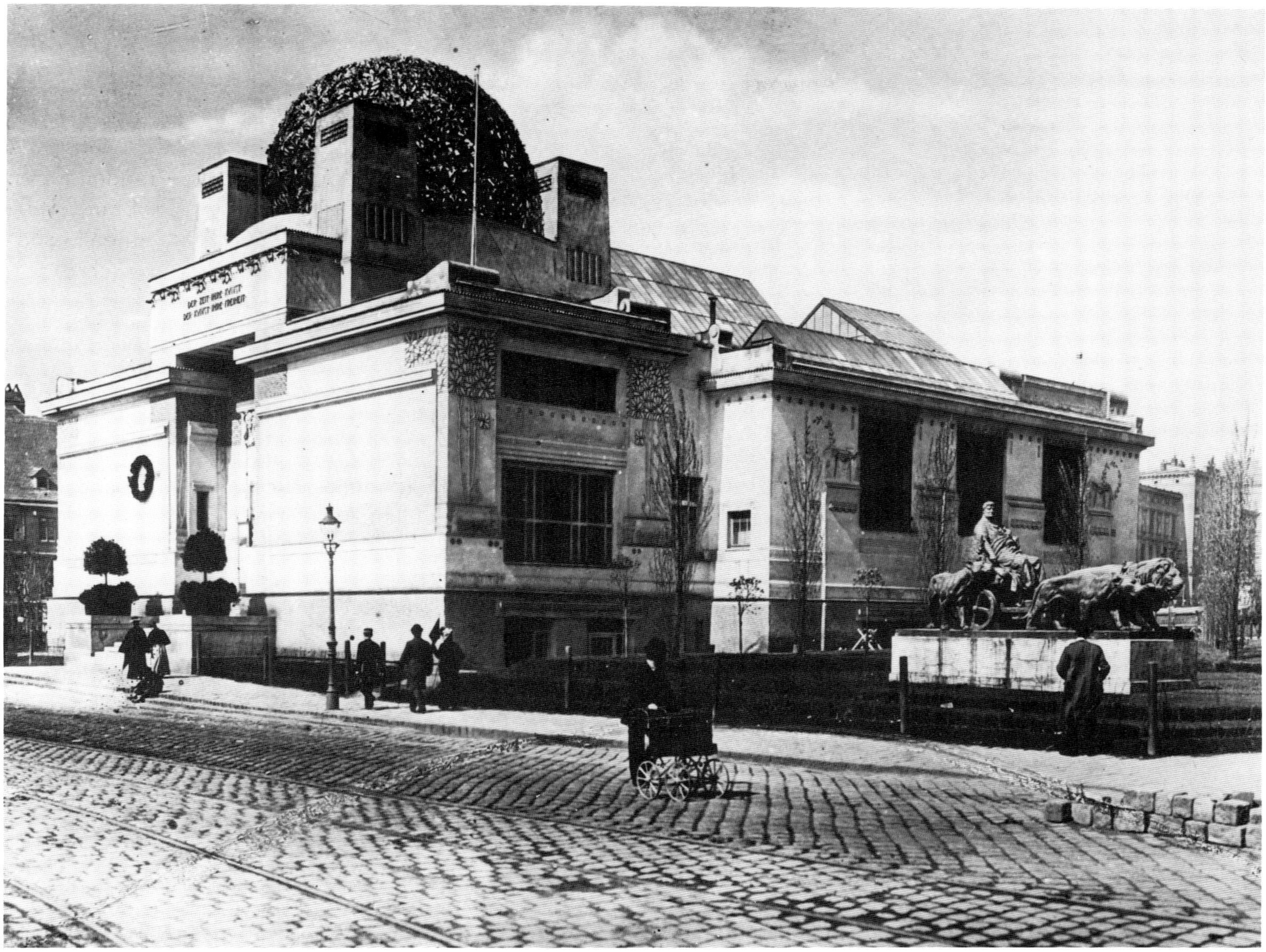

Joseph Maria Olbrich, das Sezessions-Gebäude in Wien, 1898/99; die Figur des von Löwen gezogenen Marc Anton stammt von dem Bildhauer Arthur Strasser und wurde zuerst auf der Pariser Weltausstellung 1900 gezeigt.

Chicago eine zentrierende und bindende Kraft, die – blickt man auf die Resultate – auf die Dauer hilfreicher zu sein vermochte als der Freiraum, der anderenorts zur Verfügung stand. Von den jüngeren waren Olbrich und Hoffmann seine Schüler gewesen, wobei ihm ersterer besonders nahe gestanden haben muß, denn er machte ihn bald zu seinem Assistenten. Die schon früh entwickelte klassizistische Haltung in Wagners Werk hatte sich bei einem Studium in Berlin an Bauten von Friedrich Schinkel herausgebildet und bestimmte von da an das gesamte Œuvre. Dabei wandelte sie sich immer mehr zu einer zeitlosen Klassizität, die schließlich auch noch die letzten, ganz modernen Entwürfe Wagners um 1910 prägte. Um 1900 verband sie sich zwar mit einer etwas lebhafteren Ornamentik, die aber die schlichte, formal und konstruktiv eindeutige Haltung von Wagners Häusern nie unklar machte. So hatte der konsequent nur in der Fläche ausgelegte Dekor des Kachelhauses an der Wienzeile (Abb. S. 209) vor allem wohl die Aufgabe, die sonst zu strenge Haut der Fassade heiter zu mildern. Das geschah hier ganz souverän mit einem einzigen großen Einfall.
Der ingenieurhafte Geist, den in Ansätzen auch die unteren Geschosse des Kachelhauses zeigen, bestimmte nun sehr stark jene Anlage, die ein Hauptwerk in Wagners umfangreichem Werk werden sollte: die Stationen der

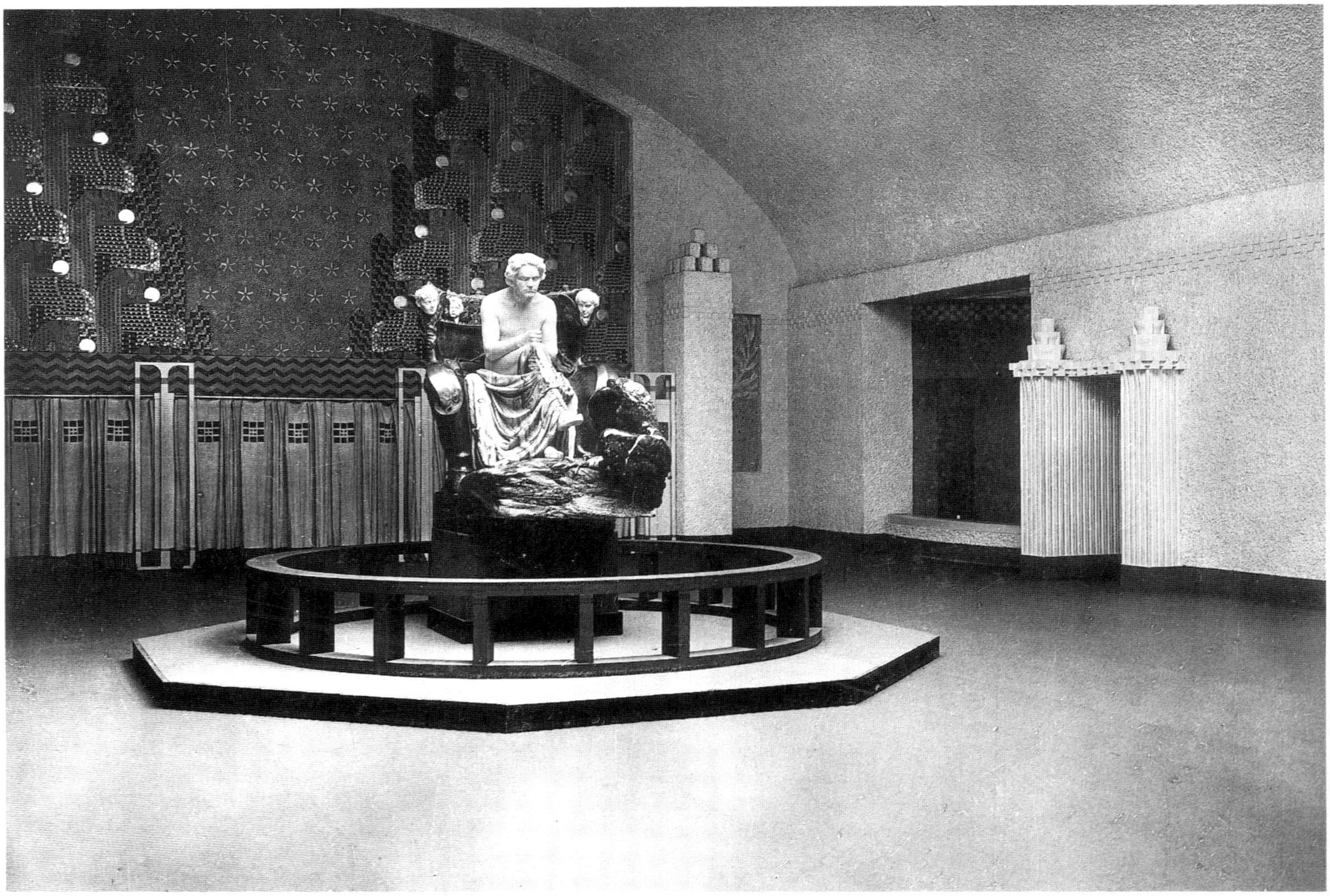

Max Klinger, seine Beethovenskulptur im Wiener
Sezessionsgebäude während der
XIV. Ausstellung, 1902.

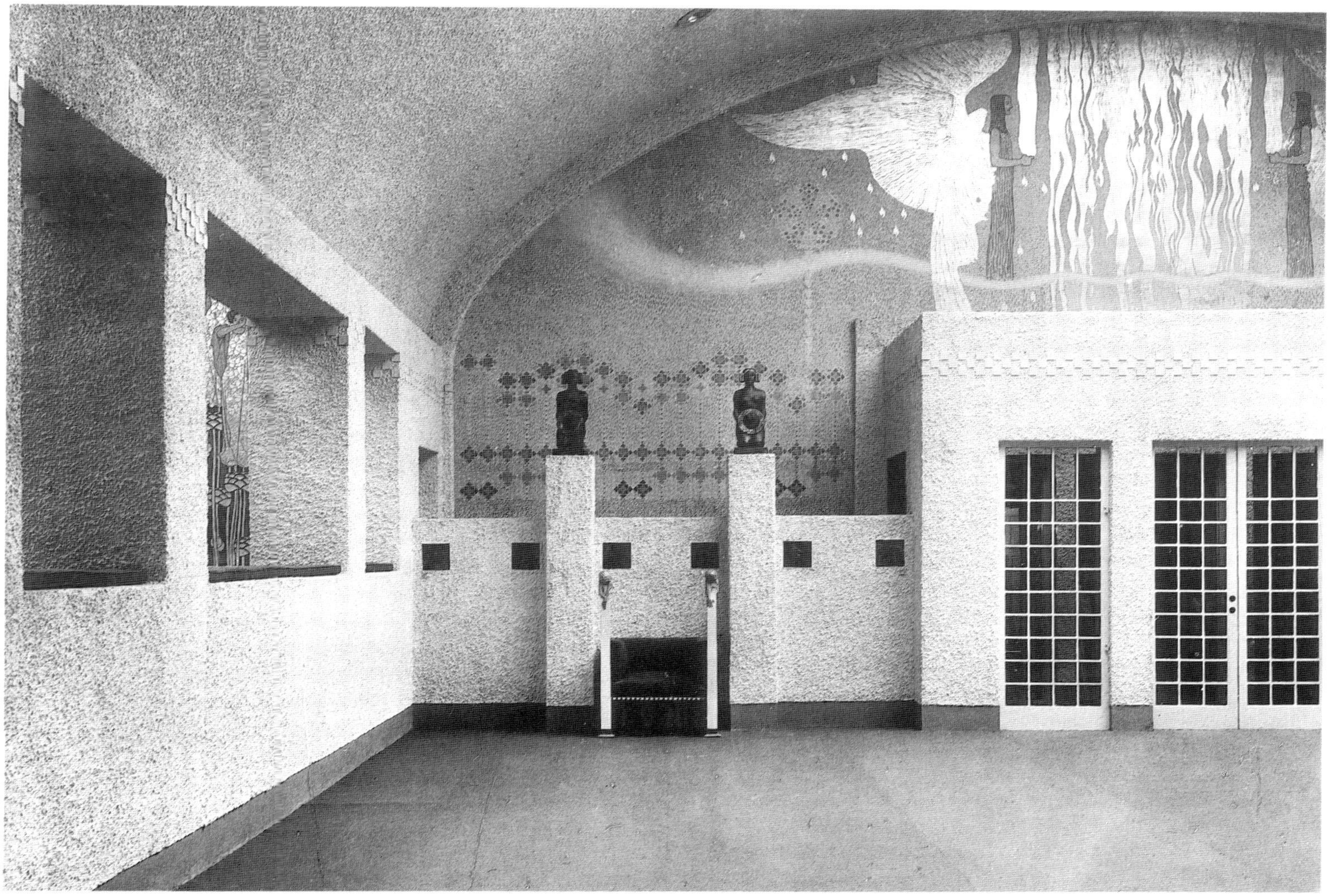

Adolf Böhm, die Ausmalung des Hauptraumes im
Wiener Sezessionsgebäude aus Anlaß der
XIV. Ausstellung, 1902.

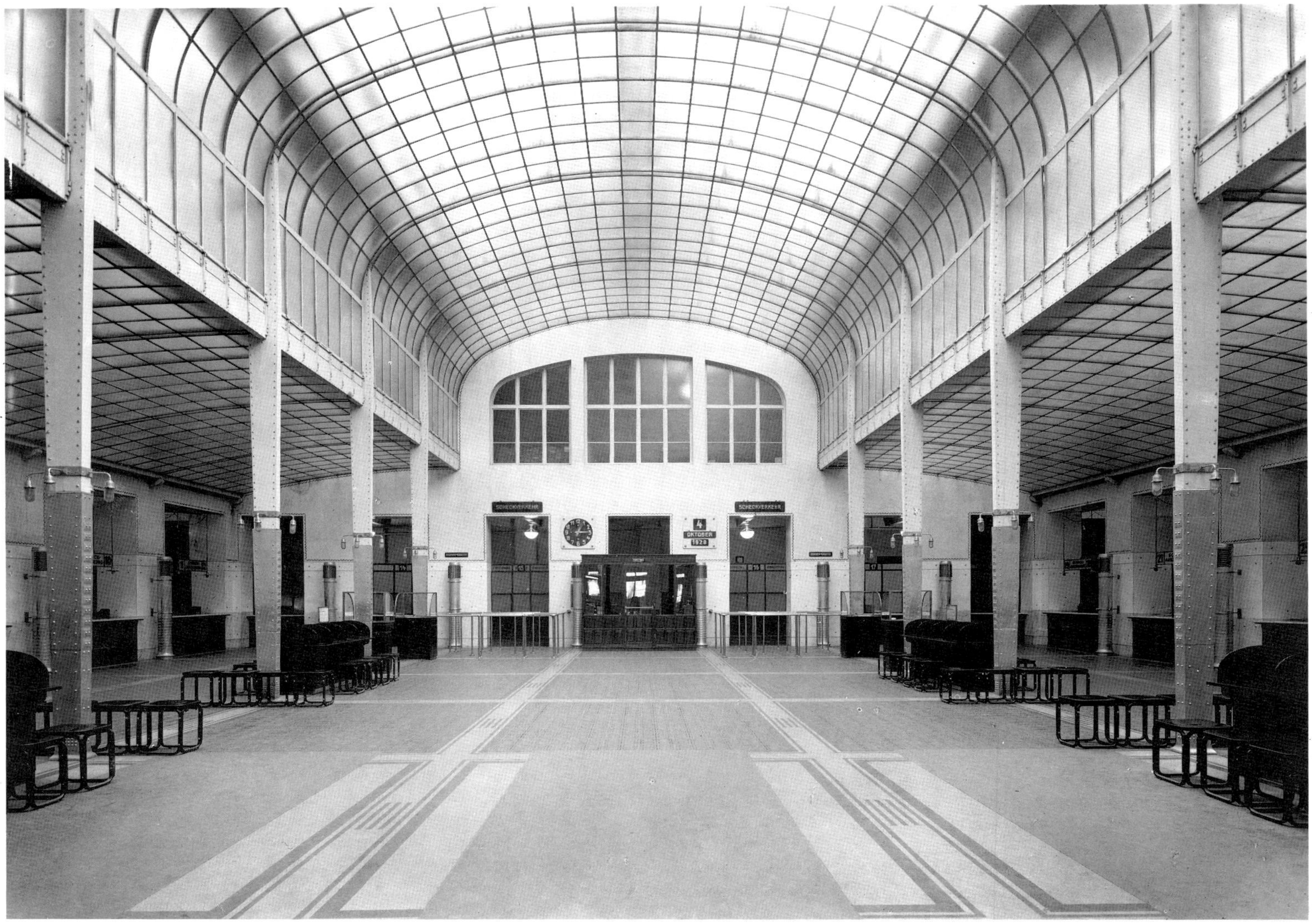

Otto Wagner, große Kassenhalle des Postsparkassenamtes in Wien, 1906.

Stadtbahn. Es zeichnete Wien in ähnlicher Weise wie Paris aus, diese großen, die Urbanität beider Städte stark prägenden Einrichtungen jeweils Architekten überlassen zu haben, die keine Traditionalisten waren. Die Situation am Karlsplatz (Abb. S. 208), im Schatten historischer Gebäude verschiedenster Art, glich dabei jenen, die Guimard in Paris zu bewältigen hatte. Wagner wählte eine weniger herausfordernde Lösung, er setzte mehr auf eine architektonische Konzeption.
Unvergleichlich souverän war dann seine Gestaltung des Wiener Postsparkassenamtes, dessen Inneres zu den Schlüsselwerken der Moderne gehört. Eher noch dem Jugendstil verbunden ist jedoch die Fassade (Abb. S. 206), deren Aufbauten die imperiale Attitüde aufweisen, die Wagner gerne dann an den Tag legte, wenn er offiziellere Bauten zu gestalten hatte. Der Anspruch der Metropole auf ein entsprechendes Erscheinungsbild wurde nicht verleugnet.
Die ornamentalen Elemente in Wagners Werk vor 1900 stammten vermutlich von seinem Mitarbeiter Olbrich, der hier seine gefährlich reiche Begabung schon früh ins Spiel bringen konnte. Dessen Vorliebe, das Zweite zum Ersten zu machen und eine Ambivalenz in Maßstab und Bedeutung herzustellen, ist auch schon bei seinem wichtigsten Frühwerk, dem Gebäude der sezessionistischen Künstlervereinigung, zu erkennen (Abb. S. 212, 213). Es wirkt wie die raffinierte Verbindung von Atelier-Werkstatt und Tempel, von Arbeits-

gehäuse und Denkmal, in der originellen Lorbeerkuppel schon das empirehafte Motiv einbringend, auf das in Wien ungern verzichtet wurde. Ähnliche Elemente bestimmten dann auch den sehr eleganten österreichischen Raum auf der Pariser Weltausstellung (Abb. S. 211), sicherlich kaum erkennbar als das Werk eines Anfängers. In Zukunft sollte Olbrich dann nur noch in Deutschland tätig sein.
Vor allem das Werk von Adolf Loos könnte mit einigem Recht außerhalb der Definition des Begriffs Jugendstil angesiedelt werden. Er selber wurde nicht müde, die Andersartigkeit seiner Auffassung zu betonen. Tatsächlich gelang ihm in einigen frühen Einrichtungen eine wohltuend pragmatische Gestaltung, die viel vom englischen Lebenssinn verriet und die auf eine sehr selbstverständliche Weise einfach, aber trotzdem anspruchsvoll war. Er versuchte ohne alle Umschweife, die Dinge so zu machen, wie der Zweck sie erforderte. Im einzelnen ist ihm das oft gelungen, doch als er sich zunehmend größeren Aufgaben zuwenden konnte, geriet auch er in die Zwangslage, der besonderen Erwartung mit Kunstformen entgegenkommen zu

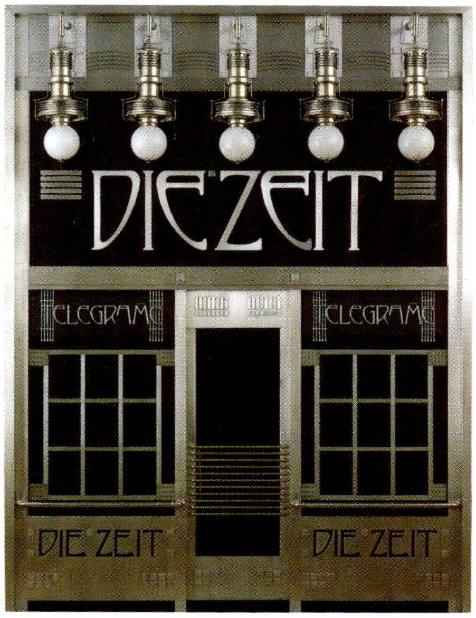

Otto Wagner, moderne Rekonstruktion der Fassade des Depeschenbüros der Tageszeitung »Die Zeit«, Wien 1902.
Historisches Museum der Stadt Wien

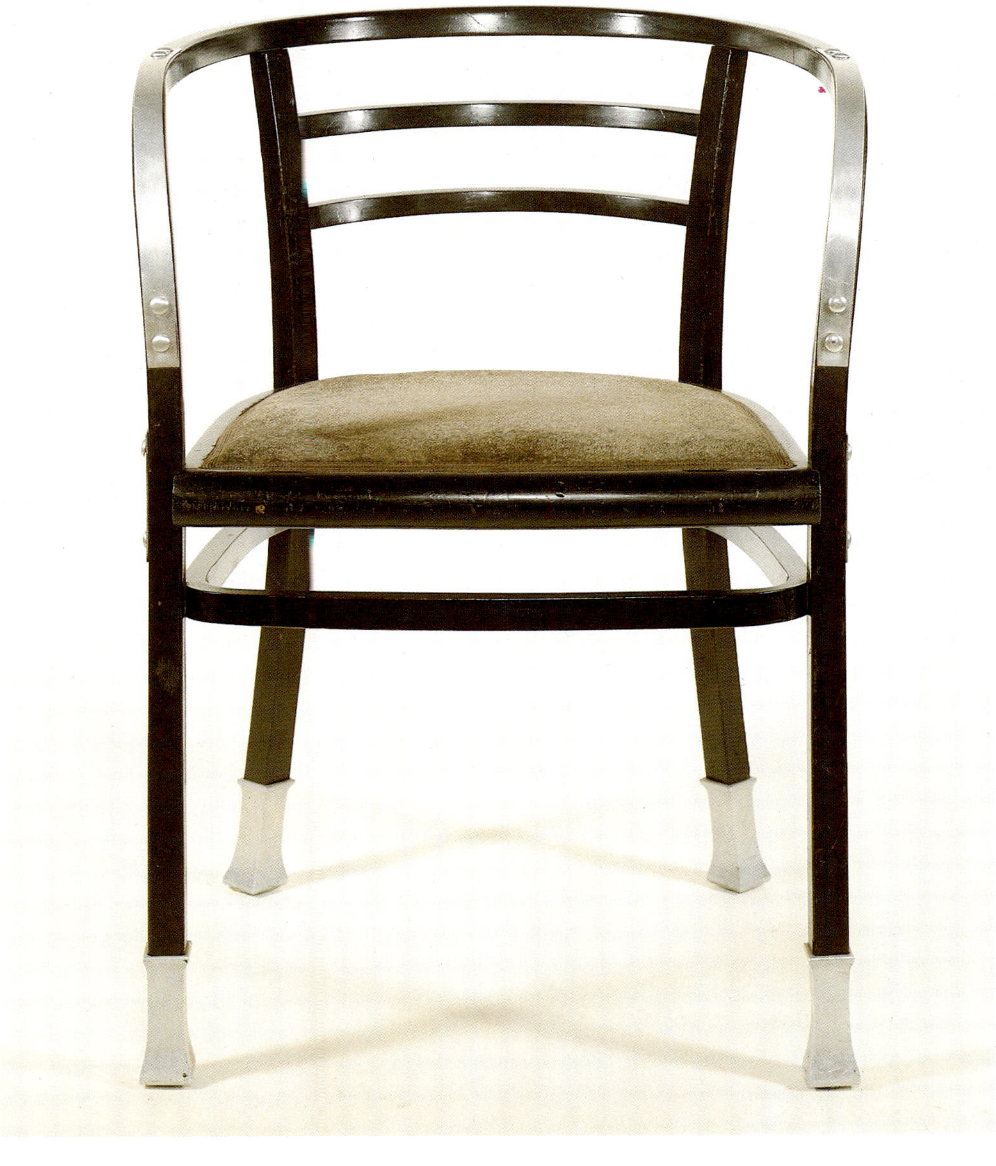

Otto Wagner, Armlehnstuhl aus dem Sitzungssaal des Postsparkassenamtes in Wien, 1906, Buche mit Stoffbezug und Aluminiumbeschlägen.
Privatbesitz

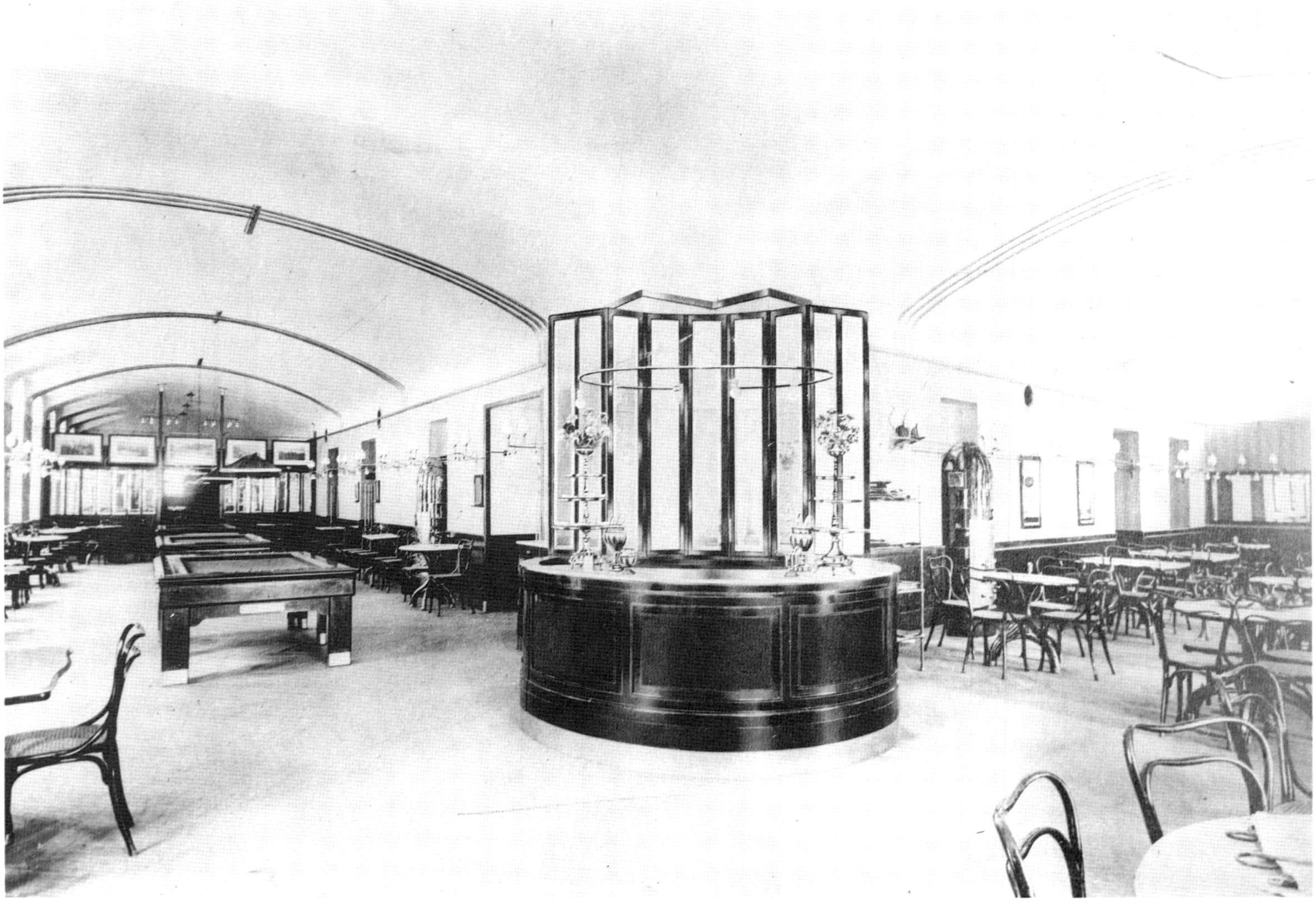

Adolf Loos, der Hauptraum des Café Museum in Wien, 1898/99.

Adolf Loos, 1870–1933
Nach seiner Ausbildung an der Technischen Hochschule in Dresden ging er 1893 für drei Jahre in die USA, wo er sich mit Gelegenheitsarbeiten durchschlug. Danach arbeitete er kurze Zeit bei Carl Mayreder in Wien, bevor er sich selbständig machte. 1923 übersiedelte er für einige Jahre nach Paris. Neben seinen Bauten und Inneneinrichtungen wurde er vor allem als Publizist bekannt.
Wichtige Arbeiten: Das Café Museum, 1899; die Kärntner Bar, 1908; das Haus Steiner, 1910; das Geschäftshaus am Michaelerplatz, 1911 (alle in Wien); der Wettbewerbsbeitrag zum Chicago Tribune Tower in Form einer riesigen dorischen Säule, 1922; das Haus von Tristan Tzara in Paris, 1926.

müssen. Seine heftig geübte Kritik an den Wiener Kollegen wandte sich jetzt gegen ihn, als er an einem Geschäftshaus (Abb. S. 207), das er an repräsentativer Stelle zu bauen hatte, dorische Säulen und viel Marmorverkleidung anbrachte. Wagner war da bei seinem hinsichtlich des Aufbaus sehr nahen Kachelhaus viel unakademischer vorgegangen. Auch sonst zeigte sich bei Loos, daß seine vorgebliche Einfachheit mehr aufgetragen denn wirklich aufrichtig war. Als Polemiker jedoch war er unbestechlich und von unnachahmlicher Schärfe, etwa wenn er sich als Herausgeber einer – zwangsläufig nur kurzlebigen – »Zeitschrift zur Einführung abendländischer Kultur in Österreich« äußerte. Zu van de Velde wußte er zu bemerken, daß es strafverschärfend wäre, die Zelle von ihm dekorieren zu lassen. Auch war er unter allen Künstlern der Jahrhundertwende derjenige, der sich am nachdrücklichsten dagegen wandte, als ein solcher zu gelten. Die Bezeichnung Pionier wäre für ihn, der entscheidende frühe Jahre in Amerika zugebracht hatte, wohl tatsächlich passender gewesen.
Seine heftigsten Anwürfe galten einem Kollegen, der auf Jahr und Tag genau wie er geboren war und durchaus sein Zwillingsbruder im Geiste hätte sein können, wenn die Gegnerschaft nicht so hartnäckig festgeschrieben worden wäre. Denn auch Josef Hoffmann berief sich auf englische Vorbilder und nannte ausdrücklich William Morris als seinen Lehrmeister. Doch dessen seinerzeit noch etwas spröde geratenes Ethos hatte sich bei

seinem Wiener Adepten schnell in Eleganz und Formkultur verwandelt. Loos muß das wohl als Verrat empfunden haben. Auf jeden Fall war Hoffmann nun derjenige, der die Wiener Variante des Jugendstils am reinsten zu kreieren vermochte.
Er tat das reich und überzeugend. Hoffmann bewährte sich schon früh als ein sehr sicherer Gestalter von Räumen und Möbeln, aber auch von Gegenständen aller Art – ähnlich wie van de Velde ließ er kaum etwas aus. Während dessen Signum ein besonderer Linienduktus war, bevorzugte Hoffmann geometrische Formen, insbesondere das Quadrat. Doch tat er das keineswegs in der exzessiven Weise, wie Spötter ihm das gerne nachsagten. Allerdings ließ sich an vielen Entwürfen ablesen, daß sie auf Millimeterpapier entstanden waren, sie hatten dadurch etwas Schematisches erhalten. Aber die Vorliebe für strenge Formen vermochte auch die Dinge zu disziplinieren; bestechend an Hoffmanns Objekten ist immer die Verbindung von Eleganz und leicht gesuchter Einfachheit, die Vermischung des Preziösen mit dem Kargen.
Solcherart wurde er dann schnell ein Vorbild, auch viele andere Entwerfer arbeiteten in seiner Manier, am selbständigsten wohl Koloman Moser. Mit

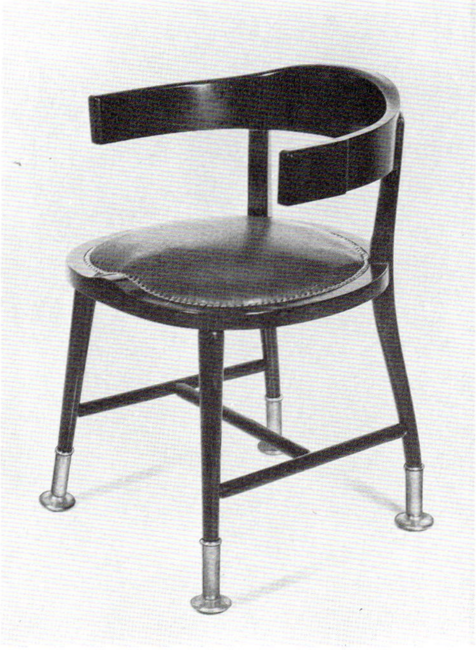

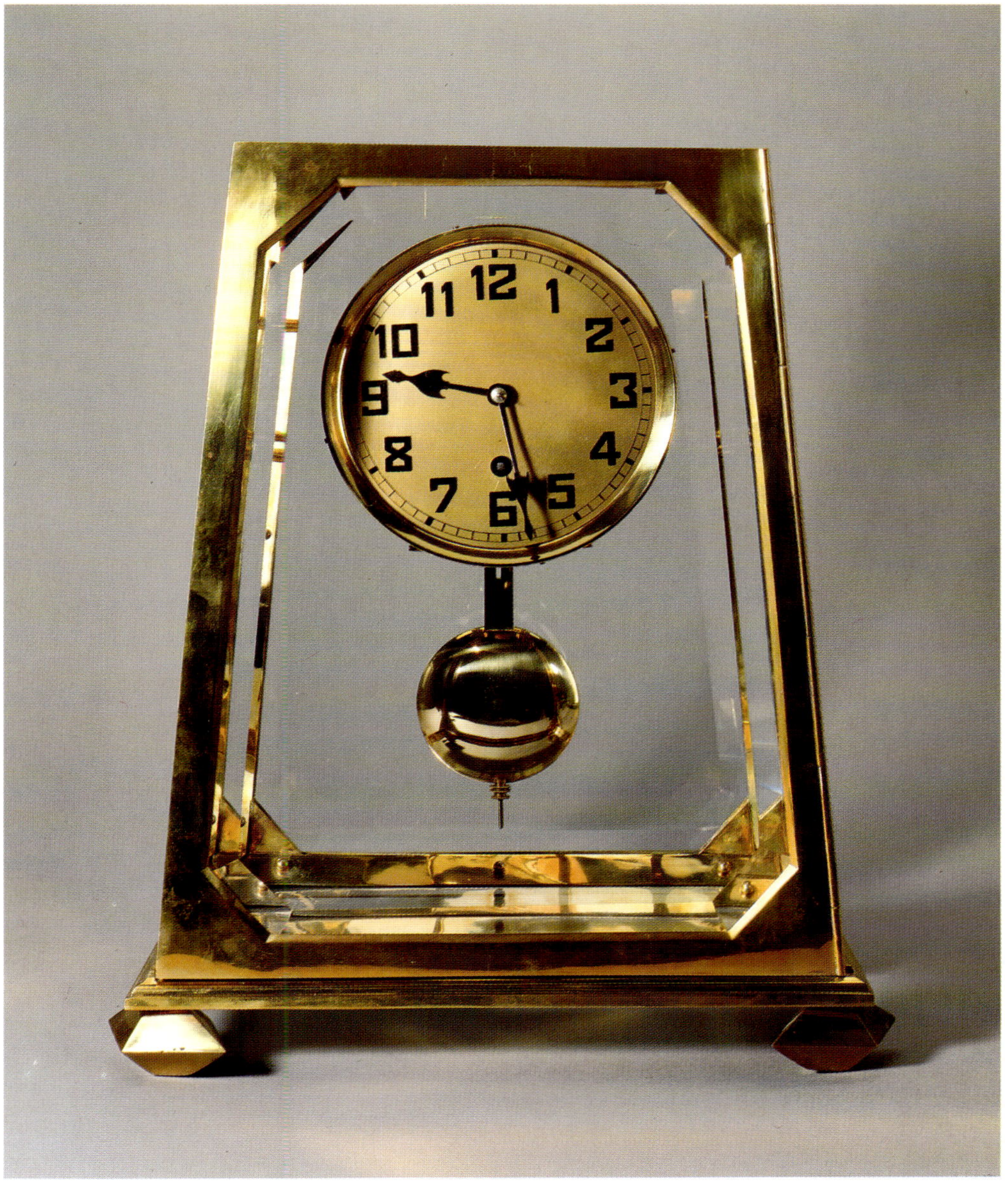

Adolf Loos, Armlehnstuhl, Wien 1898/99, Buche mit Leder und Messing.
Privatbesitz

Adolf Loos, Tischuhr, Wien 1900, Messing und Glas, 48 cm hoch.
Patrik Kovacs Kunsthandel, Wien

Wilhelm Schmid, *Wettbewerbsentwurf für ein Wohnzimmer, der mit einem III. Preis ausgezeichnet wurde, Wien 1902, aus: Innendekoration XIV, 1903.*

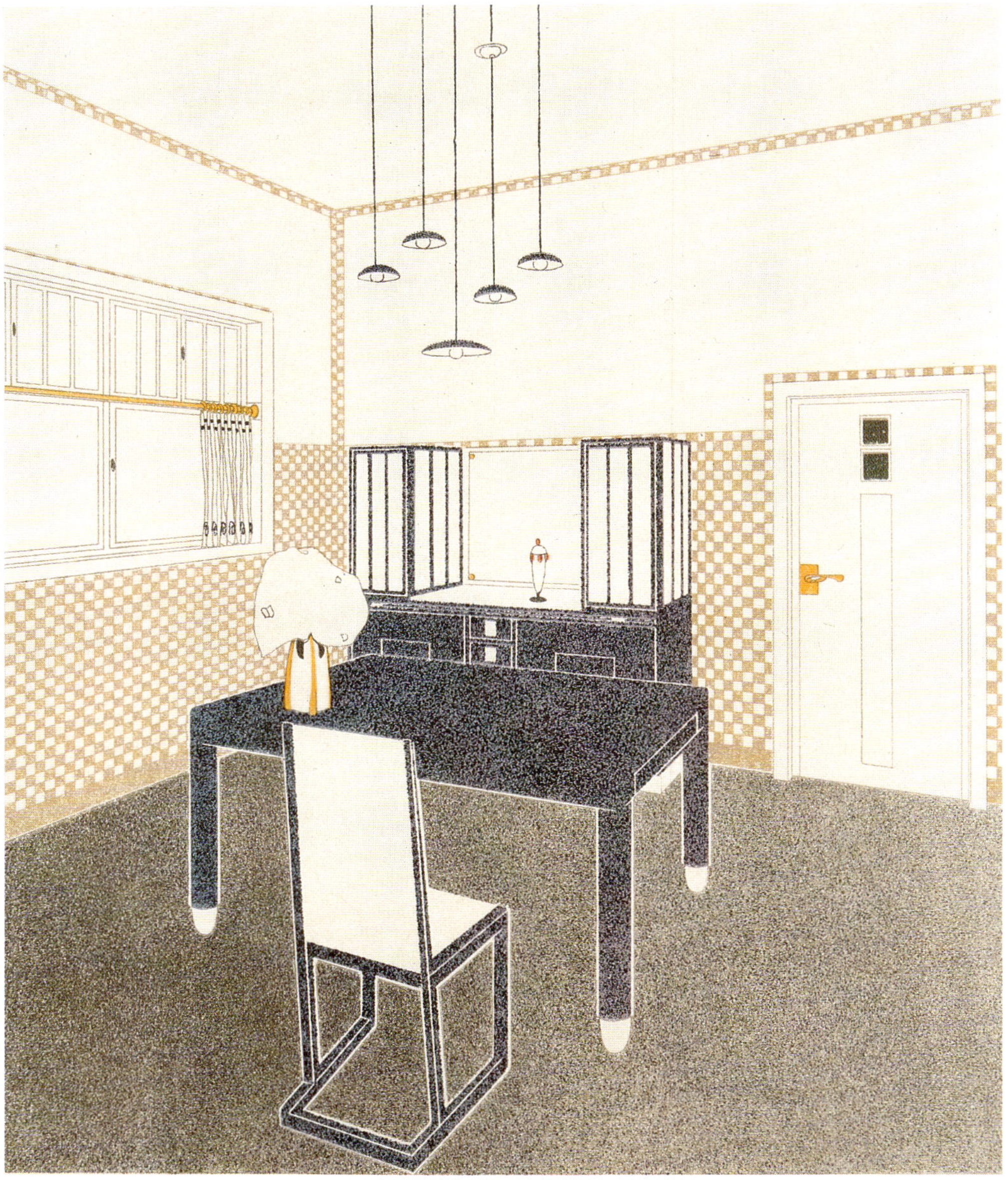

diesem vielseitigen Künstler – in ursprünglicher Konfession Maler – bestimmte Hoffmann ab 1903 das Gesicht der »Wiener Werkstätte«. Auch mit dieser Gründung sollte es wieder möglich werden, die Ideen von Künstlern in erstklassiger Weise auszuführen und einem interessierten Kundenkreis zu vermitteln. In Wien geschah das in besonders generöser Weise, doch auch mit dem Ergebnis, daß das sehr angesehene Unternehmen nie ganz aus eigener Kraft leben konnte. Der Mäzen Fritz Waerndorfer war gezwungen, über Jahre hinweg die Verluste auszugleichen. Später fand man dann eine andere Form der Finanzierung, aber da hatten sich Hoffmann und Moser schon weitgehend zurückgezogen, und den Erzeugnissen, die nun von anderen stammten, konnte das angesehen werden.
Die »Wiener Werkstätte« war die bei weiten vielseitigste unter den vergleichbaren Vereinigungen in München, Dresden und anderswo. Neben Möbeln und ganzen Einrichtungen wurden Schmuck, Silber, Keramik, Gläser und Lederarbeiten, schließlich sogar Kleidungsstücke in ihren Betrieben hergestellt und in eigenen Geschäften verkauft. Es war gleichsam möglich, seine gesamte Lebensausstattung von hier zu beziehen – bis hin zu einer speziellen Form der Unterhaltung, für die das Kabarett »Fledermaus«

Josef Hoffmann (?), Speisezimmer, um 1903.

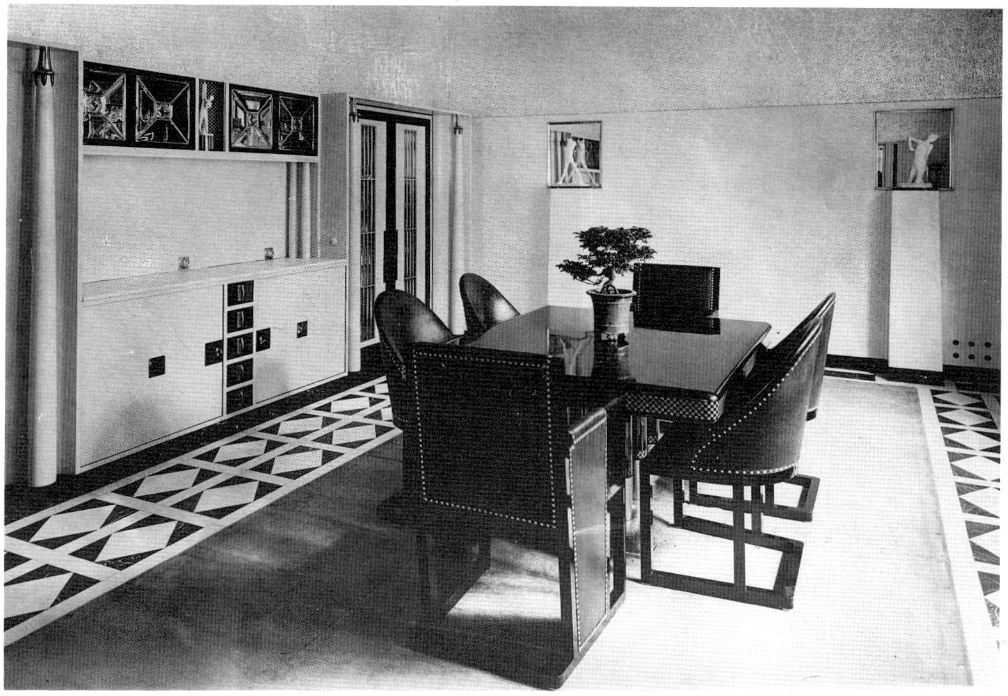

Josef Hoffmann, kleiner Schreibtisch mit Aufsatz, Wien 1905, Eiche, dunkelblau gebeizt und poliert, mit Kalk eingerieben. Österreichisches Museum für Angewandte Kunst, Wien

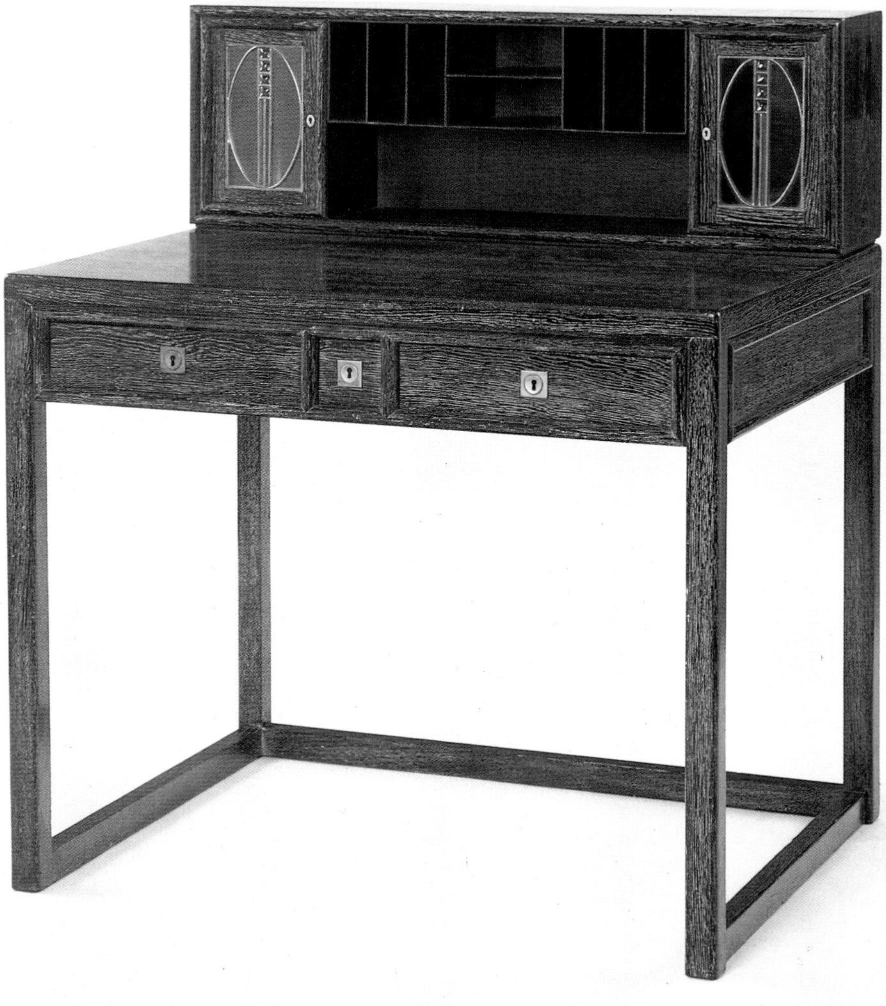

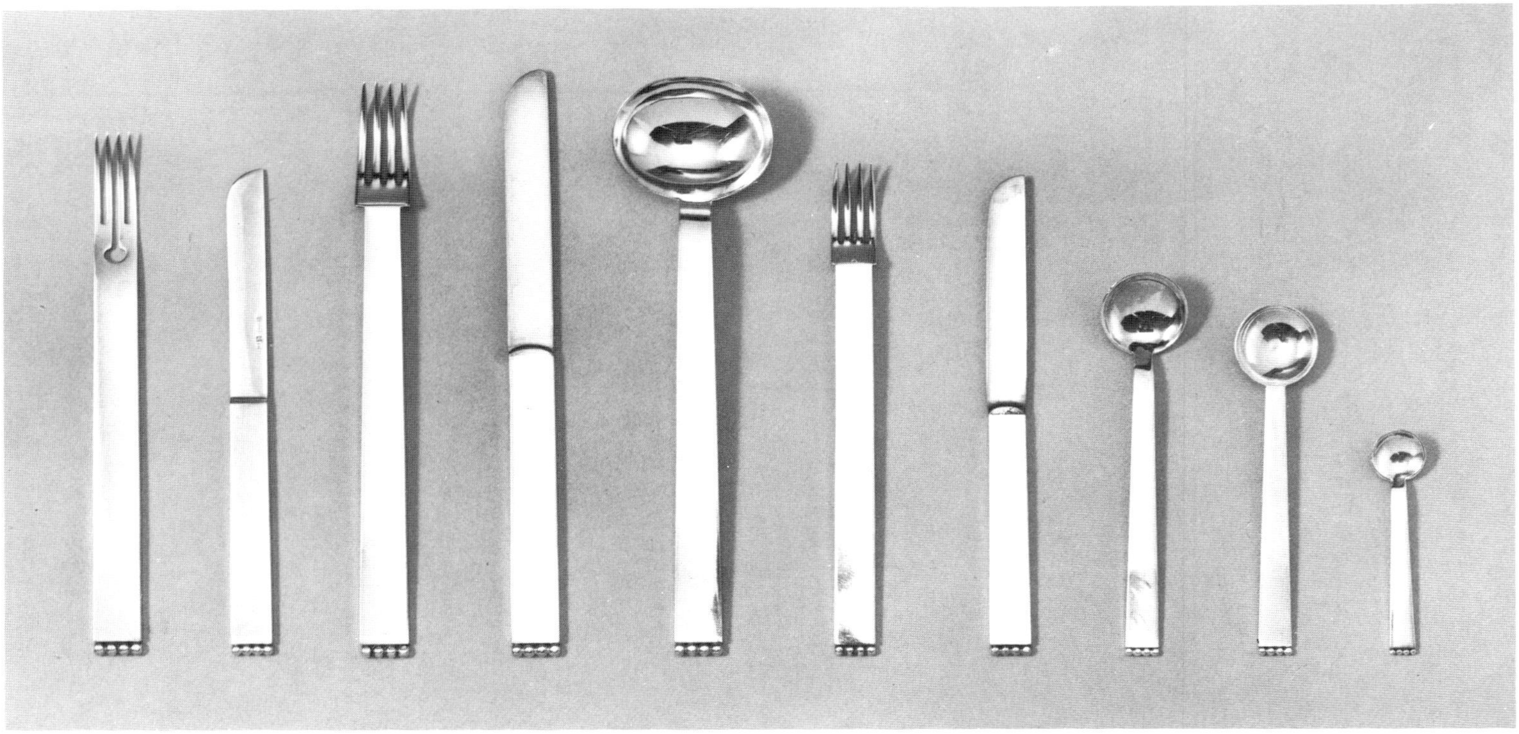

Josef Hoffmann, silbernes Besteck, 1904, Wiener Werkstätte.
Kenneth Barlow Ltd., London

sorgte. Diese etwas übermütige Zutat war zum Teil von dem Geld finanziert worden, das der bald auftretende reichste Auftraggeber der Werkstätte großzügig vorgestreckt hatte: Adolphe Stoclet.

Dieser Mann mit anscheinend unbeschränkten Mitteln und einem vorzüglichen Geschmack war der Initiator jenes Hauses, das als Apotheose des Jugendstils gelten kann: das Palais Stoclet (Abb. S. 230–237). Das Besondere kündigte sich schon dadurch an, daß es sowohl zeitlich wie räumlich versetzt auftrat. Die mehr als luxuriöse Villa entstand zwischen 1905 und 1911, also zu einer Zeit, als auch in Wien der Höhepunkt schon überschritten war; und dann mußte es ja auch etwas seltsam anmuten, daß ausgerechnet das reichste Beispiel des Wiener Jugendstils in Brüssel entstand, in einer Stadt somit, die kurz zuvor ihre eigenen künstlerischen Potentiale glanzvoll unter Beweis gestellt hatte und dieses Importes eigentlich nicht bedurfte. Doch Stoclet bevorzugte Hoffmann und nicht Horta oder van de Velde und sorgte nun dafür, daß sich Ende und Anfang der Bewegung in ein und derselben Stadt begegnen konnten – jedoch in zweifellos sehr gegensätzlicher Form. Schon ein flüchtiger Blick kann deutlich machen, wie weit Hoffmanns Auffassung von der der Belgier entfernt war.

Die Voraussetzungen für das Palais Stoclet waren ähnlich denen, die wir früher kennengelernt haben: Mäzenatischer Reichtum verband sich mit Kenntnis und Mut, insofern reihte sich Stoclet dem illustren Kreis eines Karl Ernst Osthaus, Fritz Waerndorfer, Harry Graf Kessler und Großherzogs Ernst Ludwig ein. Vertrauen und Großzügigkeit erlaubten dem Architekten eine unbehinderte Entfaltung. Er schuf ein Gebäude, das zu den größten Leistungen am Anfang dieses Jahrhunderts gerechnet werden muß. Auch für seinen Schöpfer stellte es einen Höhepunkt dar, denn in seiner präzisen Gestalt ist es allen früheren Bauten Hoffmanns überlegen. Die Einfachheit hatte hier zu einem besonderen Raffinement gefunden. Dazu einige Hinweise: Zugunsten der kubischen Grundgestalt ist das nur leicht geneigte Dach zurückgesetzt worden, doch bleibt es sichtbar. In dieser Zone nun

Josef Hoffmann, Teile eines Porzellan-Services, Wien um 1905.

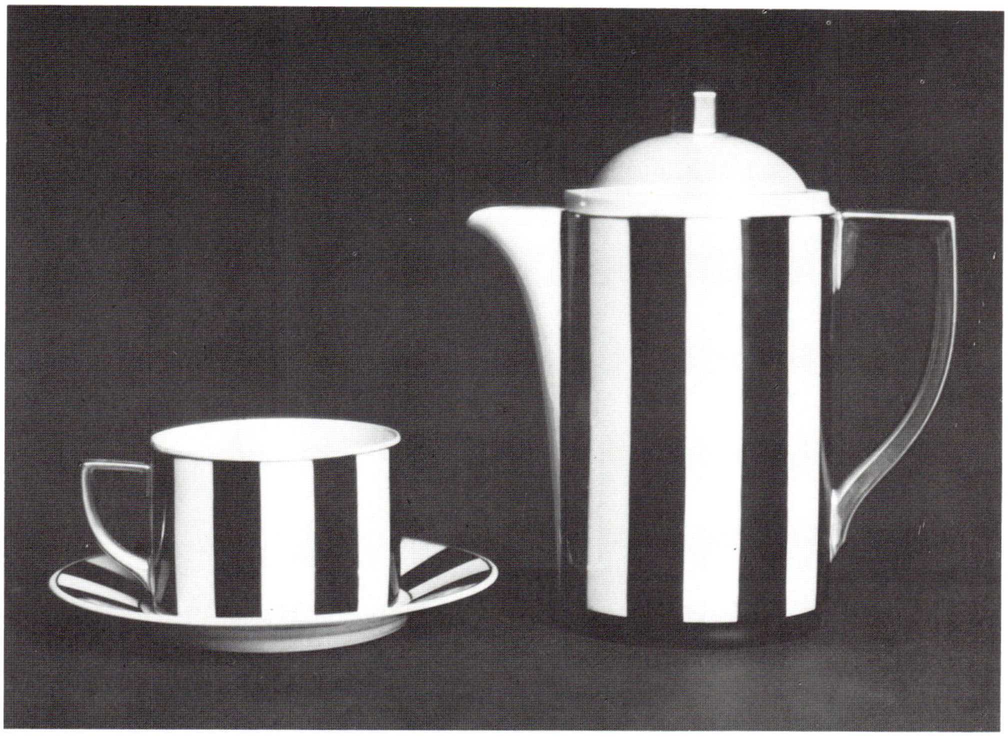

Josef Hoffmann, Samowar mit Stövchen, Wien 1909/10, Silber und Elfenbein, 29 cm hoch. Österreichisches Museum für Angewandte Kunst, Wien

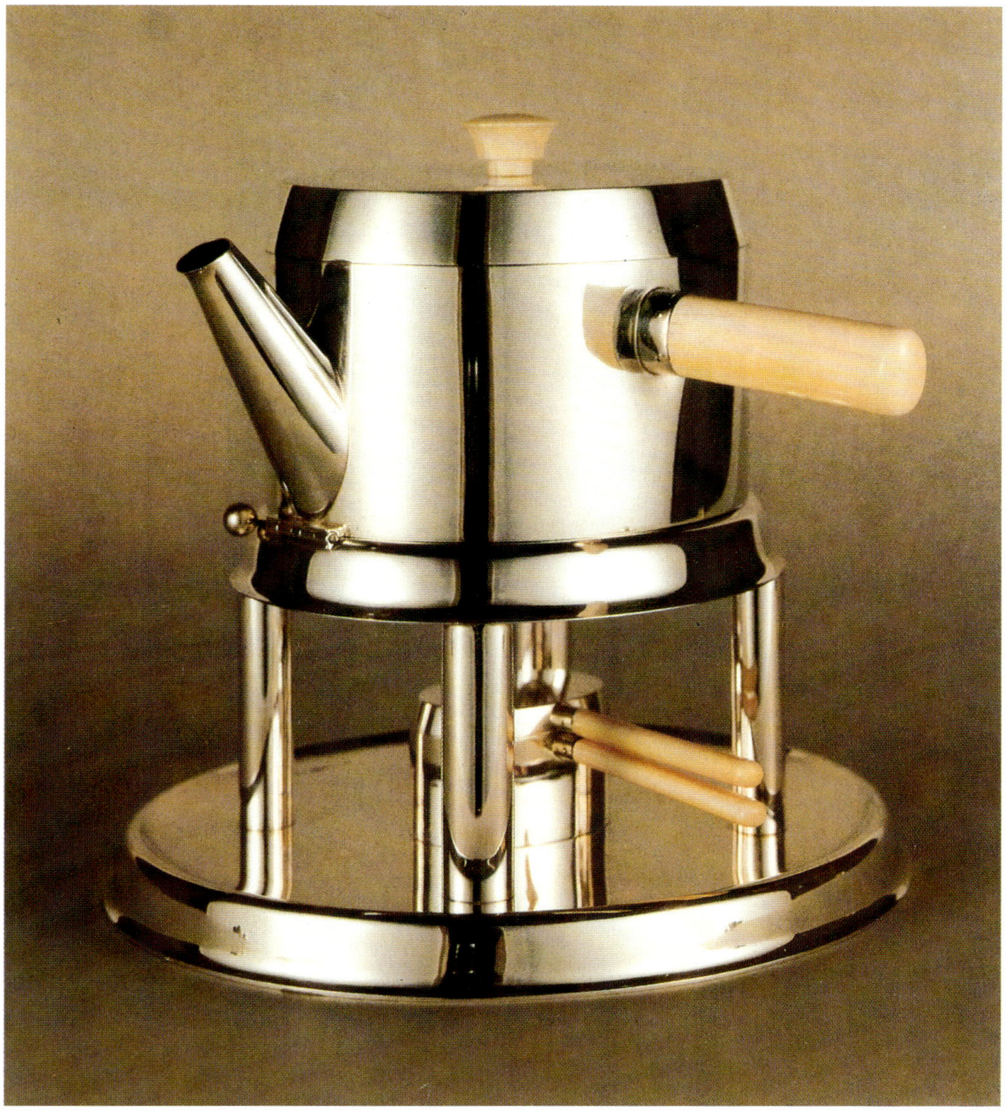

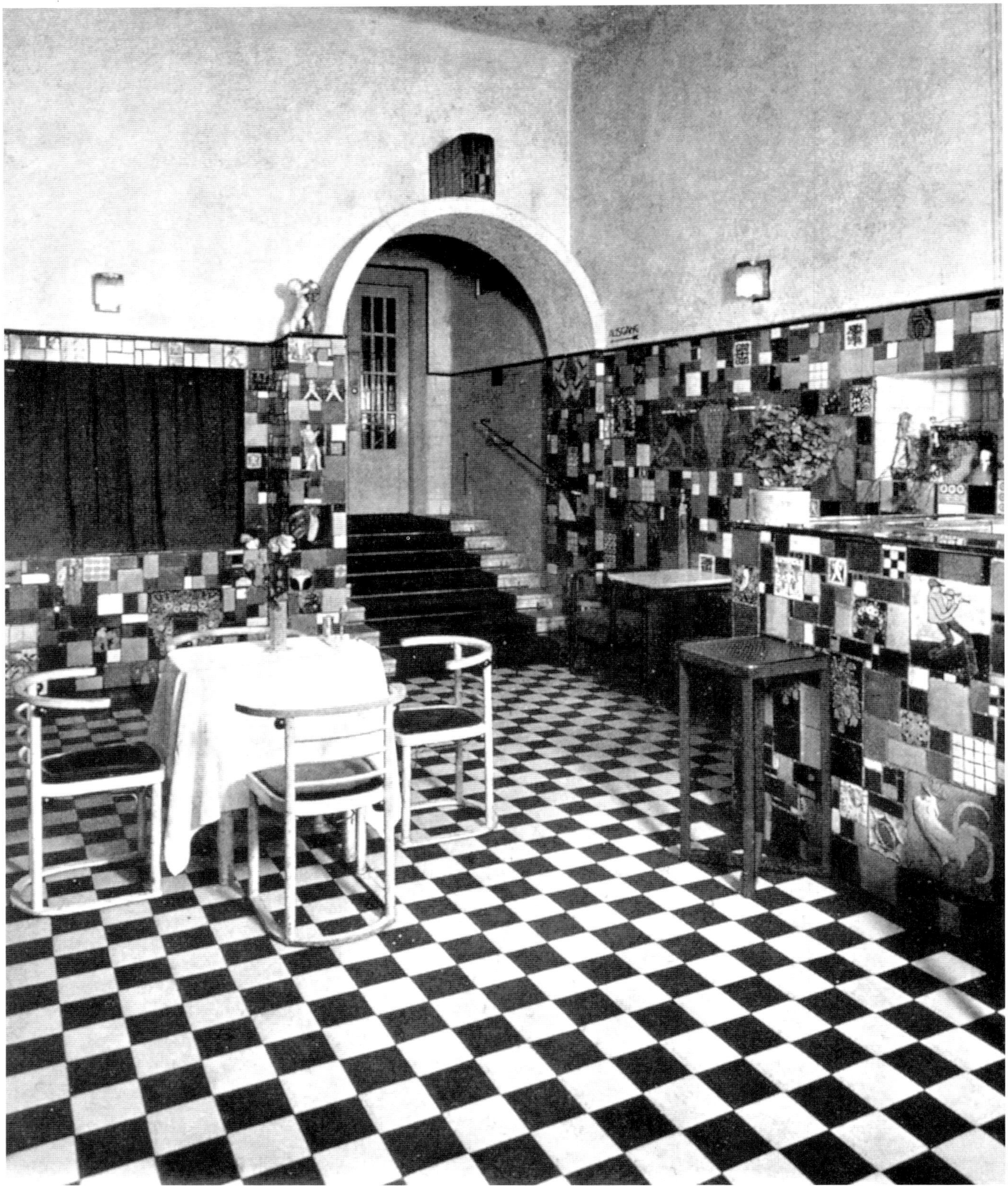

Josef Hoffmann, Kabarett »Fledermaus« in Wien, 1907, Vorraum mit Bar, in der Mitte eine Sitzgruppe mit dem charakteristischen Stuhl, der es erlaubt, auch rittlings benutzt zu werden – von Besuchern, die mit dem Rücken zur Bühne saßen.

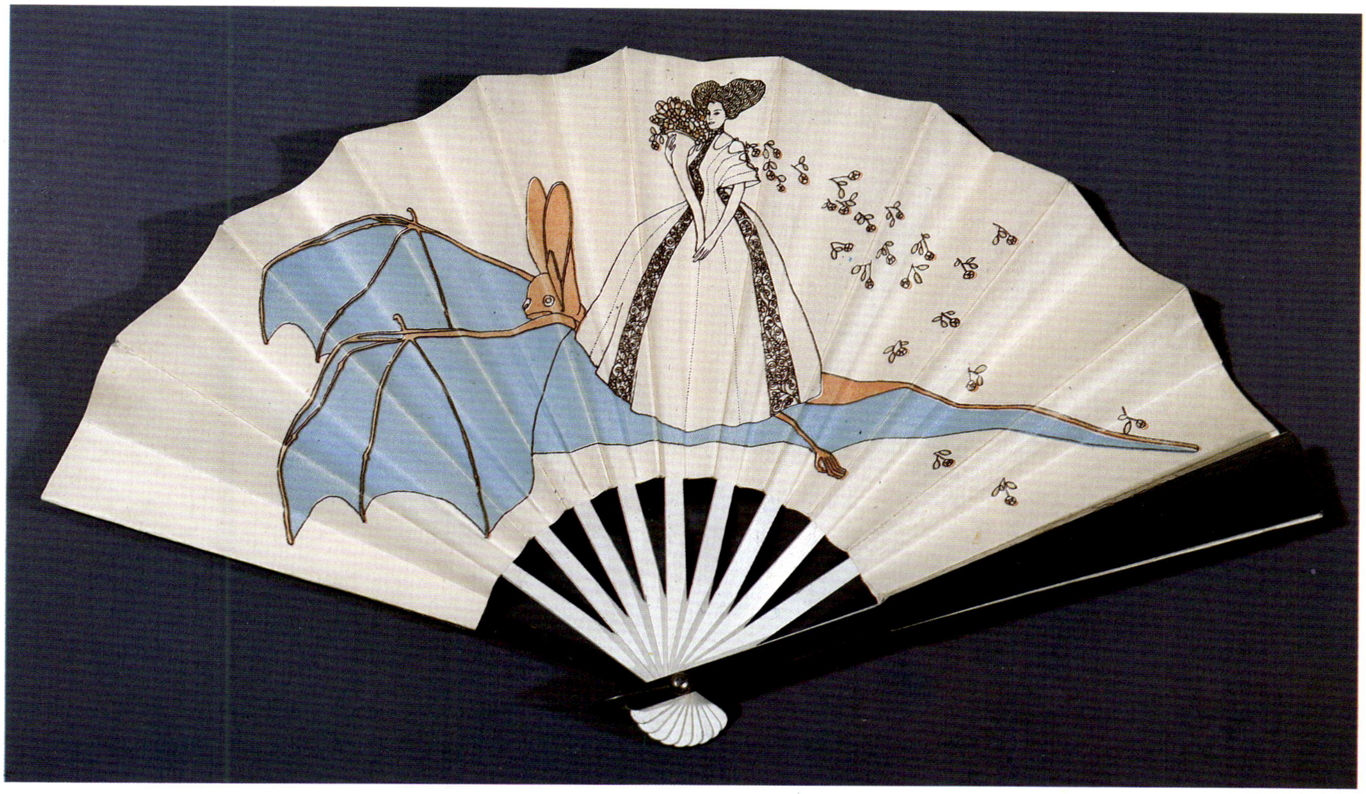

Bertold Löffler, *Fächer für das Kabarett »Fledermaus« in Wien, 1907, bedrucktes Papier. Historisches Museum der Stadt Wien*

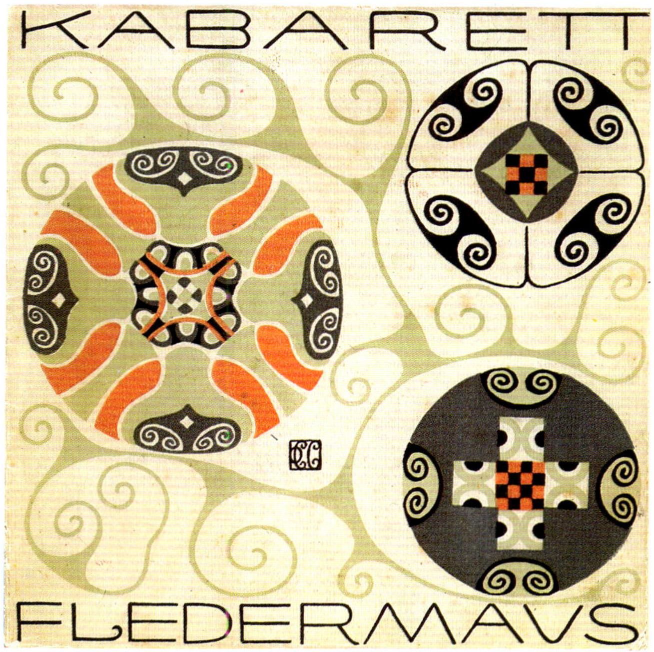

Otto Czeschka, *Titelseite des Programmheftes für das Kabarett »Fledermaus« in Wien, 1907. The Robert Gore Rifkind Center for German Expressionist Studies, Los Angeles County Museum of Art, erworben durch Anna Bing Arnolds Fund, Museum Acquisition Fund und Deaccession Funds*

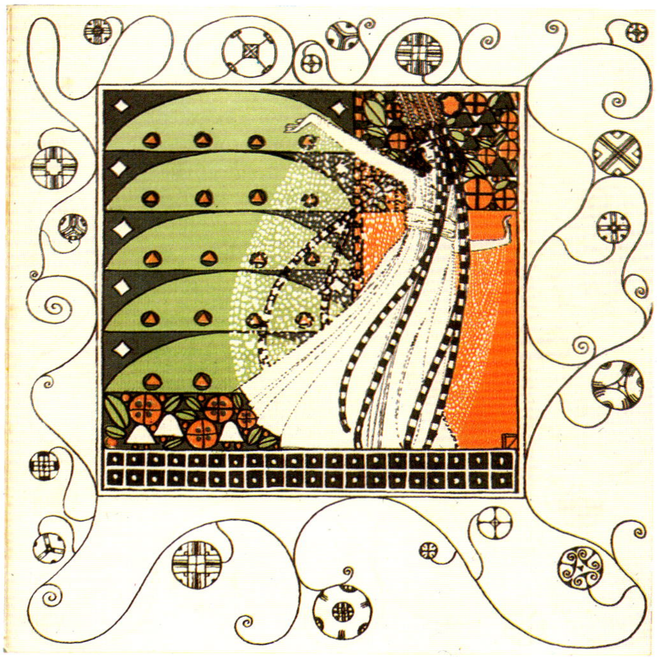

Fritz Zeymer und Otto Czeschka, *eine Seite aus dem Programmheft für das Kabarett »Fledermaus« in Wien, 1907. The Robert Gore Rifkind Center for German Expressionist Studies, Los Angeles County Museum of Art, erworben durch Anna Bing Arnolds Fund, Museum Acquisition Fund und Deaccession Funds*

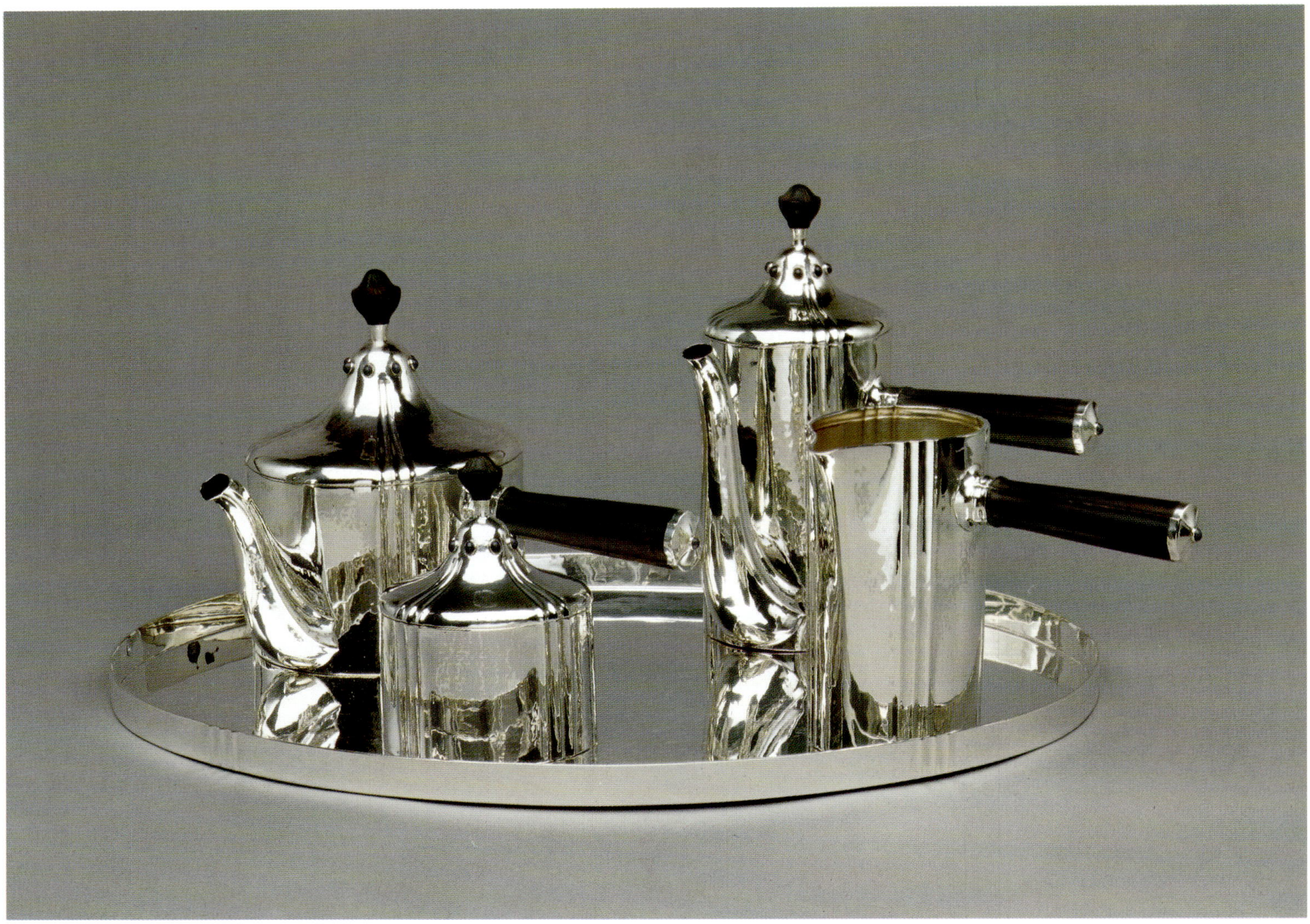

Josef Hoffmann, Kaffee- und Teeservice,
Wien um 1905, Silber mit Edelholzgriffen,
von 13 bis 22 cm hoch.
Christa Zetter, Galerie bei der Albertina, Wien

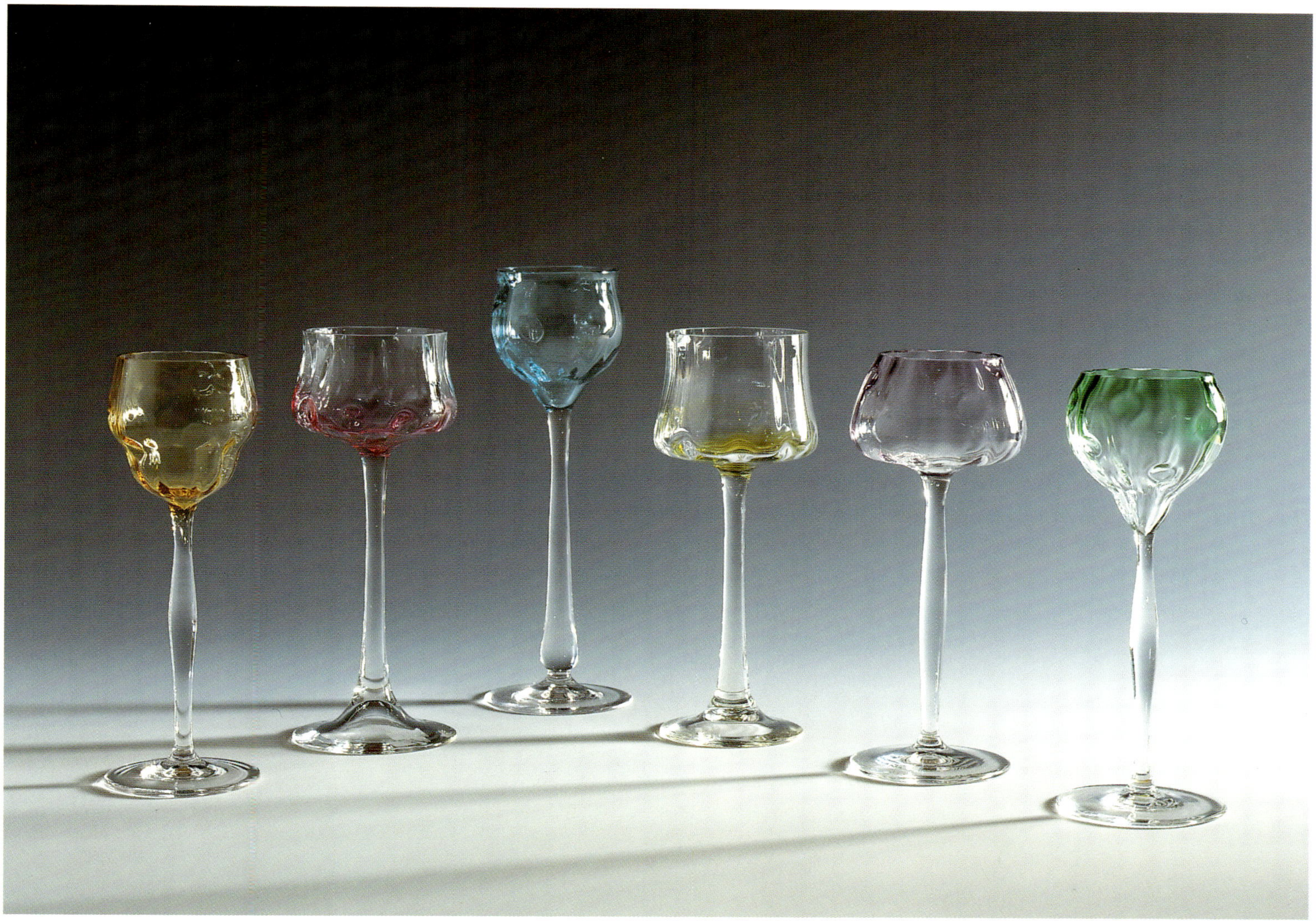

Koloman Moser, sechs Gläser,
Österreich um 1900.
Privatbesitz, München

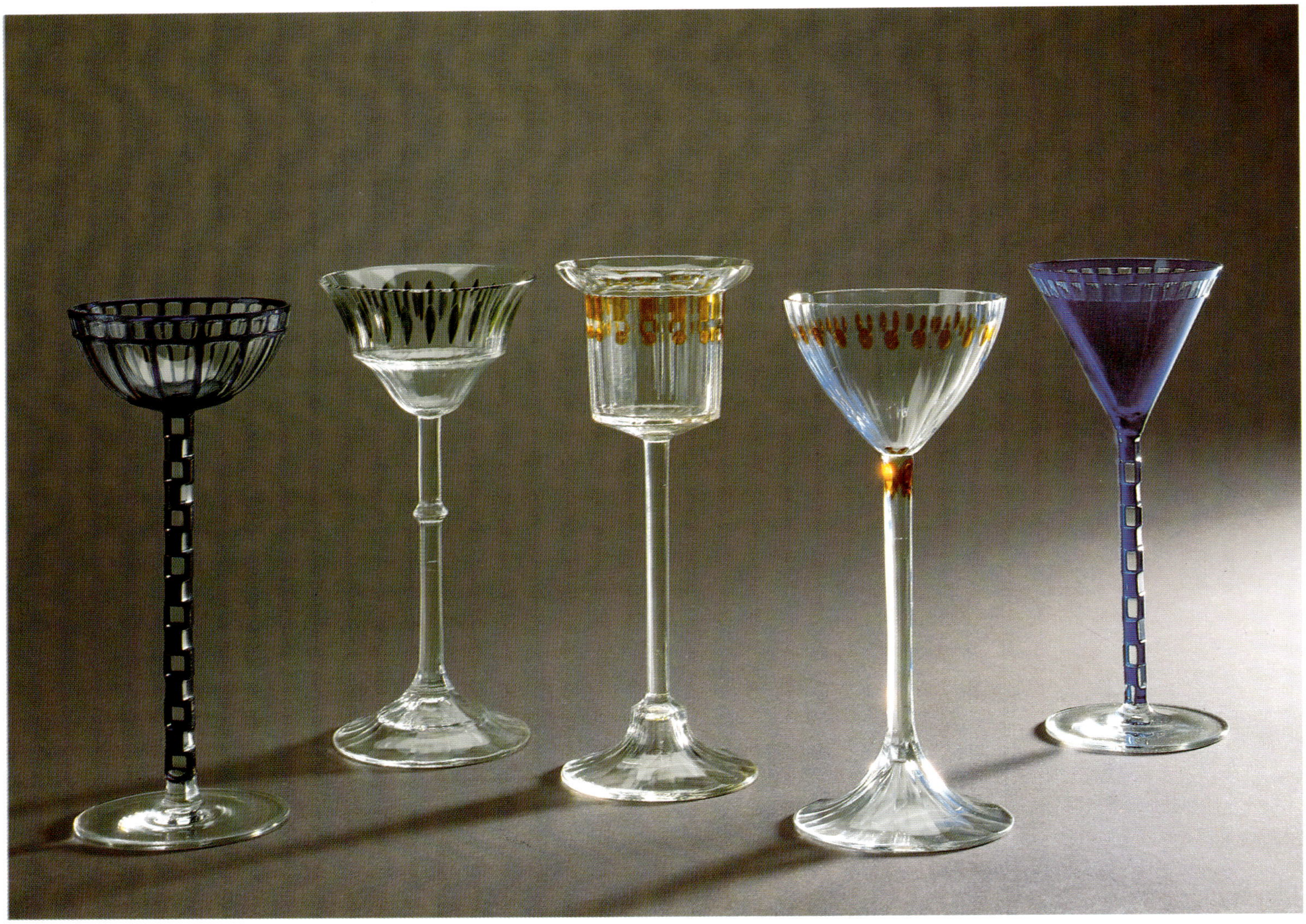

Otto Prutscher, fünf Gläser, Wien zwischen 1905 und 1907, Kristallglas, farbig überfangen, geschliffen und geschnitten, alle um 21 cm hoch. Privatbesitz, München

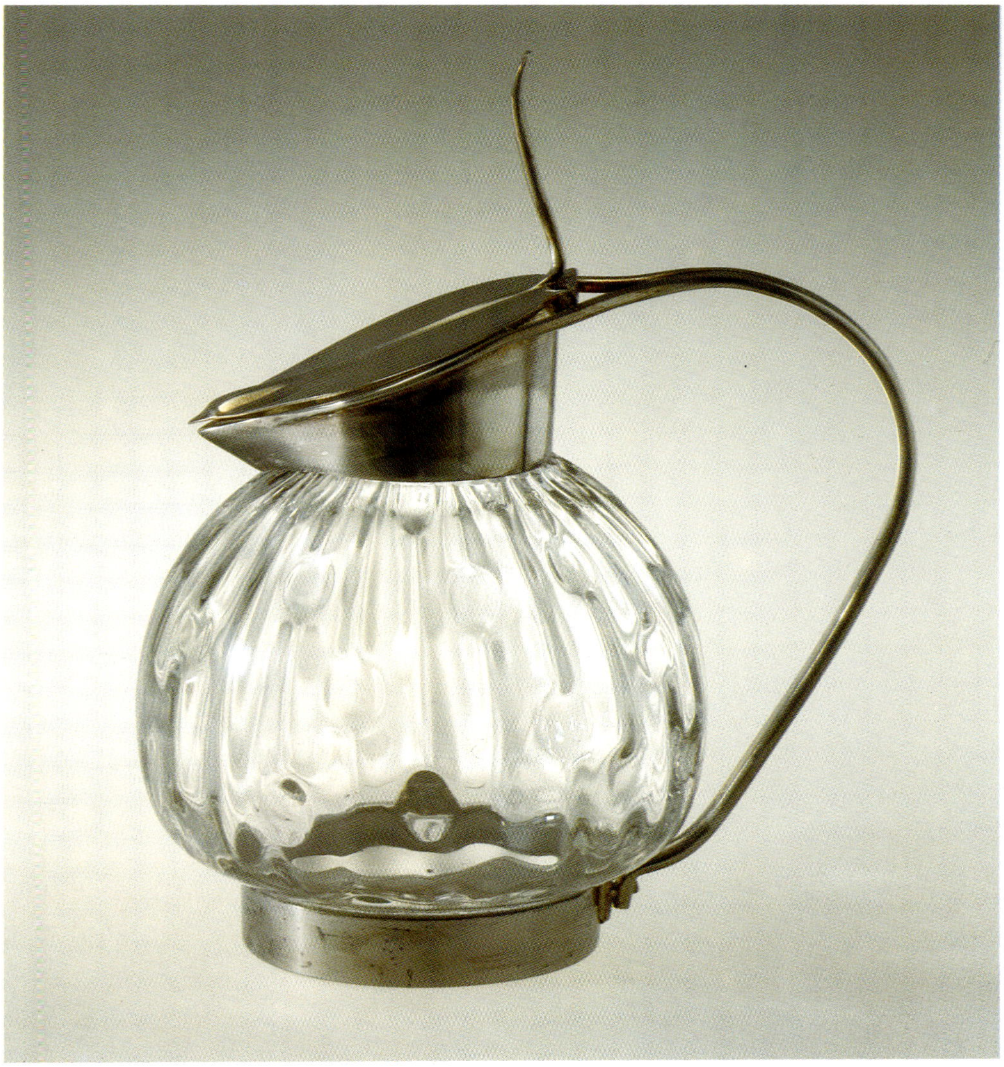

Koloman Moser, Glaskrug mit einer Fassung aus versilbertem Metall, Wien 1900/01, 24 cm hoch. Privatbesitz, München

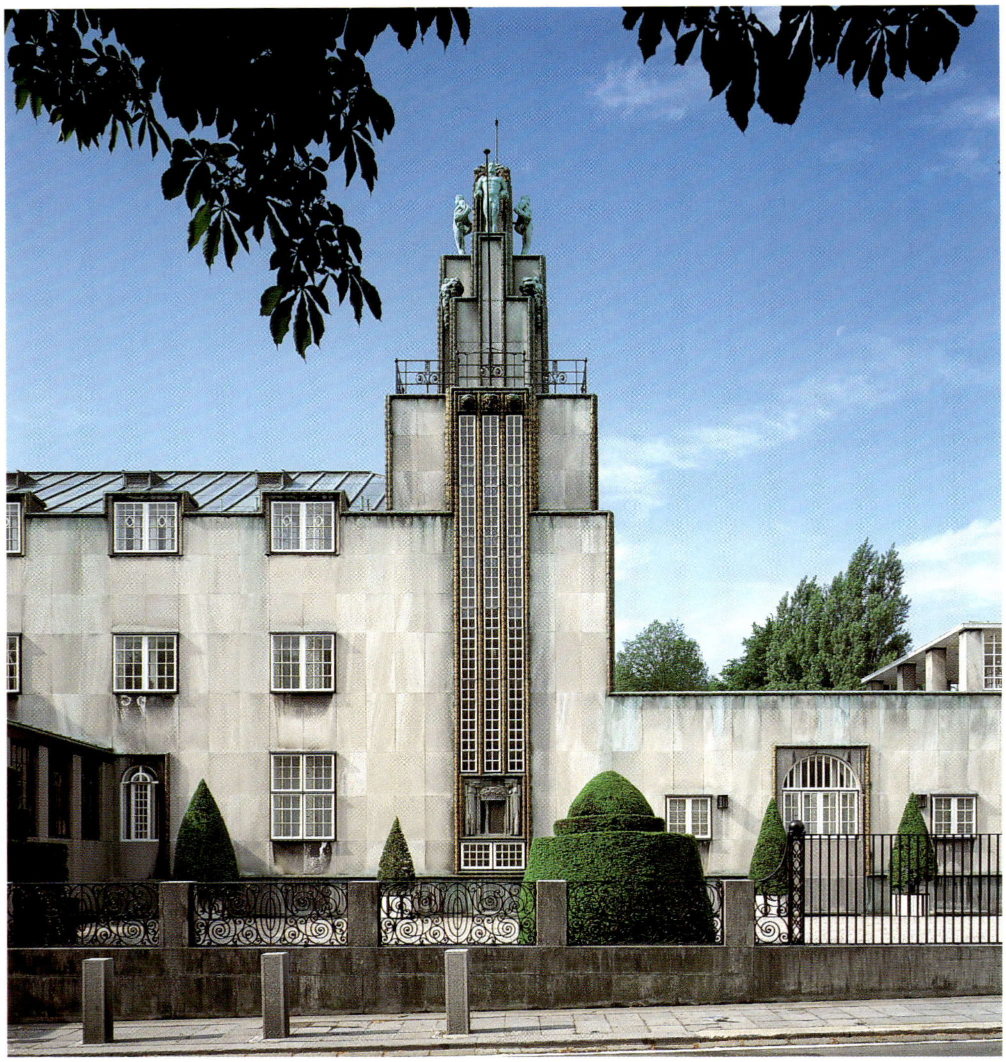

Josef Hoffmann, *die Straßenseite des Palais Stoclet in Brüssel, 1905–1911.*

sorgen übergreifende Fenstergehäuse für eine geschickte Verzahnung. Weil nie ein Giebel erscheint, unterbleibt auch jeglicher klassizistischer Anflug, und die stets rechtwinkligen Konturen des Baukörpers werden durch keine Schrägen irritiert. Zwar hatte auch schon Behrens die Kanten seines Darmstädter Hauses (Abb. S. 155) durch Ecklisenen deutlich hervorgehoben, doch wenn diese schützend und haltschaffend zu wirken vermochten, dann haben jetzt die bronzenen Markierungen bei Hoffmann eine eher graphische Funktion. Sie umrahmen knapp und elegant die großen Wandflächen aus norwegischem grauem Marmor, die somit einen Eigenwert erhalten. Dieser Eindruck wird noch dadurch verstärkt, daß die Bordüre unterschiedlos schlank in der Waagerechten wie in der Senkrechten Anwendung findet. Das verleiht den Flächen etwas Richtungsloses, sie wirken unbelastet und membranartig leicht (während des Ersten Weltkrieges bot Osthaus dann seinen ganzen Einfluß auf, um zu verhindern, daß die Bronzeteile des Hauses durch das deutsche Militär requiriert und eingeschmolzen wurden).

Der Präzision der äußeren, auf wenige knappe Körper beschränkten Erscheinung entspricht im Inneren ein ebenfalls streng geordnetes Grundrißbild. Von der Asymmetrie der Eingangsseite leitet im Zentrum des Hauses eine doppelstöckige Halle zu einer gleichförmig ausgerichteten Gartenfront über. Auch der Materialklang des Äußeren setzt sich im Inneren durch

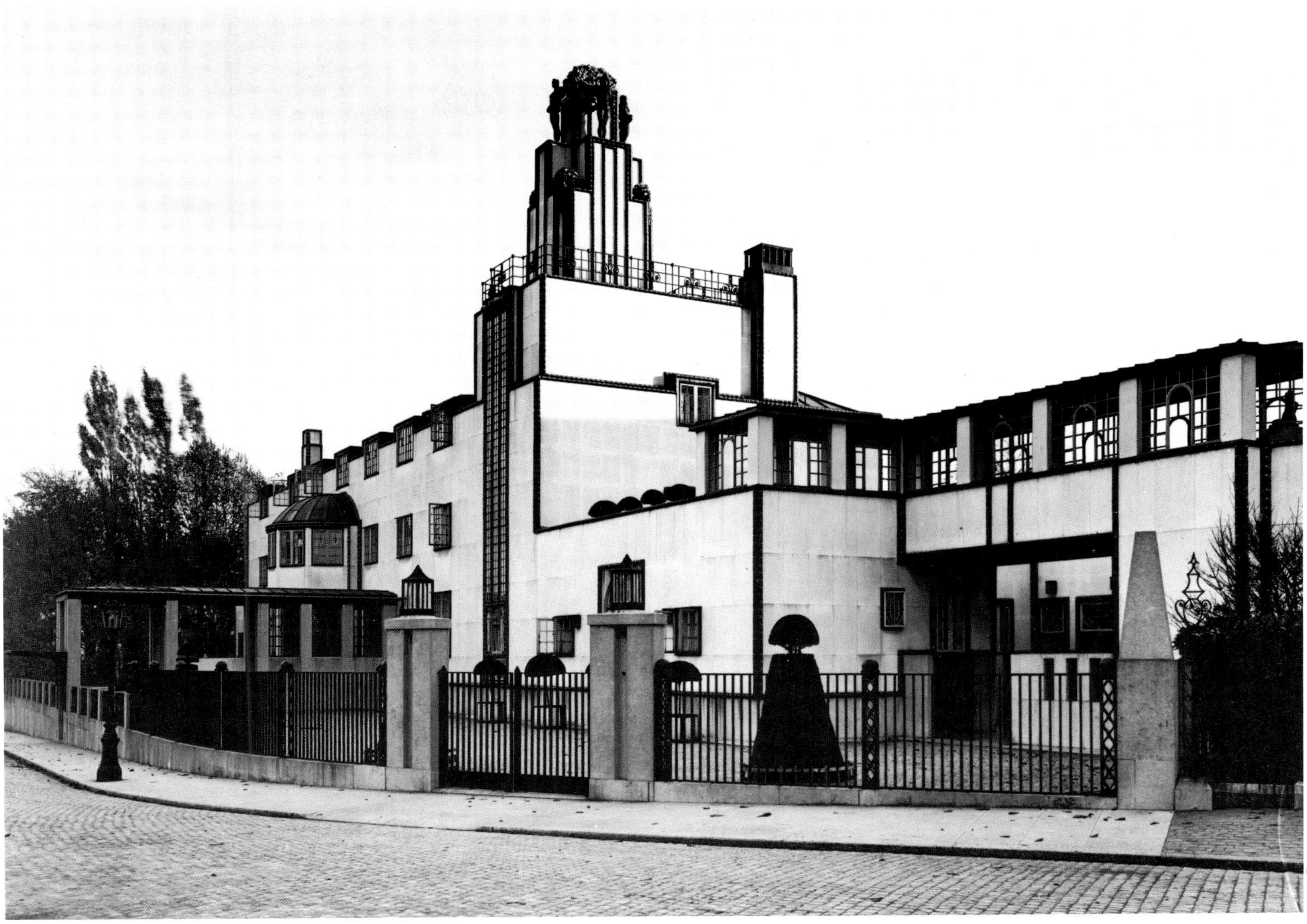

Josef Hoffmann, die Straßenseite des Palais Stoclet in Brüssel, 1905–1911.

die Verwendung von viel Marmor fort, jetzt allerdings in betont warmen Farben. Durch den reichlichen Gebrauch des Steines auf Fußböden, Wänden und Stützen wird der ohnehin sehr genaue Zuschnitt der Räume noch besonders hervorgehoben. Einen Höhepunkt in dem Zusammenspiel kühlteurer Materialien stellt dann das Speisezimmer dar, wo sich goldgelber Marmor, dunkles Ebenholz, buntfarbene Mosaiken und silbernes Geschirr zu einer subtilen Einheit verbinden.
Unter den berühmten Räumen ist dieser der wohl am meisten intellektuell konzipierte. Emotionen sind zugunsten genauen Kalküls zurückgestellt worden, alles wirkt in hohem Maße überlegt. In erster Linie trifft dieses für das Verhältnis zu, in dem sich Architektur, Mobiliar und künstlerische Gestaltung zueinander befinden. Dadurch, daß alle Teile ihren genau bestimmten Platz haben, entsteht eine Einheit durch Disziplin, trotz aller Ansprüchlichkeit im einzelnen bewahren die Elemente insgesamt Zurückhaltung. Das gilt auch für die Mosaiken von Gustav Klimt, die – obwohl sie keineswegs nur dekorativ angelegt sind – sich dennoch mühelos einfügen. In den intimen Dimensionen dieses Zimmers war somit ein ähnliches Zusammenspiel von Architektur und Kunst erreicht worden wie schon mehrfach vorher bei den wechselnden Ausgestaltungen des Sezessionsgebäudes (Abb. S. 214, 215). Das war inmitten der ganzen Entwicklung etwas nahezu Einzigartiges, denn eher herrschte ja die Regel, daß die künstlerischen Disziplinen einander

ausschlossen. Zum Anspruch der Architektur gehörte nun, durch Ornamente, Farben und eine lebhafte Gestaltung insgesamt auch das Überfunktional-Künstlerische mitgestalten zu können. Gemälde und Verwandtes, überhaupt die Werke anderer konnten dabei nur stören. Dieses Selbstbewußtsein der Architekten wirkt auf den ersten Blick erstaunlich, gründet jedoch auf der Aufwertung, die der Bereich der angewandten Kunst – also auch der Architektur – erfahren hatte.
Gerade jedoch die Fähigkeit zur Synthese war es nun, die Wien als Ort der Erneuerung in besonderer Weise auszeichnete. In ihr kam ein Grad an Reife und Souveränität zum Ausdruck, der im Vergleich vieles andere als angestrengt und im Übermaß bemüht erscheinen läßt. Der Ausgleich zwischen utopischer Erwartung und Realitätssinn war hier tatsächlich gelungen. Sicherlich war es auch ein Zeichen von Souveränität, wenn Josef Hoffmann im Garten des Palais Stoclet (Abb. S. 237) eine schlanke dorische Säule ganz ohne Funktion inmitten eines Wasserbeckens errichtete. Eine besondere Ironie liegt nun darin, daß sein heftigster Widersacher – Adolf Loos – aus einem Gefühl ähnlicher Souveränität im Umgang mit dem tradierten Formengut, doch vermutlich ohne Kenntnis von Hoffmanns Vorläuferschaft, 1923 gleichfalls eine dorische Säule als Gestalt für ein Bürohaus vorschlug. Die ungewollte Annäherung an den Rivalen zahlte sich dann bitter aus, sie brachte ihm nur peinliches Erstaunen ein.
Das Palais Stoclet steht am Ende einer Entwicklung, die abbrechen mußte im Moment höchster Entfaltung – eine Beobachtung, die schon mehrfach im Verlauf des Jugendstils gemacht werden konnte. Künstlerisch war der Luxus des Objektes gerechtfertigt durch die Vollendung, die es aufwies. Darüber hinaus blieb es ein teures Privatissimum. So kann das Fazit für dieses Haus gleichberechtigt für fast alles stehen, was der Jugendstil hervorgebracht hat: eine Schöpfung von höchster Kunst, doch mit einer beschränkten Aussicht auf gesellschaftliche Zukunft.

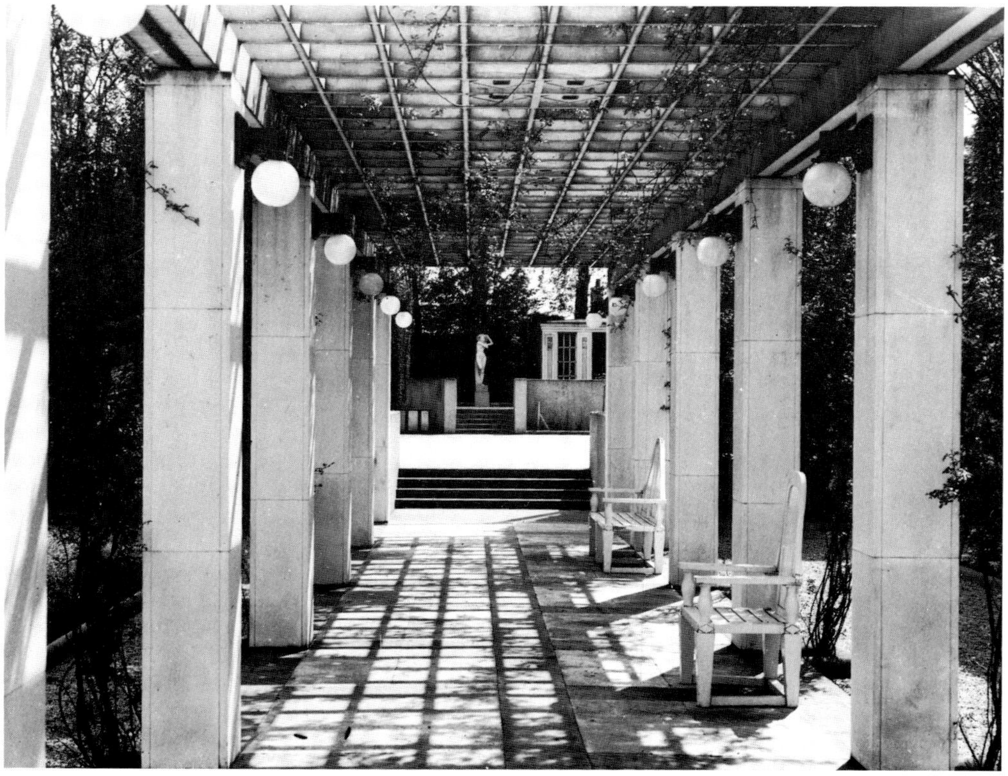

Josef Hoffmann, Pergola im Garten des Palais Stoclet in Brüssel, 1905–1911. Im Hintergund eine Figur des österreichischen Bildhauers Richard Luksch, 1907.

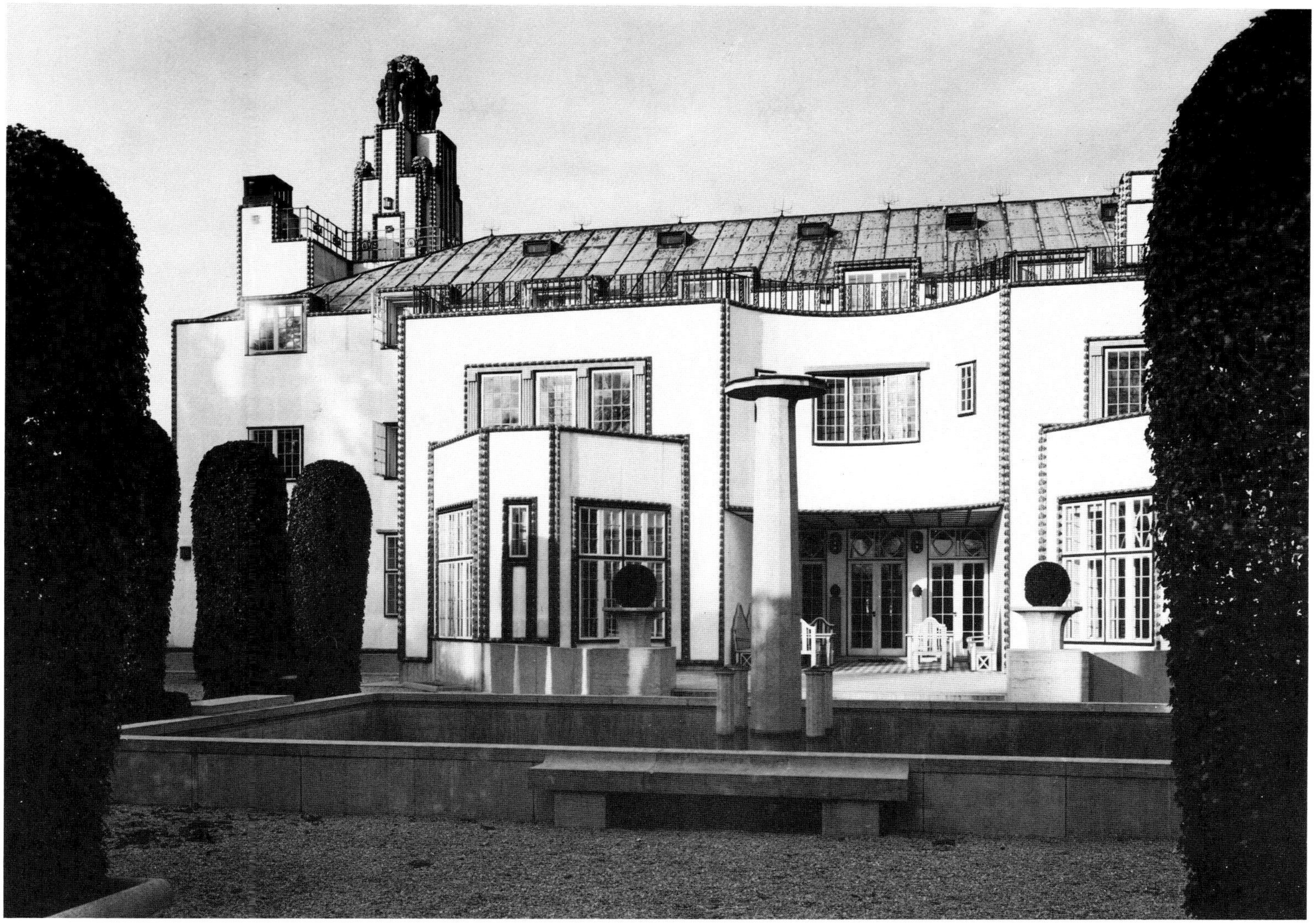

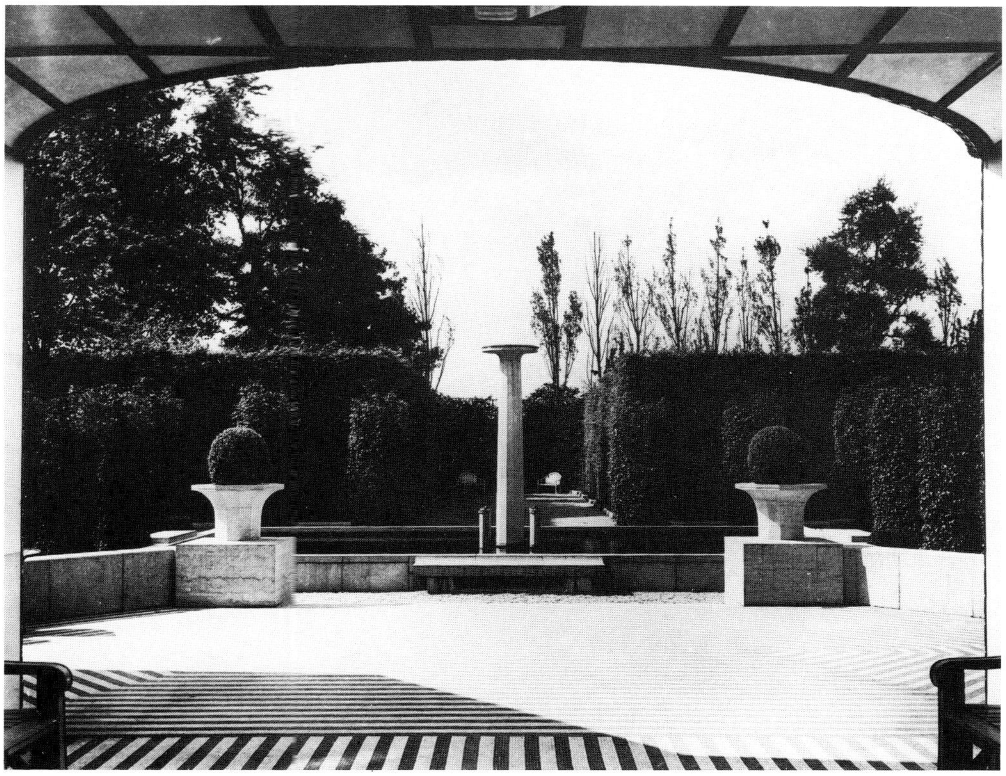

Josef Hoffmann, die Gartenseite des Palais Stoclet in Brüssel, 1905–1911.

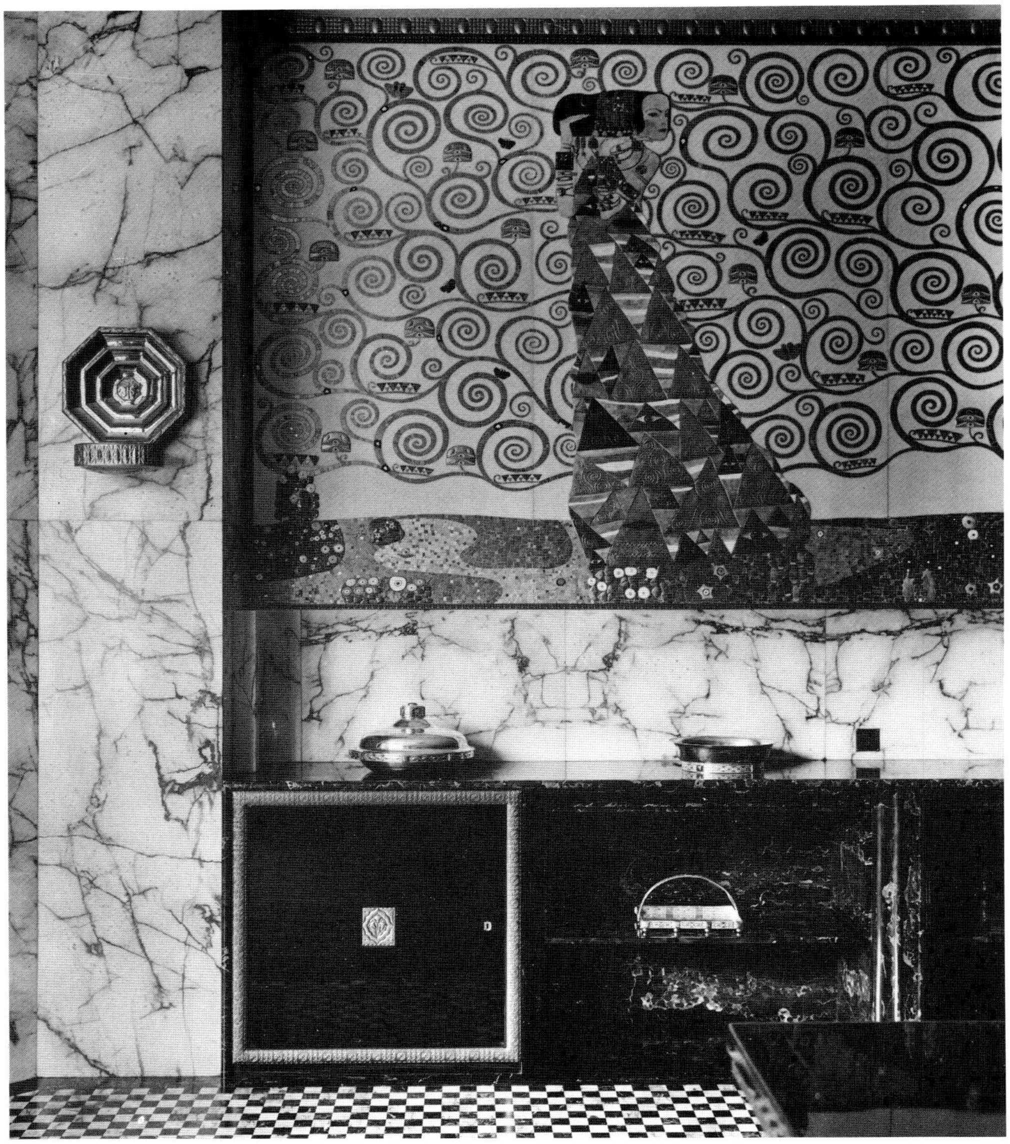

Josef Hoffmann, Wand im Speisezimmer des Palais Stoclet mit einem Mosaik von Gustav Klimt, um 1910.

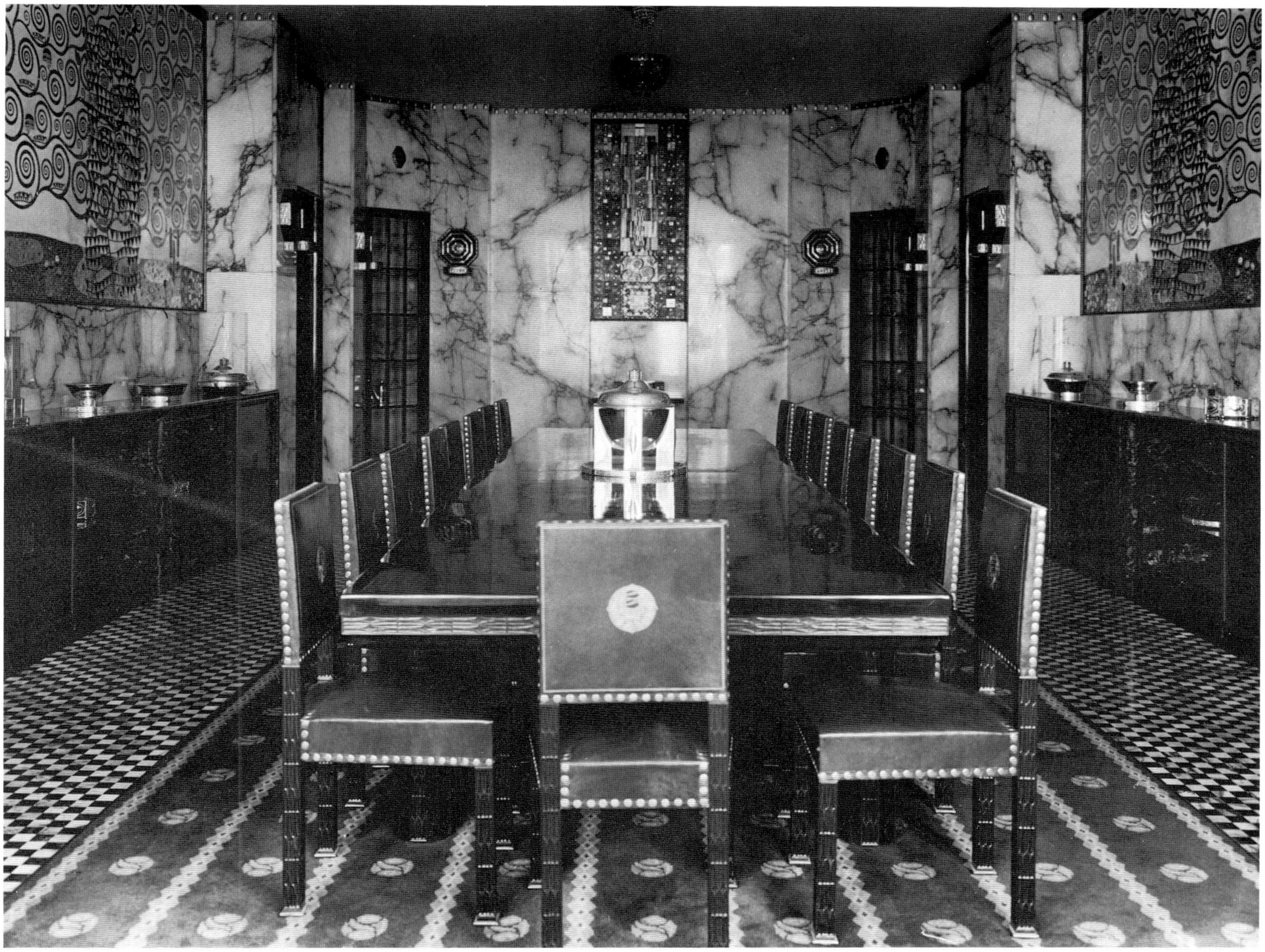

Josef Hoffmann, das Speisezimmer im Palais Stoclet in Brüssel, 1905–1911.

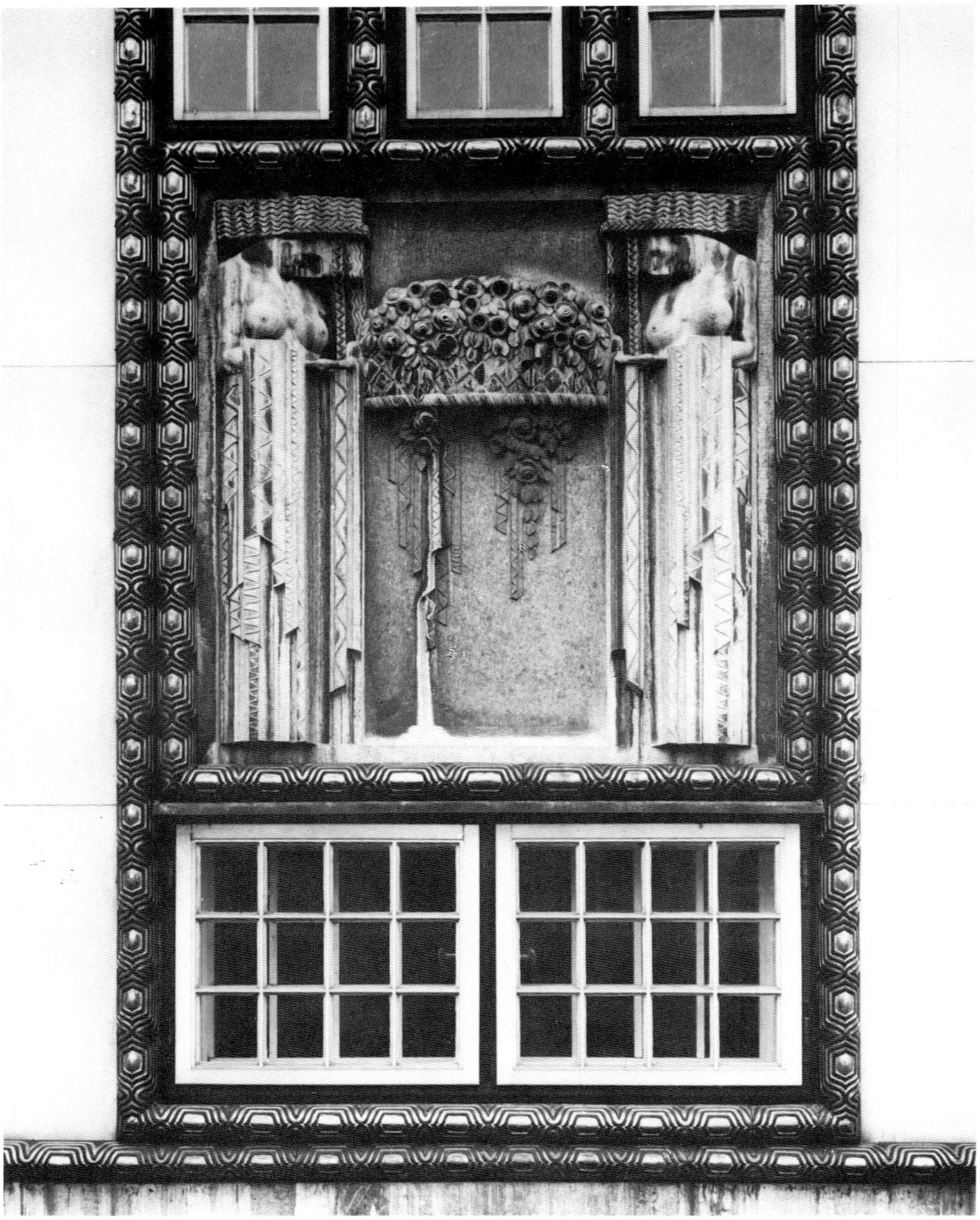

Josef Hoffmann, Das Palais Stoclet in Brüssel,
Relief an der Straßenseite von Franz Metzner
und ein Teil der Gartenseite, 1905/1911.

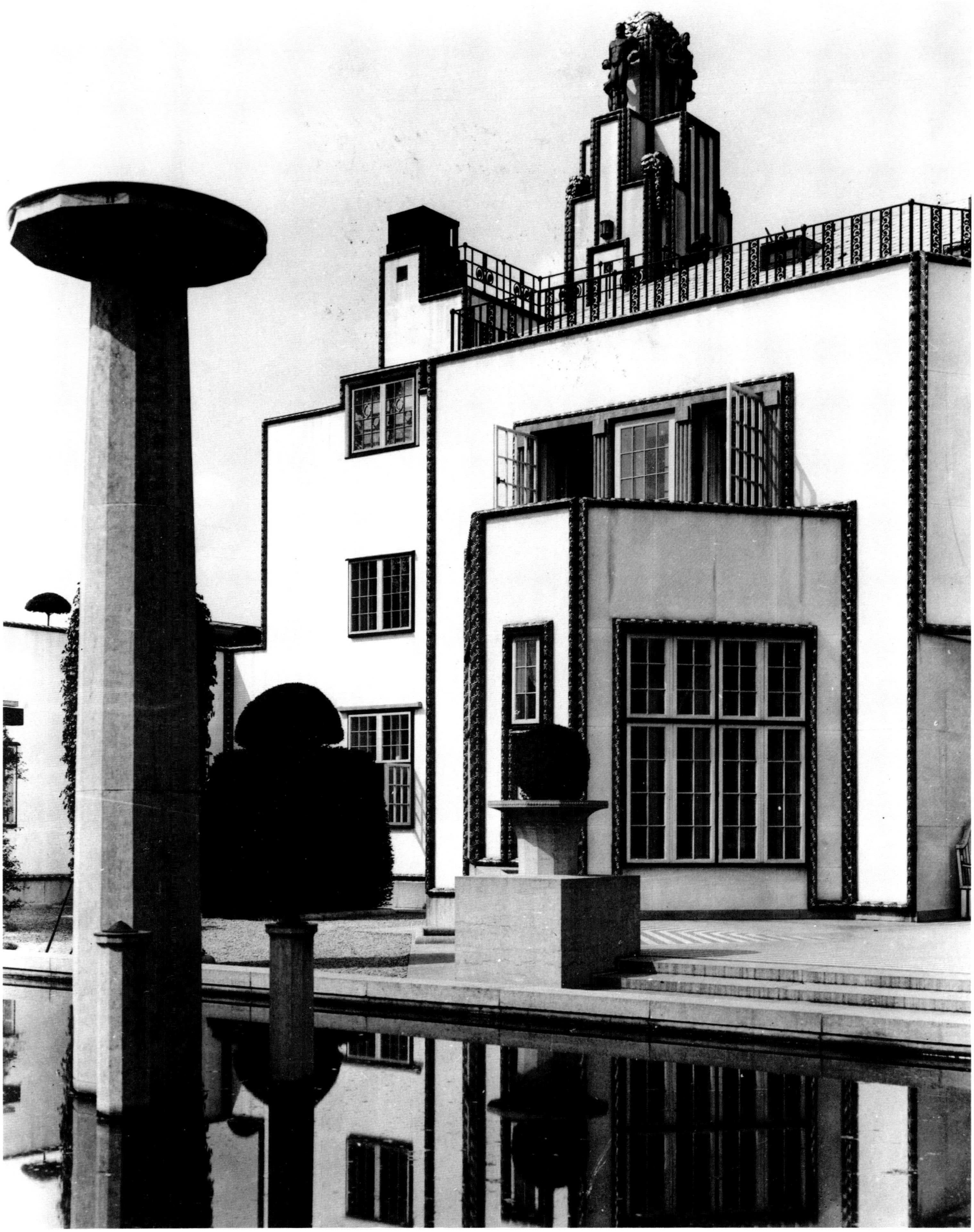

BIBLIOGRAPHIE

Bücher

Ahlers-Hestermann, Friedrich: Stilwende, Aufbruch der Jugend um 1900, Berlin 1956

Cassou, Jean, Emil Langui und Nikolaus Pevsner: Durchbruch zum 20. Jahrhundert, Kunst und Kultur der Jahrhundertwende, München 1962

Fischer, Wend: Bau, Raum, Gerät, München 1957

Frecot, Janos, Johannes Geidt und Diethart Kerbs: Fidus, zur ästhetischen Praxis bürgerlicher Fluchtbewegungen, München 1972

Garcias, Jean Claude: Charles Rennie Mackintosh, Basel 1989

Graf, Otto Antonia: Die vergessene Wagnerschule, Wien 1969

Günther, Sonja: Interieurs um 1900, Bernhard Pankok, Bruno Paul und Richard Riemerschmid als Mitarbeiter der Vereinigten Werkstätten für Kunst im Handwerk, München 1971

Hamann, Richard, und Jost Hermand: Stilkunst um 1900, Berlin 1967

Hesse-Frielinghaus, Hertha, August Hoff u. a.: Karl Ernst Osthaus, Leben und Werk, Recklinghausen 1971

Howarth, Thomas: Charles Rennie Mackintosh and the Modern Movement, Glasgow 1954

Hüter, Karl-Heinz: Henry van de Velde, sein Werk bis zum Ende seiner Tätigkeit in Deutschland, Berlin 1967

Just, Johannes: Meissener Jugendstilporzellan, Gütersloh 1983

Kreisel, Heinrich, und Georg Himmelheber: Die Kunst des deutschen Möbels, Bd. 3, Klassizismus, Historismus, Jugendstil, München 1983

Lenning, Henry F.: The Art Nouveau, Den Haag 1951

Madsen, Stephan Tschudi: Sources of Art Nouveau, Oslo 1956

Joseph Maria Olbrich: Architektur (vollständiger Nachdruck der originalen Bände von 1901–1914), Tübingen 1985

Pevsner, Nikolaus: Wegbereiter moderner Formgebung von Morris bis Gropius, Köln 1983

Prinz, Friedrich, und Marita Krauss: München, Musenstadt mit Hinterhöfen, München 1988

Russell, Frank (Herausgeber): Architektur des Jugendstiles, Überwindung des Historismus in Europa und Nordamerika, Stuttgart 1981

Schmutzler, Robert: Jugendstil, Stuttgart 1962

Schorske, Carl E.: Wien, Geist und Gesellschaft im Fin de siècle, Frankfurt am Main 1982

Seling, Helmut (Herausgeber): Jugendstil, der Weg ins 20. Jahrhundert, Heidelberg 1959

Sembach, Klaus-Jürgen: Henry van de Velde, Stuttgart 1989

Sternberger, Dolf: Über den Jugendstil und andere Essays, Hamburg 1956

Varnedoe, Kirk: Wien 1900, Kunst, Architektur & Design, Köln 1987

Weisberg, Gabriel P.: Art Nouveau Bing, Paris Style 1900, New York 1986

Ausgeführte Bauten und Entwürfe von Frank Lloyd Wright, Nachdruck der 1910 bei Ernst Wasmuth A.G., Berlin, erschienenen Portfolioausgabe, Tübingen 1986

Zerbst, Rainer: Antoni Gaudí, Köln 1987

Kataloge

Art Nouveau. Art and Design at the Turn of the Century, The Museum of Modern Art, New York 1959

Art Nouveau. Belgium/France, Catalogue of an exhibition organized by the Institute for the Art, Rice University and the Art Institute of Chicago, Houston 1976

Sammlung Bröhan. Bestandskatalog Jugendstil, Werkbund, Art Deco, Band II, Berlin 1976

Darmstadt 1901–1976. Ein Dokument deutscher Kunst, 5 Bde., Darmstadt 1977

Museum Künstlerkolonie Darmstadt, bearbeitet von Renate Ulmer, Darmstadt o. J. (1990)

August Endell. Der Architekt des Photoateliers Elvira, Museum Villa Stuck, München 1977

Europäische Keramik des Jugenstils, Hetjens Museum, Düsseldorf 1974

Theodor Fischer. Architekt und Städtebauer 1862–1938, Ausstellung der Architektursammlung der Technischen Universität München und des Münchner Stadtmuseums in Verbindung mit dem Württembergischen Kunstverein, bearbeitet von Winfried Nerdinger, Berlin 1988

Gallé, Musée du Luxembourg, Paris 1986

Das Glas des Jugendstils, Katalog der Sammlung Hentrich im Kunstmuseum Düsseldorf, bearbeitet von Helga Hilschenz, München 1973

Das Glas des Jugendstils, Sammlung des Österreichischen Museums für angewandte Kunst, Wien, bearbeitet von Waltraut Neuwirth, München 1973

Josef Hoffmann. Wien, Museum Bellerive, Zürich 1983

Jugendstil, Bestandskatalog, Badisches Landesmuseum Karlsruhe, bearbeitet von Irmela Franzke, 1987

Jugendstil. Kunsthandwerk um 1900, Katalog des Hessischen Landesmuseum Darmstadt, bearbeitet von Gerhard Bott, 1973

Jugendstil, Palais des Beaux Arts, Brüssel 1979

Jugendstil, Katalog der Möbelsammlung des Münchner Stadtmuseums, bearbeitet von Hans Ottomeyer, München 1988

Die Meister des Münchner Jugendstils, Münchner Stadtmuseum, herausgegeben von Kathryn Bloom Hiesinger, München 1988

Franz Metzner. Ein Bildhauer der Jahrhundertwende in Berlin, Wien, Prag, Leipzig, Museum Villa Stuck, München 1977

Möbel des Jugendstils, Sammlung des Österreichischen Museums für angewandte Kunst, Wien, bearbeitet von Vera J. Behal, München 1981

München 1869–1958. Aufbruch zur Modernen Kunst, Haus der Kunst, München 1958

Objekte des Jugendstils aus der Sammlung des Kunstgewerbemuseums Zürich, Museum Bellerive Zürich, bearbeitet von Erika Cysling-Billeter, 1975

Hermann Obrist. Wegbereiter der Moderne, Museum Villa Stuck, München 1968

Joseph Maria Olbrich 1867–1908, Katalog der Ausstellung auf der Mathildenhöhe in Darmstadt, 1983

Bernhard Pankok 1872–1943. Kunsthandwerk, Malerei, Graphik, Architektur, Bühnenausstattungen, Ausstellung des Württembergischen Landesmuseums, Stuttgart 1975

Bernhard Pankok. Malerei, Graphik, Design im Prisma des Jugendstils, Westfälisches Landesmuseum für Kunst und Kulturgeschichte, Münster 1986

Das frühe Plakat in Europa und den USA, Band 1, Großbritannien und die Vereinigten Staaten von Nordamerika, Band 2, Frankreich und Belgien, Band 3, Deutschland, Berlin 1973–1980

Richard Riemerschmid. Vom Jugendstil zum Werkbund, Ausstellung der Architektursammlung der Technischen Universität München und des Münchner Stadtmuseums und des Germanischen Nationalmuseums Nürnberg, bearbeitet von Winfried Nerdinger, München 1982

Traum und Wirklichkeit. Wien 1870–1930, Historisches Museum der Stadt Wien, 1985

Werke um 1900, Katalog des Kunstgewerbemuseums Berlin, bearbeitet von Wolfgang Scheffler, 1966

Wien um 1900, Ausstellung veranstaltet vom Kulturamt der Stadt Wien, 1964

Die Wiener Werkstätte. Modernes Kunsthandwerk von 1903–1932, Österreichisches Museum für angewandte Kunst, Wien 1967

NAMENREGISTER

Die Ziffern beziehen sich auf die Seitenzahlen; kursiv gesetzte Ziffern weisen auf Abbildungsseiten hin.

BILDNACHWEIS

Annan, Glasgow: 173 r. / 174 / 177 / 184 / 185
Architektursammlung der Technischen Universität München: 98 / 102 o. / 108 o. / 109
Archiv La Cambre, Brüssel: 122 r. / 126 / 134 o. / 138
Paul Asenbaum, Wien: 217 l.
Ch. Bastin & J. Evrard, Brüssel: 30 / 31 / 46 l. / 58 / 59 / 63
Bayerisches Nationalmuseum, München: 14 l. / 14 r. / 97 l.
Bibliothek der Landesgewerbeanstalt, Nürnberg: 180
Bildarchiv Foto Marburg: 10 l. / 13 / 25 o. / 28 r. / 34 / 35 / 36 l. / 36 r. /37 l. / 37 m. / 37 r. / 38 u. / 43 l. / 44 o. / 47 / 48 / 49 l. / 50 / 51 / 55 / 56 / 57 / 60 / 61 / 85 / 97 r. / 103 / 104 l. / 105 o. / 117 / 119 / 124 o. / 125 / 129 / 135 / 136 / 139 r. / 156 / 158 / 172 r. / 196 l. / 196 r. / 197 l. / 197 r. / 198 u. / 206 / 207 / 221 o. / 223 o. / 231–237
Bildarchiv der Österreichischen Nationalbibliothek, Wien: 213–216
Bildarchiv Preußischer Kulturbesitz, Berlin: 42 l. / 42 m. / 42 r. / 72
Bildarchiv Hans Wiesenhofer, Wien: 209 o.
Chris Burke, New York: 212 o.
Chicago Architectural Photographing Company: 201 / 202
Danz, Halle (Bild und Heimat Reichenbach i. V.): 38 o. / 39
Decorative Arts, K. Barlow Ltd., London: 99 r. / 222
Dekorative Kunst, Bd. III (1898/99): 40
Robert L. Delevoy, Victor Horta, Brüssel 1958: 62
Deutsche Kunst und Dekoration, Bd. III (1898/99): 224; Bd. X (1902): 170
© Direktion der Museen der Stadt Wien: 225 o.
The Domino's Center for Architecture and Design: 200
Fine Art Society, London: 173
Klaus Frahm, Hamburg: 22 / 23
Frehn & Baldacchino, Hamburg: 19
Retoria Futagawa & Associated Photographers, Tokio: 183
Mario Gastinger, München: 15 l. / 15 r. / 69 / 88 l. / 88 r. / 99 l. / 219 l. / 226–228
Germanisches Nationalmuseum, Nürnberg: 157
Photo Gerber, Nürnberg: 28 l.
Sigrid Geske, Weimar: 133 h.
Sophie Renate Gnamm, München: 10 r. / 11 l. / 16 / 17 l. /17 r. / 25 u. / 26 / 27 / 56 l. / 86 l. / 90 / 102 u. /105 u. /106 l. / 106 r. / 107 / 110 l. /110 r. / 111 l. /111 r. / 113 l. / 113 r. / 114 l. / 128 u. / 130 / 131 / 132 / 133 u. / 137 l. / 160 o. l. / 160 u. / 175 / 229
Louis Held, Weimar: 120 u. / 123 l. / 123 r.
The Helsinki City Museum: 186 o. / 186 u.
Historisches Museum der Stadt Wien: 204 / 208 / 217 r.
Hoch Drei, Berlin: 29 / 115
Klaus Kinold, München: 108 u.
Roland Koch, Darmstadt: 32
Kunstgewerbemuseum Köln: 18 l.
Kunstgewerbemuseum Zürich: 54 l. / 128 l. o. / 128 r. o.
Kunsthalle Kiel: 11 r.
Henry F. Lenning, The Art Nouveau, Den Haag 1951: 64
Loos-Archiv, Wien: 218
Foto Archivo Mas, Barcelona: 78, 79
Metropolitan Museum of Art, New York: 194 / 202
Georg Meyer, Wien: 223 o.
Münchner Stadtmuseum: 12 / 66 r.o. / 68 u. / 70 / 104 r. / 112
Musée de la Publicité, Paris: 9
© Museum Associates, Los Angeles County Museum of Art: 225 u. l. / 225 u. r.
Museum für Kunsthandwerk, Frankfurt: 127 / 139 u.
Museum of Finnish Architecture, Helsinki: 189
Rudolf Nagel, Frankfurt: 18 r.
Die Neue Sammlung, München: 80 o.
Österreichisches Museum für Angewandte Kunst, Wien: 68 / 178 / 221 u. / 223 u.
Oslo Kommunes Kunstsamlinger, Munch Museet: 120 o.
Nicola Perscheid: 122 l.
© Photo: R.M.N., Paris: 176
Roger-Viollet, Paris: 21
François René Roland: 76 / 77
Royal Commission of the Ancient and Historical Monuments of Scotland, Edinburgh: 182
Rühl & Bormann, Darmstadt: 140 o. / 142 l. / 143 r. / 159 / 160 r. o.
Sammlung Glasgow School of Art: 179
SMPK Kunstbibliothek, Berlin: 39
SMPK Kunstgewerbemuseum, Berlin: 40 r.
© Sotheby's, Inc. 1991: 66 l.o.
© Sotheby's, Inc. 1990: 67 r.o.
Hildegard Steinmetz Archiv im Theatermuseum München: 100 / 101 o. / 101 u.
Westfälisches Landesmuseum für Kunst und Kulturgeschichte, Münster: 114 r.
Studio Image, Nancy: 66 / 67
L. Sully-Jaumes, Paris: 20 l.
Württembergisches Landesmuseum, Stuttgart: 86 r.

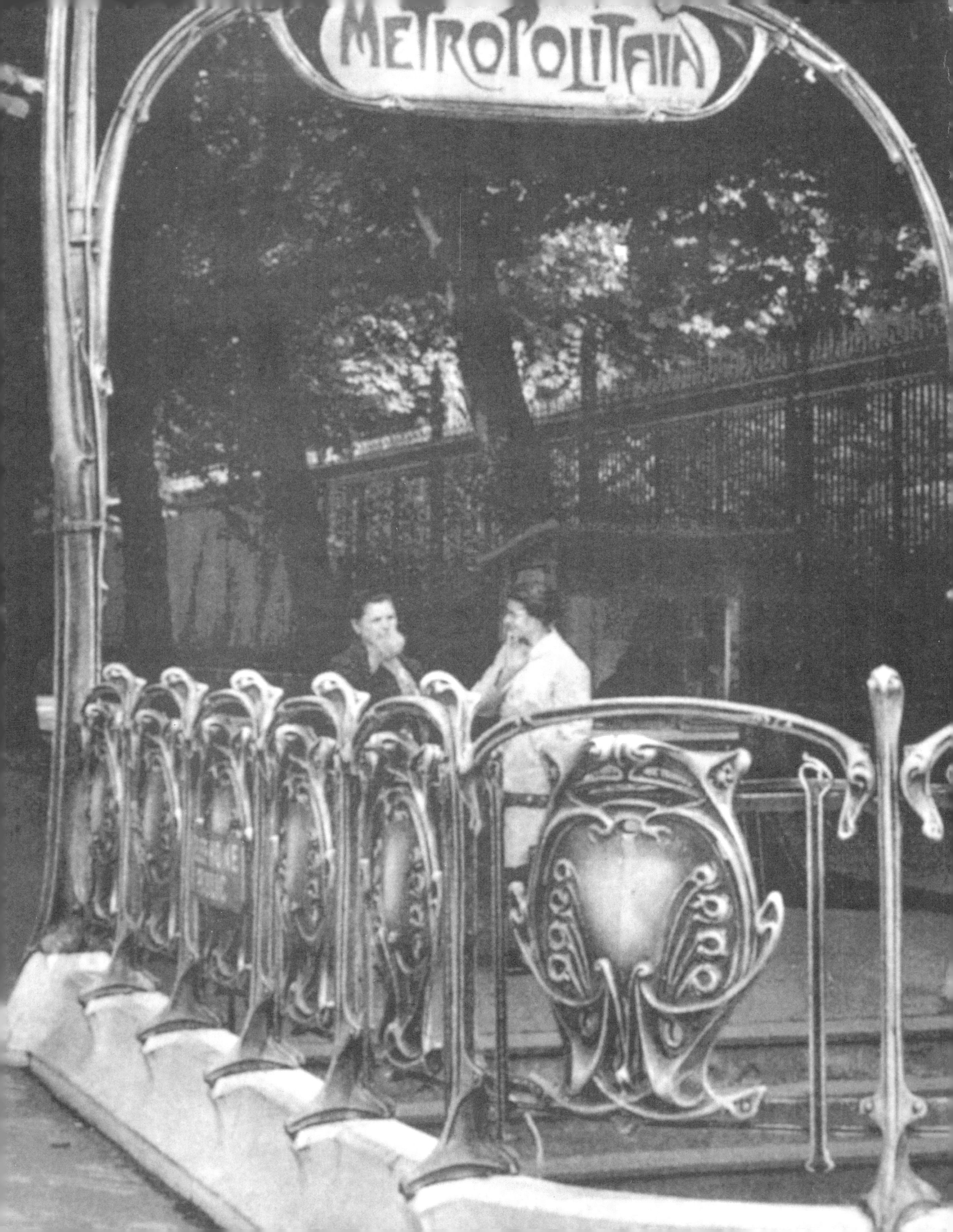
METROPOLITAIN